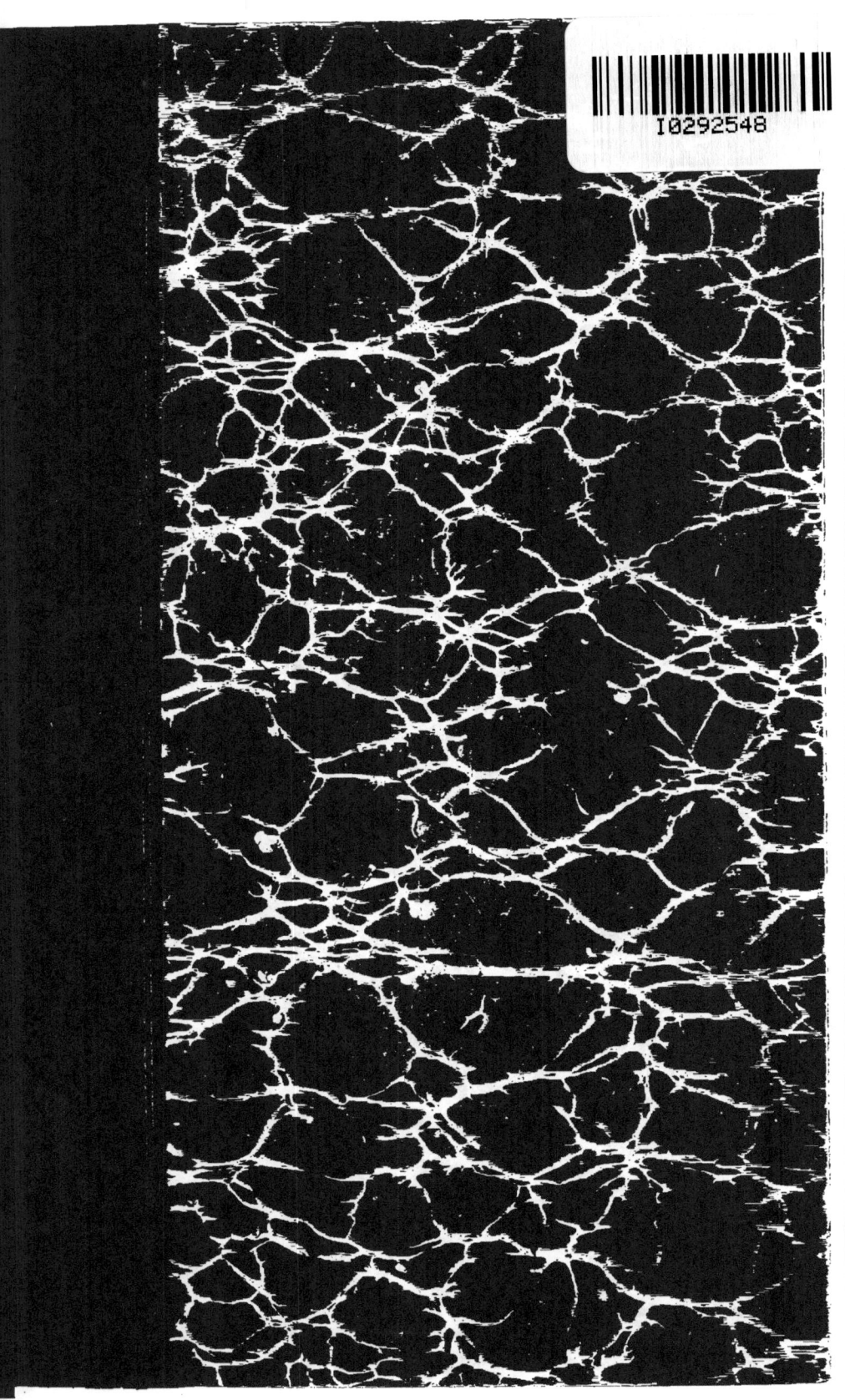

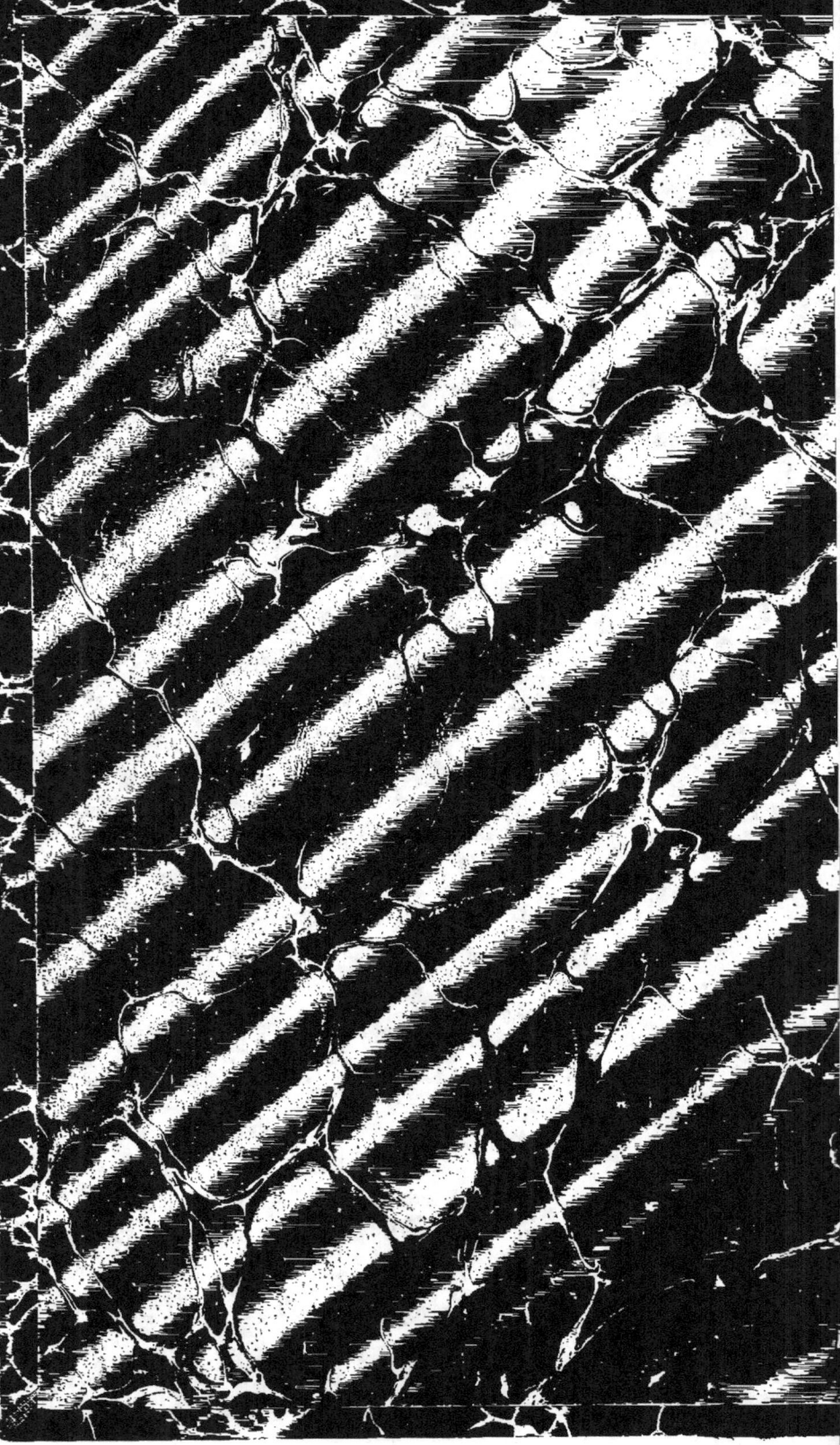

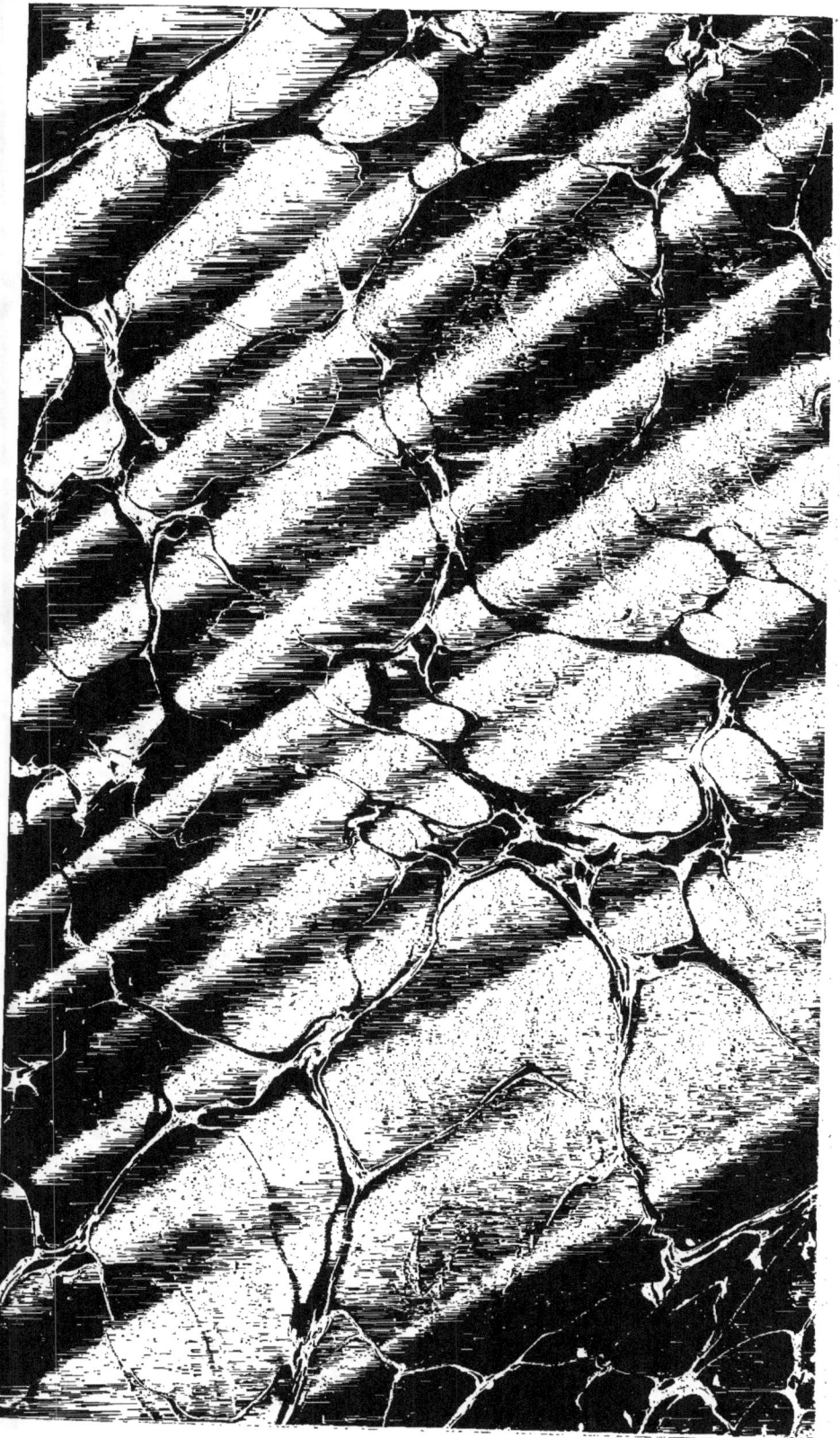

BERLIOZ INTIME

D'APRÈS DES DOCUMENTS NOUVEAUX

PAR

EDMOND HIPPEAU

AVEC GRAVURE A L'EAU FORTE PAR GILBERT

d'après le portrait de Berlioz par Courbet

PARIS
LIBRAIRIE FISCHBACHER
Société Anonyme
33, RUE DE SEINE, 33

1883

DROITS DE REPRODUCTION ET DE TRADUCTION RÉSERVÉS

231

G. Courbet pinx.   A. Gilbert sculp.
HECTOR BERLIOZ
Collection de M. Henri Hecht

Gazette des Beaux-Arts   Imp. A. Salmon

BERLIOZ INTIME

BERLIOZ INTIME

BERLIOZ INTIME

D'APRÈS DES DOCUMENTS NOUVEAUX

PAR

EDMOND HIPPEAU

AVEC GRAVURE A L'EAU FORTE PAR GILBERT

d'après le portrait de Berlioz par Courbet

PARIS
LIBRAIRIE FISCHBACHER
Société Anonyme

33, RUE DE SEINE, 33

1883

DROITS DE REPRODUCTION ET DE TRADUCTION RÉSERVÉS

AVANT-PROPOS

Pour faire un livre, j'entends un bon livre, il faut avoir quelque chose à dire et savoir le dire : outre le lièvre, il faut l'assaisonnement, car le lièvre n'est pas tout dans le civet, au dire des gourmets. Berlioz, sa vie et ses œuvres, c'est assurément là un sujet intéressant. Mais pourquoi faire un livre sur Berlioz ? que dire sur l'homme et sur l'artiste et comment traiter la matière ? On peut écrire un roman, un récit historique, une étude littéraire ou artistique ; mais à quoi bon un volume de critique ou de philosophie de l'art, et pourquoi choisir Berlioz de préférence à tout autre ? Une notice biographique suffit pour connaître un artiste ; et quant à son œuvre, la critique n'est utile, semble-t-il, que si l'on peut se reporter aussitôt aux créations de son génie. La poésie, la littérature supportent aisément les études critiques, car les textes sont sous les yeux. Mais un musicien, auquel il faut l'exécution pour appeler sur ses compositions le jugement, peut-il être l'objet d'un travail de ce genre, surtout au moment où ses œuvres commencent à peine à être connues ? Telles sont les questions qui se présentent tout d'abord. J'y réponds.

Les deux grands génies musicaux de l'Allemagne, Mozart et Beethoven, ont eu leurs biographes. A commencer par les savants travaux de Jahn, de Nohl, d'Oulibicheff et de Lenz, les divers ouvrages qui célèbrent leur gloire sont dignes de la matière. Parmi les modernes, Meyerbeer, Rossini, Wagner, Verdi, Mendelssohn, Schumann, Glinka ; parmi les anciens maîtres, Haydn, Gluck, Bach, Hændel, ont trouvé de toutes parts d'érudits historiens et d'enthousiastes biographes. Bien que la littérature musicale compte dans notre pays d'importantes publications et d'intéressantes monographies, la musique française n'a pas donné lieu à des études de la même valeur. Ce n'est pourtant point la matière qui manquait. Gossec, Lesueur, Méhul et bien d'autres ont leur place marquée, dans notre Panthéon musical français, à côté de Rameau, de Boïeldieu, d'Adam, d'Auber, de Hérold, d'Halévy, de Félicien David, dont les œuvres ont été l'objet de travaux critiques très remarquables.

Mais, si glorieux que soient tous ces noms, il n'en est pas un qui retentisse aujourd'hui avec plus de puissance que le nom d'Hector Berlioz ; il est salué comme celui du chef, du maître respecté de la nouvelle école, ainsi qu'on l'appelle, de ce bataillon sacré de jeunes compositeurs, qui, luttant avec une infatigable ardeur contre tant d'obstacles, maintiennent, avec un talent auquel on ne rend pas assez justice, la tradition nationale. Son génie, qui fut jadis contesté, ne l'est plus depuis longtemps. Il semble que tous soient d'accord pour lui donner la place la plus éminente parmi les maîtres qui ont illustré l'école française. Si l'on étudie son œuvre, on y trouve l'audace de la conception, l'élévation et la vigueur du style, la science consommée de l'expression, la passion, le mouvement, la vie ; on y reconnait la marque d'une nature supérieure. En outre, si l'on compare cette œuvre avec les productions des époques précédentes, on aperçoit l'innovation, l'invention, la création ; on distingue le chef d'école, on découvre l'inspiration originale, ce qu'on peut appeler l'illumination d'en haut, qui lui fait entrevoir une route nouvelle ouverte à l'art musical et dans laquelle il s'élance le premier, entraînant à sa suite toute une génération d'artistes.

De qui donc procèdent Reyer, Massenet, Saint-Saëns, Bizet, sinon de Berlioz ? N'est-ce pas lui qui a donné l'exemple de cette entente parfaite de l'art de l'orchestration, de cette science symphonique inconnue jusque-là en France? N'est-ce pas lui qui a réclamé, en présence de l'invasion de la musique italienne, le retour aux traditions de l'école musicale française, devant lesquelles se sont inclinés tous les génies étrangers qui ont, souvent aux dépens de nos compositeurs, illustré nos grandes scènes lyriques, si bien que leurs chefs-d'œuvre ne sont tels que parce qu'ils ont été transplantés sur le sol qui pouvait seul les faire germer : *Armide*, la *Vestale*, *Guillaume Tell*, les *Huguenots*, *Don Carlos?* Cet art de l'expression pathétique, cette recherche de la vérité dramatique n'avaient-ils pas été oubliés ou méconnus lorsque, critique et compositeur, Berlioz revendiqua par la parole et par l'exemple, payant doublement de sa personne, des principes qu'il a fallu près d'un demi-siècle pour mettre au dessus de toute discussion?

Je n'hésite donc pas à assigner, dans l'histoire de la musique française, la première place à Hector Berlioz. Son double titre de compositeur de génie et de chef d'école, sa fidélité à la grande tradition nationale, l'élèvent bien au-dessus des autres maîtres que la France s'honore d'avoir produits. Si des statues doivent être élevées aux grands compositeurs, que la dernière ne soit pas pour lui, à moins que l'on ne craigne de voir la sienne dépasser toutes les autres.

Il m'a semblé qu'il y avait un hommage non moins essentiel à rendre à sa mémoire, en écrivant *son* livre, c'est-à-dire le travail biographique et critique qui étudie à fond l'homme et l'artiste et enregistre tous les faits, petits et grands, qui méritent d'être recueillis. J'espère que cette pensée tentera de plus dignes, car je n'ai pas eu l'ambition d'écrire un tel ouvrage; j'ai seulement préparé quelques uns des matériaux qui serviront au monument. J'ai recueilli, grâce à des recherches persévérantes, des détails qui n'avaient pas encore été observés; j'ai contrôlé l'authenticité de tous les faits que j'ai eu à signaler. Je me suis fait de la sincérité un devoir rigoureux, et de l'exactitude une règle absolue : si j'ai un mérite, c'est celui-là seul.

Je voudrais qu'on ne m'accusât pas d'immodestie : aussi ne prononcerai-je qu'avec hésitation le mot qui me paraît le mieux définir l'esprit avec lequel j'ai entrepris ce travail. J'ai voulu faire une œuvre purement scientifique, je ne dis pas une œuvre de savant, ce qui est autre chose. Je me suis proposé seulement d'analyser les facultés géniales du compositeur, de rechercher à l'aide de la méthode expérimentale l'origine de ses penchants, de ses goûts, de ses audaces, de son tempérament artistique, en un mot ; de faire connaître les influences qu'il a pu subir pour façonner son génie, si j'ose dire, pour alimenter et activer une nature supérieurement douée, en fondant les éléments de culture esthétique et de développement intellectuel les plus divers en une puissante originalité; enfin, d'étudier comment il a pu conserver, à travers toutes les phases psychologiques de ce développement et de cette culture, son caractère propre, sa marque individuelle, sa personnalité, selon le mot vulgaire. Ce sont toutes ces influences extérieures qu'il s'agit de discerner, et une méthode scientifique est indispensable pour mener à bien une tentative aussi difficile. C'est ce point de vue qui m'a conduit à discuter les théories de M. Taine.

Les questions d'esthétique et de philosophie de l'art ont un intérêt de plus en plus marqué : le nombre et l'importance des études de critique et d'histoire musicale s'accroissent incessamment; la méthode qui dirige les recherches, l'esprit qui inspire les travaux prouvent le progrès qui s'est accompli dans cette partie de la littérature, jadis la plus défectueuse et la plus négligée entre toutes.

Cherchons donc si l'école critique de ce temps-ci peut profiter de l'évolution nouvelle qu'a imprimée à l'esthétique la doctrine positiviste. Au moment où M. Taine vient de réunir en un seul ouvrage, remarquable par l'unité des vues et la coordination parfaite du travail, ses études sur l'histoire et la philosophie de l'art [1] qui avaient paru isolément à des

---

(1) *Philosophie de l'Art*; Hachette, 1882, 2 vol. in-18. — Cet ouvrage comprend les Etudes suivantes qui avaient été publiées en volumes séparés à la librairie Germer Baillière : 1º la *Philosophie de l'art* ; 2º la *Peinture de la Renaissance en Italie*; (Philosophie de l'art en Italie) ; 3º La *Peinture dans les Pays-Bas*, (Philosophie de l'art dans les Pays-Bas) ; 4º la *Sculpture en Grèce*; (Philosophie de l'art en Grèce) ; 5º *De l'Idéal dans l'Art*.

dates diverses pendant dix ans, nous avons une exposition bien complète de la matière ; elle nous permet d'embrasser la théorie dans l'ensemble comme dans les détails.

I. — D'après l'école positiviste, la critique n'est plus une branche de la littérature : elle appartient aux sciences historiques et, par conséquent, doit emprunter aux sciences sa méthode et ses procédés. La doctrine peut être excellente ; malheureusement, M. Taine, qui s'écarte, du reste, en plus d'un point du système de l'école d'Auguste Comte, me paraît en avoir déduit des conclusions qui ne sont rien moins que scientifiques, et il me faut tout d'abord exposer ses théories afin de les discuter mûrement et d'essayer de les réfuter.

C'est dans l'*Histoire de la Littérature anglaise* que, pour la première fois, a été complètement et clairement formulée la doctrine de l'éminent écrivain ; l'exposition, que j'abrège, est une véritable profession de foi. Qu'on me pardonne d'entrer dans cette discussion d'école.

La première remarque de l'historien, dit-il, lorsqu'il étudie une des productions de l'esprit humain, est que l'œuvre ne s'est point faite seule ; ce n'est qu'un document au moyen duquel il faut reconstruire l'être entier et vivant ; au fond, rien n'existe que par l'individu, c'est l'individu qu'il faut étudier. « La véritable histoire commence seulement quand l'historien parvient à démêler, à travers la distance des temps, l'homme vivant, agissant, doué de passions, muni d'habitudes, avec sa voix et sa physionomie, avec ses gestes et ses habits. » De là cette première règle, que les documents historiques ne sont que des indices au moyen desquels il faut reconstruire l'individu visible.

Mais, sous l'homme extérieur, un homme intérieur est caché, et le premier n'est qu'une manifestation du second. L'historien, si son éducation critique est suffisante, est capable de retrouver sous chaque ornement d'une architecture, sous chaque trait d'un tableau, sous chaque phrase d'un écrit, le sentiment particulier d'où l'ornement, le trait, la phrase sont sortis ; il assiste au drame intérieur qui s'est accompli dans l'artiste ou dans l'écrivain ; tandis que ses yeux lisent un texte, son âme et son esprit suivent le déroulement continu et la série changeante des émotions et des conceptions dont ce texte est issu ; il en fait la *psychologie*. Il s'ensuit que « l'homme corporel et visible n'est qu'un indice au moyen duquel on doit étudier l'homme invisible et intérieur ».

Jusqu'ici, je suis d'accord avec M. Taine : c'est l'individu qu'il faut étudier. Mais nous voici transportés en pleine abstraction, et je me sépare désormais de l'éminent philosophe. Il veut aller au delà et déclare que cette étude serait incomplète, les faits moraux ayant des causes, comme les faits physiques ; ici, la cause est un état *général* des esprits, certaines façons *générales* de penser et de sentir. On peut, dit-il, arriver à distinguer ces causes, si l'on considère d'abord que l'homme apporte avec lui à la lumière des dispositions *innées et héréditaires*, qui varient selon les peuples et qui, ordinairement, sont jointes à des différences marquées dans le tempérament et dans la structure du corps ; si l'on étudie les effets du climat, des événements politiques et des conditions sociales ; si enfin l'on recherche quelle a été l'influence des circonstances environnantes. On détermine ainsi les trois forces primordiales : la race, le milieu, le moment. « L'histoire devient un problème de mécanique physiologique : l'effet total est un composé déterminé tout entier par la grandeur et la direction des forces qui le produisent. Lorsque nous avons considéré la race, le milieu et le moment, c'est-à-dire le ressort du dedans, la pression du dehors et l'impulsion déjà acquise, nous avons épuisé non seulement toutes les causes réelles, mais toutes les causes possibles du mouvement. »

La question à résoudre est donc celle-ci : Etant donné une littérature, une philosophie, une société, un art, telle classe d'arts, quel est l'état moral qui les produit ? et quelles sont les conditions de race, de milieu et de moment les plus propres à produire cet état moral ? (¹)

---

(1) H. Taine. *Histoire de la Littérature anglaise*, introduction. p. XLIII.

Telle est, suivant M. Taine, la véritable fonction de la critique littéraire et de l'esthétique modernes, qui se rattachent ainsi directement à l'histoire et à la psychologie. Je me suis attaché à reproduire dans cet exposé les termes mêmes de l'écrivain, afin de ne point dénaturer sa pensée en résumant son argumentation. Il veut, en somme, que la littérature ne soit qu'une des branches de la philosophie. Si l'on étudie une personne morale, un individu, un siècle, une civilisation, ou une race, il faut remonter jusqu'aux forces primordiales qui en déterminent le caractère ; on tient ainsi, selon l'expression de M. Schérer (1), le dernier mot de l'histoire.

Dans cet ordre d'idées, le domaine de la critique serait immense, presque infini. Il exigerait des facultés et une science presque surhumaines, si les grands problèmes de la philosophie de l'histoire s'imposaient ainsi à chaque écrivain qui voudrait aborder les études esthétiques.

Le moindre défaut de cette doctrine, bien qu'elle ait sur les théories de l'ancienne école une évidente supériorité, c'est qu'elle aborde seulement par un des côtés et tend même, en l'absorbant dans la haute spéculation philosophique, à obscurcir le grave problème de la nature et de la production de l'œuvre d'art. Nous ne sommes guère plus avancés qu'auparavant et les discussions purement métaphysiques dans lesquelles M. Taine est obligé, bien qu'à son corps défendant, d'entrer à propos de l'Idéal et du Beau (2), n'ont rien qui puisse satisfaire notre désir de posséder des lois fixes, des règles certaines pour l'appréciation des produits de l'intelligence humaine. C'est sur ce point qu'il faut appeler surtout l'attention.

Le point de départ des théories de M. Taine, c'est cette belle pensée de Spinoza que l'homme n'est pas dans la nature comme un empire dans un empire, mais comme une partie dans un tout et que les mouvements de l'automate spirituel qui est notre être sont aussi réglés que ceux du monde matériel où il est compris. Spinoza, a-t-il raison? dit-il.

---

(1) Edmond Schérer. *Études critiques sur la Littérature contemporaine.*
(2) *De l'Idéal dans l'Art*, Germer Baillère, 1 vol. in-18.

Peut-on employer dans la critique des méthodes exactes? Un talent sera-t-il exprimé par une formule? Les facultés d'un homme, comme les organes d'une plante, dépendent-elles les unes des autres? Sont-elles mesurées et produites par une loi unique? Cette loi donnée, peut-on prévoir leur énergie et calculer d'avance leurs bons et leurs mauvais effets. Peut-on les reconstruire, comme les naturalistes reconstruisent un animal fossile ? Y a-t-il en nous une faculté maîtresse dont l'action uniforme se communique différemment à nos différents rouages et imprime à notre machine un système nécessaire de mouvements prévus? (¹)

Ces quelques lignes résument toute la méthode de la nouvelle école philosophique. Le progrès consiste en ce qu'on ne cherche plus à opposer à l'œuvre d'art une conception *a priori*, un type idéal, une abstraite définition du vrai, du beau et du bien. L'esthétique moderne est historique et non dogmatique, comme l'ancienne. « Elle a, dit M. Taine, des sympathies pour toutes les formes de l'art, pour toutes les écoles, même pour celles qui semblent les plus opposées; elle les considère comme autant de manifestations de l'esprit humain. » C'est là, du reste, une vérité que nous possédions depuis longtemps. Nous savions que l'idéal est différent suivant les peuples, les pays et les temps, et que la Vénus de Milo a sa raison d'être autant que la Vénus Hottentote. Nous demandions pourtant à la critique d'éclairer notre jugement, de diriger notre goût et de corriger nos erreurs. Nous avions tort. L'ancienne esthétique s'est évanouie et, de tous ses préceptes, il n'en est resté que deux ; « le premier, dit M. Taine à ses jeunes auditeurs de l'école des Beaux-Arts, qui consiste à naître avec du génie : c'est l'affaire de vos parents, ce n'est pas la mienne; le second, qui consiste à bien travailler afin de bien posséder son art; c'est votre affaire, ce n'est pas non plus la mienne ». Mais le talent, le génie, l'inspiration, comment définira-t-il ces qualités essentielles de l'artiste? « C'est la vive sensation spontanée qui groupe autour de soi les idées accessoires, les remanie, les

(1) H. Taine. *Essai sur Tite-Live*, introduction.

façonne, les métamorphose, et s'en sert pour se manifester. » Il semble pourtant que ce soit l'affaire d'un professeur d'esthétique, d'apprendre à grouper, remanier, façonner et métamorphoser ces idées accessoires, éléments du génie artistique. Point. « Je n'ai pas à vous guider, dit-il, j'en serais trop embarrassé ! mon seul devoir est de vous exposer des faits et de vous raconter comment ces faits se sont produits. » Et, supprimant ainsi tous les préceptes, il proclame la loi de la production de l'œuvre d'art : « L'œuvre d'art est *déterminée* par un ensemble qui est l'état général de l'esprit et des mœurs environnantes (¹) ».

Ainsi, l'étude des époques, au lieu de mettre en relief la personne de l'artiste, du penseur, de l'écrivain, du poète, doit la faire disparaître tout à fait. L'esthétique n'est plus « qu'une sorte de botanique » appliquée aux œuvres humaines. « De même qu'il y a une température physique qui, par ses variations, détermine l'apparition de telle ou telle espèce de plantes, de même il y a une température morale qui, par ses variations, détermine l'apparition de telle ou telle espèce d'art. » Il n'y a plus qu'à chercher les règles de la « végétation humaine » ; qu'à ranger les œuvres d'art par familles dans les musées et les bibliothèques « comme les plantes dans un herbier et les animaux dans un muséum ». On n'a plus besoin d'étudier les effets du génie, de l'invention, du talent artistique : « Il y a un système particulier d'impressions et d'opérations intérieures qui fait l'artiste, le croyant, le musicien, le peintre, le nomade, l'homme en société ». L'homme n'est plus qu'un animal d'espèce supérieure qui produit des poèmes et des philosophies à peu près comme les abeilles font leurs ruches et comme les vers à soie font leurs cocons (²).

Cette méthode critique serait aussi infaillible que les sciences positives auxquelles elle est empruntée si les forces motrices, proclamées seules causes possibles du mouvement, race, milieu, moment, agissaient sur une matière inerte ; si l'ar-

---

(1) Taine. *Philosophie de l'Art*, t. 1ᵉʳ ch. 1.
(2) Taine. *La Fontaine et ses fables*, introduction.

tiste subissait nécessairement les effets de cette *température morale* comme la plante les variations de la température physique. M. Taine, en étudiant l'intelligence humaine, a pourtant pu se convaincre que l'homme est bien l'être *ondoyant et divers*, et que les facultés humaines, les fonctions de l'activité cérébrale, si elles dépendent les unes des autres comme les organes d'une plante, peuvent posséder une énergie plus ou moins grande. Il n'y a aucun rapport de poids et de volume entre le cerveau d'un idiot et celui d'un homme de génie ; il y a des degrés différents dans l'entendement humain. En admettant qu'il y ait des dispositions « innées et héréditaires » que l'homme apporte avec lui à la lumière, leurs effets ne se distribuent point également sur tous les individus d'une même race, d'un même peuple, d'une même famille. S'il y a des degrés dans l'intelligence humaine, il y en a aussi dans le génie, dans le talent, dans tout genre de capacité, scientifique, philosophique ou artistique. La question est de savoir dans quelle mesure la température morale, résultant des trois forces primordiales, race, milieu et moment, peut activer la floraison de la « végétation humaine ». Ce qu'il faut expliquer, c'est comment les uns naissent artistes et les autres non ; la variété indéfinie des talents est si bien la règle que chez certains génies supérieurs on compte jusqu'à trois styles différents, trois manières que le critique de profession sait distinguer à première vue. Nous voici bien loin de cette égalité de température qui, l'analogie de la flore végétale et de l'œuvre d'art fût-elle démontrée, devrait se manifester par l'uniformité parfaite des produits. Sous un même ciel naissent les espèces de plantes les plus diverses ; et chacune d'elles peut étendre de profondes racines et développer de puissants rameaux, ou doit languir et décroître, suivant que la terre et l'arbuste possèdent une force, une sève plus ou moins puissante, suivant que la *végétation* sort d'un terrain fécond ou d'un sable aride. L'influence d'un même climat n'est point semblable sur les diverses couches du sol, sur les diverses régions d'un pays, sur les diverses contrées d'un continent. Les effets d'une température morale sont, par conséquent, bien différents suivant les divers individus d'une même famille, les divers peuples d'une même race. C'est donc donner une explication entièrement insuffisante que de résumer toutes les facultés intellectuelles des individus dans celles de la race à laquelle ils appartiennent.

On établirait de même aisément que les deux autres forces primordiales, le milieu et le moment, peuvent posséder divers degrés d'influence; on pourrait chercher comment l'homme de génie, l'artiste inspiré, peut se dégager des préjugés de son pays et de son siècle. Il suffit d'indiquer ce fait qu'en dehors des moteurs mécaniques il peut exister une force indépendante capable de se soustraire à « la pression du dehors » aussi bien que de résister à « l'impulsion déjà acquise ». S'il est bon d'emprunter aux sciences positives une méthode exacte, il est nécessaire de considérer toutes les causes et toutes les conditions du mouvement pour en déterminer la direction, de calculer toutes les forces pour en mesurer l'énergie. Etant donné une intelligence, c'est-à-dire une activité, il n'y a aucune raison pour lui attribuer *a priori* l'inertie et l'inconscience, de même qu'on ne peut étudier un corps en faisant abstraction des propriétés de la matière.

II. — Mais ce n'est pas seulement l'artiste, c'est l'œuvre d'art même que supprime M. Taine. Tout son traité de la *Philosophie de l'art* est consacré à classer par familles et par groupes les produits artistiques qui correspondent à une température morale d'une certaine nature. « Le milieu, dit-il ici, c'est-à-dire l'état général des mœurs et de l'esprit, détermine l'espèce des œuvres d'art, en ne souffrant que celles qui lui sont conformes et en éliminant les autres espèces par une série d'obstacles interposés et d'attaques renouvelées à chaque pas de leur développement. » Il suppose qu'il n'y a qu'une seule espèce d'art à une époque donnée. Il part d'une définition et y fait tout entrer de force. C'est de la métaphysique pure que de disputer sur des abstractions et de nous dire : N'étudiez pas l'artiste, mais l'époque ; n'observez pas l'œuvre d'art, mais les grandes forces historiques ; il n'y a pas d'individus, il n'y a que des races. Ce n'est plus de l'esthétique, c'est de l'ethnographie, avec cette différence que le professeur ne tient ici aucun compte des faits qui contredisent la doctrine.

Les arguments de M. Taine consistent à dire que, si l'artiste compose, ce n'est que pour être apprécié et loué : c'est sa passion dominante. Mais, comme les hommes ne peuvent comprendre que des sentiments analogues à ceux qu'ils éprouvent, et que le goût du public dépend de son état moral, l'homme qui peint ou qui écrit est fatalement soumis à l'influence de la température ambiante. Il ne reste pas seul vis-à-vis de son écritoire ou de son tableau : il sort, cause, regarde, reçoit les indications de ses amis, de ses rivaux, cherche des suggestions dans les livres ou dans les œuvres d'art environnantes. Aussi, et pour rester conséquent avec lui-même, M. Taine établit qu'à un moment donné tous les hommes pensent de même, agissent de même : on dirait une forêt dont tous les arbres appartiennent à la même espèce, sont tous égaux en hauteur, ont le même nombre de branches et de feuilles. Il compare la nature à une « semeuse d'hommes » qui, puisant toujours de la même main dans la même besace, répand à peu près la même quantité, la même qualité, la même proportion de graines dans les terrains qu'elle ensemence régulièrement et tour à tour. Mais toutes les graines ne germent pas et il en donne l'explication. Une certaine température morale est nécessaire pour que certains talents se développent : si elle manque, ils avortent. Par suite, la température changeant, l'espèce changera ; si elle devient contraire, l'espèce des talents deviendra contraire. Il faudrait donc concevoir la température morale comme *faisant un choix* entre les différentes espèces de talents, ne laissant se développer que telle ou telle espèce, excluant plus ou moins complètement les autres... Il y a une direction régnante, qui est celle du siècle ; les talents qui voudraient pousser dans un autre sens trouvent l'issue fermée, et la pression de l'esprit public et des mœurs environnantes les comprime ou les dévie en leur imposant une floraison déterminée [1].

[1] *Philosophie de l'Art*, t. I. De la production de l'œuvre d'art, p. 55-70.

AVANT-PROPOS 13

Dans tout ceci, il faut bien le constater, nous voyons des affirmations très séduisantes, une doctrine savamment échafaudée, mais c'est surtout l'argumentation qui fait défaut : selon un mot vulgaire, le système de M. Taine est à prendre ou à laisser. Le philosophe pose son principe comme s'il s'agissait d'une vérité démontrée ; il établit des classifications, il trouve des points de repère et se débrouille fort agréablement au milieu des lianes qui se dressent dans cette forêt inexplorée ; mais nous préférons, nous devons l'avouer, un terrain défriché et une route bien tracée. Lorsqu'il s'agit de se frayer un chemin, les étapes arrêtées d'avance après étude du parcours sont assurément ce qu'il y a de plus sûr.

Nous ne saurions donc considérer les théories de l'éminent philosophe comme une doctrine mûrement conçue et fondée sur des faits patiemment observés et étudiés. Il y a purement et simplement ici de la spéculation, et l'esthétique, nouvelle, en ayant la prétention de remplacer l'ancienne, est tout aussi dogmatique, même en s'affublant d'un titre d'emprunt : la méthode dite historique, pour être vraiment scientifique, devrait écarter résolument toute conception générale, ou tout au moins se l'interdire, avant d'avoir atteint le dernier terme des études et des analyses portant sur les faits d'observation. Ce sont, en effet, cet abus de la généralisation, cette tendance à l'absolu qui faussent la meilleure des doctrines. M. Taine a compris la valeur des objections, mais il suppose qu'elles proviennent toutes d'une méprise, et que l'adversaire, sans s'en douter, est la dupe des mots. Si on lui reproche de considérer les caractères nationaux et les situations générales comme les seules grandes forces en histoire et de supprimer l'individu, il essaie d'opposer une distinction pleine de subtilité en répondant qu'il n'a considéré les grandes forces que comme la somme des penchants et des aptitudes des individus, et que ses termes généraux sont des expressions collectives par lesquelles il réunit sous un de ses regards vingt ou trente millions d'âmes inclinées et agissantes dans le même sens. Lorsque cent hommes poussent une roue, dit-il, la force totale qui déplace la roue n'est que l'assemblage des forces de ces cent hommes, et les individus existent et opèrent tout aussi bien dans un peuple, un siècle ou une race que les unités composantes dans une addition dont on n'écrit que le chiffre final.

L'erreur, sans qu'il s'en doute à son tour, est précisément dans cette conception d'une association idéale entre vingt ou trente millions d'individus poussant ensemble une même roue. Les groupes sont aussi variés que les individus, dans le corps social, et les corps sociaux confondus dans une seule race peuvent être difficilement envisagés sous un aspect uniforme, même si on les embrasse d'un seul regard : il faut que l'analyse la plus délicate remplace une généralisation équivoque et un peu superficielle, qui n'est pas une opération scientifique, mais un pur jeu d'esprit.

De même, si l'on reproche à M. Taine de transformer l'homme en machine, de l'assujettir à quelques rouages intérieurs, de l'asservir aux grandes pressions environnantes, de nier la personne indépendante et libre, de décourager nos efforts en nous apprenant que nous sommes contraints et conduits au dehors et au dedans par des forces que nous n'avons pas faites et que nous devons subir, il répondra par une nouvelle distinction assez difficile à saisir : « L'adversaire, dit-il, oublie ce que c'est qu'une âme individuelle, comme tout à l'heure il oubliait ce que c'est qu'une force historique ; il sépare le mot de la chose ; il le vide et le pose à part comme un être efficace et distinct. Il cesse de voir dans l'âme individuelle comme tout à l'heure dans la force historique, les éléments qui la composent, tout à l'heure les individus dont la force historique n'est que la somme, à présent les facultés et les penchants dont l'âme individuelle n'est que l'ensemble ». Mais ce n'est pas nous qui commettons cette confusion : c'est M. Taine. Il admet très bien que les penchants fondamentaux d'une âme lui appartiennent, que ceux qu'elle prend dans la situation générale ou dans le caractère national lui sont ou lui deviennent personnels au premier chef, que lorsqu'elle agit par eux, c'est d'après elle même, par sa force propre, spontanément, avec une initiative complète, avec une responsabilité entière ; seulement c'est à l'aide d'un « artifice d'analyse » qu'il distingue ses principaux moteurs, les engrenages successifs et les distributions de son mouvement primitif, et il déclare que cet artifice ne doit pas empêcher de considérer le tout qui est l'âme elle-même, comme tirant de soi son élan et sa direction, c'est-à-dire son énergie et son effort ([1]).

Malgré ces explications un peu confuses, il semble que nous soyons bien près de nous entendre; il suffirait de dégager la théorie de M. Taine de cet « artifice d'analyse » à l'aide duquel il confond les engrenages avec le ressort, tout en s'efforçant d'établir qu'il observe exactement la distinction que lui opposent ses contradicteurs. Ce qu'il regarde comme la quantité négligeable, c'est cette énergie, cet effort, qui, selon ses termes, produisent l'élan, le mouvement, tandis que nous considérons l'individu comme un principe actif, et non comme un être passif et inconscient. Il ne resterait donc qu'à remplacer ce que l'éminent écrivain appelle le ressort du dedans, c'est-à-dire la race, par un autre élément mécanique, la force automotrice, qui serait étudiée à l'aide de l'analyse de la conformation physique et morale de l'individu, et l'on posséderait enfin une méthode critique rigoureusement scientifique pour connaître toutes les causes réelles et possibles de mouvement. Substituez à la définition de la « température morale » celle du tempérament individuel et vous tenez immédiatement la raison de cette loi de production de l'œuvre d'art. C'est ensuite seulement, et cette étude préliminaire une fois achevée, que vous arriverez à définir « l'état général de l'esprit et des mœurs environnants », si vous croyez qu'une monographie ait besoin d'être rattachée à l'histoire générale. Agir à l'inverse, c'est commettre une véritable pétition de principes.

C'est, en effet, au point de vue du procédé que la doctrine de M. Taine semble laisser surtout à désirer, n'étant rien moins que conforme aux véritables règles de la méthode expérimentale. Le système de la généralisation à outrance n'est pas scientifique, surtout quand la généralisation ne

---

[1] *Essais de Critique et d'Histoire*, préface, p. XXI-XXIII.

résulte pas de l'induction, n'est pas fondée sur l'analyse des faits particuliers. C'est le tempérament de l'artiste qui, seul, donne la marque du produit, et non l'influence prédominante du milieu, de la température morale. C'est donc l'individu qu'il faut étudier, et c'est seulement à l'aide de nombreuses études poursuivies sur des individus isolés que l'on pourra conclure du particulier au général, encore qu'avec prudence et réserve et en se gardant de prendre l'exception pour la règle. Or, ce n'est pas la généralité, admise sur de vagues et incomplètes données, qui est le fait d'observation : c'est la diversité, c'est la variété indéfinie des individus, des conceptions et des productions.

Il faut donc spécialiser l'observation. C'est un travail d'élimination qu'il faut opérer et non un travail de concentration. Il faut avoir le discernement, la sûreté de coup d'œil nécessaires pour découvrir la provenance des matériaux nombreux et de toute sorte qui ont servi à la construction d'un édifice aussi compliqué qu'une nature, qu'une organisation d'artiste, qu'une intelligence, qu'un talent, stimulé par tant et de si diverses circonstances, les unes activant, les autres contrariant son développement. L'assemblage est certainement fortuit, si l'on veut dire que le tempérament individuel est un produit fatal de la constitution physique : c'est ce tempérament, en effet, qui attire les éléments qui lui sont plus sympathiques pour se les assimiler, tandis qu'il repousse ceux qui ont moins d'affinité avec la nature du sujet. La direction que donnent à l'artiste l'éducation, l'impulsion originelle, le milieu où il se développe, expliquent de même l'éclosion de son génie, les goûts et les tendances de son esprit, sous l'influence de l'excitation extérieure. C'est la combinaison de ces actions diverses, l'association de ces forces contradictoires qui produisent l'originalité, car les mêmes éléments concourent à la formation des caractères les plus divers, qui sont soumis aux mêmes conditions de développement. Seulement — tout le secret est là — la proportion n'est jamais la même. De là les différences des types et l'originalité propre à chacun. C'est dans l'analyse chimique du terrain que l'on trouve tous les éléments de la flore qui s'y développe. La synthèse recueille les faits d'analyse pour déterminer les lois générales. Mais si l'historien peut se préoccuper de découvrir des lois, de formuler des doctrines, une tâche toute différente appartient au critique. Ce n'est pas un système qu'il lui faut, mais une méthode. C'est au fait qu'il s'attache, et il risque de s'égarer s'il aborde le domaine de la spéculation philosophique pour proclamer des principes. Il n'a qu'à exposer des faits, l'historien les rassemblera, les contrôlera et recherchera des lois générales, s'il y en a; mais la vraie méthode critique est l'absence complète de généralisation.

III. — La méthode que j'adopte est tout l'opposé de celle de M. Taine : elle consiste à étudier les faits particuliers, sans aucune théorie préconçue. C'est précisément ce procédé que paraît recommander M. Taine ; mais il se garde bien d'en user lui-même. Dans son excellente étude sur Balzac, il admire cet esprit d'observation qui s'attache au détail, qui relève le fait incident et recherche les causes à travers les circonstances de la vie, l'atmosphère ambiante, si j'ose dire. Il avoue que dans la nature les détails sont infinis et infiniment déliés : l'homme intérieur laisse son empreinte dans sa vie extérieure, dans sa maison, dans ses meubles, dans ses affaires, dans ses gestes, dans son langage ; il faut expliquer cette multitude d'effets pour l'expliquer tout entier. Et, d'autre part, il faut assembler cette multitude de causes pour le composer tout entier. « Les mets qui vous nourrissent, l'air que vous respirez, les maisons qui vous entourent, les livres que vous lisez, les plus minces habitudes où vous vous laissez glisser, les plus insensibles circonstances dont vous vous laissez presser, tout contribue à faire l'homme que vous êtes : une infinité d'efforts se sont concentrés pour faire votre caractère, et votre caractère va se déployer par une infinité d'efforts ; votre âme est une lentille de cristal qui rassemble à son foyer tous les rayons lumineux élancés de l'univers sans bornes et les renvoie dans l'espace sans bornes, étalés comme un éventail ([1]). »

([1]) H. Taine. *Nouveaux Essais de Critique et d'Histoire*, p. 69.

Ainsi, tout est dans l'individu. C'est d'après cette méthode là et non suivant l'autre que j'ai voulu étudier Berlioz. Dans les limites d'un travail biographique et critique, il est utile de ne se mettre à l'œuvre qu'après avoir examiné le terrain sur lequel on doit s'engager. Le meilleur guide est la méthode expérimentale, à l'aide de laquelle on ne risquera jamais de s'égarer. C'est celle de M. Taine, c'est celle de l'école positiviste, mais je la dégage de toute équivoque, de toute théorie abstraite, en la détachant du système beaucoup trop vaste dont elle fait partie. Je ne veux point savoir s'il y a des lois générales qui dirigent le mouvement de l'esprit humain, les races, les sociétés, l'humanité tout entière. De tels sujets dépassent la compétence du philosophe et du savant, à plus forte raison celle du simple critique.

Si j'avais à m'inspirer d'une pensée ambitieuse, ce serait en me flattant de l'espoir que, si faible qu'en fût la valeur, ce travail pourrait n'être pas inutile. Dans ses *Fragments philosophiques*, M. Ernest Renan montre, avec son admirable style, le progrès constant de ce sens critique, de cette faculté d'analyse patiente et désintéressée qui contribuent à détruire l'édifice que les philosophes se hâtent de construire en supposant que nos connaissances reposent désormais sur une base indestructible.

Pour lui, l'œuvre de ce siècle devrait être limitée à des monographies sur tous les points de la science : elle exige le dévouement le plus désintéressé, mais elle est immensément relevée par la grandeur du but final. La solution définitive des grands problèmes historiques et scientifiques est réclamée par la nature humaine tout entière ; mais le fruit ne sera mûr que pour un avenir peut-être lointain, et ce n'est pas sans vanité qu'on se flatterait de le cueillir dès à présent : or, il faut une vertu scientifique bien profonde pour s'arrêter sur cette pente et s'interdire la précipitation. « Les héros de la science sont ceux qui, capables des vues les plus élevées, ont pu s'interdire toute généralité anticipée et se résigner, par vertu scientifique, à n'être que d'humbles travailleurs. Pour plusieurs, c'est là un léger sacrifice. Les vrais méritants sont ceux qui, tout en comprenant d'une manière élevée le but suprême, se dévouent au rude métier de manœuvres et se condamnent à vivre sur le sillon qu'il creusent. En apparence ces patients investigateurs perdent leur temps et leur peine. Il n'y a pas pour eux de public, ils sont lus de trois ou quatre personnes, quelquefois de celui-là seul qui reprendra le même travail. Eh bien, les monographies sont encore ce qui reste le plus. Un livre de généralités est nécessairement dépassé au bout de dix années. Une monographie, étant un fait dans la science, une pierre posée dans l'édifice, est en un sens éternelle dans ses résultats. » (1)

C'est à cette école des chercheurs désintéressés que je m'honore d'appartenir. C'est sans l'ambition et la témérité de chercher la vérité absolue que j'ai entrepris d'étudier la vie et l'œuvre de Berlioz. Je voudrais que le travail entrepris par moi au sujet du grand compositeur français fût considéré comme une de ces monographies dont parle M. Renan. Je ne désire pas, comme M. Taine, apprendre la vérité à l'humanité présente et future : il aura suffi à mon amour propre d'auteur d'avoir pu être utile une seule fois à quelqu'un.

L'histoire d'un artiste n'est, en somme, qu'une page de l'histoire de l'art. Aussi faut-il une méthode sûre pour offrir au public une monographie, c'est-à-dire une étude complète, qui puisse être consultée avec fruit pour les travaux d'esthétique et d'histoire générale. Il y a, dans l'analyse du caractère et du talent de Berlioz, des faits d'observation qui appartiennent à la philosophie et à la physiologie autant qu'à la critique d'art. On ne saurait se dispenser de considérer ces faits dans leur rapport étroit avec les mœurs et la vie publique d'une époque et de comparer cette époque avec celles qui l'ont précédée et suivie. Il n'est pas possible, d'autre part, de négliger la partie purement psychologique du sujet et de ne pas rechercher l'origine, la raison d'être, de la manifestation des dispositions musicales qui ont conduit Berlioz à la carrière artistique, où, malgré tant d'obstacles, il conquit la première place. Il s'agit non point de démontrer une théorie, mais d'arriver à la connaissance exacte de

(1) Renan. *Fragments philosophiques*, p. 304.

l'homme, de son caractère et de son tempérament, de ses passions et de son génie. Même dans les limites d'une simple étude biographique, il faut faire preuve d'une méthode, et j'ai voulu exposer celle qui m'a servi de guide.

Ce n'est pas la réhabilitation de Berlioz que j'entreprends : sa mémoire est trop bien défendue, et l'injustice, dont il fut victime sa vie durant, est réparée avec éclat. Ce sont ses contemporains qu'il faudrait réhabiliter, s'il était possible : ceux qui, ayant commencé par lui contester le génie, le talent, même, l'ont laissé s'épuiser en luttes surhumaines ; mais son sort ne fut-il pas celui de beaucoup d'autres grands artistes, méconnus et outragés de leur vivant et glorifiés par la postérité ?

C'est encore là une des questions de critique d'art et d'esthétique que soulève l'étude de la vie et de l'œuvre de Berlioz. J'entends dire parfois que le succès qu'obtiennent de nos jours les ouvrages de Berlioz est tout simplement une affaire de mode, d'engouement. Cela revient à dire, il me semble, que le goût du public d'aujourd'hui, déjà différent de celui d'hier, peut encore changer demain. D'accord ; mais ce qui ne changera certainement pas, c'est l'œuvre de Berlioz, et sa valeur sera toujours la même, quelle que soit l'appréciation qu'elle pourra inspirer. Il faut dès lors admettre qu'il y a d'autres raisons qu'un caprice de la mode pour que cette œuvre soit admirée et applaudie par le public de ce temps-ci. Cherchons donc quelles peuvent être ces raisons.

Un philosophe que je regrette de ne pas connaître dit que tous les goûts sont dans la nature ; un autre, non moins sentencieux, affirme qu'il n'en faut point disputer. Ce double dicton, qui est devenu un axiome en matière d'esthétique, n'est probablement l'œuvre que d'un seul et même auteur : moi, je tiens que celui-là a écrit une illustre bêtise, ce qui explique pourquoi la fortune du mot a été si brillante. Certainement il faut l'instinct pour que le goût naisse, je suis prêt à le reconnaître : il faut ce que Berlioz nomme quelque part le sixième sens, le sens artiste. Mais il faut surtout le savoir, la méthode, le jugement, choses qui ne sont pas dans la nature : aussi peut-on et doit-on disputer des goûts. L'intelligence a des degrés, certaines beautés artistiques ne sont perceptibles que pour un petit nombre d'initiés. C'est l'étude, c'est l'éducation qui forme le goût ; c'est la réflexion qui détermine certain mode de penser et de sentir qui est justement ce sens artiste.

On ne peut donc expliquer les différences des goûts que par l'insuffisance de l'éducation, lorsqu'il ne s'agit point du défaut d'intelligence, de l'obtusité du sens. Il ne saurait exister sur une œuvre d'art deux opinions également justes : il faut choisir entre l'affirmation de celui-ci et la négation de celui-là. C'est le jugement de l'arbitre qu'il faut peser : l'œuvre est ce qu'elle est et non ce qu'on l'estime. Sans doute il peut arriver qu'elle soit diversement appréciée, car il y a des variations dans le goût, ou, pour être exact, il y a des époques qui sont plus ou moins avancées. Telle génération juge surfait et inférieur l'art qui a paru à celle d'un âge précédent le dernier mot de l'esprit humain, de même qu'elle proclame sublimes des œuvres qui excédaient la culture bornée et heurtaient les préjugés de sa devancière. Cela prouve évidemment que l'art est indéfiniment perfectible et que l'auteur peut être simplement un artiste de talent, ou un homme de génie supérieur à son siècle. Dans aucun cas, l'opinion des contemporains ne peut être indifférente. Bien que le génie puisse s'élever au delà de son temps, dépasser le goût et la culture de son siècle, l'art est bien le produit d'une époque et d'une société. C'est la même force qui dirige l'inspiration de l'artiste et le jugement du public : c'est une source commune qui produit, dans l'ordre contemplatif, l'enthousiasme, dans l'ordre positif, le chef-d'œuvre. C'est un artiste que celui qui comprend l'œuvre d'art, comme celui qui la crée. Il a fallu à l'un comme à l'autre une même éducation esthétique, un effort de pensée identique, pour s'élever ensemble à cette conception idéale de l'art, que l'un des deux seul a réalisée, il est vrai ; mais celui qui sait raisonner et expliquer son admiration est aussi bien un artiste que celui qui crée le chef-d'œuvre. Seulement, c'est l'élite. A la vérité, l'art n'est point destiné à la multitude ; mais c'est cette élite qui, fort heureusement, peut diriger le jugement des foules. Il arrive pourtant que celles-ci lui imposent parfois leurs caprices et leurs erreurs : alors la revanche du goût contre l'ignorance est affaire de temps.

Cette action extérieure est bien plus sensible lorsqu'il s'agit d'étudier la formation du génie de l'artiste. Tous les hommes ne sont pas également doués, tant s'en faut, sous le rapport des facultés de l'entendement. Le génie est une plante rare. Ce qui est difficile à expliquer, c'est, chez l'homme supérieur, l'origine de la vocation, l'inclination spirituelle, la direction morale. Parce que l'on est plus spécialement disposé, par goût, par intuition, si j'ose dire, pour telle ou telle variété de l'activité humaine ; parce que l'on possède ce don naturel, qui, lorsqu'il a été cultivé et s'est fortifié, grâce aux conditions de développement les plus favorables et en réunissant toutes ces conditions, se transforme en génie; parce que des circonstances particulières ont produit une vocation, est-ce un motif pour affirmer que, dans des conditions de développement différentes, des facultés supérieures n'eussent pas déterminé des aptitudes aussi remarquables pour un tout autre ordre de connaissances ou d'activité? Ainsi on peut être supérieur en n'importe quelle matière ; l'art existe en toutes choses. Il y a de grands cuisiniers qui sont des artistes en leur genre. Un capitaine illustre, un peintre de génie, un grand homme d'Etat, un mécanicien habile, un tribun populaire, un savant, sont tous au même titre des hommes d'un esprit supérieur : leurs vocations ont été dirigées en divers sens par une éducation, un milieu, un centre d'éclosion différents. En quelque carrière qu'ils eussent pu exercer leur capacité, ils eussent toujours occupé une place éminente par des qualités et des talents remarquables.

Ce ne sont donc que des circonstances particulières qui, sauf exception, peuvent *spécialiser* le génie. Par exemple, pour en revenir à l'objet de cette étude, à Berlioz, qui sait si, ayant perdu son père dès l'enfance, et étant resté avec ses sœurs sous la direction d'une mère qui professait une sainte horreur pour les arts et les artistes, à la dévotion exaltée, au caractère impérieux, il n'eût pas subi cette terrible influence ; qui sait si, cloîtré de bonne heure au séminaire de la Côte, il ne se fût point tourné, avec sa nature mélancolique, son imagination ardente, vers les élans du mysticisme ; si sa vocation ne se fût point décidée dans une direction tout opposée à celle qu'elle put prendre, grâce à la bonté et à la patience de son excellent père ? Et, même après que son talent sur le flageolet et sur la flûte lui eurent donné, dès l'âge de douze ans, quelque idée de la musique — cela ne pouvait être bien sérieux — qui sait si, s'étant pris de curiosité pour quelque ouvrage de médecine au lieu de lire dans la bibliothèque de son père les biographies de Gluck et de Haydn, qui s'y trouvèrent par hasard, il ne se fût point pris un beau jour de passion pour la carrière vers laquelle sa famille le poussait ? Ce ne sont que des hypothèses ; on pourrait aller bien loin et s'amuser longtemps à pareil jeu ; mais n'est-il point permis de supposer que Berlioz, si l'impression de la musique était demeurée étrangère à son esprit, fût devenu, avec sa force de volonté et sa vive intelligence, au lieu d'un compositeur de génie, dans le premier cas, un théologien consommé, dans le second, un praticien célèbre ? Je vois plus d'un lecteur qui sourit ; j'en fais de même, qu'il se rassure. Mais on peut voir par là que ce sont réellement les infiniment petits qui, comme le grain de sable historique, changent la destinée.

IV. — C'est ainsi que je chercherai à étudier Berlioz ou plutôt à le reconstituer à l'aide des infiniment petits. Les éléments d'un tel travail sont tout préparés. Il y a les *Mémoires*, il y a la *Correspondance inédite*, il y a les *Lettres intimes*. Son autobiographie est complétée et commentée par le récit confidentiel, souvent contradictoire, des événements de sa vie, des incidents de sa carrière artistique. C'est cette contradiction même qui nous éclaire et qui, à l'aide d'un travail minutieux de collation des textes, avec le secours de la méthode inductive, nous permet de rétablir la vérité là où elle est restée obscure, là même où elle a été cachée volontairement par l'auteur.

On ne connaît guère Berlioz si l'on ne le juge que d'après son autobiographie. Il est facile, en lisant attentivement l'ouvrage, d'en discerner la raison. La date de la composition des *Mémoires* est celle de la préface : 21 mars 1848. Berlioz est à Londres : les inexactitudes et les erreurs contenues dans les notices qui le concernent l'engagent, dit-il, à écrire lui-même ce qui, dans sa vie laborieuse et agitée, peut intéresser les amis de l'art. Un bon tiers a déjà paru : c'est le *Voyage musical*, qui retrace les années des débuts du maître et ses excursions en Italie et en Allemagne. Ce livre, auquel est annexé un recueil d'articles de critique et de nouvelles musicales, qui sera également réimprimé dans plusieurs autres volumes, les *Soirées de l'orchestre*, les *Grotesques de la musique*, *A travers chants*, est déjà épuisé à ce moment ; il peut donc reprendre ces fragments pour composer ses *Mémoires*.

La note publiée à la première page des *Soirées de l'orchestre* en 1852, alors que Berlioz avait déjà rédigé toute la première partie des *Mémoires*, justifiait la reproduction de ces fragments : « La première édition de l'ouvrage de M. Berlioz, intitulé *Voyage musical en Allemagne et en Italie* étant épuisée, l'auteur s'est refusé à en publier une seconde, toute la partie autobiographique de ce voyage devant être introduite et complétée par lui dans un travail plus important dont il s'occupe. »

Comme il n'est pas facile de retrouver aujourd'hui des exemplaires du *Voyage musical* ([1]), il me semble intéressant de noter ici les changements que Berlioz a fait subir au texte et à la distribution des matières en dépeçant l'ouvrage pour le reproduire par morceaux dans ses *Mémoires* et dans ses autres volumes, qui ne seront, du reste, que des recueils d'articles ou de fragments.

Le tome Ier contenait les dix lettres insérées aux *Mémoires* et donnant la relation du premier voyage de Berlioz en Allemagne, en 1843. La septième lettre, adressée à Mlle Bertin, comprenait la fantaisie intitulée *Un début dans*

---

(1) Publié en deux volumes, chez Labitte, en 1844.

le *Freyschütz*, qui a été détachée et reproduite dans les *Soirées de l'orchestre*. A ces dix lettres, Berlioz ajoutait un choix d'articles qui ont été réédités dans le volume *A travers chants*. En voici les titres, le lecteur les retrouvera sans peine : 1° *Musique*; 2° *Beethoven* (l'article commence par les mots : « Il y a seize ou dix-sept ans » qui ont été rectifiés ainsi pour la réimpression en 1862, « Il y a trente-six ou trente-sept ans, » etc.); 3° le *Freyschütz* de Weber. Ces trois articles forment près de deux cents pages du volume *A travers chants*.

Le dernier article, intitulé : *Souvenirs sur l'Opéra*, a été inséré aux *Mémoires* avec la suppression des cinq premiers monosyllabes : « *Il fut un temps où...* les représentations de l'Opéra étaient des solennités où je me préparais, etc. ».

Le tome II, consacré au voyage en Italie, comprenait quatorze chapitres et cinq Variétés en guise d'appendice. Il suffit de citer les titres pour faciliter le rapprochement avec le texte des *Mémoires* : 1° le Concours à l'Institut; 2° le Concierge; ses révélations; 3° la Distribution des prix; 4° le Départ; 5° l'Arrivée; 6° Episode bouffon (c'est l'expédition à Nice); 7° le Retour à Rome; 8° la Vie de l'Académie ; 9° Vincenza (détaché aux *Soirées de l'orchestre*); 10° Vagabondages; 11° Subiaco; 12° Encore Rome; 13° Naples; 14° Retour en France.

Les cinq Variétés qui terminaient le volume ont été également réimprimées : le *Premier opéra*, les *Tribulations d'un critique*, le *Suicide par enthousiasme*, le *Ténor, astronomie musicale, ses révolutions, son lever, son coucher*, etc., dans les *Soirées de l'orchestre*; le *Système dramatique de Gluck*, et les *Deux Alceste*, dans *A travers chants*.

Voilà donc, avec ce seul ouvrage, non seulement une partie importante des écrits de Berlioz, mais déjà un fort morceau des *Mémoires* qui n'est pas inédit, au moment où il commence à écrire son autobiographie. De même, il reprend ses six lettres adressées à Humbert Ferrand pendant son second voyage en Allemagne, en 1846, publiées d'abord dans les *Débats*, car aucune de ces publications n'est complètement inédite. Il y ajoute enfin une relation de son voyage en Russie en 1847, qu'il eût désiré faire paraître en articles avant de l'insérer aux *Mémoires*; mais il n'en eut pas l'occasion.

En somme, il ne lui reste à écrire que le récit de ses premières années avant ses débuts à Paris, celui des années qui s'écoulent de 1833 à 1842, entre son retour d'Italie et son premier voyage en Allemagne, ainsi que les incidents de sa carrière artistique au milieu de ses fréquentes excursions à l'étranger, entre les années 1843 et 1848. Les *Mémoires* ne sont pas une autobiographie véritable, mais le complément des fragments autobiographiques déjà publiés.

Il y a de même, dans le reste du récit, une série de fragments qui ne sont pas plus inédits que les précédents. J'ai pu reconstituer presque tous les écrits de Berlioz à l'aide des collections de la *Gazette musicale* et des *Débats*, de 1834 à 1864. J'ai dépouillé consciencieusement ces périodiques, ainsi que certains autres recueils auxquels Berlioz collabora pendant quelque temps d'une manière assez régulière, de 1828 à 1840, tels que le *Correspondant* (devenu, en 1831, la *Revue Européenne*), le *Publiciste*, le *Rénovateur*, l'*Europe littéraire*, l'*Italie pittoresque*, etc. Sans parler des Variétés du *Voyage musical* réimprimées aux volumes des *Soirées de l'orchestre* et de *A travers chants*, j'ai constaté que, dans ces ouvrages, ainsi que dans les *Grotesques de la musique*, il n'y avait pas cent lignes inédites. Tout provient de cette inépuisable mine des feuilletons où il concentra, pendant près d'un tiers de siècle — *grande mortalis œvi spatium* — tout l'effort de sa pensée. J'ai sous la main la chronologie, soigneusement établie, de ses articles : je pourrais dire à quelle date ont été écrits chaque chapitre, chaque page. Bien souvent les matériaux les plus éloignés et de l'origine la plus diverse ont été recueillis pour reconstituer un nouveau morceau, par exemple, les Etudes sur Gluck, sur Beethoven. Quant aux *Grotesques de la musique*, ce sont des coups de ciseaux donnés au hasard dans toutes les collections des feuilletons des *Débats*.

Mais ce qui importe davantage c'est de rechercher la

donnée primitive des *Mémoires* et l'origine des morceaux réunis sous ce titre pour composer en 1848 l'autobiographie du maître. Les *Études médicales*, *Lesueur* et *La Chapelle Royale*, les *Soirées à l'Opéra*, *Don Juan*, les *Mystères d'Isis*, *Freyschütz* et *Obéron*, tous ces chapitres, comme ceux du concours de composition à l'Institut, ont paru d'abord en articles écrits pour la *Gazette Musicale* de 1834 à 1842. Quelques fragments des autres chapitres sont, de même, des extraits : par exemple, l'histoire du concours pour une place de choriste. Rien que dans cette première partie de l'autobiographie, qui raconte la vie de Berlioz de 1803 à 1830, sur les 109 pages il n'y en a que 44 d'inédites ; les 65 autres sont de la réimpression et rien n'est changé à la partie purement fantaisiste de ces récits. La proportion de l'inédit sera bien moins considérable encore dans la suite : les relations épistolaires des voyages de Berlioz prendront 246 pages sur les 322 qui restent.

En tout, dans le volume, il n'y a que 138 pages dont on ne retrouve pas le texte original dans les collections des articles de Berlioz : encore existe-t-il des sources qu'il est bon de signaler. Tout ce qui concerne Henriette est, pour le fond sinon pour le style, la paraphrase du récit donné par d'Ortigue dans le *Balcon de l'opéra*. Il est probable que Berlioz avait encore bien d'autres matériaux sous la main. D'ailleurs, presque tout le récit de sa vie était déjà écrit, et, à peu de chose près tel qu'il l'a conservé dans les *Mémoires*, alors qu'il rédigeait les quelques chapitres de remplissage destinés à joindre des fragments dont quelques uns étaient composés depuis vingt ans.

Aussi l'on sent trop bien le défaut d'équilibre et d'ensemble. Vous retrouvez jusque dans les réflexions qui lui échappent, au cours de la rédaction des premiers chapitres, à propos des événements de 1848, des paragraphes qui font partie des articles qu'il publie à la même heure dans le *Journal des Débats*. Les *Mémoires* ne sont qu'une mosaïque, une sorte de centon.

Si l'on veut se rendre compte du travail de l'auteur, il faut extraire du livre tous les fragments qui ne sont que la reproduction d'articles ou de chapitres de son premier volume, et ses lettres de 1846-47, qui avaient été déjà rédigées ou publiées, lorsqu'il inscrivait la date de la préface. Sur les 433 pages qui vont jusqu'à l'année 1848, il ne lui en reste pas 115 en tout à écrire à ce moment, et pour les six années qui s'écouleront jusqu'à la première date finale, 18 octobre 1854, vingt-trois pages lui suffiront, d'autant plus qu'il ne mentionne aucun des faits artistiques qui ont lieu pendant cette période de sa carrière, et se borne à signaler trois faits de l'histoire de sa vie privée : la mort de son père, celle de sa sœur et celle de sa femme. Avec une lettre écrite à son biographe en 1858, et qu'il reproduit en guise de *Post-scriptum*, et la *Post-face* ajoutée en 1864 et amplifiée par la transcription de la correspondance sentimentale, la matière suffira pour remplir un fort in-octavo de 500 pages : mais constatons que cette autobiographie, si intéressante qu'elle soit, n'est faite que de pièces et de morceaux.

Voilà le bilan plutôt que l'analyse du travail. Les garanties nécessaires d'exactitude et de régularité nous manquent absolument ici. Bien plus, l'auteur prend soin de nous prévenir dès les premières lignes de la Préface qu'il n'est pas sincère et qu'au lieu d'un récit impartial il nous offre un plaidoyer, ou pour mieux dire une apologie. Trop intéressé dans la question, il sait qu'on peut discuter sa thèse : aussi se garde-t-il bien de donner barre sur lui au contradicteur : « Je n'écris pas mes confessions et je ne dirai que ce qu'il me plaira de dire. » Le mot revient souvent dans le texte (¹). La déclaration est précieuse : il est impossible d'y mettre plus de franchise. Il nous avertit en conséquence qu'il ne se reconnaîtra que « des péchés véniels », car il tient à l'absolution.

C'est donc un texte sujet à controverse que celui qui nous est laissé : il serait permis d'opposer au panégyrique un réquisitoire. Je me bornerai à confronter les récits, la vérité apparaîtra aussitôt. Si les *Mémoires* eussent été sincères et complets, personne ne se fut avisé d'étudier la vie de Berlioz. Malheureusement il a lui-même appelé la discussion et la

(1) Voir pages 65, 100 et 225.

critique, non pas en présentant sa défense, car c'était son droit strict, mais en se renfermant dans un mutisme suspect, en cherchant le mystère au lieu de la pleine clarté du débat public et contradictoire.

Et dans quelles dispositions d'esprit se trouve-t-il au moment où il entreprend cette autobiographie qui n'est qu'une réfutation de ses biographes officieux? Dans l'état moral le plus douloureux, au moment le plus critique de toute sa vie. Ce n'est pas sous une telle impression qu'il peut se défendre des préoccupations personnelles.

Il va bientôt apprendre la nouvelle de la mort de son excellent père auquel l'attache la plus profonde affection et qu'il vient de retrouver affreusement affaibli au retour de son dernier voyage. Il est depuis plusieurs années séparé de sa femme et son fils commence déjà à lui causer des ennuis. Sa vie intérieure n'est pas gaie. Il erre depuis 1843 à travers l'Europe en compagnie d'une cantatrice sans talent et d'humeur assez maussade, qui nous apparaît comme une personne fort peu intéressante. Ses embarras d'argent sont terribles et il lutte contre d'inextricables difficultés à Londres, où il avait rêvé atteindre la fortune et la gloire. Mais ce qui l'inquiète gravement, c'est l'avenir de la musique. Après le coup qui a frappé son orgueil d'artiste dans la chute de la *Damnation de Faust*, la Révolution de 1848 l'a positivement atterré. Lui qui n'entend absolument rien à la politique, il ne s'explique pas les événements qui s'accomplissent : il hurle de fureur sans savoir pourquoi. Nous l'avons vu tel en face des émeutes sous Louis-Philippe. A présent il croit tout perdu : La République roule en ce moment son rouleau de bronze sur toute l'Europe ; l'art musical qui depuis si longtemps se traînait mourant est bien mort à cette heure, on va l'ensevelir ou plutôt le jeter à la voirie. « Il n'y a plus de France, plus d'Allemagne pour moi. » Car ce n'est pas à Paris seulement que se dressent des barricades : Berlin, Dresde, Vienne, Pesth, Venise, Rome et Naples sont en feu. Il croit qu'il n'y a plus que l'Angleterre au monde pour le sauver de ce cataclysme universel. Il ne se sent même pas rassuré dans la grande île. D'abord, « aux premières secousses du tremblement de trônes qui bouleverse le continent, » elle a la charge de nourrir « des essaims d'artistes affamés » qui viennent chercher chez elle un asile de tous les points de l'horizon ; « pourra-t-elle suffire à la subsistance de tant d'exilés ? » On dirait, à l'entendre, que tous les artistes de l'univers ont envahi le sol britannique et vont y provoquer la famine ! Enfin, il s'effraye à l'idée que l'exemple des peuples voisins qui se couronnent rois peut tenter aussi les Anglais. Il ne lui restera plus qu'à disparaître : « Qui sait ce que je serai devenu dans quelques mois ? Je n'ai point de ressources assurées pour moi et les miens... Employons donc les minutes ». Son épigraphe est empruntée à Shakespeare, elle correspond à ces idées funèbres : « La vie n'est qu'une ombre qui passe, un pauvre comédien qui pendant son heure se pavane et s'agite sur le théâtre, et qu'après on n'entend plus. C'est un conte récité par un idiot plein de fracas et de furie et qui n'a aucun sens ».

Fort heureusement les appréhensions de Berlioz ne se justifièrent pas. Il se remettra bientôt de ce premier moment d'épouvante et d'affolement. Sauf quelques *a parte* que nous trouvons aux pages suivantes et qui nous révèlent son irritation pendant le cours de cette année 1848, nous le verrons se rasséréner peu à peu.

A l'aide de quelques phrases incidentes du récit on peut noter les dates de la composition des chapitres. Entre le 21 mars et le 10 avril Berlioz rédige les quatre premiers. A ce moment les interjections de l'auteur nous révèlent ([1]) une suspension du travail, qui se prolonge jusqu'au 16 juillet, date de sa rentrée en France. Plus loin ([2]) des réflexions douloureuses sur l'assassinat du prince Lichnowski nous reportent à la fin de septembre. Ces huit chapitres sont suivis d'une nouvelle interruption. A la page 137, la note relative à la présentation de Berlioz à Louis Bonaparte, qui avait eu lieu à Londres un an auparavant, nous reporte à l'année 1849; enfin, à la page 214 nous trouvons une mention tout à fait précise : « Il ne faut pas oublier que ceci fut écrit en

(1) *Mémoires*, p. 18.
(2) *Ibid.*, p. 31.

1850 (¹) ». Suivent les dix lettres d'Allemagne. C'est là toute la première partie des *Mémoires*, comprenant l'histoire de sa vie jusqu'à la fin de son premier voyage à l'étranger.

Il est important de savoir à quelle date précise il faut en placer la rédaction ou, pour les parties non inédites, la révision. Berlioz écrivait à Ferrand en parlant de la publication des premiers extraits des *Mémoires* dans le *Monde illustré* en 1858 : « Tout cela a été rédigé de 1848 à 1850 ». J'aurais pu m'en tenir à cette constatation; j'ai cru qu'il valait mieux préciser. Les chapitres suivants ont été écrits, en effet, à un intervalle assez éloigné. A propos d'une scène de famille dans laquelle son fils, âgé de six ans, joue un rôle, et qui se placerait, par conséquent, vers 1839, Berlioz ajoute : « Il y a quinze ans de cela (²) ». Nous voici donc transportés en 1854. C'est avec une sorte de hâte fébrile qu'il acheva son œuvre après cette suspension. A ce moment il n'a plus, après avoir repris ses lettres d'Autriche et de Russie dans son portefeuille, que quatre chapitres à ajouter pour écrire le mot *fin* : encore est-il obligé de s'interrompre à propos du siège de Bomarsund auquel assiste son fils Louis, ce qui nous reporte au mois d'août 1854.

Cette émotion le distrait de son travail et il ajoute : « mon récit marche si lentement : c'est si ennuyeux à écrire et sans doute aussi à lire. A quoi cela servira-t-il ? Abrégeons autant que possible les faits sans réflexions ni commentaires (³) ». Plus loin, il avoue que ce travail lui est pénible : « j'ai hâte d'en finir avec ces *Mémoires*, leur rédaction m'ennuie et me fatigue presque autant que celle d'un feuilleton : d'ailleurs quand j'aurai écrit les quelques pages que je veux écrire encore, j'en aurai dit assez, je pense, pour donner une idée à peu près complète des principaux événements de ma vie et du cercle de sentiments, de travaux et de chagrins dans lequel je suis destiné à tourner... jusqu'à ce que je ne tourne plus (⁴) ». Douze

---

(1) Comme il s'agit ici de la représentation de *Benvenuto Cellini* qui eut lieu en 1838 et que Berlioz dit : « Il y a *quatorze ans* que j'ai été traîné ainsi sur la claie à l'Opéra, » il y a manifestement une erreur de calcul.

(2) *Mémoires*, p. 333.

(3) *Ibid.*, p. 427.

(4) *Ibid.*, p. 443.

pages de tristes réflexions et de plaintes amères sont bientôt terminées et il écrit la date finale : 18 octobre 1854. Il vient de se remarier : ce n'est pas la seule épreuve que lui réserve la destinée jusqu'au moment où, après les *Troyens* et veuf une seconde fois, il s'écrie dans un élan qui n'a rien de lyrique : « *Au diable tout!* » et écrit, cette fois définitivement, la dernière ligne : 1er janvier 1865. Encore quelques notes ajoutées au texte et il livrera le manuscrit à l'imprimeur, et bientôt après les mille à quinze cents exemplaires sont transportés à son cabinet de bibliothécaire au Conservatoire (1) d'où ils ne doivent sortir qu'à sa mort. Le titre porte : « Mémoires de M. Hector Berlioz, membre de l'Institut, etc. » Chez tous les libraires.

Hélas ! il manque un dernier *post scriptum* ! Deux ans après, le fils de Berlioz était emporté par la fièvre jaune à la Havane. Ce fut le dernier coup : le pauvre grand artiste ne survécut que dix-huit mois à cette douleur terrible.

V. — Ces observations faites sur la composition des *Mémoires*, nous avons à noter encore les retouches, corrections et remaniements qui nous montrent avec quel soin Berlioz relisait son manuscrit. Malheureusement, ces corrections ne nous prouvent point la sincérité du narrateur, tant s'en faut. Lorsque nous voyons qu'il cite, parmi les fanatiques des soirées de l'Opéra, son ami de Pons, et que nous nous reportons au même fragment dans l'appendice du *Voyage musical*, nous constatons avec surprise qu'il a remplacé le nom de ce témoin ou plutôt de cet acteur d'une scène qui semble toucher un peu à la fantaisie. En 1844, il citait Saint-Ange, le professeur de danse : huit ou dix ans après, il biffe ce nom et y substitue celui de son ami de Pons. (2). Tous les deux sont morts, d'ailleurs, à cette date. Dans le même chapitre, il introduit une mention plus caractéristique, à propos de deux auditeurs en compagnie desquels il assistait à la représentation d'*Œdipe*, de Sacchini. Leurs noms, qui ne figuraient pas dans l'édition de 1844, sont consignés dans

(1) Weckerlin, *Musiciana*, p. 319.
(2) *Mémoires*, p. 54.

deux notes ajoutées aux *Mémoires* : le premier est Léon de Boissieux, un ami d'enfance, dit-il, l'autre, un ingénieur, nommé Le Tessier. Comment a-t-il retrouvé, subitement, la mémoire des noms au bout de dix ans (1) ?

Autre remarque : le *Voyage musical* contenait, au début de la lettre de Dresde, adressée à Ernst, quatre lignes de compliments sur Mlle Recio, qui, disait le texte, « se trouvait alors par hasard (2) » dans cette ville. Cette mention disparaît dans les *Mémoires*, il faut en féliciter Berlioz. Une simple observation, cependant. L'inspection de la page fait voir qu'il a été jeté beaucoup d'espace dans la composition typographique. L'auteur a peut-être hésité jusqu'au dernier moment avant d'enlever le passage (3).

Enfin, mentionnons le maintien pur et simple de diverses notes de l'édition de 1844, par exemple celle qui nous apprend qu'il avait cessé de fumer depuis son voyage en Italie ; l'autre, à la page suivante, qui nous révèle son goût pour les tournures de phrase bizarres et à effet. Cette dernière nous enseigne qu'il n'hésite pas à y sacrifier même la vérité ; « ceci est un mensonge », dit-il. Dans la première version, la note portait : « Ceci est *encore* un mensonge (4) ». Il y avait eu, en effet, une autre supercherie du narrateur dans les récits précédents ; il avait éprouvé le besoin de s'en confesser à la fin de la nouvelle sentimentale intitulée *Vincenza*.

Avec tant de corrections, de précautions oratoires et de retouches, le texte de ses *Mémoires* n'offre guère de garanties. Aucun aveu imprudent n'échappe à son attention. Il relit sans cesse son manuscrit. Les annotations portent les dates les plus diverses et il veille jusqu'à la dernière minute. A propos du carnaval de Rome, dont la bestialité l'indigne, il reproduit une lettre datée du 7 mars 1865, dans laquelle il

---

(1) *Mémoires*, p. 56.
(2) *Voyage musical en Allemagne*, t. I, p. 96.
(3) Mlle Martin, qui prenait au théâtre le nom de sa mère, Recio, était la *compagne* qui suivit Berlioz en Allemagne et qu'il épousa en 1854, après la mort d'Henriette Smithson. Elle mourut en 1862.
(4) *Mémoires*, p. 148.

félicite Léon Halévy d'une protestation qu'il a adressée au *Journal des Débats* contre la promenade du Bœuf gras (1). Plus loin, une note sur *Benvenuto Cellini* rappelle la publication de la partition qui eut lieu cette même année (2). Une autre fait allusion à celle des lettres de Mendelssohn; elle est datée du 25 mai 1864 (3) ; à chaque page, il complète le récit des événements auxquels il est personnellement intéressé : à propos de l'*Enfance du Christ*, des *Troyens*, de l'opposition acharnée contre lui (4).

Lorsqu'il avait consenti à publier en 1858 des fragments des *Mémoires* dans le *Monde Illustré*, il avait réservé les pages le plus intimes, jugeant que le moment n'était pas encore opportun. Il retrancha le chapitre III (Estelle) ainsi que tous les passages qui concernaient ses amours de Meylan, et remplaça par des lignes de points les récits d'incidents secondaires, tels que le suicide du jeune Imbert, fils de son premier professeur de musique. D'autres chapitres furent réservés: celui de la « distraction violente », entre autres, ainsi que toute la partie qui avait été publiée en volume. C'étaient tous les chapitres relatant les voyages en Italie et en Allemagne. « J'ai supprimé les plus douloureux épisodes, écrit-il à Ferrand : on ne les connaîtra que si mon fils veut plus tard publier le tout en volume (5) ». Les amours de Meylan tiennent bien peu de place dans le livre; mais c'est dans sa vie qu'ils jouent un rôle considérable, précisément à l'heure où il écrit ces lignes. Lorsque les *Mémoires* sont imprimés, en 1866, il a revu *son Estelle*, âgée de soixante-dix ans, et la *Post-face* a rattaché ces *douloureux épisodes* de l'enfance aux rêves bienfaisants de la vieillesse : le roman est complété par le dénouement, qui manquait. « Ce qui regarde mon histoire intime, écrivait-il alors à Szarwady, qu'il chargeait de faire traduire l'ouvrage, n'a jamais paru; le reste a été considérablement augmenté (6) ».

(1) *Mémoires*, p. 138.
(2) *Ibid.*, p. 214.
(3) *Ibid.*, p. 260.
(4) *Ibid.*, p. 313, 400, 451, etc.
(5) *Lettres intimes*, p. 210.
(6) *Corresp. inéd.*, 2e édit., appendice, p. 377.

Ces additions sont faciles à découvrir en comparant le texte définitif avec la version primitive : elles consistent surtout en *raccords* et en enjolivements. On a pu en voir déjà quelques exemples. Pour passer au récit de son voyage musical en Italie, il dit : « C'est le résumé de ce que j'écrivis il y a quinze ou seize ans ([1]) ». Ce n'est pas un résumé, c'est la reproduction pure et simple du tome II du *Voyage Musical*, et le récit était fourni par la compilation d'articles du *Correspondant*, de la *Gazette Musicale* et des *Débats*.

Ce n'est pas tout : les erreurs sautent aux yeux à chaque pas : tantôt c'est dans les faits et tantôt dans les dates. En racontant comment il devint critique, il assure qu'il eut la main forcée par Ferrand. Ses *Lettres intimes* nous montrent que ce fut lui qui s'adressa le premier à son ami. Il prétend que celui-ci le pressait pour écrire ses premiers articles au *Correspondant*. Ferrand avait alors quitté Paris depuis près de trois ans. Il attribue à M. Michaud de la *Quotidienne* le refus de son article sur l'école italienne : ce fut M. de Carné, directeur du *Correspondant*, qui le trouva « trop dur ». Voilà, sur un seul point, trois fortes erreurs. Quelques autres exemples au hasard. Il écrit qu'il composa son *Élégie en prose* au lendemain de la représentation d'*Hamlet* en 1827 : cette pièce, d'après les *Lettres intimes,* date de 1830. L'histoire de ses démêlés avec Cherubini à propos de son premier concert n'est pas même exacte : une lettre écrite à son père dit formellement : « Cherubini m'a refusé d'abord et accordé l'instant d'après tout ce que je lui ai demandé ». Il n'a pas eu besoin de recourir à M. de Larochefoucauld pour lui faire donner *des ordres*. Plus tard on le voit, dans une lettre d'une parfaite courtoisie, s'effacer devant son ancien directeur à propos du *Requiem*, au lieu de l'intrigue ténébreuse qu'il lui attribue dans ses *Mémoires*. A propos de ce même *Requiem*, il prétend qu'il ne fut payé que quatre mois après, avec bien des difficultés : à Ferrand il raconte dix jours plus tard la gracieuseté dont il est l'objet de la part de M. de Montalivet, et la somme n'est plus la même.

---

(1) *Mémoires*, p. 79.

Au lieu de 3000 francs, c'est 4000, et le ministre n'a pas voulu lui donner ces 4000 francs tout secs. Quant à l'incident de la prise de tabac d'Habeneck, pendant l'exécution de l'œuvre aux Invalides, on n'en trouve pas trace dans cette lettre ; il n'en parle à Ferrand que vingt-deux ans après lorsque le passage des *Mémoires* où il raconte ce fait singulier paraît dans le *Monde illustré*.

L'histoire de la composition de *Roméo* n'est pas plus claire : il se défend d'avoir conçu le plan de sa symphonie au lendemain de la représentation d'Henriette, en 1828. Mais c'est bien à cette date qu'il en eut la première idée, ce point sera complétement éclairci. Enfin, la date à laquelle il place son premier voyage à Bruxelles (1840) n'est pas exacte : c'est en 1842, et celle de ses voyages en Allemagne est 1843 et non 1841-42, comme il l'imprima aux *Mémoires*. Cela importe surtout au point de vue de son histoire intime, selon ses termes, car c'est la date de ses premières crises de ménage et de la révolution opérée dans sa vie par sa rupture avec Henriette Smithson. Ma tâche consistera précisément à rectifier les inexactitudes et à signaler les contradictions.

Le 20 décembre 1830, la veille du jour où il se rendait à Rome (ce fut cependant dix jours plus tard qu'il partit), il avait dû ajourner à son retour d'Italie une visite à Rouget de Lisle, que l'auteur de la *Marseillaise* lui demandait : ses regrets de ce contretemps eussent été fondés, si comme il le prétend, le poëte était mort dans l'intervalle. Or, il était rentré à Paris dès la fin de 1832 et la date du décès de Rouget de Lisle est le 26 juin 1836. Ce fut le 12 mai 1832 que je vis le Mont-Cenis, dit-il ailleurs ; et nous voyons, par la date d'une lettre à Ferrand, qu'il se trouvait encore à Turin le 25 du même mois. Ce n'était pas la peine de chercher à préciser.

Voici un autre genre de distraction : après avoir désigné durant un chapitre entier, par leurs initiales seulement, deux touristes suédois avec lesquels il fit le trajet de Naples à Rome, il écrit leurs noms en toutes lettres à la dernière ligne. L'inconséquence est d'autant plus bizarre qu'elle se trouvait dans le récit de ce voyage dès 1844. Partout les dates sont interverties, les récits mélangés, les faits confondus. On dirait à lire les *Mémoires* que le grand amour shakespearien a été une passion constante pendant six années. Nous voyons dans les *Lettres intimes* qu'il y eut rupture complète, consommée par l'infidélité immédiate. On eût cru de même que la *Distraction violente* n'était qu'un incident embrassant tout au plus quelques semaines : c'est une liaison sérieuse, suivie de promesse de mariage, et qui dura près d'une année. Le chapitre XXXIV dément d'un bout à l'autre le récit que contenait le chapitre XXVIII, présenté sur le ton le plus dégagé.

Quant aux querelles de Berlioz avec Cherubini ([1]) il est presque impossible d'en dresser la chronologie. L'exécution de son *Requiem* à Lille en 1839 est citée comme ayant précédé un échec pour l'obtention d'une place de professeur d'harmonie au Conservatoire. Or, Bienaimé qu'il désigne comme l'ayant emporté sur lui avait été nommé en 1838 ([2]). Il raconte comme ayant eu lieu « bientôt après » un incident dans lequel il joua le rôle de provocateur, à la première représentation d'*Ali-Baba :* or, cet ouvrage fut donné en 1833. Ce ne sont que des exemples cités en passant. Il y a cent endroits où les dates sont ainsi embrouillées et les faits défigurés de même.

Rien de plus naturel, en vérité. En se reportant aux circonstances et aux dispositions d'esprit dans lesquelles Berlioz rédige ou pour ainsi dire reprend son autobiographie, on comprend que ses souvenirs n'aient point été toujours aussi précis qu'on eût pu le désirer. Il n'écrit pas un livre d'histoire, en recherchant soigneusement des dates et en contrôlant des faits : il ne rassemble même pas des notes prises au jour le jour. Il voit alors les événements à distance et à vingt, trente ou même quarante ans en arrière. En outre, et c'est sur ce seul point qu'il importe d'insister, il est trop personnellement intéressé, et, loin de s'en cacher, il nous déclare, dès le principe, qu'il désire con-

---

[1] *Mémoires*, p. 204.
[2] *Revue et Gazette Musicale* du 22 juillet 1838.

quérir nos suffrages et qu'il s'interdit les confessions compromettantes.

En un mot, les *Mémoires* font une légende et, en fait de témoignages historiques, toutes les légendes se valent. Berlioz expose à chaque instant ses plaintes, ses récriminations, ses souffrances ; il veut être regardé comme un héros, d'une part, comme un martyr, de l'autre. Il se présente à nous comme un grand génie méconnu, victime de l'injustice et de l'intrigue, las d'une existence de luttes surhumaines et de perpétuelles déceptions. Il n'épargne aucun effort, il ne néglige aucun argument pour nous émouvoir. Il y a du vrai, sans doute, dans ce réquisitoire contre ses contemporains ; mais l'exagération est évidente. Elle ressort même des contradictions incessantes du récit. Il faut supprimer toutes les digressions, corriger toutes les erreurs, vérifier même toutes les accusations portées par l'auteur contre ses adversaires : c'est ainsi seulement qu'on pourra juger Berlioz.

Ce n'est pas pour donner la répétition ni le commentaire des *Mémoires* que je me suis proposé d'écrire ce livre. C'est la psychologie de Berlioz qui était à faire. Il y avait tout un travail de confrontation à entreprendre : il fallait réunir, afin d'éclaircir chaque point douteux, les récits ou les simples mentions, disséminées en divers passages de son autobiographie et de sa correspondance, prendre, dans ses ouvrages littéraires, ses feuilletons, les annotations ou les indications consignées aux partitions de ses compositions musicales, tous les éléments d'une confirmation ou d'une rectification. Il fallait rechercher, en outre, dans les souvenirs des contemporains, dans les relations des faits auxquels Berlioz avait pris part à un titre quelconque, les informations utiles pour proposer une version sûre, presque infaillible. Ce travail de patience méritait d'être entrepris. La lecture des *Mémoires* n'en sera pas moins intéressante : elle le sera sans doute davantage, le public se trouvant dès lors averti et en mesure de contrôler lui-même le récit pour ainsi dire point par point. On retrouvera l'auteur derrière le narrateur : celui-ci était beaucoup trop complaisant pour le premier ; on lui pardonnera sa partialité, mais on la percera bien à jour, désormais. Berlioz a eu peur de se laisser connaître tout entier, il a eu honte de se mettre à nu devant le public. Cette retenue est honorable, mais la décence n'exigeait pas qu'il revêtît la blanche robe de l'innocence. Il pouvait être pudibond sans essayer de se faire passer pour une âme candide et de jouer les ingénus.

Certainement il a pu s'attribuer de bonne foi le beau rôle ; mais, si respectable que soit chez lui le désir de protéger sa mémoire, il faut le prendre en flagrant délit lorsqu'il essaie de tricher avec la postérité. Dans cette autobiographie trop souvent mystérieuse et dont la sincérité n'avait pas encore été vérifiée, nous le voyons beaucoup trop préoccupé de l'effet. Sa pose est apprêtée; il déploie ses séductions avec le raffinement de la coquette la plus consommée : il veut être absous, il l'avoue. Ce sont justement les défaillances qu'il oublie, et il voudrait qu'on pût croire qu'il n'en exista jamais chez lui. Malheureusement il n'en fut pas ainsi, et si les souffrances morales et physiques, les persécutions, les cruautés lâches du hasard, selon son mot, les injustices du public, expliquent bien des amertumes, il est des erreurs qu'il a voulu tenir secrètes et des fautes pour lesquelles il sollicite les circonstances atténuantes. On les lui accorde volontiers. Seulement il faut qu'il n'y ait rien d'obscur dans le débat et que la défense soit précédée de l'enquête la plus impartiale. Ce n'est pas le Berlioz intime qu'il faut voir, c'est surtout le Berlioz vrai.

VI. — Nous sommes loin d'avoir le Berlioz vrai dans la *Correspondance inédite*, et la notice biographique placée en tête du volume est loin de nous retracer avec la précision désirable la vie et le caractère du grand compositeur. Les biographes de Mozart, de Gluck ou de Beethoven se sont bien gardés de taire les faiblesses et les travers de ces maîtres : ils savaient que nous n'en aurions pas moins d'admiration pour leur génie, et que la preuve de sympathie la plus désintéressée que nous puissions leur donner était de nous attacher à connaître les particularités les plus intimes de leur existence et à revivre nous-même avec eux, pour ainsi dire, de nous mêler étroitement à leur pensée et de pénétrer au plus profond de leur être.

M. Daniel Bernard n'en a pas jugé ainsi et a voulu que la légende de Berlioz traîné au Golgotha par la racaille et crucifié par les infidèles fût respectée et perpétuée. Il a laissé sans critique le Berlioz persécuté sur lequel les *Mémoires* veulent nous apitoyer, et écarté de son recueil toutes les lettres qui ne contribuaient pas à nous donner le Berlioz sympathique, touchant, presque élégiaque, de la légende. Sa notice biographique est écrite sous cette impression : c'est encore un plaidoyer.

J'avais cru trouver, dans les *Lettres intimes*, ce Berlioz au naturel que j'avais vainement cherché dans les *Mémoires* et que j'avais seulement entrevu dans la *Correspondance inédite*. Toutes ces lettres sont adressées à Humbert Ferrand, l'ami de jeunesse que connut Berlioz dès la vingtième année et qui conserva avec lui jusqu'aux derniers jours les relations les plus affectueuses. Certainement, l'intimité est étroite : « Il est si rare, écrit Berlioz en 1830, de trouver un homme complet qui ait une âme, un cœur et une imagination, si rare pour des caractères ardents et impatients comme les nôtres de se rencontrer, de s'assortir, que je ne sais comment vous exprimer le bonheur que j'ai de vous connaître. » Il y a cent pages où des effusions de ce genre seraient à citer : la sympathie intellectuelle est profonde, et, en effet, Berlioz et Ferrand pensent et sentent en commun et s'unisssent dans cet enthousiasme qui n'appartient qu'aux natures d'élite pour tout ce qui concerne l'art. Mais, hors de là, quel abîme les sépare, et quelle réserve chez l'un et chez l'autre pour aborder tout autre sujet ! En politique ils sont bien près de se disputer ; Ferrand est un des fondateurs du *Correspondant*, la revue légitimiste et catholique : Berlioz, libre-penseur, écrit aux *Débats*. Pourtant, sur la question religieuse, pas un mot dans toute la correspondance, ce qui est, chez Berlioz, la preuve de la plus exquise délicatesse. On trouvera de même, à la *Correspondance inédite*, une lettre à d'Ortigue où il exprime ses regrets d'avoir froissé sans le vouloir la piété de son ami. Mais on sent trop bien quelles barrières élève entre les meilleurs amis, entre frères et sœurs même, cette divergence sur le point qui touche le plus profondément à la charpente humaine, lorsqu'on lit le passage des *Mémoires* où Berlioz avoue « sa haine pour les stupides doctrines, reliques du moyen âge. » Avec Ferrand, l'intimité avait une inflexible et fatale limite, la plus infranchissable de toutes. Un mot est échappé à Berlioz dans une lettre qu'il écrivait de la Côte à Hiller en 1832 : « Je vais aller voir Ferrand ; nous ne nous sommes pas vus depuis cinq ans. Les extrêmes se touchent, comme vous voyez. » C'est vers la même époque qu'il disait à Ferrand : « Pourquoi désirer l'uniformité morale des êtres, pourquoi effacer les individualités? J'ai tort, c'est vrai. Suivons notre destinée, d'autant plus que nous ne pouvons pas faire autrement. »

Cela explique bien des réticences dans les *Lettres intimes*, bien des lacunes dans cette histoire confidentielle de la vie de Berlioz. Ce que nous y trouvons de plus intéressant est tout ce qui concerne la carrière du compositeur, les récits de ses tentatives, les impressions du moment, fidèlement consignées : l'artiste se livre tout entier. L'homme n'apparaît point aussi nettement, sauf peut-être dans la première partie de la correspondance, à cette heure où les grandes crises amoureuses de Berlioz sont presque toute sa vie. A ce point de vue, nous aurons de bien curieuses révélations : j'en profiterai largement. La femme tient une trop belle place dans l'existence de Berlioz pour qu'on néglige ou qu'on se borne à effleurer cette matière qui touche la fibre sentimentale, celle qui vibre si éloquemment chez lui. Toute la seconde partie de *Berlioz intime* sera consacrée à ce que j'appelle *le Roman*, c'est-à-dire aux explosions de la passion chez Berlioz. Ses lettres à Ferrand sont précieuses à plus d'un titre, car c'est encore un des points qui rapprochent ces deux ardentes natures : « Je lui ai dit, écrit-il en rapportant à son ami ses entretiens avec la belle Camille Moke, l'amour grand et poétique comme *nous* le concevons ». Ici encore Berlioz et Ferrand se comprennent, et nous pouvons être sûrs que la confession du premier sera sincère.

Il n'y a rien d'indifférent dans les petits traits qui peuvent nous aider à définir le caractère et l'esprit de Berlioz. Si j'ai tenu à écarter des sources suspectes, telles que certains récits des *Mémoires*, si j'ai soumis à un examen sévère les allégations de la correspondance, j'ai été non moins scrupuleux, on peut le croire, pour les témoignages que j'ai pu recueillir. Il n'est pas de détail que je me sois permis de citer sans avoir eu soin de le contrôler : je n'ai eu, d'ailleurs, qu'à me louer de l'empressement et de la courtoisie que j'ai rencontrés chez tous ceux aux souvenirs desquels j'ai fait appel. Parmi ceux-ci, je suis heureux de citer MM. Jules Bapst, Ernest Legouvé, Jules Claretie, Boisselot, gendre de Lesueur et condisciple de Berlioz, Franz Liszt, Ferdinand Hiller et Wladimir Stassoff, dont les indications m'ont toujours été précieuses. J'ai des remerciements particuliers à adresser, pour toutes les recherches que j'ai faites à Grenoble, à la Côte et à Meylan, à ceux qui m'ont apporté leur obligeant concours, M. Marcel Pelet, maire de la Côte Saint-André, et M. Jardinet, secrétaire de la mairie ; M. Badin, le successeur des notaires de la famille Berlioz ; M. Prudhomme, archiviste du département de l'Isère, et M. Hyacinthe Gariel, bibliothécaire de la ville de Grenoble. La tradition locale avait, à mes yeux, une importance toute spéciale, et bien que je n'eusse assurément pu me flatter de l'espoir de retrouver, dans mes voyages à la terre natale du maître, ceux de ses contemporains qui l'eussent connu durant son enfance et sa jeunesse, car soixante années se sont écoulées aujourd'hui depuis le jour où il quitta la Côte, je pensais, l'imagination aidant, les récits des compatriotes aussi, dans une certaine mesure, pouvoir reconstituer sur place toute cette période de la vie de Berlioz.

Ne croyez point que j'aie voulu tracer des tableaux de fantaisie, ajouter des hors-d'œuvre au récit. Pour moi, l'essentiel est de découvrir, chez l'auteur des *Troyens*, les premiers symptômes d'un esprit original, la manifestation initiale d'un tempérament particulier. Tant de documents, tant de témoignages sont indispensables pour faire la lumière, que j'ai dû m'exposer au reproche d'apporter trop de faits, de peur de courir le risque de n'en avoir pas produit assez. Il y eût eu de ma part présomption excessive si j'avais voulu prononcer en dernier ressort et éliminer toute une série d'informations que d'autres m'auraient blâmé de n'avoir pas mentionnées.

Pour bien se représenter Berlioz, il est indispensable de noter toutes les circonstances extérieures qui ont pu avoir une influence sur le développement de son intelligence, sur ses opinions, sur son caractère : il n'est pas un être à part, il fait partie d'une génération, il vit à un moment donné de l'histoire. En outre, il est originaire d'une contrée qui peut avoir des traditions et des mœurs particulières : sa famille appartenant à cette province de père en fils, son éducation, à lui, s'y étant poursuivie jusqu'à sa vingtième année, il y a des éléments d'appréciation, dans le moment et le milieu, il y a des *facteurs* à discerner, en se gardant bien, toutefois, de procéder par généralisation. Ce qu'il faut faire, c'est une reconstitution pure et simple du pays, de l'époque, de la société, c'est dresser une sorte de décor autour de la figure de Berlioz, en lui laissant cependant le rôle de personnage principal. Il ne faut pas le river au décor, il ne faut pas le faire disparaître dans la foule comme l'unité simple dans l'addition. Si on le perd de vue en observant un ensemble, un milieu général, une température morale, selon les doctrines de l'école, ce n'est pas, à mon sens, pour effacer sa trace, pour le confondre dans la généralité, pas plus que pour lui appliquer exclusivement les traits du personnage régnant. On doit laisser à chacun sa place, et si je cherche à compléter un portrait par des groupes, par des scènes épisodiques, par des essais de couleur locale, je ne veux pas être accusé de supprimer l'individu.

C'est au simple point de vue de l'analyse psychologique que j'étudierai ou plutôt que j'exposerai brièvement, toutes les fois qu'il me semblera utile de le faire, les circonstances extérieures sous l'influence desquelles Berlioz s'est trouvé à un moment donné ; les unes, antérieures à son entrée en scène dans la vie, dans le siècle, pour mieux dire, ont agi sur lui à son insu ; les autres, dont il a pu souvent aussi demeurer inconscient, ont agi par la fatalité des événements sur son existence privée et sa carrière artistique. Ce sont des détails accessoires et non des éléments essentiels : mais le déterminisme des causes secondaires est la partie la plus importante du problème psychologique.

Du reste, en considérant le monde du dehors, j'ai voulu aussi, sans donner à ce travail une étendue trop considérable, ajouter à l'autobiographie de Berlioz les chapitres complémentaires qui permettent de le reconstituer à l'aide de tous les faits sur lesquels il a négligé de nous éclairer, les uns parce qu'il les a ignorés, les autres parce qu'il ne leur a pas attribué toute la portée qu'ils avaient. Je n'écris point l'histoire de la vie de Berlioz. Je le prends successivement comme homme, puis comme artiste, à toutes les périodes, dans toutes les phases morales de son existence. Je ne prétends que le représenter tel qu'il est, car j'ai dit pourquoi nous ne pouvions accepter que sous bénéfice d'inventaire les allégations des *Mémoires*, le livre ne devant être considéré que comme un plaidoyer. En outre, les conditions toutes spéciales de la composition de l'ouvrage ou plutôt la compilation de textes sur laquelle il est édifié et son défaut de proportions ne nous permettent pas de lui accorder la valeur d'un document décisif, d'une chronique impartiale qui serait écrite non pas à un moment donné mais au jour le jour et sous l'empire des impressions spontanées, sincères jusque dans l'erreur. C'est un recueil d'articles et de fragments, voilà tout. C'est en même temps une œuvre de polémique, avec cette nuance qu'il s'agit ici d'une polémique d'outre-tombe.

Je reprends donc les *Mémoires* ; je les réfuterai quand il le faudra, mais je ne les referai point, et je ne calquerai pas la distribution de mes chapitres sur celle de l'autobiographie du maître. J'ai un plan tout différent, car je commence par distinguer deux personnages chez Berlioz et j'étudie séparément l'un et l'autre : l'homme, puis l'artiste. D'un côté, la psychologie, de l'autre, la critique. Je tâcherai, dans la première partie, de parler le moins possible du musicien ; dans la seconde, de m'occuper presque exclusivement du compositeur. Ce sont deux livres en un seul, mais non pas indépendants l'un de l'autre. Il me semble que l'artiste n'est bien compris que si l'homme privé est bien connu. Et je crois que l'un n'est pas moins intéressant que l'autre. Les divisions qui m'ont paru les plus rationnelles consistent à prendre, dans *Berlioz intime*, trois périodes principales : commencer par l'enfance et la jeunesse, et, après avoir noté d'abord un certain nombre des faits locaux et domestiques, poser en pied *l'homme*, tel que l'ont formé la famille, l'éducation, le tempérament, le caractère. Puis, du récit de la vie privée je fais encore deux parties. La première, *le roman*, étudie Berlioz amoureux, et le suit jusqu'à sa rupture avec Henriette Smithson, en définissant les diverses manifestations de la passion, le mélange de rêves poétiques et d'aspirations surhumaines qui constituent un personnage moral d'une nature toute spéciale. Enfin, la dernière partie, que j'appelle le *supplice*, est l'histoire de la vie intime du maître, entre la *Fantastique* et les *Troyens*, en dehors des affections sentimentales, qui me paraissaient devoir prendre une place à part, car elles seront un des éléments indispensables pour l'étude de Berlioz artiste.

Ce plan correspond presque mathématiquement, en effet, à la division des trois parties du Livre II, qui sera consacré à *Berlioz artiste* et où j'observerai de même, isolément, trois points bien distincts : le *musicien*, en prenant successivement pour sujets d'analyse l'époque, l'éducation, l'enthousiasme, le Conservatoire, les débuts, le novateur, le critique; l'*œuvre*, en discernant les tendances particulières à chaque ordre de compositions : symphoniques, dramatiques, religieuses, par exemple ; enfin le *public*, troisième et dernière partie, qui rappelle dans la carrière de l'artiste celle que j'étudie chez l'homme privé sous le titre : le *supplice*. Ici la consonnance des mots est malheureusement l'indice de leur synonymie.

Vous voyez que je suis bien éloigné de suivre les *Mémoires* pas à pas, et de redresser point par point les erreurs ou les insinuations de l'auteur. J'aurai, d'ailleurs, une tâche toute spéciale à accomplir; car tandis qu'il y a des faits et des périodes de la vie du maître auxquels il a consacré dans son autobiographie des développements excessifs, il y a beaucoup d'incidents importants qu'il a absolument passés sous silence ou sur lesquels il a évité d'insister avec l'étendue nécessaire, et qu'il a exposés de la manière la plus réservée. C'est toute une série de chapitres nouveaux qu'il s'agit de composer pour combler les lacunes des *Mémoires*. Aussi n'est-ce pas dans l'autobiographie du maître que je prendrai les éléments du récit. Ce sera dans sa correspondance privée, dans les gazettes du temps, dans les documents authentiques et inédits et les traditions de source sûre que j'ai pu recueillir, tandis que les souvenirs des contemporains peuvent encore être mis à profit.

Pour le reste, c'est-à-dire pour l'étude morale de l'individu, les *Mémoires* sont le document le plus utile et le plus curieux. Mais je n'aurai besoin que de retoucher le texte sur les points sujets à révision; le plan que j'adopte me dispense d'opposer un récit à un autre, bien qu'il m'oblige à écrire tous les chapitres que Berlioz a oubliés. Telle qu'il l'a laissée, l'histoire de sa vie est loin d'être complète; il nous en dit trop ou trop peu.

Vous connaissez la raison de ces anomalies. Il a pris les fragments qui s'étaient trouvés sous sa main, et ceux des événements de sa vie et de sa carrière qui ne lui avaient pas fourni matière à des récits ou à des fantaisies anecdotiques dans ses fonctions de critique et ses occupations littéraires, il les a forcément négligés lorsqu'il a repris tous ses écrits pour les utiliser en 1848, sous prétexte d'écrire son autobiographie. Bien plus, à partir de cette date jusqu'à l'année 1864, le *Post-scriptum* et la *Post-face* ne nous fournissent que des témoignages tout à fait insuffisants, des indications aussi vagues qu'incomplètes. En somme, les *Mémoires* eussent été à refaire, si au lieu d'une autobiographie c'eût été une œuvre historique, comme quelques uns ont voulu considérer l'apologie posthume de Berlioz.

Qu'on ne me reproche point d'avoir ainsi déshabillé Berlioz. On doit la vérité aux grands hommes, et celui-là ne les aime pas d'une affection sincère qui ne veut pas connaître le fond de leur pensée, pénétrer en eux-mêmes, sentir battre leur cœur. C'est parce que j'aime, c'est parce que j'admire Berlioz autant que quiconque, c'est, qu'on me passe le mot, parce que je le sens, que j'ai voulu le rendre vrai, le peindre vivant, le dépouiller de l'ornement d'emprunt, lui enlever la pose apprêtée, le mettre en scène *au naturel*. C'est un mot dont on abuse fort, en ce temps ci, que celui de *naturalisme*. J'ai fait du naturalisme assurément, en présentant ainsi le document humain, recueilli à l'aide de l'observation la plus attentive. Ce n'est pas moi qui jugerai : c'est le public, qui aura ainsi les pièces du procès sous les yeux. C'est aussi bien le grand compositeur que j'ai voulu étudier, que ses contemporains ; ce travail n'est qu'une page de l'histoire musicale, une sorte de tableau dans lequel Berlioz tient la première place, est au premier plan. Autour de lui sont groupés tous ceux qui ont été en contact avec lui dans la vie, qu'il coudoyait jusqu'au dernier jour : d'abord sa famille, ses condisciples, ses amis, ses rivaux et ses ennemis ; plus loin, la foule, indifférente, enthousiaste ou hostile. Quant au peintre, il n'a garde de paraître ; ce qu'il peut dire, c'est qu'il a cherché à pénétrer intimement dans l'âme même du héros, à lire au fond même de sa pensée, et à s'identifier à lui : si le mot m'était permis, j'oserais dire, et je dis, sans aucune autre prétention que celle de justifier la scrupuleuse conscience de cette étude, que c'est Berlioz *vécu* que j'ai voulu présenter.

26 mars 1882.

LIVRE PREMIER

BERLIOZ INTIME

PREMIÈRE PARTIE

L'HOMME

I

LE MAL DU SIÈCLE

En voulant définir l'état moral des générations qui sont entrées en scène au début de la période historique qui s'ouvre avec le Premier Empire, ou plutôt avec la Révolution, nous pourrions tomber dans les classifications, les abstractions et les généralisations, et perdre de vue Berlioz pour ne considérer qu'un milieu, une température morale. Le travers opposé serait de lui prêter nos idées, nos croyances, nos sentiments, nos habitudes. Nous nous garderons d'exagérer dans un sens ou dans l'autre ; nous nous replacerons au temps où il a vécu ; nous supposerons un instant que nous sommes nés avec le siècle ; mais nous ne prétendrons pas avoir tout dit lorsque nous aurons reconstitué l'époque. Il faut l'observer tout d'abord ; mais Berlioz sera le point de départ comme le point d'arrivée. Ce n'est, en outre, que la préface d'une analyse qui ne doit rien négliger pour discerner tous les éléments moraux du génie artistique. J'expliquerai ailleurs l'époque au point de vue musical ; je l'envisage ici au point de vue intellectuel.

Ce qu'on a appelé la maladie du siècle est, en effet, la maladie morale de toute la génération de 1830, à laquelle appartient Berlioz. En lui se manifestent tous les caractères de ce mal étrange et c'est chez lui qu'on peut l'étudier avec le plus de curiosité. C'est d'après lui que nous allons déterminer les effets de la grande maladie morale, produit à la fois de la profonde transformation politique et sociale introduite dans la constitution de l'Etat démocratique par la Révolution française, et de l'émancipation intellectuelle activée par les grandes découvertes scientifiques et les études historiques qui ont remonté la pente des âges jusqu'aux origines de l'humanité même. Il faut remarquer que les pères, secoués par la grande bourrasque révolutionnaire, étaient enfiévrés lorsqu'a été enfantée cette génération qui naît avec le siècle. Puis, le repos a succédé à la tourmente, et ces fils voient le rivage portant les traces des lames furieuses qui l'ont balayé. C'est par la ruine d'un régime d'oppression que ce siècle-ci inaugure les temps nouveaux où l'homme voit tomber les barrières qui se dressaient devant les pas de ses ancêtres depuis la chute des temps féodaux : c'est un sang rajeuni qui coule dans les veines des enfants. Fils d'un médecin distingué, petit-fils d'un magistrat estimé, Hector Berlioz reçut en naissant une force intellectuelle déjà cultivée par deux générations successives qui donnaient une sorte de mouvement initial à cette nature si vivement impressionnable. Il subira irrésistiblement l'attraction de ce courant qui entraîne l'esprit humain libre de toute entrave. Il n'y a plus de ruine à culbuter : tout est écroulé désormais, et on n'entrevoit plus qu'au loin le flot qui s'est retiré après avoir tout submergé et dont les derniers grondements révèlent la grandeur du cataclysme qui vient de s'accomplir.

A ce moment même entre en scène l'enfant du siècle, le grand mélancolique, ému, confondu, puis attristé par le spectacle inattendu que lui offre le bouleversement de toutes les institutions et de toutes les connaissances humaines. La religion, la philosophie, n'offrent plus aucune consolation à son espérance déçue d'arriver par lui-même à la vérité, au bonheur, d'entrer dans la terre promise apparue comme en rêve à ses regards. Il s'engage dans la voie nouvelle ouverte devant ses pas, laissant derrière lui les ruines d'une société disparue, d'un monde entier écroulé. La tradition, le respect du pouvoir, l'éducation un peu despotique des temps précédents avaient encore rendu timides les générations antérieures, pourtant si hardies et si courageuses. Dans ce temps, l'enfant était soumis à la rude discipline du foyer paternel, tenu muet devant les grandes personnes, bridé par un précepteur sévère ou menacé du fouet, du cachot, de la férule par le régent du collège. Aujourd'hui, il est un homme dès sa naissance. Les mœurs de la famille, adoucies par le bien-être devenu général, permettent la familiarité et l'intimité des grands et des petits. L'enfant n'étant plus la charge, mais l'espoir de la famille, depuis que tous les emplois sont accessibles sans distinction de rang et de naissance, est caressé et gâté ; on n'a plus besoin de cultiver son développement corporel pour lui permettre de lutter contre la mauvaise fortune, car il n'aura pas à craindre de coucher sur la dure, de ferrailler à droite et à gauche lorsqu'il voyagera pour courir à la recherche de la fortune. Alors son système nerveux supporte tout l'effort de la croissance : il est plus impressionnable et se sent atteint par les petits maux, car au lieu d'exercer ses poumons et ses muscles, il est accoutumé à un air tiède, au bien-être, au confortable : l'effort lui répugne et la grande lutte de la vie l'effraie.

Aussi quelle terreur lorsque l'abîme où se sont effondrées toutes les croyances s'ouvre à ses yeux ! Sa foi s'est ébranlée tout d'abord en face de ces sinistres décombres : mais le scepticisme n'arrête pas longtemps cet esprit inquiet, cette nature ardente et nerveuse, cette imagination aventureuse. Il rêve un édifice immense pour remplacer ces ruines, il a des ambitions extraordinaires, et la science ne lui offre aucun élément pour reconstituer une doctrine, pour élever un temple qui puisse servir d'abri à ses connaissances conquises avec tant de précipitation et d'inexpérience. Il cherche la vérité absolue et il imagine qu'il atteindra pour dernier terme de ses appétits et remède suprême de ses maux la félicité parfaite. Lorsqu'il a mesuré le néant de ses connaissances et l'impuissance de ses tentatives, il se sent accablé de tristesse et frappé d'un insurmontable dégoût pour le monde extérieur, qui lui apparaît désormais vide et désolé, comme une ombre qui passe, comme un songe. C'est Werther, c'est Faust, c'est Adolphe, c'est Obermann, c'est René, c'est Manfred, c'est Childe-Harold, c'est Rolla, c'est Joseph Delorme, c'est l'homme aux aspirations vagues, aux déceptions amères, qui a dû contenir des désirs infinis et refouler des élans surhumains. N'est-ce pas un art tout nouveau qu'il faudra pour exprimer ces accès désordonnés, pour calmer cette fièvre de l'être tout entier que nous décrit Alfred de Musset dans la *Confession d'un enfant du siècle*, le mal du doute, de la désespérance et de l'ennui commun à toute la génération qui vient après l'empire, ce besoin d'activité non satisfait, ce vide des âmes et cette inertie des bras? Le poète des *Nuits* va nous le définir à son tour : « Un sentiment de malaise inexprimable commença à fermenter dans tous les jeunes cœurs. Condamnés au repos par les souverains du monde, livrés aux maîtres de toute espèce, à l'oisiveté et à l'ennui, les jeunes gens voyaient se retirer d'eux les vagues écumantes, contre lesquelles ils avaient préparé leurs bras. Tous ces gladiateurs frottés d'huile se sentaient au fond de l'âme une misère insupportable. » M. Taine a tracé souvent de ce personnage un portrait saisissant; il songeait problablement à Hector Berlioz moins qu'à d'autres, et de fait, il n'eût point été indispensable de noter ces symptômes de la grande maladie morale de ce siècle, pour parler de certains artistes de la même génération : je ne me préoccuperais point d'observer avec tant d'attention ces caractères généraux de l'époque si j'avais à écrire la vie de Meyerbeer, de Rossini, de Boïeldieu, d'Auber, ou de Verdi.

N'est-ce pas, en revanche, Berlioz même que nous voyons dépeint, lorsque M. Taine nous décrit ce qu'il appelle la demi-période historique qui eut son centre aux alentours de 1830 : « Vous en trouverez le personnage régnant dans l'*Antony* d'Alexandre Dumas, dans les jeunes premiers du théâtre de Victor Hugo, dans les souvenirs et les récits de vos oncles ou de vos pères. Il s'agit de l'homme à grandes passions et à rêves sombres, enthousiaste et lyrique, politique et révolté, humanitaire et novateur, volontiers poitrinaire, d'apparence fatale, avec ces gilets tragiques et cette chevelure à grand effet que montrent les estampes de Deveria ; aujourd'hui, il nous semble à la fois emphatique et naïf, mais nous ne pouvons nous empêcher de le trouver ardent et généreux. En somme, c'est le plébéien de race neuve, richement doué de facultés et de désirs, qui, pour la première fois arrivé aux sommets du monde, étale avec fracas le trouble de son esprit et de son cœur (¹) ».

A l'aide de ce curieux tableau d'histoire contemporaine et de ce portrait si finement peint, l'éminent philosophe veut nous démontrer que cette température morale de l'époque explique les prodigieux développements de l'art musical en ce siècle. Ne le suivons pas dans cette ingénieuse dissertation, sur une thèse qui est assurément fort admissible, mais qui reste étrangère à l'objet de ce travail. D'ailleurs, dans la musique de ce siècle, il y a tant de genres divers qu'il serait malaisé d'établir lequel correspond exactement aux aspirations du René ou du Werther modernes. Est-ce la fougue de Rossini, l'élégante coquetterie d'Auber, la sévérité et la puissance de Meyerbeer et d'Halévy, la gaîté et la vivacité de Boïeldieu, la sombre majesté de Beethoven, la fantaisie, la poésie de Weber et de Schumann, l'impétueuse audace de Berlioz et de Wagner? Chacun pourra rechercher la solution du problème. Ce que j'admettrai volontiers avec le philosophe c'est que le développement de la musique, d'une manière générale, répond admirablement à cet état d'esprit qu'il a si parfaitement dépeint.

Mais je ne fais point de généralisation ici. Je cherche simplement quels sont les rapports moraux qui existent entre Berlioz et ses contemporains, et je trouve très accusés chez lui les symptômes de la grande maladie du siècle dont l'origine remonte au grand courant de rénovation intellectuelle et sociale soulevé en 1789. Il semble même que l'on peut constater chez Berlioz, comme un des caractères particuliers de son génie, ces traits, qui sont frappants dans sa physionomie. Malheureusement la musique n'était

---

(1) Taine. *Philosophie de l'Art*, t. II, p. 285.

pas encore habituée à parler le langage de la passion, du sentiment, lorsque le maître voulut l'employer à traduire ces aspirations du personnage régnant qu'il éprouvait avec une intensité si redoutable, comme Alfred de Musset. Le travail, l'inspiration même étaient comme la crise douloureuse du génie enfantant son ouvrage. « Nous souffrons tant, écrit-il, nous autres enfants de l'art aux ailes de flammes, nous élevés dans son giron brûlant, nous dont les passions poétisées labourent impitoyablement le cœur et le cerveau pour y semer l'inspiration, cette âpre semence qui doit les déchirer encore quand ces germes se développeront. Nous mourons tant de fois avant la dernière ! (¹) »

Je ne puis cependant comparer entre eux Berlioz et Musset : c'est René qui m'offre surtout, comme un miroir sincère, l'image de cet esprit abîmé par la souffrance et par le doute. Chose étrange du reste : il n'y a jamais eu une seule mention de Musset dans les écrits de Berlioz, qui aimait tant les citations ; on pourrait croire que l'auteur de *Lélio* a ignoré le poète de *Namouna*.

Mais, en revanche, que de traits rappellent Châteaubriand et ce René, qui a eu toutes les ambitions, qui a effleuré toutes choses, et, ayant pénétré le néant de tout, se meurt de dégoût et d'ennui, après s'être épuisé, consumé par sa propre ardeur. Ecoutez ceci, et demandez-vous si Châteaubriand n'a pas trouvé son fidèle écho dans un cœur déchiré par la maladie du siècle ? « Je pense que tout passe, que l'espace et le temps absorbent beauté, jeunesse, amour, gloire et génie, que la vie humaine n'est rien, la mort pas davantage, que les mondes eux-mêmes naissent et meurent comme nous; que tout n'est rien. Et pourtant, certains souvenirs se révoltent contre cette idée, et je suis forcé de reconnaître qu'il y a quelque chose dans les grandes passions admiratives comme aussi dans les grandes admirations passionnées; je pense à Châteaubriand dans sa tombe de granit, sur son rocher de Saint-Malo; à son René, qui n'était point imaginaire... » C'est Berlioz qui parle ici (²) toujours troublé par les luttes

(1) Les *Soirées de l'orchestre*, p. 299.
(2) Les *Grotesques de la musique*, p. 235.

passées ; mais l'âpre douleur le reprend et il s'écrie aussitôt : « Oui ! oui ! oui ! Tout n'est rien ! tout n'est rien ! Aimez ou haïssez, jouissez ou souffrez, admirez ou insultez, vivez ou mourez, qu'importe tout ? Il n'y a ni grand, ni petit, ni beau, ni laid ; l'infini est indifférent ! L'indifférence est infinie ! »

Comparez ces cris de désespoir avec le René que nous peint la lettre à Céluta dans les *Natchez* : c'est une sorte de Châteaubriand dernière manière qui se rapproche du Werther et du Manfred : « Il y a des existences si rudes qu'elles semblent accuser la Providence et qu'elles corrigeraient de la *manie d'être*. Depuis le commencement de ma vie, je n'ai cessé de nourrir des chagrins ; j'en portais le germe en moi comme l'arbre porte le germe de son fruit ; leur poison inconnu se mêlait à mes sentiments. Je suppose, Céluta, que le cœur de René s'ouvre maintenant devant toi ; vois-tu le monde extraordinaire qu'il renferme ? Il sort de ce cœur des flammes qui manquent d'aliment, qui dévoreraient la création sans en être rassasiées, qui te dévoreraient toi-même. » Le vœu de la destruction se retrouve sans cesse pour corriger ce qu'il appelle la *manie d'être* : « Mêlons des voluptés à la mort ! Que la voûte du ciel nous cache en tombant sur nous ! » N'est-ce pas le mot de Berlioz : « Le grand bonheur ou la mort, la vie poétique ou l'anéantissement (1) ». Et son mal de l'isolement n'est-il pas celui de René : « Une aptitude prodigieuse au bonheur qui s'exaspère de rester sans application et qui ne peut se satisfaire qu'au moyen de jouissances immenses, en rapport avec l'incalculable surabondance de sensibilité dont on est pourvu (2) ».

Rapprochez encore de la lettre à Céluta certains passages du conte du *Suicide par enthousiasme*, une œuvre de jeunesse, où, comme je l'établirai bientôt, Berlioz a recueilli des souvenirs personnels. Par une belle matinée d'automne, le héros, Adolphe, aux pieds de sa maîtresse, savoure ce bonheur mélancolique, cet accablement délicieux qui succède aux grandes crises de voluptés : « L'athée lui-même, en

---

(1) *Correspondance inédite*, p. 72.
(2) *Mémoires*, p. 159.

de pareils instants, entend au dedans de lui s'élever un hymne de reconnaissance vers la cause inconnue qui lui donna la vie; la mort, *la mort rêveuse et calme comme la nuit*, suivant la belle expression de Moore, est alors le bien auquel on aspire, le seul que nos yeux, voilés de pleurs célestes, nous laissent entrevoir, pour couronner cette ivresse surhumaine (¹). » Dans le même livre, et au cours d'un récit dont il est bien certainement le héros, cette fois, le rêve de l'anéantissement le hante avec bien plus de force : « Eperdument enlacés, ivres morts d'amour, gisants sur la molle ottomane de ma nacelle embaumée, nous touchions au seuil de l'autre vie; un seul pas, un seul acte de volonté et nous pouvions le franchir. » Il étreint Nadira sur son cœur : « Vois, il n'y a rien de plus pour nous en ce monde, nous sommes au faîte : redescendrons-nous ? Mourons !... Nos âmes, confondues dans un dernier baiser, s'exhaleront vers le ciel avant que nos corps, tourbillonnant dans l'espace, aient pu toucher de nouveau la prosaïque terre. » Cette proposition surprend Nadira et elle exprime l'opinion qu'il sera toujours temps : « Plus tard ? Mais plus tard, pensait-il, retrouverons-nous un semblable moment?... Oh ! Nadira, *ne serais-tu qu'une femme...* (²) ? »

Le trait final est d'autant plus charmant que le héros s'abstient judicieusement de donner lui-même suite à son projet : mais dans le fragment précédent, la fin du passage cité complétait la pensée de Berlioz sur le dégoût de la *manie d'être*, selon le mot de Châteaubriand : « La vie commune, la vie sans poésie, sans amour, la vie en prose, où l'on marche au lieu de voler, où l'on parle au lieu de chanter, où tant de fleurs aux couleurs brillantes sont sans parfum et sans grâce, où le génie n'obtient que le culte d'un jour et des hommages glacés, où l'art trop souvent contracte d'indignes alliances ; la vie enfin se présente alors sous un aspect si morne, si désert et si triste, que la mort, fût-elle dépourvue du charme réel que l'homme noyé dans le bonheur lui trouve, serait encore pour lui dési-

(1) Les *Soirées de l'orchestre*, p. 158.
(2) *Ibid.*, p. 318.

rable, en lui offrant un refuge assuré contre l'existence insipide qu'il redoute par dessus tout. »

Oui, c'est bien René même qui nous parle ici ; c'est lui que nous retrouvons chez la plupart de ces enthousiastes qui ont la foi, et qui ne se sentent pas desséchés par l'esprit positif qui viendra vingt ans plus tard étouffer toute ardeur et briser tout élan. C'est Gœthe, Shakespeare, Moore, Byron, Walter-Scott, qui enflamment les premiers l'imagination de Berlioz et lui fournissent les thèmes de ses compositions. Mais ce sont toujours Châteaubriand, Lamartine et Hugo qui traduisent ses propres pensées. Lorsqu'Atala meurt, elle dit à Chactas : « Tantôt, j'aurais voulu être avec toi la seule créature vivante sur la terre, tantôt, sentant une divinité qui m'arrêtait dans mes horribles transports, j'aurais désiré que cette divinité se fût anéantie, pourvu que, serrée dans tes bras, j'eusse roulé d'abîme en abîme avec les débris de Dieu et du monde. » C'est à peu près l'exclamation de Berlioz : « Puissent les peuples s'entr'égorger, puisse Paris brûler, pourvu que j'y sois, et, LA tenant dans mes bras, nous nous tordions ensemble dans les flammes ([1]) ! »

Une étude complète sur cette période de l'histoire musicale trouvera sa place au début de la seconde partie de ce travail, qui sera consacrée à Berlioz artiste. Ces observations n'ont pour objet que de montrer la contradiction profonde entre les aspirations violentes des hommes de cette génération et leur éducation musicale, c'est-à-dire le goût du public. C'est au moment même où il arrivera à Paris que commencera la révolution littéraire et artistique : la partie brillante de la société inclinera vers Rossini ; Berlioz trouvera son idéal dans Beethoven. C'est au génie allemand qu'il empruntera la langue avec laquelle il voudra exprimer ses rêves, ses souffrances, ses ardeurs. Il se heurtera de front au goût du jour, à la mode, au fanatisme rossinien.

A ce malaise inexprimable, c'est bien le génie redoutable du grand Beethoven qui devait apporter la consolation, en

---

(1) *Correspondance inédite*, p. 70.

découvrant les horizons inconnus. C'est bien le Titan, ou, comme disait Bettina dans ses lettres au cher Wolfgang, le grand *sur-esprit*, « qui m'introduisait dans un monde invisible et donnait à la force vitale un tel élan qu'on sentait son soi-même étroit et borné devenir un univers d'esprit ». Il faut relire cette page admirable dans laquelle elle transmet à Gœthe les confidences du grand maître : « Dès que j'ouvre les yeux, disait Beethoven, je me prends à soupirer, car ce que je vois est contre ma religion, et je méprise le monde qui ne comprend pas que la musique est une révélation plus sublime que toute sagesse, que toute philosophie, qu'elle est le vin qui inspire les créations nouvelles. Moi je suis le Bacchus qui pressure pour les hommes ce nectar délicieux ; c'est moi qui leur donne cette ivresse de l'esprit, et, quand elle a cessé, voilà qu'ils ont pêché une foule de choses qu'ils rapportent avec eux sur le rivage. Je n'ai pas d'ami, je suis seul avec moi-même ; mais je sais que Dieu est plus proche de moi dans mon art que des autres. J'en agis sans crainte avec lui, parce que j'ai toujours su le reconnaître et le comprendre ; je ne crains rien non plus pour ma musique ; elle ne peut avoir de destinée contraire ; celui qui la sentira pleinement sera à tout jamais délivré des misères que les autres traînent après eux [1] ».

Oui, cet art surhumain était une véritable révélation, foudroyante et bienfaisante à la fois, pour ces pauvres malades que dévoraient l'inquiétude et l'ennui, et l'on dirait que Berlioz a invoqué Beethoven avant de le connaître lorsqu'il ressentait dès la seizième année les tourments de ce mal qu'il appelait le mal de l'isolement et qu'il s'écriait : « Des ailes ! Des ailes !! Des ailes !!! »

L'homme et l'artiste apparaissent donc à nos regards en même temps, car on devine les aspirations de celui-ci lorsqu'on connaît le caractère et les grandes passions du premier. On dirait même que l'un et l'autre se confondent : la vie de Berlioz affirme, avec la même sincérité que son œuvre, cet élan, qui, loin de se diviser par une double direction, mêle

[1] *Lettres de Gœthe et de Bettina*, traduction de Seb. Albin. Gosselin, 1843 t. II p. 83.

perpétuellement l'idéal à la vie réelle : c'est en contemplant son roman douloureux et sa carrière tourmentée qu'il compare l'une à l'autre les deux grandes passions qui ont traversé sa vie. « Laquelle de ces deux puissances, s'écrie-t-il, peut élever l'homme aux plus sublimes hauteurs : l'amour ou la musique ? C'est un grand problème. Pourtant, il me semble qu'on peut dire ceci : L'amour ne peut pas donner une idée de la musique, la musique peut en donner une de l'amour. Pourquoi séparer l'un de l'autre ? Ce sont les deux ailes de l'âme ! ([1]) »

Et cependant n'est ce pas pour son malheur qu'il osa, en pleine fureur de la mode rossinienne, lui qui avait entrevu le premier la destinée nouvelle de l'art, marcher dans une route opposée, et dénoncer l'école italienne comme la *Prostituée ?* Cette agitation inquiète, cette ardeur dévorante, cette commotion de l'être tout entier, il voulut que la musique pût les traduire, et il ne daigna admettre d'autres génies que Beethoven, Gluck, Weber et Spontini, car c'étaient les seuls qu'il admirât. Assurément, plus qu'aucun autre art, la musique est le langage à la portée de tous, n'exigeant aucune culture préalable. Elle s'adresse à la sensation autant qu'au sentiment. Mais c'étaient Zingarelli, Cimarosa, Guglielmi, Pergolèse, Vaccaj, qui, pour les Français du commencement de ce siècle, régnaient seuls dans l'Olympe de la mélodie. Les chefs-d'œuvre de Gluck étaient oubliés ou délaissés : les maîtres de son école, Lesueur, Kreutzer, Spontini, ne furent jamais populaires. L'éducation nationale était bien arriérée, lorsque Berlioz, avec sa vive intelligence et sa profonde sensibilité, reçut de Gluck, de Weber et de Beethoven l'initiation qui fut pour lui la révélation de son génie. Nous verrons combien peu cet art était apprécié autour de lui : le public s'en étonne, mais reste bien loin encore et ne se laisse pas subjuguer. C'est le goût du jour, la mode rossinienne qui l'assujettit et l'entraîne. Berlioz, lorsqu'il veut s'élancer à son tour, trouve ici son plus terrible obstacle et ne se rend pas assez compte tout d'abord de la force qui l'arrête et

(1) *Mémoires*, p. 504.

contre laquelle il lui faudra lutter. Il se sent profondément irrité de la résistance, mais il s'est déjà trop avancé pour pouvoir reculer ; en outre, il n'est pas homme à sacrifier ses convictions en vue du succès. De là ses premiers déboires et ses âpres colères ; elles sont respectables, car ce sont les haines de l'artiste qu'elles nous révèlent et non celles de l'homme privé. Ce n'est pas la jalousie qui l'inspire, mais l'indignation de la foi outragée. Et chez lui la foi est sincère et ardente, car elle agit.

II

LES DAUPHINOIS

Avant d'étudier Berlioz, il serait nécessaire d'observer le milieu où il est né, où il a été élevé, où il s'est formé : il faudrait entrevoir la Côte-Saint-André, le Dauphiné, la France des premières années de ce siècle. Un rapide coup d'œil suffira, car je signalerai seulement quelques traits généraux, en prenant le groupe qui a Berlioz pour principal personnage. On saisira les contrastes en même temps que la ressemblance, car je n'essaierai point de retrouver en lui le représentant, le type idéal du Dauphinois : je crois, au contraire, que s'il a conservé quelques-uns des traits qui sont propres à la race, il a affirmé, par des facultés bien personnelles, l'originalité qui le distingue.

Mais, parmi les qualités natives qui apparaissent lorsqu'on se reporte à l'étude de la vie de Berlioz, il en est qui ne peuvent trouver leur explication que par les habitudes d'esprit contractées dès la première heure. Il est demeuré jusqu'à la vingtième année dans le pays même où cinq à six générations successives avaient prolongé le rameau de la famille; l'influence est à déterminer en même temps que l'effet. C'est un double travail d'analyse qu'il faut opérer : je n'en donne ici que le résultat et le plus sobrement possible.

Lorsqu'on arrive à Grenoble, on remarque, dès le premier aspect, que le Dauphiné diffère profondément des contrées qui l'environnent, Lyonnais, Savoie, Bourgogne, Vivarais. Au sortir de la région alpestre, la vallée du Rhône incline vers la mer, sous le soleil brûlant du Midi ; mais ici les arêtes que prolonge le massif montagneux sont les obstacles naturels qui ont isolé les habitants. Leur histoire les sépare de la grande famille française jusqu'au milieu du quinzième siècle. Ils ont des traditions locales, ils possèdent un caractère individuel bien marqué qui survit à la fusion des races dans l'unité nationale ; enfin, tant de peuples ont traversé cette riche vallée de l'Isère, Allobroges, Voconces, Romains, Burgondes, Lombards, Sarrazins, que la population, ici plus que partout ailleurs, a pu subir le mélange et l'influence d'éléments étrangers.

Par le langage populaire, par la construction des habitations, le Dauphiné est profondément latin. Le peuple parle un patois dérivé du roman provençal : les maisons ont, bien plus que dans le Midi, le caractère italien. Les toits sont presque plats, et tous en ardoises et en tuiles, au rebours de nos villages de l'Ouest et du centre, où l'on ne connaît que le chaume. Elles sont construites en pierre, jamais en bois, comme dans la Savoie et le Piémont. C'est le silex plus que la meulière qui fournit la maçonnerie : le revêtement extérieur en ciment ou en plâtre, donne de la gaîté et de la vie même aux plus chétives bicoques. Il y a ici une race à étudier : sa personnalité est bien tranchée.

Pourtant, au physique, cette population n'offre pas un type très caractérisé. Le Dauphinois est de taille moyenne, généralement robuste, surtout parmi les habitants des régions montagneuses. Le climat est moins égal que celui de la Méditerranée, mais moins brusque et moins dur que ceux auxquels confine le rhodanien des deux autres côtés de la ligne brisée du fleuve, à l'ouest et au nord, les climats auvergnat et vosgien. Dans l'Isère, il y a près d'un cinquième du département inculte et inhabité, ce qui le met au vingt-neuvième rang pour la population spécifique, bien qu'il occupe le treizième pour le nombre des habitants. Les montagnes ne peuvent être mises en culture que jusqu'au point où l'altitude le permet : dans le Viennois, où elle est moindre, la vigne, le mûrier et les céréales fournissent de riches récoltes. C'est dans cette dernière région qu'est située la Côte-Saint-André.

Le Viennois est la partie du département qui marque le mieux les traits que j'ai pu observer. Rien ne dénote la misère : on ne voit jamais le paysan marcher pieds nus : tous ont des souliers durant la belle saison, en hiver des galoches et des bas de laine : la terre donne en abondance le maïs, les légumes. C'est dans cette région que sont situés tous les centres industriels, les papeteries de Rives, les usines, les moulins et les fabriques de cordes de Jallieu, les aciéries, tanneries et filatures de Voiron : les eaux de la Gère, de la Morge, de la Bourbre mettent en mouvement les roues de centaines de fabriques de draps, de filatures de soie et de laine, de verreries, fonderies, ateliers métallurgiques ; au sud, jusqu'à Saint-Marcellin, s'étendent les plus riches et les plus fertiles prairies de la région. C'est l'antique province viennoise, la plus importante de la Narbonnaise romaine, le chef-lieu des conquérants Burgondes et le séjour des comtes évêques, qui furent, avant les Dauphins de Grenoble, les véritables maîtres du pays. Les monuments antiques du Viennois, le coquet temple d'Auguste et de Livie attestent, autant que la richesse agricole et industrielle de cette belle contrée, son importance historique et économique dans la marche de la civilisation par cette vallée du Rhône, qui est la route naturelle de l'Europe centrale vers le bassin méditerranéen (1).

La prospérité et la sécurité ont un effet infaillible sur le moral des habitants, et ici l'on n'est porté ni à la rêverie, ni

(1) Elisée Reclus, *Nouvelle Géographie universelle*, t. II, p. 176 et 341.

à l'amertume, ni à la misanthropie ; la moyenne des suicides est inférieure de moitié à la moyenne générale pour la France. A chaque recensement, on constate l'augmentation constante de la population, qui, dès le dénombrement de l'an VIII, accusait un accroissement d'un 24e depuis 1789 ([1]) ; elle a toujours continué à s'élever suivant une proportion aussi forte depuis le commencement du siècle.

Le dernier recensement a cependant révélé une stagnation, un recul, pour mieux dire, qui contraste singulièrement avec la progression constante observée jusqu'ici. Dans les deux plus importants des départements dauphinois, l'Isère et la Drôme, la population est descendue de 581,099 habitants à 573,833, pour le premier, et de 321,766 à 311,782 pour le second ; tandis que la population des Hautes-Alpes s'est élevée de 119,094 à 121,196. Dans les deux premiers départements, le Dauphiné perd 17,200 habitants en cinq ans ; il en gagne seulement 2,000 sur le dernier. Cette décroissance est constatée dans un grand nombre de départements méditerranéens ; elle est attribuée aux désastres agricoles qui ont frappé surtout les régions vinicoles et ont amené de nombreux vignerons à émigrer faute d'ouvrage ([2]). Quant aux Hautes-Alpes, c'est l'amélioration des voies de communication et l'ouverture de la ligne de fer de Grenoble à Marseille, avec ses embranchements à Gap, Embrun et Briançon, jusqu'au pied du mont Genèvre, qui ont favorisé l'accroissement de la population dans ce petit département, le dernier de la France pour le chiffre des habitants. Les résultats de cette crise accidentelle ne peuvent, du reste, modifier les observations qui portent sur la statistique dauphinoise pendant la première moitié du siècle.

Dans l'Oisans, la contrée la moins favorisée au point de vue agricole et industriel, les versants des rochers sont disposés en gradins, supportant de petits champs étayés par une maçonnerie en pierre sèche ; le paysan a transporté les matériaux à bras jusqu'à cette hauteur ; il est allé chercher au loin la terre végétale pour transformer cette roche en

(1) *Statistique générale de l'Isère*. Grenoble, 1844, t. III, p. 25.
(2) Le journal *Le Dauphiné*, de Grenoble, 12 mars 1882.

terrain de culture. Il travaille à la bêche sous les rafales du vent, à pic, au-dessus des vallées ; et, la récolte venue, il la transporte encore à bras jusqu'à son grenier. D'autres se font bergers ou gagnent leur vie en cueillant les simples et les violettes pour la pharmacie et la droguerie. Le reste, forcé d'émigrer, se fait colporteur, débitant d'épicerie, fleuriste ; quelques indigènes du Mont-de-Lans, de Vénose, d'Auris, de Besse, ont fait plusieurs fois la traversée d'Amérique ou d'Indo-Chine. Dès qu'ils ont sou par sou amassé un petit pécule, ils sont revenus au sol natal (1). Plus loin, au Queyras, l'esprit local faillit amener le schisme religieux bien avant la Réforme. Il reste encore, à Saint-Véran, des Vaudois descendants des anciens hérétiques qui purent échapper à l'extermination en masse ; ils sont aujourd'hui rattachés au protestantisme, et quelques-uns, dans ce bourg perché à plus de 2,000 mètres en l'air, ont conservé la vieille foi. C'était jadis la spécialité des habitants de Saint-Véran de descendre dans les villages de la plaine pour enseigner la lecture et l'écriture : on comptait dans la vallée du Rhône, avant la création des écoles permanentes, près d'un millier de ces instituteurs ambulants, qui gagnaient la nourriture et un maigre salaire. Ils ont dû depuis émigrer définitivement : les uns se sont établis en Algérie, les autres sont allés à Mexico, où quelques-uns ont presque monopolisé le commerce au détail du calicot et des mousselines (2).

Le caractère local reste conforme à l'amélioration constante de la situation matérielle. Les habitants, dit un document officiel (3), sont doux et honnêtes ; leurs manières sont affables et polies ; ils sont bons et économes, patients dans l'adversité, humains, compatissants, même généreux. La moralité n'est pas moins digne de remarque : on compte un accusé sur 10,512 habitants, tandis que la moyenne générale est de un sur 4,552 ; le nombre des accusés acquittés est de 30 0/0, et l'on compte pour la France un

---

(1) Adolphe Joanne. *Géographie de l'Isère*, p. 41.
(2) E. Reclus. *Géographie universelle*, t. II, p. 189.
(3) *Statistique générale de l'Isère*, t. III, p. 165.

condamné sur 3,114 habitants, tandis que l'Isère n'en donne qu'un sur 14,716 habitants (¹).

Ce sont des faits dont il est bon de tenir compte si l'on veut apprécier les qualités propres au caractère dauphinois. L'attachement au sol est légitime chez les habitants; les luttes soutenues par le Dauphiné contre les invasions, la bravoure célèbre de ces montagnards, placés aux avant-postes sur cette route d'Italie qui fut le théâtre de tant de guerres sanglantes, dans cette contrée qui était encore pays de frontière il y a vingt ans, enfin, le besoin d'indépendance, fortifié par le souvenir vivant de la tradition locale, ont développé chez les Dauphinois des habitudes d'esprit qui ne peuvent être comparées à celles des habitants des régions voisines. Une étude bien intéressante sur le Dauphiné a été publiée récemment dans l'*Edinburgh Review*; c'est un abrégé de l'histoire de la province avec des observations très judicieuses et très originales. « Le peuple de ce pays, dit M. de Viguerie, est frondeur et obstiné, également prompt à la dissidence et ardent à soutenir ses vues sur toute question en litige (²) ». Ces lignes résument en quelques mots toute l'histoire dauphinoise; ni la réunion du Dauphiné à la France, ni la fusion des provinces dans l'unité nationale n'ont effacé ce souvenir d'un passé que les écrivains locaux, à en juger par le nombre et le mérite des ouvrages consacrés à l'histoire de ce beau pays, tiennent à ne point laisser oublier; fierté bien naturelle et parfaitement honorable.

Il y a toujours eu un esprit local bien marqué et l'on trouverait en maint auteur du passé des traits nettement accusés d'un type original. Un mémoire rédigé à la fin du dix-septième siècle par Bouchu, intendant de la province, contient des observations très curieuses : « Les Dauphinois sont fins et cachés au point qu'il n'y a pas de moyen plus sûr de les surprendre que de leur dire sans affectation trois mois auparavant que l'on fera telle chose, car comme ils ne

(1) *Statistique générale de l'Isère*, t. III, p. 175.
(2) Voir la *Revue britannique*, janvier 1882.

vous auraient jamais parlé d'une chose qu'ils auraient eu envie de faire, ils n'ont pas de plus fort argument pour se persuader que vous ne la ferez pas. » L'exemplaire de la Bibliothèque nationale débute ainsi : « Il y a généralement de l'esprit partout en Dauphiné, et même assez délié (¹) ».

Ce sont précisément ces remarques que nous trouvons chez les écrivains contemporains qui s'attachent à étudier le caractère des habitants : ces recherches ne peuvent nous être inutiles pour bien savoir quelle atmosphère respirait cette famille Berlioz installée et poursuivant de père en fils la grande lutte de la vie dans ce petit bourg dauphinois, d'où s'envolera, dès la vingtième année, celui en qui elle s'éteindra après lui avoir donné toute cette force vitale tenue en réserve et emmagasinée par l'effort de tant de générations.

C'est aussi bien la famille Berlioz que les contemporains, parents, amis, voisins, que nous apercevons à travers cette reconstitution de l'habitant du Dauphiné. Les traits d'observation sont nombreux dans Stendhal : toutes ses remarques sur le caractère dauphinois portent, comme le document que je citais tout à l'heure, sur la finesse populaire ; il place pour l'esprit les paysans du Dauphiné à côté de ceux de la Toscane (²). C'est Lesdiguières qu'il donne pour le type le plus accompli du caractère dauphinois : *brave et jamais dupe* (³). Il y a dans une lettre de Berlioz à Hiller, écrite en 1831, lorsqu'il se rend à Rome (⁴), un mot qui décèle très péremptoirement la race, et qui appartient bien à un Dauphinois. « Il faut, je crois, réfléchir beaucoup à ce qu'on projette, et quand les mesures sont prises, frapper un tel coup que tous les obstacles soient brisés. La prudence et la force, il n'y a au monde que ces deux moyens de parvenir. » C'est presque en termes identiques que Stendhal a défini le caractère dauphinois : « Le Dauphinois réfléchit longtemps avant d'agir : de là sa supériorité sur les peuples qui l'entourent. *Peuples* est trop emphatique ; mais le fait est que les populations du

---

(1) Champollion Figeac. *Chroniques dauphinoises*, t. I, p. 33 et t. II, p. 313.
(2) Stendhal. *Mémoires d'un Touriste*, t. I, p. 133.
(3) Stendhal. *Ibid.*, p. 124.
(4) *Correspondance inédite d'Hector Berlioz*, p. 74.

Lyonnais, de la Provence et de la Savoie ne ressemblent en aucune façon au sagace habitant des montagnes du Dauphiné (¹) ». Paysan, bourgeois, noble, tous sont marqués du même trait ; ce sont les mêmes qualités qu'il note chez l'habitant des villes : « Une chose rend le caractère dauphinois bien plaisant au dix-neuvième siècle, c'est son inaptitude complète à l'hypocrisie, j'entends l'hypocrisie passive, car pour la partie active de ce grand savoir-vivre à la mode, il s'en tire aussi bien et mieux que qui ce soit, le Parisien toujours excepté. Mais enfin il est absolument contre la nature du Dauphinois d'être dupe. De sorte que, en fléchissant le genou devant la plus triomphante des hypocrisies, il ne peut s'empêcher d'encourir sa haine en montrant par quelque détail imprudent qu'il n'est pas sa dupe (²) ».

Il faudrait pouvoir citer tous les faits qui justifient ces remarques, mais ils sont trop nombreux. Qu'on se rappelle seulement le discours du maire de Grenoble, M. Rey, recevant Napoléon lors de son entrée triomphale à Grenoble au retour de l'île d'Elbe et lui disant fièrement que la France acclamait en lui le soldat de la Révolution, mais ne voudrait jamais subir une nouvelle dictature ; c'est franc et hardi jusqu'à la témérité. Qu'on cherche parmi les grands noms du Dauphiné, Mounier, Barnave, Condillac, Mably, d'Alembert, qui lui appartient aussi par sa mère Mme de Tencin, Berriat Saint-Prix, les Périer, Ponsard, Augier, Stendhal ; c'est l'observation, le jugement, la finesse qui sont la marque native de leur esprit : elle est commune à tous et dans la politique, dans la philosophie, dans la science, dans la finance, ou dans les lettres (³), dénote une faculté identique que tous possèdent à des degrés divers mais comme un don naturel, comme une qualité originelle. Qu'on étudie l'histoire locale : tout s'y marque profondément des mêmes traits. Barnave constate avec justesse dans ses *Mémoires* que, pendant la première période de la Révolution de 1789, le Dauphiné se

---

(1) Stendhal. *Mémoires d'un Touriste*, t. I, p. 180.
(2) Stendhal. *Ibid.*, p. 140.
(3) On peut étudier tous ces traits de caractère dans l'excellent livre de M. Rochas : *Biographie du Dauphiné*. Grenoble, Maisonville, 2 vol. in-8.

distingua de bonne heure des autres provinces, dans la résistance, par une marche *hardie et méthodique*. Sainte-Beuve, avec beaucoup d'habileté, applique cette heureuse remarque à l'étude de la carrière politique de Barnave : elle offre justement ce double caractère ([1]). Et c'est précisément le mot de Berlioz : « la prudence et la force, il n'y a au monde que ces deux moyens de parvenir ! »

Il y a, en outre, une vigoureuse impulsion dans cette race pour conquérir l'indépendance morale. L'esprit de libre examen s'y est manifesté plus qu'en aucune autre province. C'est chez les montagnards dauphinois qu'a fleuri la grande hérésie vaudoise, si fortement enracinée, dans ces contrées où souffle l'esprit de liberté, qu'on retrouve encore de nos jours des descendants des martyrs du seizième siècle. La Réforme conquit tout d'abord le Dauphiné ; le protestantisme y reste toujours vivant : la statistique de 1876 accuse près de 4,500 protestants. Il faut lire l'histoire de Lesdiguières pour comprendre la lutte héroïque soutenue par cette population à l'époque des guerres de religion. De notre temps, c'est la libre pensée qui germe sur ce sol. Les prêtres n'y ont jamais pris pied. Barnave et Stendhal ont été élevés par eux : quelle haine contre ces maîtres, quelle protestation par leur vie, qui semble tout entière une révolte contre l'oppression de l'éducation première ! Aujourd'hui la haine est moins violente, la défiance est restée : on perce à jour le célèbre roman de Mélanie, et cet évêque qui cherche à ressusciter l'enthousiasme, pour rendre fructueux le pèlerinage de La Salette délaissé pour ceux de Lourdes et de Paray-le-Monial, ne rencontre que le sourire sceptique des Dauphinois qu'on ne prend pas aisément pour dupes.

La doctrine de la liberté de l'homme et du citoyen était chère à cette race dont toutes les traditions enseignaient le droit à l'indépendance, la haine du joug étranger et du despotisme. On raconte que Barnave avait été, encore enfant, vivement impressionné par un affront infligé à ses parents en plein théâtre, par ordre du gouverneur de la province, à la

---

[1] Sainte-Beuve. *Causeries du Lundi*, t. II, p. 28.

grande indignation du public, qui se sentait atteint par l'outrage fait à un des membres les plus éminents de la bourgeoisie de la ville (¹) ; ce fut dans ce souvenir que Barnave puisa la résolution dont il fit serment de relever, selon ses termes, « *la caste à laquelle il appartenait* de l'état d'humiliation à laquelle elle semblait condamnée ».

Quant à l'énergie et à la bravoure des Dauphinois, ce sont les qualités maîtresses qu'on retrouve, avec cette méthode, cette prudence, cet esprit réfléchi que nous venons de noter, chez tous leurs hommes célèbres. N'est-ce pas ici la patrie de Bayard, le chevalier sans peur et sans reproche, qui avait parmi ses compagnons d'armes deux seigneurs côtois, Jacques de Bocsozel et Ainard Blanc (²) ; ne voyons-nous pas tous les Dauphinois portés d'abord par inclination vers le métier des armes ? Gentil Bernard, le gracieux poète, n'avait-il pas d'abord embrassé la carrière militaire et pris part aux guerres d'Italie ? Avant de se consacrer aux études du droit, Berriat Saint-Prix n'avait-il pas été soldat, puis commissaire adjoint des guerres ? Championnet était avec plusieurs autres Dauphinois parmi les braves de la fameuse 32ᵉ demi-brigade ; Stendhal avait servi dans la Grande-Armée, Casimir Périer de même (³).

Aussi quel enthousiame le nom de Napoléon souleva parmi ces héroïques montagnards ! Depuis l'enfance, Berlioz a été tout enfiévré de cette gloire ; il ne prononcera jamais le nom du héros sans frémir de la tête aux pieds : « Oh ! Napoléon, Napoléon ! Allons, voilà la poche de l'enthousiasme qui va crever ! (⁴) » Combien n'aurons nous pas à noter de traits semblables chez lui, lorsque nous étudierons le caractère, les inclinations et l'esprit, tel que l'ont formé la famille, la race et l'éducation.

Qu'on se rappelle encore ce tragique épisode de l'histoire dauphinoise, la conspiration de Paul Didier ; ces braves

---

(1) Sainte-Beuve. Ouvrage cité, p. 24-25.
(2) Clerc Jacquier. *La Côte Saint-André ancienne et moderne*, p. 271.
(3) Voir dans la *Biographie universelle*, de Michaud, les articles concernant ces divers personnages.
(4) *Correspondance inédite* d'Hector Berlioz, p. 104.

montagnards descendant aux cris de *Vive l'empereur!* pleins d'enthousiasme et de confiance, jusqu'aux portes de Grenoble et se faisant hacher et massacrer ; les survivants se défendant héroïquement en présence des iniquités et des sauvageries du conseil de guerre, présidé par le chevalier de Vautrey ; ces séances inqualifiables, après lesquelles on jette au peloton d'exécution ces vingt et un malheureux, enfin, la mort admirable de Didier, après la trahison qui livra ce vieillard à ses bourreaux, au milieu de la consternation et de l'indignation de toute une ville (1).

Intrépidité, prudence et finesse, ce sont les traits essentiels du caractère local. Le bourgeois, l'habitant des villes, est comparé par Stendhal au Normand. Cet empire sur soi semble le caractère distinctif du Dauphinois : « Les gens de ce pays-ci, dit-il, n'ont l'air qu'attentifs et pensifs lorsqu'ils sont fort émus (2). » C'est justement la qualité maîtresse de Barnave, qui fait consister l'élévation du caractère dans ces deux choses, la *franchise* et la *mesure*, et se flatte d'avoir été fidèle à cette règle de conduite : « J'ai toujours considéré, dit-il dans ses *Mémoires*, comme une des premières qualités d'un homme, la faculté de conserver la tête froide au milieu du péril, et j'ai même une sorte de mépris pour ceux qui s'abandonnent aux larmes quand il faut agir. Mais ce mépris, je l'avoue, se change en une profonde indignation quand je crois m'apercevoir qu'un certain étalage de sensibilité n'est qu'un jeu de théâtre (3) ».

Voilà, nettement accusés, quelques-uns de ces éléments moraux que nous pourrons étudier chez Berlioz. Ajoutez-y l'action d'un tempérament nerveux à l'excès, cette puissance de sensibilité qui se traduira durant toute sa vie par les crises passionnelles de l'homme, les emportements de l'artiste contre les obstacles qui entravent sa marche en révoltant sa foi, les audaces du génie tempérées par ce fond de prudence native qui est pour lui, on s'en souvient, l'auxiliaire

(1) Vaulabelle. *Histoire des Deux Restaurations*, t. IV, p. 236-298.
(2) Stendhal. Ouvrage cité, p. 153.
(3) Sainte-Beuve. Ouvrage cité, p. 30.

nécessaire de la force. Nous possédons déjà les lignes principales de la figure et il ne reste plus qu'à définir les traits, à mettre en relief par le détail cette vivante physionomie, à expliquer enfin par les causes secondaires, par les incidents particuliers, la formation de ce brillant esprit, les phases et les développements de cette carrière si agitée et si féconde.

Ces traits observés, il faut encore compléter ce tableau préliminaire, ou, pour être modeste, cette ébauche, par quelques aperçus sur l'esprit général du Dauphiné pendant les premières années de ce siècle, tandis que le jeune Berlioz s'éveille à la vie et que son intelligence perçoit, répercutées par le milieu qui l'environne, les impressions du monde extérieur. Cet exposé sommaire fournira de précieuses données pour bien comprendre certaines dispositions morales que j'aurai à étudier chez lui : ma tâche consiste à signaler discrètement encore quelques circonstances très déterminées qui, rapprochées de faits plus importants, expliquent des particularités de caractère qui constituent ce que je me permets d'appeler la conformation intellectuelle de Berlioz.

Notons d'abord ce fait essentiel que le Dauphiné est la province la plus libérale de France. C'est à Vizille, un an avant les Etats-Généraux, que la Révolution a commencé. Dès 1787, le Parlement de Grenoble avait refusé de reconnaître les pouvoirs de la cour plénière instituée par de Brienne pour enregistrer les nouveaux impôts. Les magistrats dauphinois reçurent l'ordre de s'exiler dans leurs terres : le peuple se souleva à Grenoble pour les défendre. Les femmes, armées de bâtons, marchaient en tête de l'émeute, tandis que les membres du Parlement quittaient furtivement la ville. Les troupes durent battre en retraite : Bernadotte, qui servait alors comme simple soldat, faillit être massacré. Cette échauffourée est restée célèbre sous le nom de *Journée des Tuiles*, la première journée de la Révolution française. A six semaines de là, le 21 juillet 1788, l'assemblée des notables réunie au château de Lesdiguières sous la présidence de Mounier et composée de 250 membres du Tiers élus par les municipalités et de 250 membres des deux autres ordres, proclamait, dans une séance fameuse de seize heures, les principes que devaient un an plus tard consacrer les Etats-Généraux de France devenus la Constituante.

On peut citer sur l'esprit des Dauphinois, pendant toute cette période de la Révolution, certains passages caractéristiques d'un rapport adressé au ministre de l'intérieur par Hilaire, à la date du quatrième jour complémentaire de l'an V (septembre 1797) : « Le département est étranger en masse à tous les excès que vous reprochez justement à plusieurs dans votre circulaire. *Il est vierge de sang.* Tous les biens nationaux s'y sont vendus promptement et acquis avec la plus entière confiance. Pas un acquéreur n'a été inquiété dans son acquisition. Ils se sont réunis en masse par un concordat solennel au moment où ils pouvaient justement craindre d'être dépouillés…. — Les prêtres insoumis ont été constamment contenus ou réprimés… et les émigrés n'ont jamais souillé par leur présence le sol du département…. Des royalistes d'opinion, il s'en trouve dans le département comme ailleurs, mais je déclare n'en connaître aucun par *action*…. Les contributions sont levées avec exactitude et célérité. Les retards ne viennent que de l'impuissance et ne représentent que des non-valeurs…. Les assassinats, les vols, sont plus rares dans ce département durant la Révolution qu'ils ne l'étaient auparavant et s'il s'en est commis quelques-uns dans les routes et dans les lieux écartés, il faut l'attribuer au malheur des temps, à la perversité de certains hommes nés méchants ou que la société ou le besoin ont rendu tels [1] ».

Le père de Berlioz arrivait déjà à l'âge d'homme à l'heure où ces événements s'accomplissaient sous ses yeux : la famille n'était pas indifférente à un mouvement auquel son chef prenait une part active.

Le grand-père paternel d'Hector Berlioz était magistrat : il avait ce qu'au dix-huitième siècle on appelait la noblesse de robe. Il avait été avocat au Parlement de Grenoble, puis conseiller auditeur de la Chambre des comptes du Dauphiné. Dans les cérémonies publiques, la Chambre des comptes

---

[1] *Chroniques dauphinoises*, t. II, p. 41-42.

marchait avec le Parlement, en corps séparé : en signe de son ancienneté antérieure à la création du conseil delphinal, ses officiers se plaçaient à droite dans l'église de Saint-André, tandis que le Parlement restait à gauche. Elle existait depuis le commencement du quatorzième siècle : le conseil datait de 1337, institué par Humbert II. Un édit de Louis XIII avait conféré la noblesse aux membres de la Chambre des comptes ([1]). Louis-Joseph Berlioz avait été nommé conseiller auditeur par lettres patentes du 23 juillet 1777 et avait été reçu le 9 août ([2]).

Il avait sans doute quitté sa charge dès les premières réformes réalisées par l'Assemblé nationale. Il habitait souvent La Côte; c'est là que naquirent ses enfants.

Ses principes durent être ceux de la grande école philosophique du siècle. « Les avocats au Parlement de Dauphiné, dit Champollion Figeac, entraînés par l'exemple des magistrats de cette province, étaient généralement de chauds partisans des idées nouvelles de 1789 ([3]). »

Son fils fut élevé au souffle des idées de Condillac, de Voltaire, de Rousseau, de Montesquieu, de Diderot, de d'Alembert. Tous leurs ouvrages garnissaient en première ligne la bibliothèque du jeune médecin, et celui-ci meubla son esprit de cette lecture; lui-même vit son fils Hector s'instruire à cette école libre et fière, puiser à cette source l'inspiration élevée de morale et de respect du droit humain qui devait remplacer bien vite l'enseignement religieux imposé par la mère, mais toujours stérile lorsque l'exemple, l'encouragement, ne sont pas donnés par le père.

Aussi, voyez Berlioz dès que sa raison se forme. Sa première rébellion est contre le prêtre, comme Barnave et comme Stendhal. A cette heure où l'esprit se développe et recueille avec tant de spontanéité et de vivacité les impressions du dehors, la Révolution a traversé bien des crises et d'autres faits attirent l'attention. C'est sur Napoléon que se concentrent tous les regards; l'opinion régnante, le sentiment des

(1) *Statistique générale de l'Isère*, t. III, p. 335.
(2) *Inventaire des Archives départementales de l'Isère*, t. II, p. 175.
(3) *Chroniques dauphinoises*, t. II, p. 222.

populations, est bien intéressant à observer. C'est un véritable aperçu de l'esprit public du Dauphiné que Thiers nous retrace en montrant, en termes vigoureux, le spectacle de la capitale dauphinoise sous les Cent-Jours, à l'heure où Napoléon, débarquant au golfe Juan, marche sur la ville à la tête d'une poignée d'hommes résolus. « Grenoble offrait un échantillon complet de l'état de la France à cette époque. On y voyait une bourgeoisie nombreuse, riche, éclairée, n'ayant donné ni dans les excès, ni dans les brusques retours de l'esprit révolutionnaire, admirant le génie de Napoléon, détestant ses fautes, profondément blessée de la conduite de l'émigration, mais sentant vivement le danger d'un rétablissement de l'empire en présence de l'Europe en armes ; on y voyait enfin un peuple laborieux, aisé, brave, moins combattu dans ses sentiments que la bourgeoisie, parce qu'il était moins éclairé, passionné pour la gloire militaire, ayant en aversion ce qu'on appelait les nobles et les prêtres, partageant en un mot toutes les dispositions des paysans du Dauphiné, bien que pour sentir comme eux il n'eût pas le motif intéressé des biens nationaux ([1]). » C'est bien tels que l'éminent historien nous représentait les montagnards dauphinois : « braves, très sensibles à la gloire des armes, haïssant l'étranger, détestant ce qu'on appelait les nobles et les prêtres, alarmés outre mesure des prédications du clergé sur les biens nationaux et la dîme ([2]) ».

Nous apercevons ici très nettement le tableau du Dauphiné en 1815 : nous retrouvons dans ces traits les impressions de la famille Berlioz ; nous devinons ce que dit, ce que pense, ce qu'éprouve le père, le fils de magistrat, le libéral, le sceptique, le savant, nourri à la grande école philosophique du dix-huitième siècle et admirateur de Barnave et de Mounier. Nous voyons l'enfant de douze ans, déjà presque un jeune homme, secoué par cette profonde émotion qui s'empare du pays tout entier.

Ces événements, la solennité et le retentissement profond qui marquaient l'accomplissement du grand fait historique, ne

[1] Thiers. *Histoire du Consulat et de l'Empire*, t. XIX, p. 90.
[2] *Ibid.*, p. 89.

devaient pas frapper moins vivement cette jeune imagination naissante, déjà prompte à l'enthousiasme, prédestinée aux grands entraînements de la passion, que les petits incidents de la vie quotidienne. Ce contact perpétuel, ce frottement journalier entre les Berlioz et leurs concitoyens, l'esprit de la race qui s'affirmait dans cette famille de pur sang dauphinois, pouvaient fournir les éléments essentiels du caractère. Les incidents de la vie n'apporteront à ces dispositions primitives, innées, selon le terme consacré, que des modifications presque insensibles : l'impulsion sera toujours la même ; c'est la direction qui pourra être changée.

Je ne pourrais mieux finir ce court aperçu du caractère dauphinois que par un choix de quelques proverbes populaires attestant la finesse d'esprit et la force de volonté qui sont les qualités natives de cette intéressante population. Je n'en citerai que trois, parce que, dans une étude sur la vie et l'œuvre de Berlioz, ils offrent un sens particulier. Voici le premier, qui a une saveur toute locale :

> Chétive maison, celle où le coq pond et la poule chante.

Le second est fort pratique, sinon très charitable :

> Qui aime les autres plus que soi
> A la fontaine manque de soif.

Le dernier est à méditer. Celui-là, c'est la vie de Berlioz même :

> Femme morte
> Une autre derrière la porte.

III

LA COTE SAINT-ANDRÉ

Après cet aperçu sommaire de l'état moral de la génération de 1830, du caractère des habitants du Dauphiné et de l'histoire de la province sous la Révolution et le Premier Empire, quelques détails sur la terre natale de Berlioz ne seront pas sans intérêt. La petite ville de l'Isère a une histoire et elle a trouvé un historien. Un Côtois, l'abbé Clerc Jacquier, a publié en 1852 un volume de 300 pages, fort curieux, plein de faits, retraçant le passé du bourg qui nous est cher surtout pour avoir donné le jour à un de nos grands artistes et que le nom de l'illustre maître rend immortel. Mais ma tâche ne consiste pas à remonter aux origines vraies ou supposées de la Côte, ni à éclairer les ténèbres de la nuit des temps où se perd son histoire : je renvoie donc à ce livre ceux qui désirent connaître l'histoire de la Côte sous les comtes de Savoie ou sous les Dauphins, et suivre l'auteur à travers les âges pour rechercher avec lui l'emplacement du camp d'Annibal à Penol, près de la Côte.

Il serait pourtant injuste de dire que la Côte doit à Berlioz seul sa célébrité. Elle fut toujours un centre important. Michel Servet s'y rendit lorsque le Dauphiné se convertit à la Réforme. Place forte, elle soutint de nombreuses luttes : les archives de la mairie témoignent de son rôle brillant dans l'histoire de la province. Elle eut des monuments : son château est aujourd'hui détruit, on voit encore ses remparts, son esplanade, et une vieille église paroissiale. Enfin elle compte parmi ses illustrations la famille Sismondi, qui devint genevoise après qu'elle eut été réduite à s'exiler de la Côte, les familles d'Argout, Dolomieu, Rocher ; elle donna même le jour avant Berlioz à un autre musicien, Jean-Baptiste Davaux, violoniste et compositeur, qui publia des pièces de musique de chambre et des symphonies concertantes et mourut en 1822.

N'oublions pas le fameux Mandrin qui était originaire de St-Étienne de St-Geoirs, près de la Côte, et eut la plaine de la Bièvre pour théâtre des ses premiers exploits.

Mais laissons l'histoire et les antiquités côtoises pour nous borner à visiter quelques instants cette jolie petite ville « assise en très beau et très plaisant pays, » comme le remarquait déjà Salvaing de Boissieu. Je veux surtout permettre aux lecteurs de faire avec moi un court pèlerinage à la patrie de Berlioz car il n'est malheureusement pas bien aisé à entreprendre.

En partant de Saint-Rambert d'Albon pour gagner la Côte Saint-André, on voit s'ouvrir d'abord, à gauche du cours du Rhône, une large et fertile vallée, la Valloire, qui, suivant les étymologistes, a été gratifiée de ce nom à titre d'hommage afin de célébrer sa richesse et sa beauté, *Vallis Aurea* ([1]). C'est par cette vallée, toute pimpante de vignobles et couronnée de bois de châtaigniers et de noyers qui encadrent les champs de blé, de maïs, de trèfle et de colza, que l'on arrive dans la Bièvre, le vaste plateau au centre duquel s'élève la Côte Saint-André. Bientôt disparaissent au couchant les cimes bleues des Cévennes, qui se dressent de l'autre côté du Rhône, dans l'Ardèche, comme on les voit dans les *Dragons de Villars* ; en face, à l'est, apparaissent bientôt les pointes blanches des Alpes.

Du haut de la colline au pied de laquelle est bâtie la Côte, on aperçoit, sur toute l'étendue de l'horizon, de l'Est au Midi, le massif de la Chartreuse, du Villard de Lans et du Vercors ; en face, le haut plateau de Chambaran, partagé entre l'Isère et la Drôme, boisé de châtaigniers, de hêtres, de chênes et de charmes. Il sépare la Bièvre de la vallée de l'Isère. Le

---

[1] *Lyon-Revue*, mai 1881, p. 296.

plateau de la Bièvre, jadis boisé (¹), est aujourd'hui complètement nu ; le ruisseau qui le traverse dans toute sa longueur, de l'Est à l'Ouest, le Rival, est presque toujours à sec. C'est l'ancienne vallée de l'Isère, abandonnée depuis la période glaciaire, où le fleuve, après avoir creusé le défilé de Moirans, s'épanchait par la Bièvre et la Valloire vers Saint-Rambert. Voiron, qui se trouve aujourd'hui à 8 kilomètres au nord du cours actuel de la rivière, occupe la tête du delta géologique, où se séparent les deux vallées, l'ancienne et la nouvelle (²). A quelques kilomètres de la Côte, l'énorme moraine d'Antimont, haute de 100 mètres, atteste l'origine de la plaine de la Bièvre, nivelée depuis par les érosions. On n'en tire plus les récoltes qu'au moyen d'amendements de plâtre : elle ne retient pas à sa surface les ruisseaux que lui envoient les coteaux ; ils vont rejaïllir dans la Valloire en filtrant à travers le sol et forment les grandes fontaines des Claires ou Collières, sorties des belles sources de l'Auron et de la Veuze (³).

La Côte, située à la pointe orientale du Viennois, à l'extrémité de l'arrondissement et presque au point de jonction des trois autres circonscriptions administratives de l'Isère, Grenoble, Saint-Marcellin et la Tour du Pin, se distingue du territoire viennois par sa production toute industrielle, qui la rattache directement a Rives, Voiron et Moirans, les grands centres qui commandent les routes de Lyon à Grenoble et de Grenoble à Vienne et à Valence. La culture y est médiocre, sauf le vin, qui, sans valoir celui de la région des côtes du Rhône, ne manque ni de corps ni de goût. La Côte est un bourg manufacturier d'environ 4,500 habitants. Les produits chimiques, la bougie et les liqueurs sont les principaux produits de l'industrie locale. L'*Eau de la Côte*, fut jadis célèbre :

> Des plantes et des fleurs le nectar balsamique.
> Auquel la Côte doit son renom glorieux,

a dit un poète du crû, M. Augustin Blanchet, de Rives.

(1) Guides Diamant. *Savoie et Dauphiné*. p. 30.
(2) E. Reclus. *Géographie universelle*, t. II, p. 224 et 341.
(3) Adolphe Joanne. *Géographie de l'Isère*, p. 10.

Cette Eau est peut-être digne de sa vieille renommée, mais ce ne sont plus les Ursulines qui la fabriquent ; c'est l'importante maison des frères Rocher. A Voiron, une autre maison fabrique un produit aussi fameux, bien que de création récente. Dans le pays de la chartreuse ce commerce de liqueurs ne peut qu'être tout à fait florissant.

De tous les points de la plaine, ce que l'on aperçoit aujourd'hui, c'est l'immense établissement des Maristes de la Côte, à moitié de la hauteur de la colline qui domine la ville, construit sur l'emplacement de l'ancien château, ruine imperceptible à l'œil nu. C'est ce grand bâtiment qui frappe, dès l'abord, le touriste égaré dans ces parages, à la descente du chemin de fer. Un ruban de cinq kilomètres de route sépare la station de l'entrée du bourg, et il semble qu'à mesure qu'on s'approche ce vaste monument grandisse sans cesse et écrase toute la cité. La position a été bien choisie et les dimensions de la bâtisse ont été fort habilement fixées pour produire cet effet d'optique. Ajoutez que l'édifice se dresse tout neuf encore au-dessus des vieux toits noircis et des maisons décrépites, se détachant en pleine lumière du midi sur le fond sombre du coteau. Les Maristes de la Côte n'ont rien négligé pour faire éclater la prospérité de leur établissement.

La ville, en elle-même, n'a rien de particulièrement enchanteur. Du côté du sud, elle est terminée par les remblais des anciennes fortifications. A l'entrée, une promenade ombragée de marronniers, avec un bassin bordé de gazon et un mince filet d'eau jaillissant au milieu, est le rendez-vous de la société pendant la belle saison. De là, on monte vers le centre par une pente assez rapide, la ville étant étagée sur le flanc de la colline : c'est une situation admirable, donnant des points de vue infinis.

On pourrait dire que la Côte n'a que deux rues qui méritent ce nom : ce sont la rue Nationale et la Grande-Rue. La route de Grenoble à Vienne traverse la ville de l'Est à l'Ouest : elle est coupée à angle droit par la route qui part de la place publique pour monter jusqu'au château : le centre se trouve un peu au-dessus de l'intersection de ces deux artères, vers le marché, qui occupe la grande place bordée par les édifices publics, mairie et gendarmerie, bâtiments d'aspect nullement majestueux, on s'en doute.

Les maisons de la Côte sont, en général, fort peu somptueuses : habitations bourgeoises ou villageoises, c'est toujours le petit chef-lieu de canton rural. Les rues et ruelles aboutissant aux deux artères principales sont étroites et sombres. Au milieu de ce tableau manquant d'éclat et de gaité, trois édifices ressortent seuls : dans le haut de la ville, la blanche maison toute neuve de la famille Rocher, gracieuse construction avec portiques, vérandah, serres élégantes ; le séminaire, dans le bas de la ville, et, tout au sommet, le grand bâtiment des Maristes. Plus loin, dans la vallée, on aperçoit les cheminées de quelques usines et fabriques.

La maison des Berlioz est tout à fait au centre, au point le plus animé de la Côte, à deux pas du séminaire. Elle est en façade sur la rue Nationale, bordée à l'Est par une petite ruelle, à l'encoignure de laquelle est une boutique, en contrebas du sol. La porte d'entrée de la maison est également basse, et donne accès dans un vaste vestibule d'entrée par trois marches de descente. En face, l'escalier de pierre, à deux paliers : à gauche, au tournant, vaste cuisine avec office, cheminée monumentale ; au premier, en face, l'entrée de l'appartement, où les pièces se commandent. Au milieu, la salle à manger, à droite, la chambre à coucher, avec alcôve immense et cabinet de débarras, s'ouvrant sur la cuisine ; à l'autre extrémité, la grande pièce qui fut le salon de la famille ; au fond, le bureau de travail du docteur. On peut le revoir en imagination, à l'aide des trop rares indications des *Mémoires* : la bibliothèque, les traités, les planches in-folio de l'ostéologie de Munro, les squelettes pour études scientifiques, le Plutarque relu jusqu'à la dernière heure, le carnet de notes, l'agenda, la carabine inoffensive pendue au mur ([1]).

(1) *Mémoires*, p. 436.

De la rue, l'aspect n'est guère séduisant : cinq fenêtres à chaque étage, aux larges volets jadis blancs, percent le mur revêtu de badigeon gris sale. La petite porte cintrée, au rez-de-chaussée, au-dessus de laquelle on lit le n° 83, presque effacé, n'invite pas à entrer. Du côté de la vallée, il y a plus de jour, plus de chaleur : une galerie extérieure en bois court à la hauteur du premier étage, au-dessus d'une cour pavée sur laquelle s'ouvrent les caves, cellier, four à pain, hangar et buanderie. Un vieux cadran solaire égaie un peu le mur sombre. C'est un brasseur qui habite la maison aujourd'hui. Son industrie a pu respecter les trois grandes pièces du premier étage qui restent intactes ; leur nudité déserte et silencieuse reporte l'esprit à la vie bruyante et occupée de cette famille, entièrement disparue, dont les derniers rejetons sont dispersés çà et là aujourd'hui. Les glaces des cheminées sont toujours là, ainsi que les patères des croisées, aux figures de bronze sculpté. On revoit en rêve les grands rideaux à fleurs, le lit conjugal et l'ameublement en acajou style empire, les gravures et tableaux, les livres ; au milieu, le petit Hector entre ses deux charmantes sœurs : on évoque à travers ce lointain passé les espérances et les craintes des parents attachées à ces jeunes têtes.

En face de la maison, un atelier de forgeron : en remontant la rue on suit le grand centre de la vie publique ; là sont les cafés, les auberges, les relais des voitures, la poste, le commerce. On passe devant la pharmacie où j'ai trouvé le fils de cet Antoine Charbonel qui partagea longtemps la vie de Berlioz aux premières années de leur séjour à Paris. Ce fut lui qui conserva le registre sur lequel il inscrivait les dépenses de la communauté : il le montra à Berlioz lorsqu'ils se revirent de longues années après. Celui-ci le redemanda : il l'a gardé et ses exécuteurs testamentaires l'ont retrouvé dans ses papiers. M. Damcke l'a communiqué à MM. Mathieu de Monter et Daniel Bernard. Le fils Charbonel a recueilli parmi les reliques paternelles les verres dans lesquels les deux cénobites prirent leur maigre boisson d'eau claire durant ces temps d'épreuves.

Ce n'est pas les Côtois contemporains qu'il faut observer, pour essayer de reconstituer la vie publique dans cette petite ville aux premières années du siècle. On pourrait aisément l'imaginer, en supprimant par la pensée les événements politiques de ce siècle et en appliquant à la Révolution de 1789, par analogie, les impressions qu'on peut recueillir aujourd'hui chez les Côtois sur le mouvement démocratique des dix dernières années. Mais la comparaison n'est guère aisée, et il est indispensable de remonter près de cent ans en arrière pour rechercher quel était le courant d'opinion au commencement du siècle dans ces petits centres où la tradition locale acquiert toute la valeur du fait historique.

La Révolution avait été acclamée dans cette libre terre dauphinoise, et, plus que partout, à la Côte, où l'esprit d'indépendance avait soufflé bien des siècles auparavant. Lorsque le héraut du châtelain s'avançait dans les rues de la ville pour proclamer le ban seigneurial, les vilains et manants « amis déjà suspects des droits féodaux » comme le remarque amèrement l'abbé Jacquier, poursuivaient à coups de pierre le malheureux cavalier au cri patois : *le vitia! le vitia! l'homo de fer!* en lui jetant quelques ordures au passage (1).

L'émancipation était déjà commencée lorsque l'ancien régime croula tout à fait. On se borna à célébrer le fait accompli. Pas d'excès. L'église fut envahie sous la Terreur par une certaine *Compagnie des Allobroges* qui ne fit pas grand mal au monument : lorsqu'on réquisitionna partout les cloches pour la fonte des canons, on en laissa deux aux Côtois. Le fait principal est la persécution peu dangereuse qu'on fit subir à un pauvre berger jouant au visionnaire ; on le berna dans la rue à la manière de Sancho Pança. Son supplice ne se prolongea pas au delà de cette gymnastique violente (2).

En somme il n'y eut pas de fureur révolutionnaire ni de fanatisme en aucun sens. Un maire, M. Pascal, dans un rapport conservé aux archives municipales, constate que « la bonté, la justice, la soumission aux lois faisaient le fond du carac-

---

(1) *La Côte Saint-André ancienne et moderne*, p. 100.
(2) *Ibid.*, p. 78.

tère des habitants. » On avait conquis sans lutte l'indépendance, c'était suffisant. Un avocat de la Côte, M. Puis, qui fut vice-président du directoire du département de l'Isère, rappelait dans un mémoire justificatif qu'il avait, dès 1788, provoqué l'insurrection des communes limitrophes de la Côte contre le régime féodal [1] : c'est dès ce moment que les vassaux avaient cessé de payer leurs redevances personnelles [2]. Ce personnage fut un des fondateurs de la *Société populaire* qui réunit les patriotes de la Côte de 1790 à 1792 : elle se fondit alors avec une autre association et prit le nom de *Société des amis de la Liberté et de l'Egalité séante à la Côte Saint-André* ; elle tenait deux fois par semaine des séances publiques.

La devise *Liberté, Egalité ou la Mort* fut modifiée dans sa conclusion dépourvue de fraternité, et on ajouta ces mots moins menaçants : *Humanité, Justice et Impartialité*.

On n'a point à noter de violentes manifestations anti-religieuses. La suppression officielle du culte ne provoque ni colère ni enthousiasme. Les Côtois sont indifférents. Dès 1791 le curé Claude Berlioz, pour se conformer à la loi, avait été contraint de publier à son prône les décrets de l'Assemblée et les actes administratifs, et d'annoncer les convocations des assemblées primaires qui se réunissaient à l'église des Pénitents ou au couvent des Récollets, devenus propriété tionale. Dans la première, on célébrait les fêtes décadaires : la garde nationale y assistait en grande tenue. L'*autel de la Concorde* était couvert d'inscriptions civiques : *Paix à l'homme juste, à l'observateur fidèle des lois*, lisait-on sur la base ; un des côtés portait cette autre : *Le peuple debout est armé contre ses ennemis extérieurs et intérieurs pour l'intégrité de son territoire et le maintien de la Constitution de l'an III*. L'anniversaire de la fondation de la République était célébré en grande pompe, en présence de toutes les autorités, auxquelles des places d'honneur étaient réservées autour de l'*autel de la patrie* ainsi qu'aux vieillards et « aux

---

[1] Papiers de la famille.
[2] Clerc Jacquier. *La Côte Saint-André ancienne et moderne*. p. 70 et suivantes.

défenseurs de la patrie blessés pour la cause sacrée de la liberté » : la musique avait sa part dans ces cérémonies. Lors de la proclamation du culte de la déesse Raison une statue de la divinité fut installée sur un autel dans l'une des chapelles : cette œuvre d'art fut tristement mutilée par des mains sacrilèges, qui, nuitamment, précipitèrent l'idole sur les dalles. Les coupables disparurent après leur attentat.

Mais il n'y eut ni excès, ni extravagances de part ni d'autre : la guillotine qui fonctionnait à la Tour-du-Pin aux dépens des aristocrates ne fut pas promenée à la Côte sous la Terreur. A Grenoble elle n'avait fait que deux victimes en la personne de deux malheureux prêtres réfractaires : le Dauphiné, où la Révolution était née, n'avait point à se montrer menaçant pour faire respecter la liberté, qu'il avait acclamée d'une voix unanime. A la Côte, l'abbé Berlioz avait cru devoir s'éloigner lorsque la liberté du culte avait été proclamée; il s'était réfugié à Sion en Suisse. Il rentra lorsque le Concordat lui rouvrit la porte de son presbytère, mais on l'envoya à Vinay et il ne revint plus à la Côte.

Un trait curieux peint bien la finesse et l'esprit pratique de ces bons Côtois. Lorsqu'on procéda à la débaptisation des communes déshonorées par des noms qui rappelaient trop l'ancien régime, les villes environnantes choisirent des dénominations diverses affirmant la chaleur de leur patriotisme : ainsi Saint-Marcellin prit le nom de *Les Thermopyles*, Saint-Laurent du Pont celui de *Laurent-Libre*, Saint-Etienne de Saint-Geoirs celui de *Marathon*, Vienne celui de *la Patriote* (¹). A la Côte Saint-André on voulut surtout évoquer l'idée de la liqueur fameuse qui était devenue propriété nationale, et après avoir essayé quelque temps du nom de *La Côte André*, on adopta très spirituellement celui-ci, qui n'est qu'une adorable réclame de distillateur : *La Côte Bonne-Eau*.

On retrouvera dans le livre d'où je tire ces détails, les anecdotes qui peignent cette étrange époque, au milieu de laquelle vit, presque déjà homme, le père d'Hector Berlioz. Rien n'est

---

(1) Voir Albin Gras, *Histoire de Grenoble*, et Champollion Figeac, *Chroniques Dauphinoises*.

plus puissant que les traditions de famille, et c'est à ce point de vue qu'il faut concevoir la portée spéciale qu'ont, sous le rapport de la formation de l'esprit et du caractère, les faits dont on est témoin, acteur pour ainsi dire, et qui frappent autant que les grands événements politiques. Le père de Berlioz était mêlé à toutes les scènes de la tourmente révolutionnaire qui emportait les débris de l'ancien régime : il figurait sans doute dans les rangs de ce bataillon de l'*Espérance* où l'on enrégimentait les jeunes gens de dix à dix-huit ans : ils étaient en quelque sorte les pupilles de la garde nationale côtoise.

Les grandes bourrasques politiques avaient leur contre-coup dans les plus petits centres, et à la Côte, comme partout ailleurs, on partageait les ardeurs de la grande régénération nationale, l'enthousiasme patriotique inspiré à tout cœur français par la mâle énergie de la Convention, et cette fièvre héroïque qui, après avoir sauvé le pays de la coalition de toutes les armées de l'Europe, devait déchaîner la passion de la gloire militaire, exploitée par le vainqueur de Rivoli, d'Arcole et de Marengo. J'ai dit combien elle fut vive chez les Dauphinois, les braves par excellence.

Ces faits ne sont point indifférents. Dans une époque aussi troublée que celle qui vit naître la génération de 1830, les petits faits locaux frappent tout autant que les grands événements, car on ne les juge jamais que d'après leurs effets, parce qu'ils embrassent un pays tout entier et qu'on n'en peut observer que les détails particuliers, les incidents secondaires. L'effroi et la lugubre impression de l'incendie naissent dans un village au seul bruit du tocsin, même lorsque le feu a éclaté hors de la vue de l'habitant; l'éloignement ne peut que contribuer à frapper davantage l'imagination de celui qui ne connaîtra le sinistre que par les récits des spectateurs. Je n'ai eu à citer que des menus faits de la grande tempête révolutionnaire ; mais rien n'est petit dans l'histoire, et, toute proportion gardée, les Côtois de 1789 jouent un rôle aussi important que leurs compatriotes Mounier et Barnave à la Constituante. Partout c'est la fièvre patriotique qui a brûlé le sang, et nous savons que Berlioz, avec toute la génération de 1830, participera aux souffrances des enfants du siècle, nés avec des aspirations et des ambitions surhumaines et atteints de dégoût, de désespoir et de lassitude en présence des décevantes réalités de la vie commune, si différente de celle qu'ils avaient rêvée après l'étincelante aurore du monde moderne dont ils avaient admiré les derniers feux.

Ce qu'ils ont salué, en effet, dès les premiers regards jetés dans la vie, c'est la Révolution glorieuse faisant courber les trônes des vieilles monarchies sous les pas de l'officier d'artillerie couronné César, faisant et défaisant les rois, et renouvelant les exploits fabuleux des conquérants antiques. Comme eux tous, Hector Berlioz s'éveille à la vie au bruit du canon d'Austerlitz et d'Iéna. A huit ou dix ans, lorsque sa curiosité va se porter vers ce monde extérieur que lui découvrent les émotions ou l'enthousiasme dont il est témoin, dans sa famille comme en dehors de chez lui, lorsqu'il voit, encore enfant, célébrer les victoires nationales par les réjouissances de la place publique, il interroge, il s'étonne, il s'émeut ; il réfléchit bientôt : ces souvenirs des premières années ne s'effaceront jamais. Il lira un jour d'autres récits ; la tradition restera toujours vivante, car il a subi de bonne heure la fascination, le prestige de l'épopée impériale, grâce aux récits de son oncle maternel, Marmion, officier de la Grande-Armée, qui rentra dans ses foyers au retour des Bourbons.

Quelques mois plus tard, Napoléon, à la tête de sa petite armée, grossie par le contingent de la garnison de Grenoble, va passer à quelques lieues de la Côte. C'est le 9 mars 1815 : l'empereur s'est arrêté toute la journée de la veille à l'hôtel des Trois-Dauphins, de Grenoble, recevant les autorités, rédigeant les proclamations, préparant le plan de la marche sur Paris, tandis que, dans les rues environnantes et encombrant toute la place Grenette, la foule se presse pour acclamer le glorieux revenant de l'île d'Elbe. Le lendemain, il se dirige sur Bourgoin par Rives, où il s'arrête pour souper, « voyageant, dit Thiers, en calèche ouverte et n'avançant qu'au pas à cause de l'affluence des populations (¹) ». C'est à moins d'une heure de la Côte que passe ce cortège triomphal et l'on peut juger de l'enthousiasme qu'un tel événement dut inspirer aux Côtois. La plupart se portèrent sans doute sur la route pour contempler et acclamer, comme tous les patriotes, le grand Empereur. La route de Grenoble à Lyon, ainsi que je m'en suis assuré, était alors la même que la route actuelle : elle passait par Voreppe, Rives, La Frette, Eclose, Bourgoin, la Verpilière et Saint-Laurent-de-Mure (²). Elle ne traversait donc pas la Côte, comme on me l'avait affirmé, car j'ai entendu dire à des vieillards qui se reportaient à l'époque où l'on voyageait en diligence de Lyon à Grenoble, avant la création des chemins de fer, que la malle-poste s'arrêtait à la Côte. Je crois qu'il y avait ici chez eux confusion de mémoire avec la route de Grenoble à Vienne par La Frette et la Côte, qui existe toujours également : mais le fait est peu important. La route de Grenoble à Lyon passe à moins d'une lieue de la Côte-Saint-André et contourne à l'Est et au Nord la petite colline au sommet de laquelle est bâti le village. Si Napoléon ne le traversa pas, ce qui me semble hors de doute, il est certain que l'on put entendre de là les acclamations enthousiastes poussées sur son passage. J'ignore si les Berlioz se rendirent, avec leurs concitoyens, à La Frette ou à Nantoin, à quelques kilomètres de leur maison, pour prendre part à la démonstration ou pour satisfaire leur curiosité, leur désir d'admirer de près le grand homme ; en tous cas, cette journée du 9 mars dut rester à jamais mémorable dans la contrée et donner lieu à bien des récits dont l'impression ne put jamais s'effacer chez le jeune homme.

Aucun de ces points n'est indiqué par les *Mémoires* et j'y insiste précisément parce que j'essaie de reconstituer ou plutôt d'imaginer les impressions du moment chez Berlioz, en présence des faits importants qui s'accomplissent pendant son enfance et sa jeunesse. Il est évident que s'il eût pu voir Napoléon une fois dans sa vie, il n'eût pas manqué de le dire. En 1815, il avait douze ans : c'est à la fin de cette

(1) Thiers. *Histoire du Consulat et de l'Empire*. t. XIX, p. 143.
(2) Voir *Statistique générale de l'Isère*, t. III, p. 547.

année-là, sans doute, qu'il faut placer l'idylle de Meylan. Mais la famille Berlioz ne se rendait en villégiature dans ce pays qu'à la fin de l'été : tout le monde devait donc être à la Côte lorsque Napoléon passa en vue du pays.

Si nous ne pouvons suppléer au silence de Berlioz sur cette circonstance, nous savons qu'il y a des faits dont il a été certainement témoin. Il n'est plus un enfant, lorsqu'en 1814 et en 1815, à l'époque de gloire et d'enivrement succède l'heure sombre des revers. L'invasion atteint les Dauphinois les premiers entre tous : la frontière est forcée ; Grenoble, malgré une résistance courageuse, est réduite à l'impuissance. La Côte-Saint-André voit par deux fois Autrichiens et Cosaques bivouaquer sur ses remparts ; des fenêtres de la maison Berlioz, on pouvait voir partout dans la plaine, au milieu de la nuit noire, les feux des camps ennemis. En 1814, quinze mille Autrichiens entrèrent au Mas-du-Soulier, à l'ouest de la ville, puis se dispersèrent entre les localités voisines : en 1815, ce furent dix mille Austro-Russes qui revinrent. La garde nationale avait été désarmée, et les fusils remis aux ennemis, qui les brisèrent à l'instant. Les impôts doublés, les logements militaires presque permanents, les réquisitions multipliées pour conduire hommes et bagages, avec la schlague, prodiguée à la moindre impatience ou pour une simple hésitation (1), tel fut, pendant ces quatre mois sinistres de l'occupation étrangère, le régime impitoyable que dut subir la Côte. Un commandant de la garde nationale, M. Pion, faillit être fusillé pour avoir voulu intervenir à propos d'une querelle entre des habitants et des Cosaques : ce fut M. de Dolomieu qui sauva ce malheureux en se jetant à genoux aux pieds du général autrichien qu'il réussit à ramener à la clémence.

Je n'ai voulu, en rappelant ces faits, que signaler les impressions qu'ils purent faire naître chez Berlioz comme chez les siens. Nous ne nous étonnerons plus lorsque nous l'entendrons, en 1855, faire sa profession de foi dans une lettre à Ferrand, si nous pouvons donner ce mot à l'opinion d'un

---

(1) *La Côte Saint-André ancienne et moderne*, p. 86-87.

artiste qui éprouvait une sorte d'effroi pour la politique et venait de subir le triste effet de ses vicissitudes : « Moi, je suis franchement impérialiste, » disait-il. Hélas! ce sceptique ne sera pas moins prompt à railler l'empire et l'empereur, lorsqu'il aura mesuré l'effondrement de la légende napoléonienne, à laquelle il avait cru, lui aussi, parce qu'il avait été, pour ainsi dire, nourri d'elle dès l'enfance. Sa désillusion, qui se résume pour lui dans la ruine de ses plus chères aspirations d'artiste, se traduira un jour par cette exclamation qui trahira l'évanouissement de son enthousiasme napoléonien : « *Commedianti!* » s'écrie-t-il en confiant sa déception à Ferrand. Il est vrai que c'est en 1864, après le demi succès des *Troyens,* en présence de l'indifférence du public, profondément partagée par le chef de l'Etat, qui, à Hector Berlioz a préféré.... M. Mermet! Mais le héros est bien disparu à cette heure, et il reste le cri amer de l'impérialiste désabusé : *Commedianti!*

IV

LA FAMILLE BERLIOZ

J'aimerais présenter ici, en une sorte de tableau généalogique, la lignée ascendante d'Hector Berlioz. Cet esprit si fin, ce génie si original, ce tempérament si ardent, ne sont pas seulement l'effet d'une nature exceptionnellement douée. C'est l'effort de plusieurs générations qui accumule en lui cette puissance de vie et d'intelligence; sous l'action d'un climat plus favorable au développement de la sève, c'est une végétation nouvelle qui fleurira sur la vieille tige dauphinoise, au moment où la terre vient d'être remuée jusque dans ses couches les plus profondes. La vue de l'homme, d'abord inquiet, sous le coup de l'éblouissement, puis emporté par l'irrésistible impulsion de l'esprit nouveau, va s'élever jusqu'aux sphères les plus hautes de la pensée et dépasser l'horizon qu'elle avait peine à embrasser jusque-là. Si c'est l'art qui sollicite toute cette force intellectuelle, on peut juger de l'énergie vitale qu'a concentrée le travail latent, inconscient de ces générations antérieures, soumises à la dure discipline d'un régime qui comprimait les besoins d'expansion et refoulait les aspirations de l'homme en dressant autour de lui les barrières, en le contraignant à la tâche matérielle, le devoir étant inéluctable et l'espoir de la délivrance un rêve désolant.

Cette force de vie amassée par le passé et attirée par ce renouveau du monde moderne, est remarquable chez l'homme de notre siècle. Aussi, sans vouloir reconstituer pour Berlioz un arbre généalogique et lui créer une lignée héraldique, je n'ai pas cru devoir me dispenser de faire quelques recherches sur sa famille. J'ai pu m'assurer que les Berlioz étaient de purs Dauphinois. La déclinaison, de désinence latine très marquée, pouvait laisser supposer une origine étrangère. Un de mes confrères m'affirmait avoir lu à Naples deux fois le nom de Berlioz sur des enseignes : on me déclarait, d'autre part, que le nom était espagnol, quant à la structure.

On peut rapprocher cette indication, si l'on veut, du fait de l'établissement d'une importante colonie de réfugiés napolitains à Grenoble, mentionné par M. Champollion-Figeac [1], ou de celui que cite Clerc Jacquier, concernant le séjour de nombreuses bandes de mercenaires italiens en Dauphiné au seizième siècle [2] : mais il ne s'agit ici que d'hypothèses sans intérêt, et je me borne à les indiquer en passant, par respect pour l'opinion contraire et sans aucun désir de discuter ce point.

Je tiens en effet pour certain, que le suffixe *oz* est abso-

(1) *Chroniques dauphinoises*, t. II, p. 93, 96.
(2) *La Côte Saint André ancienne et moderne*, p. 58.

lument dauphinois; son caractère exclusivement local me paraît bien démontré par l'étude de noms patronymiques et la simple lecture d'une carte de la région où les dénominations topographiques sont plus complètement démontratives. J'y relève les noms suivants : Craponoz, Méaroz, Siévoz, Oz (Grenoble), Optevoz, (La-Tour-du-Pin), Diémoz, Chavanoz, Vernioz (Vienne), Culoz (Ain), Marlioz, Semnoz, Servoz, Saint-Jorioz (Haute-Savoie).

Le radical *Berl'* semble indiquer une origine germanique qui serait très admissible si l'on considère les vicissitudes de l'histoire ancienne du Dauphiné, où l'on trouve les Burgondes établis au début de l'époque féodale. Ce qu'il y a de plus notable, c'est que ce radical est la seule partie du mot qui soit articulée dans la prononciation ordinaire du nom de Berlioz. Dans le Graisivaudan, aux environs de Grenoble, à Valence même, on ne dit pas *Ber-lioz ;* on élide la finale et l'on dit *Berl'*.

Ceci, du reste, est peu important. A mes yeux, ce qui atteste l'origine entièrement dauphinoise des Berlioz, c'est la mention au nobiliaire du Dauphiné de l'ancienne famille seigneuriale de ce nom, éteinte au milieu du seizième siècle dans la ligne directe, mais qui se rattache sûrement aux Berlioz de Grenoble, de Lyon et de la Côte. Je lis à l'article BERLIOZ (les AMBROIS, le CLOUS), la mention suivante :

« Très ancienne famille du Graisivaudan alliée à celle de Commiers. »

Je vois parmi les personnages notables un Aymar Berlioz, qui accompagna en 1309 l'empereur Albert en Italie; un Eustache Berlioz (1290), père de Jean Berlioz, qui suivit Humbert II aux croisades en 1346 ; un autre Eustache Berlioz chevalier châtelain de Morestel en 1365 ; Jean Berlioz chevalier de Malte en 1409. La notice nous apprend que la famille s'est éteinte au milieu du seizième siècle par Gasparde, dame de Bontière, veuve de Guigues Guiffrey et héritière de son fils Bonaventure, laquelle passa vente le 13 juin 1560 de la moitié de la veherie de Moirans à Jacques de Barond.

Ainsi Moirans nous ramène directement à la Côte Saint-André, et sans nous arrêter à rechercher le lien qui peut exister entre l'ancienne famille seigneuriale et les Berlioz côtois, nous pouvons dire presque à coup sûr que ceux-ci en descendent ou du moins s'y rattachent.

Le nom est d'ailleurs assez répandu : en 1867, au mariage d'une de ses nièces, Berlioz écrivait aux Massart : « Nous étions vingt-deux gens de la noce venus de tous les coins de la famille, de Grenoble, de Tournon, de Saint-Geoirs, etc. » En cherchant bien, vous en trouveriez d'autres encore, à peu près partout : « Notre grand-cousin de Toulouse est mort, » dit-il à son fils Louis en 1862. Dans les *Mémoires*, il est question des autres cousins, habitant Grenoble et ayant leur propriété à Murianette, près de Meylan (¹). Il y a, dans les *Lettres intimes* et la *Correspondance inédite* le cousin Auguste, de Lyon, ami plutôt que parent, toujours prêt à obliger Berlioz (²). Encore un autre cousin directeur de la manufacture de glaces de Montluçon, au mariage duquel il assiste en 1866 (³). C'est un nom qu'on trouve souvent sur la liste des consuls et des syndics de Grenoble. En 1803, un François Berlioz fit partie du conseil municipal ; en 1810, il fut élu membre de la chambre de commerce (⁴). En 1815, un autre Berlioz fut sous-préfet de Valence ; je trouve encore un Berlioz aujourd'hui parmi les professeurs du lycée de Grenoble (⁵).

Les registres de l'état civil de la Côte, conservés aux archives de la mairie, nous donnent la généalogie complète de la famille Berlioz jusqu'au commencement du dix-huitième siècle. L'acte de naissance du père de Berlioz, en date du 9 juin 1776, nous apprend qu'il eut pour parrain et marraine son grand-père Joseph Berlioz et la dame Catherine Julie Berlioz. Il était le second fils d'un conseiller à la Chambre des comptes, qui, lors de la naissance de l'enfant, était seulement *avocat en Parlement de Dauphiné*, habitant la paroisse Saint-Hugues à Grenoble ; son mariage avec Espé-

---

(1) *Mémoires*, p. 439.
(2) *Lettres intimes*, p. 43.
(3) *Correspondance inédite*, p. 331.
(4) Champollion-Figeac. *Chroniques dauphinoises*, t. 1, p. 198, 211.
(5) *Almanach national*. 1816, 1881.

rance Robert, sa cousine germaine, avait été célébré à la Côte le 16 février 1773, en présence de toute la famille. Les conjoints, parents au quatrième degré, avaient obtenu les dispenses prescrites. Six Berlioz signèrent au contrat, y compris le curé Claude Berlioz, qui dressa l'acte, où il est qualifié « oncle du côté maternel à l'épouse ». Le marié, âgé de 25 ans et deux mois, est déclaré « natif de cette paroisse, » fils de Joseph Berlioz et de Catherine Valet. Il était donc né à la Côte en 1747 ; il me semble inutile de remonter plus haut, jusqu'au Berlioz que nous trouvons en 1682 fermier du prieuré de la Côte. L'abbé Clerc Jacquier nous apprend quelles étaient à cette époque les obligations des Berlioz de la Côte envers le prieuré, et l'on peut en conclure que leurs revenus étaient déjà considérables. Le fermier avait à payer les prébendes de huit chanoines, qui recevaient chacun 120 livres en argent, huit setiers de froment, et neuf charges de vin (¹). Ce n'est pas pour plaindre les chanoines, que je cite le fait ; mais avec des redevances pareilles, les lourdes exactions des intendants et les innombrables charges imposées par le régime fiscal de l'époque, il est permis de supposer que le Berlioz de 1682 pouvait jouir d'une certaine aisance pour n'être pas réduit à s'expatrier.

Quant au curé Claude Berlioz, sa nomination datait de 1768 et l'indication de sa parenté avec la grand-mère d'Hector Berlioz nous apprend principalement que la famille comptait de nombreuses branches collatérales.

Le docteur Louis Berlioz (²) était un homme de valeur, d'une nature vraiment supérieure. Les *Mémoires* nous parlent de quelques uns de ses travaux sur des questions techniques: le plus important était un mémoire sur les maladies chroniques, qui avait été couronné dans un concours ouvert en 1810 par la Société de médecine de Montpellier, une des plus importantes de l'époque. Lorsqu'on lui parlait des emprunts indélicats faits par des confrères à ses travaux, il s'étonnait,

---

(1) *La Côte Saint-André ancienne et moderne*, p. 151.
(2) Il est qualifié « officier de santé » dans l'acte de naissance de son fils dressé en 1803.

sans s'indigner : « Qu'importe, disait-il, si la vérité triomphe ? (¹) »

Un extrait du premier Mémoire, donné par Clerc Jacquier, nous montre quelle était la sérénité de pensée de ce savant : « Les applaudissements sont reçus avec la satisfaction que tout homme de bien doit éprouver en acquérant la certitude d'avoir servi l'humanité. Quant à la critique, il ne peut en éprouver d'autre chagrin que de se voir convaincu d'avoir perdu son temps et de l'avoir fait perdre aux autres. »

L'autre citation n'est pas moins intéressante : « Tous les secours de la diététique médicale échoueront contre les désordres produits par les passions dans l'économie animale si la morale n'apprend à l'homme à se rendre maître de son âme (²). » C'est d'un véritable philosophe. Il était, en effet, libre penseur, sans aucun préjugé social, politique ou religieux. Son fils devait mettre cette indifférence générale à de dures épreuves ; mais la sympathie restait profonde entre eux. « Nous avions, dit Berlioz, tant de conformité d'idées sur beaucoup de questions dont le simple examen électrise l'intelligence de certains hommes ! Son esprit avait des tendances si hautes ! Il était si plein de sensibilité, d'une bonté, d'une bienfaisance si parfaite et si naturelle ! (³) »

Ce fut sans doute sur les instances de la mère que le docteur mit son fils au petit séminaire de la Côte pour commencer le latin ; il prit cependant une part plus importante à son éducation. La sollicitude de M. Berlioz était des plus touchantes. Un jour où l'élève, tremblant d'émotion à la lecture d'un passage de l'*Énéide*, balbutie et ne peut achever, le père feint de ne point remarquer son trouble, et, pour ne point le prolonger, ferme le livre et se lève en disant : « Assez, mon enfant, je suis fatigué (⁴) ». N'est-ce point d'une bonté et d'une délicatesse de cœur vraiment dignes d'admiration ?

Cette époque est précisément celle de ses travaux les plus

(1) *Mémoires*, p. 7.
(2) *La Côte Saint-André ancienne et moderne*, p. 294.
(3) *Mémoires*, p. 434.
(4) *Ibid.*, p. 10.

importants, qui ne l'empêchaient pas de surveiller les études de son fils, de lui apprendre la flûte et le flageolet, de donner toute son attention au développement de cette ardente et vive intelligence, si promptement éveillée. L'abbé Clerc Jacquier, qui l'appelle un « savant digne du grand siècle », nous apprend qu'il se livrait alors à une série d'importantes et patientes observations sur les constitutions atmosphériques et leur influence sur la production des différents états pathologiques ; ses recherches se poursuivirent durant six années, de 1810 à 1815 (¹). En 1816, il publiait le traité sur l'acupuncture dont a parlé son fils (²). Ce n'était qu'une partie de ses travaux, car l'abbé Jacquier nous parle d'études inédites du docteur sur l'emploi de l'eau froide comme traitement. « Elles prouvent, dit-il, que le génie de notre docteur devança quelquefois son époque, car trente ans après qu'il eut obtenu lui-même de remarquables succès par ce moyen, l'*hydrothérapie* fut érigée en système et le modeste M. Berlioz ne songea même pas à revendiquer ses titres à la postérité (³). » Il pratiquait des opérations chirurgicales tellement hardies qu'elles avaient été réputées jusque là inexécutables : si j'en crois quelques récits, elles ne furent pas toutes heureuses ; mais il ne me paraît guère que les critiques de ses concitoyens, même fondées, aient une valeur scientifique suffisante.

Que de jolies pages à extraire des *Mémoires*, en rapprochant la tête blonde de l'enfant de cette sympahtique figure du docteur ! Ces leçons de musique (⁴), ces promenades à Meylan, où Berlioz, assis sous un hêtre, au pied du Saint-Eynard, joue à son père la musette de *Nina* sur son flageolet rustique (⁵), ces scènes intimes qui nous font voir dans le même tableau la famille, mêlant ses impressions, ses sentiments, et cette figure rose qui attire tous les sourires et concentre tous les espoirs ! La vie du fils doit nous reporter

---

(1) *La Côte Saint-André ancienne et moderne*, p. 293.
(2) *Mémoires*, p. 7.
(3) *La Côte Saint-André*, p. 295.
(4) *Mémoires*, p. 13..
(5) *Ibid.*, p. 438.

à celle de cet excellent homme, aux soins duquel il dut ses joies d'enfant et ses premières ébauches d'idées sur le monde et sur la science. Ses occupations savantes, son métier de praticien, ses fonctions officielles même, car sa notoriété lui valut, en 1817, sa nomination à la mairie de la Côte (¹), sont moins ce qui nous intéresse que ces récits des *Mémoires* où Berlioz raconte, en termes émus, ce que fut pour lui cet ami auquel il devait la vie de l'esprit autant que celle du corps.

Berlioz ne peut se plaindre d'avoir vu sa vocation contrariée, car c'est avec une exemplaire longanimité que son père le laisse se livrer en paix à sa passion pour la musique : s'il le décide à se préparer, sous sa direction, aux études médicales, c'est à l'aide d'une habile transaction, en lui promettant « une flûte avec toutes les clefs nouvelles (²) ».

Après quelques discussions, Berlioz finit par s'engager à suivre les cours de la Faculté et son père consent à le laisser partir pour Paris ; mais bien que le serment ait été aussitôt oublié, ce n'est qu'au bout de trois ans, et à la suite de tentatives malheureuses pour débuter dans la carrière de compositeur, que le père se fâche tout à fait, et supprime décidément la pension de son fils. C'est l'intervention de Lesueur, plaidant la cause de son élève à l'aide d'arguments religieux, qui le fait sortir de son calme : sa réponse est brusque et roide et commence ainsi : « Je suis un incrédule, monsieur (³) ».

C'était moins pour plaider sa cause, comme il le prétend, que pour revoir sa famille, après trois années de séparation, que Berlioz revint en 1825, car la résistance n'était pas si rigoureuse qu'il a voulu le dire. En 1828, quand il fit un nouveau voyage à la Côte, la concorde était parfaite entre les parents et le jeune indiscipliné. « Vous commencez donc à prendre un peu de confiance en moi ! Puissé-je la justifier,

---

(1) *Recherches historiques sur la Côte Saint-André*. p. 125. — Cette mention a été supprimée dans la deuxième édition. La durée de ces fonctions fut courte, car, au mois de novembre, le docteur cédait l'écharpe municipale à Charbonel, le père du jeune étudiant avec lequel Berlioz s'associa en 1826.

(2) *Mémoires*. p. 17.

(3) *Ibid.*, p. 84.

écrivait Berlioz en 1830 ! C'est la première fois que vous m'écrivez sur ce ton, et mille fois je vous en remercie ! C'est un si grand bonheur de pouvoir faire honneur et plaisir à ceux qui nous sont chers (¹). » Ce n'est qu'à la fin de 1830 que la réunion définitive a lieu : cette fois Berlioz a conquis le prix. Mais que de luttes encore, lorsque, à son retour d'Italie, il lui faudra en venir aux sommations respectueuses pour se marier avec Henriette Smithson !

La naissance d'un fils dissipa tous les nuages (²). Les quinze dernières années du vieillard, malgré la mort de la mère de Berlioz, en 1838, furent relativement heureuses. Louis ne fut présenté à son grand-père qu'en 1847 (³) ; il avait alors treize ans. Ce fut une heure charmante, la dernière joie du docteur, alors dans sa soixante-douzième année, déjà bien attristé, bien affaibli par l'âge et la maladie. Berlioz lui racontait sa réception à la frontière russe, lors de son récent voyage, par le maître de poste, M. Nernst, qui, l'entendant décliner son nom, s'était écrié : « Rien que ça ! (⁴) » En dépit de toute sa philosophie il ne songeait pas à dissimuler l'orgueil naïf que lui causait cette preuve originale de la célébrité de son fils. Cette dernière entrevue fut courte : « Je n'ai que huit jours à donner à mon père (⁵) », lit-on dans une lettre à Ferrand. Berlioz était obligé de gagner Londres où l'appelait un engagement avec Jullien. Le docteur vivait encore lorsque Berlioz nous retraçait son portrait dans le premier chapitre des *Mémoires*, nous le peignant comme un homme charitable, bienfaiteur des pauvres et des paysans. Depuis longtemps il a cessé d'exercer, ses forces l'ont abandonné : la lecture et la méditation occupent sa vie. Une incurable maladie de l'estomac, à laquelle il a failli plusieurs fois succomber, attriste ses derniers jours.

---

(1) *Correspondance inédite*, 2ᵉ éd. Appendice p. 360. La date de cette lettre est le 10 mai 1830, et non 1828, comme le suppose l'éditeur. Berlioz y fait allusion à son troisième concert, qu'il doit donner aux Nouveautés, pour faire entendre la *Symphonie fantastique*, à la fin du même mois.

(2) *Lettres intimes*, p. 72.

(3) *Mémoires*, p. 426.

(4) *Ibid.*, p. 403.

(5) *Lettres intimes*, p. 195.

Il ne mange presque pas et se soutient par un remède violent, l'opium. Quelques années auparavant, découragé par des souffrances atroces, il a dû en prendre trente-deux grains à la fois. Cette médication effroyable le ranima ; mais il avoua à son fils que « ce n'était pas pour se guérir » qu'il y avait eu recours [1].

Un de ses plus vifs désirs était d'entendre le *Requiem*. « Oui, je voudrais entendre ce terrible *Dies iræ* dont on m'a tant parlé, après quoi je dirais volontiers avec Siméon : *nunc dimittis* [2]. » Ce fut son plus douloureux chagrin de mourir sans avoir entendu le moindre fragment des ouvrages de son fils. Berlioz n'était pas pianiste ; ses sœurs étaient malheureusement peu musiciennes et pas un seul ouvrage important n'était gravé en partition réduite pour le piano que les amateurs de la Côte eussent pu déchiffrer en présence de la famille.

C'était, dit l'abbé Clerc Jacquier, un homme indépendant, désintéressé, bon, bienveillant, dévoué, infatigable au travail [3]. J'ai vu beaucoup de ses compatriotes, qui l'ont personnellement connu et qui confirmaient le portrait qu'en retrace M. Daniel Bernard dans sa notice. « Un homme mélancolique, chercheur, triste d'aspect, doux et bon : il se plaisait dans la solitude, et partageait sa vie entre l'étude et la surveillance de ses domaines [4]. » Durant ses dernières années, m'a-t-on raconté à la Côte, il calculait méticuleusement la nourriture qu'il devait prendre pour ne pas renouveler ses douleurs gastriques, et pesait le pain qu'il ne mangeait que par rations. Son occupation favorite était la surveillance de son domaine du Chuzeau, dans un des faubourgs de la Côte. Il avait entrepris d'y créer un établissement agricole et avait fait faire à grands frais des constructions. On le voyait chaque jour assis au milieu des ouvriers, enveloppé dans une longue houppelande fourrée, s'entretenant familièrement avec les terrassiers et les maçons qui

---

(1) *Mémoires*, p. 8.
(2) *Ibid.*, p. 434.
(3) *La Côte Saint-André ancienne et moderne*, p. 293.
(4) *Notice sur Berlioz*, p. 7.

le vénéraient d'autant plus qu'il leur donnait par ses manies inoffensives des ressources de travail inattendues.

Il abusait de l'opium, comme nous l'avons vu ; il en prit jusqu'à la dernière heure, ce qui dut contribuer à aggraver les crises violentes de la fin (1). Il venait de préparer un dernier travail sur l'emploi de ce terrible médicament (2) ; il ne put l'achever. Ses dernières pensées furent pour son fils, qui ne fut pas prévenu, n'ayant pas annoncé à ses sœurs son retour de Londres (3). Il demanda un jour des nouvelles de ce dernier et de son petit-fils Louis. Une autre fois, au milieu d'une terrible agonie de six jours on lui montra le portrait de son fils : il le nomma, et vite, vite, voulut du papier, une plume : « Bien, dit-il, tout-à-l'heure, j'écrirai ». Peu après, il perdit connaissance, et mourut sans l'avoir recouvrée (4). Ce fut un jour de deuil pour la Côte, dit Clerc Jacquier ; la cité tout entière suivit son convoi. Ces témoignages de douleur, le souvenir qui s'est conservé jusqu'à ce jour de cet homme si simple, si bon, et si digne d'une renommée plus retentissante, commandent le respect pour cet humble médecin de campagne, qui eût peut-être été oublié à jamais sans l'immortalité donnée à son nom par son glorieux fils.

La mère de Berlioz, Marie-Antoinette-Joséphine Marmion, ne nous apparaît que d'après quelques traits vagues jetés ça et là dans les *Mémoires* ; ceux qui l'ont connue me l'ont dépeinte comme une femme des plus sympathiques. Au physique elle était de haute taille, belle et distinguée, très fraîche de teint. Elle se plaignait souvent de sa santé ; M. Berlioz, qui ne s'en inquiétait pas, avec une si belle apparence, la plaisantait quelquefois, mais ne la soignait pas comme s'il se fût agi d'une affection grave. Elle avait une maladie de foie

---

(1) Lettre écrite à Berlioz par sa sœur Nancy, citée dans les *Mémoires*, p. 434.

(2) *La Côte Saint-André ancienne et moderne*, p. 295.

(3) Il donne aux *Mémoires* la date du 16 juillet comme celle de sa rentrée à Paris ; celle de la mort de son père est le 26 du même mois.

(4) Lettre d'Adèle à son frère citée aux *Mémoires*, p. 435.

et mourut presque subitement dès la première apparition du mal à l'état aigu.

Elle aimait les réceptions. Sa maison était une des plus fréquentées. On faisait la partie ; la musique était absente de ces réunions. Depuis longtemps, la bourgeoisie côtoise a cessé de se visiter et ces soirées intimes ont disparu.

S'il faut en croire Berlioz, sa mère avait des convictions religieuses *fort exaltées*, et tout ce qui touche au théâtre la scandalisait. « Pour elle, acteurs, actrices, chanteurs, musiciens, poètes, compositeurs, étaient des créatures abominables, frappées par l'Eglise d'excommunication, et comme telles prédestinées à l'Enfer ([1]). » Toutes les mères religieuses sont dans les mêmes dispositions d'esprit, et en vérité, à côté d'un père aussi tolérant et aussi indépendant que le sien, Berlioz se montre assez dur pour sa mère et bien peu respectueux de ses croyances et de ses sentiments. Les sceptiques de ce temps n'étaient pas si fanatiques dans leurs opinions et savaient respecter la liberté de conscience chez les autres. C'est alors qu'on répétait en souriant et sans froncer les sourcils ce refrain si spirituel :

> On peut aller même à la messe,
> Ainsi le veut la liberté.

Nous trouvons tout naturel que Mme Berlioz ait pu regarder les croyances religieuses comme indispensables au salut de son fils. M. Berlioz, en homme de cœur, lui promit de ne rien tenter pour en détourner celui-ci. Il allait jusqu'à lui faire réciter le cathéchisme. La réserve du père devant ses enfants était parfaite. Au moment de sa première communion, Hector est d'une piété exemplaire. Ce n'est pas tout ; il continue à pratiquer, il entend la messe tous les jours, communie chaque dimanche. Il a treize ans passés et il parle encore de ses « aspirations religieuses », au moment de ses premières tentatives musicales ([2]).

Il s'en faut que j'admette sans restrictions la réalité de la fameuse scène de famille racontée dans les *Mémoires*. C'est

---

(1) *Mémoires*, p. 36
(2) *Ibid.*, p. 16.

au moment où Berlioz est revenu à la Côte, rappelé par ses parents, après trois ans de séjour à Paris. Mme Berlioz apprend que son mari, qui combattait avec elle la vocation du jeune homme, a fini par céder; sa colère éclate à l'instant. Devant son regard courroucé, Berlioz croit prudent de s'esquiver et de se tenir coi jusqu'au moment du départ. Mais elle le rejoint et ses gestes indiquent une émotion extraordinaire. Elle ne tutoie plus son fils, elle qualifie ses projets de coupables et d'extravagants. Elle se jette à genoux : malgré son émotion Berlioz résiste encore. « Tu me refuses, malheureux, tu as pu, sans te laisser fléchir, voir ta mère à tes pieds. Eh bien! pars! Va te traîner dans les fanges de Paris, déshonorer ton nom, nous faire mourir, ton père et moi, de honte et de chagrin. Je quitte la maison jusqu'à ce que tu en sois sorti; tu n'es plus mon fils, je te maudis! » Lorsque Berlioz la rejoint avec son père et ses sœurs à la maison de campagne où elle s'est réfugiée, elle demeure inflexible : en les apercevant elle se lève et s'enfuit encore. On l'appelle en vain : Berlioz s'éloigne sans l'avoir embrassée, sans un mot, sans un regard, chargé de sa malédiction [1].

Il y a évidemment beaucoup d'exagération dans cette scène, et la conclusion surtout me semble vraiment inadmissible. Je me demande pourquoi Berlioz a ainsi forcé la note en laissant entendre qu'il a bravé la malédiction de sa mère pour se faire compositeur. Sans doute il y eut une scène de famille tout à fait orageuse, mais la réconciliation fut bien prompte, car dans la lettre même où Berlioz raconte à Ferrand les incidents de ce voyage de Paris à la Côte, c'est-à-dire très peu de temps après son arrivée, loin de faire allusion à cette scène « d'une violence exagérée, invraisemblable, horrible », comme il la qualifie dans les *Mémoires*, il apprend à son ami que c'est avec le consentement affectueux de ses parents qu'il va bientôt reprendre la route de la capitale. « Mon père est tout à fait dans mon parti et maman parle déjà avec sang-froid de mon retour à Paris [2]. »

Mais ce qui est tout à fait décisif, c'est le passage qu'on

[1] *Mémoires*, p. 37.
[2] *Lettres intimes*, p. 4.

va lire d'une lettre adressée vers la même époque à Lesueur. Sans doute on y voit que la mère de Berlioz n'était pas disposée à se rendre sans résistance; mais il y a loin des remontrances dont il parle à la scène terrible racontée dans les *Mémoires*. « J'ai été reçu dans ma famille comme je m'y attendais, écrit-il, avec beaucoup d'affection. Je n'ai point eu à essuyer, de la part de ma mère, de ces malheureuses et inutiles remontrances qui ne faisaient que nous chagriner l'un et l'autre. Cependant papa m'a recommandé par précaution de ne jamais parler musique devant elle (1). »

Je dirai dans quelques instants quelle est la douloureuse supposition que m'inspire le récit tragique des *Mémoires*. Ces extraits m'en font suspecter l'exactitude et je ne l'admets qu'avec de graves réserves. Berlioz, qui a si souvent parlé avec tendresse de son père, voudrait sans doute faire juger le caractère de sa mère d'après cette seule scène : nous sommes obligés de constater qu'il nous a trompés. Il parle ailleurs des railleries qu'elle lui adressait à propos de sa passion pour une jeune fille de Meylan de six ans plus âgée que lui et qu'il ne revit qu'en 1832 : elle était mariée, il l'ignorait. « Némorin n'a pas oublié *son* Estelle, » lui dit la mère. « *Son* Estelle ! » repète Berlioz. Ce possessif si mal justifié l'exaspère. « Méchante mère! (2) » s'écrie-t-il.

Ne jugeons pas d'après ces deux passages la mère du grand artiste. Pensons à ce que la pauvre femme dut souffrir, atteinte dans ses sentiments religieux par l'impiété précoce de son fils, dans ses préjugés sociaux par l'ardeur avec laquelle cet enfant bien aimé, au mépris des exhortations, des défenses et des supplications maternelles, choisit la carrière d'artiste qu'elle considérait comme une profession infamante, enfin par son mariage contracté malgré le refus de sa famille avec une actrice étrangère sur laquelle, au moment où il l'avait oubliée pour une autre, il avait pu, nous le verrons, faire de très imprudentes confidences à ses parents. Mme Berlioz n'était pas très âgée lorsqu'elle mourut, en

---

(1) *Correspondance inédite*, 2e édit., appendice, p. 359.
(2) *Mémoires*, p. 12.

1838 : certainement ce fut une *Mater dolorosa*, et il est bien triste de penser que sa mémoire n'a pas été suffisamment défendue par son fils.

M. Hiller nous apprend que Berlioz ne parlait de ses parents qu'avec une affectueuse reconnaissance, malgré la lutte qu'il soutenait contre eux à cette époque : il raillait seulement ce qu'il appelait les « préjugés » de sa mère à l'égard de la religion et de l'art [1]. C'étaient des confidences qu'il pouvait faire à ses amis, mais il n'était pas indispensable qu'elles prissent place dans son autobiographie.

Nous pouvons voir dans quelques passages des *Mémoires* que Berlioz a toujours respecté et craint ses parents ; il ne luttera contre eux que lorsqu'il sera depuis longtemps séparé d'eux. Son père, pour le décider à commencer la médecine a recours non pas à un coup d'Etat, comme le dit Berlioz, mais à la conciliation ; pour détruire ce qu'il appelle les « puériles antipathies » de son fils, il lui propose de combiner l'ostéologie avec la musique. D'ailleurs, la résistance du jeune homme était loin d'être violente : « J'avais, dit-il, de mes parents une trop grande crainte pour rien oser avouer de mes audacieuses pensées [2] ». Je remarque, d'ailleurs, que ce respect s'affirme dans le ton de ses lettres où il ne tutoie jamais son père. Durant ses études, il avait subi bien de sévères remontrances et « de terribles colères [3] », sans oser entrer en rébellion ouverte. Plus tard, lorsqu'après avoir entendu *Iphigénie* à l'Opéra il fera connaître à son père son irrésistible vocation, il commencera à s'irriter de ses résistances et s'emportera dans ses lettres « jusqu'à la fureur [4] ». Il me semble, en effet, qu'il n'a pas toujours conservé un sang froid suffisant.

Berlioz nous parle rarement de ses sœurs. L'aînée, Nancy, qui fit sa première communion en même temps que lui, étudia la guitare avec le même professeur que lui. Elle avait de

[1] F. Hiller. *Künstlerleben*, p. 67.
[2] *Mémoires*, p. 17.
[3] *Ibid.*, p. 18.
[4] *Ibid.*, p. 22.

la voix, dit-il, « mais la nature l'a entièrement privée de tout instinct musical. Elle n'a jamais pu parvenir à lire la musique, qu'elle aime pourtant, ni à déchiffrer une romance (¹) ». Je lis cependant des remerciements adressés à Ferrand par Berlioz pour des airs suisses qu'il avait envoyés à sa sœur, ce qui prouve que celle-ci ne renonçait pas à la musique, même avec cette absence d'instinct que lui attribuait son frère. En sa qualité de sœur aînée, elle reçoit les confidences de Berlioz. C'est elle qui apprend la première, en 1825, que son frère, avec l'adhésion du père, doit repartir secrètement pour Paris, et continuer à suivre la carrière musicale malgré l'opposition de la mère (²). C'est à Nancy qu'il avoue d'abord, mais avec prudence, trois ans plus tard, ses projets de mariage, au plus fort de sa grande passion pour Miss Smithson (³). Elle paraît avoir partagé la piété fervente de la mère. La pauvre Nancy, qui avait épousé, en 1832, un juge au tribunal de Grenoble, M. Pal, mourut en 1854 d'un cancer au sein, après d'abominables souffrances (⁴). Berlioz ne manque pas, à ce propos, de s'indigner contre la théologie qui proclame la légitimité de la douleur physique et la recommande même comme un moyen de salut.

Il semble que ce soit la plus jeune, Adèle, qui ait eu toutes les sympathies de son frère. « Ma sœur cadette m'adore, écrit-il à Hiller, en 1832, et je me laisse adorer d'une manière fort édifiante (⁵). » Il cite une scène vraiment digne de Bernardin de Saint-Pierre, qui se place précisément vers cette époque, au moment où il revient de Rome, après son séjour de dix-huit mois en Italie. C'est par une journée d'été, sous une pluie battante :

— Adèle, veux-tu te promener?
— Volontiers, mon ami ; je vais mettre des galoches.
— Mais voyez donc ces deux fous, dit Nancy ! Ils sont capables d'aller, comme ils le disent, patauger dans la cam-

(1) *Mémoires*, p. 14.
(2) *Ibid.*, p. 35.
(3) *Lettres intimes*, p. 30.
(4) *Mémoires*, p. 443.
(5) *Correspondance inédite*, p. 104.

pagne par un pareil temps. « En effet, ajoute Berlioz, je pris un grand parapluie, et, sans tenir compte des railleries de tous, nous descendîmes, Adèle et moi, dans la plaine, où nous fîmes près de deux lieues, serrés l'un contre l'autre, sous le parapluie, sans dire un mot. Nous nous aimions (¹)». N'est-ce pas charmant ? C'est au moment de la mort de sa chère Adèle que ce souvenir des années heureuses lui revient à l'esprit. On sent bien qu'Adèle était la préférée : « son indulgence était si complète et si tendre pour les aspérités de mon caractère, pour mes caprices les plus puérils ! » C'était avec la même émotion qu'il rappelait, dix ans auparavant, les « brûlantes affections de son cœur aimant (²) ».

Adèle avait épousé un notaire de Vienne, M. Suat, que Berlioz paraît avoir traité avec aussi peu d'aménité que le mari de Nancy. « Mon beau frère, qui est d'une loquacité effrayante, me tue, » disait-il de celui-ci dans une lettre à Ferrand (³). On me racontait à la Côte une plaisanterie qu'il avait faite à M. Suat en empêchant son second beau-frère de lire une pièce de vers en son honneur, dans un grand dîner de famille ; il la lui prend des mains et écrit gravement au bas : *Suat fecit*. Et les rires de couper la parole à l'orateur. Il exerça souvent contre lui sa verve de mystificateur. Nous voyons néanmoins cet excellent homme se mettre en quatre pour être agréable à Berlioz, et faire mille recherches à Lyon en 1864 pour retrouver l'adresse de la fameuse Estelle (⁴). Faut-il signaler le dernier trait de la lettre d'Adèle, reproduite aux *Mémoires* (4 août 1848), dans laquelle elle annonce à son frère la mort de leur père : « Mon mari est resté le dernier auprès de lui. Il m'avait promis de lui fermer les yeux, de te remplacer dans ce pieux devoir : il m'a tenu parole, *mon cœur lui en tiendra compte* (⁵) ». Je ne veux insister à propos de ce mot que sur la délicatesse de cœur que possédait

---

(1) *Mémoires*, p. 484.
(2) *Ibid.*, p. 434.
(3) *Lettres intimes*, p. 120.
(4) *Mémoires*, p. 484.
(5) *Ibid.*, p. 435.

cette charmante femme. Elle méritait d'être la préférée pour Berlioz. Il n'assista pas à ses derniers moments, lorsqu'elle mourut en 1860, encore dans la force de l'âge. Etant allé, quatre ans après, se reposer dans la maison de campagne de son beau-frère, à Estressin, près de Vienne, c'est avec un saisissement grand et douloureux qu'il revoit le portrait de l'absente. Il reporte toute sa tendresse sur ses nièces, les deux jeunes orphelines, l'une de dix-neuf ans, l'autre de vingt et un. C'était une grande joie pour elles que cette réunion de famille avec un oncle déjà célèbre, si plein de bonté malgré une vie si douloureuse. « Mes nièces, écrit-il à Mme Massart, sont de charmantes enfants, que j'aime comme si elles étaient mes filles, et qui reçoivent les impressions de la poésie comme une planche photographique reçoit celle du soleil. C'est fort extraordinaire pour deux jeunes personnes élevées dans cette province des provinces qu'on nomme Vienne et dans le milieu le plus antédiluvien qu'on puisse imaginer (1). »

Cette branche collatérale est la seule lignée qui doive propager le sang des Berlioz. Les petites-filles du docteur Louis ont épousé, l'aînée un officier supérieur très estimé, le colonel Chapot, qui vit en retraite à Grenoble, la seconde, un descendant d'une des plus vieilles familles dauphinoises, M. de Colongeon. Nancy avait laissé une fille, aujourd'hui veuve, et dont le fils, M. Masclet, est un des jeunes avocats d'avenir du barreau de Grenoble. Les sœurs d'Hector Berlioz n'ont pu transmettre à leurs enfants le nom patronymique, et il a disparu avec le grand maître qui avait vu mourir avant lui, à trente-trois ans, son fils unique. Mais le nom reste impérissable, si la postérité est éteinte.

Je n'ai point parlé d'un frère de Berlioz, de dix-sept ans moins âgé que lui, et qui mourut jeune, à 19 ans. Prosper Berlioz était né le 26 juin 1820. Il montrait de grandes dispositions musicales; il apprit seul la harpe. La famille l'envoya à Paris vers 1837 : son frère, marié alors, pouvait fort

(1) *Correspondance inédite*, p. 323.

peu s'occuper de lui ; il pensa cependant à l'inviter à aller voir son opéra de *Benvenuto Cellini*. Prosper revint enthousiasmé. Il retrouva aisément les motifs au piano ; il les répétait avec admiration. Quelques mois après, une fièvre typhoïde l'emportait. Il mourut dans la pension où il faisait ses études, 24 bis, rue Notre-Dame-des-Champs, le 15 janvier 1839.

Je comprends que l'existence de ce pauvre enfant n'ait jamais été signalée, ni même découverte par les biographes de Berlioz. Celui-ci n'a jamais parlé de son frère à qui que ce soit : il n'en est jamais fait mention dans les *Mémoires*, ni dans les lettres, sauf au post-scriptum d'une de celles qui viennent d'être ajoutées à la deuxième édition de la *Correspondance inédite*. Mon devoir est de parler de lui pour compléter ce tableau de la famille Berlioz. J'aurais voulu me borner à cette mention : il me semble cependant que ce fait peut avoir une certaine importance, si l'on se rappelle le récit des *Mémoires*, que je citais tout à l'heure, concernant la scène douloureuse de Berlioz avec sa mère en 1825. Si les informations que j'ai recueillies à la Côte sur la froideur qui existait entre les deux frères, d'ailleurs séparés par une trop grande différence d'âge, et qui m'a été certifiée de divers côtés, sont bien exactes, ne peut-on supposer sans invraisemblance que la venue de cet ouvrier de la onzième heure n'ait introduit la discorde dans la famille? Berlioz était presque un homme en 1820, et en voyant ce nouveau venu accaparer la tendresse maternelle déjà affaiblie pour l'ainé par les dissentiments sur les questions d'art et de religion, il put sans doute ressentir de pénibles impressions à cet âge des ardeurs et des brûlantes aspirations du cœur où l'affection est égoïste, incapable de comprendre le partage et la préférence toute naturelle qui s'attache aux plus faibles, aux derniers nés. Enfin, ce mot que j'écris avec peine, la jalousie, ne vient-il pas promptement à l'esprit? Expliquerait-on autrement les confidences inutiles accompagnées de trop amères paroles que contiennent les *Mémoires* sur la mère de Berlioz, leur silence sur son jeune frère? Pour moi, sans oser me prononcer, j'avoue que c'est seulement en mettant en scène cet intrus qui se dresse entre Berlioz et sa mère, que je puis comprendre la scène de famille à laquelle les *Mémoires* nous font assister. C'est la psychologie de Berlioz que j'essaie de faire : or je ne puis m'empêcher de constater que son irritation contre sa mère aurait été mieux expliquée, si les *Mémoires* eussent remplacé l'appréciation ironique des sentiments religieux de Mme Berlioz par l'indication de ces particularités intimes de la vie de famille.

Je comprendrai beaucoup plus facilement que Berlioz se soit laissé aller à publier ce récit, si l'on me dit, comme je l'ai entendu dire à la Côte, que ce pauvre Prosper, d'une santé délicate, reçut des leçons de piano qu'on avait refusées à son frère, qu'il parla de bonne heure de se faire compositeur, sans qu'on lui opposât « de malheureuses et inutiles remontrances. » L'exemple de l'aîné était trop concluant. S'il est vrai — cela n'est nullement prouvé, — que ce malheureux enfant de dix-huit ans, au lieu de trouver à Paris l'appui presque paternel de son frère, ne rencontra en lui qu'un étranger, je me garde bien d'accuser Berlioz d'indifférence, d'égoïsme, ou de mauvais cœur. Sa vie est trop agitée et trop occupée de 1833 à 1839 pour qu'on puisse lui reprocher de n'avoir pas sacrifié ses travaux à ces soins de la surveillance d'un jeune homme, qui ne pouvaient que lui donner de l'ennui et des embarras, en le chargeant d'une responsabilité assez pénible. Mais on ne peut comprendre le cri de la mère de Berlioz, *Tu n'es plus mon fils*, que devant le berceau d'un petit frère, auquel reviennent de droit les caresses de son aîné devenu indigne. Et si le cri a été prononcé, je comprends toutes les angoisses de la mère, à la pensée de l'exemple redoutable que la rébellion de l'aîné va donner au plus jeune, être chétif et encore inconscient, mais capable d'être gagné — prévision toujours réalisée — par la contagion de l'esprit d'indépendance. Je comprends, en un mot, que Mme Berlioz ait ressenti la plus poignante douleur de sa vie ce jour là et qu'elle se soit écriée : « Je viens de perdre un fils, je ne veux pas les perdre tous les deux ! »

V

L'HOMME PHYSIQUE

Nous avons observé ou reconstitué un milieu et un moment : ce n'est que le cadre du tableau. C'est seulement le cercle au centre duquel se meut, avec ses facultés originales, avec son instinct naturel, l'enfant, encore inconscient de la vie, qui sera dans quelques années, étant données l'éducation et l'affinité du caractère avec certaines aspirations qui sont dans l'air, pour ainsi dire, un apprenti artiste, avant d'arriver par l'effort à être grand artiste.

Nous verrons, que la famille, peu portée à la rêverie et étrangère au mouvement romantique de l'époque — du reste nous ne sommes encore qu'en 1815 — va chercher à pousser le jeune homme vers la carrière paternelle. Berlioz était-il destiné à devenir médecin ? L'étude de son tempérament va nous montrer qu'il n'est porté ni à la patience d'investigation qu'exige la culture scientifique, ni à la pratique sédentaire d'un état, libéral ou autre, ni apte aux travaux savants, ni satisfait par le spectacle de la vie bourgeoise et par le calme plat de l'existence provinciale.

Voyons tout d'abord la physionomie. Telle que nous la retracent les portraits qui datent des dernières années de sa vie, nous y retrouverions difficilement le Berlioz des premières années. Ici, les yeux sont cernés, les lèvres maigres tirées aux coins de la bouche, les rides du visage marquées. Le portrait fait à Londres en 1848, et reproduit au frontispice du livre de M. Adolphe Jullien, nous donne un autre Berlioz, plus vivant, plus énergique, moins funèbre. J'en trouve un plus conforme au type primitif dans une lithographie qui figurait en tête de l'édition du *Voyage musical* de 1844. De longues boucles encadrent le front et vont retomber sur les joues après de capricieuses courbes et descendre jusqu'au col de la chemise : un léger collier de barbe encadre le masque ; l'œil est vif, hardi, clair, la bouche prête à parler. Assurément les traits ne sont pas d'une ressemblance parfaite, cela se devine : mais le personnage est plus animé que dans les portraits postérieurs. Berlioz, la main ramenée sur la poitrine, tient le bâton de mesure : une longue cravate à replis impénétrables descend jusqu'aux profondeurs d'un gilet *tragique*, comme dit M. Taine ; la redingote à la mode du temps, avec son ample collet et ses vastes parements, complète le personnage. Le voici d'ailleurs peint à la plume par M. Legouvé, tel que le spirituel académicien le vit pour la première fois, en 1833, à une des représentations du Théâtre-Italien, qu'il venait de troubler par une réclamation contre les licences des instrumentistes : « Je m'étais retourné et je vois à mes côtés un jeune homme tout tremblant de colère, les mains crispées, les yeux étincelants, et une coiffure !... une coiffure !... Non, un immense parapluie de cheveux qui surplombait en auvent mobile au-dessus d'un bec d'oiseau de proie ! C'était à la fois comique et diabolique. »

Cela nous rappelle les exclamations joyeuses qui accueillaient Berlioz à son entrée dans la salle à manger de la Villa Médicis : « Oh ! Berlioz ! oh ! cette tête ! oh ! ces cheveux ! oh ! ce nez ! Mille dieux ! quel toupet ! (¹) »

Tel nous le peint Ernest Reyer à vingt huit ans, avec ses longs cheveux roux et son nez d'aigle (²). — « Blond ardent, » me dit-il, lorsque je lui signalai les contradictions des biographies sur ce chapitre. — Malheureusement je suis forcé de déclarer que la couleur des cheveux sur laquelle les historiens de l'avenir disputeront probablement avec de nouveaux

(1) *Mémoires*, p. 118.
(2) *Notes de Musique*, p. 328.

textes à l'appui, demeure sujette à contestation. Les Côtois m'ont assuré que Berlioz était blond : comme la nuance disparut avec l'âge et que les cheveux grisonnèrent de bonne heure, je ne puis invoquer le souvenir de ceux qui l'ont connu dans les dernières années. Je crois cependant que les Côtois ont raison, si le mot d'une lettre écrite à Bulow en 1858 peut être cité pour clore le débat : « J'ai été blond, dit Berlioz, et je ne suis pas doux (¹) ».

Je passe sur ce certificat de dureté que se décerne Berlioz, en constatant seulement qu'il ne se reconnaissait pas une aménité parfaite : mais ce témoignage n'est pas aussi décisif qu'il semble. Je lis en effet dans son récit de la distribution des prix à l'Institut qu'il apparut « le front enfoui sous une forêt de longs cheveux *roux* (²) ». M. Bernard tient pour cette teinte et nous le présente à peu près comme l'a fait M. Reyer, « maigre, anguleux, les cheveux *roux* et ébouriffés (³) ». J'aurais cru avoir le dernier mot en consultant l'admirable portrait peint par Courbet en 1850, qui aurait conclu en faveur des biographes ou qui eût tranché la difficulté résultant de la double affirmation de Berlioz. Malheureusement pour l'historien, cette fois Berlioz n'est ni blond ni roux, il est parfaitement brun ! Décidément le mystère demeurerait impénétrable, si nous ne considérions l'expression « blond ardent » comme l'euphémisme équivalent au mot *roux*.

Je me borne, pour conclure, à citer le portrait de Berlioz tracé par la main de son ami J. d'Ortigue en 1833 : « Berlioz est d'une taille moyenne, mais bien proportionnée. Cependant, à le voir assis, et sans doute à cause du caractère mâle de sa figure, on le croirait beaucoup plus grand. Les traits de son visage sont beaux et bien marqués ; un nez aquilin, une bouche fine et petite, le menton saillant, des yeux enfoncés et perçants, qui parfois se couvrent d'un voile de mélancolie et de langueur ; une longue chevelure blonde et ondoyante

---

(1) *Correspondance inédite*, p. 253.
(2) *Mémoires*, p. 107. Ce récit avait paru d'abord dans la *Gazette musicale* en 1834.
(3) *Notice sur Berlioz*, p. 11.

ombrage un front déjà sillonné de rides et sur lequel se peignent les passions orageuses qui ont tourmenté son âme depuis son enfance. Sa conversation est inégale, brusque, brisée, emportée, quelquefois expansive, plus souvent retenue et rude, toujours digne et loyale, et, selon le ton qu'elle a pris, faisant naître dans celui qui l'écoute une vive curiosité ou un sentiment d'intérêt et de tendre condescendance (¹) ».

Pour compléter ce portrait de l'homme physique, j'ajouterai seulement que le corps est bien proportionné, la taille svelte, la stature plutôt au-dessus de la moyenne. Voilà pour la physionomie générale du jeune homme, car il faudrait nous garder de nous représenter le Berlioz de vingt à trente ans avec l'aspect que nous lui avons vu dans sa vieillesse, accablé par la maladie et abîmé par les souffrances physiques et morales.

Ce qui est à noter, c'est ce besoin de mouvement qui excitait son agilité dans les premières années : il ne cessa jamais de céder à ces tentations de longues promenades et d'excursions à perdre haleine par vaux et par monts. « Je suis comme les chèvres (²), écrit-il, incapable de résister à mon humeur grimpante. » Dès son arrivée à Marseille, sa première distraction est de parcourir les rochers voisins de Notre-Dame-de-la-Garde, « genre d'occupation, dit-il, pour lequel j'ai toujours eu un goût particulier (³) ». Aussi que de courses et d'excursions durant toute sa vie! On écrirait un volume pour en faire le récit.

Un jour, il apprend à Ferrand que, pour calmer ses chagrins d'amour, il est allé depuis chez lui à la course jusqu'à Villeneuve-Saint-Georges, à quatre lieues de Paris. « Je n'en suis pas mort (⁴) », croit-il devoir ajouter. Il y avait en effet de quoi ébranler une constitution qui eût été moins robuste et moins assouplie à ces tours de force. Nous lisons dans les

---

(1) Le Balcon de l'Opéra, Renduel, 1833, 1 vol. in 18, p. 322.
(2) Mémoires, p. 171.
(3) Ibid., p. 113.
(4) Lettres intimes, p. 20.

Mémoires le récit des vagabondages déraisonnables à l'aide desquels il « fatigue son corps » durant cette période d'exaltation sentimentale, pour retrouver le sommeil qu'il a perdu (1). En Italie, c'est le spleen qui lui délie de nouveau les jambes et qui lui suggère l'idée des excursions les plus fantaisistes : il se livre à son penchant pour les explorations aventureuses (2). Le voilà parcourant toute la campagne romaine : rien ne lui plaît tant, dit-il à Hiller, que cette vie errante dans les bois et les rochers (3) ; naturellement il a bientôt visité tous les sites accessibles et il s'empresse, à la première occasion favorable, de partir pour Naples ; mais il ne manque pas de céder à la tentation d'en revenir à pied jusqu'à Rome. Un beau jour, il a les pieds en sang ; puis, à Alatri, il faut quitter la route et suivre des lits de torrent, enjamber à grand peine des quartiers de roches énormes ; enfin, il lui prend une idée vraiment ingénieuse et, de Subiaco à Tivoli, le voilà qui s'élance à fond de train, s'étant défié lui-même de faire cet énorme trajet en courant tout d'une traite : il boite en arrivant, et s'étonne de n'être pas mort d'une rupture d'anévrisme. « Il faut croire que j'ai le cœur dur, ajoute-t-il (4). » A Nice, en 1844, il va recommencer ses explorations des rochers de la côte (5) qui lui rappellent les souvenirs de son expédition de 1831. Et que d'excursions à rendre des points à un touriste de profession, dans les falaises de Saint-Valery (6), dans les montagnes du Harz (7), aux environs de Bade (8) et de Plombières (9). En 1864, il retrouve ses jambes de douze ans pour escalader les rochers à la découverte de la maisonnette blanche d'Estelle juchée dans la montagne, au-dessous des majestueuses roches du

---

(1) *Mémoires*, p. 66.
(2) *Ibid.*, p. 134.
(3) *Correspondance inédite*, p. 87.
(4) *Mémoires*, p. 168-171.
(5) *Ibid.*, p. 342.
(6) *Les Grotesques de la musique*, p. 101.
(7) *Lettres intimes*, p. 204.
(8) *A travers chants*, p. 271.
(9) *Les Grotesques de la musique*, p. 144.

Saint-Eynard (1); jusqu'au dernier jour, il se complaît à ces prouesses de piéton : à soixante-cinq ans, il va grimper dans les rochers de Nice au risque de se rompre les os, et c'est merveille si la double chute qu'il est allé chercher si témérairement ne lui coûte pas la vie cette année-là (2).

D'ailleurs, nous ne l'avons jamais vu prendre la moindre précaution; de même que nous le trouvions dormant la nuit dans les champs à Sceaux, à Villejuif et une fois à Neuilly, près de la Seine gelée, dans la neige (3), en Italie il se représente courant sous la pluie des journées entières, trempé jusqu'aux os, par n'importe quel temps (4). La constitution est robuste, car ce n'est pas la vie de privations subie à Paris pendant sept ans qui a fortifié cette charpente. Mais, dès cette époque, nous le voyons souvent se plaindre de sa santé. La plupart du temps, c'est le mal de gorge : un jour il se guérit d'un abcès en l'ouvrant seul à l'aide d'un grattoir qu'il ose introduire au jugé dans le fond de sa bouche (5). A Florence, à Rome, c'est toujours l'esquinancie, cet infernal, ce gracieux mal de gorge qui le tuera, comme il l'écrit à Hiller (6). A Paris, ce sont sans cesse des refroidissements qui l'obligent à s'aliter, des grippes, des bronchites.

Plus tard, vers la cinquantième année, nous le verrons ressentir les premières atteintes de ce mal terrible auquel il résista pendant quinze ans : une névrose intestinale. Ce n'est pas une maladie héréditaire; c'est l'effet d'une surexcitation générale de l'appareil nerveux. Ces diagnostics nous permettent de définir dès à présent le tempérament de Berlioz : une nature nerveuse à l'excès, une disposition instinctive à l'agitation, aux passions violentes, une sensibilité extrême, accompagnée d'une certaine sentimentalité. C'est généralement de la mère qu'on tient ce tempérament, et lorsque l'on reçoit en même temps de la race paternelle de vives facultés

---

(1) *Mémoires*, p. 485.
(2) *Correspondance inédite*, p. 351.
(3) *Mémoires*, p. 66.
(4) *Ibid.*, p. 141.
(5) *Ibid.*, p. 48.
(6) *Correspondance inédite*, p. 94.

intellectuelles, cette ardeur et cette impressionnabilité facilitent le développement cérébral, en augmentant, en doublant presque les qualités natives de l'esprit. Cette combinaison, cette fusion, activée par l'éducation et le milieu, doit produire l'homme supérieur, car à la force de conception elle ajoute la puissance de l'imagination.

Quelques remarques prouvent que son père s'intéressait toujours aux soins de sa santé : « Je suis vos instructions quant au régime, écrit-il une fois entre autres ; je mange ordinairement peu et ne bois presque plus de thé ([1]) ». C'était évidemment les excitants que le docteur interdisait à son fils en raison de sa nature nerveuse à l'excès.

Il cessa de bonne heure de fumer en raison de « l'excitation prodigieusement désagréable que lui causait le tabac ([2]) ». Bien d'autres sensations encore lui sont pénibles. Le grondement du vent « qui gémit dans les combles de la maison, sous les portes mal closes, dans les fissures de la croisée, dans la cheminée », l'oppresse et le trouble ([3]) : il est tourmenté par ces bruits *ossianiques* qui lui brisent le cœur et lui donnent envie de mourir. Souvent il souffre sans savoir pourquoi. « Je suis ainsi fait, écrit-il à Girard en 1843, que je souffre parfois sans motif apparent, comme pendant certains états électriques de l'atmosphère les feuilles des arbres remuent sans qu'il fasse du vent ([4]). »

Il y a des sensations qui lui sont particulièrement désagréables. Le chant du coq l'exaspère tout spécialement, et, s'il faut l'en croire, il s'embusquait dans son enfance pour interrompre brusquement l'*oiseau sultan*, « au moment où, battant des ailes, il commencerait son cri ridicule qu'on ose appeler chant », en l'étendant mort d'un coup de pierre à la tête ([5]). On m'a dit à la Côte qu'il entrait en fureur au bruit des marteaux qui frappaient l'enclume chez le forgeron, son voisin, et des piaffements des chevaux qu'on

---

[1] *Correspondance inédite*, 2ᵉ éd., appendice. p. 361.
[2] Note du *Voyage musical en Italie*, reproduite dans les *Mémoires*, p. 147.
[3] *Les Grotesques de la Musique*, p. 295.
[4] *Mémoires*, p. 248.
[5] *Les Grotesques de la Musique*, p. 181.

y faisait ferrer. Lorsqu'il pénètre pour la première fois dans l'amphithéâtre de dissection, le spectacle et l'odeur du lieu le remplissent d'un tel effroi qu'il saute par la fenêtre et s'enfuit à toutes jambes jusque chez lui, où il passe vingt-quatre heures sous le coup de cette émotion (¹).

Certes, il n'était pas né pour la médecine, quoi qu'il déclare que l'habitude triompha de cette première impression d'horreur. Il n'est pas cruel, d'ailleurs, et s'il nous parle quelquefois de ses exploits de chasseur, on sent qu'il est sensible, qu'il a pitié de la souffrance, même chez l'animal. Il raconte à Ferrand avec indignation les récréations de *polissons* qui ont dépensé 1,500 fr. pour faire dévorer vivants un taureau et un âne par des chiens (²). Ce qui le révolte aussi, c'est que ce sont des élégants du *Café de Paris*. Il flétrit ailleurs les combats de coqs pour lesquels les Anglais ont un goût si prononcé.

Un soir, raconte M. Legouvé, il entendait dire à un des convives une histoire de chasse : il cesse tout à coup de manger, détourne la tête en tremblant et s'écrie tout ému : « C'est cruel, c'est lâche! Des hommes comme vous, parler gaiement d'oiseaux tombés tout sanglants sous le plomb, d'animaux blessés et se débattant sur le sol, de créatures vivantes qu'on achève à coups de crosse ou à coups de talon! Vous êtes des bourreaux! (³) » Dans une lettre aux Massart il manifeste de même son horreur pour une chasse aux faisans, qu'il compare à l'extermination de la volaille dans une basse cour (⁴).

Quant à l'impressionnabilité, elle apparaît dès l'enfance. Si ses souvenirs sont exacts, il se sent déjà rempli d'un trouble mystique et passionné le jour de sa première communion, et, en extase, croit voir le ciel s'ouvrir. A douze ans, il est pris de frissons en expliquant l'*Enéide*, et ne peut prononcer que des mots inarticulés ; son père ayant abrégé

(1) *Mémoires*, p. 20.
(2) *Lettres intimes*, p. 161.
(3) *Le Temps*, 9 septembre 1880.
(4) *Correspondance inédite*, p. 341.

la leçon pour ne point prolonger son embarras, il s'enfuit pour se livrer en secret à « son chagrin virgilien ».

Il avait déjà auparavant, nous dit-il, senti souvent sa poitrine se rompre, sa voix s'altérer et se briser. Lorsqu'il se trouve pour la première fois en présence d'Estelle, il est agité d'une secousse électrique : le vertige le prend et ne le quitte plus ; quand il est avec elle le cœur lui bat. Seize ans plus tard, en la revoyant, un coup sourd lui retentit dans la poitrine : il est « tout vibrant de la commotion. » Un jour où, à vingt et un ans et inconnu, il a pris la résolution de demander à Talma son appui, il se trouble tout à coup à l'idée de voir le grand tragédien face à face : il sent un battement de cœur de mauvais augure en approchant de la maison : il s'arrête sur le seuil dans un perplexité incroyable, il a de véritables éblouissements et, finalement, s'enfuit sans avoir osé sonner. Ses sensations se traduisent toujours par des phénomènes physiologiques, transpiration, grincements de dents, tremblement convulsif, suffocation, palpitations, pâleur subite. Mais ce sont les larmes qui caractérisent le mieux cet ébranlement du système nerveux. Avec Henriette Smithson, quelle série de crises douloureuses et que de pleurs versés depuis la première apparition d'Ophélie en 1827, à l'Odéon. Lorsqu'il lui est enfin présenté, six ans plus tard, ce sont de continuelles scènes de larmes entre eux pendant l'année qui sépare la réconciliation — car il y avait eu oubli et abandon de la part de Berlioz deux ans auparavant — de l'heure où le mariage s'accomplira. Et il faut observer ici que dans ces grands accès de la passion, il passera sans cesse d'un extrême à l'autre ; jamais de modération, jamais de sang-froid ni de retenue ; toujours le sentiment dans toute son impétuosité. Il va sans transition de l'amour à la haine ; celui-ci est de l'enivrement, celle-là de la fureur. La joie est effrénée, le désespoir immense, et l'un succède à l'autre en un instant. L'accablement terrible suit de près l'enthousiasme débordant. C'est plus que de la sensibilité, c'est une sorte d'exaspération sentimentale.

Dans toutes les circonstances de la vie les émotions semblent poussées au paroxysme. Les représentations des drames de Shakespeare, à l'Odéon, le jettent dans un état nerveux, maladif : il perd le sommeil, la vivacité de l'esprit, il fatigue son corps par des courses effroyables. Quatre fois seulement il parvient ainsi à obtenir un sommeil léthargique. Sa passion pour miss Smithson augmente son désordre d'esprit : il passe plusieurs mois « dans un abrutissement désespéré ». Peu après, lors de son troisième concours à l'Institut, en 1828, il est déchiré nuit et jour par son amour shakespearien, « toujours rêvant, silencieux jusqu'au mutisme ». A une répétition où il aperçoit dans les bras du Roméo sa Juliette, il pousse un cri et s'enfuit en se tordant les mains. On répète ensuite une ouverture qu'il vient de composer, il l'écoute « comme un somnambule ». Quand Henriette, quittant Paris, monte en voiture sous ses yeux, devant ses fenêtres, il renonce à décrire sa souffrance dans ce moment, « cet arrachement de cœur, cet isolement affreux, ce monde vide, ces mille tortures qui circulent dans les veines avec un sang glacé, ce dégoût de vivre et cette impossibilité de mourir ». Nous en verrons bien d'autres, lorsque je reconstituerai le récit de ce roman à l'aide des *Lettres intimes*.

L'enthousiasme que lui témoigne Paganini, lors de son concert du 16 décembre 1838, lui cause un étourdissement : il est ensuite dans un état d'incandescence tel que le frisson le saisit à l'air glacé de la rue et qu'il prend un grave refroidissement. « Que je suis malheureusement organisé, s'écrie-t-il en racontant ses crises à Ferrand : un vrai baromètre, tantôt haut, tantôt bas, toujours soumis aux variations de l'atmosphère ou brillante ou sombre de mes dévorantes pensées (¹) ». Rouget de Lisle auquel il a dédié son arrangement de la *Marseillaise*, répond à son envoi : « Votre tête paraît être un volcan toujours en éruption ». Tout est volcanique chez lui ; vous trouverez le mot cent fois répété dans ses lettres ; c'est un cratère tantôt fumant, tantôt refroidi : « les cœurs de lave sont durs, le mien est rouge fondant ». Il est perpétuellement

---

(1) *Lettres intimes*, p. 124.

en ébullition. Nous verrons aussi avec quelle puissance il ressentait les impressions de la nature, du paysage : il définit ses sensations dans une lettre à Wagner, en septembre 1855 : « les beaux paysages, les hautes cimes, les grands aspects de la mer m'absorbent complètement, au lieu de provoquer chez moi la manifestation de la pensée. Je sens alors et ne saurais exprimer ». Il nous parle dans *A travers chants* du bruit lugubre des fontaines du corridor intérieur de la Grande Chartreuse ; enfin, en allant voir au Harz le lieu de la scène du Sabbat de *Faust*, il écrit à Ferrand : « Je ne vis jamais rien de si beau ! l'émotion m'étranglait ! »

Mais c'est la musique qui lui donne les émotions les plus violentes : et voici comment il nous les décrit au point de vue purement physiologique, en dehors des affections morales que cet art a développées en lui, et pour ne citer que les impressions reçues et les effets éprouvés. Ses forces vitales semblent d'abord doublées : il sent un plaisir délicieux où le raisonnement n'entre pour rien ; l'habitude de l'analyse vient ensuite d'elle-même faire naître l'admiration. L'émotion croissant en raison directe de l'énergie ou de la grandeur des idées de l'auteur produit bientôt une agitation étrange dans la circulation du sang. Les artères battent avec violence, les larmes, qui d'ordinaire annoncent la fin du paroxysme, n'en indiquent souvent qu'un état progressif qui doit être de beaucoup dépassé. En ce cas, ce sont des contractions spasmodiques des muscles, un tremblement de tous les membres, un engourdissement total des pieds et des mains, une paralysie partielle des nerfs de la vision et de l'audition : « Je n'y vois plus, j'entends à peine, vertige, demi-évanouissement [1] ».

Les sensations ne sont pas moins violentes à l'inverse, c'est-à-dire par suite du *mauvais effet* musical : « Je rougis comme de honte, une véritable indignation s'empare de moi ; il se fait un soulèvement général, un effort d'excrétion dans tout l'organisme, analogue aux efforts du vomissement ».

[1] *A travers chants*, p. 6.

Nous aurions trop de citations à extraire de ses lettres ou de ses *Mémoires* pour constater la violence de ses impressions musicales : nous le voyons, dès son arrivée à Paris, laisser échapper un « cri affreux » sous le coup de l'émotion, en entendant le duo d'*Euphrosine*, de Méhul (¹). C'est l'*Œdipe*, de Sacchini, qui provoque, vers la même époque, sa première crise, un état de trouble et d'exaltation qu'il n'essaie même pas de décrire (²). Et constamment, jusqu'au dernier jour, c'est ainsi que l'intensité de son trouble se révèle : à une répétition de l'*Armide*, de Gluck, qu'il dirige en 1866, il serre la main de Saint-Saëns, se sentant étouffer (³), comme, à trente ans de là, ses yeux se noyaient de pleurs pendant une audition de la *Sonate* en *ut dièze* mineur, exécutée par son ami Liszt, chez M. Legouvé. M. Stephen Heller l'a vu souvent la figure inondée de larmes (⁴). Bien d'autres l'ont vu au théâtre, au concert, chez lui, dans ses crises nerveuses. M. Daniel Bernard a raconté, d'après le récit de Mme d'Ortigue, dans quel état de bouleversement il revint de la répétition générale des *Troyens* (⁵). En Russie, après son deuxième concert, un accès le saisit subitement, et il éclate en sanglots tandis que son ami Ernst lui soutient la tête : « Les nerfs, je connais cela (⁶) », dit le violoniste. Il lui suffit d'exécuter mentalement l'adagio de la *sixième Symphonie* pour tomber dans une extase d'outre-terre et il pleure toutes les larmes de son âme « en écoutant ces sourires sonores comme les anges seuls en doivent laisser rayonner (⁷) ».

A la fin des grandes soirées musicales il ressent une étrange et douce fatigue nerveuse et tombe dans une mélancolie romanesque à laquelle il lui est impossible, il lui serait même douloureux de résister. C'est une sorte d'évocation

(1) Les *Soirées de l'orchestre*, p. 394.
(2) *Mémoires*, p. 21.
(3) *Lettres intimes*, p. 292.
(4) Lettre à M. Hanslick, publiée dans le *Guide musical* de Bruxelles, mars 1879.
(5) *Notice sur Berlioz*, p. 55.
(6) *Mémoires*, p. 418.
(7) *Lettres intimes*, p. 217.

qui naît pour lui de l'audition de la musique, qui l'impressionne particulièrement, et il ne reconnaît pas même à l'art de Shakespeare cette *puissance rétroactive*, ce don de poétiser le passé en l'évoquant : « car seule la musique parle à la fois à l'imagination, à l'esprit, au cœur et aux sens, et de la réaction des sens sur l'esprit et le cœur, et réciproquement, naissent des phénomènes sensibles aux êtres doués d'une organisation spéciale (¹) ». Ceux qui ne les connaissent pas sont, pour lui, des barbares.

Aussi voyez-le agité, presque éperdu, lorsqu'il fait entendre ses premières œuvres sous sa direction. En 1827, à Saint-Eustache, certains passages de sa première *Messe* lui causent un tremblement convulsif : il ne peut plus rester debout et le bâton de mesure lui échappe presque des mains. A la première répétition de l'ouverture des *Francs-Juges*, il s'arrache des poignées de cheveux, il oublie que c'est son œuvre et voudrait pouvoir s'écrier : « que c'est merveilleux, colossal, sublime ! » Le lendemain, les acclamations du public, à son premier concert, produisent en lui une telle commotion qu'il s'étend sur les timbales et se met à pleurer (²).

Lors de l'exécution du *Requiem* à Berlin, il a « le battant d'une cloche dans la poitrine, une roue de moulin dans la tête », ses genoux s'entrechoquent, il enfonce ses ongles dans le bois du pupitre ; à la dernière mesure, il s'efforce de rire et de parler très haut et très vite avec Ries, pour ne pas *tourner de l'œil*. On le félicite, il reste là sans comprendre, sans rien sentir ; le cerveau et le système nerveux ont fait un trop rude effort. Il se « crétinise » pour se reposer (³).

Dans un concert qu'il dirige, en 1844, au Palais de l'Industrie, l'effet foudroyant de la Bénédiction des Poignards, avec une exécution monumentale, lui cause une commotion violente : il grince des dents ; il est trempé de sueur des pieds à la tête (⁴). Le « besoin de musique » même le rend

(1) *Mémoires*, p. 421.
(2) *Lettres intimes*, p. 6, 11 et 12.
(3) *Mémoires*, p. 303.
(4) *Ibid.*, p. 334.

souvent malade et lui donne des tremblements nerveux (¹). L'état nerveux est bien caractérisé par tant d'exemples : cette maladie noire dont il se plaint en est un effet tout naturel : un physiologiste la définira aisément.

C'est à seize ans, qu'il éprouva la première atteinte du *mal de l'isolement*. Il lisait un mauvais roman de Montjoie intitulé *Manuscrit trouvé au mont Pausilippe*. Soudain, il est distrait par la procession des Rogations et le chant des Litanies. Il pense au Pausilippe, à l'Italie, à Meylan : il lui faut des ailes, de l'amour, de l'enthousiasme, des étreintes enflammées, *il faut la grande vie !* Il veut dévorer l'espace, mais du rêve il est rejeté en pleine réalité et l'accès se déclare : il souffre affreusement et se couche à terre gémissant, étendant ses bras douloureusement, arrachant convulsivement des poignées d'herbe, luttant « contre l'absence, contre l'horrible *isolement* ».

Dans ces accès, le vide se fait autour de sa poitrine palpitante et il lui semble que son cœur, sous l'aspiration d'une force irrésistible, s'évapore et tend à se dissoudre par expansion ; puis la peau devient douloureuse et brûlante : il rougit de la tête aux pieds ; il est tenté de crier, d'appeler à son aide. Ce n'est pas l'idée du suicide, loin de là : « on veut vivre, on le veut absolument, on voudrait même donner à sa vie mille fois plus d'énergie, c'est une aptitude prodigieuse au bonheur, qui s'exaspère de rester sans application et qui ne peut se satisfaire qu'au moyen de jouissances immenses, dévorantes, furieuses, en rapport avec l'incalculable surabondance de sensibilité dont on est pourvu ».

Au début de ses lettres à Ferrand sur son voyage en Autriche, en 1846, il rappelle à son ami les « mélancolies désolantes » dont ils se sentaient accablés le lendemain des bals ou des fêtes auxquelles ils assistaient dans leur jeunesse : « un certain malaise de l'âme, une souffrance vague du cœur, un chagrin sans objet, des regrets sans cause, des aspirations ardentes vers l'inconnu, une inquiétude inexprimable de l'être tout entier (²) ».

(1) *Correspondance inédite*, p. 105.
(2) *Mémoires*, p. 343.

Et ailleurs : « Par une de ces journées sombres qui attristent la fin de l'année et que rend encore plus mélancoliques le souffle glacé du vent du nord, écoutez, en lisant *Ossian*, la fantastique harmonie d'une harpe éolienne balancée au sommet d'un arbre dépouillé de verdure, et vous pourrez éprouver un sentiment profond de tristesse, un désir vague et infini d'une autre existence, un dégoût immense de celle-ci, en un mot, une forte atteinte de spleen jointe à une tentation de suicide ».

C'est le mal du siècle dans toute sa force, et, indépendamment de l'influence des lectures et de l'état moral de la génération dont il fait partie, il faut voir dans ces crises, avant toute autre cause prédisposante, le phénomène nerveux, effet d'une organisation exceptionnellement impressionnable ; de là est née dès la seizième année la première manifestation du mal de l'ennui et de la désespérance.

C'est en Italie qu'il se sent atteint de nouveau par cette souffrance inconnue dont il trace un tableau si désolant ; rien n'y fait, il ne trouve aucun remède pour combattre le *spleen*. Tantôt il marche au pas de course, tantôt il interrompt sa poursuite aux vanneaux pour écrire dans son album une idée symphonique qui vient de poindre dans sa tête, toujours savourant à longs traits le *bonheur suprême* de la vraie liberté. « Liberté de cœur, d'esprit, d'âme, de tout ; liberté de ne pas agir, de ne pas penser même ; liberté d'oublier le temps, de mépriser l'ambition, de rire de la gloire, de ne plus croire à l'amour ; liberté de marcher en plein champ, de vivre de peu, de vaguer sans but, de rêver, de rester gisant, assoupi, des journées entières. Liberté vraie, absolue, immense ! (¹) »

Il emporte sa guitare et l'*Enéide* et improvise, sur ces vers enfouis dans sa mémoire depuis son enfance, une étrange mélopée sur une harmonie plus étrange encore. Sous l'influence combinée des souvenirs de la poésie et de la musique, il atteint le plus incroyable degré d'exaltation. Cette triple ivresse se résout toujours en torrents de larmes versées

(1) *Mémoires*, p. 143, 152.

avec des sanglots convulsifs, puis il tombe affaissé et s'endort. Le cœur se dilate, l'imagination prend une envergure immense, on vit avec fureur, le corps même, participant à cette surexcitation de l'esprit, semble devenir de fer.

Ce ne sont pas seulement des phénomènes physiologiques, car l'imagination joue un grand rôle ici, et c'est vraiment le symptôme de cette maladie du siècle que nous observons en étudiant ce tempérament, cette nature si prodigieusement impressionnable. « Vous êtes un homme dominé par l'imagination, écrivait-il à Ferrand, donc vous êtes un homme infiniment malheureux. Et moi aussi. Nous nous convenons à merveille (1). » L'homme moral nous est révélé par l'être physique ou plutôt la distinction est impossible à faire. Il y a un système général de sensations et de sentiments qui sont connexes chez toutes les organisations nerveuses. Berlioz se manifeste à nous comme le grand malade, le René, le Faust, le Werther : c'est, selon un mot très juste d'un de nos confrères, M. Fourcaud, un névropathe ; ces êtres imaginaires ne sont, au fond, que des malades de la même espèce que lui.

Il offre donc un cas pathologique bien caractérisé. Même à l'état calme, il souffre toujours un peu de l'isolement les dimanches d'été, parce que l'on sort, on va à la campagne, on est joyeux au loin, on est absent. Quelques morceaux de Beethoven et de Gluck font naître des accès de cette souffrance, mais les larmes le soulagent. Tout lui devient indifférent : la ruine d'un monde ne saurait l'émouvoir ; durant ces crises, il voudrait que la terre fût une bombe remplie de poudre et il y mettrait le feu pour s'amuser (2).

Ce sont bien des aspirations immenses qui l'oppressent : « Je suis sûr, écrit-il à Ferrand en 1832, en revenant à Paris, que vous ne faites rien de notre grand ouvrage ; et pourtant ma vie s'écoule à flots, et je n'aurai rien fait de grand avant la fin ! » Dans une lettre adressée à F. Hiller,

(1) *Lettres intimes*, p. 86.
(2) *Mémoires*, p. 160. La même expression se trouve dans une lettre à Mme Ernst (*Correspondance inédite*), en 1864, ce qui prouve qu'il relisait probablement, ce jour-là, ce passage de son manuscrit des *Mémoires*.

précisément à la même date, il a un mot d'une puissance étrange : « *Notre fleur s'effeuille :* je suis plus disposé que jamais aux affections tristes et j'ai la bêtise d'en pleurer ». Aussi, au milieu de ces accès, c'est le moral surtout qui est abattu. Lorsqu'il se sent « dessécher le sang » sous l'oppression de cet ennui qu'il éprouve en Italie, il ne peut se distraire par ses « vagabondages, » comme il appelle ses excursions : « A moi le désespoir et la haine, s'écrie-t-il, car je manque de tout ce que je cherche et n'espère plus l'obtenir (¹) ».

Comparez maintenant ces confidences des jours sombres avec les élans surhumains des heures de félicité parfaite et d'exaltation ardente. La sensation atteint toujours un tel degré de vivacité qu'elle se caractérise par la souffrance : ni l'art, ni l'amour, ni la gloire, n'ont rien qui puisse satisfaire cette ambition désordonnée, déçue par les tristes réalités de la vie et s'attachant aux rêves, aux chimères, à l'impossible. C'est par cette « faculté de souffrir » que Berlioz est grand artiste : grâce à « cette surabondance de sensibilité » son imagination aventureuse l'entraîne vers l'idéal le plus élevé : avec cette énergie native, cette force de volonté qui est une qualité appartenant à la race, au milieu, à la famille, il possède l'esprit d'initiative et l'audace qui, chez les grands esprits, appellent les grandes œuvres et font naître les grandes entreprises.

(1) *Lettres intimes*, p. 134.

VI

LE CARACTÈRE

Certaines observations fondées sur l'étude du tempérament, de la constitution physique, nous permettent déjà d'entrevoir le caractère dessiné dans ses grands traits ; à une organisation nerveuse, impressionnable au plus haut degré, secouée par la sensation, correspond un être moral bien marqué. Cet excès même produira la réaction et fera naître la réserve une fois qu'apparaîtra la nécessité d'être sans cesse en garde contre les premiers mouvements, les entraînements irréfléchis. D'ailleurs, la finesse est une vertu native chez les Dauphinois et, pour les premières de toutes, Berlioz tient, nous le savons, la prudence et la force. Dans leur sens étymologique, *fort* et *prudent* sont les mots qui traduisent ou plutôt qui résument la définition du Dauphinois par Stendhal : brave et jamais dupe.

Outre ces qualités naturelles, qui se développent seules, sous l'influence du milieu où elles trouvent leur excitation propre, le travail de l'esprit par l'éducation donne une direction morale particulière. Il faut compléter le portrait par l'examen des faits et gestes du personnage, qui nous permettra de lui donner une attitude après avoir noté son expression. Tout correspond presque mathématiquement à la grande ligne générale tracée d'avance : c'est la loi des proportions ou des dépendances mutuelles dont parle M. Taine ; mais ce n'est pas dans cet ensemble artificiel et vague qu'il appelle la température morale, c'est chez un individu que je l'étudie.

Berlioz nous apparaît tout d'abord comme un dévoyé, cherchant sa direction à tâtons et sans guide. Il en fait l'aveu tout le premier et attribue son inexpérience de la vie et sa gaucherie primitive à l'absence d'éducation publique. Élevé dans sa famille, il est resté en relations exclusives avec les parents, les serviteurs et « quelques amis choisis ». Il eût préféré être accoutumé de bonne heure « au rude contact des aspérités sociales »; à cet égard, il est resté jusqu'à vingt-cinq ans « enfant ignorant et gauche »; le monde et la vie réelle demeuraient pour lui, suivant ses termes, « des livres fermés ». A douze ans il s'éprend de passion pour une jeune fille de dix-huit ans et s'abîme dans un désespoir affreux. Deux ans après son arrivée à Paris il se représente encore comme « un jeune enthousiaste à peine civilisé », et il a vingt et un ans passés. Il a résolu, à peine admis dans la classe de Lesueur, d'écrire un opéra, et il demande un livret à une célébrité littéraire. Il s'adresse à l'aimable académicien Andrieux, qui se récuse avec beaucoup de grâce et d'esprit, regrettant qu'il ne fût pas venu trente ou quarante ans plus tôt. Il écrit aussitôt à Châteaubriand pour lui demander 1,200 francs et sa protection : le poète, qui vient précisément de subir sa grande déconvenue politique, lui répond avec courtoisie par des exhortations mêlées d'amertume.

On dirait que Berlioz se présente chez les grands de la terre sur le pied d'égalité et de familiarité : sa lettre à Kreutzer, qui date de la même époque, a un petit air protecteur qui est bien étrange. Il traite fort cavalièrement Cherubini, son directeur. Il va droit au surintendant des beaux-arts lui demander, dès son entrée au Conservatoire, la salle des concerts pour faire entendre ses premières œuvres — toutes ont été brûlées depuis, et n'étaient que des essais informes. — Lorsqu'il fait exécuter sa messe à Saint-Roch, en 1825, c'est Valentino, le chef d'orchestre de l'Opéra, qu'il dérange; il réclame à Kreutzer la chapelle royale; il régente aussi l'Opéra et cause constamment du scandale aux représentations. Voyez-le dès ses débuts, envoyant son *Faust* à Gœthe, ses mélodies irlandaises à Moore, attendant fiévreusement la réponse des grands poètes. Vous le verrez plus tard aller tout droit aux souverains, aux autocrates, aux hommes d'Etat; il est un grand de la terre, lui aussi. Tout cela décèle non pas l'outrecuidance et la vanité, mais le dédain le plus parfait des distinctions sociales, l'ignorance complète des choses et des hommes.

C'est bien la direction et l'orientation qui lui manquent. Lorsque, de retour à Paris, en 1825, et brouillé avec ses parents, il est privé de ressources, il songe à s'engager comme première ou seconde flûte dans un orchestre : mais ce n'est pas à Paris, c'est au loin, car sa passion pour les voyages l'a repris tout à coup, c'est à New York, Mexico, Sydney ou Calcutta. C'est le seul état qu'il entrevoie comme accessible à ses aptitudes ; il est vrai qu'il se résigne à s'engager dans les chœurs des Nouveautés. On dirait qu'il ne sait rien faire et qu'il n'a même aucune idée de la vie. Peut-être faut-il reconnaître que la carrière de compositeur était, il y a soixante ans, moins ingrate que de notre temps : c'était cependant une singulière audace que de s'y engager à l'aventure, sans ressources et sans relations, et d'écrire pour ses débuts un grand opéra en cinq actes avant d'avoir seulement appris l'harmonie et le contre-point. L'idée de vouloir épouser à vingt-trois ans une actrice célèbre, alors qu'on est totalement inconnu, n'est pas moins hardie, et c'est probablement leur malheur à tous les deux qu'elle ait pu être réalisée six ans plus tard. En somme la grande bataille de la vie le trouvera toujours parmi les conscrits, bien qu'il ait la vaillance des vétérans.

Il est certain qu'il n'a aucun goût pour la vie bourgeoise et qu'il dédaigne profondément l'existence terre à terre et prosaïque. Il ne conçoit guère qu'on puisse vivre heureux sans prendre part à ce mouvement intellectuel qui est toute sa vie à lui. Dans les conseils qu'il donne à son fils, après l'expérience de deux ménages aussi malheureux l'un que l'autre, on voit qu'il n'avait rien de ce qui constitue l'homme d'intérieur : il lui faut les ardeurs de la lutte au lieu de la paix du foyer et du bonheur domestique : son mépris du bourgeois qui se confine dans les soins du ménage est profond. « Il faut de l'argent, n'en faut-il plus au monde. Il faut rester à terre, à Grenoble, à Claix, être juge de paix, bon citoyen, savoir vendre son blé, ses moutons, son vin. Alors on est un homme calé, on joue aux boules le dimanche, on a un tas de sales enfants que les grands parents trouvent fort mal élevés; on s'ennuie à devenir huître ; on a une femme qui grossit, qui devient obèse et qu'on finit par ne plus pouvoir souffrir, et l'on se dit : Ah! si c'était à recommencer! On se sent furieux jusque dans la moëlle des os, car on vieillit, on voit sa vie s'écouler bêtement; on a beaucoup d'argent qui est venu tard et dont on ne sait que faire, et puis l'on meurt gros Jean comme devant (1). »

Ces mœurs paisibles et cette existence sans soubresauts ne sont pas faites pour lui. Ainsi écoutez cette charmante sortie contre les auteurs dramatiques qui imaginent les mariages de convenance au mépris des inclinations. A propos de *Jenny Bell*, de Scribe, il se livre à une série de malédictions contre les stupides dévouements, les insolentes exigences paternelles, les écrasements de belles passions, les brutaux déchirements du cœur : il est exaspéré! « Le grand amour est si beau! Les passions épiques sont si rares! Le soleil de chaque jour est si pâle! La vie est si courte, la mort si certaine! » Et voici le poète bien arrangé : « Centuples crétins, inventeurs du renoncement, du combat contre les instincts sublimes, des mariages de convenance entre femmes et singes, entre l'art et la basse industrie, entre la poésie et le métier, soyez maudits, soyez damnés! Puissiez-vous raisonner entre vous, n'entendre que vos voix de crécelle et ne voir que vos visages blêmes dans la plus froide éternité (2) ». Ceci est amusant à lire lorsqu'on connaît les démêlés de Berlioz avec Scribe : une partie de son indignation retombe par ricochet sur son ancien collaborateur de la *Nonne*.

Il vit presque en étranger au milieu de la société parisienne : ni avant son mariage ni après il ne se plaît aux réunions mondaines ; il ignore ou feint d'ignorer l'art de

(1) *Correspondance inédite*, p. 326.
(2) *Les Grotesques de la Musique*, p. 77.

faire son chemin par les courbettes dans les salons où le marivaudage, où tant d'autres sont comédiens consommés, sachant comment on peut arriver par les femmes. Lui, au contraire, fuit les salons comme la cour du roi Pétaud et jusque dans les palais des souverains et des princes, manifeste, en bon Dauphinois qu'il est, une certaine indifférence pour l'apparat et la solennité de convention dont il ne veut pas être dupe. Sous l'empire, aux dîners des Tuileries, il s'ennuie *splendidement*, comme il l'écrit à Ferrand. Et cette conversation étonnante avec le roi de Prusse qu'il raconte dans ses lettres d'Allemagne avec le trait final ; une véritable scène de comédie ! on dirait presque d'opérette ! Le mot : « Quel drôle de monde qu'une cour ! » est impayable (¹).

Dans tous ses récits, ce ton satirique domine : il ne peut s'empêcher de railler l'empereur d'Autriche qui lui fait transmettre, avec une marque de générosité qui eût dû désarmer son humeur moqueuse, un compliment qui a le seul tort d'être mal traduit par l'interprète : « Dites à M. Berlioz que je me suis bien *amusé*. » Il n'oublie pas l'impératrice, prétendant qu'elle doit le considérer comme un véritable brigand d'après la lecture de son *Voyage en Italie*; c'est la raison qu'il donne de son refus d'aller visiter les hôtes de la Burg. En revanche, il se fait annoncer sans demande d'audience chez Metternich, qui veut bien ne pas lui faire sentir les rigueurs de l'étiquette autrichienne, et il attribue simplement cette courtoisie du célèbre homme d'Etat à la curiosité de contempler un artiste « dont il s'était fait une fort drôle d'idée ». Sans doute il se contraint dans cette société aristocratique dont il connaît cependant la sympathie pour les musiciens. Lorsqu'il était à Rome, il vit à un bal chez l'ambassadeur de France, le marquis de Saint-Aulaire « d'horribles vieilles, sorcières de Macbeth », des coquettes qui minaudent, des jeunes filles qui font leur entrée dans le monde ; il se sent exaspéré tout d'un coup ; puis la conversation des invités lui cause une sorte de stupeur et il souhaite aussitôt qu'un aérolithe grand comme une montagne tombe sur le

(1) *Mémoires*, p. 425.

palais et l'écrase avec tout ce qu'il contient (¹).— Fort heureusement les invités de l'ambassadeur n'étaient pas tous d'aussi méchante humeur. — Il ne dédaigne point cependant de servir de cavalier aux belles valseuses, mais il gronde en lui-même contre cette corvée : un jour qu'il a daigné paraître à un bal chez Alfred de Vigny et où il a dansé, il confie son déplaisir à Ferrand : « Que tout ça est ennuyeux ! Il me semble que j'ai cent dix ans ! (²) »

Le monde brillant lui fait presque horreur. Il lui plaît « de faire songer à la mort ces riches oisifs », dit-il à Ferrand lorsqu'il fait entendre son *Requiem* à Bade. Dans la lettre qu'il écrit alors à l'Institut, même idée : « Faisons-les rire, toutes ces beautés crinolinées, si fières de leurs jeunes charmes, de leurs vieux noms et de leurs nombreux millions ; faisons les rire, ces femmes hardies qui souillent et déchirent ; faisons les rire, ces marchands de corps et d'âmes, ces abuseurs de la souffrance et de la pauvreté, en leur chantant le redoutable poème : *Dies iræ* (³) ». Toutes les distractions de la vie élégante lui semblent odieuses, car c'est la négation de l'art et le mauvais goût : les fantaisies musicales de l'orchestre de Musard l'indignent ; mais ce n'est pas pour s'élever au nom de la morale outragée, car on ne peut lui reprocher aucun trait de bégueulerie.

Il a toujours un sourire lorsqu'il parle des personnes qu'il appelle les *puellæ*. Deux feuilletons où il raconte des promenades à Enghien, en 1846 et en 1847, nous le montrent bien plus indulgent que pour les crinolines du Kursaal de Bade. Son *Quærentes puellas eamus* de la *Damnation de Faust* lui fournit un thème à variations fort agréables. Voyez aussi comme il raille les censeurs allemands qui, à propos de ce même refrain, ont protesté au nom de la morale. Mais ailleurs, en assistant aux scènes débraillées des tavernes de Prague (⁴), il s'indigne contre les guinguettes, car cela n'a plus rien d'artistique. Lorsqu'il y retrouve la vie joyeuse, la

(1) *Mémoires*, p. 134.
(2) *Lettres intimes*, p. 191.
(3) *A travers chants*, p. 274.
(4) *Mémoires*, p. 374.

franche et verte gaîté, il est le premier à rire : dans ses excursions à Asnières, il sourit aux *marchandes de plaisir*, dans ses séances aux Folies-Nouvelles, il étudie l'influence de la musique sur le sucre d'orge consommé par les lionceaux et les gazelles (1).

Ses peccadilles ne nous regardent pas ; nous n'étudierons que le côté romanesque de ses amours ; mais s'il n'a pas fait d'aveux compromettants il a eu de singulières réticences : en racontant les fredaines de ses camarades de l'Académie, il dit qu'on se dispersait le soir après le punch du café Greco, les uns courant la ville, les autres rentrant *vertueusement* à la caserne, et il continue : « Quand je m'y trouvais... (2) » Pendant ses années de séjour à Paris, il se plaint d'être laissé seul par Antoine Charbonel, qui courait les grisettes : mais il parle ailleurs de ses nuits sardanapalesques d'étudiant (3). Allons ! allons ! la chair a été faible !...

L'expérience de la vie de Paris l'avait éclairé tout d'abord sur la nécessité de ménager sagement ses ressources. « Je m'arrangerai, écrivait-il de Rome à Hiller, au moment de quitter l'Italie, de manière à passer en France le reste de mon temps d'Italie, ce qui m'économisera un peu d'argent. » Il sacrifie sa médaille du Grand Prix de Rome pour payer une vieille dette envers son ami, car il ne tient pas aux bibelots (4). Malheureusement dès sa rentrée il va être réduit à sa pension administrative, son mariage avec miss Smithson le brouillant de nouveau avec ses parents et les dettes de sa femme devant grever longtemps encore son budget, jusqu'au moment où Paganini viendra le sauver de ses inextricables embarras d'argent. Durant six ans et plus il sera astreint au rude métier de bénéficiaire, asservi à la corvée du feuilleton et obligé de recourir trop souvent à la bourse de ses amis. C'est une série de miracles, écrit-il à son fils en 1865, qui l'ont tiré de la plus horrible misère ; et il lui apprend les dures nécessités de la vie : « Pour vivre

---

(1) *Grotesques*, p. 78.
(2) *Mémoires*, p. 133.
(3) *Grotesques*, p. 285.
(4) *Correspondance inédite*, p. 94.

seul il faut de l'argent ; pour vivre avec une femme, il faut trois fois plus d'argent ; pour vivre avec une femme et des enfants il faut huit fois plus d'argent. Cela est certain comme deux et deux font quatre (1). » Il dit à Massart qu'il ne sait pas liarder (2) et qu'il aurait honte de le faire ; mais il faut lire dans la lettre à Szarwady comment il entend ses intérêts pour la traduction allemande de son autobiographie (3).

Il ne fait jamais rien à l'aventure, car ses arrangements pécuniaires sont toujours bien entendus et il a beaucoup de spéculations heureuses : ses voyages à l'étranger et sa saison de Londres sont des affaires de calcul autant que des tournées artistiques. Lorsqu'il place les épargnes de son fils, c'est en cherchant l'intérêt le plus élevé possible. On constate par leur correspondance que s'il n'est pas homme d'affaires il est prudent et économe.

Il savait en quoi consiste le nerf de la guerre : « L'argent, toujours l'argent, écrivait-il à Ferrand, oui, l'argent rend heureux ; si j'en avais beaucoup je pourrais l'être. » C'était la pension de l'Institut qu'il visait autant que le titre de lauréat, car il avait écrit à son ami en 1829 : « Cet abominable concours est pour moi de la dernière nécessité puisqu'il donne de l'argent et qu'on ne peut rien faire sans ce vil métal ». Plus d'une fois il gémit sur le métier de critique auquel il est condamné pour les misérables cent francs que lui rapporte un feuilleton : « Si j'avais seulement de quoi vivre, j'écrirais bien d'autres choses encore que des opéras, dit-il (4) ». Et aucune fatigue ne l'effraie, car il travaille avec une opiniâtreté inouïe, et il y a peu de vies aussi occupées que la sienne.

C'est qu'en effet il avait vu de près la misère. Privé de la pension paternelle pendant son premier séjour à Paris, nous verrons comment il empruntait constamment à Ferrand, à Hiller, à Gounet, à son cousin Auguste, à son ami de Pons ; toute sa vie de même il aura recours à des amis : Legouvé,

(1) *Correspondance inédite*, p. 318.
(2) *Ibid.*, p. 345.
(3) *Correspondance inédite* (2e édition), p. 377.
(4) *Lettres intimes*, p. 20, 44, 113, 149.

Friedland, Hetzel lui avancent les frais de son voyage en Russie. Mais ses dettes envers les étrangers l'irritent. En 1837, le ministère retardant le paiement des frais du *Requiem*, l'idée que les instrumentistes peuvent avoir des doutes à son égard le fait rougir d'indignation même au seul souvenir de cette affaire. Il est probe avant tout : il ne veut, pour réussir, que « des moyens avoués par l'art et par le goût (¹) ». Son honnêteté, sa loyauté, son désintéressement sont inattaquables. Ferdinand Hiller et Richard Wagner lui rendent le même témoignage. Aussi, quelle rage contre les promesses non tenues. Il tient à souligner, dans les *Mémoires*, toutes les déloyautés dont il fut victime et il a raison. Mais il faut constater qu'à part la banqueroute de Jullien, qu'il accepte avec assez de résignation, du reste, il ne subit pas trop de dommages dans ses spéculations et que ses entreprises sont généralement lucratives.

Il veut de la liberté, de l'amour et de l'argent : voilà toute son ambition et il s'ouvre sans détours à Mme Vernet au moment où il va inaugurer sa carrière. Dans la lettre suivante, à son ami Hiller, il reproduit ce vœu (²). Il ajoute la vengeance : un petit objet de luxe, ces superflus qui sont nécessaires à certaines organisations, « la vengeance générale et privée. On ne vit et ne meurt qu'une fois. » Et il lui avoue que dans son monodrame il lâche l'écluse à quelques-uns des torrents d'amertume que son cœur contenait à grand' peine. Nous verrons en quoi consiste cette vengeance et nous assisterons à ces représailles : l'oubli des injures ne sera jamais son fait.

En tous cas, nul mieux que lui ne connaît ses intérêts et l'on peut être sûr qu'il ne les néglige pas, même en donnant toutes ses préoccupations à son art, car il ne croit pas à l'enthousiasme des foules, il est bien payé pour cela.

D'ailleurs, il ne se lance jamais à la légère dans des aventures inextricables et sait au besoin tirer son épingle du jeu. Nous savons que son système est de réfléchir beaucoup à

(1) *Correspondance inédite*, p. 149.
(2) *Ibid.*, p. 102 et 104.

ce qu'il projette et, quand les mesures sont prises, de frapper un tel coup que tous les obstacles soient brisés. Que de conseils dans ce sens, et comme on devine l'homme avisé et devenu expert dans l'art de préparer le succès. A M. Bennet, par exemple, à propos de son fils, Théodore Ritter : « Qu'il n'écrive pas trop, dit-il, ni trop vite et pour trop de monde, et qu'il laisse venir les gens à lui sans leur faire trop d'avances. » C'est ainsi qu'il agit, et malgré de cruelles déceptions avec Duponchel et Roqueplan, lorsqu'ils prennent la direction de l'Opéra en 1847, il prend soin de ne pas se brouiller à mort avec eux et sa tactique est pleine d'habileté : il se réserve à leur égard, sans en avoir la responsabilité, la position d'ami de la maison [1].

Cette prudence est fondée sur la conscience très nette des obstacles. Il sait, par exemple, qu'il n'y a aucun cas à faire de la parole d'un directeur, et il se promet de ne pas traiter avec Duponchel sans un dédit sérieux ; mais le sort de *Benvenuto* n'en est pas mieux assuré, malheureusement. Il sait aussi qu'il faut se garder des titres à double sens et au lieu d'emprunter à Shakespeare le titre *Beaucoup de bruit pour rien* il appelle sa pièce *prudemment*, comme il l'écrit à Ferrand, *Béatrice et Bénédict*. Il sait quelles sont les influences qui permettent de peser sur l'Opéra pour monter les *Troyens*, et il se livre aux plus obstinées démarches : mais c'est un troisième larron, Wagner, qui force les portes, et son dépit est tel qu'il se déchaîne avec une fureur inouïe contre son heureux rival sans réfléchir que la chute de *Tannhœuser* ne fera pas ses affaires, bien au contraire. Il sait enfin combien est utile la réclame, et il en use autant que personne, lui qui reproche à Meyerbeer son *talent d'avoir du bonheur*. Et pourquoi donc renoncerait-il à cette publicité dont il connaît si bien l'effet et l'importance ?

Que de fois vous verrez la mise en scène dans ses récits de voyage : « Fais en sorte que Paris le sache, » écrit-il à d'Ortigue [2] en lui faisant part de ses triomphes en Autriche. Et ce sont les articles à reproduire, les notes à insérer :

[1] *Correspondance inédite*, p. 150.
[2] *Notice sur Berlioz*, p. 3.

cela tient une belle place dans la correspondance. Il fait lui-même de la réclame pour Bade, lorsqu'il a été sacré grand pontife de la *Conversation* par Benazet : « Ces saisons sont organisées de façon à décourager toute concurrence (¹), » écrit-il dans les *Débats*. Il sait ce qu'il faut dire et ce qu'il faut taire ; il recommande à Ferrand de ne pas se laisser entraîner par son amitié pour lui en parlant de *Faust* : rien ne paraît plus étrange aux lecteurs que cet enthousiasme non partagé (²), et il prend soin de lui donner le thème à traiter. Il savait, comme il l'écrivait à d'Ortigue, qu'il faut se méfier des blagueurs parisiens (³).

Vous voyez que loin d'être l'homme du premier mouvement, c'est à la réflexion que, le plus souvent, il réprime l'élan spontané. A Rome, il cherchait à éviter de donner prise aux charges de ses camarades par des allures un peu trop excentriques : il ne voulait pas être soupçonné de *manière* (⁴). Et pourtant il laissa à l'Académie la réputation d'un *poseur*, comme le dit M. Legouvé, qui vint à Rome un peu après son départ. Mendelssohn l'avait jugé de même : il lui trouvait une vanité incommensurable.

Mais il ne craignait pas le reproche. « Pourquoi ne pas manquer de modestie ? pour ne pas faire grogner quelques mauvais dogues à la chaîne qui voudraient mordre quiconque passe en liberté devant leur chenil ! Cela vaudrait bien la peine d'aller employer de vieilles formules et jouer une comédie dont personne n'est dupe. La vraie modestie consisterait non seulement à ne pas parler de soi, mais à ne pas en faire parler, à ne pas attirer sur soi l'attention publique, à ne rien dire, à ne rien écrire, à ne rien faire, à se cacher, à ne pas vivre. N'est-ce pas une absurdité (⁵) ? »

En général ce n'est pas un sot orgueil, c'est la conscience de sa valeur propre qui l'inspire. Il ne craint pas de se faire remarquer et il affecte souvent l'excentricité. M. Guizot

---

(1) *Les Grotesques de la Musique*, p. 121 (Lettre à M. Bertin).
(2) *Lettres intimes*, p. 41.
(3) *Correspondance inédite*, p. 140.
(4) *Mémoires*, p. 136.
(5) *Ibid.*, p. 247.

avouait à M. Legouvé que c'était Berlioz qui l'avait le plus frappé parmi les intimes de son salon : « Voilà une créature vraiment originale, » lui disait-il. Et Berlioz est homme d'action avant tout. A travers toutes les épreuves de sa carrière, sa patience est inébranlable : « Il en faut, écrit-il à Ferrand, non pas pour supporter chiennement les maux, mais pour agir ([1]) ». Que de mouvement, quelle activité ! Et franchement quel autre des jeunes artistes eut une situation aussi éminente sous le gouvernement de Juillet, grâce à l'appui de la famille Bertin, aux faveurs du pouvoir qui lui procuraient les commandes et les honneurs; mais, hélas ! il rêvait bien autre chose que la place de bibliothécaire au Conservatoire !

On sent qu'il cherche à renverser les obstacles plutôt qu'à les tourner. Fétis, Cherubini, Habeneck, Girard, sont attaqués de front : il voudrait les écraser. Le fanatisme italien l'exaspère et il songe à empaler les dilettantes au fer rouge. Ses querelles avec les directeurs et les chanteurs sont fondées sur l'opposition qu'il rencontre dans ce monde, qui lui est hostile. Dans ses feuilletons et dans ses ouvrages il poursuit l'adversaire pour le réduire à merci.

Il fait pourtant de la diplomatie, et en maître : il y a des lettres d'un ton très modéré à M. Buloz, à Habeneck, à Schumann et à Cherubini. Il sait se plier aux démarches aussi bien pour faire représenter les *Troyens* que pour conquérir un siège à l'Institut ; il sait de même se conformer au caractère de chacun de ses correspondants et prendre les tons les plus divers suivant les interlocuteurs. Etudiez bien le style de ses lettres : vous verrez qu'il prend toujours le ton de son correspondant. Rien n'est plus frappant que ces nuances dans les lettres, à Henri Heine, à Mme Massart, à Ferrand, à Liszt, à d'Ortigue, à Morel, à son fils, à Hiller : Berlioz entre, comme on dit, dans la peau du personnage ; on devine le caractère, les goûts et l'esprit de la personne, rien qu'en appréciant le changement de ton. Ce n'est qu'avec Mendelssohn qu'il fait fausse route, quand il essaie, lui, impie, de flatter le sentiment

---

(1) *Lettres intimes*, p. 105.

religieux de son ami en invoquant le grand Esprit. Pour l'auteur d'*Elie*, ce badinage n'est qu'un nouveau blasphème.

Nous le voyons un jour déchirer une lettre à Hiller en réfléchissant à ce qu'elle contenait : « Il y a des choses qu'il ne faut jamais dire ; à plus forte raison il faut se garder de les écrire. » Nous trouvons bien souvent dans ses lettres à Morel et à d'Ortigue la recommandation expresse à ses intimes de garder pour eux ses confidences. C'est qu'il s'inquiète de l'opinion, ne serait-ce que pour la braver : « Cette reine du monde, dit-il ; mais il n'y a plus de rois ni de reines [1] ». Il demande à Hiller s'il a entendu parler de son mariage avec Camille et ce qu'on en dit [2]. Moins de trois ans après il raconte à Ferrand que son mariage avec Henriette a fait à Paris un bruit d'enfer : « On ne parle que de cela [3] ». Tout le monde connaissait sa passion pour miss Smithson : « Tant de gens savent notre histoire [4] », écrivait-il au moment même où il lui jetait en pleine figure la *Ronde du Sabbat*, dans laquelle il la présentait comme une courtisane !

Certains de ces traits, quelques autres encore, dénoteraient un grave manque de tact. Plusieurs fois, en présence des étrangers, il parle avec un mépris souverain de la France et ridiculise ses compatriotes. Il est d'une inconvenance extrême avec Cherubini, qui avait droit, au début, par son âge et son talent, au respect d'un jeune homme, alors simple étudiant en médecine. Avec les choristes et les exécutants il se livre à des sorties violentes, justifiant sa réputation d'ingalanterie, comme il le dit : car avant même de commencer une répétition, il a la gorge serrée d'une sorte de colère et de mauvaise humeur anticipée et par prévention [5]. Plusieurs faits de ce genre m'ont été rapportés, entre autres un mouvement d'humeur accompagné de gestes significatifs à propos de l'exécution de *l'Enfance du Christ* à Strasbourg. Un

---

[1] *Correspondance inédite*, p. 105,
[2] *Ibid.*, p. 73.
[3] *Lettres intimes*. p. 138.
[4] *Ibid.*, p. 73.
[5] *Mémoires*, p. 267.

jour, dit M. Bernard, il s'oublie jusqu'à apostropher deux dames qui causent dans une loge pendant un concert qu'il dirige (¹). Cependant, si je me reporte au journal qui aurait mentionné ce fait, en suivant l'indication de la note, il me semble que Berlioz s'est borné à tancer vertement, dans son compte-rendu, ces malencontreuses bavardes. Il est accueilli de la manière la plus cordiale par tous les artistes de l'Allemagne et il les traite assez cavalièrement dans ses lettres, qu'il publie et réunit en volume : le pauvre Guhr, par exemple, qui est sans cesse mis en scène de la manière la plus irrévérencieuse. Malgré son dévouement et sa généreuse conduite, son ami Liszt, avec son aventure de table, à Prague, n'est pas épargné.

M. de Monter rapporte qu'il agit de même assez légèrement envers quelques-uns de ses meilleurs amis : entre autres Stephen Heller et Auguste Morel, qui furent oubliés dans son testament. Ce dernier ne pouvait le croire : il avait d'ailleurs été péniblement surpris de n'avoir point reçu, quelques mois avant la mort de Berlioz, sa visite pendant le dernier voyage qu'il avait fait à Nice et à Monaco. Le motif qu'il lui en donna était qu'il eût été trop brisé par la société de celui de ses amis qui avait le plus aimé et soigné son fils Louis (²). Il avait, du reste, de fréquents accès de mauvaise humeur avec ses meilleurs amis. Stephen Heller s'y était exposé souvent en critiquant assez vivement certaines pages du maître, entre autres la « Ronde du Sabbat » de la *Fantastique*, qu'il l'avait engagé à supprimer. « Taisez-vous, avait répliqué Berlioz, vous n'y entendez rien. » Ils ne se revoyaient plus qu'à de rares intervalles, m'a-t-il raconté, pendant la dernière maladie de Berlioz : on peut croire que ces circonstances n'étaient pas étrangères aux dernières résolutions du maître.

Malgré son habitude de maîtriser ses sentiments, il y a des moments où il manque absolument de sang-froid : il regrette, à propos d'un médecin allemand, nommé Carus, de n'avoir pas eu la présence d'esprit nécessaire pour se livrer à un

(1) *Notice sur Berlioz*, p. 41.
(2) *Correspondance inédite*, p. 353.

affreux jeu de mots : « Il y a des moments, dit-il, où je suis d'une rare stupidité ». En cette circonstance-là, il a tout aussi bien fait de se taire ; mais en beaucoup d'autres, il a été fort mal inspiré. Lorsqu'il constate que sa réponse à Paganini lui paraît tellement insuffisante qu'il n'ose la reproduire, il croit s'excuser en prétextant qu'il y a des situations et des sentiments qui écrasent. Sa phrase, en effet, n'est même pas française et n'a pas de sens : « Je ne suis pas riche, mais, *croyez-moi*, le suffrage d'un homme de génie tel que vous me touche mille fois *de plus* que la générosité royale de votre présent (¹) ». Et c'est bien pis lorsque, à la page suivante, il commente le mot de Paganini : « Je ne suis pas *aisé* (²) ». Ses suppositions sur le sens de ce dernier mot sont aussi malheureuses que la phrase ridicule de sa lettre.

Il joue de malheur avec le grand artiste qui fut son véritable Mécène, en mettant fin à une existence intolérable et en lui permettant d'écrire son chef-d'œuvre : *Roméo et Juliette*. Lorsqu'il parle de cet ouvrage à Ferrand, il a encore une expression d'une insignifiance incroyable : « Pauvre Paganini : il n'a jamais entendu cet ouvrage composé *pour lui plaire* (³) ! » Enfin ses démêlés avec M. Conestabile (⁴) à propos de ses relations avec Paganini lui créent une situation assez difficile contre laquelle il se débat sans beaucoup d'habileté. M. Daniel Bernard cite l'*Ode* de Romani à Paganini, traduite par Berlioz, pour rendre hommage à son bienfaiteur. Voici que les lettres à Humbert Ferrand nous apprennent que la traduction n'était pas de Berlioz, mais du frère de Ferrand (⁵).

Ses affections ou ses répulsions étaient, du reste, affaire d'instinct. Dès son arrivée à Paris et malgré son aversion pour la carrière médicale il s'était senti attaché par de secrètes sympathies à son professeur Amussat, un savant de

(1) *Notice sur Berlioz*, p. 32.
(2) *Mémoires*, p. 218.
(3) *Lettres intimes*, p. 208.
(4) *Les Soirées de l'orchestre*, p. 408.
(5) *Lettres intimes*, p. 186.

premier ordre, d'ailleurs : « Ses allures sont celles d'un homme de génie ». Il avait pris en grippe Cherubini dès sa première rencontre avec le directeur du Conservatoire, à la Bibliothèque, où il commençait à étudier les partitions de Gluck. Et l'on sait s'il l'a ménagé dans ses *Mémoires*. C'est une caricature perpétuelle ! Il paraît cependant avoir la prétention de raisonner en matière de sentiment : « J'ai de la sympathie pour un brigand de génie, écrit-il ; aucune pour l'homme auquel la nature a refusé l'intelligence et le sentiment de l'art (¹) ». On lui offre de le présenter à Rossini : « Je n'ai pas voulu, comme vous pensez bien, écrit-il à Ferrand, je n'aime pas ce Figaro, ou plutôt je le hais tous les jours davantage ; ses plaisanteries absurdes sur Weber m'ont exaspéré. Je regrettais bien de ne pas être de la conversation pour lui lâcher ma bordée ». En Italie il refuse de même de faire la connaissance de Bellini ; toute l'histoire de ses relations avec les artistes, Mendelssohn, Hiller, Liszt, Wagner, Spontini, Onslow, Meyerbeer, Halévy, Adam, Gounod, David, est curieuse à étudier au point de vue de l'instabilité du sentiment. On ne sait jamais si c'est l'ami ou le rival qui se présente et s'il faut se réserver ou se découvrir vis-à-vis de lui.

Il est le premier à se dérober, car il craint les confidences compromettantes. Voyez avec quelle discrétion il expose à Hiller le plan de son mélologue de *Lélio* en lui déclarant qu'il ne veut pas se livrer (²). Peu de temps auparavant il s'oubliait devant Mendelssohn en s'étonnant que personne n'eût songé encore à prendre pour thème musical la *Reine Mab* du *Roméo* de Shakespeare ; l'idée que ce sujet pouvait avoir été pris par l'auteur du *Songe d'une Nuit d'été* l'obsède jusqu'au jour où il écrit le scherzo de sa symphonie de *Roméo et Juliette* (³).

En revanche il lui paraît doux de louer un ennemi de mérite, comme il le dit ailleurs, tandis que chaque mot mensonger qu'il écrit en faveur d'un ami sans talent lui cause

---

(1) *Les Soirées de l'orchestre*, p. 412.
(2) *Correspondance inédite*, p. 91.
(3) *Mémoires*, p. 137.

des douleurs navrantes (¹). Et il sait que dans les deux cas ni l'ami ni l'ennemi ne savent gré au critique d'avoir rempli son devoir : aussi comme il étudie le cœur humain en assistant aux flagorneries, aux lâchetés, aux rampements des gens qui ont besoin de lui : lorsqu'il quitte définitivement les *Débats*, il raille ces flatteurs, furieux d'en être pour leurs frais et d'avoir inutilement courtisé si longtemps le critique influent. Ils ont perdu leurs avances, ils sont volés (²).

J'ai parlé de traits malheureux qui révèlent un certain manque de tact : en voici un qui me paraît absolument inouï. Il s'agit des débuts de Duprez à l'Opéra en 1837 : Berlioz écrivait dans son feuilleton des *Débats* du 19 avril les lignes suivantes : « Si on nous demande notre opinion sur Duprez comme acteur, nous répondrons en citant celle de deux actrices célèbres, Mlle Mars et Mme Berlioz (miss Smithson), qui ont trouvé sa pantomime naturelle et toujours distinguée, sa tenue en scène parfaite ... » Il ne manque plus que d'ajouter que ces *actrices* l'ont trouvé beau et bien fait. Dans le récit de l'exhumation des restes d'Henriette au cimetière Montmartre, à côté de détails répugnants il se plaît encore à noter une exclamation grotesque de l'officier municipal : « Pauvre *inhumanité!* (³) »

Il a quelquefois des réflexions qui nous semblent tellement naïves que l'on se demande si l'expression répond bien à sa pensée. Lorsqu'il entre dans la chambre où est mort son père quelques semaines auparavant : « Je pris la montre : elle marchait, elle vivait, et mon père ne vivait plus (⁴) ! » Voilà une bien singulière observation ! Quelques jours plus tard, il fait son pélerinage aux rochers où il se promena jadis avec Estelle : « J'occupe peut-être dans l'atmosphère l'espace que sa forme charmante occupa ». Ce n'est pas une bizarrerie, c'est une idée fixe, car seize ans plus tard, il retrouve la pierre qu'il avait cherchée la première fois : « J'en suis sûr cette fois, s'écrie-t-il avec un

---

(1) *Mémoires*, p. 208.
(2) *Correspondance inédite*. p. 306.
(3) *Mémoires*, p. 482.
(4) *Ibid.*, p. 436.

accent de victoire, j'occupe dans l'atmosphère l'espace que sa forme charmante occupa (¹) ».

En somme, il dépasse trop souvent la mesure, c'est le seul reproche qu'il y ait à lui faire : il est bon, généreux, ardent, aussi bien dans ses haines que dans ses affections, mais passe toujours d'un extrême à l'autre. Il a la foi, en lui-même comme en son art ; il a la volonté, l'amour du travail et la passion du beau. Il se laisse parfois entraîner trop loin par des mécomptes personnels, car il ne pardonne jamais ; souvent même il attribue ses échecs à des intrigues et se venge cruellement. Il n'épargne même pas ses amis : aussi que de haines et que d'opposition n'a-t-il pas déchaîné contre lui !

Il y a un personnage qui ne nous est encore apparu que discrètement : c'est l'humoriste, le satiriste, le railleur. C'est pourtant presque tout l'homme ; du moins le caractère est bien tranché sous ce rapport. On aperçoit nettement ce rictus des lèvres toujours prêtes à laisser échapper quelque saillie, comme le Dauphinois qui montre par quelque détail qu'il n'est pas dupe, selon le mot de Stendhal. Berlioz raille tout, il raille jusqu'à lui même : il y a des instants où l'on peut se demander s'il faut prendre au sérieux la raillerie même et si ce n'est pas un correctif prudent qu'il juge bon d'ajouter à un aveu un peu trop cru ; la confusion est telle entre le sérieux et le plaisant que l'on ne sait plus au juste lequel des deux l'emporte. « Il n'y a rien de vrai, rien de faux, rien de beau, rien de laid, écrit-il à Bulow » ; puis, tout à coup : « N'en croyez pas un mot : je me calomnie ». A propos des *Troyens*, à Ferrand : « Il vaudrait mieux pour moi avoir écrit une vilenie d'Offenbach ». Aussitôt : « Pourquoi ai-je écrit cela ? » La tirade que j'ai citée sur le public mondain de ses concerts, à Bade, auquel, par une douce ironie, il fait entendre son *Requiem*, est suivie à peu de distance d'une sorte de désaveu : mais entre l'un et l'autre on ne sait plus distinguer ce qui est le fond de sa pensée.

C'est qu'en effet le plaisir de lancer un trait bien acéré

(1) *Mémoires*, p. 439 et 485.

l'emporte trop souvent sur le respect dû à la vérité. Nous lisons quelque part l'excuse en même temps que l'aveu d'un de ces mensonges. Il parle du paysan des Abruzzes, Corsino, auquel il donna « deux chemises, un pantalon et trois coups de pied au derrière un jour qu'il me manquait de respect. » Un remords le prit après cette drôlerie échappée à sa plume : « Ceci est un mensonge, dit-il en note, et résulte de la tendance qu'ont toujours les artistes à écrire des phrases qu'ils croient à effet (¹) ». Aussi maintient-il la phrase à effet, et, sauf cette rectification en note, le mensonge. Il y a vingt endroits où le trait emporte sa main et où la *phrase à effet* part toute seule. « Il y a bien des Berlioz à Lyon, mais les uns sont de mes amis, les autres de riches banquiers et je ne suis ni banquier, ni riche, *ni même de mes amis.* » C'est la facétie qui se glisse par la petite porte et envahit toute la phrase. « Je n'ai jamais compté parmi les apologistes du suicide, écrit-il à Schlesinger, mais j'ai là sur ma table deux paires de pistolets chargés, et je serais capable de vous brûler la cervelle. » Vous retrouverez le mot textuellement dans une lettre à ses confrères de l'Institut (²).

Toujours la phrase à effet, lorsqu'il raconte que pendant son concert à Lille, un amateur « d'autographes » lui vola son chapeau. Et cet admirateur qui se précipite dans ses bras à Vienne pour serrer la main qui a écrit *Roméo :* « Pardon, c'est celle-ci, s'écrie-t-il en retirant sa main gauche, que le fanatique secoue à tout hasard ; je ne me sers jamais que de la main droite. » Car il ne craint même pas de déconcerter les enthousiastes. « C'est vous qui écrivez pour cinq cents musiciens ? » lui dit Metternich. « Pardon, monseigneur, j'écris quelquefois pour quatre cent cinquante. » Sa conversation avec le roi de Prusse est-elle vraie ? Son récit ayant été imprimé l'année suivante, il est peu probable qu'il se fût hasardé à remplacer par une scène de fantaisie un entretien qui avait eu des témoins ; en outre, il avait été trop bien accueilli pour qu'il lui fût permis de se livrer à une charge inconvenante. Mais que penser de ce dialo-

(1) *Mémoires*, p. 148.
(2) Reproduite dans *A travers chants*, p. 262.

gue : « Que veut dire le mot *dourak* ? — Il veut dire imbécile, sire ! — *Imbécile sire ?* » Et voilà le souverain pris d'un fou rire. Berlioz comptait bien sur l'effet.

D'autre part, sa conversation avec Andrieux, où le poète lui dit : « J'étais enragé Gluckiste ! Et Piccinniste donc ! » est modifiée pour les besoins de la phrase qu'il n'a pas résisté au plaisir de charger d'un trait final. Le mot d'Andrieux était plus fin, sinon plus drôlatique : « Oui, disait le vieux poète, j'aime Gluck; j'aime bien aussi Piccinni ». M. Bernard, qui rectifie le récit, a entendu raconter la scène avec cette variante à un ami de Berlioz, auquel celui-ci l'avait ainsi rapportée.

Mais il est beaucoup moins heureux lorsqu'il s'avise de peser le trait, car sa légèreté vient de la rapidité avec laquelle il s'envole. Par exemple, lorsqu'on lui demande d'écrire une pensée sur un album, sans banalités, il croit faire une bonne plaisanterie à l'auteur de la recommandation, en écrivant ceci : « La peine de mort est une très mauvaise chose, car, si elle n'existait pas, j'aurais probablement déjà tué beaucoup de gens, etc. ([1]) ». C'est l'originalité qu'il veut atteindre à tout prix et il n'obtient souvent que la bizarrerie ; quelquefois c'est de la simple extravagance. Le malheureux Guhr, au bout de trois pages n'est plus qu'une ganache avec ses intarissables S. N. T. T. Il fait de même jurer Mme Lebrun beaucoup trop pour que la charge soit drôle, lorsqu'il raconte l'accueil qu'elle lui fit lors de l'exécution de sa messe à Saint-Roch ([2]).

En tout ceci il y a un fond de mystificateur à froid qui se révèle dès la jeunesse. Ses espiègleries faisaient de lui un épouvantail au séminaire de la Côte. On découvrit un jour sous une pierre du vestibule un pétard et l'on accusa Berlioz d'avoir tenté de faire sauter l'établissement ; mais ces gamineries sont celles de tous les élèves des collèges. Cependant on se souvient toujours des mauvaises plaisanteries qu'il fit à ses compatriotes, lorsqu'il revint à la Côte. Il ne voulait pas avoir l'air de reconnaître ses anciens camarades. On

(1) *Mémoires*, p. 289.
(2) *Les Grotesques*, p. 202.

l'amène à la société philharmonique pour apprécier le talent et l'instruction des exécutants; mais il donne aux choristes une feuille de musique blanche en leur disant : « Voilà tout ce dont vous êtes capables ». C'était un peu vif, comme ironie; mais il ne craignait jamais de froisser les gens.

« Peu de personnes étaient à l'aise avec lui, dit M. Legouvé. Gounod m'a souvent parlé de l'état de contrainte où le mettait Berlioz. J'ai vu Adolphe Nourrit chez moi, un matin, lancé avec enthousiasme dans l'interprétation d'une mélodie de Schubert, se troubler tout à coup en voyant entrer Berlioz et achever comme un écolier un morceau qu'il avait commencé comme un maître. » M. Heller me racontait que dans les soirées intimes chez les amis Damcke et Massart il ne se lassait pas de diriger ses pointes et ses épigrammes contre les absents aussi bien que contre les assistants. Un jour le malheureux qui servait de souffre-douleur fut tellement décontenancé sous cette grêle que Heller fut obligé par pitié d'intervenir [1].

Tous les témoignages que j'ai cités, confirment le ton mordant que Berlioz prenait dans ses propos intimes, d'une malice très agréable, j'en conviens, sauf pour ceux qui servaient de cible.

M. de Monter [2] a publié la lettre d'un amateur écoutant aux Italiens près de Berlioz le fameux *S'il padre m'abbandona*, que son voisin parodie à son oreille en paraphrasant ainsi le texte sur le thème de la cavatine :

S'il padre m'abbandona
Je m'en fiche pas mal (*Ter*).

M. Legouvé a cité cette charge en ajoutant que c'était lui

---

[1] M. Heller m'a écrit, à propos de ce passage, une lettre dont voici quelques extraits :

J'ai dit que Berlioz aimait à taquiner ses amis, et, j'en conviens, parfois assez rudement.

Mais ces railleries, ces épigrammes ne nous déplaisaient pas, d'autant plus que nous pouvions y répondre bravement, sans crainte de blesser la susceptibilité de l'homme, en qui nous admirions un musicien de génie, doublé d'un humoriste spirituel.

[2] *Revue et Gazette Musicale*. 18 juillet 1860.

qui avait Berlioz pour voisin ; il raconte à ce propos la scène de mystification de l'inventeur d'une méthode de piano, qui demande à Berlioz de la mettre à l'épreuve : celui-ci lui envoie Ritter qui, après avoir fait semblant d'épeler la méthode pendant les premières leçons, se met devant le professeur ahuri à *jouer tout son jeu* lorsque Berlioz est convié à juger les progrès de *l'élève*. Le désespoir de la victime émeut pourtant le bourreau qui répare généreusement, par un article élogieux dans les *Débats*, cette mauvaise plaisanterie digne des Romieu et des Vivier.

Aussi faut-il voir avec quelle admiration Berlioz nous parle de Vivier toutes les fois que le nom ou les célèbres charges du facétieux corniste lui reviennent à l'esprit. Il y a de la sympathie entre eux. Dans les *Grotesques* il n'est question que de lui : on dirait que Berlioz est jaloux d'avoir trouvé son maître.

En fait de charge, il y en a une qui est célèbre : c'est l'histoire du morceau de Pierre Ducré « maître de chapelle imaginaire » : aussi quel succès ! « Ce n'est pas votre M. Berlioz qui aurait fait cela ! » dit une auditrice. Et Kreutzer qui écrit dans la *Gazette* : « cette pastorale est assez bien modulée pour un temps où on ne modulait jamais. » Berlioz s'est souvenu de l'*Irato* de Mehul : « Mystification excellente, dit-il lui même, qui réussira toujours en tout temps et en tout lieu, et rendra manifeste l'injustice des préventions sans jamais les détruire ([1]) ».

Il y en a une plus forte et qui n'a jamais été relevée ; c'est la lettre à Paul Smith (Edouard Monnais), en guise de remerciements pour l'article qu'il avait fait à propos de son livre *A travers chants*. Il inflige à son malheureux ami un épouvantable casse-tête chinois pour l'inviter à chercher dans le début de son article une phrase à double sens qui n'a jamais existé. Monnais se débat avec terreur sans trouver le grief, le cas pendable. Sa lettre à l'évangéliste du tambour, dans les *Grotesques*, est une mystification du même genre. Jusqu'au dernier moment il cède à ce penchant pour la

---

(1) *Les Soirées de l'orchestre*, p. 397.

charge à froid. M. Heller signale sa manie bizarre de dire adieu à ses compagnons de route sur une pierre blanche située près de sa porte : la scène où, un soir de brouillard, il force son ami à chercher la fameuse pierre, est insensée (1).

Avec Dessauer, qui se proposait de le convertir en lui faisant une guerre courtoise, il contrefait la scène des deux augures pour l'empêcher de parler : « Je le regardais bien en face avec mon air le plus sérieux ; il en concluait que j'allais me moquer de lui et, retombant dans son silence, remettait ma conversion à des temps plus heureux. Si tous les prédicateurs avaient fait ainsi nous croupirions encore dans les ténèbres du paganisme (2) ».

Il pousse toujours la malignité jusqu'à l'extrême. Presque toutes ses lettres officielles sont émaillées de plaisanteries, pour la plupart de fort mauvais goût. Lorsqu'il parle à Cherubini de donner un concert au Conservatoire, il transcrit sa conversation avec lui en reproduisant la prononciation ridicule du maître et son accent italien, dans la lettre qu'il adresse à M. de la Rochefoucault, surintendant des beaux-arts, pour rendre compte de l'entretien. Il imite tout, jusqu'au *Larossefoucault* de Cherubini, et le surintendant de rire jusqu'aux larmes. Le grotesque l'attire presque invinciblement. Il n'y a pas une page dans ses lettres, ses *Mémoires* et ses œuvres, où il ne sacrifie à cette fureur de charge, jusque dans les endroits pathétiques, où l'on croit qu'il est sérieusement ému.

M. Mathieu de Monter nous a décrit par le détail les saillies de Berlioz, les *scies* dont il est l'inventeur (3). Il y en a qui sont restées, par exemple la transcription des paroles de la *Juive* sur l'air de *Maître corbeau* et de celles de la *Marseillaise* sur la *Grâce de Dieu*. Celle-là est populaire, et si Berlioz a pris au domaine public un certain nombre de calembredaines comme l'anecdote du fameux *de Chambre*, qui invite l'ami à la fortune du *pot*, et plusieurs autres, il a contribué à augmenter cette source à jet continu en lui

(1) *Le Guide musical*, mars 1879.
(2) *Mémoires*, p. 361.
(3) *Revue et Gazette musicale*, 10 avril 1870.

fournissant un contingent remarquable. On pourrait extraire de ses œuvres et de ses lettres un répertoire de calembours, bien que ses jeux de mots soient généralement médiocres. Mais il ne s'en tient pas à la première édition ; il y a souvent récidive et nous le voyons reproduire les mêmes mots et les mêmes charges, dans ses livres ou dans ses lettres : on compte jusqu'à trois fois la répétition d'une même plaisanterie ou d'un même calembour (¹).

Tout cela est de la folie pure : mais il est incontestable que la verve est endiablée. Berlioz est d'une gaîté inouïe dans la dernière partie de sa carrière littéraire, de 1845 à 1860. Ses articles, ses lettres, les *Grotesques*, les *Soirées*, sont du ton le plus enjoué, et d'un comique souvent irrésistible. Seulement, à force de rechercher l'originalité, il atteint souvent l'extravagance. Plein d'esprit naturel, il préfère la charge, qui est plus grossière. Rien ne vaut ses récits pour la verve humoristique : c'est son talent très réel de narrateur qui fait le charme de ses écrits où l'esprit pétille, lorsqu'il veut bien ne pas se laisser aller à des divagations ou à des indignations à tout propos. Il y a des histoires à pouffer de rire, comme le concerto de clarinette, le piano enragé, la scène du harpiste à Bade, improvisant dans le *Sylphe* un solo sur un point d'orgue de l'orchestre, au grand ébahissement du chef, des instrumentistes et des acteurs (²) ; le récit des aventures de Wallace avec la belle Tatéa, la correspondance académique, diplomatique, philosophique, tout est d'un style achevé, dans ce genre.

Il ne sait pas se garder de la pente de son esprit et emploie ce ton dans sa lettre de Bade à l'Institut, qui ne put être lue en séance publique, étant totalement dépourvue de la gravité académique : de même sa lettre à l'empereur, qui fut jugée inconvenante par Morny, au grand étonnement de Berlioz. Il y est tellement habitué qu'il trouve le trait plaisant, sans chercher, comme tout à l'heure, la phrase

(1) J'ai cité un certain nombre de ces jeux de mots et *à peu près* extraits de sa correspondance et de son autobiographie. On retrouvera ce fragment, qui eût été inutile ici, dans la *Renaissance musicale* du 3 septembre 1882.
(2) *A travers chants*, p. 264.

à effet ; c'est irrésistible chez lui. Quoi de plus gai que ce mot sur Liszt dans une lettre à Ferrand : « Il est reparti pour Rome où il joue de la musique de l'avenir devant le Pape qui se demande ce que cela veut dire ». Et dans une lettre à Massart, à propos du dîner chez le maréchal Vaillant, à l'occasion de sa nomination comme officier de la Légion d'honneur : « Nous étions soixante, y compris le chien de Son Excellence, qui a bu le café dans la tasse de son maître ». C'est le trait pittoresque et il y est passé maître. La fantaisie des lamentations de Jérémie, aux *Grotesques*, est un prodige de verve et de bonne humeur. Je m'étonne de ne pas trouver au volume le récit d'un voyage à Enghien, qui ferait le pendant de celui qu'il a inséré aux *Soirées*. On le trouvera dans la collection des *Débats*, au 26 septembre 1846. C'est un chef-d'œuvre de gaîté et d'esprit, et au fond c'est une réclame pour le Casino, déguisée avec une habileté consommée : sa soirée aux Folies-Nouvelles, aux *Grotesques*, est également une fantaisie plaisante pour dissimuler le compte-rendu imposé d'un ouvrage inconnu, le *Calfat*. Ses soi-disant analyses du *Phare* et de *Diletta* (le *Fanal* et *Giralda*) aux *Soirées*, sont des modèles de fugue par la tangente pour dispenser le critique d'une corvée pénible : « Il est fort triste de s'occuper d'opéras comiques le lundi, par cette raison que le lundi est le lendemain du dimanche. Or, le dimanche on va au chemin de fer du Nord, etc. » Suivent trois colonnes à bâtons rompus : puis après une pause : « Il est fort triste de s'occuper d'opéras comiques le mardi, par cette raison... » et de même il se dérobe : cette fois, c'est l'histoire du piano d'Érard, qui, après la trentième exécution du concerto de Mendelssohn par le dernier des concurrents du prix de piano « l'exécute tout seul à son idée. » Toutes ces pages sont étourdissantes ; la collection des feuilletons humoristiques des *Soirées* et des *Grotesques* est un modèle achevé de la causerie désopilante. Il est le précurseur des grands chroniqueurs de la génération suivante : Villemot, Rochefort, Wolff, Scholl, le courriériste parisien par excellence ; jamais l'humour ne s'est alliée plus merveilleusement au sel gaulois.

Il avait débuté par ces fantaisies échevelées. Un de ses premiers articles de la *Gazette musicale*, *Rubini à Calais*, avait attiré l'attention de M. Bertin, qui le reproduisit dans les *Débats* avec une mention flatteuse pour l'auteur. Ce fut l'origine de l'entrée en relations du jeune homme avec le tout-puissant journaliste. Cette charge n'était pas fort gaie, quoi qu'en dise Berlioz. Il était, dit-il, profondément triste lorsqu'il l'écrivit ([1]).

Ce qui est incroyable, c'est qu'en effet ses dispositions d'esprit sont souvent lugubres quand il tire ces feux d'artifice : « Je suis souvent d'une tristesse profonde, écrit-il à Ferrand, en allumant les soleils et les serpentaux de la plus folle joie. » Et c'est exact. On sait qu'il affecte parfois de rire et de parler à haute voix pour ne pas tourner de l'œil, comme il dit. Mais, chose plus étrange, il s'irrite de cet esprit parisien dont il est lui-même un si éminent représentant : « Rien n'est plus bête, écrit-il à Bennet, que cette éternelle et plate blague qu'on applique à tout à Paris. » Cette horreur des jeux d'esprit n'est pas nouvelle ; il l'a toujours professée : « Vous verrez, écrivait-il à Bulow en 1854, comme tout ce monde danse sur la phrase ! » Il s'indigne de même contre Rossini, « qui *blaguotte* tous les soirs sur le boulevard, » sans songer qu'il lui donne fort agréablement la réplique.

Et cette colère n'est pas jouée : « Où diable le bon Dieu avait-il la tête, s'écrie-t-il, quand il m'a fait naître *en ce plaisant pays de France ?* Et pourtant je l'aime, ce drôle de pays, dès que je parviens à oublier l'art et à ne plus songer à nos sottes agitations politiques. Comme on s'y amuse parfois ! Comme on y rit ! Quelle dépense d'idées on y fait (en paroles, du moins) ! Comme on y déchire l'univers et son maître avec de jolies dents bien blanches, avec de beaux ongles d'acier poli ! Comme l'esprit y pétille ! Comme on y danse sur la phrase ! Comme on y blague royalement et républicainement ! Cette dernière manière est la moins divertissante ! » Ailleurs, il raille l'emphase des combattants de Juillet, lui qui, sorti de loge le 29 (il concourait à l'Institut)

---

[1] *Mémoires*, p. 206

put « polissonner dans Paris le pistolet au poing jusqu'au lendemain », et qui se classe dans la *sainte canaille* des *Iambes*. Il avait déjà instrumenté la *Marseillaise*, et essayait sur les foules l'effet du refrain de l'hymne de Rouget de Lisle entonné par les masses populaires. C'est une explosion foudroyante : il « tombe à terre ». Ce qui ne l'empêche pas de s'écrier : « O Parisiens, farceurs... gigantesques, si l'on veut, mais aussi gigantesques farceurs ! »

Hélas ! il y a près de vingt-quatre siècles que les Grecs ont résumé le principe de toute sagesse dans cette maxime immortelle que Berlioz, comme bien d'autres, n'a jamais assez méditée : « *Connais-toi toi-même!* » Quelle attitude croyait-il donc avoir? Il raille Hugo qui « *trône* trop »; Dumas, qui est un « braque écervelé »; mais qu'est-il, lui, sinon le premier railleur de son époque, le plus amer peut-être, mais le plus mordant? Rieur mélancolique, si l'on veut, mais à la gaieté la plus communicative.

Ce qui était essentiel dans ce travail, c'était de pénétrer jusqu'au fond de la pensée de Berlioz, de voir l'homme intérieur, point délicat entre tous ; mais je n'ai pas reculé devant les écueils. J'ai voulu définir le Berlioz vrai : j'ai envisagé ses diverses manifestations dans la vie privée, fait apparaître l'homme de société, l'homme d'affaires, le lutteur de la grande bataille pour l'existence, avec sa tactique et sa diplomatie ; j'ai dû noter encore certaines bizarreries et certains travers ; j'ai terminé en mettant au premier plan le railleur, l'humoriste. Ce n'est qu'un choix entre tous les types qui s'offraient à moi : mais, au cours de ce travail, tous les autres traits du caractère que j'ai notés ici au passage se dessineront avec plus de netteté. Je ne fais pas de l'apologétique, et ne me crois pas tenu de mettre des ailes d'ange à Berlioz ou de lui couronner la tête d'une auréole. Mais je crois qu'avant de le juger il faut le connaître tout entier. C'est parce que je suis au premier rang des admirateurs de l'œuvre du maître que je me donne le droit de faire acte de rigoureuse critique en repoussant obstinément la légende du Berlioz funèbre présenté par certains biographes sous l'aspect d'une sorte de pâle et plaintive victime.

Je ne me suis nullement dissimulé, lorsque j'ai entrepris ce travail, les difficultés que j'allais rencontrer. En voulant opposer aux confidences si peu sûres des *Mémoires* un récit absolument dépouillé de périphrases, de réticences et de digressions, je savais que j'aurais à compter avec les partisans de l'opinion reçue qui ont trouvé une légende toute faite et l'ont acceptée sans contrôle, presque aveuglément. La partie la plus considérable de cette étude porte sur la rectification des faits matériels, des dates inexactes, des événements de la vie privée ou de la carrière artistique du maître, qui n'ont pas été présentés par lui avec toute l'impartialité et la précision désirables : mais le point essentiel était le portrait du personnage moral qu'il fallait peindre avec une ressemblance frappante. Ce chapitre du caractère, était celui où j'avais à faire preuve d'inspiration, si le mot m'est permis, car c'est ici que j'ai repoussé entièrement la tradition et qu'il a fallu me lancer pour ainsi dire dans l'inconnu.

On a pu voir quelle avait été ma méthode, mon procédé, si l'on aime mieux. J'ai extrait de la correspondance, des articles et des ouvrages de Berlioz, de son autobiographie, tous les fragments où j'avais pu relever un document psychologique ; j'en ai fait le triage le plus soigneux, j'y ai ajouté toutes les indications que j'avais pu recueillir, soit de ceux qui avaient personnellement connu Berlioz, soit de ceux qui lui avaient consacré des études biographiques. Je n'ai cité, malgré cette abondance de matériaux, qu'un très petit nombre de faits, ceux qui me semblaient caractéristiques entre tous. Ce n'est nullement un travail de marqueterie que j'ai voulu faire, en enchâssant les citations au cours du récit : c'est moins encore un de ces actes de procédure à l'aide desquels on déduit d'un mot isolé toute une série de conclusions, pour faire pendre un homme avec trois lignes de son écriture. J'avais mon plan tout arrêté avant de me mettre à l'ouvrage ; j'avais devant les yeux le portrait que je voulais tracer, ayant pesé longtemps le pour et le contre et pris toutes mes précautions pour ne rien hasarder d'hypothétique ou de contestable. J'ai tâché de donner le plus de relief possible aux traits, en choisissant entre tous les faits que j'avais sous la main ceux qui me fournissaient l'exemple le plus décisif. Mes conclusions, fondées sur l'observation et la réflexion la plus attentive, seront l'objet de la critique à leur tour, et j'attends avec confiance l'arrêt du véritable juge, le public. C'est ce tribunal de cassation qui décidera souverainement, en dernier ressort, entre la légende et l'histoire. J'ai apporté des faits et des arguments, et j'estime qu'ils ont leur valeur et qu'il en sera tenu compte, aurais-je commis des erreurs, ce dont personne n'est exempt.

VII

LES ÉTUDES

Il faut se borner à noter les indications qui nous révèlent le degré de culture de cette intelligence, car il serait oiseux de suivre Berlioz sur les bancs de l'école et de se demander quel profit il put retirer de ces études classiques, qui ne donnent à l'esprit qu'un ornement, une sorte de surface brillante. Rien ne trempe l'homme, rien ne l'instruit que la lecture, la méditation spontanée. C'est lui qui va au devant de la science et de la littérature, cherchant ce qui est conforme à son génie, s'assimilant ce qui, par une loi d'affinité naturelle, l'attire presque invinciblement du côté où il trouvera l'écho à ses aspirations instinctives.

Shakespeare et Gœthe, en poésie, Beethoven et Weber, en musique, auront cette attraction fatale, je veux dire inévitable, sur l'esprit de Berlioz : il y trouvera la réponse qu'il attend au pourquoi qu'il s'est posé à lui-même en abordant le grand problème de la destinée de l'art. Il est rare que ce soit dès le collège que l'on trouve le chemin de Damas ; en tous cas il est incontestable que les professeurs du petit séminaire de la Côte, en 1813, n'étaient guère capables d'ouvrir les voies à cette intelligence d'enfant portée à la rêverie plutôt qu'au travail attentif, à cette nature indisciplinée et inquiète.

Le père de Berlioz aurait pu sans doute envoyer son fils dans un établissement de l'Etat, d'autant plus qu'il le destinait à la médecine et que la nécessité de fortes études classiques ne pouvait lui échapper. La famille avait cependant une vive répugnance pour la séparation, bien qu'elle eût pu être mitigée. Nous avons vu que les parents et alliés étaient nombreux à Grenoble et aux environs, et que le père de Mme Berlioz habitait Meylan, aux portes mêmes de la ville ; l'éloignement auquel il eût fallu consentir n'eut donc pas été un exil bien douloureux. Les établissements d'enseignement secondaire étaient, du reste, assez nombreux en 1810 : « Il y avait dans le département de l'Isère, dit M. Champollion, un lycée ayant cent cinquante-six bourses données par l'Etat, quatre collèges, Vienne, Crémieu, Pont-de-Beauvoisin, Saint-Marcellin ; huit écoles secondaires, deux séminaires diocésains et de nombreuses institutions particulières ([1]) ».

Le petit séminaire de la Côte était l'une de ces écoles ecclésiastiques: les bâtiments étaient aux portes même de la maison Berlioz, vastes, bien aérés ; la plupart des familles de la Côte y envoyaient leurs enfants. Ce n'était point les raisons qui manquaient pour confier l'éducation d'Hector Berlioz à ces prêtres, sous les yeux mêmes des parents.

Les leçons du petit séminaire ne devaient pas avoir une bien grande valeur pédagogique. En parlant d'un des professeurs qui enseignait en 1812, un de ses élèves, l'abbé Mège, rappelle la haute instruction qu'on recevait de ce maître extraordinaire. « La classe de troisième étonna par la

---

([1]) *Chroniques dauphinoises*, t. I, p. 163.

manière dont les élèves répondirent aux examens, car nous savions un peu de bon latin, de bon français, les quatre règles, un peu de géométrie et d'astronomie : nous savions que c'est la terre qui tourne sur elle-même devant le soleil, ce qui était un phénomène pour tous. » D'ailleurs la discipline semble avoir été médiocre dans cet établissement à cette époque. A propos du même professeur, si estimé pour ses hautes lumières, l'auteur de ces souvenirs ajoute : « Il ne punissait presque jamais en classe. A aucun prix nous n'aurions voulu lui faire de la peine, tandis que nous agacions sans fin les autres professeurs. Nous le demandions toujours pour nous conduire en promenade, et sous cette main si douce nous étions beaucoup plus sages ou moins étourdis (¹) ».

On ne possède point d'archives au petit séminaire : du moins je n'ai pu recueillir aucun document permettant de trouver trace du passage d'Hector Berlioz dans cet établissement. J'ai néanmoins éclairé un point assez important : les souvenirs des contemporains sont très précis et les témoignages de deux condisciples de Berlioz, ses conscrits, selon le terme scolaire, sont affirmatifs, sans hésitation aucune, sur la durée de ses études. Il demeura quatre années au moins au séminaire, où il fit presque toutes ses études de 13 à 18 ans. Ces deux témoins sont MM. Favre et Charles Bert, qui habitent la Côte. Le récit des *Mémoires* n'est donc pas exact, même dans sa concision : « *J'avais dix ans* quand il (le père) me mit au petit séminaire de la Côte pour y commencer l'étude du latin. Il m'en retira *bientôt après*, résolu à entreprendre lui même mon éducation ». C'est le contraire qui est vrai, à ce qu'il semble : M. Berlioz dut donner à son fils l'instruction élémentaire, puis l'envoyer au petit séminaire pour y continuer ses études ; il dut y rester de 1816 à 1819.

On a conservé à la Côte des traditions et des souvenirs de sa vie d'écolier : on n'a pas oublié que c'était lui qui menait les élèves en promenade au son du tambour ; c'était un *tapin* de premier force, dit-on. Il avait négligé de nous révéler

(1) *La Côte Saint-André ancienne et moderne.* p. 220.

l'origine de ce talent instrumental, lorsque, après avoir constaté qu'il était « passé maître » sur le flageolet, la flûte et la guitare, il nous avait appris assez dédaigneusement qu'il « jouait *aussi* du tambour (¹) ».

A ne considérer que son éducation scolaire, on peut dire que Berlioz apprit, sinon avec un goût et un zèle bien prononcés, du moins machinalement, tout ce qu'on enseigne dans les établissements publics. Il trouvait odieuse, et il n'avait pas tort, l'obligation d'apprendre chaque jour quelques vers d'Horace ou de Virgile et n'avait qu'un sentiment très vague des beautés de l'antiquité gréco-romaine. Rien de moins surprenant ; mais cette culture, même superficielle, ne s'effaça pas. M. Daniel Bernard et M. Legouvé, qui l'ont connu personnellement, sont d'accord pour déclarer que Berlioz n'était pas très instruit. Il avait appris pourtant juste ce qu'il faut pour en savoir autant que tout le monde. M. Daniel Bernard croit qu'il ignorait « les vrais classiques, Horace, Tite-Live, Tacite, Salluste, Homère, Xénophon, Sophocle (²) ». Passons sur les auteurs grecs, bien que l'*Etude sur Alceste* nous montre chez Berlioz une connaissance très suffisante du théâtre grec (³). Mais, en ce qui concerne les auteurs latins, j'ai pris la peine, pour apprécier raisonnablement ses notions littéraires, celles qui sont dues à cette éducation première acquise inconsciemment au collège, de relever toutes les citations classiques de la correspondance, lancées au courant de la plume, et par conséquent gravées dans l'esprit et improvisées sans effort de mémoire et sans recours au texte.

Sur ces deux cents et quelques citations, plus de la moitié appartiennent aux classiques français ou latins, et surtout à Virgile, qui en compte plus de quarante. La Fontaine, Molière, Boileau et Racine viennent ensuite avec vingt-cinq, quatorze, dix et neuf citations : puis Horace, qui en compte huit ; Tite-Live, Ovide, Lucain ; enfin Corneille et Bossuet.

---

(1) *Mémoires*, p. 15.
(2) *Notice sur Berlioz*, p. 8.
(3) *A travers chants*, p. 130. Ce travail avait déjà été inséré dans le *Voyage musical en Italie et en Allemagne*.

La seconde moitié se compose en majorité de lambeaux de Shakespeare, plus quelques locutions anglaises ; nous trouvons en regard un nombre égal de vers empruntés aux contemporains : Lamartine, Hugo, Auguste Barbier, Lebrun et jusqu'à M. de Jouy ; un peu de Gœthe, de Moore, de Dante et d'Alfieri ; du Voltaire parfois, et souvent des fragments de l'Ancien et du Nouveau Testament. Rien de tout cela ne nous révèle l'érudition, car cette culture meuble seulement l'esprit, ce n'est pas elle qui l'alimente. M. Daniel Bernard, dans une note sévère, reproche à Berlioz d'avoir attribué à un auteur latin le mot qu'il restitue doctement à Archias de Thèbes : « *A demain les affaires sérieuses* (¹) ». La rectification, faite d'un ton un peu raide, ne nous donne pourtant pas le droit de taxer Berlioz d'ignorance, car il pensait évidemment au *Cras seria* d'Horace et n'avait qu'à moitié tort. Je crois que cette statistique des citations permet de concevoir exactement le degré d'instruction de Berlioz : il n'était pas plus un cancre qu'un savant et possédait certainement son rudiment comme tout bon *fort en thème*. Il savait même assez de latin pour s'entretenir dans cette langue avec le savant Schilling à Stuttgardt : c'était en 1843 et il y avait vingt-deux ans qu'il avait pu oublier ses classiques (²). On pourrait prouver de même qu'il connaissait la prosodie latine (³), mais je pense que ces points importent peu.

En tous cas, il apprend beaucoup de choses bien plus intéressantes : ce n'est pas ce qu'on lui enseigne au petit séminaire, c'est ce qu'il va chercher et ce qu'il goûte de son propre mouvement. Tout d'abord il parcourt avec curiosité la *Biographie universelle* de Michaud et s'arrête longuement aux notices sur les grands compositeurs. L'heure de la célébrité n'était pas encore venue pour Beethoven : son nom était presque inconnu, et l'on peut voir quelle bizarre lettre d'introduction il avait reçue dans l'ouvrage de Choron et Fayolle en 1810. En dehors des compositeurs italiens, et

---

(1) *Correspondance inédite*, p. 252.
(2) *Mémoires*, p. 142.
(3) *A travers chants*, p. 42.

de Lulli, Rameau, Monsigny, dont les biographies n'avaient pas encore paru, car les volumes de Michaud, suivant l'ordre alphabétique, étant publiés irrégulièrement et à de longs intervalles, tout ce qu'avait pu lire Berlioz de plus intéressant était le volume dont il nous parle et qui contenait les notices sur Gluck et sur Haydn. Quelques rapprochements de textes nous permettent de juger quelle influence eut cette lecture : car ces notices furent lues et relues cent fois, nous nous en doutons assez, sans la déclaration ingénue de Berlioz. Il ne nous parle pas de la notice sur Hændel qui était contenue dans le même volume; mais de même que la mention d'une particularité de la vie de ménage de Haydn nous reporte à une phrase de la notice de Michaud, nous trouvons dans une lettre à M. Bennet, en 1857 (1), une phrase qui appelle la même confrontation de textes : il demande comment une artiste a pu « s'éprendre pour la lourde face emperruquée de ce tonneau de porc et de bière qui se nomme Hændel ». Or, ouvrez l'article *Hœndel* dans Michaud, tome XVIII, publié en 1816 : vous y verrez l'histoire de l'énorme perruque blanche « dont les mouvements vibratoires annonçaient que le maître était satisfait ou mécontent de l'exécution des musiciens » ; cette autre phrase de Michaud complète le coup de crayon de Berlioz : « Il aimait la bonne chère et ne composait jamais mieux que lorsqu'il en était à sa troisième bouteille. » Nous comprenons immédiatement l'influence de ces lectures, et lorsque nous voudrons étudier l'artiste, il faudra, en remontant à l'origine, chercher ici-même la direction de ses premières aspirations musicales et des idées préconçues avec lesquelles il envisage la carrière et les fonctions du compositeur.

C'est également le catalogue de la bibliothèque paternelle qui nous aide à reconstituer toutes les lectures qui nourrissent cette jeune et vivace intelligence. Après les classiques, c'est tantôt Florian, tantôt Cervantes, tantôt de méchants romans de l'époque, comme celui de Montjoie, qu'il lit en cachette ; mais c'est surtout une sorte de passion pour les

---

(1) *Correspondance inédite*, p. 241.

terres inexplorées, pour les voyages d'aventures, qui lui fait oublier ses études classiques. Le roman de Daniel de Foë, comme aujourd'hui les écrits de Jules Verne, a fait bien des victimes : il ne s'en faut de guère qu'il n'ait coûté à la musique un compositeur de génie. Mais ce sont les voyages des grands navigateurs qui excitent l'enthousiasme de Berlioz. Il y a une sorte de défi jeté à l'inconnu dans cette fureur avec laquelle il essaie de se transporter par la pensée à travers l'Océan, jetant à terre Virgile et Horace pour contempler les cartes, les mappemondes, pris d'un ardent désir de visiter ces terres lointaines, de connaître leur végétation, leurs habitants, leur climat. Il ignore le nombre des départements de la France, mais il sait le nom de chacune des îles Sandwich, des Moluques, des Philippines, connaît Java et Bornéo. L'autre hémisphère l'attire invinciblement. Il dévore avidement tous les volumes de voyages anciens et modernes que contient la bibliothèque paternelle. Il eût imité Robinson Crusoé et avoue que s'il fût né dans un port de mer il se serait fait marin, ou, si ses parents eussent refusé, se serait enfui sur un navire.

Lorsqu'il se voit isolé dans Paris et brouillé avec sa famille, il se reprend de son ancienne passion pour les voyages et rêve de partir pour la Chine, les Indes, l'Australie, le Mexique, ne fût-ce que comme seconde flûte dans un orchestre [1]. Cette pensée l'obsède souvent : à son retour d'Autriche, en 1846, il écrit à Ferrand qu'il est obligé de la repousser jour et nuit [2]. Halma, le virtuose, un de leurs anciens amis, revient en ce moment même de Canton, et il l'interroge sans merci sur la Chine, les îles Malaises, le cap Horn, le Brésil, le Chili, le Pérou, qu'il a visités. C'est avec une sorte de ravissement qu'il se reporte vers ces contrées, tantôt à propos des aventures de Wallace, à la Nouvelle-Zélande [3], tantôt sous prétexte de rendre compte de l'exposition universelle de Londres à la reine Pomaré [4], tantôt pour étudier,

(1) *Mémoires*, p. 40.
(2) *Ibid.*, p. 345.
(3) *Soirées de l'orchestre*, p. 413.
(4) *Les Grotesques de la musique*, p. 60.

pendant son séjour à Londres, les mœurs musicales des Highlanders, des Chinois, des Abyssiniens, des Indiens (1), et même à propos de rien, pour le plaisir de glisser dans un feuilleton le récit humoristique de l'entrée du commandant Page à Taïti (2), ou une fantaisie sur les mœurs musicales de la Chine (3), variante et amplification d'un passage de ses lettres d'Autriche (4).

Aussi voyez comme il connaît ces pays : vous ne tournerez pas vingt pages dans les *Grotesques* sans être arrêté par le nom d'un navigateur, d'une île de la Malaisie, ou de la Polynésie. Il va même vous raconter en cent lignes toute l'histoire des grandes découvertes et des navigateurs célèbres (5). Avec l'huissier de l'Institut, qui a connu Levaillant (6), il se livre à sa conversation favorite, et avec la jeune créole que lui envoie Mme Fornier, son ancienne Estelle, il se retient pour ne pas reprendre ce thème favori, mais c'est parce qu'il a des choses plus pressantes à apprendre.

Ainsi durant toute sa vie, jusqu'à sa dernière heure, c'est une véritable passion pour les voyages. Son fils Louis avait manifesté de bonne heure les mêmes instincts (7), et avait choisi la carrière de marin avant d'avoir seulement vu la mer; une lettre datée de 1846 nous montre que c'était chez l'enfant une idée fixe, et, pour le dissuader, son père ne trouvait rien de mieux à lui dire que ceci : « Si j'étais libre, entièrement indépendant, nous irions tenter la fortune aux Indes ou ailleurs (8) ». C'eût été en effet son rêve, comme il l'écrivait en 1863, d'accompagner son fils à bord, « sous le grand œil du ciel (9) ».

Pourtant la vie rude du marin n'était guère faite pour lui ; sa première traversée, de Marseille à Livourne, lui donna

(1) *Soirées de l'orchestre*, p. 282.
(2) *Les Grotesques de la musique*, p. 95.
(3) *A travers chants*, p. 252.
(4) *Mémoires*, p. 375.
(5) *Les Grotesques de la Musique*, p. 103.
(6) *Mémoires*, p. 84.
(7) *Ibid.*, p. 9.
(8) *Correspondance inédite*, p. 139.
(9) *Ibid.*, p. 204.

d'assez fortes émotions : les voyages de circumnavigation l'eussent moins intéressé que ces lectures enivrantes des récits laissés par d'autres. Mais sa carrière artistique montre qu'il donna une assez large satisfaction à cette humeur vagabonde, à une époque où les grands voyages n'étaient ni aussi communs, ni aussi rapides, ni aussi confortables qu'aujourd'hui. L'Italie, l'Angleterre, la Belgique, l'Allemagne entière, la Bohême, l'Autriche, la Hongrie, Saint-Pétersbourg et Moscou n'étaient pas des centres à la portée des Parisiens du temps.

S'il est vrai que rien n'instruit mieux que les voyages, ce fut assurément là pour lui la meilleure de toutes les écoles, bien qu'un peu tardive ; mais elle ne lui enseigna pas les langues étrangères, qu'il ignora toujours : « C'est à peine si je sais quelques mots d'anglais et d'italien », écrit-il à Wagner [1], en parlant de la difficulté *diabolique* qu'il éprouve pour apprendre les langues. Il ne put, en effet, jamais parler l'anglais, qu'il appelle dans une lettre « cette effroyable langue [2] », et il arrivait tout juste à comprendre Henriette Smithson. L'italien était la seule langue étrangère dont il eût retenu quelques mots [3], et chacun sait combien les études latines facilitent la connaissance de celle-ci.

On conçoit qu'il n'ait pu recevoir ainsi, malgré une étude approfondie, qu'une impression un peu superficielle du style poétique de Shakespeare : il a fait du reste, l'aveu sincère qu'il n'avait jamais pu lire ses œuvres dans le texte original sans le secours d'une traduction [4].

La traduction du *Faust* de Gœthe par Gérard de Nerval produisit chez lui une impression aussi profonde que Shakespeare : mais il n'y eut pas de miss Smithson pour troubler le cœur en même temps que l'esprit. Le merveilleux livre « le fascine de prime abord. » Il ne le quitte plus, il le lit sans cesse, à table, au théâtre, dans la rue, partout. Son

(1) *Correspondance inédite*, p. 225.
(2) *Ibid.*, p. 153.
(3) *Soirées de l'orchestre*, p. 33.
(4) *Mémoires*, p. 67.

premier ouvrage édité est sa composition des *Huit scènes de Faust ;* il l'a fait graver à ses frais. La *Fantastique*, qui suit, est écrite encore sous l'influence du poème de Gœthe. « Shakespeare et Gœthe, dit-il à Ferrand, les muets confidents, les explicateurs de ma vie (¹)! » Ce sont ces poètes qui le consolent lorsqu'il revient à la Côte en 1828, mais il se plaint de ne pouvoir faire partager son admiration à ses compatriotes : « Personne, dit-il, ne comprend cette rage de génie ! » A Weimar, il s'agenouille près de l'humble maison où vécut Schiller ; sa poitrine se gonfle, il tremble et se sent « écrasé de respect, de regrets et de ces affections infinies que le génie, à travers la tombe, inflige quelquefois à d'obscurs survivants (²) ». Et il songe que Gœthe n'eût pas dû souffrir le modeste sort de son illustre ami ; il s'indignerait presque, si le spectacle du pavillon qu'habita l'immortel auteur de *Faust*, et de l'inscription qu'il traça de sa main sur le rocher ne faisait aussitôt battre son cœur et n'arrêtait ses imprécations. C'est chez Gœthe qu'il a appris pour la première fois la grande poésie, la science profonde des hommes et des choses, de l'être et du devenir, de la nature et de l'humanité, la haute spéculation philosophique. Faust et René éveillent ses sympathies, dès qu'il ressent les atteintes de la maladie du siècle.

Il a déjà été entraîné par le mouvement romantique en acclamant un des premiers le théâtre shakespearien, au nom duquel la nouvelle école littéraire déclare la guerre aux classiques. La première fois qu'il entend Shakespeare à la scène c'est à la représentation d'*Hamlet* à l'Odéon, par la troupe anglaise à laquelle appartient miss Smithson. Le poète anglais le *foudroie*. Son éclair « lui ouvre le ciel de l'art avec un fracas sublime, en illumine à ses yeux les plus lointaines profondeurs ». Il reconnaît « la vraie grandeur, la vraie beauté, la vraie vérité dramatique ». C'est son chemin de Damas : « Je vis, je compris, je sentis que j'étais vivant et qu'il fallait me lever et marcher. » Absolument Lazare ressuscité. Il ne savait pourtant pas un mot d'anglais

(1) *Lettres intimes*, p. 24.
(2) *Mémoires*, p. 257.

alors, et il n'entrevoyait Shakespeare « qu'à travers les brouillards de la traduction de Letourneur ». Mais le jeu des acteurs, celui de miss Smithson surtout, avaient pour lui un sens bien plus puissant que les mots de sa pâle et infidèle traduction, et l'*imprégnaient* mille fois plus des idées et des passions shakespeariennes (¹).

Il y a ici une impression personnelle plutôt qu'un mouvement de sympathie pour les chefs de l'école littéraire qui avaient remis en honneur le théâtre shakespearien. Dans un autre passage, Berlioz prétend que les romantiques redoutaient Shakespeare à cause des nombreux emprunts que les uns et les autres faisaient à ses chefs-d'œuvre (²). Cette assertion, qui est presque une calomnie, est destinée à expliquer le peu de succès des dernières tentatives d'Henriette en 1833, et le froid accueil qu'elle reçut dans la représentation à bénéfice où elle joua une scène de *Roméo*. Il oublie ici ce qu'il a écrit plus haut à propos de la première représentation d'*Hamlet*, et où, fort heureusement, il dément lui-même cette fâcheuse insinuation : « Le succès de Shakespeare à Paris, aidé des efforts enthousiastes de toute la nouvelle école littéraire que dirigeaient Victor Hugo, Alexandre Dumas, Alfred de Vigny, fut encore surpassé par celui de miss Smithson (³) ». Quoiqu'il en soit, il est au nombre des plus fervents adeptes de la nouvelle école. C'est un romantique à tous crins ; après ces représentations il éprouve un incommensurable dédain pour « la pitoyable mesquinerie de notre vieille poétique de pédagogues et de frères ignorantins. » C'est un monde nouveau qui s'est révélé à lui avec le grand poète.

Une lettre qu'il adressait à Mme Lesueur, en 1832, pendant son excursion à Naples, nous montre que la passion virgilienne qui, chez l'enfant, s'était associée à l'amour de la *Stella Montis* n'avait pas été étouffée par la passion shakespearienne qui s'était confondue avec l'amour d'Henriette. Son admiration pour l'*Enéide*, avec son enthousiasme pour le

---

(1) *Mémoires*, p. 65-67.
(2) *Ibid.*, p. 185.
(3) *Ibid.*, p. 68.

théâtre de Shakespeare est, comme la clé de voûte de son éducation intellectuelle, le couronnement de l'édifice ; c'est ce qu'on pourrait appeler sa pâture littéraire, son pain quotidien. On le voyait, dit M. Legouvé, arriver à l'Institut un peu avant l'heure des séances et demander à la bibliothèque un Virgile (¹) dont la lecture suffisait à le distraire de ses corvées académiques. Il avait toujours le volume dans sa poche : à Enghien, en 1850, il s'installe sur une tombe pour lire une deux-centième fois le douzième livre de l'*Enéide*. Toute sa vie il s'est plu ainsi à évoquer les héros avec lesquels il a, pour ainsi dire, vécu en imagination dès l'enfance, car Virgile avait su, nous dit-il, trouver le premier le chemin de son cœur en lui parlant des passions épiques qu'il pressentait (²), et le récit de la mort de Didon avait fait couler ses premières larmes. Dès son arrivée à Rome il avait pris l'habitude d'aller se camper seul sur les rochers, avec sa guitare et l'*Enéide*, pour improviser au milieu de la campagne romaine une sorte de récitatif tragique sur les vers du poète latin. Lorsqu'il recueillait ces souvenirs lointains, dès les premières pages des *Mémoires*, il songeait déjà à la grandiose composition inspirée par Virgile, par laquelle il allait couronner sa carrière.

Tous les ans il avait l'habitude de faire *une retraite*, suivant ses propres termes ; il s'enferme chez lui, il lit Shakespeare ou Virgile, quelquefois l'un et l'autre. « Cela me rend un peu malade, d'abord ; puis je dors vingt heures de suite, après quoi je me rétablis (³). » Il avait essayé de remplacer le légendaire type de Joseph Prudhomme par un des personnages du théâtre shakespearien, Polonius ; ce nom revient souvent sous sa plume (⁴). Mais on ne crée pas la langue courante, surtout chez un public si peu familiarisé avec les chefs-d'œuvre étrangers. Durant les dernières années, de 1864 à 1868, les deux grands poètes étaient les compagnons, les consolateurs de l'artiste éprouvé par les plus cruelles

---

(1) *Le Temps*, 9 septembre 1880.
(2) *Mémoires*, p. 9.
(3) *Soirées*, p. 66.
(4) *A travers chants*, p. 119, 122, 198.

souffrances physiques et morales. Chez les Erard, chez les Damcke, chez les Massart, il apportait un de ces volumes qui étaient ses livres de chevet, et on lisait *Othello, Coriolan, Hamlet*. « Quelle foudroyante révélation des abîmes du cœur humain ! écrit-il à Ferrand, à propos d'une lecture d'*Othello* au château de la Muette, en présence de six initiés qui ont pleuré *splendidement*. Et dire que c'est une créature de notre espèce qui a écrit cela ! Il faut une longue étude pour bien se mettre au point de vue de l'auteur, pour bien comprendre et suivre les grands coups d'aile de son génie. Et les traducteurs sont de tels ânes ! J'ai corrigé sur mon exemplaire je ne sais combien de bévues de M. Benjamin Laroche, et c'est encore celui-ci qui est resté le plus fidèle et le moins ignorant ! [1] » A Saint-Pétersbourg, chez la grande duchesse Hélène, il fait encore du prosélytisme shakespearien [2], et cependant il avoue qu'il a peur de voir des natures d'artistes subitement mises en présence de ce grand phénomène de génie : « Cela me fait penser à des aveugles-nés à qui on donnerait subitement la vue [3] ». Aussi les profanes, *crétins* et *bourgeois*, sont soigneusement exclus, et lorsqu'il se trouve par hasard un *philistin* dans la compagnie, Berlioz l'exécute sans pitié. Chez Damcke, raconte M. Stephen Heller, il apostropha en ces termes un malheureux auditeur qui, à bout d'émotion, ne trouvait que des interjections et des jurons pour traduire son admiration : « Ah ! çà, allez-vous bientôt nous f... le camp avec vos *nom d'une pipe* et vos *sacré mâtin !* » L'autre, abasourdi, prit la porte et ne reparut plus [4].

Shakespeare et Virgile, ces deux livres suffisent à expliquer l'artiste et l'homme. « S'il y a un nouveau monde, nous retrouverons-nous ? écrivait-il à Hiller en 1831. Verrai-je jamais Shakespeare [5] ? » La même pensée lui revient jus-

---

[1] *Lettres intimes*, p. 275.
[2] *Correspondance inédite*, p. 343.
[3] *Lettres intimes*, p. 286.
[4] Lettre à Edouard Hanslick, reproduite dans le *Journal de musique*, 22 janvier 1879.
[5] *Correspondance inédite*, p. 68.

qu'au dernier jour : « Je ne puis comprendre, écrit-il à Ferrand (¹), pourquoi je n'ai pas connu Virgile. Il me semble que je le vois rêvant dans sa villa de Sicile ; il dut être doux, accueillant, affable. Et Shakespeare, le grand indifférent, impassible comme le miroir qui réflète les objets. Il a dû pourtant avoir pour tous une pitié immense. Et Beethoven, méprisant et brutal, et néanmoins doué d'une sensibilité si profonde. Il me semble que je lui eusse tout pardonné, ses mépris et sa brutalité. Et Gluck, le superbe ?... » Cette année-là, il inscrivait à la dernière page des *Mémoires* la même pensée : « Il faut me consoler de n'avoir pas connu Virgile, qui m'eût tant aimé, ou Gluck, ou Beethoven, ou Shakespeare... qui m'eût aimé peut-être (²) ».

Les classiques, Shakespeare et Virgile, ce sont donc les trois pierres d'assise qui supportent la construction. Les lectures courantes ne sont que des ornements d'architecture. Avant tout, j'ai cité Gœthe, dont l'influence fut décisive ; puis c'est Thomas Moore, la première poésie qui rencontra, après Virgile, un écho chez Berlioz. C'est sur les vers du poète irlandais, traduits par son ami Gounet, qu'il compose ses premières mélodies. Byron vient ensuite, puis Cooper, qu'il lit en 1824 assis au pied des colonnes du Panthéon (³) ; Walter Scott et Byron n'échappent pas à cet enthousiasme pour la littérature anglaise : *Waverley*, *Rob Roy*, forment des thèmes d'ouvertures symphoniques comme le *Corsaire*, à côté du *Roi Lear*.

Les *Lettres intimes*, en nous initiant à ces coups de théâtre, nous retracent les impressions sur la littérature du temps, les éblouissements causés par l'apparition des *Orientales*. « Il y a des milliers de sublimités ! » écrit-il à Ferrand. Quant aux *Contes d'Hoffmann*, c'est le caractère fantastique du récit qui lui semble « fort curieux ». Il ne manquera pas d'explorer cette voie d'inspiration tout à fait originale pour écrire sa première symphonie. Les œuvres de Vigny, *Chat-*

---

(1) *Lettres intimes*, p. 278.
(2) *Mémoires*, p. 504.
(3) *Revue et Gazette musicale*. 25 mars 1849.

terton, *Stello, Servitude et grandeur militaires* l'émerveillent par l'éclat du style et la vérité du sentiment. Les poèmes d'Auguste Barbier, *Lazare, Il Pianto* lui donnent aussi des heures agréables, et pourtant nous sommes loin du poète des *Iambes*; mais il aime en Barbier son collaborateur de *Benvenuto Cellini*. Enfin citons, au hasard, d'autres lectures : Lamartine, Béranger, Brizeux, Henri Heine, Balzac, Th. Gautier, Ballanche, le théâtre de Dumas. Nous voyons que loin de rester étranger au mouvement littéraire, il y est mêlé de près, car il est homme de lettres, lui aussi, et lorsqu'il lui faudra un poème taillé à la mesure de son génie musical, il n'osera chercher un collaborateur et se décidera à écrire le livret sur lequel il composera ses *Troyens*.

En matière d'art, il paraît, au contraire, avoir été complètement indifférent au mouvement, qui n'avait pu cependant lui échapper lorsqu'il s'était trouvé en contact, à l'Académie, avec ses camarades, les sculpteurs, peintres et architectes. Il constate que le *Jugement dernier* de Michel-Ange ne produisit sur lui qu'un désappointement complet : « Je ne me connais point en peinture, dit-il pour s'excuser, et je suis peu sensible aux beautés de convention ([1]) ». Il avouait de même à Hiller que les ruines de Rome l'avaient très peu frappé ; mais dans son *Voyage musical en Italie* il se montrait moins dédaigneux et parlait avec respect de Saint-Pierre de Rome et des chefs-d'œuvre de la sculpture de la Renaissance, du Persée de Benvenuto Cellini, par exemple. Notons, du reste, qu'il ne posséda jamais chez lui de tableaux ni d'objets d'art, et qu'il ne perdit guère son temps dans ses voyages à visiter les monuments, les musées et les grandes collections de Londres, de Vienne, de Dresde, de Berlin et de Saint-Pétersbourg. Il est tout entier à la musique ; il lui appartient corps et âme. Les doctrines esthétiques qu'il professe et les jugements qu'il exprime en matière d'art n'ont point, par là même, la portée d'observations fondées sur la connaissance complète et raisonnée des chefs-d'œuvre de tous les arts, de toutes les écoles et de tous les siècles.

(1) *Mémoires*, p. 223.

Il faut constater néanmoins une grande largeur de vues et une véritable élévation d'esprit lorsqu'il traite ces questions, et sa doctrine même, bien qu'elle ne soit formulée que comme une opinion personnelle et non comme une théorie, dénote une véritable puissance de conception artistique. Il faut chercher un peu en tâtonnant pour découvrir un des rares passages de ses écrits où il ait abordé ainsi des questions générales : « Quant au beau absolu, dit-il, si ce n'est celui qui dans tous les temps, dans tous les lieux et par tous les hommes serait reconnu pour beau, je ne sais en quoi il consiste. Or, ce beau-là n'existe pas. Je crois seulement qu'il y a des beautés d'art dont le sentiment, devenu inhérent à certaines civilisations, durera, grâce à quelques hommes, autant que ces civilisations elles-mêmes (¹) ».

Aussi l'éclectisme n'est point son fait et il a la foi, fondée sur une indomptable passion pour tout ce qu'il connaît de l'art. Comme il l'écrit à son ami d'Ortigue, il a l'amour du beau et du vrai ; mais il a de plus un amour bien autrement furieux et immense : il a *l'amour de l'amour*. « Quand quelque idée tend à priver les objets de mes affections des qualités qui me les font aimer et qu'on veut ainsi m'empêcher de les aimer ou m'engager à les aimer moins, alors quelque chose en moi se déchire et je crie comme un enfant dont on a brisé le jouet. » C'est bien une sorte de fanatisme, ainsi qu'il l'avoue, et si la contradiction vient à frapper sur ses idoles tout son sang se bouleverse : « Mon cœur bondit et bat si rudement que la souffrance ressemble à de la colère (²) ».

Outre ses connaissances littéraires, il faut chercher si sa culture intellectuelle n'était pas développée par d'autres études. Car il est bon de noter qu'il n'a point oublié, malgré son aversion pour la carrière paternelle, les leçons de la Faculté suivies un peu à bâtons rompus. Il cite, dans ses lettres à Ferrand, Hippocrate et ses aphorismes (³), en latin

---

(1) Les *Soirées de l'orchestre*, p. 202.
(2) *Correspondance inédite*, p. 203.
(3) *Lettres intimes*, p. 238 et 277.

s'il vous plaît, car il a retenu le texte, qui appartient sans doute aux premières leçons préparatoires données par son père. Dans une lettre à Schumann, il fait allusion à des procédés de préparation de l'anatomiste Ruisch pour la conservation des corps (1). Il y revient ailleurs (2). Il est certain qu'il a retenu l'essentiel, c'est-à-dire la théorie, car il ne continua pas ses études médicales jusqu'à la thérapeutique. Dans les collections de ses feuilletons j'ai trouvé souvent des disgressions fantaisistes avec force termes de la technologie médicale. Si vous ouvrez ses livres, vous verrez qu'il a conservé quelques-uns de ces morceaux : le bruit que le sang produit dans la tête en passant par les artères carotides (3), la distinction des lobes cérébraux (4), l'incision cruciale (5), vingt autres passages encore montrent que les leçons du professeur Amussat n'ont pas été perdues.

Mais voici un véritable écho de ces cours ; vous diriez qu'il est tout prêt, à son tour, à faire une conférence : « On ne coupe pas un membre, d'ordinaire, sans en connaître l'importance générale, les fonctions spéciales, les rapports intimes et l'anatomie interne et externe. » Ce passage est extrait d'une lettre à l'éditeur allemand Hofmeister (6), et la phrase suivante est encore plus caractéristique : « Il n'y a que le bourreau qui puisse couper le poing à un malheureux sans tenir compte des articulations, des attaches musculaires, des filets nerveux et des vaisseaux sanguins ». Au bout de quinze ans Berlioz se souvient encore de l'amphithéâtre.

Il n'a point non plus perdu son temps chez Thénard et Gay-Lussac, car il cite les deux maîtres à propos d'une variation humoristique sur la chimie et l'acide fluorique, au début d'une fantaisie sur les *Tribulations d'un critique* (7). On trouve de même plusieurs passages de ses ouvrages où il

---

(1) *Correspondance inédite*, p. 119.
(2) *Soirées de l'orchestre*, p. 231.
(3) *Mémoires*, p. 469.
(4) *Les Grotesques de la musique*, p. 33.
(5) *Soirées de l'orchestre*, p. 423.
(6) *Correspondance inédite*, p. 114.
(7) *Voyage musical en Allemagne*, Appendice.

cite des expériences de physique pour emprunter des termes de comparaison à cette science.

D'abord il a étudié très sérieusement la question de l'acoustique. On peut lire dans la *Gazette musicale* un travail très complet qu'il a publié sur cette importante question, qui se rattache à la théorie musicale. Nous trouvons aux *Soirées de l'Orchestre*, dans le même ordre d'idées, des observations à propos des dispositions architecturales de Saint-Paul de Londres ; il note les proportions des réflecteurs et des producteurs du son, et se permet de hasarder une hypothèse scientifique sur les lois mystérieuses de l'électricité à laquelle il attribue bien des phénomènes inexplicables (1). Quelques pages plus loin, il observe de même la résonnance des cloches de la cathédrale anglaise. Il y a dans les *Mémoires* une note fort curieuse sur cet intéressant sujet : Berlioz attribue les phénomènes de la résonnance multiple des cloches à leur forme, aux divers degrés d'épaisseur du métal à certains points de la courbure et aux accidents secrets de la fonte et du coulage (2). Ailleurs, il critique la théorie des vibrations sur laquelle sont fondés les systèmes et les traités d'harmonie (3). C'est toujours avec compétence, et l'on peut voir en bien d'autres passages qu'il connaît très suffisamment la physique et la chimie : « Le feu ordinaire a besoin d'air, écrit-il à Ferrand, le feu électrique brûle dans le vide (4) ». Et lorsqu'il cherche à décrire les effets de son *mal de l'isolement*, il analyse le procédé de la production de la réfrigération de l'eau sous la machine pneumatique (5).

On pourrait affirmer, de même, que ces études scientifiques ne sont pas étrangères aux observations très justes qu'il présente à propos de l'alimentation des enfants assistés de Londres (6), à laquelle il attribue une influence spéciale sur le développement des organes vocaux, ainsi qu'à l'emploi

---

(1) *Soirées*, p. 269.
(2) *Mémoires*, p. 257, note.
(3) *Ibid.*, p. 23.
(4) *Lettres intimes*, p. 48.
(5) *Mémoires*, p. 159.
(6) *Soirées*, p. 263.

de ses métaphores empruntées aux expériences de physique et de chimie, celles, par exemple, sur la condensation des gaz (¹) et sur les animalcules infusoires (²). Attendez encore : voici la géologie même qui vient nous compléter le cercle des connaissances scientifiques de Berlioz. Décidément les cours du Muséum avaient porté leurs fruits, malgré les distractions musicales de l'étudiant : « Si, comme il est prouvé, les continents où s'agite à cette heure la triste humanité furent jadis submergés, n'en faut-il pas conclure que les monts, les vallées et les plaines sur lesquels roulent depuis tant de siècles les sombres vagues du vieil océan furent un jour couverts d'une végétation florissante, servant de couche et d'abri à des millions d'êtres vivants, peut-être même intelligents ! Quand notre tour reviendra-t-il d'être de nouveau le fond de l'abîme ? (³) »

Ce n'est ni Humboldt, ni Cuvier qui parlent ici, c'est Berlioz. Et il me semble que ce vernis scientifique, si léger qu'il soit, n'a pas été sans influence, tout au moins pour marquer la nuance de ses doctrines en matière philosophique. A la Côte, où il s'arrête sept mois en 1832 avant de rentrer à Paris, il emploie ses heures de loisir à la lecture et à l'étude des « profonds ouvrages » de Locke, Cabanis, Gall et autres. Ses idées se fixent et se consolident : « Ce n'est pas, écrit-il à Hiller, qu'ils m'apprennent autre chose que des détails techniques, car je m'aperçois souvent que je suis bien plus avancé qu'eux et qu'ils n'osent pas suivre leur marche dans les conséquences de leur principe, par crainte de l'opinion (⁴) ». A propos de ses observations sur les facultés musicales des Italiens, dans son étude publiée la même année par la *Revue Européenne*, Gall et Spurzheim lui avaient fourni des aperçus physiologiques et ethnographiques. Dans une précédente lettre à Hiller, vers la même époque, il s'était déjà expliqué sur ses croyances philosophiques : « Il n'y a pas plus de tort réel qu'il n'y a de crime, de vice ou de vertu : tout

---

(1) *Grotesques*, p. 46.
(2) *Soirées*, p. 342.
(3) *Ibid.*, p. 299.
(4) *Correspondance inédite*, p. 105.

n'est que relation ou convention ». Sa conviction est sûre et forte : les idées contraires sont « de vieux lambeaux de langes qu'on doit avoir secoués pour jamais ([1]) ».

La théorie est complète en quelques mots et ce n'est pas le scepticisme pur et simple, qui est tolérant et indifférent : il y a un degré supérieur comportant une conviction robuste, qui mène au dédain de l'opinion adverse. Nous avons vu percer cette intolérance à propos du « fanatisme » de sa mère : lorsqu'il parle de la mort cruelle de sa sœur Nancy, il blâme énergiquement les médecins qui n'osent pas supprimer la douleur en chloroformant le malade, lorsque le mal est incurable. Et après avoir constaté tristement que Nancy eût refusé « pour laisser s'accomplir la volonté de Dieu », il ajoute : « Quel non sens que ces idées de fatalité, de divinité, de libre arbitre ! C'est l'absurde infini. L'entendement humain y tournoie et ne peut que s'y perdre ! ([2]) »

Aussi il est incapable de dissimuler en matière religieuse. Lorsqu'il parle du dévouement de son père, libre penseur, qui, par condescendance pour la piété de sa mère, lui faisait réciter son catéchisme, il déclare qu'il n'eût jamais été capable de montrer envers son propre fils un tel effort de probité, de sérieux ou d'indifférence philosophique ; et pourtant Henriette Smithson n'était pas moins croyante que la mère de Berlioz. Lorsqu'il reçoit le don de Paganini, qui sauve la famille de la misère, la pauvre femme tombe à genoux au pied du lit de son mari en faisant joindre les mains au petit Louis, qui n'a que quatre ans et demi, et lui fait dire une prière ; il ne peut s'empêcher d'être ému et ne raille plus : « Quelle scène ! » s'écrie-t-il.

Mais quels sarcasmes, partout ailleurs, contre cette Providence « qui fait tout pour le mieux, comme disent les jobards », selon son mot ([3]). C'est dans le même esprit qu'il donne à l'apologue du *Gland et de la Citrouille* une contre-partie fort piquante, dont le trait final est charmant ([4]). Avec Mendels-

[1] *Correspondance inédite*, p. 93.
[2] *Mémoires*, p. 443.
[3] *Correspondance inédite*, p. 103.
[4] *Grotesques*, p. 253.

sohn, en 1843, il ne peut s'empêcher de revenir aux taquineries par lesquelles, à douze ans de là, il heurtait ses convictions religieuses, lors de leurs promenades dans les thermes de Caracalla, et il emprunte aux romans de Cooper le style des Peaux-Rouges pour lui adresser son tomawack, c'est-à-dire son bâton de mesure, sous l'invocation du Grand Esprit. Les lettres de Mendelssohn montrent combien, sans en rien dire, il trouvait ces facéties déplacées. Avec d'Ortigue et Ferrand, des querelles religieuses fûssent souvent survenues si Berlioz n'eût pas gardé plus de réserve ; et avec Wagner, comme il se complaît encore dans l'ironie à froid : « le vieux Démiourgos doit bien rire là-haut, dans sa vieille barbe, du succès constant de la vieille farce qu'il nous fait. Mais je ne dirai pas de mal de lui, je sais que vous le protégez ».

Ce n'est plus le sarcasme que nous relevons dans le cri qui lui échappe à la dernière heure, c'est le défi qui montre la foi, la véritable conviction philosophique, digne de respect et de sympathie : « Je sais me résigner : mes sentiments religieux me soutiennent. Si je n'en avais pas, je serais bien à plaindre ([1]) ». Lorsqu'il écrit ces lignes, en proie aux terribles souffrances du mal auquel il succombera bientôt, ce n'est pas pour implorer la compassion ni les consolations ; il affirme avec fierté qu'il est capable de supporter la douleur sans remède, avec le retour au néant pour toute délivrance. C'est ce qu'il affirmait devant Nélaton, dans cet entretien laconique raconté par M. Bernard. « Etes-vous philosophe ? » lui avait demandé l'illustre praticien, en lui annonçant sa mort prochaine. Quelques années auparavant, racontant la translation des restes d'Henriette au cimetière Montmartre, il avait trouvé une métaphore brutale : « Les deux mortes y reposent tranquillement à cette heure, en attendant que je vienne apporter à ce charnier ma part de pourriture ([2]) ».

C'était une âme élevée de stoïcien. N'eût-il conservé de ses études classiques et scientifiques d'autre enseignement que celui de l'austère doctrine de l'antiquité, il n'eût pu mieux en profiter qu'en s'y reportant à l'heure suprême.

(1) *Correspondance inédite.* p. 329.
(2) *Mémoires*, p. 482.

VIII

LE PROVINCIAL

Sans doute, on a pu se représenter assez exactement la vie intérieure de la famille Berlioz dans ce petit bourg dauphinois. C'était le train-train ordinaire de la vie bourgeoise en province au commencement de ce siècle. Il n'est point nécessaire de prendre Hector Berlioz dès le berceau, d'assister à ses premiers zézaiements, de le voir percer ses dents, apprendre ses lettres et user ses premières culottes. Il a raillé très spirituellement, dès les premières lignes des *Mémoires*, les amateurs de détails extraordinaires qui veulent à tout prix constater chez les personnages célèbres des manifestations de précocité qui caractérisent ce qu'on appelle l'enfant prodige, croyant voir, même avant leur naissance, des signes précurseurs de leur haute destinée. « Ma mère, dit-il, ne rêva point, comme celle de Virgile, qu'elle allait mettre au monde un rameau de laurier : quelque douloureux que soit cet aveu pour mon amour-propre, je dois ajouter qu'elle ne crut pas non plus, comme Olympias, mère d'Alexandre, porter dans son sein un tison ardent ([1]). » Cette réflexion laisse-t-elle percer quelque regret de ce que ces symptômes avant-coureurs des grands événements n'aient pas été observés ? Non, ce n'est qu'une moquerie à l'adresse des biographes emphatiques qui divinisent leurs héros.

On conçoit que dans les registres de l'état-civil rien ne trahisse la solennité de la constatation. C'est avec la séche-

---

([1]) *Mémoires*, p. 5.

resse de la précision officielle que l'acte de naissance mentionne la date de l'événement : dimanche 19 frimaire an XII, à cinq heures du soir. M. Berlioz était assisté dans la formalité de la déclaration à la mairie par deux des notabilités de la Côte, qui n'en comptait guère. C'étaient les citoyens Auguste Buisson, âgé de 33 ans, propriétaire, et Jean-François Recourdon, 43 ans, receveur des contributions (1).

Berlioz a malheureusement oublié d'insérer dans ses ouvrages un passage très amusant d'un de ses articles qui contenait des réflexions humoristiques sur son origine côtoise : ce fragment, tout à fait inédit, se trouve intercalé dans un compte-rendu des concerts du Conservatoire (2). Il précède le récit du banquet donné à Lyon par la « Société des Intelligences », d'un tour si piquant, qu'il a seul détaché pour les *Grotesques*. « Il y a bien des Berlioz à Lyon, dit-il ; mais les uns sont de riches banquiers ; l'autre est un excellent médecin de mes amis. Je ne suis donc pas de ceux-là, n'étant ni riche, ni banquier, ni médecin, ni même de mes amis ». Tel est le début, bien dans le ton de cette correspondance si enjouée et si fantaisiste. Berlioz continue en raillant les disputes sur le lieu de naissance de Shakespeare entre les villes diverses qui auraient pu réclamer l'honneur de lui avoir donné le jour. « Les villes natales, ajoute-t-il, ne donnent jamais autre chose à leurs grands hommes. Donc je le déclare ici solennellement, je ne suis ni de Lyon, ni de Vienne, je ne suis pas davantage de Grenoble où les Berlioz pullulent cependant d'une façon inquiétante (ce n'est pas un reproche que je vous fais, chers cousins). Je suis né à la Côte Saint-André, département de l'Isère, petit bourg (mes compatriotes vont s'indigner de cette appellation mesquine), petite ville de huit mille habitants (3), située à une égale distance de Lyon, de Vienne et de Grenoble, ce qui a déjà donné lieu à beaucoup d'erreurs à propos de cette importante question. La Côte Saint-André est la petite résidence d'un adjoint, d'un maire, d'un juge de paix et d'un maré-

---

(1) Registres de l'Etat civil de la Côte.
(2) *Revue et Gazette musicale*, 11 mars 1849.
(3) Berlioz ne se trompait que de moitié en trop.

chal-ferrant. Le maréchal, se trouvant précisément sous les fenêtres de la maison de mon père, me réveillait, dès ma plus tendre enfance, régulièrement chaque jour, à quatre heures du matin, par le bruit cadencé de son enclume, ce qui n'a pas peu contribué à développer en moi le sentiment du rhythme dont mes ennemis prétendent que je suis dépourvu. »

Le paragraphe est fort bien enlevé et le trait final tout à fait trouvé. Le ton est bien différent de celui des *Mémoires*, mais la page m'a paru assez vive pour mériter d'être reproduite ici, afin de combler la lacune laissée par Berlioz dans le début de son autobiographie. Il faut remarquer que c'est justement vers l'époque où il publia les articles d'où j'extrais ce passage que furent composés les premiers chapitres des *Mémoires*. Nous n'avons pas d'autres indications sur l'enfance de Berlioz. Cette page, d'une gaîté folle, nous montre qu'il ne conserva pas de ses jeunes années un souvenir trop amer.

La situation de fortune de la famille Berlioz n'est pas facile à connaître. Un médecin d'une petite bourgade comme la Côte, qui remplit ses fonctions « de la façon la plus désintéressée, en bienfaiteur des pauvres plutôt qu'en homme obligé de vivre de son état », a besoin de posséder une certaine aisance pour élever quatre enfants, dont deux filles. Il est vrai qu'il a de la clientèle dans les villes voisines ; mais le métier n'est point ce qui l'enrichit. Lorsque son fils est à Paris, la pension qu'il lui alloue est de 120 francs par mois, et il la lui sert régulièrement jusqu'en 1830, c'est-à-dire, en comptant les interruptions, pendant près de sept ans : avec tous les faux frais, cela fait bien une douzaine de mille francs. La famille possède près de la Côte une maison de campagne, le Chuzeau, avec jardin et verger. Près de Grenoble, les Marmion avaient le domaine du Jacquet, qui fut vendu, en 1864, 40,000 francs [1]. Un partage avait eu lieu en 1854 à la mort de Nancy, et lorsque Berlioz se maria en secondes noces. C'est cette « réunion de famille avec sa sœur et ses oncles », à laquelle il fait allusion dans une lettre à Hans de Bulow [2].

(1) *Correspondance inédite*, p. 324.
(2) *Ibid.*, p. 214.

Comme il existe encore des membres de la famille, je n'ai garde d'insister et je ne prends que les faits de notoriété publique. Je peux seulement parler du résultat de la vente aux enchères publiques du mobilier de la maison qui prit six vacations entières, et dont le produit s'éleva à 1,860 francs. Les bordereaux portent quantité d'objets de ménage, d'innombrables chaises, lits avec fourniture, ustensiles. Dans la liste des volumes, je vois *Condillac*, *Rousseau*, le livre de l'*Esprit*, le *Journal des Connaissances utiles*, les *Études de la Nature*, *Voltaire*, *Herder*, l'*Esprit des lois*, une *Histoire de France*, de nombreux ouvrages de médecine, etc.

Je ne vais citer aucun chiffre ni dresser des inventaires. Tout ce que je puis dire c'est que l'évaluation des biens de la famille, d'après le bruit public, est conforme au chiffre donné par Berlioz dans une lettre à Mme Vernet ([1]) en 1832 : « Moi qui n'aurai guère que 100,000 francs ». A cette date, les quatre enfants vivaient tous, et la part que s'attribue l'aîné correspond au chiffre total de la fortune des Berlioz, évaluée à 400,000 francs. D'ailleurs l'artiste, malgré son dénûment momentané, ne cachait pas la position aisée de ses parents, car on voit qu'en 1833, lorsqu'il allait épouser Henriette Smithson, il pensait à recourir à des usuriers « qui connaissaient la fortune de son père ([2]) ».

A l'époque agitée où il commence à écrire ses *Mémoires*, en pleine Révolution de 1848, et en quelque sorte exilé à Londres, il se reporte au silence et au calme de la plaine de la Côte, riche, dorée, verdoyante, qui a « je ne sais quelle majesté rêveuse », et se rappelle avec attendrissement ses années d'enfance, sa première communion faite le même jour que sa sœur aînée dans le couvent des Ursulines où elle était pensionnaire, et « le caractère de douceur » de cette cérémonie. « C'était au printemps, dit-il, le soleil souriait, la brise se jouait dans les peupliers mouvants, je ne sais quel arôme délicieux remplissait l'atmosphère ; je franchis tout ému le seuil de la sainte maison. » Sans doute,

(1) *Correspondance inédite*. p. 102.
(2) *Ibid.*, p. 110.

c'est une journée dont l'impression reste toujours vivante ; mais, après quarante ans, Berlioz ne revoit-il pas cette solennité avec quelque illusion d'optique et ne retrace-t-il pas le décor avec quelque enjolivement? Le chœur de voix virginales qui le remplit, à sa grande confusion, « d'un trouble à la fois mystique et passionné », lui ouvre le ciel, « le ciel de l'amour et des chastes délices, un ciel plus pur et plus beau mille fois que celui dont on m'avait tant parlé ». Cet hymne à l'Eucharistie est un air de la *Nina* de Dalayrac, *Quand le bien aimé reviendra*, « naïvement adapté à de saintes paroles »; il ne le reconnut que dix ans après, mais il oublie de nous dire si, lors de cette découverte, il eut la même vision céleste. Quant à la religion, l'on sait ce qu'il en pensa depuis ; elle a fait son bonheur pendant sept années et « bien qu'on se soit brouillé ensemble », il en a conservé « un souvenir fort tendre ». Il n'a pas été toujours aussi reconnaissant pour ses anciennes passions de jeunesse.

C'est la seule mention qu'il ait cru devoir laisser des souvenirs de ses premières années ; mais nous ne remontons pas, ai-je dit, jusqu'à l'enfance. Nous allons le prendre dès l'adolescence, à l'entrée dans la vie : nous le suivrons ici de sa douzième à sa vingtième année. Il n'est pas inutile, avant de signaler certaines particularités peu connues de sa vie de jeunesse à Paris, de remonter un peu au delà pour étudier le développement de cette étrange organisation. C'est moins à la Côte Saint-André qu'au petit village de Meylan qu'il faut le suivre pour avoir sa psychologie exacte.

La famille de Mme Berlioz était originaire de ce village, situé à deux lieux de Grenoble, près de la frontière de la Savoie. — C'est le plus romantique séjour, dit-il, que j'aie jamais admiré. — Il y passait chaque année trois semaines vers la fin de l'été, avec sa mère et ses sœurs.

La maison Marmion, à Meylan, appartenait, il y a quelques années, à la famille Bertini : depuis, elle a encore changé de propriétaire. Elle est à l'extrémité du bourg, au dessous du village de Corenc perché sur la hauteur. En redescendant de la Tronche, faubourg de Grenoble, sur Meylan, on longe, à gauche, le mur d'une vaste propriété; au milieu de la montée de Meylan, un chemin s'ouvre à droite, presque vis-à-vis la grille du parc : il aboutit tout droit à la propriété qui appartenait aux Berlioz. J'ai pu la visiter : bien qu'un peu bas et presque au fond du vallon, elle offre un point de vue superbe. Grenoble dans le lointain ; de l'ouest à l'est, l'admirable vallée du Graisivaudan ; en face, les Alpes ; tout en haut, en arrière, le Saint-Eynard, sur le versant duquel s'étagent les maisonnettes de Corenc et de Meylan. Je revois le salon « où se groupait autrefois la famille quand nous venions passer quelques semaines auprès de notre aïeul » : je ne revois plus, mais je me représente d'après les *Mémoires*, les peintures grotesques et les fantastiques oiseaux en papier de toutes couleurs, collés contre les murs (¹) ; le siège où dormait le grand père avant midi, son jeu de tric trac, le vieux buffet où Berlioz apercevait encore, en 1848, la cage d'osier qu'il construisit de ses petites mains. C'est dans le jardin qu'il commença à lire Cervantes. Je retrouve dans le verger le banc sur lequel le père restait assis des heures entières, perdu dans ses rêveries, les yeux fixés sur le Saint-Eynard ; puis l'enfant l'emmenait dans les sentiers conduisant à la montagne, sous les hêtres, et jouait sur la flûte l'air de la musette de *Nina*.

Nous ne savons quelle était la position de M. Marmion, père de Mme Berlioz. Il mourut quelques mois avant elle, en 1837, à un âge très avancé. Elle assistait avec ses filles à ses derniers moments. Il avait un fils, adjudant-major de lanciers en 1815, « joyeux et galant, grand amateur de violon et chantant fort bien l'opéra-comique, épris de la gloire, prêt à donner sa vie pour un de ses regards ». Félix Marmion rejoint souvent sa sœur et les enfants de celle-ci à Meylan, « tout chaud de l'haleine du canon », orné tantôt d'un simple coup de lance, tantôt d'un coup de mitraille dans le pied, tantôt d'un coup de sabre en pleine figure. Pensez si l'épopée impériale rencontre des enthousiastes dans un pareil milieu : l'officier croit le trône de Napoléon « inébranlable comme le Mont-Blanc ». Pourtant de 1813 à

(1) *Mémoires*, p. 436-38.

1815, époque à laquelle Berlioz doit reporter ses souvenirs, ce trône est violemment secoué.

Berlioz conserva toujours d'affectueuses relations avec son oncle : le colonel Marmion vint souvent à Paris visiter le jeune ménage, après le mariage de son neveu avec Henriette Smithson (¹). On voit que celui-ci le consulta lorsqu'il épousa sa seconde femme (²). Deux ans après, il confie non pas à son fils Louis, mais à son ami Morel, un détail intime qui a son prix : « Louis va les mécontenter tous, surtout mon oncle qu'il a tant d'intérêt à ménager (³) ». Malheureusement le proverbe bien connu démentit ces espérances : le pauvre Louis mourut le premier, à trente-trois ans, alors que le colonel, à quatre-vingt-quatre, supportait vertement la vieillesse. Berlioz raconte leur dernière entrevue à Vienne, après le malheur qui le frappait, en 1867. « Nous avons bien pleuré en nous revoyant ; il semblait honteux de vivre, je le suis bien davantage (⁴). »

Les souvenirs de Meylan, les impressions des premières années sont si puissants qu'il faut considérer avant tout le récit de la grande passion florianesque, le seul que nous laisse Berlioz avec celui de ses essais dans la composition musicale, comme une peinture de son état moral. Sans doute il néglige bien des détails qui l'ont moins frappé et qui pour nous, peut-être, auraient eu plus d'intérêt : mais lorsque nous le voyons en 1832, en 1848, en 1864, reporter constamment sa pensée vers son *Estelle*, vers le Saint-Eynard, il nous faut bien admettre que ce n'est pas une fantaisie d'artiste et que l'enfant ressentit fortement cet ébranlement de la passion que les *Mémoires* nous retracent avec une sorte d'ingénuité. Il ne faut pas oublier que, commencée en mars 1848, à Londres, cette partie de l'autobiographie est antérieure à la date de la rentrée en France de Berlioz, et, par conséquent, à son pèlerinage à Meylan, qui n'eut lieu qu'à la fin de l'année. Ce n'est pas un roman inventé pour les

(1) *Lettres intimes*, p. 178.
(2) *Correspondance inédite*, p. 217.
(3) *Ibid.*, p. 232.
(4) *Ibid.*, p. 339.

besoins d'une cause : la lettre à Estelle en 1848 et celles de 1864, reproduites aux *Mémoires*, attestent une conviction bien robuste et une absence complète d'affectation. Tout ceci est loin du ton de la comédie.

Dès le début, Berlioz revoit, en racontant sa vie, ce site merveilleux vers lequel bien souvent sa pensée s'envola. Il nous décrit la demeure d'Estelle, la maisonnette blanche de Meylan, entourée de vignes et de jardins, au pied du Saint-Eynard, d'où la vue plonge sur la vallée : une retraite « prédestinée évidemment à être le théâtre d'un roman » ; Mme Gautier, la tante d'Estelle (ou sa grand'mère, ce point n'a pas été éclairci), ne l'habite que pendant la belle saison.

Déjà le nom d'Estelle avait attiré son attention, car il avait relu « cent et cent fois » en cachette la pastorale de Florian. En voyant la jeune fille avec « ses grands yeux armés en guerre, bien que toujours souriants », une chevelure « digne d'orner le casque d'Achille », des pieds « de Parisienne pur sang » et des brodequins roses, il sent « une secousse électrique, » le vertige le prend et ne le quitte plus. Il éprouve au cœur une douleur profonde ; il passe des nuits entières à se désoler. Pourtant Estelle avait six ans de plus que lui : mais ces brodequins roses lui ont tourné la tête. Il n'en avait jamais vu : « Vous riez, dit-il ; eh bien, j'ai oublié la couleur de ses cheveux (que je crois noirs pourtant) et je ne puis penser à elle sans voir scintiller, en même temps que les grands yeux, les petits brodequins roses. » Et voilà ce pauvre enfant de douze ans brisé par un amour au-dessus de ses forces. Tout le monde à la maison et dans le voisinage s'amusait de l'aventure. La jeune fille avait deviné la première cette folie de l'enfant ; elle s'en est fort divertie, croit-il. Un soir, la réunion était nombreuse chez Mme Gautier ; on joue aux barres ; on fait exprès de le laisser avant tous les cavaliers désigner sa dame. Le cœur lui bat trop fort, il n'ose, il baisse les yeux en silence. On le raille ; c'est Estelle qui vient le chercher et lui saisit la main : « O douleur ! elle riait aussi, la cruelle, en me regardant du haut de sa beauté ! »

Mais comme il souffre, car la jalousie l'a saisi déjà ; le

moindre mot adressé par un homme à son idole le torture. Il se cache le jour dans les champs de maïs, dans les « réduits secrets » du verger de son grand-père ; il entend encore en frémissant, quarante ans après, le bruit des éperons de son oncle Félix quand il dansait avec elle. « Non, le temps n'y peut rien, d'autres amours n'effaceront point la trace du premier ! »

Dans mes excursions en Dauphiné je n'ai eu garde d'oublier le pèlerinage à Meylan. Rien n'est resté de ce qui guidait Berlioz en 1848 : la fontaine ne murmure plus, l'allée d'arbres qui conduisait au sanctuaire est introuvable, et allez donc demander la maison Gautier que Berlioz retrouva par miracle, il y a trente-cinq ans, en interrogeant une vieille batteuse, qui finit par se rappeler la demoiselle de 1815, si jolie que tout le monde se retournait pour la regarder. Il faut revoir en imagination cette maisonette blanche, haut perchée, tout à l'extrémité de Meylan, au dessus du village de Montbonnot, presque au pied de l'entablement du roc ; monter plus haut encore, au sommet du coteau qui domine tout le paysage, s'asseoir sur l'emplacement de la vieille tour, démolie aujourd'hui, et voir à ses pieds *la maison sacrée*, le jardin, les arbres et, plus bas, la vallée, l'Isère qui serpente, au loin les Alpes, la neige, les glaces « tout ce qu'elle a vu, tout ce qu'elle a admiré, aspirer cet air bleu qu'elle a respiré ! (¹) »

Voici le cerisier : sur ce tronc sa main s'est appuyée ; voici le buisson de ronces où elle cueillait des mûres sauvages, le plant de pois roses dont les fleurs ornaient son corsage, la roche de granit au rebord de laquelle il marchait imprudemment quand la jeune fille lui criait : « Prenez garde ! n'allez pas si près du bord ! » Et elle s'y dressait debout, superbe, contemplant la vallée. « Quand je serai grand, se disait-il, quand je serai devenu un compositeur célèbre, j'écrirai un opéra sur l'*Estelle* de Florian, je le lui dédierai, j'en apporterai la partition sur cette roche et elle l'y trouvera un matin en venant admirer le lever du soleil. »

(1) *Mémoires*, p. 438.

Entrons aussi dans le sanctuaire, traversons le salon et pénétrons dans la petite chambre « d'où elle montrait d'un geste fier et ravi la poétique vallée (1) ». Voilà incontestablement un horizon sublime, un tableau grandiose. C'est en 1848 qu'il décrivait de mémoire Meylan, à Londres, en commençant son autobiographie : les deux descriptions postérieures, celles de 1854 et de 1864 sont bien plus vivantes, car les pèlerinages ont fait revivre le passé. On comprend pourquoi il s'est hâté de revoir ce séjour d'enfance auquel sa pensée l'avait inopinément reporté lorsqu'il préparait ses *Mémoires*. J'avoue que ces souvenirs me semblent plus touchants que risibles. Cette exaltation est aisée à expliquer avec une nature aussi ardente que celle de Berlioz. Vous avez vu que c'est précisément à cette heure qu'il ressent les premières atteintes de ce mal dont il souffrit toute sa vie, la mélancolie, le spleen, le mal de l'isolement, comme il l'appelle.

C'est à cet ordre de sensations que correspond le souvenir vraiment puissant du tableau pastoral qui le frappa lorsqu'il éprouva, à seize ans, les premiers symptômes de cette maladie morale. Il se rappelle ses rêveries dans la prairie, à l'ombre d'un groupe de grands chênes, par une belle matinée de mai : des chants doux et tristes s'épandant par la plaine à intervalles réguliers viennent soudain le distraire de sa lecture d'un méchant roman de Montjoie, peu fait pour porter aux élans de la passion. C'était la procession des Rogations qui traversait les champs en psalmodiant les litanies. Ecoutez ce joli récit ; comme on sent l'impression vive, inoubliable : « Cet usage de parcourir au printemps les coteaux et les plaines pour appeler sur les fruits de la terre la bénédiction du ciel a quelque chose de poétique et de touchant qui m'émeut d'une manière indicible. Le cortège s'arrêta au pied d'une croix de bois ornée de feuillage ; je le vis s'agenouiller pendant que le prêtre bénissait la campagne, et il reprit sa marche lente en continuant sa mélancolique psalmodie. La voix affaiblie

---

(1) *Mémoires*. p. 486.

de notre vieux curé se distinguait seule parfois avec des fragments de phrases (il cite des lambeaux des litanies dont le murmure va toujours s'affaiblissant). Et la foule pieuse s'éloignait... s'éloignait toujours... Silence... léger frémissement des blés en fleur, ondoyant sous la molle pression de l'air du matin. Cri des cailles amoureuses appelant leur compagne... l'ortolan, plein de joie, chantant sur la pointe d'un peuplier... Calme profond... une feuille morte tombant lentement d'un chêne..; à l'horizon, les glaciers des Alpes frappés par le soleil levant réfléchissaient d'immenses faisceaux de lumière. » Le tableau n'est il pas ravissant de fraîcheur et de coloris? C'est une véritable toile de maître : un grand artiste peut seul ressentir avec cette puissance les impressions et les traduire avec cette vivacité et cette réalité.

Ne regrettons point l'absence de confidences plus complètes concernant les premières années de Berlioz. Cette page suffit à notre curiosité et nous le peint avec cette intensité de sentiment qui révèle une nature élevée, ardente, pleine d'élans et de rêves contenus, un esprit habitué à la méditation et percevant avec une énergie rare la vision du paysage admirable ouvert à ses regards. Aussi, dès le début des *Mémoires,* il nous le retraçait, aussi enchanteur dans ses souvenirs que lorsqu'il l'avait revu à son retour d'Italie, oubliant les impressions de Naples, se réveillant à quinze ans à l'aspect riant, varié, frais, riche, pittoresque, beau de masses, beau de détails, de sa chère vallée de d'Isère ([1]). C'est un spectacle qui le frappait bien plus sûrement que celui de la campagne romaine qui n'évoquait pas le même passé ; et pourtant il l'avait bien admirée aussi : « Des lacs, des plaines, des montages, de vieux tombeaux, des chapelles, des couvents, de riants villages, des grappes de maisons pendues aux rochers, la mer à l'horizon, le silence, le soleil, une brise parfumée, l'enfance du printemps, c'est un rêve, une féerie ! ([2]) »

Il avait eu cependant une autre vision pendant ses voyages en Italie : un mois passé à Nice devait lui laisser une impres-

(1) *Correspondance inédite.* p. 100.
(2) *Lettres intimes.* p. 114

sion si profonde du beau site méditerranéen, qu'il retourna sans cesse se baigner dans cette atmosphère si lumineuse et si pure. Ce n'étaient pas seulement ses excursions dans les rochers, c'était le spectacle de la mer en face de ses fenêtres, avec le râlement continuel des vagues : « Le matin, quand j'ouvre ma fenêtre, c'est superbe de voir les crêtes accourir comme la crinière ondoyante d'une troupe de chevaux blancs ; je m'endors au bruit de l'artillerie des ondes battant en en brèche le rocher sur lequel est bâtie ma maison [1] ». J'ai trouvé dans un feuilleton une page qui vaut celle-ci : « O Nice, doux, charmant, délicieux coin de terre, où l'on peut vivre si heureux, si libre ! Que l'air y est pur, le ciel bleu, la mer azurée, la terre parée et fertile, le repos profond ! Que les montagnes y déroulent de romantiques panoramas ! Que les habitants y sont hospitaliers, bienveillants, confiants, honnêtes [2] ! » Comme nous comprenons le cri de Berlioz mourant : « Je veux la mer, je veux le soleil, je veux aller à Nice, à Monaco [3] ».

Ces sensations délicieuses de bien être dans les champs, devant les plus merveilleux paysages, sont un trait caractéristique : cela appartient bien aux impressions de jeunesse, car c'est dans la contemplation de la plus puissante nature que Berlioz a été élevé, et il ressent toujours profondément la douceur des promenades solitaires en plein champ. A Saint-Valery, à Enghien, nous le voyons sans cesse s'arrêter pour décrire les sites qui le frappent, fût-ce le plus vulgaire hameau, encadré par les bois, la verdure, ou dominé par les falaises, avec la mer à l'horizon ; il a été élevé avec l'amour de la splendide nature et il ne cessera jamais d'être ému par le paysage, même sans grandeur.

La monotomie de la vie de famille, le dégoût des études classiques et l'irritation de son impuissance et de son isolement dans ce petit bourg dauphinois, lorsque tant d'ardentes aspirations grondent déjà en lui, c'est ce qui lui fait prendre

[1] *Correspondance inédite*. p. 85.
[2] Ces lignes étaient écrites dans les *Débats* en 1844, le 11 décembre.
[3] *Correspondance inédite*, 2e éd., app. p. 378.

en horreur la société de la Côte qu'il écrase déjà de sa supériorité. « Des ailes ! des ailes ! » s'écrie-t-il, rêvant de s'envoler par delà ces hautes cimes qui lui dérobent l'horizon radieux et les pays féeriques qu'il entrevoit en imagination. Cette plaine superbe n'est pas le champ qu'il convoite : ce n'est pas encore « avec une douleur aigüe », comme il le dira plus tard en rentrant d'Italie, qu'il entend Paris « gronder dans le lointain ; » c'est avec un ardent élan que s'échappe vers la grande ville sa pensée, surexcitée par ce sang jeune et brûlant qui afflue à son cerveau en bouillonnant, à défaut d'aliment dans l'organisme.

Aussi comme il est loin de tout ce monde bourgeois, et avec quel mépris il traite la haute société de la Côte : « C'est le monde le plus prosaïque, le plus desséchant. » A son retour d'Italie, il passe six mois dans sa famille et déclare qu'il s'ennuie à périr. On s'obstine, malgré ses supplications de n'en rien faire, à lui parler sans cesse musique, art, haute poésie. « Ces gens-là, écrit-il à Ferrand, emploient ces termes avec le plus grand sang-froid : on dirait qu'ils parlent vin, femmes, émeutes ou autres cochonneries. » Il se sent isolé de tout ce monde par ses pensées, par ses passions, par ses amours, par ses haines, par ses mépris, par sa tête, par son cœur, par tout. C'est avec un dédain tout aussi marqué qu'il parle de ses compatriotes dans une lettre à Mme Horace Vernet, à la même époque : « Des idées si étranges, des jugements faits pour déconcerter un artiste et lui figer le sang dans les veines, et, par dessus tout, le plus horrible sang-froid. On dirait, à les entendre parler de Byron, de Gœthe, de Beethoven, qu'il s'agit de quelque tailleur ou bottier dont le talent s'écarte un peu de la ligne ordinaire : rien n'est assez bon pour eux ; jamais de respect ni d'enthousiasme ; ces gens-là feraient volontiers de feuilles de roses la litière de leurs chevaux ».

Plus tard, en 1847, il constatera que ses compatriotes n'ont guère progressé, en un quart de siècle. « On s'y occupe énormément de littérature moderne, écrit-il à d'Ortigue, pour la dénigrer, bien entendu ; on en est à Voltaire, mais enfin on le lit. »

Les distractions et les fêtes ne parviennent pas à le dérider. Il est question de bals, de goûters à la campagne : on cherche des cavaliers aimables : ils ne sont pas communs, paraît-il, à Grenoble et autres lieux. « Quoique ce soit peut-être un peu pour moi que ce remue-ménage se prépare, je ne suis pas le moins du monde fait pour y répandre de l'entrain ni de la gaîté. » Les brillantes réunions chez la belle mademoiselle Veyron, ne le tentent pas davantage : on reçoit chez ses parents le procureur général de Grenoble, M. de Ranville, il préfère lire *Hamlet* et *Faust*. « Personne ici ne comprend cette rage de génie. Le soleil les aveugle ; on trouve cela plus que bizarre. »

Parmi les camarades d'enfance de Berlioz, les *Mémoires* mentionnent quelques noms au hasard : Imbert, le fils de son premier professeur de musique, un peu plus âgé que lui et déjà habile corniste. Un jour où il se rendait à Meylan pour voir la radieuse *Stella Montis*, le jeune Imbert, d'un air étrange, lui reproche de partir sans lui dire adieu : ils s'embrassent. Au retour, il apprend que le jeune homme, en l'absence de ses parents, s'est pendu, pour un motif qu'on n'a jamais su.

A. Robert, en compagnie duquel il commença à seize ans ses études médicales, sous la direction de son père, devint depuis un médecin distingué ; c'était aussi un musicien, jouant fort bien du violon. Il faisait sa partie dans les premiers quintettes écrits par Berlioz. Les deux cousins s'occupaient ensemble un peu plus de musique que d'anatomie ; mais Robert se livrait chez lui à un travail obstiné, grâce auquel il dépassait de beaucoup en science son condisciple, qui avait à subir de vives remontrances et même de terribles colères paternelles. C'est Robert qui le décida à aborder les grandes études médicales et à partir avec lui pour Paris.

Rien ne pouvait l'attirer, on le devine, du côté de la terre natale. Sa passion pour la musique, encore mal définie au fond, contribue à l'éloigner de ses compatriotes. Nous le voyons essayer de jouer *Marlborough*, sur le flageolet, puis apprendre la flûte sous la direction de son père et la guitare avec M. Dorant, se livrer à des essais de composition, rêver d'écrire un opéra d'*Estelle*, s'enthousiasmer à la lecture de la biographie de Gluck ; mais rien encore ne révèle non seulement la vocation, mais encore la disposition naturelle. C'est dans *Berlioz artiste* que nous étudierons l'origine et la formation du génie : elles ne datent pas de la Côte.

Pour tout dire, il s'ennuie, nous savons sous l'empire de quelles dispositions morales. Dans ses lectures enivrantes des biographies musicales de Michaud, il eût dû surtout méditer une phrase de la notice sur Haydn : « Par une fatalité singulière, les hommes d'un grand talent n'ont jamais formé que des unions mal assorties ! » J'emprunte cette citation à la première édition de la *Biographie universelle* de Michaud, celle que Berlioz relisait sans cesse dans ses premières années. La preuve que cette mention, où il eût pu voir une prophétie, ne lui avait pas échappé, c'est qu'il a cité le fait [1]. C'était peut-être en faisant un retour sur lui-même.

IX

LE PARISIEN

Voici donc Berlioz installé à Paris avec son cousin et condisciple Robert. Étudiant en médecine, il habite le quartier latin, naturellement [2] ; il fait aux cours de la Faculté de nouvelles relations : Dubouchet, Vidal, devenus plus tard des médecins renommés ; il fréquente l'amphithéâtre après avoir surmonté ses premières répugnances ; les leçons d'Amussat sur l'anatomie l'intéressent ; celles d'Andrieux,

(1) *A travers chants*, p. 273.
(2) *Soirées de l'orchestre*, p. 58.

au Collège de France, de Thénard et de Gay-Lussac, au Jardin des plantes, lui offrent de puissantes compensations. Il a commencé avec ce dernier le cours d'électricité expérimentale qu'il va bientôt abandonner, malgré toute son admiration pour le maître. Le soir, il passe bien des heures à réfléchir sur la triste contradiction établie entre ses études et ses penchants, car il s'est repris de passion pour la musique en allant à l'Opéra. Les *Danaïdes*, de Salieri, l'avaient exalté la première fois : *Stratonice*, de Méhul, lui paraît un peu froide la seconde fois; mais l'air de *Nina*, dans un ballet de Persuis, l'émeut en lui rappelant le chant qu'il entendit pour la première fois lors de sa première communion. Enfin, il court étudier les partitions de Gluck à la bibliothèque du Conservatoire, dès qu'il apprend qu'elle est ouverte au public, et il assiste, après une anxieuse attente, à la représentation d'*Iphigénie en Tauride*; — c'est ce jour-là que la vocation est décidée. Ces détails sont simplement à noter ici, pour établir à quelle date il peut avoir abandonné la médecine.

Malheureusement, les lettres de Berlioz ne nous retracent sa vie qu'à partir de 1827, et, quoique nous puissions assez bien le suivre depuis l'année 1825, il nous faut rechercher des indications pour reconstituer rapidement les trois premières années de sa vie à Paris, jusqu'au moment où il revient de la Côte et entre au Conservatoire, ayant à faire ses preuves en conquérant le prix de Rome. Nous le voyons tout d'abord très entouré; il se pose en pontife d'un art nouveau avec ses amis, Charbonel, Halma, de Pons, Ferrand, Auguste Berlioz, Gounet, Pastou, Turbri, Tolbecque, Casimir Faure, de Boissieux, Saint-Ange, avec ses condisciples, les élèves de Choron, de Lesueur, de Boïeldieu, de Catel; Gerono, Duprez, Montfort, Adam, Despréaux, etc. Nous ne faisons qu'entrevoir l'étudiant en médecine pendant la première année de son séjour à Paris; de dix-huit ans à vingt-deux ans, Berlioz se donne beaucoup de mouvement, et c'est surtout le développement de son instruction et de son esprit qu'il faut apprécier. Cette matière a fait l'objet d'une analyse spéciale au chapitre des Etudes. Quant à la vie intime, elle se concentre tout entière dans le roman ébauché en 1827, à vingt-trois ans et demi, puis interrompu et repris au retour d'Italie en 1833, pour finir par le mariage avec Henriette. Nous étudierons à part l'amoureux ; prenons ici seulement l'individu. Comme les *Mémoires* retracent rapidement et de la manière la plus confuse, au point de vue des faits et dates, cette période de la vie intime de Berlioz, où le seul fait saillant est la passion pour miss Smithson, il est bon de mettre ici d'abord un peu de chronologie.

Berlioz arrive à Paris au commencement de 1822 ; il vient d'avoir dix-huit ans. Sa lettre du 20 février à sa sœur Adèle montre qu'il a déjà fréquenté l'Opéra ; il parle de l'effet qu'a produit sur lui l'audition de *Stratonice*. C'est sans doute à la fin de cette année qu'il se livre à ses premiers essais de composition, probablement à l'insu de ses parents. Sa première résistance suit immédiatement la représentation d'*Iphigénie*, car c'est à cette date qu'il fait connaître fermement sa vocation et sa résolution à sa famille, et qu'il commence la lutte. Son premier essai est une cantate sur un poème de Millevoye, le *Cheval arabe*. Il fait la rencontre de Gerono, élève de Lesueur, qui le présente à son maître et le prépare à suivre ses cours particuliers. Il n'a pas encore abandonné l'école lorsqu'il songe à écrire un opéra ; il s'adresse à Andrieux, *dont il suit les cours* ; la réponse du célèbre littérateur, qu'il reproduit, nous donne une date ; elle est du 17 juin 1823.

C'est à ce moment que Gerono lui bâtit un livret en *dramatisant* l'*Estelle* de Florian. Berlioz écrit ensuite une scène sur *Beverley ou le Joueur*, de Saurin, adaptation de la pièce anglaise *The Gamester* : c'est le morceau qu'il veut faire chanter par Derivis dans une représentation au bénéfice de Talma. Nous trouvons, enfin, le premier ouvrage sérieux, la *Messe* composée en 1824, en même temps que l'oratorio latin le *Passage de la Mer Rouge*. Sa partition d'*Estelle*, de son propre aveu, était aussi ridicule que la pièce et les vers de Gerono : avec son oratorio et son *Beverley*, elle fut détruite en 1827, après la deuxième exécution de la *Messe*, dont il ne conserva de même que quelques fragments.

L'histoire de cette *Messe* n'est, du reste, pas bien claire.

Ce fut, dit-il, à la demande du maître de chapelle de Saint-Roch, M. Masson, qu'il composa cette œuvre, qui devait être prête pour la fête des Saints-Innocents. Le jour de cette fête est le 28 décembre. Or, ici commencent les contradictions. La répétition générale n'ayant pu avoir lieu jusqu'au bout à cause de l'incorrection des parties, Berlioz, d'après le peu qu'il en a pu entendre, se décide à refaire entièrement sa *Messe*, puis il passe trois mois à la recopier, doublant, triplant, quadruplant les parties. Alors, n'ayant pas les moyens de la faire exécuter, il s'adresse à Châteaubriand, et la réponse du poète, qu'il reproduit, porte la date du 31 décembre 1824. Il y aurait donc eu un intervalle d'une année, à ce compte là, car la première répétition eût précédé la fête des Innocents de 1823; ou bien, ce qui est plus probable, elle eut lieu seulement vers la fin de décembre 1824, et Berlioz écrivit aussitôt à Châteaubriand avant même d'avoir commencé, à la suite de cet essai inutile, la recomposition de sa *Messe*. Il écrit l'année suivante de la Côte à son maître qu'il n'ose pas se mettre à travailler à cette *Messe* « dont il lui a parlé », convaincu que dans les dispositions d'esprit où il est, il ne fera rien de supportable. Il ajoute qu'il a retouché son oratorio du *Passage de la Mer Rouge*, qu'il lui avait déjà montré, et qu'il espère le faire exécuter à Saint-Roch dans les premiers jours d'août, à son retour; c'est bien août 1825.

Cette fois, voilà des dates. Alors, la *Messe* n'avait pas encore été exécutée? C'est donc après le retour de Berlioz à Paris qu'il faut placer cette première tentative, qui n'eut lieu que grâce à la générosité de son ami de Pons, dont il accepta le prêt de 1.200 francs. C'est certainement à la fin de 1825 qu'il faudra reporter cet événement.

Maintenant, à quelle date le premier concours à l'Institut? C'est le véritable problème. Berlioz n'a été inscrit aux registres du Conservatoire que le 26 août 1826. Quand il concourait en 1825 ou en 1826, il n'était qu'élève particulier de Lesueur. Du reste, il échoua à l'épreuve préliminaire : lorsqu'il concourt définitivement, c'est en 1827, avec la cantate d'*Orphée*. Je ne crois pas me tromper, malgré l'absence de lettres, cette année là, en plaçant la date du premier concours à l'Institut en 1826. Il n'avait pas encore affronté l'épreuve lorsqu'il écrivait sa lettre à Lesueur, en 1825, et, à la même époque, celle par laquelle débute le volume des *Lettres intimes*, à Humbert Ferrand.

La date de 1826 est bien celle que donne, pour cette première tentative au concours de composition, M. Mathieu de Monter [1]. C'est ce qui confirme ma rectification, bien que les archives de l'Institut et celles du Conservatoire ne contiennent pas la moindre trace de ces faits : les pièces fournies par les concurrents, m'a-t-on dit, leur étaient rendues après les épreuves, et les registres des délibérations ne mentionnaient que les décisions prises, et, par suite, les seuls noms des lauréats.

Remarquez, dès lors, comme les dates s'enchaînent dans cette hypothèse : en 1823, deuxième année des études scientifiques, première tentative de composition, lettre à Andrieux, rencontre de Gerono, collaboration à l'opéra d'*Estelle*; en 1824, composition de la scène de *Beverley*, de la *Messe* et de l'*Oratorio latin*, admission parmi les élèves particuliers de Lesueur ; en 1825, retour à la Côte, puis première exécution de la *Messe*, à Saint-Roch ; en 1826, composition de la *Scène grecque* sur les vers de Ferrand, démarche près de Kreutzer, pour la faire exécuter au concert spirituel de la semaine sainte, concours préliminaire à l'Institut deux mois plus tard ; échec, nouveau voyage à la Côte ; à la rentrée, admission au Conservatoire, engagement comme choriste aux Nouveautés et association avec un compatriote, Antoine Charbonel, étudiant en pharmacie ; 1er mars 1827, ouverture des Nouveautés ; plus tard, réconciliation avec la famille, concours à l'Institut et première ébauche des *Francs Juges*, en collaboration avec Ferrand ; en septembre, représentations de miss Smithson, à l'Odéon ; en novembre, deuxième exécution de la *Messe*, à Saint-Eustache ; en 1828, grande passion shakespearienne, crises amoureuses, premier concert au Conservatoire, échec à l'Institut avec la cantate *Herminie*,

---

[1] *Revue et Gazette musicale*, 8 août 1869.

composition des *Huit Scènes de Faust* ; en 1829, désespoir à la suite du départ d'Henriette, en mars; en juin, quatrième échec à l'Institut avec *Cléopatre* ; en novembre, deuxième concert au Conservatoire, composition des *Mélodies irlandaises*. En 1830, la *Fantastique*, rupture avec Henriette, *distraction violente* avec Camille Moke, succès à l'Institut avec *Sardanapale*, composition de la *Fantaisie sur la Tempête*, exécutée à l'Opéra, troisième concert au Conservatoire et première audition de la *Fantastique*, le 5 décembre ; enfin, départ pour l'Italie.

Par exemple, n'imaginez point que cette chronologie vous facilitera la lecture des *Mémoires*. Tout au contraire. Il serait absolument indispensable de compléter cette reconstitution des dates par la réfutation mot pour mot des chapitres où sont racontés ces événements. Il est impossible de trouver un récit où les faits soient aussi embrouillés et les dates plus pitoyablement confondues. Je n'ose pas entreprendre une telle tâche : il faudrait des documents plus complets pour écrire un nouveau récit, véridique, cette fois, des années de débuts de Berlioz. Ce que nous savons, sans insister sur les quatre années qui s'écoulent avant son entrée au Conservatoire, c'est que sa vocation musicale est irrésistible. Nous le retrouverons ailleurs sur les bancs de l'école. Bornons-nous à un rapide aperçu de sa vie intime pendant les huit premières années de son séjour à Paris.

Vous savez déjà quelles luttes il a dû soutenir pendant quatre ans contre sa famille. La première tentative de répétition de sa *Messe* à Saint-Roch, inexécutable faute d'instrumentistes et de copies lisibles, avait été promptement connue de sa famille. Ses parents tirèrent un vigoureux parti de ce *fiasco* pour « battre en brèche » sa vocation et, n'ayant pas de bonnes raisons à opposer, « il avale en silence la lie de son calice d'amertume ». Il n'en persiste pas moins. Sa famille revient à la charge, l'accablant de lettres véhémentes, menaçant de lui retirer sa pension de cent vingt francs par mois, qu'il juge pourtant « assez modique ». Il faut avouer que depuis près de trois ans qu'il était à Paris, pour suivre, selon sa parole, des cours de médecine, il avait dû lasser la patience de ses parents, qui ne pouvaient ignorer qu'il avait déserté la Faculté pour la bibliothèque du Conservatoire, l'Opéra et la classe particulière de Lesueur.

Lorsque son père lui supprime sa pension, à la fin de 1825, apprenant la dette qu'il a contractée envers de Pons, il s'était déjà imposé un régime sévère, afin de pouvoir rembourser son ami sans faire appel à sa famille. Il s'accommode de ces menus d'une frugalité spartiate. Il a des élèves : il enseigne la musique, la flûte, la guitare, le solfège. Il a commencé à faire des économies. Il a une toute petite chambre au cinquième dans la Cité, au coin de la rue de Harley et du quai des Orfèvres. Il ne dîne plus chez le restaurateur ; ses repas lui coûtent sept ou huit sous, et se composent de pain, de raisins secs, de pruneaux et de dattes ; il prend ses repas sur le terre plein du Pont-Neuf. La suppression de sa pension ne le réduit donc pas à merci, et il s'obstine à suivre sa carrière en s'imposant de nouvelles privations.

Quand il revient chez ses parents, après avoir échoué au concours préliminaire, le père commence par se montrer sévère, son accueil est glacial. Il oppose un « jamais » à la vocation de son fils, à laquelle il ne croit pas. Le désespoir de celui-ci l'inquiète cependant : il s'afflige, il ne dort plus ; mais tout en cédant, il craint que sa condescendance n'amène des « scènes pénibles », et une rupture qu'il prévoit très bien entre le fils et la mère, rendue intraitable par des préjugés religieux. Il appelle son fils, son air est grave et triste plutôt que rigoureux. Il lui apprend qu'il consent à le laisser encore étudier la musique à Paris, mais pour quelque temps seulement, et son départ doit être secret. Si l'expérience continue à être contraire, il aura toujours fait ce qu'il y avait de raisonnable à faire : il ne restera plus à son fils qu'à prendre une autre voie. « Tu ne dois pas être un artiste médiocre, dit-il avec un rare bon sens. Ce serait pour moi un chagrin mortel, une humiliation profonde, de te voir confondu dans la foule de ces hommes inutiles ! ([1]) »

(1) *Mémoires*, p. 35.

C'est bien à ce moment, c'est-à-dire dans l'été de 1826, qu'il faudrait placer la grande scène de famille racontée aux *Mémoires* et qui appelle certaines réflexions. J'ai dit pour ma part ce que j'en pensais.

C'est quelques semaines plus tard, le 26 août, que Berlioz est décidément admis officiellement comme élève au Conservatoire. Il entre le 2 octobre dans la classe de Reicha qui, dans l'ordre réglementaire, précède celle de Lesueur ; il étudie le contrepoint et la fugue tout en continuant ses études de composition. Il commence à travailler aux *Francs juges*, et écrit, sur des vers de Ferrand, une scène héroïque avec chœur, la *Révolution grecque*. Il s'associe alors avec un étudiant en pharmacie, son compatriote, Antoine Charbonel, et gagne sa maigre vie à l'insu de cet associé, comme choriste aux Nouveautés, pour cinquante francs par mois. C'est seulement un an après qu'il se présente de nouveau au concours pour le prix de Rome.

A ce moment l'existence de Berlioz est extrêmement pénible, mais relativement heureuse. Avec Charbonel, ils ont loué deux petites chambres rue de La Harpe et font leur *popote* à domicile. C'est Berlioz qui va aux provisions sans dissimuler devant les passants ni les gens de la maison, à la grande indignation de Charbonel, qui a de l'amour-propre et veut sauver les apparences. La vie commune ne leur coûte que trente francs par mois chacun : aussi fait-il des économies et se passe-t-il des « fantaisies coûteuses ». Il achète un piano, pour cent dix francs : il n'en joue pas, mais il y plaque des accords de temps en temps. Il se ruine en livres et en gravures : les *Amours des Anges* de Th. Moore, les portraits des grands compositeurs, ses dieux. Charbonel fabrique des galoches pour la communauté : au printemps il prend des cailles au filet dans la plaine de Montrouge. Son ami se cache de lui, n'osant blesser sa fierté par l'aveu de son état de choriste ; pour aller au théâtre le soir, il prétexte une leçon dans un quartier éloigné. De plus il ne veut pas attrister de nouveau ses parents en leur apprenant une situation qui, d'après leurs idées, est une chute honteuse : ils ne connurent que sept ans plus tard sa *carrière dramatique* en lisant les notices biographiques publiées sur leur fils. Antoine court les grisettes et Berlioz, resté seul un jour qu'il souffre d'esquinancie, s'ouvre d'un coup de canif un abcès dans la gorge : il guérit malgré cette témerité.

Mme Damcke a communiqué à M. Daniel Bernard le carnet sur lequel Berlioz inscrivait les dépenses : il commence au 6 septembre 1826 et se termine au 22 mai 1827. D'abord l'acquisition du matériel : 2 fourneaux, un *pot à boulli* (sic), une écumoire, une soupière, 8 assiettes à quatre sols, 2 verres à 40 centimes. L'alimentation est d'une simplicité et d'une frugalité rares. « Les poireaux, le vinaigre, la moutarde, le fromage, l'axonge, dit M. Bernard, y jouent les rôles principaux. » Souvent Berlioz, resté seul, se contente de raisin, comme dans la journée du 29 septembre : le lendemain le carnet ne porte que la mention :

> Pain............... 0.43
> Sel................ 0.25
> Total....... 0.68

Le premier janvier, Charbonel dînait en ville : la dépense ne s'élève qu'à 0.40 centimes de pain. Pauvre Berlioz !

M. Mathieu de Monter, qui a compulsé aussi cet intéressant document, confirme complètement la déclaration des *Mémoires* : les dépenses de la communauté ne dépassaient jamais 60 francs par mois. L'ordinaire était la côtelette ou des légumes assaisonnés à l'axonge. Le jour de Pâques, festin pantagruélique : le livre de comptes porte cette mention qui donne à rêver : « Un chapon, 1 fr. 55 centimes ». Ah ! l'heureux temps ! C'était le moment où l'on chantait avec conviction :

> Dans un grenier qu'on est bien à vingt ans !

Au mois de mai, époque du départ de Charbonel, M. Bernard relève des emplettes extraordinaires : une paire d'éperons, un ruban avec clef et anneaux dorés, une paire de *bamboches*, coup de fer au chapeau, repassage des rasoirs.

En somme, cette vie à deux n'est point d'un sybaritisme effréné ; mais, à vingt-trois ans, avec de l'enthousiasme et une charpente solide, ce n'était nullement la misère. Berlioz, dans ses *Mémoires*, n'a eu garde de se lamenter sur ses privations et son dénûment durant cette période.

Fort heureusement, nous dit-il, son père, ignorant cette vie de bohème, mais la soupçonnant trop bien, lui rendit sa pension: il se hâta de quitter aussitôt ses fonctions de choriste et de reprendre ses soirées à l'Opéra. Ses rapports avec ses parents paraissent s'être tout à fait adoucis depuis cette époque : malgré l'irritation causée par son nouvel échec, Berlioz tenait à ne pas mécontenter son père et ne pas fournir de prétextes à cette opposition si judicieuse et si bienveillante. Quand cette première cantate est refusée, il pressent les remontrances paternelles et fait ses confidences à Ferrand : « Faut-il *m'avilir* jusqu'à concourir encore une fois? Il le faut pourtant, mon père le veut, il attache à ce prix une grande importance. A cause de lui, je me représenterai, je leur écrirai un petit orchestre bourgeois..., je prodiguerai les redondances, etc... ([1]) ». Malheureusement il ne donnera pas suite à cette excellente idée, aussi lui faudra-t-il subir trois épreuves nouvelles pour obtenir le prix. Mais M. Berlioz était moins peiné de ces échecs, car sa patience témoigne d'une certaine confiance dans le résultat final, que des irrégularités de la vie privée de son fils. « Il était si heureux, dit celui-ci, d'avoir eu tort dans ses pronostics sur mon avenir musical ([2]) ». Très certainement, ce n'était point ce long stage au Conservatoire qui l'affligeait : il désirait surtout avoir tort et n'attendait que la démonstration de son erreur.

Quant à la *carrière dramatique* du jeune homme, que ses parents ignoraient, Berlioz n'insiste guère sur ce chapitre et nous amuse seulement avec le récit de son concours contre un forgeron, un tisserand, un acteur en congé et un chantre de Saint-Eustache. J'ai pu seulement constater que le répertoire des Nouveautés était assez varié : Bouffé nous donne le titre d'une vingtaine de vaudevilles absolument inconnus qui furent les premières œuvres exécutées sur cette scène ([3]).

---

(1) *Lettres intimes*, p. 9.
(2) *Mémoires*, p. 434.
(3) Bouffé. *Mémoires d'un Comédien*, p. 102.

On ne saurait trop voir la place des chœurs au milieu de ces comédies et vaudevilles : il paraît pourtant que Berlioz allait souvent au théâtre pour gagner ses cinquante francs : il se grimait, dit-on, et avait raconté aux Côtois qu'il portait un faux nez. Que chantait-il? Il l'a dit dans une lettre à son père, datée faussement de 1828, car elle se rapporte au troisième concert, donné en 1830 : « Le théâtre des Nouveautés a un orchestre superbe et des chœurs passables qu'on emploie à chanter des vaudevilles et des morceaux tirés de partitions étrangères ([1]) ». Mais alors il avait cessé depuis trois ans de figurer dans les chœurs.

Je ne trouve que de rares indications concernant les œuvres musicales exécutées aux Nouveautés à cette date : je remarque seulement, dans l'excellent catalogue dressé par M. Poisot deux œuvres importantes en trois actes données aux Nouveautés en 1827 : le *Faust*, de Théaulon et Gondelier, musique de Béancourt (?), et l'*Anneau de la Fiancée*, musique d'un compositeur oublié depuis longtemps, Blangini ([2]). En parcourant la notice que Fétis a consacée à ce dernier, je lis les titres de trois autres partitions du même auteur, représentées avant cet ouvrage au théâtre des Nouveautés : le *Coureur de Veuves*, trois actes ; le *Jeu de Cache-Cache*, deux actes ; le *Morceau d'ensemble*, un acte.

L'ouverture des Nouveautés avait été plusieurs fois reculée jusqu'à la date où elle eut lieu, le 1er mars 1827. Bouffé nous apprend que les pourparlers furent engagés avec lui en novembre 1825 par M. Bérard ([3]). Berlioz, privé de sa pension, perdant ses élèves à un franc le cachet, venait de se livrer aux sollicitations près des correspondants de théâtre pour être engagé dans un orchestre à l'étranger : en apprenant qu'on devait jouer l'opéra comique aux Nouveautés, il court chez le régisseur et demande un place de flûte : elles étaient données; de choriste : il n'y en avait plus. On prend son adresse pour le prévenir si l'on augmente le personnel des chœurs ; cette chance inspérée lui arrive et il est engagé.

[1] *Correspondance inédite*, 2e édition, appendice, p. 364.
[2] Ch. Poisot. *Histoire de la musique en France*, p. 362.
[3] Bouffé. *Mémoires d'un Comédien*, p. 80.

C'est alors qu'il rencontre Charbonel : c'était donc en septembre 1826.

Il nous assure qu'il entra immédiatement en fonctions et que le répertoire auquel il avait à prêter son concours se composait de petits opéras semblables à des vaudevilles et de grands vaudevilles singeant des opéras. Il avoue qu'il a énormément souffert, ce n'est pas surprenant, en interprétant ces stupidités, et qu'il eût fini, à ce métier, par être frappé d'idiotisme ou atteint de choléra (1).

Jusqu'en 1828, nous avons pu suivre Berlioz presque pas à pas ; le voici dans sa vingt-cinquième année, à l'âge des grands enthousiasmes et des ardentes passions. C'est là que j'arrête cette étude de l'homme, c'est-à-dire l'analyse des facultés originales et la recherche des éléments extérieurs qui se combinent pour constituer le personnage moral.

Je néglige ici les détails qui ont leur place réservée dans l'étude de *Berlioz artiste*, ses soirées à l'Opéra, l'enthousiasme musical, les coups de foudre se succédant, Gluck, Spontini, Weber et Beethoven, en même temps que Shakespeare, Gœthe, Byron, Lamartine, Hugo. L'artiste se transforme et le génie commence à battre des ailes avant d'essayer de s'envoler sans guide. De même je laisse de côté les études musicales de Berlioz au Conservatoire sous la direction de l'excellent Lesueur, pour ne parler que de leurs rapports privés : nous les retrouverons ensemble et nous chercherons quelle a été l'influence du maître sur l'élève. Le début de sa première lettre à son maître est un des plus purs modèles d'exorde par insinuation, selon toutes les formules de la rhétorique classique :

Monsieur, depuis longtemps j'étais tourmenté du désir de vous écrire et je n'osais le faire, retenu par une foule de considérations qui me paraissent, à présent, plus ridicules les unes que les autres. Je craignais de vous importuner par mes lettres, et que mon désir de vous en adresser ne vous parût avoir sa source dans l'amour-propre qu'un jeune homme doit naturellement ressentir, en correspondant avec un des hommes rares qui honorent leur pays. Mais je me suis dit: cet homme

(1) *Mémoires*, p. 48.

rare auquel je brûle d'écrire trouvera peut-être mes lettres moins importunes, si l'art sur lequel il répand tant d'éclat en est la matière ; ce grand musicien a bien voulu me permettre de suivre ses leçons, et si jamais les bontés d'un maître, la reconnaissance et l'amour filial de ses élèves lui ont acquis sur eux le titre de père, je suis du nombre de ses enfants (1).

Au point de vue simplement mondain, la société du célèbre compositeur n'offrait point au pauvre Berlioz les leçons qu'il eût pu attendre pour apprendre à connaître la vie et les hommes. Nul n'était plus inexpérimenté et plus candide que ce brave et honnête musicien, épris de son art, passant sa vie dans le travail et les recherches d'archéologie musicale. Un soir que, dans une réunion de famille, M. Boisselot racontait des histoires fantastiques près de sa fiancée et parlait d'un diamant gros comme sa tête : « Comment ! s'écria-t-il stupéfait, vous en êtes sûr ? » Le malheureux avait des doutes !

Honnête homme, exempt de fiel et de jalousie, selon le témoignage de son élève, aimant son art, mais dévoué à des dogmes musicaux, que celui-ci croit pouvoir appeler des préjugés et des folies, Lesueur vivait assez retiré et absorbé dans ses travaux sur l'histoire de la musique (²). M. Fouque, qui nous a décrit le paisible intérieur du vieux maître, rappelle ses convictions, qui confondaient dans un enthousiasme commun Homère, la Bible et Napoléon : c'était par une dissertation sur ces trois points... d'admiration, a raconté M. Boisselot, que se terminaient toutes ses leçons du Conservatoire. Avec une légère variante, c'étaient les sujets sur lesquels portaient les causeries intimes entre Berlioz et son professeur, dans leurs longues promenades où, au milieu de controverses sur des questions d'esthétique qui troublaient l'harmonie de l'entretien, ils retrouvaient pour points de ralliement Gluck, Virgile et Napoléon (³).

Sur ce dernier point, il me suffit de reproduire la lettre de Lesueur au Premier Consul, en brumaire an X, comme docu-

---

(1) *Correspondance inédite*, 2ᵉ édition appendice.
(2) *Mémoires*, p. 74.
(3) *Ibid.*, p. 25.

ment caractéristique : elle permet de juger des sentiments intimes de celui qui l'avait écrite, et qui recevait deux ans plus tard une tabatière en or avec cette inscription : « L'empereur des Français à l'auteur des *Bardes* ». Voici ce curieux envoi :

> Le plus grand des hommes ! Me permettras-tu de te dérober quelques minutes du temps que tu emploies au bonheur du monde ? Ce n'est pas devant toi que je m'abaisserai à échanger les sentiments d'honneur et d'indépendance contre l'art mensonger des courtisans. Fais-toi lire les réclamations que par ma faible voix l'art des Grâces et d'Orphée te présente. Terpandre et Timothée en discouraient devant Alexandre ; le héros écoutait avec intérêt. Il leur fit droit. Tu me le dois, je l'attends de toi.
> Salut et respect.
>
> LESUEUR.

Vous devinez, d'après le ton de ce morceau, le diapason auquel était porté le dialogue entre le maître et son élève. Le plus glorieux souvenir de la carrière de Lesueur était l'hommage public rendu au maître, à la première représentation des *Bardes*, par Napoléon, qui le fit asseoir dans sa loge après lui avoir adressé à haute voix un compliment qui finissait ainsi : « Votre deuxième acte surtout est *inaccessible !* » — Incomparable, répétèrent les journaux qui reculèrent devant le barbarisme impérial, ou qui n'osèrent pas affronter le sourire de leurs lecteurs en présence d'un adjectif singulier autant qu'équivoque. La religion de Lesueur n'était pas affaiblie par sa qualité de fonctionnaire des Bourbons. La duchesse d'Angoulême lui avait demandé un jour, d'après le récit de M. Fouque, s'il était vrai qu'il aimât beaucoup Bonaparte.

— L'on dit vrai, madame, répondit-il, Napoléon a été mon bienfaiteur, et je ne l'oublierai jamais.

— Vous avez raison, M. Lesueur, il faut savoir aimer ses amis.

Après le sacre de Charles X, où des fragments de ses ouvrages furent joués à la suite de la *Messe* de Cherubini, le roi lui envoya la croix d'officier. Il la refusa, préférant celle de chevalier, que Duroc lui avait apportée au lendemain de la première représentation des *Bardes* (1).

---

(1) Octave Fouque. *Les Révolutionnaires de la musique*, p. 150.

Un jour, accompagné de son élève, il revenait de l'Académie, où il avait entendu critiquer sévèrement la fameuse *Orientale* de Victor Hugo « Lui ! ». Berlioz, sur sa demande, la lui récitait, quand il fut saisi par l'agitation et l'étonnement, au point d'être obligé de l'arrêter au bout de quelques strophes : il sanglotait (1).

Mais voici subitement un autre homme qui se révèle à nous : c'est Berlioz amoureux. J'ai besoin de consacer une étude spéciale à son roman : cela vaut la peine, car l'amour, on l'a vu, tient autant de place dans ses affections que la musique, et c'est bien le moins que dans l'étude de sa vie intime on consacre toute une partie à ses passions et à ses crises de désespoir. La psychologie de Berlioz amoureux n'est pas le côté le moins curieux de ce travail.

Avant d'avouer l'état de son âme, Berlioz reste neuf mois dans un état désespéré. C'est à ce moment que la pension fut supprimée de nouveau : « Mon père ne m'envoie plus rien, ma sœur m'a écrit qu'il persistait dans cette résolution (2) ». Ceci se passe en juin 1828 ; la première brouille avait eu lieu deux ans auparavant, lorsque M. Berlioz avait appris la dette contractée par son fils envers de Pons (3). Mais un voyage à la Côte avait eu lieu dans l'intervalle (4), et l'on a vu que le raccommodement n'avait pas tardé à venir. Cependant, il y avait sans cesse de nouveaux tiraillements ; l'année suivante, ce ne fut pas le père de Berlioz qui fournit la dépense de son séjour en loge ; une lettre à Ferrand nous apprend que Lesueur avait eu la bonté de la prendre à sa charge (5). En mai 1830, nouvelle réconciliation : « Mon père même voulait venir, dit une lettre à Ferrand, il me l'écrivait avant-hier (6) ». Enfin, deux mois plus tard, Berlioz conquiert le grand prix.

Il n'est déjà plus un élève, il est un compositeur. Ses pre-

---

(1) *Soirées de l'orchestre*, p. 254.
(2) *Lettres intimes*, p. 20.
(3) *Mémoires*, p. 33.
(4) *Lettres intimes*, p. 15.
(5) *Ibid.*, p. 44.
(6) *Ibid.*, p. 72.

mières œuvres ont été entendues, et son nom est déjà connu : il va bientôt donner un troisième concert pour faire entendre sa *Symphonie Fantastique*, écrite tout récemment. Il a en portefeuille un opéra, les *Francs Juges*, et a fait graver deux œuvres : les *Huit Scènes de Faust* et les *Mélodies irlandaises*. Il a vingt-sept ans.

Le chemin parcouru n'est-il pas immense depuis le jour où, à dix-huit ans, il arrivait à Paris, pour étudier la médecine, sans aucune notion musicale sérieuse ? Et pourtant, il est bien loin, en 1830, de posséder les qualités maîtresses qu'il va déployer à son retour d'Italie, dans *Harold*, dans *Cellini*, dans le *Requiem* et dans *Roméo*. C'est l'amour qui va, comme il le dit, *centupler ses moyens*. La belle période de sa vie, c'est son éblouissant roman et les années de bonheur qu'il goûte de 1833 à 1841. Nous allons assister à la naissance et au développememt de cette grande et poétique passion, notant les phénomènes qui nous révèlent la force de l'amour chez Berlioz, puis le triste désenchantement de ce malheureux, trop épris de rêves et d'idéal pour goûter paisiblement les joies bourgeoises de la vie de famille. Dans l'étude psychologique de *Berlioz intime*, le roman est la partie la plus importante: en quelques années, il résume la vie entière du maître.

DEUXIÈME PARTIE

LE ROMAN

X

AMOUREUX D'UNE ÉTOILE

Berlioz eut une inspiration assez étrange en prenant le titre : *Episode de la vie d'un artiste*, pour expliquer la traduction musicale de l'histoire de sa grande passion pour Henriette Smithson. Cet *épisode*, qui sera le point de départ d'une grande révolution intime, n'était, au moment où il le mettait si audacieusement en scène, qu'un souvenir cruel du passé, et cette traduction devenait une œuvre de haine, un acte de vengeance.

Tout semble fabuleux en cette histoire. L'imagination du compositeur l'a enrichie d'embellissements fantaisistes. Le biographe des *Mémoires*, pris de remords, a supprimé toutes les confidences compromettantes : ce ne sont que les *Lettres intimes* qui nous ont, tout récemment, révélé en vile prose les vicissitudes de la grande passion shakespearienne, et les phases variées d'un amour « grand et poétique » qui subit les mouvements les plus désordonnés, passant par l'enthousiasme, l'espoir, l'exaltation délirante, puis l'accablement, le désespoir, l'oubli, le mépris, l'abandon et la trahison. Tout est à l'honneur d'Henriette dans ce récit, et le dénouement lugubre de cet *épisode* lui donne le caractère d'une infortunée victime digne de toute sympathie et d'une profonde pitié.

C'est par cette histoire que j'ouvre le roman de Berlioz sans m'arrêter, dès à présent, aux amours de Meylan, les réservant pour le dernier chapitre de cette deuxième partie, et les reportant à l'heure où le vieillard, veuf pour la seconde fois, mais toujours tourmenté par le besoin d'affection, essaie de se rattacher aux visions radieuses de l'enfance et de renouer le roman des années de jeunesse. Je ne m'occupe tout d'abord que du bouleversement opéré dans le cœur de Berlioz, puis dans son existence, par l'apparition de la grande tragédienne anglaise en 1827.

« Un théâtre anglais vint donner à Paris des représentations des drames de Shakespeare, alors complètement inconnu du public français, écrit Berlioz dans ses *Mémoires*. J'assistai à la première représentation d'*Hamlet* à l'Odéon. Je vis, dans le rôle d'Ophelia, Henriette Smithson qui, cinq ans après, est devenue ma femme. L'effet de son prodigieux talent, ou plutôt de son génie dramatique sur mon imagination et sur mon cœur n'est comparable qu'au bouleversement que me fit subir le poète dont elle était la digne interprète. Je ne puis en dire rien de plus. »

En lisant ces lignes on pourrait croire que, pendant ces six années d'attente, — car il faut en ajouter une pour avoir le compte exact — Berlioz aurait entretenu, à la manière des vestales antiques, cette flamme sacrée qui s'était allumée sur l'autel du dieu Shakespeare. Malheureusement, sa constance fut moins héroïque et sa passion plus humaine. Les crises, la désolation, la rupture, l'infidélité, le retour, sont des phases obligées qu'il traversa comme tout autre mortel. Il s'est bien accusé, à la vérité, d'une toute petite peccadille : c'est une « distraction violente, apportée un moment, par le trouble des sens, à la passion grande et profonde qui remplissait son cœur et occupait toutes les puissances de son âme. » Mais ses lettres nous montrent que sa pensée n'appartenait déjà plus à Henriette Smithson au moment où il se délassait aux pieds de son « aimable consolatrice ». Et quant à celle-ci, il avoue très humblement « qu'elle lui mit au corps toutes les flammes et tous les diables de l'enfer ». Car le chapitre de la vengeance montre jusqu'où l'on était allé : les contradictions sautent aux yeux.

Il y a donc un récit à faire, car ce n'est pas d'après les *Mémoires* qu'on peut se représenter exactement Berlioz amoureux.

Il faut dire tout d'abord qu'il n'a point observé rigoureusement sa menace du début et que nous pouvons deviner, d'après l'autobiographie même, une partie de ces douloureuses péripéties qu'il ne peut se résoudre à retracer. Cette représentation d'*Hamlet* n'est qu'une sorte de prologue et la désespérance d'amour se révèle à chacune des pages suivantes.

Dès le lendemain, pour être assuré de ne pas manquer la représentation de *Roméo et Juliette*, il loue une stalle à l'Odéon, bien qu'il ait ses entrées au théâtre. Au troisième acte, « souffrant comme si une main de fer lui eût étreint le cœur, » il s'écrie ; « Ah ! je suis perdu ! » et cette soirée décide de sa vie entière. Le sommeil le fuit ; il n'a plus la vivacité d'esprit de la veille et le goût de ses études favorites a disparu ; il ne peut même continuer à travailler. Il erre sans but dans les rues de Paris et dans les plaines des environs, jour et nuit. Un soir, il s'endort dans une prairie aux environs de Sceaux ; un autre, sur des gerbes dans un champ près de Villejuif ; une autre fois, c'est dans la neige, à Neuilly, en face de l'île, sur les bords de la Seine gelée qu'il essaie de traverser au risque de se noyer ; enfin sur une table, au café Cardinal. Les garçons effrayés le croient mort et n'osent s'approcher pour le réveiller. Ce sont les quatre seuls sommeils, nous dit-il, qu'il ait pu obtenir pendant cette longue période de souffrances à force de fatiguer son corps. Pourtant, le dernier chapitre des *Mémoires*, qui rappelle une excursion, à Neuilly, nous dit qu'il s'est *presque* endormi : il faudrait donc déduire un de ces quatre sommeils profonds semblables à la mort. Du reste, les lettres ne nous parlent pas de ces insomnies ni de ces phénomènes pathologiques, dans lesquels l'imagination paraît avoir joué un rôle essentiel.

Il passe donc plusieurs mois de suite dans une espèce
« d'abrutissement désespéré », songeant toujours à Shakespeare et à l'artiste inspirée, à la *fair Ophelia* dont tout
Paris délirait. Comparant avec accablement cette gloire de la
brillante artiste avec sa triste obscurité, il se relève, par un
effort suprême, décidé à tout oser « pour faire rayonner jusqu'à elle son nom, qui lui est inconnu », et tenter ce que nul
compositeur en France n'avait encore tenté. Il a entrepris
de donner un premier concert composé exclusivement de ses
œuvres. Une lettre à Fétis (16 mai 1828), destinée à la *Revue
musicale* (¹), nous apprend qu'il avait prudemment mesuré
ses forces ; il se défend des intentions « ridicules » qu'on lui
prête, à propos de cette tentative : « Je répondrai que je
veux tout simplement me faire connaître, afin d'inspirer, si
je le puis, confiance aux auteurs et aux directeurs de nos
théâtres lyriques. Ce désir est-il blâmable dans un jeune
homme ?... » Il continue en constatant qu'il frappe depuis
quatre ans à toutes les portes ; aucune ne s'est encore
ouverte. Il ne peut obtenir aucun poème d'opéra ni faire
représenter celui qui lui a été confié (²). Il a essayé inutilement tous les moyens de se faire entendre ; il ne lui en reste
plus qu'un, il l'emploie, etc. Tout en s'efforçant de s'imposer
à l'attention de miss Smithson, il ne dédaignait pas la notoriété que cette première exécution publique devait lui procurer, ni les ressources qu'elle lui offrirait pour débuter brillamment dans la carrière de compositeur. Malheureusement,
ce premier concert, donné au Conservatoire dans de médiocres conditions d'exécution, n'attira guère l'attention, et
Berlioz apprit plus tard par miss Smithson qu'elle n'en avait
pas seulement entendu parler.

Pour comble de malheur, il échoue à son troisième concours à l'Institut et n'obtient que le second prix avec une
cantate, dont le sujet était *Herminie*, d'après le poème du
Tasse. Il est à ce moment déchiré jour et nuit par son amour,

---

(1) *Correspondance inédite*, p. 65.
(2) Il ne s'agit pas, comme le dit la note de M. Daniel Bernard, du ballet
de *Faust* sur un livret de M. Bohain, mais de l'opéra des *Francs Juges* sur
le poème d'Humbert Ferrand.

« rêvant toujours, silencieux jusqu'au mutisme, sauvage, négligé dans son extérieur, insupportable. » Il retombe ensuite dans une sombre inaction, puis se met en tête de faire inscrire son nom à côté de celui de la grande tragédienne, en offrant une ouverture nouvelle de sa composition pour la faire exécuter à l'Opéra-Comique dans une représentation à bénéfice à laquelle l'artiste prenait part. Déjà il n'était plus tout à fait un inconnu pour elle ; malheureusement l'entrée en relations n'avait pas été absolument à son avantage. Il évitait de passer devant le théâtre anglais ; il détournait les yeux pour ne point voir les portraits de miss Smithson qui étaient exposés chez tous les libraires. Cependant il avait osé lui écrire, mais il ne recevait d'elle pas même une ligne de réponse. Après quelques lettres qui l'avaient plus effrayée que touchée, elle avait défendu à sa femme de chambre d'en recevoir d'autres. Rien, dit-il, ne put changer sa détermination.

Ce début n'était pas heureux ; la première entrevue n'avait guère été plus satisfaisante. En arrivant à l'Opéra-Comique pour faire répéter son ouverture, il tomba « comme une bombe » en pleine répétition de *Roméo et Juliette*, au beau milieu de la scène où Roméo emporte Juliette dans ses bras. Il pousse un cri et s'enfuit en se tordant les mains, et l'actrice, effrayée, supplie les assistants de veiller sur ce gentleman « dont les yeux n'annoncent rien de bon. »

Inutile de dire que miss Smithson n'entendit pas plus parler de l'ouverture que de l'auteur. L'infortuné avait compté que l'auditoire, en bissant son œuvre, forcerait l'actrice à s'étonner de ce retard de la représentation et à en chercher la cause. L'ouverture fut applaudie, mais non redemandée, et miss Smithson ignora complètement cette nouvelle tentative de séduction par la puissance de la musique.

Le lendemain, elle partait pour la Hollande. Berlioz demeurait rue de Richelieu, et, ainsi qu'il l'affirme, par un pur hasard, en face de l'appartement qu'elle occupait rue Neuve-Saint-Marc. Après être demeuré étendu sur son lit, brisé, mourant, depuis la représentation de la veille jusqu'à trois heures de l'après-midi, il se leva et s'approcha machinalement de la fenêtre, comme à l'ordinaire. Par une cruauté « gratuite et lâche » du sort, ce fut à ce moment même qu'il vit miss Smithson monter en voiture devant sa porte et partir pour Amsterdam. Berlioz n'essaie pas de donner une idée de la souffrance qu'il ressentit : « Cet arrachement de cœur, cet isolement affreux, ce monde vide, ces mille tortures qui circulent dans les veines avec un sang glacé, ce dégoût de vivre et cette impossibilité de mourir !... » Il ne compose plus, son intelligence semble diminuer autant que sa sensibilité s'accroître.

Là s'arrêtent les confidences des *Mémoires* ; mais la correspondance de Berlioz avec Ferrand permet de les compléter. Nous ne sommes, en effet, qu'à la première période, car cette passion idéale ne remplit jusqu'ici que dix-huit mois sur les six années qui séparent l'apparition de la belle tragédienne, sous les traits d'Ophélie, du mariage des deux artistes, dans l'automne de 1833. Et nous allons constater que, un an après son départ pour la Hollande, Henriette fut non seulement remplacée, mais oubliée.

C'est à la date du 29 novembre 1827, que nous trouvons, dans les *Lettres intimes*, la première mention de la passion et du désespoir de Berlioz. Sa cantate (*la mort d'Orphée*), vient d'être déclarée inexécutable. Il raconte ses déboires à Ferrand, et lui avoue que depuis trois mois (c'était la date de la première représentation d'*Hamlet*), il est en proie à un chagrin dont rien ne peut le distraire : le dégoût de la vie est poussé chez lui aussi loin que possible. A six mois de là, le 6 juin 1828, il lui annonce le succès de son premier concert qu'il avait donné, comme je l'ai dit, pour attirer sur son nom l'attention de la *fair Ophelia*; mais le moment des confidences n'est pas encore venu. « Quoique depuis neuf mois, écrit-il trois semaines plus tard, le 28, je traîne une existence empoisonnée, désillusionnée, et que la musique seule me fait supporter, votre amitié est un lien qui m'enchaîne et dont les nœuds se resserrent de jour en jour, pendant que les autres se rompent (ne faites pas de conjectures, vous vous tromperiez). » Deuxième lettre, dans la soirée du même jour :

il raconte à son ami qu'il a couru « comme un fou » jusqu'à Villeneuve-Saint-Georges : « Que je suis seul ! Tous mes muscles tremblent comme ceux d'un mourant ! O mon ami, envoyez moi un ouvrage, jetez-moi un os à ronger... Que la campagne est belle ! Quelle lumière abondante ! Tous les vivants que j'ai vus en revenant avaient l'air heureux. Les arbres frémissaient doucement, et j'étais tout seul dans l'immense plaine... L'espace... l'éloignement... l'oubli... la douleur... la rage m'environnaient. Malgré tous mes efforts, la vie m'échappe ; je n'en retiens que des lambeaux !... »

Le lendemain, nouvelles confidences, avec les mêmes réticences pourtant. Cette effroyable course de la veille l'a abîmé, toutes les articulations lui font mal. Il recommande à Ferrand la discrétion ; il le prie de ne pas dire un mot de son état à qui que ce soit : son père, qui vient précisément de lui supprimer sa pension, pourrait en être informé et perdrait totalement le repos : « Il ne dépend de personne de me le rendre (le repos), tout ce que je puis faire, c'est de souffrir avec patience, en attendant que le temps, qui change tant de choses, change aussi ma destinée ».

Sur ces entrefaites, il va passer quelques semaines dans sa famille. C'est à ce moment que Ferrand dut recevoir la confession complète de son ami, car celui-ci, à son retour, n'a plus rien à lui cacher. « Elle est partie ! écrit-il le 11 novembre ; elle est à Bordeaux depuis quinze jours. Je ne vis plus, ou plutôt je ne vis que trop ; mais je souffre l'impossible. » Dès le commencement de 1829, miss Smithson est de retour à Paris, et il semble que les événements soient à la veille de prendre une tournure plus satisfaisante pour Berlioz : « J'ai, il y a trois jours, écrit-il le 2 février, été pendant onze heures dans le délire de la joie. Ophélie n'est pas si éloignée de moi que je le pensais ; il existe quelque raison qu'on ne veut pas absolument me dire avant quelque temps, pour laquelle il lui est impossible, dans ce moment, de se prononcer ouvertement. — Mais, a-t-elle dit, s'il m'aime véritablement, si son amour n'est pas de la nature de ceux qu'il est de mon devoir de mépriser, ce ne sera pas quelques mois d'attente qui pourront lasser sa constance. »

C'est dans quatre jours qu'elle doit partir pour Amsterdam, avec sa mère. Turner, chargé de leur correspondance et de leurs intérêts, a dit à Berlioz : « Je réussirai, j'en suis sûr ; si je pars avec elle pour la Hollande, je suis sûr de vous écrire dans peu d'excellentes nouvelles ».

Aussi Berlioz est enchanté, au comble de la joie. Quoi ! c'est elle, c'est Ophélie qui a arrangé tout cela, « qui l'a voulu fortement ! » Elle veut donc lui parler beaucoup et souvent de cet adorateur, ce qu'elle n'a pu faire encore, à cause de la présence continuelle de sa mère, « devant laquelle elle tremble comme un enfant. » Il ne pourra obtenir de réponse positive tant qu'elle restera à Paris : sa lettre ne lui sera remise qu'à Amsterdam : « singulière destinée, écrit-il quinze jours plus tard, que celle d'un amant dont le vœu de plus ardent est l'éloignement de celle qu'il aime ! »

Mais l'espoir renaissant lui rend le courage : il s'exalte, l'amour d'Ophélie « a centuplé ses moyens ». Il sent que s'il réussit jamais près de miss Smithson « il sera un colosse en musique. » Alors le voilà qui prend cet espoir pour la réalité. Sa sœur aînée, qui a reçu de lui « une immense épître » dans laquelle il parlait de ses projets de mariage sans dire, bien entendu, que son choix était déjà fait, lui répond que ses parents s'attendaient tellement à cela qu'ils n'en ont pas été surpris : lorsqu'il en viendra à leur demander leur consentement, il espère que la commotion sera très légère. Et il continue à vivre dans le rêve : il retourne sans transition à Ophélie ; il va lui envoyer sa partition des *Huit Scènes de Faust* à Amsterdam. « Comment ! je parviendrais à être aimé d'Ophélie, ou du moins mon amour la flatterait, lui plairait ? Mon cœur se gonfle et mon imagination fait des efforts terribles pour comprendre cette immensité de bonheur sans y réussir. Comment ! je vivrais donc ? j'écrirais donc ? j'ouvrirais mes ailes ?... *O dear friend! o my heart! o life! love! All! All!* » Il prend soin cependant de modérer lui-même ses transports : « Ne soyez pas épouvanté de ma joie, elle n'est pas si aveugle que pouvez le craindre ; le malheur m'a rendu méfiant ; je regarde en avant, je n'ai rien d'assuré ; je frémis autant de crainte que d'espérance ».

Ce n'est que deux mois plus tard que Berlioz apprend à son ami, le 9 avril, qu'elle est partie. Mais cette fois elle n'a laissé aucun espoir; sans pitié pour ses angoisses, dont elle a été témoin deux jours de suite, elle ne lui a laissé que cette réponse qu'on lui a rapportée : « Il n'y a rien de plus impossible ».

Nous pouvons fixer presque sûrement la date du départ, c'est le 3 mars. Lorsqu'il écrit cette lettre, plusieurs semaines se sont écoulées depuis le départ d'Ophélie. « Il y a trente-six jours qu'elle est partie », lit-on plus loin. Le début était l'excuse d'un long silence : « Je ne vous ai pas écrit parce que j'en étais incapable ; toutes mes espérances étaient d'affreuses illusions ». Il reste longtemps sans avoir la force de travailler. « Cette passion me tuera (lettre du 3 juin) ; on a répété si souvent que l'espérance seule pouvait entretenir l'amour ! Je sais bien la preuve du contraire. » Il revient à son *idée fixe* : tous les journaux anglais retentissent d'admiration pour le génie de la grande actrice ; lui, il reste obscur. « Quand j'aurai écrit une composition instrumentale, immense, que je médite, je veux pourtant aller à Londres la faire exécuter : que j'obtienne sous ses yeux un brillant succès ! »

Mais les crises et les accès de désespoir ne lui laissent pas de trêve. « La semaine dernière (lettre du 15 juin), j'ai été pris d'un affaissement nerveux tel que je ne pouvais presque plus ni marcher, ni m'habiller le matin. On m'a conseillé des bains, qui n'ont rien fait ; je suis resté tranquille, et la jeunesse a repris le dessus. Je ne puis me faire à l'impossible. C'est précisément parce que c'est impossible que je suis si peu vivant ». Et le 21 août, après son quatrième échec à l'Institut, avec la cantate de *Cléopâtre* : « Mon cœur est le foyer d'un horrible incendie ; c'est une forêt vierge que la foudre a embrasée ; de temps en temps, le feu semble assoupi ; puis un coup de vent… un éclat nouveau… le cri des arbres s'abîmant dans la flamme révèlent l'épouvantable puissance du fléau dévastateur ». L'état est désespéré ; il faut que Ferrand vienne aussitôt : « la vie est si fragile ! »

Pourtant, il s'est remis au travail. Son nouveau concert

au Conservatoire, où il a fait entendre des fragments de *Faust*, a été plus brillant que le premier ; mais le succès augmente sa tristesse, au lieu de la calmer. Il a sans cesse les yeux pleins de larmes ; il voudrait mourir (lettre du 6 novembre). Il osait avouer cet état à son père. Le même mot se trouvait à la fin de la lettre qu'il lui adressait trois jours auparavant. Le spleen l'accable : « Je m'ennuie, je m'ennuie ! écrit-il le 27 décembre. Toujours la même chose ; mais je m'ennuie avec une rapidité étonnante ; je consomme plus d'ennuis en une heure qu'autrefois en un jour. Je bois le temps comme les canards mâchent l'eau pour y trouver à vivre, et comme eux je n'y trouve que quelques insectes malotrus ! Que faire ? que faire ? »

Il songe bien à son immense composition instrumentale, mais il écrit d'abord sur des vers de Ferrand (en janvier 1830), la *Chanson de Brigands*, qu'il introduira plus tard dans son monodrame de *Lélio*. Son désespoir avait un côté si grotesque que ses amis et ses camarades lui avaient donné un surnom facétieux : le *Père la Joie !* (¹) Le nom lui resta, car ses camarades de la villa Médicis l'appelaient encore de ce sobriquet ironique (²).

Il retrouve pourtant quelques instants de calme, puis soudain le voici replongé « dans toutes les angoisses d'une interminable et inextinguible passion, sans motif, sans sujet. » Sa lettre du 6 février nous initie à ces soubresauts d'une passion toujours vivante : miss Smithson est alors à Londres, et cependant, comme en rêve, il croit la sentir autour de lui. « Tous mes souvenirs se réveillent et se réunissent pour me déchirer ; j'écoute mon cœur battre et ses pulsations m'ébranlent comme les coups de piston d'une machine à vapeur. Chaque muscle de mon corps frémit de douleur... Inutile !... Affreux !... Oh ! malheureuse, si elle pouvait un instant concevoir toute la poésie, tout l'infini d'un pareil amour, elle volerait dans mes bras, dût-elle mourir de mon embrassement !... J'étais sur le point de commencer ma grande symphonie (l'*Episode de la vie d'un*

(1) J. d'Ortigue. Le *Balcon de l'Opéra*, p. 306.
(2) *Mémoires*, p. 106.

artiste) où le développement de mon infernale passion doit être peint. Je l'ai toute dans la tête, mais je ne puis rien écrire... Attendons. »

Oh ! oui, attendons, car voici un véritable coup de théâtre. Entre cette lettre et la suivante, qui est du 16 avril, il ne s'écoule que deux mois, mais dans l'intervalle un changement de front, une volte-face subite s'est opérée. C'est maintenant que l'histoire de la *Fantastique* devient curieuse à suivre ainsi que celle du monodrame de *Lélio*.

Jusqu'ici, les *Mémoires* et les *Lettres intimes*, sauf de légères inexactitudes de détail, sont d'accord. Il n'en est plus de même à partir de cette lettre du 16 avril. A part l'aveu de la « distraction violente », si savamment défigurée dans les *Mémoires*, nous n'avions aucun indice du revirement qui s'était opéré chez Berlioz. Il paraît cependant qu'il s'était merveilleusement guéri de cette passion qui devait être mortelle. « Depuis ma dernière lettre, j'ai essuyé de terribles rafales ; mon vaisseau a craqué horriblement, mais s'est enfin relevé ; il vogue à présent passablement. D'affreuses vérités, découvertes à n'en pouvoir douter, m'ont mis en train de guérison, et je crois qu'elle sera aussi complète que ma nature tenace peut la comporter. » Il annonce aussitôt qu'il a *sanctionné sa résolution* par un ouvrage qui le satisfait complètement. C'est celui qu'il méditait dès le mois de juin 1829, et qu'il avait « tout dans la tête » en février 1830. Cette fois, il en retrace le canevas, tel qu'il sera exposé dans un programme distribué dans la salle le jour du concert. C'est bien cette composition qu'il annonçait, dans laquelle il devait peindre le développement de son *infernale* passion. Il donne à Ferrand une analyse complète des cinq morceaux et du programme de la *Fantastique*, dont, dit-il, il vient d'écrire la dernière note. A présent, « il est un peu stupide » ; son imagination est fatiguée par cet effroyable effort de la pensée.

La lettre suivante, datée du 13 mai, ne nous apprend pas quelles sont ces *affreuses vérités* auxquelles il faisait allusion dans la précédente ; mais elle nous en dit beaucoup plus long.

La rupture est déjà complète, l'oubli profond, et la *Fantastique* est représentée comme une sorte de vengeance. Pourtant il se défend d'employer ce mot; c'est le mépris qui l'a envahi, on dirait presque le dégoût. « La vengeance n'est pas trop forte. D'ailleurs, ce n'est pas dans cet esprit que j'ai écrit le *Songe d'une nuit de sabbat*. Je ne veux pas me venger. Je la plains et je la méprise. C'est une femme ordinaire, douée d'un génie instinctif pour exprimer les déchirements de l'âme humaine, qu'elle n'a jamais ressentis, et incapable de concevoir un sentiment immense et noble comme celui dont je l'honorais. » Ainsi, elle n'a même plus de talent, elle est nulle et sans cœur.

Ce que la correspondance ne nous indique pas, c'est qu'il a fort légèrement admis une calomnie absurde qu'il a recueillie de la bouche d'un de ses amis, et il a brûlé aussitôt ce qu'il adorait. C'est ce que nous apprend la biographie déjà citée, qui avait pour auteur un de ses confidents attitrés, J. d'Ortigue. Il disparut pendant deux jours après cette terrible révélation : ses amis allèrent le chercher même sur les dalles de la Morgue, redoutant un acte de désespoir. Mais il paraît que la secousse, si forte qu'elle eût été, n'avait pu abattre une nature aussi robuste. Le désir de la vengeance l'avait saisi en même temps, et nous le voyons savourer assez voluptueusement ce régal des dieux. L'ouvrage par lequel il veut consommer la rupture, c'est la *Symphonie fantastique* dans laquelle il représente la femme aimée venant à la Ronde du Sabbat : ce n'est plus qu'une « courtisane digne de figurer dans une telle orgie ».

Comme Henriette est alors de retour à Paris, il compte qu'on la fera assister à l'audition de la *Fantastique* : « J'espère bien que la malheureuse y sera ce jour-là ; du moins, bien des gens conspirent à Feydeau pour l'y faire venir. Je ne crois pas, cependant ; il est impossible que, en lisant le programme de mon drame instrumental, elle ne se reconnaisse pas, et, dès lors, elle se gardera bien de paraître ».

Berlioz est donc bien guéri lorsqu'il va se jeter aux pieds du *gracieux Ariel*, et il n'est pas question ici des coquetteries par lesquelles il se serait laissé prendre et *putipharder*.

Il se hâte de se confesser de nouveau à Ferrand dans la lettre suivante, datée du 24 [juillet. Comme on voit, il n'est pas resté longtemps à attendre la consolation ; il a vite pris son parti de la perte d'Ophélie, qui est bien près de lui faire horreur à présent. Nous allons voir comment il parlera d'elle tout-à-l'heure, car, ne l'oublions pas, elle est rentrée à Paris. Mais il songe à peine à l'infidèle, du moins à celle qu'il suppose infidèle, puisqu'il sera obligé de reconnaître plus tard qu'il a été victime d'une affreuse machination. En ce moment, il est tout à sa nouvelle passion, et il faut le voir s'enflammer, et avec quelle conviction ! « Tout ce que l'amour a de plus tendre et de plus délicat, je l'ai. Ma ravissante sylphide, mon Ariel, ma vie, paraît m'aimer plus que jamais ; pour moi, sa mère répète sans cesse que, si elle lisait dans un roman la peinture d'un amour comme le mien, elle ne la croirait pas vraie. »

Cela n'a pas été long ! Nous voici subitement reportés au chapitre XXVIII des *Mémoires* qui contient la confession de ce que Berlioz appelle « sa distraction violente ». Il commence en ces termes : « Une jeune personne, celle aujourd'hui de nos virtuoses la plus célèbre par son talent et ses *aventures* (oh ! voilà un mot passablement amer !) avait inspiré une véritable passion au compositeur allemand Hiller (je rétablis les noms propres au lieu des initiales), avec qui je m'étais lié dès mon arrivée à Paris. »

Hiller connaissait le « grand amour shakespearien » de Berlioz et s'affligeait des tourments qu'il lui faisait endurer. Il eut la « naïveté imprudente » d'en parler souvent à Mlle Moke et de lui dire (c'est toujours les *Mémoires* qui nous l'apprennent) qu'il n'avait jamais été témoin d'une exaltation pareille. « Ah ! je ne serai pas jaloux de celui-là, s'écriat-il un jour ; je suis bien sûr qu'il ne vous aimera jamais ! » Et Berlioz ajoute : « On devine l'effet de ce maladroit aveu sur une telle Parisienne. Elle ne rêva plus qu'à donner un démenti à son trop confiant et platonique adorateur. »

Le récit de Berlioz continue à lui attribuer le rôle d'innocente victime. Mlle Moke, par le plus pur hasard, se trouve professer le piano dans une pension où il enseigne la guitare aux jeunes personnes : elle le « plaisante sur son air triste ; » l'assure qu'il y a par le monde quelqu'un « qui s'intéresse bien vivement à lui » et raille Hiller qui l'aime bien « mais qui n'en finit pas. » Et après ces préliminaires incendiaires, Berlioz reçoit une lettre qui lui donne « un rendez-vous secret. » Il l'oublie : ce n'était pas par rouerie, assure-t-il ; puis « après avoir fait quelques jours assez brutalement le Joseph, » il finit par « se laisser *putipharder*, et consoler de ses chagrins intimes, » avec une ardeur fort concevable, ajoute-t-il, pour qui voudra songer « à mon organisation de feu, à mon âge, aux dix-huit ans et à la beauté irritante de Mlle Moke ».

Donc, Berlioz veut s'excuser, et il n'y a vraiment pas de quoi. Ce qui justifie sa nouvelle passion mieux que toute cette argumentation, qui le présente comme un Joseph enjôlé par une Putiphar, c'est la dernière phrase : la beauté irritante de Mlle Moke. Il n'est pas besoin d'autre explication.

Maintenant suivez, et jugez si Berlioz est méchant : « Si je racontais ce petit roman et les incroyables scènes de toute nature dont il se compose, je serais à peu près sûr de divertir le lecteur d'une façon neuve et inattendue. Mais je n'écris pas de confessions. » Il essaya pourtant de raconter ce petit roman et les scènes auxquelles il fait allusion. D'ailleurs nous aurons, comme tout à l'heure, des confessions très détaillées dans les *Lettres intimes*, avant d'aborder le récit du petit roman. Voici le bouquet : c'est Ferdinand Hiller qui, ainsi supplanté, reçoit quelques bonnes railleries, comme c'est le sort des amants trompés. « Le pauvre Hiller, à qui je crus devoir avouer la vérité, versa d'abord quelques larmes bien amères, puis reconnaissant que, dans le fond, je n'avais été coupable à son égard d'aucune perfidie (naturellement, puisque c'est Mlle Moke qui a *putiphardé* Berlioz), il prit dignement et bravement son parti, me serra la main d'une étreinte convulsive et partit pour Francfort en me souhaitant bien du plaisir ».

Ce que nous savons très sûrement, dès à présent, c'est que Berlioz avait cessé alors d'être tourmenté par les ardeurs et les désespoirs de sa passion pour Henriette, bien qu'il pré-

tende ici qu'elle occupait « toutes les puissances de son âme. »
Il termine en renvoyant au récit de son voyage en Italie
pour le dénouement dramatique de cet autre « épisode ». C'est
toujours Mlle Moke qui est au pilori. « Elle a failli avoir, dit-
il, une terrible preuve de la vérité du proverbe : il ne faut
pas jouer avec le feu. »

Fermons les *Mémoires* pour y revenir plus tard. Dans ce
nouveau récit, comme dans le premier, les dates manquent; nous allons essayer de les rétablir.

XI

UN MARIAGE MANQUÉ

Vous venez de voir Berlioz entièrement et parfaitement
consolé : une nouvelle intrigue vient de se greffer sur la
première, avec cette différence que, cette fois, la conquête
n'a coûté ni investissement prolongé, ni assauts désespérés,
ni blessures meurtrières. Ce n'est pas la première venue
que cette demoiselle Moke, ce gracieux Ariel ; aussi l'aventure, puisqu'aventure il y a, n'est, à tout prendre, nullement
désagréable. A-t-il été vraiment séduit et pris de force,
comme il l'assure en maître roué? Peu importe, car il n'avait
plus, à cette heure, aucun espoir du côté d'Henriette et il
commençait déjà à la maudire. Si sa destinée ne l'eût, trois
ans plus tard, replacé tout à coup en présence d'Ophélie, il
n'eût point songé à mettre tous les torts du même côté, car
sa distraction, même violente, n'eût point fait l'effet d'une
trahison. Aussi, en mentionnant cette épisode, semble-t-il
avoir voulu surtout plaider les circonstances atténuantes.

Nous avons heureusement un texte bien formel à opposer au récit. Hiller nous a donné la contre-partie de la version singulièrement effrontée des *Mémoires* : il a raconté à son tour le petit roman dans les *Künstlerleben*. Malgré la réserve du narrateur, on peut fort bien retrouver le fond exact de l'affaire. Le livre est écrit de ce style piquant et coquet que Berlioz reconnaît à son ami dans une de ses lettres, et avec autant de grâce que d'esprit. Hiller savait très bien le français : il avait de la finesse à revendre dans l'une et l'autre langue.

Il avait fait la connaissance de Berlioz dès son arrivée à Paris, dans l'automne de 1828 ; ses souvenirs contiennent des détails fort intéressants sur leurs relations; j'en ai déjà profité. Mais l'essentiel ici est d'établir le rôle joué par Berlioz dans cette histoire et surtout la manière dont il se comporta envers son ami : « Un jeune musicien allemand (c'est Hiller qui se cache derrière cet inconnu) avait trouvé l'accueil le plus amical près d'une charmante collègue française; on faisait de la musique sous les yeux de madame la mère, et cela si souvent et avec tant d'animation que l'on se prit à désirer se rencontrer ensemble sans la maman et sans le piano. Rien n'était plus facile à réaliser. La jeune pianiste n'était pas seulement belle et adorable, elle possédait un talent supérieur et était un des professeurs les plus recherchés. Accompagnée plutôt que gardée par une duègne indulgente, elle se rendait dans les quartiers les plus éloignés de la capitale pour donner des leçons aux dames de l'aristocratie ou aux jeunes filles des pensionnats. On se rencontrait ainsi le plus loin possible de la maison, et l'on ne se pressait pas de rentrer. De plus, mon jeune compatriote, grâce à moi, avait fait la connaissance de Berlioz et ce dernier donnait des leçons de guitare dans un pensionnat où la bien-aimée du premier était maîtresse de piano. Il eut la naïveté de prendre Berlioz pour confident de ses amours et de solliciter ses bons offices comme *postillon d'amour*. » Le mot est en français dans le texte.

On pourrait vraiment s'écrier à ce propos : qui donc trompet-on ici? Car vous voyez Berlioz coupable d'abus de confiance envers Hiller, coupable envers Henriette Smithson ; Hiller trompé à la fois par Camille Moke et par son ami : puis celui-ci abandonné à son tour par la belle infidèle. Cependant il est un point sur lequel s'accordent les deux récits : c'est la scène de la *putipharderie*, comme dit Berlioz. Hiller, qui rapporte peut-être la version du héros de l'aventure, déclare que la jeune et belle pianiste trouva extraordinairement piquant d'asservir à ses charmes « le messager d'amour » dont elle connaissait la grande passion shakespearienne : elle lui dit un beau jour tout carrément qu'elle l'aimait. Il n'en fallait pas tant pour enflammer une nature si impressionnable ; mais au lieu de s'en tenir aux amusettes, Berlioz rêva aussitôt le mariage, malgré la mère qui ne voulait absolument pas en entendre parler et qui attendit avec anxiété que le hasard vînt la débarrasser de ce prétendant malencontreux, auquel elle n'avait pu fermer sa porte après cet esclandre.

Dans le récit de Hiller, il n'est pas question de son « maladroit aveu » qui, au grand dommage de la vertu de Berlioz, aurait été une sorte de défi pour la coquetterie de la jeune pianiste. Il s'accuse seulement de naïveté imprudente, pour avoir mis sa confiance en Berlioz et c'est justement le mot qu'emploie celui-ci, non sans malice. Mais il est peu probable qu'il eût poussé la témérité jusqu'à proposer l'épreuve à la belle Camille en lui disant : « Je suis sûr qu'il ne vous aimera jamais ». Je suis certain que l'occasion fit le larron, en cette circonstance, car je trouve, dans une des lettres de Berlioz, un mot qui me paraît un aveu singulièrement compromettant.

Dans cette lettre, qui figure sans date précise (Paris, 1829) au volume de la *Correspondance inédite*, Berlioz s'abandonne à un désespoir profond à propos de l'absence d'Henriette : « Mon cher Ferdinand, dit-il à Hiller, il faut que je vous écrive encore ce soir ; cette lettre ne sera peut-être pas plus heureuse que les autres... mais n'importe. Pourriez-vous me dire ce que c'est que cette puissance d'émotion, cette *faculté de souffrir* qui me tue ? *Demandez à votre ange... à ce séraphin qui vous a ouvert la porte des cieux !...* » Et il ajoute, ce qui est une véritable insinuation après un tel début : « Ne gémissons pas, mon feu s'éteint ; attendez un instant... O mon ami, savez-vous ! J'ai brûlé pour l'allumer le manuscrit de mon *Elégie* en prose ».

Tout ceci est fort obscur et surtout très subtil. On peut traduire en français : « Je ne serais plus à plaindre si j'avais *votre séraphin* pour me distraire, même avec violence ».

Mais que de larmes dans le reste de sa lettre : « Je vois Ophélia en verser, j'entends sa voix tragique, les rayons de ses yeux sublimes me consument. O mon ami ! je suis bien malheureux, c'est inexprimable !... »

Et il ajoute, ce qui nous permet de dater la lettre : « Hors de moi, tout à fait incapable de dire quelque chose de raisonnable... Il y aujourd'hui un an que je LA vis pour la dernière fois... Oh ! malheureuse, que je t'aimais !... J'écris en frémissant que je t'aime !... »

Suivent des divagations interminables autant qu'insensées : il est un homme très malheureux, un être presque isolé dans le monde, un animal accablé d'une imagination qu'il ne peut porter, dévoré d'un amour sans bornes, qui n'est payé que par l'indifférence et le mépris. « Oui ! — conclut-il, — mais j'ai connu certains génies musicaux, j'ai ri à la lueur de leurs éclairs et je grince des dents *seulement de souvenir !...* »

Ainsi, moins d'une année après le départ d'Ophélie, puisque miss Smithson ne quitta Paris qu'en mars 1829, Berlioz se sentait toujours désespéré mais ne se tourmentait plus que « *de souvenir* ». Le point essentiel à noter, c'est qu'il était déjà au courant des amours de Hiller et appréciait les charmes de l'*ange*, du *séraphin* qui avait ouvert à son ami les portes des cieux. On dirait, en vérité, que c'est cette lettre affolée que ce cher Ferdinand fit lire à Mlle Moke en lui « avouant » qu'il ne serait jamais « jaloux de celui-là ! » Berlioz se défend de toute roucrie en cette affaire et se complaît dans le rôle de Joseph. Pour moi, je n'oserais pas jurer qu'il n'eût point été capable et coupable de la première provocation. C'est cette lettre-là qui était un véritable défi. Quant au vocable d'Ariel, sous lequel il va désigner Mlle Moke dans ses lettres, on le trouvera pour la première fois dans une lettre à Ferrand en août 1829 : mais, cette fois, il sera appliqué à Mlle Taglioni. Qui sait cependant si Berlioz n'a pas déjà arrêté la destination qu'il va lui donner officiellement ?

A présent, prenons Berlioz en flagrant délit, afin de bien juger si le trouble de l'esprit n'accompagnait pas le « trouble des sens » dont il s'accuse avec une si honnête candeur.

Assurément, en dehors de la rencontre des jeunes gens dans la pension d'Aubrée, les relations dataient de loin, car, dès 1829, Berlioz connaissait les sentiments de son ami Hiller pour le *séraphin* qu'il allait lui ravir. Mais il se garde bien, lorsqu'il fait ses premières confidences à Ferrand, de lui raconter ces préliminaires. Il entre immédiatement en matière, sans autre préambule que les révélations de la lettre du 24 juillet : « Nous sommes séparés depuis plusieurs jours ; je suis enfermé à l'Institut *pour la dernière fois ;* il faut que j'aie ce prix, d'où dépend en grande partie notre bonheur ; je dis comme don Carlos dans *Hernani* : Je l'aurai. » Camille se tourmente en songeant à cette séparation et à l'épreuve décisive que tente Berlioz. Pour le rassurer dans sa prison, Mme Moke envoie tous les deux jours sa femme de chambre lui donner de leurs nouvelles et prendre des siennes ; mais il a hâte de retrouver son *Ariel*. « Dieu ! quel vertige, dit-il, quand je la reverrai dans dix ou douze jours. Nous aurons peut-être encore bien des obstacles à vaincre, mais nous les vaincrons. Que pensez-vous de tout cela ? »

Car il ne s'agit pas, cela est clair, de « distraction » ni de « trouble des sens ». C'est pour le bon motif, et Berlioz paraît se croire assuré de venir à bout de tous les obstacles. Il apprend à Ferrand que M. de Noailles s'est fait son avocat près de Mme Moke, en lui disant que « puisqu'ils s'aimaient, il ne fallait pas tant regarder à l'argent. » Et, en fait d'enthousiasme, Berlioz en est tout allumé. Il n'ose croire à tant de bonheur ! « Cela se conçoit-il ? un ange pareil ! le plus beau talent de l'Europe ! » Ferrand *en perdrait la tête* s'il l'entendait *penser tout haut* les sublimes conceptions de

Weber et de Beethoven ! Berlioz a bien soin de recommander à Camille de ne pas jouer d'adagios : « Cette musique dévorante la tue. » Elle se croit attaquée de la poitrine. Il veut mourir avec elle, cette idée le ravit : mais elle se guérit et le gronde beaucoup : « Croyez-vous que Dieu vous ait donné une telle organisation musicale sans dessein ? Vous ne devez pas abandonner la tâche qui vous est confiée. Je vous défends de me suivre si je meurs. » On pense si Berlioz nage dans la joie et dans l'admiration : « Non ! elle ne mourra pas ! Non ! ces yeux si pleins de génie, cette taille élancée, tout cet être délicieux paraît plutôt prêt à prendre son vol vers les cieux qu'à tomber flétri sous la terre humide. ».

Je ne puis insister au cours de ce récit sur la personne et le caractère de Mlle Camille Moke, car ce sont, je le répète, les passions, les crises amoureuses de Berlioz qui m'intéressent avant tout. Mlle Moke, dont je n'ai à parler qu'incidemment, était née à Paris d'un père belge, professeur de linguistique, et d'une mère allemande. Son frère, littérateur distingué, dit la *Biographie* de Fétis, était professeur à l'Université de Gand et membre de l'Académie royale de Belgique. Elève de Jacques Herz, puis de Moschelès, Camille Moke avait commencé dès l'âge de douze ans à se faire entendre dans les concerts. Elle n'en avait que quinze lorsqu'elle vint se fixer à Paris et prendre des leçons de Kalkbrenner, qui lui donna d'utiles conseils en lui enseignant les traditions de l'école de Clementi [1]. C'était pour Berlioz une brillante conquête, et l'on conçoit à merveille quel fut son enivrement. Il ne faut pas oublier qu'il n'avait alors jamais été présenté à miss Smithson, pour laquelle il n'avait ressenti qu'une passion idéale, bientôt oubliée. Ariel n'était pas la distraction, mais la consolation.

Après son mariage avec Pleyel, Mlle Moke obtint de nouveaux et plus éclatants succès. A Saint-Pétersbourg, elle se trouve en présence de Thalberg, et cette rivalité amène une transformation décisive de son talent. A Vienne, elle lutte ensuite contre Liszt, alors à l'apogée de la célébrité. Elle revient à Paris en 1845 et force encore l'admiration. Deux

[1] *Biographie universelle des musiciens*, 2ᵉ édit., art. PLEYEL.

ans sont consacrés à de nouvelles études, près de sa mère, fixée en Belgique ; elle y perfectionne son mécanisme et son style, et acquiert une merveilleuse puissance de sonorité qui lui avait manqué jusque-là. A Londres, où elle passa deux années, de 1846 à 1848, après ces efforts obstinés, son succès fut éclatant. Berlioz se retrouva plus d'une fois en sa présence, et nous verrons qu'il ne perdit jamais aucune occasion de satisfaire ses rancunes et son humeur vindicative. Toujours est-il qu'à cette heure, en pleine distraction violente, il est tout à l'enthousiasme et nous le voyons bien éperdument et bien sincèrement épris.

Le concours finit : Berlioz a le prix. « O mon ami, écrit-il le 23 août, quel bonheur d'avoir un succès qui enchante un être adoré ! Mon idolâtrée Camille se mourait d'inquiétude quand je lui ai apporté jeudi dernier la nouvelle si ardemment désirée. O mon délicat Ariel, mon bel ange, tes ailes étaient toutes froissées, la joie les a relustrées. Sa mère même, qui ne voit notre amour qu'avec une certaine contrariété, (le vent avait tourné) n'a pu retenir quelques larmes d'attendrissement. » Cependant Berlioz ne s'était pas douté de l'importance que Camille attachait à son triomphe, au point de vue de l'effet moral. « Le monde, lui dit-elle, croit que c'est une grande preuve de talent, il faut lui fermer la bouche. » Et sa belle Camille assistera à l'exécution publique de la cantate, le 2 octobre : elle en parle sans cesse. « Cette cérémonie, dit-il, qui ne m'eût paru sans cela qu'un enfantillage, devient une fête enivrante. »

Voilà encore une supercherie des *Mémoires* que je suis obligé de constater. Lorsqu'il y raconte cette cérémonie, il prétend que rien ne put le distraire de l'exécution de sa cantate. « Je n'eus ni père, ni mère, ni cousine, ni maître, ni *maîtresse* à embrasser. » Et il cherche à montrer sa sincérité : « Mon maître était malade, mes parents absents et mécontents ; pour ma maîtresse... »

La suspension est fort habile. Si nous n'avions pas eu la lettre à Ferrand, nous serions assurément demeurés juste à côté de la pensée de Berlioz, qui ne se souciait pas de la compléter, et pour cause.

Or j'ai pu me reporter au texte primitif du récit, qui n'était dans la version originale qu'une fantaisie sur les distributions de prix à l'Institut, dans un article de la *Gazette musicale*, en 1834. Berlioz était alors marié depuis six mois avec Henriette : il ne pouvait donc laisser croire, en écrivant ces lignes, qu'il songeait à Camille ; il effaçait celle-ci de son souvenir, car elle n'appartenait plus depuis trois ans à son existence. La phrase était : « pour ma maîtresse ;... oh ! elle était loin... bien loin...! » Malheureusement cette première version n'était pas plus exacte que l'autre, car Camille et Henriette étaient toutes les deux à Paris lorsque Berlioz fut couronné par le secrétaire perpétuel. A présent, ayez donc confiance dans les récits des *Mémoires* !

Mais les impressions de l'auteur sont si soigneusement déguisées dans les chapitres qui concernent son histoire intime que nous n'aurions eu, sans les lettres à Ferrand, aucune idée de l'état moral de Berlioz pendant les quatre années 1829-1832. C'est au commencement de la première qu'Henriette avait quitté Paris et à la fin de la dernière seulement qu'il la retrouva : dans l'intervalle il était loin... bien loin..., pour employer ses termes.

Dans les *Mémoires* la constance de Berlioz est inattaquable et l'on dirait qu'Henriette règne toujours sur son cœur, malgré la distraction violente qui est l'effet d'un simple trouble des sens. Pourtant c'est bien Ariel qui triomphe ici, « fier, comme un *classique paon*, de la vieille couronne » décernée à son fiancé : elle n'y attache cependant d'autre prix que celui de la satisfaction donnée à l'opinion : « Camille est trop *musicale* pour s'y tromper ». Que nous voilà loin du récit de la cérémonie, dans lequel Berlioz explique son simple contentement au point de vue des avantages matériels qu'il gagne en ayant une pension assurée pour cinq ans, et de la tranquillité que son succès procure à ses parents ; quant à lui, il n'y trouva pas la moindre satisfaction d'amour-propre.

A l'aide des *Lettres intimes*, nous le voyons au contraire triompher comme Hercule près d'Omphale, et goûter sa victoire aux pieds de la belle Camille. En même temps, il travaille à une ouverture de la *Tempête* qu'il doit faire exécuter le 1ᵉʳ novembre au Théâtre-Italien : « Ce sera, dit-il, dans la lettre du 23 août, à Ferrand, un morceau d'un genre tout nouveau. » Il donnera ensuite un immense concert pour faire entendre la *Fantastique*. En outre, la Société du Conservatoire doit donner l'ouverture des *Francs-Juges* ; il en a la promesse positive. Mais il lui faut un succès au théâtre, son bonheur en dépend. « Les parents de Camille ne peuvent consentir à notre mariage que lorsque ce pas sera franchi. Les circonstances me favoriseront, je l'espère. » Il ne veut pas aller en Italie. Il ira demander au roi de le dispenser de cet absurde voyage et de lui accorder la pension à Paris. Il sort de chez Mme Moke, il quitte la main de son adorée Camille, ce qui fait encore trembler la sienne ; mais il termine par cette ligne sinistre qu'il ose écrire sans trembler : « Cette malheureuse FILLE Smithson (c'est lui qui écrit le mot en capitales) est toujours ici. Je ne l'ai jamais vue depuis son retour. »

Henriette était, en effet, de retour de son voyage en Hollande ; on a vu que, dès son arrivée, Berlioz avait préparé une véritable conspiration — c'est son mot — pour la faire assister à la première audition de la symphonie vengeresse, qui devait avoir lieu le 30 mai aux Nouveautés. Mais, faute de pupitres et effrayés par le désarroi d'une répétition tumultueuse, les entrepreneurs refusèrent de louer leur salle pour le concert. « Ils ne savaient pas, disent les *Mémoires*, qu'il fallût tant de choses pour une symphonie. » Miss Smithson était encore à Feydeau. Malgré une année d'absence, le souvenir de ses succès retentissants, lors des représentations des drames de Shakespeare, à l'Odéon, par la troupe anglaise dont elle faisait partie, dans les saisons de 1827 et de 1828, n'était pas effacé. Les directeurs de l'Opéra-Comique avaient voulu tirer parti de l'attraction de son nom en l'engageant pour un rôle muet : on pensa tout d'abord à lui donner un rôle pathétique dans *Jenny*, de Carafa, ou dans les *Deux mots*, en remplaçant la partie du dialogue qui la concernait par une pantomime où son jeu expressif eût produit une grande impression. On finit par commander à Moreau et à d'Epagny un livret dont on confia la musique à Hérold et à Carafa, l'*Auberge d'Auray*. C'était un épisode des guerres de la Vendée : aux répétitions, le rôle muet de Cécilia, confié à miss Smithson, eut un succès de larmes complet. L'ouvrage fut représenté le 11 mai 1830, au théâtre Ventadour, où était alors transporté l'Opéra-Comique. Voici comment M. Octave Fouque, dans son excellent travail historique sur ce théâtre, rend compte de la première représentation : « Le jeu de l'actrice avait fait pleurer les artistes aux répétitions, ce qui prouve une fois de plus l'excessive tendresse des cœurs de théâtre ; mais il surprit les spectateurs de la première représentation sans les enthousiasmer. Cependant le public s'habitua peu à peu aux singularités qui l'avaient un instant dérouté, et l'expressive pantomime de la tragédienne anglaise amena bientôt tous les effets qu'on devait attendre : pâmoisons, syncopes, attaques de nerfs chez les dames, larmes et jeu de mouchoirs dans la partie la plus grave du public (1). »

Il faut croire que la situation du théâtre était singulièrement compromise à cette date, car c'est un mois plus tard, le 15 juin, que le théâtre dut fermer ses portes, la Compagnie du gaz ayant refusé de fournir l'éclairage. Il ne les rouvrit que le 25 juillet ; mais l'*Auberge d'Auray* avait disparu de l'affiche.

Nous ne retrouvons miss Smithson que le 5 décembre, dans une représentation extraordinaire donnée à l'Opéra, à son bénéfice. Elle y parut dans le rôle de Fenella, de la *Muette de Portici*, qu'elle joua sans doute pour la première et la dernière fois. Par une coïncidence bien étrange, c'était le jour même, à la même heure, que Berlioz donnait, dans la salle du Conservatoire, son grand concert où il faisait entendre pour la première fois la *Symphonie Fantastique*, cette fois en l'honneur de son *gracieux Ariel* : son succès devait mettre fin aux dernières résistances de Mme Moke.

Ce n'est plus Ophélie, en effet, qui inspire l'imagination de Berlioz. Il raconte à Ferrand dans une nouvelle lettre, en

(1) *Histoire du Théâtre Ventadour*, p. 36

octobre, comment il a conçu le plan de sa *Fantaisie sur la Tempête*. C'est encore « à son adorée Camille » qu'il va devoir le bonheur d'être exécuté à l'Opéra. Voici comment :

« A sa taille élancée, à son vol capricieux, à sa grâce enivrante, à son génie musical, j'ai reconnu l'*Ariel* de Shakespeare. Mes idées poétiques, tournées vers le drame de la *Tempête*, m'ont inspiré une ouverture gigantesque, d'un genre entièrement neuf, pour orchestre, chœur, deux pianos à quatre mains et harmonica. » Berlioz l'a proposée au directeur de l'Opéra (Girard, qui l'avait demandée le premier pour le Théâtre-Italien, recula ensuite devant des difficultés d'exécution) qui a consenti à la faire entendre dans une grande représentation extraordinaire. « Avec quelle profonde adoration je remerciais mon idolâtrée Camille de m'avoir inspiré cette composition ! Je lui appris dernièrement que mon ouvrage allait être exécuté ; elle en a frémi de joie. Je lui ai dit confidentiellement dans l'oreille, après deux baisers dévorants, un embrassement furieux, l'*amour grand et poétique* comme nous le concevons. Je vais la voir ce soir ». Mme Moke ne sait pas que cette œuvre va être entendue à l'Opéra. Ils lui en feront un mystère jusqu'au dernier moment.

Et pourtant, au milieu de son ivresse, il ne peut s'empêcher de plaindre miss Smithson qui, à cette heure, est en train de se ruiner. « Oh ! elle est bien malheureuse ! Par la faillite de l'Opéra-Comique, elle a perdu plus de six mille francs. Elle est encore ici, je l'ai rencontrée dernièrement. Elle m'a reconnu avec le plus grand sang froid ; j'ai souffert toute la soirée, puis je suis allé en faire confidence au *gracieux Ariel* qui m'a dit en souriant : — Eh bien vous ne vous êtes pas trouvé mal ? TU n'es pas tombé à la renverse ? » — Et voici qu'il paraphrase en un bel élan lyrique sa *Fantaisie sur la Tempête :*

« Non, non, non, mon ange, mon génie, mon art, ma pensée, mon cœur, ma vie poétique ! j'ai souffert sans gémir, j'ai pensé à toi, j'ai adoré ta puissance, j'ai béni ma guérison, j'ai bravé, de mon île délicieuse, les flots amers qui venaient s'y briser, j'ai vu mon navire fracassé, et, jetant un regard sur ma caverne de feuillage, j'ai béni le lit de roses sur lequel je devais me reposer. Ariel, Ariel, Camille, je t'adore, je te bénis, *je t'aime en un mot*, plus que la pauvre langue française ne peut le dire. Donnez-moi un orchestre de cent musiciens et un chœur de cent cinquante voix, et je vous le dirai ! »

Il est tout ébloui, et conclut comme un amoureux, par des joyeusetés : « Ferrand, mon ami, adieu ; le soleil est couché, je n'y vois plus, adieu ; plus d'idées, adieu ; beaucoup trop de sentiment, adieu. Il est six heures, il me faut une heure pour aller chez Camille, adieu. »

Voici le concert du 5 décembre et la première audition de la *Fantastique*. Le succès de Berlioz a été immense et son bonheur le complète. Camille, depuis qu'elle a entendu le *Sabbat*, ne l'appelle plus que « son cher Lucifer, son beau Satan ». Mais le départ est proche. Il doit quitter Paris en janvier (¹). Son mariage est décidé pour l'époque de Pâques 1832, à condition qu'il ne perdra pas sa pension et qu'il ira en Italie pendant un an ; c'est sa musique qui a arraché le consentement de la mère de Camille. « Oh! ma chère *Symphonie*, c'est donc à elle que je la devrai ! »

Les adieux sont terminés : il faut partir. Dès son arrivée à la Côte Saint-André, Berlioz se sent déjà pris de tristesse. Il ne peut se remettre de la déchirante séparation qu'on lui a fait subir, et recommence les invocations : « O ma pauvre Camille, mon ange protecteur, mon bon Ariel, ne plus te voir de huit ou dix mois! Oh ! que ne puis-je, bercé avec elle par le vent du nord sur quelque bruyère sauvage, m'endormir enfin dans ses bras du dernier sommeil ! »

C'est une phrase que nous trouverons intercalée dans les monologues de *Lélio*. Mais la situation sera changée ainsi que l'apostrophe, qui sera adressée à qui ? à Ophélie ! On dirait que Berlioz joue déjà son monodrame et qu'il récite des

---

(¹) Il était à la Côte dès le commencement de ce mois. Les *Mémoires* prétendent que *diverses circonstances* le retinrent à Paris jusqu'au milieu de janvier, alors qu'il eût dû partir après l'exécution de sa cantate à l'Institut, c'est à-dire dans la première quinzaine d'octobre.

phrases artistement travaillées. En tous cas, il y a une transcription, que ce soit dans la lettre ou dans le monodrame, car la répétition est textuelle.

Par exemple, rien n'est plus piquant que la correspondance de Berlioz avec Ferdinand Hiller, au moment où il se rend à Rome avec l'anneau de Mlle Moke comme gage des fiançailles conclues depuis quelques semaines seulement.

« Je suis depuis huit jours chez mon père, écrit-il, le 9 janvier, environné de soins affectueux et tendres par mes parents et par mes amis, accablé de félicitations, de compliments de toute espèce ; mais mon cœur a tant de peine à battre, je suis si oppressé que je ne dis pas dix paroles en une heure. Mes parents conçoivent ma tristesse et me la pardonnent. »

Il y a un *post-scriptum* : « Mettez, je vous prie, cette *petite lettre* à la poste. » La commission était délicate et sans doute imprudente, si ce bon Hiller avait été tenté de prendre sa revanche, car il n'était pas le moins du monde parti pour Francfort pendant cette *aventure*. Les lettres suivantes prouvent, au moins, que Berlioz, en sa qualité d'absent, se trouvait positivement avoir tort. Hiller avait, du reste, la loyauté d'avertir charitablement son heureux rival. Le 23 janvier, sa réponse à la précédente lettre est arrivée ; Berlioz semble toujours fort confiant malgré les avertissements de son ami. La veille, il a « passé une dévorante journée sans dire un mot ». Son père, qui a appris son état par sa mère, vient l'embrasser en souriant et lui annonce qu'il y a une lettre de Paris pour lui : c'est de Mme Moke, et « il y a une lettre double ». Il redevient calme, « aussi ravi qu'il puisse l'être dans un si exécrable exil ». Mais la réponse le met hors de lui : « Que le diable vous emporte ! Qu'aviez-vous besoin de venir me dire que je me plais dans un désespoir dont personne ne me sait gré, » et il cite la phrase de Hiller : *Personne moins que les gens pour qui je me désespère.*

Oh ! il faut voir le ton assuré et passablement satisfait que prend Berlioz avec Hiller, son rival évincé. A la veille du jour où la distraction violente, si bien prise au sérieux, va recevoir un dénouement imprévu, l'aplomb imperturbable de l'amoureux est du plus haut comique : « D'abord je ne me désespère pas pour DES gens ; ensuite je vous dirai que, si vous avez des raisons pour juger sévèrement la personne pour laquelle je me désespère, j'ai les miennes aussi pour vous assurer que je connais son caractère *mieux que personne*. Je sais très bien qu'elle ne se désespère pas, ELLE ; la preuve de cela, c'est que je suis ici et que, si elle avait persisté à me supplier de ne pas partir, comme elle l'a fait plusieurs fois, je serais resté. »

Fier de ce bel argument, il discute gravement : « De quoi se désespérerait-elle ? elle sait très bien à quoi s'en tenir sur mon compte ; elle connaît aujourd'hui tout ce que mon cœur renferme de dévouement pour elle (pas tout cependant, il y a encore un sacrifice, le plus grand de tous, qu'*elle* ne connaît pas, et que je lui ferai). Vous ne savez pas ce qui me tourmente ; personne au monde qu'elle ne le sait ; encore n'y a-t-il pas longtemps qu'elle l'ignorait ».

Ne nous creusons pas la tête à chercher ce dont il s'agit. Citons seulement la fin de cette amusante lettre dans laquelle Berlioz montre un dédain superbe pour les suggestions de Hiller et lui renvoie froidement ses admonestations : « Ne me donnez pas de vos conseils épicuriens, il ne me vont pas le moins du monde. C'est le moyen d'arriver au petit bonheur et je n'en veux point. Le grand bonheur ou la mort, la vie poétique ou l'anéantissement. Ainsi, ne venez pas me parler de femme superbe, de taille gigantesque et de la part que *prennent ou ne prennent pas* à mes chagrins les êtres qui me sont chers, car vous n'en savez rien ; qui vous l'a dit ? » Écoutez encore : Berlioz prouve à Hiller qu'il n'a jamais compris son ancien *séraphin* : « Vous ne savez pas ce qu'elle sent, ce qu'elle pense. Ce n'est pas parce que vous l'aurez vue dans un concert, gaie et contente, que vous pourrez en tirer une induction fatale pour moi ». Enfin, le 31 janvier, Berlioz écrit à Hiller que « son agitation dévorante » n'a pas cessé un instant depuis son arrivée à la Côte ; « Je suis toujours malade, poursuit-il, je ne me lève pas tous les jours et il fait un froid terrible : et tout ce temps se perd... et j'ai tant de mois encore à dévorer. »

Mais ce n'est pas le froid qui le rend de si mauvaise humeur ; c'est une nouvelle lettre de Hiller qui, l'interrogeant indiscrètement sur le sacrifice mystérieux qu'il voulait faire à sa fiancée, lui avait écrit avec une assez mordante malice : « Vous voulez faire un sacrifice ; il y a longtemps que j'en crains un que, malheureusement, j'ai bien des raisons de croire que vous ferez un jour. » Berlioz, furieux, refuse des explications, mais en réclame impérieusement ; il ne veut pas comprendre : « Je vous supplie de me dire ce que vous entendez par cette phrase... Quel est le sacrifice dont vous voulez parler? Je vous en conjure, dans vos lettres, ne parlez jamais à mots couverts, surtout quand il s'agit d'elle. Cela me torture. N'oubliez pas de me donner franchement cette explication. »

Je ne sais pas si Ferdinand Hiller donna l'explication, mais, deux mois plus tard, Berlioz va la recevoir à Florence, et ce n'est pas du tout celle qu'il attend. Pourtant, on ne peut pas dire qu'il n'ait pas été prévenu, et par qui? par cet excellent Hiller! Ah ! que la phrase de Berlioz sur son ancien rival est donc plaisante, lorsqu'il lui confie l'infidélité de Camille! Hiller verse quelques larmes, puis le quitte avec une étreinte convulsive en lui souhaitant bien du plaisir, et Berlioz, qui rit sous cape (il ne rira plus tout à l'heure), ajoute : « J'ai toujours admiré sa conduite en cette circonstance. » Lorsqu'il écrit ces lignes, vingt ans plus tard, dans ses *Mémoires*, cette admiration rétrospective peut sembler suspecte, et il y a une nuance ironique qu'il est bon de noter. Mais a-t-il été assez vengé, ce pauvre Hiller, si plaisamment berné par son heureux rival, si le mot *heureux* peut s'employer ici !

XII

LE RETOUR A LA VIE

Voilà Berlioz embarqué pour Civita Vecchia : il est parti, chargeant la nature et lui même de mille malédictions, et se promettant de revenir « en frémissant comme un boulet rouge ».

Je passe rapidement sur ses premières impressions pendant son voyage de Marseille à Livourne. Ses lettres vont compléter et commenter le chapitre auquel il nous a renvoyés déjà pour connaître le dénouement tragique de la « distraction violente » ; la correspondance avec Hiller nous l'a déjà fait entrevoir.

Berlioz nous raconte d'abord, dans les *Mémoires*, qu'une vive inquiétude, qui, « dès le lendemain de son arrivée, » s'était emparée de son esprit, ne lui laissait d'attention ni pour les objets environnants, ni pour la société nouvelle où il se trouvait si brusquement introduit. Mendelssohn, à Rome depuis quelques semaines, a fait, dans ses lettres, un bien étrange portrait de Berlioz à cette époque : « Une vraie caricature, sans ombre de talent, cherchant à tâtons dans les ténèbres et se croyant le créateur d'un monde nouveau ; avec cela, il écrit les choses les plus détestables et ne parle, ne rêve, que de Beethoven, Schiller et Gœthe. Il est, de plus, d'une vanité incommensurable et traite avec un superbe dédain Mozart et Haydn, de sorte que tout son enthousiasme m'est très suspect. » C'est bien à lui que s'applique le passage final de la lettre, bien qu'il ne soit désigné que par trois étoiles dans le texte, car aucun de ces traits ne peut s'appliquer à Montfort, son camarade de la villa Médicis: « Tu dis, chère mère, que *** doit cependant poursuivre un but élevé dans l'art; je ne suis pas en cela de ton avis ; je crois que ce qu'il veut, c'est se marier, et il est, à bien prendre, pire que les autres, parce qu'il est plus affecté. Cet enthousiasme purement extérieur, ces airs désespérés qu'on prend auprès des dames, ces génies qui s'affichent en grosses lettres, tout cela m'est parfaitement insupportable, et si ce n'était un Français, c'est-à-dire un homme avec lequel les relations sont toujours agréables, — car les Français ont le talent de ne jamais être à court et de savoir vous intéresser, — il n'y aurait pas moyen d'y tenir (¹). »

Le portrait n'est pas flatté. Il est certain que, dans la disposition d'esprit où nous le trouvons, Berlioz devait apparaître à Mendelssohn avec une physionomie assez bouleversée. Ce qui l'inquiétait, c'est qu'il n'avait pas trouvé, à son arrivée, des lettres de Paris qui auraient dû le précéder à Rome de plusieurs jours. Il les attend trois semaines « avec une anxiété croissante. » Enfin, incapable de se contenir, il se décide, malgré les remontrances d'Horace Vernet, à repasser la frontière « pour connaître la cause de ce silence mystérieux. » A Florence, il reste huit jours au lit, malade d'esquinancie; dès sa première sortie, il court à la poste ; le paquet qu'on lui présenta contenait une épître « d'une impudence si extraordinaire, dit-il, et si blessante pour un homme de l'âge et du caractère que j'avais alors, qu'il se passa soudain en moi quelque chose d'affreux. Deux larmes de rage jaillirent de mes yeux et mon parti fut pris instantanément. Il s'agissait de voler à Paris, où j'avais à tuer sans rémission deux femmes coupables et un innocent. Quant à me tuer, moi, après ce beau coup, c'était de rigueur, on le pense bien. »

Que disait la lettre de Mme Moke ? La note nous l'apprend : « *Sa digne mère*, qui savait parfaitement à quoi s'en tenir là-dessus, m'accusait *d'être venu* porter le trouble dans sa famille et m'annonçait le mariage de sa fille avec M. Pleyel. »

---

(1) *Lettres inédites de Mendelssohn*, traduites par A. Rolland, p. 122.

Le programme de l'expédition répond à cette idée absolument saugrenue d'anéantissement de toute une famille. « On devait, à Paris, redouter mon retour (on ne s'en alarmait pas du tout, au contraire), on me connaissait... (c'est pourquoi.) Je résolus de ne m'y présenter qu'avec de grandes précautions et sous un déguisement. Et le voilà qui se fait faire chez une modiste du quai de l'Arno une toilette complète de femme de chambre, « robe, chapeau, voile vert, etc., » déclarant qu'il ne regarde pas à l'argent. Ce costume, il le perdra en route, mais il en commandera un nouveau en passant à Gênes.

Voici maintenant le plan de la « petite comédie » qu'il médite : Il se présentera le soir chez ses *amis*, au moment où la famille est réunie et prête à prendre le thé ; il se fera annoncer comme la femme de chambre de la comtesse M... chargée d'un message important et pressé ; on l'introduira au salon (vraiment?) il remettra une lettre, et pendant qu'on sera occupé à la lire, *tirant de son sein* (on va voir quels appas) ses deux pistolets doubles, il casse la tête au numéro un, au numéro deux, il saisit par les cheveux le numéro trois, se fait reconnaître malgré ses cris, lui adresse son troisième compliment ; après quoi, avant que ce concert de voix et d'instruments ait attiré les curieux, il se lâche sur la tempe droite le quatrième argument irrésistible...

Pour plus de sûreté, dans le cas où les arguments eussent raté, il s'est muni de fioles diverses, laudanum, strychnine, etc. L'auteur n'hésite pas à reconnaître qu'il allait beaucoup trop loin, et qu'il suffisait parfaitement des trois premières victimes.

Le voilà donc en route avec ses arguments. Une lettre du 18 avril ([1]), adressée de Diano Marina, près de Gênes, à Horace Vernet (on n'en a malheureusement qu'un fragment), mentionne un épisode de son voyage de Florence à Nice : « Un crime odieux, un abus de confiance dont j'ai été pris pour victime, m'a fait délirer de rage depuis Florence jusqu'ici. Je volais en France pour tirer la plus juste et la

---

([1]) Daniel Bernard, *Notice sur Berlioz*, p. 22.

plus terrible vengeance ; à Gênes, un instant de vertige, la plus inconcevable faiblesse, a brisé ma volonté ; je me suis abandonné au désespoir d'un enfant ; mais enfin j'en ai été quitte pour boire l'eau salée, être harponné comme un saumon, demeurer un quart d'heure étendu mort au soleil et avoir des vomissements violents pendant une heure ; je ne sais qui m'a retiré ; on m'a vu tomber par accident des remparts de la ville. Mais enfin, je vis ; je dois vivre pour mes deux sœurs, dont j'aurais causé la mort par la mienne, et vivre pour mon art. »

On voit que ce n'est pas le scrupule de sa conscience qui a arrêté son bras vengeur, c'est un accident de voyage. Dans les *Mémoires*, ce n'est plus qu'un simple incident : ce qui le sauve, c'est le moment d'émoi qu'il subit en face de l'horreur des précipices, sur la route de la Corniche. En outre, *il avait faim* : la nature triomphait. Il profite donc d'une halte pour écrire au directeur de l'Académie (c'est sans doute la lettre qu'on vient de lire), qu'il n'a pas encore enfreint le règlement et qu'il attendra sa réponse à Nice avant de passer la frontière. « J'avais de bonnes raisons, dit-il dans une lettre, pour me lier ainsi. » L'excellent Vernet lui écrit aussitôt que son nom n'a jamais été rayé de la liste des pensionnaires, qu'il est attendu à Rome à bras ouverts : le ministre ne sera pas instruit de son équipée. Là-dessus, il reste à Nice « un mois entier », écrit l'ouverture du *Roi Lear*, et s'en retourne « le cœur léger et plein d'allegria, et bien vivant et bien guéri. — Et c'est ainsi, conclut-il, qu'une fois encore on a vu des pistolets chargés qui ne sont pas partis. »

Maintenant, retournons encore aux lettres de Berlioz pour contrôler le récit des *Mémoires*, et prenons tout d'abord dans la *Correspondance inédite* la lettre à MM. Gounet, Girard, Hiller, Desmarest, Richard, Sichel, datée de Nice, 6 mai 1831 ; elle donne le récit le plus complet de l'aventure et mérite d'être rapprochée du texte des *Mémoires*. Celui des destinataires qui devait certainement être le plus heureux de la lecture, c'est ce pauvre Hiller, que Berlioz appelle dans une autre lettre, « gros scélérat ». Le mot semble assez justifié.

« Je suis sauvé, écrit-il dès le début; je commence à m'apercevoir que je renais meilleur que je n'étais : je n'ai même plus de rage dans l'âme. » Nous apprécierons la sincérité de cette déclaration. Avant de l'entendre traduire ses impressions du *Retour à la vie* à l'aide de la musique et de la rhétorique, écoutons un instant sa prose.

Tout d'abord, il conte par le menu son voyage; il parle du *candide* Mendelssohn, qui lui a procuré les seuls instants supportables dont il ait joui pendant son séjour à Rome. « L'inquiétude me dévorait, poursuit-il, je ne recevais point de lettre de ma *fidèle fiancée* (les mots sont soulignés ironiquement), et, sans M. Horace, je serais parti au bout de trois jours, tant j'étais désespéré de n'avoir point trouvé de ses nouvelles à mon arrivée. A la fin du mois, n'en recevant pas davantage, je suis parti le vendredi saint, abandonnant ma pension pour aller savoir à Paris ce qui s'y passait. » Mendelssohn ne voulait pas croire à cette escapade; il paria contre et perdit. Berlioz lui prouva qu'il avait reçu de M. Vernet le prix de son voyage et qu'il avait retenu sa voiture.

Son mal de gorge l'ayant arrêté en route, il écrit à Pixis et le prie de lui dire au plus vite ce qui se passe au faubourg Montmartre. Il ne reçoit pas de réponse. « Je lui mandais que j'attendais sa lettre à Florence, et, effectivement, je l'ai attendue jusqu'au jour où j'ai reçu l'admirable lettre de Mme Moke. Il m'est tout à fait impossible de dépeindre ce que j'éprouvais, dans mon isolement, de fureur, de haine et d'amour combinés. » Il était tout à fait rétabli; il passait des journées sur le bord de l'Arno, dans les bois, à une lieue de Florence, à lire Shakespeare. C'est là qu'il lut pour la première fois le *Roi Lear*, en poussant des cris d'admiration : « J'ai cru crever d'enthousiasme; je me roulais (dans l'herbe à la vérité), mais je me roulais convulsivement pour satisfaire mes transports. » L'ennui était revenu au bout de quelques jours ; « il se rongeait le cœur » et ses pensées « qui ne se sont trouvées que trop justes », le poursuivaient *impitoyablement*. Il continue à raconter les incidents de son séjour à Florence, et arrive au fait.

« C'est deux jours après, et dans une telle disposition d'esprit, que j'ai reçu la lettre de Mme Moke, la lettre où elle m'annonçait que sa fille se mariait!... Cette lettre est un modèle incroyable d'impudence. Il faut la voir pour le croire. Hiller sait mieux que personne comment cette affaire avait commencé (ceci est sublime, n'est-ce pas?) et moi je sais que je suis parti de Paris portant au doigt son anneau de fiancée donné en échange du mien; on m'appelait *mon gendre*, etc., et dans cette lettre étonnante, Mme Moke me dit qu'elle n'a jamais consenti à la demande que je lui avais faite de la main de sa fille; elle m'engage beaucoup à ne pas *me tuer*, la bonne âme! »

Le récit détaillé des projets d'extermination manque dans la lettre; mais nous avons vu que les *Mémoires* suppléaient à cette lacune : « Oh! si je m'étais seulement trouvé, dit-il à ses amis, de cent cinquante lieues plus près! Mais brisons-là; ce que j'ai fait et ce que j'ai voulu faire n'est pas de nature à pouvoir être confié au papier. Seulement, je vous dirai que je me trouve ici, à Nice, par suite de cette abominable, lâche, perfide et dégoûtante *ignoblerie*. (On établira plus loin la filiation de ce substantif.) J'y suis depuis onze jours et j'y reste à cause de la proximité de la France et du besoin impérieux que j'éprouve de correspondre rapidement avec ma famille. Mes sœurs m'écrivent tous les deux jours; leur indignation et celle de mes parents est au comble. Enfin, je suis sauvé; *ils* sont sauvés; je reviens à la vie avec délices; je me jette dans les bras de la musique et sens plus que jamais le bonheur d'avoir des amis. »

Comme à l'époque de sa grande passion pour miss Smithson, Berlioz a de nombreux confidents; on ne peut s'empêcher de croire qu'il n'y ait surtout dans son dépit une profonde blessure d'amour-propre. Les deux lettres à Ferrand ne nous en apprennent guère davantage; dans la première, datée de Florence, il raconte en deux mots son départ de Rome, motivé par l'absence de lettres de Camille, puis il s'emporte : « Ne m'écrivez plus, je ne saurais vous dire où adresser vos lettres. Je suis comme un ballon perdu qui doit crever en l'air, s'abîmer dans la mer ou s'arrêter comme l'Arche de Noé : si je parviens sain et sauf sur le Mont Ararat, je vous écrirai aussitôt. » Il ne croit plus à rien, il l'écrit en grosses lettres ; mais il croit toujours à son monodrame, car voici une fort belle tirade, qui, à côté du fragment déjà cité, prendra sa bonne place, presque littéralement, dans les monologues de *Lélio* :

« Je voulais aller en Calabre ou en Sicile, m'engager sous les ordres de quelque chef de bravi, dussé-je n'être qu'un simple brigand. Alors, au moins, j'aurais vu des crimes magnifiques, des vols, des assassinats, des rapts et des incendies, au lieu de tous ces petits crimes honteux, de ces lâches perfidies qui font mal au cœur. Oui, oui, voilà le monde qui me convient : un volcan, des rochers, de riches dépouilles amoncelées dans les cavernes, un concert de cris d'horreur accompagné d'un orchestre de pistolets et de carabines, du sang et du *Lacryma-Christi* ; un lit de lave bercé par les tremblements de terre ; allons donc ! Voilà la vie ! »

Cependant il y a une excuse à ce débordement poétique et romantique, c'est que Berlioz n'a pas encore la lettre « impudente » de Mme Moke. « J'attends encore quelques jours une lettre qui devrait m'arriver, et puis je pars. »

Pas d'autre lettre jusqu'à celle de Nice (10 ou 11 mai), où l'on voit que les projets de boucherie s'en sont allés en fumée. C'est avec un calme parfait que Berlioz raconte le dénouement du drame : « Oui, Camille est mariée avec Pleyel. J'en suis bien aise aujourd'hui. J'apprends par là à connaître le danger auquel je viens d'échapper. Quelle bassesse, quelle insensibilité, quelle vilenie ! Oh ! c'est immense, c'est presque sublime de scélératesse, si le sublime pouvait se concilier avec l'*ignoblerie* (mot nouveau, parfait, que je vous vole). »

Certes, le plagiat est flagrant, puisque Berlioz transcrivait triomphalement le néologisme ou plutôt le barbarisme de Ferrand, dans la lettre qu'il écrivait quatre jours auparavant à ses amis de Paris. La lettre du 6 mai, à ces derniers, nous apprenait qu'il était déjà calmé ; il avait reçu la veille la réponse de M. Vernet lui annonçant qu'il n'avait pas perdu sa pension. Dans la lettre suivante, écrite dès son retour à Rome, le 3 juillet, nous voyons — nous sommes déjà préparés à la confidence — que Berlioz a terminé son *Mélologue* faisant suite à la *Symphonie fantastique*. Cette promenade hygiénique lui a procuré, en outre, la lecture du *Roi Lear* et l'ouverture inspirée par le grand drame shakespearien. Il n'y a perdu qu'une fiancée; mais chez lui la consolation n'est jamais longue à venir; comme il le disait, il se réjouit philosophiquement en songeant que l'infidélité dont il aurait pu être victime, si le mariage eût été conclu, n'est pour lui qu'un abandon, tandis qu'elle sera pour son successeur... la trahison.

Il faut noter encore qu'il n'oublie jamais les incidents du voyage; car il a décrit longuement la tempête qui l'avait assailli de Gênes à Livourne, et dont il a transcrit le récit aux *Mémoires*. Les deux descriptions sont presque absolument textuelles. Quant à la cérémonie funèbre d'une jeune femme florentine, elle précède celle de Charles Bonaparte, dans la lettre aux amis Gounet, Hiller, etc., mais dans les *Mémoires*, Berlioz fait d'une pierre deux coups et place les obsèques du Bonaparte dans le récit de l'expédition à Nice et celles de la *Bella Sposina* un an plus tard, au moment de son retour en France. Il cherche évidemment à varier l'intérêt du récit de son voyage sentimental; pourtant, c'est le héros seul qui nous occupe, bien plus intéressant que tout le reste.

Quelques semaines après cette équipée, Berlioz reprenait paisiblement le cours de ses occupations académiques et achevait de renaître à la vie.

Malgré ses accès de spleen, les crises douloureuses de son mal de l'isolement, il n'a pas trop à regretter son séjour en Italie. Outre qu'il y trouve la guérison, l'oubli, il se rassasie de souvenirs virgiliens et napoléoniens; il s'enivre de pittoresque. Subiaco, Civitella, Tivoli, centres habituels de ses excursions dans la plaine de Rome, les Abruzzes, dont il retracera la sauvagerie farouche dans *Harold*, les parties de chasse, les soirées chez Vernet, les visites aux monuments et aux ruines sont pour lui d'agréables passe-temps. Nous le voyons maudire les réjouissances des jours gras avec une profonde horreur : mais il s'en souviendra dans le Carnaval romain de *Benvenuto Cellini*. Une lettre à Ferrand, écrite précisément à l'époque où il venait de terminer le premier de ces ouvrages et où il commençait le second, nous montre que le dédain professé pour l'Italie dans les *Mémoires* est un peu affecté: « Milan ! je n'aime pas cette grande ville, mais c'est le seuil de la grande Italie, et je ne saurais vous dire quel regret profond me prend, quand il fait beau, pour ma vieille plaine de Rome et les sauvages montagnes que j'ai tant de fois visitées (¹) ».

Il rapportera pour tout bagage musical, outre le *Roi Lear*, son monodrame de *Lélio ou le retour à la vie*, l'ouverture de *Rob Roy*, qu'il brûla plus tard, la *Captive* et trois chœurs dont le dernier, sur des paroles de Moore, est le n° 1 de l'œuvre 18 intitulée *Tristia*. Il refit en outre entièrement la *Symphonie fantastique* et écrivit pour la *Revue européenne* son grand article sur l'état de la musique en Italie dont il reprit une partie dans le volume du *Voyage musical*.

Ce qu'était le monodrame, nous l'avons vu déjà d'après quelques passages des *Lettres intimes*.

Parmi les personnages visés dans *Lélio* était Fétis, « auquel j'ai taillé des croupières » disait-il à Hiller. Il prétend qu'il voulut seulement venger Beethoven des corrections de Fétis. La tirade était bien dure : « Tristes habitants du Temple de la Routine, jeunes théoriciens de quatre-vingts ans, vieux libertins de tout âge, profanateurs » ; elle finissait ainsi : « Malédiction sur eux ! Ils font à l'art un ridicule outrage ! Tels sont ces vulgaires oiseaux qui peuplent nos jardins publics, se perchent avec arrogance sur nos plus belles statues, et, quand ils ont sali le front de Jupiter, les bras d'Hercule ou le sein de Vénus, se pavanent fiers et contents, comme s'ils venaient de pondre un œuf d'or. » Tout cela était d'assez mauvais goût, il faut l'avouer, et bien inutile. C'était pis encore: il y avait une grande faute à faire de Fétis, par une injure publique, un ennemi mortel. Mais il ne semblait pas s'inquiéter des tempêtes qu'il se proposait de soulever, car il voulait seulement, avant son départ pour

---

(1) *Lettres intimes*, p. 160.

l'Allemagne, lâcher deux ou trois bordées musicales à Paris ; ce monodrame devait « faire l'effet d'un pétard dans un salon diplomatique ».

Nous retrouvons dans cette composition bien des morceaux de notre connaissance ; la *Ballade du Pêcheur* date de 1827; ainsi que nous l'apprend un passage du récit ; le *Chœur d'Ombres* est extrait de la cantate de *Cléopâtre* : il n'y a rien changé ([1]) ; le *Chant de Bonheur* et les *Derniers Soupirs de la Harpe* appartiennent à *la Mort d'Orphée*. Il n'y changea rien non plus, comme on le voit dans ses lettres à Hiller et à Ferrand, bien qu'il ait affirmé, dans ses *Mémoires*, qu'il écrivit cette pièce à Rome, ou plutôt qu'il « la rêva, perfidement bercé par son ennemi intime, le vent du sud, sur les buis touffus et taillés en murailles de son classique jardin ([2]) ». La *Chanson de Brigands* a été écrite sur les vers de Ferrand, en janvier 1830 ; la *Fantaisie sur la Tempête*, exécutée à l'Opéra avant son départ pour Rome, était la glorification du gracieux Ariel. Singulière idée que celle d'assembler ces pièces si disparates et de les relier par le récit étonnant d'emphase et de naïveté, que je vais étudier à part.

L'exécution devait répondre à l'étrangeté du canevas : une lettre du 2 mars 1855, à Tajan Rogé, nous révèle la mise en scène rêvée par Berlioz, qui ne fut réalisée que vingt-trois ans plus tard, à Weimar.

« L'acteur unique qui joue le rôle de l'artiste, le joue sur l'avant-scène agrandie. La toile est baissée et derrière la toile s'élève un amphithéâtre d'où l'orchestre, les chefs et les chanteurs se font entendre invisibles. Les morceaux de musique sont des mélodies et des *harmonies imaginaires* que l'artiste entend en *pensée seulement* et que l'auditoire entend en réalité, mais un peu affaiblies par la toile qui sert ainsi de sourdine ([3]). »

Quant au texte, il est essentiel de l'analyser brièvement pour noter l'état moral de Berlioz à cette époque : rien n'est

(1) *Mémoires*, p. 93.
(2) *Ibid.*, p. 156.
(3) *Correspondance inédite*, p. 221.

plus caractéristique que ce morceau de littérature composé entre Sienne et Montefiascone, suivant les *Mémoires*, ou, suivant les *Lettres intimes*, le long du lac de Bolzena et dans les montagnes de Viterbo. C'est bien, en tous cas, pendant le voyage de Nice à Rome, au lendemain de la grande fureur déchaînée par l'infidélité et l'abandon du gracieux Ariel.

Voici une courte analyse de cette œuvre, la première des productions littéraires de Berlioz:

Dieu, je vis encore, commence le récitant, qui personnifie Lélio, l'auteur. Il est donc vrai! la vie comme un serpent s'est glissée dans mon cœur pour le déchirer de nouveau!

Il se rappelle alors son rêve, le *Sabbat* de la *Fantastique*:

Quelle nuit! Au milieu de ces tortures, j'ai poussé des cris; Horatio (le confident) m'aurait-il entendu? Non, voilà encore la lettre que je lui avais laissée; s'il fût rentré, il l'eût prise... pauvre Horatio! je crois l'entendre encore, si calme et si tranquille : hier à son piano, pendant que je lui écrivais cet adieu suprême (comme c'est amené!), il chantait sa ballade favorite...

Et derrière la toile, qui reste baissée, un ténor entonne la *Ballade du Pêcheur*; entre les deux couplets, Lélio exhale en *a parte* ses plaintes des souffrances qu'il a supportées pendant les cinq années écoulées depuis qu'il écrivit cette musique. Puis le violon fait entendre l'idée fixe, à la fin du deuxième couplet : « Sirène!... sirène!... » s'écrie-t-il. Une pause... « Dieu! mon cœur se brise », reprend-il, et pendant le troisième couplet, il répond au chanteur par ses réflexions, toujours en *parlé*.

Enfin la ballade est finie : il faut une autre transition pour arriver au *Chœur d'Ombres*. Voici un court fragment du récit, mais il faut lire en entier cette étrange composition :

Vivre! mais vivre, pour moi, c'est souffrir, et la mort c'est le repos. Les doutes d'Hamlet ont été déjà une première fois sans force contre mon désespoir. Seraient-ils plus puissants contre la lassitude et le dégoût? Je ne cherche pas à approfondir quels seront mes songes quand nous aurons été soustraits au tumulte de cette vie, ni à connaître la carte de cette contrée inconnue d'où nul voyageur ne revient... Hamlet! profonde et désolante conception!... Que de mal tu m'as fait! Oh! il n'est que trop vrai, Shakespeare a opéré en moi une révolution qui a bouleversé mon être. Moore, avec ses douloureuses mélodies, est venu achever l'ouvrage de l'auteur d'*Hamlet*. Ainsi la brise, soupirant sur les ruines d'un temple renversé par une secousse volcanique, les couvre peu à peu de sable et en efface jusqu'aux derniers débris...

Il continue ainsi à entendre « chanter en dedans de lui » l'orchestre idéal qui retrace le discours du spectre au jeune Hamlet, car il ne s'agit plus de la reine d'Egypte ni des ombres des Pharaons ; le morceau commence et il semble écouter pendant les premières mesures : puis « il prend sur la table un volume, l'ouvre, et va s'étendre sur un lit de repos, où il reste pendant tout le *Chœur d'Ombres*, tantôt lisant, tantôt méditant ».

Ce n'est rien encore, pourtant, car après le *Chœur d'Ombres*, le récitant arrive à la tirade dirigée contre Fétis; c'est le pétard éclatant dans un salon diplomatique. « Bocage, disent les *Mémoires*, alla jusqu'à contrefaire dans ce passage le langage doucereux de Fétis, qui, placé au balcon en évidence, reçut ainsi une bordée à bout portant. » Après cet effet de scandale, Lélio se lève du lit de repos, « frappe la table avec son livre en l'y déposant » et s'écrie : « Oh ! une pareille société, pour un artiste, est pire que l'enfer ! » — Il s'agissait des critiques routiniers qui ont osé corriger Beethoven. — Puis, « avec une exaltation sombre et toujours croissante, » Lélio arrive brusquement à la tirade numéro deux, sur la vie de brigand, que nous avons lue dans une des lettres à Ferrand ; alors il sort un instant et revient « tenant à la main un chapeau de brigand romain avec le cartouchier, la carabine, le sabre et les pistolets : pendant l'exécution de la *Chanson de Brigands*, sa pantomime exprime la part qu'il prend en imagination à la scène qu'il croit entendre ».

Cela nous semble aujourd'hui de la folie pure, n'est-il pas vrai ? Mais il y a plus fort encore, et il faut citer textuellement la partie du récit qui relie ce morceau au suivant :

« Long silence.... Sa furieuse exaltation semble se dissiper... Il quitte ses armes. L'attendrissement le gagne peu à peu (sur quoi donc s'attendrit-il ?). Il pleure à *sanglots* (c'est tout à fait de l'aliénation mentale). Puis son émotion s'adoucit... (C'est bien heureux !) Il rêve quelque temps, soupire (le spectateur aussi) et enfin, *essuyant ses larmes* (car l'acteur doit pleurer tout de bon), il dit avec plus de calme :

<blockquote>
Comme mon esprit flotte incertain !... (Oh ! oui !) De ce monde frénétique, il passe maintenant aux rêves les plus enivrants. La douce espérance rayonne sur mon front flétri, le force de se tourner encore vers les cieux... Je me vois dans l'avenir consumé par l'amour ; la porte de l'enfer, repoussée par une main chérie, se referme ; je respire plus librement ; mon cœur, frémissant encore d'une angoisse mortelle, se dilate de bonheur ; un ciel bleu se pare d'étoiles au-dessus de ma tête ; une brise harmonieuse m'apporte de lointains accords, qui me semblent un écho de la voix adorée : des larmes de tendresse (encore ?) viennent enfin rafraîchir mes paupières brûlantes des pleurs de la rage et du désespoir. Je suis heureux (enfin !), et mon ange sourit en admirant son ouvrage ; son âme noble et pure scintille sous ses longs cils noirs modestement baissés ; une de ses mains dans les miennes, je chante, et son autre main, errant sur les cordes de la harpe, accompagne languissamment mon hymne de bonheur.
</blockquote>

Il se rassied et reste accoudé sur la table, plongé dans sa rêverie, pendant l'exécution du *Chant de bonheur*, puis « sa sombre tristesse semble le reprendre » et il appelle *cette Juliette, cette Ophélie* qui se substitue ici à *sa pauvre Camille*, à son *bon Ariel* pour recevoir l'hommage de la tirade numéro trois, toujours extraite des lettres à Ferrand, où il est question de « bruyère sauvage » et il complète le morceau par cette péroraison :

<blockquote>
L'ami témoin de nos jours fortunés creuserait lui-même notre tombe au pied d'un chêne, suspendrait à ses rameaux la harpe orpheline, qui, doucement caressée par le sombre feuillage, exhalerait encore un reste d'harmonie. Le souvenir de mon dernier chant de bonheur, se mêlant à ce concert funèbre, ferait couler ses larmes et il sentirait dans ses veines un frisson inconnu en songeant au temps... à l'espace... à l'amour... à l'oubli !......
</blockquote>

Il écoute alors « d'un air profondément mélancolique » la *Harpe éolienne*, puis se levant, il prononce « avec une certaine animation » le dernier récit, une invocation à Shakespeare, qui amène la *Fantaisie sur la Tempête* et qui est le plus long de tous ; après quoi il sort en s'écriant *avec un accent religieux* : « *Que Shakespeare me protége !* » Alors la toile se lève, et tandis que les exécutants se rangent sur l'estrade, il rentre pour mettre tout le monde en place et donne, dans un style étrange, ses dernières recommandations pour l'interprétation du morceau, puis : « Bien, tout est en ordre, dit-il, commencez ! » Après l'exécution, il les remercie : la toile se baisse pendant qu'ils sortent, et tandis que l'orchestre idéal fait entendre l'*idée fixe* il s'arrête « comme frappé au cœur d'un coup douloureux, » écoute et dit : « Encore ? » Il sort en s'écriant « sur le dernier accord des flûtes : Encore et pour toujours ! »

Tout ceci est absolument extraordinaire, et certainement Berlioz n'a jamais eu peur du ridicule, puisque ce texte a été reproduit dans sa forme primitive lors de l'édition de la partition en 1856. J'ai analysé longuement cette étrange composition, jugeant que rien ne pouvait donner une idée plus exacte des dispositions d'esprit du jeune homme, à son retour d'Italie, après ses deux écoles, près d'Ophélie et près d'Ariel. Toutes ces divagations nous font rire aujourd'hui, et lorsqu'on a exécuté *Lélio* en novembre 1881, à Paris, le texte a été rectifié et expurgé fort habilement de toutes ces tirades en style échevelé : on a supprimé de même la mise en scène imaginée par Berlioz. C'était bien le songe d'un halluciné, d'un revenant, car il écrivait ce texte au moment où il définissait son état psychologique dans une lettre à Ferrand, comme celui d'un homme qui « rentre ou plutôt qui retombe dans la vie [1] ».

Je crains d'abuser des citations : je dois cependant parler d'une autre composition qu'inspira à Berlioz son retour à la vie, mais qui resta à l'état de projet, Ferrand ayant fait défaut : il lui avait donné le scénario à développer et à traiter ; le sujet était tout entier de son invention. C'était un « oratorio colossal », selon ses propres termes. Ce projet date des premiers jours de la rentrée de Berlioz à la Villa Médicis, au moment même où il venait d'achever le texte du monodrame. L'inspiration est la même. Ce qu'il y a de plus intéressant, c'est de comparer entre eux les deux projets adressés à Fer-

---

(1) *Lettres intimes*, p. 98.

rand par son ami, car la première lettre avait été égarée, et Berlioz envoya un duplicata qui était une variante. Le scénario primitif était tout à fait sommaire : il est fort amplifié dans la seconde lettre. Voici un court extrait :

LE DERNIER JOUR DU MONDE

Un tyran tout puissant sur la terre ; la civilisation et la corruption au dernier degré : une cour impie, un atome de peuple religieux auquel le mépris du souverain conserve l'existence et laisse la liberté. Guerre et victoire, combats d'esclaves dans un cirque ; femmes esclaves qui résistent aux désirs du vainqueur : atrocités...

Un prophète annonce la fin du monde : le tyran le fait assister de force dans son palais à une orgie épouvantable à la suite de laquelle il s'écrie ironiquement qu'on va voir la fin du monde. Au moment où il va faire exécuter cette parodie avec de *faux morts*, des enfants ailés, des femmes et des eunuques, la terre tremble, de véritables anges font entendre des trompettes foudroyantes, le vrai Christ approche et le vrai jugement dernier commence. Là se termine la pièce.

Quoi qu'il en soit de ce projet, qui contient en germe le *Requiem*, la curieuse littérature du monodrame de *Lelio* est certainement ce qui nous peint avec le plus de réalité les « tumultueuses pensées » qui agitaient cette jeune tête que tant d'événements venaient de troubler coup sur coup. Nous pouvons beaucoup mieux juger les dispositions d'esprit de Berlioz d'après ces deux morceaux que d'après les récits des *Mémoires*; cependant, les distractions variées qui rompirent la monotonie de la « caserne académique » avaient un côté rassurant pour le repos de ce cerveau agité. Cette fondation de la *Société de l'indifférence absolue en matière universelle*, ébauchée d'abord avec Liszt (¹), puis définie et complétée par *les quatre*, est d'une fantaisie charmante et vraiment gaie. Rien n'était plus propre à combattre le spleen et le mal de l'isolement.

Berlioz semble, en effet, avoir joui d'un calme salutaire durant son séjour à Rome et jusqu'à son retour à Paris. Sa

(1) Où l'auteur de la *Notice sur Berlioz* avait-il donc la tête, lorsqu'il a introduit dans cette société de joyeux sceptiques le religieux, le vertueux, le *candide* Mendelssohn ?

mésaventure avec Mlle Moke, qui était en réalité le très juste châtiment de sa double trahison envers miss Smithson et envers l'excellent Hiller, lui avait procuré, dès le début, un congé de trois mois : il ne resta guère en tout que huit ou neuf mois à Rome, de juillet 1831 à avril 1832, encore faut-il retrancher un mois passé à Naples au mois de novembre. M. Vernet l'ayant autorisé à quitter Rome au bout de dix-huit mois au lieu de deux ans, il part le 1er mai, reste six mois dans sa famille et rentre à Paris au commencement de novembre. Il devait donner deux concerts avant d'aller subir le séjour réglementaire d'une année en Allemagne. Il ne pensait pas plus alors à Camille qu'à Henriette et les confondait dans ses malédictions et dans ses haines.

Pourtant il eut encore à ce moment même, ceci est fort délicat à dire, un autre *gracieux Ariel*. Ecrivant de la Côte à Mme Vernet, le 25 juillet 1832, au moment où il rentre définitivement en France, il s'excuse de n'avoir pas envoyé à Mlle Louise quelque petite composition dans le genre de celles qu'elle aime. « Ce que j'avais écrit, dit-il, ne me paraissant pas digne d'exciter le sourire d'approbation du *gracieux Ariel*, j'ai suivi le conseil de mon amour-propre et je l'ai brûlé. » Aurait-il été vraiment touché de ce côté encore? Assurément la beauté de Mlle Vernet l'avait frappé comme beaucoup d'autres : « Mlle Louise Vernet est toujours plus jolie que jamais », écrivait-il à Hiller le 13 mai, de Florence, semblant regretter sa rentrée en France. Après cette qualification de *gracieux Ariel* qui lui échappe ici comme un aveu, je ne puis guère relire cette lettre-là sans considérer cette phraséologie comme un langage de prétendant, devenu diplomate et circonspect, cette fois : « Je n'ai plus à espérer le soir le piano de Mlle Louise, ni les sublimes adagios qu'elle avait la bonté de me jouer, sans que mon obstination à les lui faire répéter pût altérer sa patience ou nuire à l'expression de son jeu. Je vous vois rire, madame; vous dites sans doute que je ne sais ni ce que je veux, ni où je voudrais être, que je suis à demi fou. A cela je vous répondrai que je sais parfaitement bien *ce que je veux* (les mots sont soulignés de sa main) mais que, pour ma *mezza pazzia* (demifolie), comme on s'accorde assez généralement à m'en gratifier, et que, dans beaucoup de circonstances, il y a un grand avantage à passer pour fou, j'en prends facilement mon parti. »

Ce qui suit, on en conviendra, a maintenant tout à fait l'air d'une insinuation. Il faut sans doute lire entre les lignes : « Mon père avait imaginé ces jours-ci un singulier moyen de me rendre sage. Il voulait me marier. Présumant, à tort ou à raison, par des données à lui connues, que ma recherche serait bien accueillie d'une personne fort riche, il m'engageait très fortement à me présenter, par la raison péremptoire qu'un jeune homme qui n'aura jamais qu'un patrimoine d'une centaine de mille francs *ne doit pas* négliger l'occasion d'en épouser trois cent mille comptant, et autant en expectative. J'en ai ri pendant quelque temps comme d'une bonne plaisanterie ; mais les instances de mon père devenant plus vives, j'ai été obligé de déclarer catégoriquement que je me sentais incapable d'aimer jamais la personne dont il s'agissait et que je n'étais à vendre à aucun prix. La discussion s'est terminée là : mais j'en ai été désagréablement affecté, je me croyais mieux connu de mon père. Au fond, madame, ne me donnez-vous pas raison ? »

Ce passage est suivi d'une série d'allusions discrètes qui complètent l'insinuation : mais je ne puis approfondir cette question très délicate et, au surplus, secondaire. Si Berlioz est à cette époque de sa vie un volcan éteint, la flamme couve toujours sous la *lave*, comme il le dit ailleurs... Quoi qu'il en soit, nous pouvons croire que s'il a pu être ambitieux de ce côté, il a dû faire, à sa courte honte, une nouvelle école, mais cette fois sans désespoir et sans regrets cuisants.

XIII

LA NOUVELLE FANTASTIQUE

J'ai dit que Berlioz, en se défendant au chapitre de la *Distraction violente* de vouloir raconter son petit roman, avait pourtant essayé d'en faire un récit, mais à l'aide d'une certaine audace d'imagination. C'est ce récit qui fut sa vengeance véritable, car nous venons de voir que son expédition niçoise, qui devait aboutir à un drame lugubre, échoua misérablement dans un retour à la vie « plein d'allegria ».

C'est, en effet, l'épilogue de cette aventure tragi-comique que Berlioz a voulu écrire, en publiant dans les *Soirées de l'Orchestre* le conte intitulé *Euphonia ou la Ville Musicale, Nouvelle de l'avenir*. C'est simplement l'histoire de la distraction violente, sous la forme d'une *Nouvelle* fantastique. On pourrait renverser les termes et dire que c'est une nouvelle *Fantastique*, dans laquelle Berlioz s'abandonne à une colère impétueuse contre la trahison de Camille Moke, de même que, dans la première *Fantastique*, il avait « sanctionné » sa rupture avec Henriette Smithson par la *Ronde du Sabbat*. En prose ou en musique, notre homme n'est guère généreux, paraît-il.

En voici une nouvelle preuve.

Les personnages du conte d'*Euphonia*, dont voici la liste, sont faciles à deviner sous leur travestissement de fantaisie. Lorsqu'on a étudié attentivement, comme je viens de le faire, en rapprochant soigneusement les textes et en essayant de lire entre les lignes, les récits des *Mémoires*, les confidences de la *Correspondance inédite* et celles, bien plus sincères, des *Lettres intimes*, on peut démêler très clairement désormais le sens de cette allégorie qui, jusqu'à ce jour, n'avait été considérée que comme une œuvre d'imagination toute pure. L'apologue, mêlé d'une foule de digressions musicales, tient quarante pages des *Soirées* (¹). Je n'en donne ici qu'une rapide analyse en prenant le texte primitif tel que je le trouve dans la collection de la *Gazette Musicale*, à la date du 18 février 1844.

PERSONNAGES :

Xilef, compositeur, préfet des voix et des instruments à cordes de la ville d'Euphonia.

Rotceh, compositeur, préfet des instruments à vent.

Ellimac, célèbre cantatrice danoise.

Madame Ellianac, sa mère.

Eérisèd, sa femme de chambre.

Ce sont les anagrammes par interversion des lettres : observez la gracieuse dénomination octroyée à Mme Moke, qui devient Mme Canaille.

Xilef (que nous pouvons appeler dès à présent Hiller), écrit à Rotceh (auquel nous restituons de même son nom : c'est Hector Berlioz) qu'il est inquiet de n'avoir pas de nouvelles de son *amie* (appelons-la tout de suite Camille et non Ellimac). Les masques étaient bien faciles à lever. « J'entends sa voix d'Ariel, agile, calme, pénétrante », disait Hiller. Mais la phrase suivante ne peut laisser aucun doute sur la réalité du récit : « Je l'aime, comme tu l'aimerais, toi, si tu pouvais ressentir un amour autre que celui dont tu m'as fait la confidence. » Et à la page suivante, presque textuellement, lisez le dangereux et imprudent aveu : « Elle est très désireuse de te connaître. Je me souviens de l'intérêt avec lequel elle recueillait, avant mon départ de Paris, tous les échos de tes récents triomphes. Je l'en plaisantai même un jour, et comme elle faisait à ce sujet une observation sur mon humeur jalouse : « Moi, jaloux d'Hector,

---

(1) Voir le conte d'*Euphonia* aux *Soirées de l'Orchestre*. p. 293-335.

répondis-je : oh ! non ! *Je ne crains rien : il ne t'aimera jamais, celui-là ; il a au cœur un trop puissant amour* qu'il faudrait éteindre d'abord. » A ces mots, Camille ferme ses beaux yeux et se tait, puis elle les rouvre : « C'est moi qui ne l'aimerai jamais, dit-elle ; quant à lui, si je voulais, monsieur, je vous prouverais peut-être... » Et Hiller ajoute : « Elle était si belle, en ce moment, que je me sentis heureux, je l'avoue, malgré la constance à toute épreuve de mon ami Hector, de le savoir à trois cents lieues de nous, occupé de trombones, de flûtes et de saxophones. Tu ne m'en voudras pas de ma franchise ? »

A part les changements des noms et du lieu de la scène, ainsi que l'arrangement des épisodes, on peut voir déjà que Berlioz tient absolument à expliquer qu'il a été *putiphardé* comme l'auteur du conte. « Point de lettres ! » s'écrie-t-il sans cesse, comme faisait le héros jadis lorsqu'il arrivait à Rome. La plume s'échappe de sa main, il brûle, il a la fièvre. Que lui font les Italiens et leur barbarie! Il s'envolerait à travers les airs vers les lieux *où est sa vie*, s'il n'était retenu par sa parole trop légèrement donnée ! — Tout cela est bien le commentaire des *Mémoires* : c'est la mise en scène des chapitres de la *Distraction violente* et de l'expédition à Nice.

Mais continuons. Voici des fragments d'un monologue de Camille. « Pourquoi est-il parti? Un homme qui aime bien ne doit jamais quitter sa maîtresse. Il ne doit voir qu'elle au monde et compter tout le reste pour rien. » La femme de chambre lui apporte une lettre de *son fiancé* : « Le drôle de mot! Ah! que c'est ridicule, un fiancé! mais il peut m'appeler sa fiancée! Sotte fille, avec ses termes grotesques ! Tout cela me déplaît, me crispe, m'exaspère... » Elle lit les lettres... « C'est cela, ses reproches... des souffrances, son amour... Toujours la même chanson... jeune homme, tu m'obsèdes! Décidément, mon pauvre Hiller (Xilef), te voilà flambé! » (Vous savez que tout peut s'appliquer de même à Hector). Camille poursuit : « Et maintenant qu'il a perdu pour moi le repos de sa vie (phrase de romans) c'est un peu leste de le planter là! Oui, mais... on ne vit qu'une fois ! »

Il intervient dans le monologue un baron, personnage sans doute de l'invention de Berlioz, puis entre la mère *Madame Canaille,* qui « s'avance pesamment ». (Comme il l'aime, cette belle-mère avant la lettre! Et dire qu'il eût pu être pour elle un vrai gendre!)

La brave dame vient faire des remontrances pathétiques à sa fille. « Ce mariage ne vous convient en aucune façon : ce jeune homme n'a pas assez de fortune! Et puis, il a des idées, des idées si étranges sur les femmes! Tenez, vous êtes folle, trois fois folle, permettez-moi de vous le dire, et même niaise, avec tout votre esprit et votre talent. On n'a jamais vu exemple d'un tel choix ni d'une telle manie d'épousailles! » Camille arrête ce débordement de conseils en apprenant à sa mère qu'elle prêche une convertie. Son idée est de partir pour Euphonia, de changer de nom pour dépister Hiller et de se mettre sous la protection d'Hector. Sur ce, madame Canaille, ravie, sort « en soufflant comme une baleine et en faisant des signes de croix. » La femme de chambre est plus scrupuleuse, elle prévoit un malheur : « *il se tuera.* » Camille la renvoie avec colère : « Il se tuera! ne dirait-on pas, que je suis obligée... d'ailleurs, est-ce ma faute si je ne l'aime plus? »

Restée seule, la fille s'assied au piano ; ses doigts courant sur le clavier reproduisent le thème de la première symphonie d'Hector qu'elle a entendue six mois auparavant et elle murmure en jouant : « Réellement, c'est beau cela! il y a dans cette mélodie quelque chose de si élégamment tendre, de si capricieusement passionné!... » Elle s'arrête. Long silence. Elle reprend le thème symphonique : « Hector est un homme à part! différent des autres hommes par son génie, son caractère (*jouant toujours*) et le mystère de sa vie (*elle prend le mode mineur*)... *Il ne m'aimera jamais*, au dire de Hiller! » Le thème reparaît fugué, disloqué, brisé. Crescendo. Explosion dans le mode majeur. Camille s'approche d'une glace, arrange ses cheveux en fredonnant les premières mesures du thème de la symphonie... Nouveau silence...

Après ces réflexions, Camille envoie au baron (?) son

congé sous une forme délicatement allégorique, tandis que sa mère congédie le prétendu : « Qu'il s'arrange ! » s'écrie-t-elle en sortant. Camille part pour Euphonia où elle va se présenter à Hector sous le nom de Nadira.

C'est là que celui-ci la rencontre. Il l'a entendu chanter le thème de sa première symphonie et raconte à Hiller que « son regard à la fois distrait et inspiré l'a étonné par la singularité de l'expression et qu'il a pensé tout de suite au malheur de l'homme qui aimerait une telle femme sans être aimé d'elle ». Il la revoit vingt fois en songe, il rêve qu'il la maltraite et que ses brutalités la rendent horriblement malheureuse. Il se réfugie dans un bosquet de rosiers pour échapper à ce cauchemar et sa harpe éolienne lui fait entendre le thème que chantait la veille son inconnue. Il ouvre les yeux : elle est devant lui. Elle vient lui demander d'être inscrite sur le programme du concert qu'il va donner en l'honneur de Gluck. Il refuse avec obstination, sous prétexte que le chant orné n'est pas admis et que celui de l'artiste, « brillant surtout par la légèreté et la grâce des broderies, ne saurait figurer dans une cérémonie éminemment grandiose et épique. »

Elle sort, en proie à un profond dépit.

Lorsque sa colère s'est dissipée, Hector rit « de la naïveté de cette jeune folle, accoutumée sans doute, au milieu de ses adorateurs, à voir tout plier devant ses caprices, et qui avait pensé venir sans résistance détruire l'harmonie de sa fête ». Toutefois, la cérémonie terminée, il pense qu'il doit rendre à la beauté une part de sa gloire, et, ayant rencontré le regard humble et attristé de Nadira, il la désigne pour couronner le buste de Gluck. Celle-ci, rougissant et pâlissant tour à tour, s'écrie avec une humilité profonde : « Hier encore, je n'étais qu'une femme vulgaire, le grand art ne m'avait point été révélé. Je comprends maintenant, j'entends, je vis, je suis artiste ! Mais l'instinct du génie d'Hector pouvait seul le deviner. » Elle disparaît après cette scène.

Nous la voyons ensuite entrer chez l'artiste qui s'était retiré chez lui après la cérémonie. « Hector, dit-elle, tu m'as initiée à l'art, tu m'as donné une existence nouvelle, je t'aime. Veux-tu m'aimer ? je te fais don de tout mon être ; ma vie, mon âme et ma beauté sont à toi. » Après un instant de doute silencieux, songeant à son ancien amour qui s'est évanoui, il accepte : « Mais, si tu me trompes, aujourd'hui ou jamais, tu es perdue. — Aujourd'hui ni jamais, je ne puis te tromper, mais dussé-je payer par une mort cruelle le bonheur de t'appartenir, je le veux ce bonheur, je te le demande, Hector. — Nadira ! nos bras... nos cœurs... nos âmes... l'infini !... »

Sur ces entrefaites, Mme Canaille, « cette respectable matrone », déclare expressément à l'*autre*, — c'est Hiller — que sa fille renonce à lui. Ici encore une paraphrase des *Mémoires* : « On ne peut guère se représenter la secousse, le déchirement, l'indignation, la douleur, la rage infinie de Hiller à la lecture d'un tel chef-d'œuvre de brutalité, d'insolence et de mauvaise foi. Il frémit de la tête aux pieds : deux larmes et deux flammes jaillirent ensemble de ses yeux et l'idée d'une punition digne du crime s'empara immédiatement de son esprit. » Malgré l'inversion des rôles, on retrouve tout entier le passage des *Mémoires* que j'ai déjà cité. L'analogie est d'autant plus frappante que, comme dans les *Mémoires*, où l'escapade de Berlioz lui faisait perdre sa pension, la vengeance de Hiller lui coûte sa prétendue place de préfet des instruments à cordes.

La conclusion est naturellement différente, puisqu'ici c'est Hiller qui a sa vengeance à réaliser : mais ce n'est que pour la forme. Arrivé à Euphonia, il retrouve Camille sous le nom emprunté de Nadira. Il ne veut pas la reconnaître ; celle-ci en fait autant et le salue « d'une façon polie, mais froide, sans le plus léger symptôme de surprise ni de crainte : telle était la prodigieuse habitude de dissimulation de cette femme ». C'était au milieu d'un bal ; longtemps avant la fin la pénétration de Hiller avait reconnu « à certains signes, imperceptibles pour tout autre observateur », la vérité irrécusable de ce fait : *Nadira trompait déjà Hector*. L'idée « d'une résignation stoïque » à laquelle il s'était d'abord arrêté « pour ne pas détruire le bonheur de son ami et le laisser dans l'ignorance des antécédents de Nadira » fait place à des pensées qui lui dévoilent « des horizons d'horreur encore inconnus ». Son parti est bientôt pris. Il garde l'incognito, Nadira en fait autant et enjoint à sa mère d'imiter sa réserve à l'égard de Hiller, qui paraît vouloir oublier un secret qu'elles et lui connaissent seuls à Euphonia. Il se cache sous divers déguisements et épie les démarches de Nadira, la suivant « dans ses plus secrets rendez-vous » ; il parvient en quelques mois à tenir le fil de toutes ses intrigues et à mesurer l'étendue de son infamie. Le dénouement du drame est dès lors arrêté dans son esprit : « Hector devait être arraché à tout prix à une existence ainsi souillée et ainsi déshonorée, sa mort même dût-elle être la suite de son désillusionnement ; il fallait que le grand amour, l'amour noble et enthousiaste, le plus sublime sentiment du cœur humain, qui avait embrasé deux artistes éminents pour une si indigne créature, fût vengé, et vengé d'une manière terrible et à nulle autre pareille. »

Or, il y a dans Euphonia un célèbre mécanicien : il a construit un piano gigantesque (voilà Pleyel maintenant!) qui fait l'étonnement et l'admiration de tout le monde. Hiller conseille à Hector d'en faire don à Nadira pour le jour de sa fête, et d'y ajouter un délicieux pavillon d'acier que le même artiste vient de construire. Marché conclu. Nadira, mise en possession du pavillon qu'elle admire fort, veut l'inaugurer par un bal d'amis intimes dont son cher Hector sera l'âme, en improvisant de brillants airs de danse sur le nouveau piano-géant. Elle reçoit le soir même dans le pavillon « son énorme mère, » les jeunes femmes « bien dignes sous tous les rapports de l'amitié dont elle les honore » et les jeunes hommes « qu'elle a *distingués* ».

Le piège est tendu : Hiller, devenu le grand justicier, voit avec un sang froid terrible ses victimes venir s'y prendre successivement. Il anime Hector qui s'est mis au piano, puis il presse un ressort qui fait mouvoir le mécanisme secret du pavillon : l'espace se rétrécit rapidement, Nadira se sent étouffer et « sa basse nature dévoilée par la peur de la mort se montre dans toute sa laideur ». Hiller la raille, lui demande « comment se trouve son *hippo*-

potame de mère (¹), dont il n'entend plus la douce voix. »
Puis, c'est « un bruit hideux de chairs froissées, un craquement d'os qui se brisent, de crânes qui éclatent ; les yeux jaillissent hors des orbites, des jets d'un sang écumant se font jour au-dessous du toit du pavillon, jusqu'à ce que l'atroce machine s'arrête épuisée sur cette boue sanglante qui ne résiste plus. » Hector, absorbé dans ses improvisations, n'a rien n'entendu. Hiller, l'œil hagard, l'arrache du clavier et l'entraîne près du charnier fumant, en lui criant : « Viens ! malheureux ! viens voir ce qui reste de ton infâme Nadira qui fut mon infâme Camille, ce qui reste de son exécrable mère, ce qui reste de ses dix-huit amants ! Dis si justice est bien faite ! regarde ! » A ce spectacle, Hector devient fou, et Hiller reprenant son sang-froid, tire sa poche un flacon de cyanogène, respire le poison et tombe foudroyé.

Tout cela est assez enfantin et de fort mauvais goût. C'est brutal, car les masques sont par trop faciles à soulever et, malgré le caractère fabuleux de ce conte à dormir debout, on voit clairement que Berlioz l'a écrit sous l'inspiration de son humeur vindicative pour satisfaire une implacable rancune.

Vous avez déjà vu comment il traitait miss Smithson lorsqu'il se consolait aux pieds de la belle Camille. Voici maintenant qu'il déchire celle-ci avec rage. Il avait écrit sa symphonie pour se venger d'Ophélie ; c'est une nouvelle

(1) Ce mot d'hippopotame est un nouveau trait de lumière qui permet de reconstituer un autre incident de cette histoire. C'est un an après l'équipée de Nice. Berlioz écrit à Hiller, de Rome, le 16 mars 1832 : « Vous avez le paquet qu'on vous a adressé, ouvrez-le, je vous y autorise. Seul et discret, prenez ma médaille qui doit y être, etc. » Suivent diverses commissions, il ajoute : « Ah ! pour le paquet en question, j'oubliais, remettez-le à Gounet. » Et dans la lettre suivante (Florence, 13 mai 1832), nous trouvons le mot révélateur : « Vous oubliez de me dire un mot de ce bon Gounet et si c'est à lui que vous avez remis *le paquet de l'hippopotame*. »

La médaille n'était pas seule dans *le paquet de l'hippopotame*: dans une lettre du 17 septembre 1831, Berlioz écrivait au même Hiller : « Vous avez donc eu la complaisance de vous nantir de ma médaille et de quelques brimborions d'or. » C'étaient donc ces objets, bijoux, souvenirs, etc., que « l'hippopotame de mère » faisait renvoyer à Berlioz par l'entremise de l'excellent Hiller. N'est-ce pas encore un des côtés les plus divertissants de cette aventure si curieuse ?

Fantastique qu'il compose — sans orchestre, cette fois — pour renier le gracieux Ariel. Il est heureux que les *Lettres intimes* nous donnent la contre-partie de ces extravagances.

Toujours est-il que Mme Berlioz-Smithson vivait encore au moment où fut publié le volume qui contenait cette histoire : il est douloureux de penser que tout ceci avait pu être lu par la pauvre abandonnée : les deux époux avaient déjà brisé leur triste lien par une séparation volontaire au moment où cet apologue parut dans la *Gazette Musicale*.

Ce n'est pas tout. Les personnages mis en scène dans ce conte ridicule étaient tous en chair et en os. Hiller habitait Francfort ; Mme Pleyel était à Paris alors ; son mari vivait encore : il ne mourut que dix ans plus tard. On peut juger ainsi quelle était la méchanceté de Berlioz, et son ingratitude pour une femme qu'il avait adorée à en perdre l'esprit. On doit toujours être reconnaissant de ces bonheurs là, si faible qu'en soit la durée. Lors de la mise en vente du volume des *Soirées*, les *Mémoires* étaient déjà presque entièrement rédigés. C'est vers 1849 qu'il faut placer la composition du chapitre *Distraction violente* ; celui qui a pour titre : *Il n'y a personne de mort*, etc., avait paru dès 1844 dans le volume : *Voyage musical en Italie* (¹). On avait pu très sûrement saisir les allusions, car nous avons vu que Berlioz aimait les confidences et que ses *aventures* étaient toujours le secret de Polichinelle (²). En reproduisant le récit de cette équipée dans ses *Mémoires* avec ses Voyages d'Italie et d'Allemagne,

---

(1) Il forme le chapitre VI du deuxième volume, sous le titre : *Episode bouffon*.

(2) On a conservé à la Côte la tradition de cette aventure. C'est fort explicable, puisque, comme on l'a vu d'après sa correspondance, Berlioz écrivait tous les deux jours à ses parents, de Florence et de Nice, au moment où il voulait se livrer à un carnage affreux sur toute la famille Pleyel-Moke. Ce qui est fort amusant, c'est qu'on donne une version — une variante, devrais-je dire, — dans laquelle Camille Moke est remplacée par Marie Sasse ! Ayant appris à Rome le mariage de cette dernière avec Pleyel, en 1831, Berlioz serait devenu fou : on aurait dû l'enfermer. Voilà ce que l'on m'a affirmé.

A part ce détail, le fond est vrai ; quant à la substitution, elle n'est guère flatteuse pour Marie Sasse qui, d'après l'évaluation des habitants de la Côte, aurait dû avoir dix-huit ou vingt ans en 1831 et, dans leur opinion, serait âgée aujourd'hui d'au moins soixante-douze ans ! !

il avait complété sa confession — fort peu sincère, on a pu le voir — par le chapitre très mordant de la *Distraction violente*. Mais les *Mémoires* ne devaient être publiés qu'après sa mort; il jugea sans doute que la vengeance serait trop lente, et préféra atteindre les vivants : c'était plus sûr, sinon plus chevaleresque. Le génie a de ces absences-là. Il faut les plaindre, mais non les cacher.

Je n'ai pas cité, dans ce récit, certains traits acérés qui montrent que Berlioz n'a pas plus épargné l'artiste que la femme. Ici les allusions sont encore plus faciles à relever : « Elle préfère, disait Hiller à Hector, le chant orné aux grands élans de l'âme, elle échappe à la rêverie. Elle entendit un soir à Paris ta première symphonie sans verser une larme. Elle trouve les adagios de Beethoven trop longs. — Femelle d'homme !!! » ajoute-t-il.

Et quelques lignes plus bas : « Shakespeare n'est pour elle qu'un poète comme tant d'autres : Elle rit, elle rit, la malheureuse, des chansons d'Ophélia, qu'elle trouve très inconvenantes, rien de plus. — Femelle de singe !!! »

Je dois citer encore, pour compléter ce chapitre, des extraits, tout aussi topiques, d'un autre conte qui fait partie du même volume, sous le titre : le *Suicide par enthousiasme, Nouvelle vraie* (¹), et qui avait déjà paru dans le *Voyage musical*.

Dès les premières pages du volume *A travers chants*, on peut lire l'affirmation de l'authenticité du fait raconté ici par l'auteur. C'était un article paru dans la *Gazette musicale* en 1834, peu de temps après le mariage de Berlioz avec Henriette.

Le billet signé *Hortense N***, donnant rendez-vous à Adolphe, la description de la personne et du talent de pianiste de l'héroïne, nous rappellent, comme les allusions d'*Euphonia*, bien des particularités de l'aventure qualifiée aux *Mémoires* de « distraction violente ». Cette nouvelle allégorie est tout entière expliquée par le passage suivant : « Notre Parisienne en entendant parler de toutes parts,

(1) *Soirées de l'Orchestre*, p. 140-168.

demanda et obtint sur le héros de l'aventure des renseignements qui lui parurent piquants. Elle voulut le voir aussi, comptant bien, après avoir à loisir examiné l'original, fait craquer tous ses ressorts, joué de lui comme d'un nouvel instrument, lui donner un congé illimité. » C'est tout à fait la *putipharderie* des *Mémoires* et l'apologue d'*Euphonia*.

De même, les entretiens d'Adolphe et d'Hortense, la déclaration du premier après l'exécution de l'*Orage*, de Steibelt, le *Hummel du temps*, dont elle couvrait les sonates « de broderies parfois d'une audacieuse originalité, » la violence de la passion du jeune artiste, tout nous remet encore en scène Berlioz et le gracieux Ariel. Mais ici c'est sur l'artiste seule que frappe la vengeance ; un jour Adolphe qui tient une des mains délicates de son amie, « imprimant sur chaque doigt de petites morsures qu'il efface par des baisers sans nombre », tandis que de l'autre Hortense boucle, en fredonnant, les cheveux de son amant, la prie soudain de lui chanter l'élégie de la *Vestale* : « — Quoi ! c'est cela que vous voulez ? dit-elle, cette grande lamentation monotone *vous plaît*? Oh Dieu ! que c'est ennuyeux, quelle psalmodie ! Pourtant, si vous y tenez... » La gymnastique désordonnée d'Adolphe à cette réponse la fait éclater de rire, et celui-ci exaspéré s'enfuit pour ne plus revenir, en lui criant : « Madame, vous êtes une sotte ! »

Cet abandon est indifférent à la moderne Ariane, qui trouve promptement un consolateur, n'étant pas femme à demeurer dans l'inaction. « *Il fallait un aliment à l'activité de son esprit et de son cœur.* C'est la phrase consacrée au moyen de laquelle ces dames poétisent et veulent justifier leurs écarts les plus prosaïques. »

Mais ce n'est pas cette aventure qui causera la mort d'Adolphe ; il se tuera parce qu'après avoir entendu la *Vestale* il comprendra que la vie vulgaire lui est devenue insupportable. Il explique sa résolution dans une lettre où Hortense n'est pas oubliée. « Oh humiliation ! avoir aimé de l'amour le plus ardent, le plus poétique, de toute la puissance de l'âme et du cœur une femme sans âme et sans cœur, radicalement incapable de comprendre le sens des mots *amour*, *poésie* ! Sotte, triple sotte ! Je n'y puis penser encore sans sentir mon front se colorer ! » Mais Hortense est assez effrontée pour prétendre que c'est à cause d'elle que le malheureux s'est suicidé, et le narrateur termine en laissant entendre que c'est son propre portrait qu'il a voulu tracer. De même, dans *Euphonia*, l'horreur de la scène finale arrachait des exclamations aux auditeurs sur la férocité de l'auteur : « C'est un Corse ! c'est un bandit ! — C'est un musicien, » disait simplement Berlioz.

Dans ce conte du *Suicide par enthousiasme*, les allusions sont tout aussi claires que celles de la nouvelle d'*Euphonia*, mais l'histoire se termine par un dénouement qui sent moins la charcuterie. De même je trouverais dans cette *Nouvelle vraie* des critiques bien perfides du talent musical de l'héroïne, dont l'original ne peut être, comme dans *Euphonia*, que le « gracieux Ariel ». Chacun peut faire le rapprochement.

Il vaut mieux, car la citation sera plus intéressante, prendre Berlioz sur le fait. Un court extrait de son feuilleton des *Débats* daté du 16 avril 1845, sur le concert de Mme Pleyel, nous prouve que, chez lui, la rancune excluait complètement l'impartialité et que nous avons à nous défier de ses emportements lorsque la passion l'inspire. J'ai parcouru la plupart des articles qui rendirent compte de ce concert, et je dois constater que la sévérité exagérée du feuilletoniste des *Débats* détonne comme une injustice au milieu de l'unanimité des éloges de la presse. Encore le sang-froid de Berlioz nous révèle-t-il toute la violence de sa haine, sous le calme apparent de ce juge impitoyable :

« Deux jours auparavant ([1]), Mme Pleyel faisait au Théâtre-Italien sa première apparition devant le public français. On a annoncé à son de trompe l'arrivée de cette virtuose ; de là des préventions de toute espèce pour et contre elle... Je crois à l'exagération de tous ; Mme Pleyel possédait déjà un talent fait il y a dix-huit ans ; il n'a pas changé de caractère... »

(1) C'était après les concerts de Thalberg.

Ce n'était point exact : le talent de Mme Pleyel s'était merveilleusement développé depuis la *distraction violente* ; l'appréciation qu'en faisait le critique manquait, du reste, absolument de bienveillance : « Elle a incontestablement un talent élégant, gracieux, bien que superficiel et peu expressif ; seulement elle a tort de croire imiter l'expression et la sensibilité par des *minauderies* rhythmiques servant uniquement à dénaturer le caractère de certains morceaux, et toujours à fatiguer l'auditeur en pure perte. *Rien de plus prétentieux et de plus impatientant* en même temps que le *ritenuto* fait par Mme Pleyel sur le second thême de la tarentelle de Dœhler, qu'elle joue, du reste, avec une vitesse exagérée... En tout cas, un lazzarone, quelque galant qu'il soit, ne s'accommoderait guère d'une tarentelle ainsi exécutée, etc. »

Voici la conclusion :

« En somme, Mme Pleyel possède un *beau talent de salon dont la froideur au théâtre est communicative* : le calme du public l'a prouvé à ses deux concerts. »

Je ne crois pas que le plus féroce des ennemis de Berlioz ait jamais trouvé des traits aussi cruels à lui décrocher. C'est atroce, n'est-ce pas ? Il y a encore une ligne ; elle est tombée de sa plume avec le plus superbe dédain :

« Quant à ses compositions, je crois qu'il ne faut pas leur accorder beaucoup d'importance : c'est de la musique d'amateur. » On sait quel sens a ce mot dans la bouche d'un artiste ; Berlioz aurait pu écrire, c'était bien le fond de sa pensée : « c'est de la musique de vétérinaire. »

Tout cela était signé : *Hector Berlioz*. Le gracieux Ariel pouvait, deux jours après son concert, constater l'aménité exquise et l'équité parfaite de « son cher Lucifer, de son beau Satan » de 1830. C'est tout à fait diabolique, en effet, car dans son compte rendu des fêtes en l'honneur de Beethoven, à Bonn, Berlioz écrivait à la même place : « Mme Pleyel a joué avec une prestesse et une élégance rares (¹) le ravissant concerto de Weber ». Et il avait signalé (²), dans un autre

---

(1) *Soirées de l'Orchestre*, deuxième épilogue, p. 383.
(2) Feuilleton des *Débats* du 13 décembre 1839.

article des *Débats*, le morceau comme ayant été rendu presque « inabordable » par Liszt.

Nous pouvons de même rapprocher le passage du conte d'*Euphonia* où il prétend que Camille trouve les adagios de Beethoven trop longs, de la confidence plus sincère que nous avons trouvée dans les *Lettres intimes* : « Ah ! mon cher, si vous l'entendiez *penser tout haut* les sublimes conceptions de Weber et de Beethoven, vous en perdriez la tête. Je lui ai tant recommandé de pas jouer d'adagios, que j'espère qu'elle ne le fera pas souvent. Cette musique dévorante la tue. » C'est dans la même lettre qu'il s'enthousiasmait de son ineffable bonheur d'être aimé d'un ange pareil, « *le plus beau talent de l'Europe.* »

La même méchanceté éclate dans une lettre adressée de Londres, en 1852, à d'Ortigue, qui le remplaçait aux *Débats* pendant ses voyages : « Mlle Clauss est considérée comme la première *pianiste musicienne* de l'époque, malgré les intrigues de... » Les éditeurs ont effacé le nom de cette intrigante, mais, sans avoir vérifié le fait, j'affirme que c'est encore Camille. Dans les articles de Berlioz aux *Débats* sur la musique en Angleterre, dont on trouve une partie aux *Soirées de l'orchestre*, il parle de M. Ella, qui sait réunir les virtuoses les plus renommés : « Léonard et Vieuxtemps, Mlle Clauss et Mme Pleyel (1) ». Certainement c'est celle-ci qui *intriguait* aussi contre sa rivale. Aussi comme il intrigue à son tour : « Ne manque pas de parler de Mlle Clauss, » écrit-il à d'Ortigue.

Mais il faut sourire de ces misères : l'enthousiasme de la critique parisienne, dont on peut lire le témoignage dans les articles des journaux du temps, à propos des concerts de Mme Pleyel à Paris, en 1849, la venge de cet acharnement. Je voudrais citer en entier le feuilleton de Th. Gautier, conservé dans le recueil de ses articles de critique (2), comme un exemple de ce lyrisme que soulevaient, à Paris, les apparitions de l'éminente artiste : « cette belle femme, immobile et pâle, dont les yeux fixes semblent faire jaillir des étin-

(1) *Soirées de l'Orchestre*, p. 274.
(2) *L'Art dramatique en France depuis vingt-cinq ans*, 6e série, p. 93-95.

celles sonores de cette froide table devenue frémissante et phosphorescente... Ses yeux distraits errent dans la salle où sa bouche fait scintiller l'éclair pâle de son sourire... » puis le *bombardement des bouquets :* « la grande musicienne, faisant ployer les plis épais de sa belle robe de moire à ferrets de diamants, inclinant sa tête, émue et pâle sous sa blanche couronne de marguerites étoilées de pierreries, en a ramassé autant que ses belles mains en pouvaient contenir et s'est retirée avec une de ces gracieuses révérences de cour dont le secret se perd... »

N'est-ce pas ainsi que Berlioz décrivait l'héroïne d'*Euphonia* : « Je crois la voir avec sa désinvolture ondoyante, ses grands yeux scintillants, avec son air de déesse... Elle effleure la harpe avec sa main droite étincelante de diamants... » Enfin, lorsqu'elle couronnait le buste de Gluck, il la montrait « arrachant les perles et les joyaux qui ornent sa chevelure ».

Précisément, Berlioz eut à rendre compte du même concert dans les *Débats;* mais quelle singulière façon de se tirer d'affaire ! Jugez-en plutôt (1) :

« Il m'a été impossible, malgré les belles dimensions du salon d'Erard, non seulement d'y trouver une place acceptable, mais encore d'y pénétrer. De sorte que d'un immense feuilleton de dix colonnes tout au moins que j'aurais chanté sur le mode ionien aux éminentes facultés du mécanisme de Mme Pleyel, me voilà réduit à trois lignes de prose, car enfin, bien que j'aie souvent entendu et admiré cette grande pianiste, encore fallait-il l'entendre de nouveau cette fois pour me prononcer sur la question à l'ordre du jour. A-t-elle fait des progrès et pouvait-elle en faire ? Question ardue et presque aussi difficile à résoudre pour les connaisseurs que celle de savoir si la lumière zodiacale vient de l'atmosphère du soleil, et peut être plus importante, j'en demande pardon à M. de Humboldt (2). »

Comparez ces calembredaines avec le feuilleton enthousiaste de Gautier sur le même concert ! Un court extrait va

(1) *Soirées de l'Orchestre*, p. 300 à 373.
(2) *Journal des Débats*, 9 juin 1849.

donner l'idée du ton de l'article. Le critique nous montre les progrès merveilleux accomplis par la grande artiste à chacune de ces périodes de sa brillante carrière, durant lesquelles, je l'ai dit, elle se retrempait par de nouvelles études : « Ce piano, disait Gautier, qu'elle avait éveillé à la vie, et qui était devenu un confident, elle en a fait un esclave. Après l'avoir séduit, elle a vécu avec lui comme un amant avec sa maîtresse pour finir par le dominer impérialement : elle a eu le charme, d'abord, ensuite la passion, puis la force, cette qualité rare et suprême, ce cachet souverain des maîtres, la force sur qui s'appuyent si fraternellement l'Amour et la Grâce, ce couple divin. »

J'ai pris la défense de Mme Pleyel, car il fallait qu'elle fût vengée à son tour : Berlioz avait été trop loin : il eût dû, quelque grand qu'eût été le tort de la famille Moke envers lui, oublier un passé douloureux, surtout après avoir retrouvé Henriette qu'il avait cru perdue à jamais et qui lui donnait la consolation des amertumes souffertes en d'autres temps. En tous cas, puisqu'il n'était pas généreux, il devait toujours être juste, et ce qui n'atténuait pas les injustices des feuilletons des *Débats*, ni les cruautés du conte fantastique d'*Euphonia*, c'est que Berlioz n'eût jamais pu supposer que ses lettres à Ferrand viendraient à être publiées. Qu'eût-on pensé de Mme Pleyel, sans cette réhabilitation posthume ?

Mais que lui importait ? Il savourait la joie de la vengeance, « cet objet de luxe, ce superflu, nécessaire à certaines organisations », comme il le disait ingénûment dans une lettre, et avait oublié tout le reste. N'était-ce pas à son idolâtrée Camille qu'il avait dû le bonheur d'être exécuté à l'Opéra ? à elle qu'il avait dû l'inspiration de sa *Fantaisie sur la Tempête* ? à elle aussi qu'il avait dû la guérison, la consolation ? Et sa chère Symphonie, qui avait arraché le consentement de Mme Moke (on se rappelle le cri : « C'est donc à elle que je la devrai !») à quoi allait-il la faire servir, au moment de sa rentrée à Paris, après son séjour en Italie ? — A conquérir Ophélie, que le hasard devait mettre de nouveau en sa présence dès son retour !

XIV

HENRIETTE SMITHSON

Avant de retracer cette page douloureuse de la vie de Berlioz, il est nécessaire de mettre en scène miss Henriette Smithson qu'on a seulement entrevue jusqu'ici. Ce fut une fatalité qui poussa de nouveau vers elle le pauvre grand artiste, si ignorant de la vie, si dévoré de désirs et de passions ardentes, si incapable de se résigner, de s'atteler à la vie austère de ménage qui veut la paix du cœur, le calme de l'esprit et la sûreté du jugement. Il allait entreprendre cette rude tâche de père de famille, sans fortune, pis encore, avec près de 14,000 francs de dettes à sa charge, et sans un sou vaillant. Eloigné par humeur comme par sa position d'un monde auquel il ne pardonnait pas ses rigueurs, ses préjugés, son fanatisme italien, limité dans ses relations sociales à un petit cercle d'amis dévoués et de généreux artistes, ayant à lutter contre des haines et des rivalités dont ses vivacités avaient été la première cause, il espérait, et il avait raison, vaincre à force d'énergie et d'obstination. D'un courage invincible et d'une honnêteté admirable, il s'imposa les plus dures privations ; il était depuis dix ans habitué à les supporter. Il les fit partager, pour leur malheur commun, à celle qui fut la compagne de ces années de lutte et de misère. La pauvre Henriette était une femme d'une trempe aussi héroïque que la sienne, et il faut dire, à son grand honneur, que ce fut toujours elle qui décida son mari à ces rudes sacrifices en se refusant à toutes les transactions par lesquelles la dignité de l'artiste et ses convictions eussent pu être atteintes.

Mais la régularité et la sérénité de cette vie intérieure, par la faute du caractère inconstant et léger de Berlioz, autant que par celle de la jalousie, trop motivée, hélas! de sa malheureuse femme, fut bien vite troublée. Il n'y avait pas sept ans que ces deux infortunés, jetés l'un vers l'autre par un de ces enthousiasmes d'artiste auquel aucun des deux n'avait eu la force d'opposer la voix sévère de la raison, s'étaient rivés à la même chaîne, que déjà le mari, las des orages intérieurs, rêvait de briser le lien qu'il s'était attaché ; au bout de sept ans de mariage, il prenait la fuite et se créait un nouvel intérieur, moins agité, mais sans doute aussi plus prosaïque que celui qu'il avait rêvé et que la destinée lui avait refusé tel. Ses remords durent être cruels lorsqu'il assista, moins de six ans après, à la lente agonie de la malheureuse Henriette, qu'il revoyait toujours, malgré leur séparation volontaire, dans les intermittences de ses longues excursions à l'étranger, et pour laquelle il conserva jusqu'au dernier moment une affection sincère, dont la pauvre femme était certainement digne.

Comment eût-il pu la juger, connaître son passé, son caractère, ses goûts, son humeur, lui qui fut frappé, comme d'un coup de foudre en un instant, terrassé par son amour shakespearien, lors de cette apparition radieuse d'Ophélie, lui inconnu, sans fortune, n'ayant même pas encore conscience de son génie, de sa destinée, simple apprenti compositeur, ayant à peine vingt-quatre ans et ignorant tout de la vie et du monde ? Ce fut une vision, rien de plus, et il eut le tort de la prendre pour la réalité. Mais hélas! avec une nature telle que la sienne, il n'était guère possible qu'il ne fût pas ébloui par le mirage. Henriette était admirablement belle. Une dame écrivait d'elle en 1827 : « Sa tournure élégante a beaucoup gagné au choix bien avisé de quelque modiste de premier ordre et de quelque corsetière fashionable qui ont bien vite fait d'elle une des femmes les plus brillantes et dont l'art distingué commande l'admiration générale. Je me souviens de l'avoir vue en Irlande ou en Angleterre, mais aujourd'hui, le premier regard que j'ai jeté sur elle m'a fait songer aux *Métamorphoses* d'Ovide, tant miss Smithson a été vite changée en une véritable parisienne. » Cela était fort éblouissant, et il y avait de quoi faire tourner la tête à de moins impressionables que Berlioz : mais que savait-il d'elle, de sa vie, de son caractère et de ses pensées ?

On ne connaît que fort peu de détails sur la vie artistique d'Henriette Smithson. Les *Mémoires* ne nous parlent de son talent d'interprétation que dans les rôles d'Ophélie et de Juliette : Berlioz nous dit qu'il ne la vit jamais dans celui de Cordelia, du *Roi Lear*, qui fut une de ses plus belles créations. Elle joua beaucoup d'autres œuvres, toujours avec un talent supérieur. En 1856, un des artistes qui avaient fait partie de la troupe anglaise qui donna des représentations en France en 1827, Macready, se reportant aux auditions de *Jane Shore*, tragédie de Rowe, qui figurait au répertoire de la troupe de l'Odéon, et rappelant l'effet que produisit le jeu de la belle actrice, à vingt-huit ans de là, écrivait : « A Paris, où le goût en matière dramatique était plus pur alors, m'assure-t-on, qu'il ne l'est aujourd'hui (c'était parfaitement exact), je me rappelle que lorsque miss Smithson dans *Jane Shore* prononçait ces mots : *il y a trois grands jours que je n'ai pris de nourriture*, un frisson parcourait la salle et tout le monde murmurait : « Ah ! mon Dieu ! [1] ». Un critique français la jugeait ainsi dans le rôle de Virginia, d'une tragédie de Knowles, *Virginius* [2] : « On m'a dit que miss Smithson a été admirable au moment de l'agonie dans la lutte de l'honneur contre l'amour de la vie : je n'en ai rien vu ; il y avait déjà quelques instants que je ne pouvais plus regarder. »

C'est bien conforme à l'idée que nous nous faisons, d'après les *Mémoires*, de l'enthousiasme du public et des journaux. La soirée du bénéfice de l'actrice, fut un éclatant triomphe : on refusa plus de mille personnes : le théâtre était jonché de bouquets et de couronnes. Charles X fit offrir une bourse d'or à miss Smithson, et la duchesse de Berry lui envoya un magnifique vase de Sèvres.

(1) *Revue Britannique*. Décembre 1879. p. 304.
(2) Berlioz avait conçu le projet d'écrire un opéra sur ce thème dramatique.

Berlioz n'a jamais fait que de bien rares allusions à ces représentations de Shakespeare à l'Odéon. Dans un article écrit en 1859 sur la reprise du *Roméo et Juliette* de Bellini à l'Opéra et reproduit dans *A travers chants*, il s'attache à *démolir* (c'est le mot qu'il emploie dans une lettre à son fils) l'ouvrage italien qui a le premier de tous les torts à ses yeux, celui de passer avant les *Troyens*. Il parle à ce propos du drame de Shakespeare; « La scène du tombeau, dit-il, représentée par les grands artistes anglais, restera comme la plus sublime merveille de l'art dramatique. » Dans un autre passage de l'article, il cite le monologue de Juliette : « En entendant à la représentation ces deux terribles scènes [1], il m'a toujours semblé sentir mon cerveau tournoyer dans mon crâne et mes os craquer dans ma chair, et je n'oublierai jamais ce cri prodigieux d'amour et d'angoisse *qu'une seule fois j'entendis :*

Romeo ! Romeo ! Here's drink. — I drink to thee ! »

Je puis compléter ces trop courtes mentions par des renseignements très précieux que j'ai pu recueillir sur la vie et la carrière dramatique de la célèbre artiste avant son arrivée à Paris en 1827.

C'était la première fois que Henriette Constance Smithson venait en France. Elle était née à Ennis, comté de Clare, en Irlande ; ses parents était anglais et descendaient, au dire du père, d'une famille du comté de Glocester. La date de sa naissance n'est pas certaine : celle du 18 mars 1802 est la plus communément adoptée. Un publiciste anglais, qui a certainement compulsé des documents authentiques et qui possédait sans doute des indications assez complètes, la fait naître en 1800. Elle était, de toute façon, plus âgée que Berlioz, né le 11 décembre 1803. L'article dont je parle est de M. Dutton Cook et a paru dans le *Gentlemens Magazine* : il a été reproduit en français dans la *Revue Britannique*.

Nous apprenons de cet écrivain que le père d'Henriette, Joseph Smithson, avait voyagé pendant plusieurs années en

---

[1] L'autre scène dont parle Berlioz est celle du troisième acte d'*Hamlet* commençant par ces mots : « Eh bien ! ma mère, que me voulez-vous ? »

Irlande, comme directeur de théâtre. Ses filles avaient été très convenablement élevées : Henriette avait été confiée à un clergyman, le révérend docteur Barrett, à Ennis : elle fut envoyée plus tard à une école de Waterford, dirigée par Mme Ronnier. Elle n'avait aucun goût pour le théâtre et avait souvent témoigné une vive répugnance pour les représentations dramatiques. Ce fut son père qui, ayant vu sa santé s'altérer, la décida à suivre cette carrière, pour gagner sa vie. Lord et Lady Castle Coote présentèrent Henriette au directeur du théâtre de Dublin, Jones, et lui firent obtenir un engagement. Elle débuta sur cette scène dans le rôle d'Albina Mandeville, de la comédie de Reynold, *the Will*, et réussit ; elle était encore bien jeune, presque une enfant.

Ce n'est en effet qu'en 1817 qu'elle se rendit en Angleterre, après avoir joué successivement sur différentes scènes irlandaises, à Belfast, Cork et Limerick, puis de nouveau au théâtre de Dublin. Ce long apprentissage rend assez probable la date de 1800, donnée par son biographe comme celle de sa naissance ; car les rôles qu'elle joua d'abord. celui d'Albina Mandeville, le premier, et celui de lady Teasle, dans le *School for Scandal* de Sheridan, ne sont pas de ceux qu'on eût pu confier à une débutante qui n'eût pas eu, en 1815 ou en 1816, plus de treize ou quatorze ans, si la date du 11 mars 1802 était exacte.

En 1817, après ses essais en Irlande, nous la trouvons d'abord au théâtre de Birmingham, dirigé par Elliston ; dès cette année elle est admise par le comité directeur de Drury Lane à faire ses débuts à Londres : son rôle était celui de Letitia Hardy dans *The Bell's Stratagem*. Les appréciations des critiques du temps montrent qu'elle n'était plus une enfant : « C'était une personne grande, bien faite, d'une tournure élégante ; elle avait dans la voix plus de charme que de puissance, sa diction avait plus de verve que de pureté : elle exagérait un peu les scènes comiques sans cependant cesser d'être fidèle à l'esprit de ses rôles ». On constatait que, dans un menuet à la cour, intercalé dans cette comédie, « son joli visage et la grâce de ses mouvements figuraient avec avantage ».

Elle fit deux saisons à Drury Lane ; en 1819, elle retourna à Dublin, engagée dans un nouveau théâtre, Coburg Theater, appelé depuis Victoria Theater. Sur ces entrefaites, son ancien directeur de Birmingham, Elliston, ayant pris le théâtre de Drury Lane, elle y rentra, et reparut à Londres en 1820 dans le rôle de Rosalie Somers, de *Town and Country*. Elle joua ensuite ceux de Lydia Linguish dans *The Rivals* et de Hélène dans un mélodrame écossais, *The Falls of Clyde*. Voici comment le critique du *Morning Herald* appréciait cette dernière interprétation :

« Sa voix, d'une délicatesse exquise, y trouve de ces accents tremblants et passionnés qui prêtent à l'expression de la douleur et de la tendresse un charme irrésistible. Chaque scène, chaque situation, chaque mot produisaient sur le public une impression aussi sûre que profonde. Les talents de cette jeune actrice ne sont pas encore bien appréciés, car ils ne sont pas pleinement développés. Nous désirerions la voir dans un de ces rôles de ce que l'on appelle *la jeune tragédie* où la jeunesse n'est pas moins nécessaire que le talent pour donner une complète illusion du personnage. »

C'est dans la saison suivante qu'Henriette Smithson aborde pour la première fois le grand répertoire. Elle joue la reine Anne dans *Richard III* et Desdémone dans *Othello*, à côté d'Edmond Kean. C'était du reste une troupe hors ligne : à côté du nom du grand tragédien, nous trouvons ceux de miss Toote, de miss Kelly, de Mme Bunn ; plus tard, c'est avec Charles Kemble qu'elle ira tenter la fortune en France. De 1822 à 1827, elle paraît avoir été un peu effacée au milieu de ces illustrations de la scène anglaise. Un critique du temps, célébrant sa beauté, disait que son mérite n'égalerait jamais ses avantages physiques. Il se plaignait que son jeu n'eût fait aucun progrès et que la froide correction de son débit et de sa pantomime fût en désaccord avec la vérité. On lui reprochait aussi son accent irlandais. Son dernier rôle à Londres fut Hélène dans *Iron Chest*, avec Kean dans celui de sir Edward Mortimer. C'était en juin 1827 ; elle donna en passant quelques représentations à Boulogne-sur-Mer : au commencement de septembre, elle débutait à l'Odéon dans le rôle d'Ophélie. On sait déjà quelle sensation profonde ces représentations et la beauté de la brillante interprète des sublimes conceptions de Shakespeare produisirent sur la critique et sur le public.

Les débuts de la troupe anglaise eurent lieu le 6 septembre par the *Rivals* de Sheridan et *Fortune's Frolic* d'Abbingham ; ces comédies étaient précédées de deux prologues explicatifs, l'un en français, l'autre en anglais, débités par Abbott. Miss Smitshon fut très applaudie. Les autres acteurs étaient Liston Power, Chippendale, Burnet, Mason, Brindal, Spencers, Latham, Mmes Russel, Brindal et Bathurst. Charles Kemble n'arriva qu'après la représentation d'ouverture ; c'est le 11 septembre que fut donné *Hamlet*. La représentation de *Roméo et Juliette* n'eut pas lieu le lendemain, mais le 15 septembre ; le 18 fut représenté *Othello*, puis vinrent *The Bell's Stratagem*, *The School for Scandal*, etc. Les représentations ne durèrent que six semaines à l'Odéon. La troupe anglaise se transporta ensuite au Théâtre-Italien ; c'est là que parurent Kean dans *Richard III*, et Macready dans *Macbeth*. En janvier 1828 elle revint donner à l'Odéon le *Roi Lear* et le *Marchand de Venise* [1].

Nous verrons qu'Henriette ne quitta pas le théâtre aussitôt après son mariage, comme l'avance Berlioz ; elle jouait encore en 1835, et c'est à propos de ses débuts au Théâtre-Nautique qu'il racontait, dans la *Gazette musicale*, comment elle étudia le rôle d'Ophélie lors de son arrivée à Paris, et la manière dont elle le joua, en rompant résolument avec la tradition. Il est étonnant que Berlioz n'ait pas cité le fait dans ses *Mémoires* : « Le soir, quand sa mère vint ouvrir la chambre d'études, dont elle l'avait priée d'emporter la clef, elle la trouva bien changée (elle avait accepté le rôle bien qu'il ne fît pas partie de son répertoire et le jouait en quelque sorte contrainte et dépitée). Son visage rayonnait : au lieu des larmes qui le matin remplissaient ses yeux, un feu extraordinaire leur donnait un éclat inconnu ; sa personne avait un aspect nouveau, plus noble, plus animé, en quelque

[1] Voir Porel et Monval, *Histoire de l'Odéon*, t. II, p. 97-100. Paris, Lemerre, 1876-1882, 2 vol. in-8°.

sorte prophétique ; en un mot, tel que sa mère ne l'avait jamais observé : c'était l'aspect du génie dans l'ivresse de sa victoire. »

Sous l'influence de cette grande inspiration personnelle, elle transforme le rôle, mais, craignant les résistances de ses camarades, elle continue à jouer selon la tradition pendant les répétitions, cache son projet, et ne le met à exécution que le soir de la première représentation, devant une salle bouleversée d'enthousiasme, à la stupéfaction de ses camarades, scandalisés d'abord, puis émus à leur tour, et partageant bientôt l'admiration générale (1). Ce fut un triomphe tel qu'on n'en vit jamais en France.

C'est à cette soirée radieuse qu'assistait Hector Berlioz et il s'y reporte avec tristesse à l'heure où Henriette Smithson vient d'expirer ; il passe devant le théâtre de l'Odéon en allant chercher le ministre protestant qui doit rendre les derniers devoirs à sa femme : « C'est là que la gloire de la pauvre morte éclata subitement un soir comme un brillant météore ; c'est là que j'ai vu pleurer une foule brisée d'émotions à l'aspect de la douleur, de la poétique et navrante folie d'Ophélia ; c'est là que, rappelée sur la scène après le dénouement d'*Hamlet* par un public d'élite et par tous les rois de la pensée régnant alors en France, j'ai vu revenir Henriette Smithson presque épouvantée de l'énormité de son succès, saluer tremblante ses admirateurs (2) ». Après la seconde représentation, il vit miss Smithson dans le rôle de Juliette et renonça à suivre les représentations, se sentant incapable de supporter les foudroyantes émotions que lui donnaient Shakespeare et son interprète inspirée.

Il s'est défendu d'avoir prononcé le mot qu'on lui a prêté après la représentation de *Roméo et Juliette* : « Cette femme, je l'épouserai, et sur ce drame, j'écrirai ma plus vaste symphonie. » Cependant je trouve des allusions très claires à une phrase de ce genre dans une biographie que donnait peu de

---

(1) *Gazette musicale*, 7 décembre 1834.
(2) *Mémoires*, p. 445.

temps après son ami d'Ortigue dans son livre le *Balcon de l'Opéra*, et qui fut écrite d'après les indications de Berlioz : le récit est si conforme aux chapitres des *Mémoires* qui concernent l'enfance, la jeunesse et les débuts du maître qu'il n'eût certainement pas repris pour son compte la notice de son ami pour composer son autobiographie, s'il n'y eût pas collaboré à l'origine. Mais j'ai trouvé la phrase dans le feuilleton écrit par Jules Janin, dans les *Débats*, le 29 novembre 1839, pour rendre compte de la première audition de la symphonie de *Roméo et Juliette* : « Quand cette idée lui vint pour la première fois il était bien jeune et il était encore plus pauvre. » Après avoir retracé les transports d'enthousiasme de Berlioz à l'audition du drame de Shakespeare interprété par la grande artiste, Janin ajoute : « A cet instant décisif dans sa vie il se fit à lui même ce serment : Cette femme sera ma femme, et de cette tragédie de Shakespeare je ferai une symphonie quelque jour. » Berlioz avait lu ces lignes et n'avait jamais protesté contre le récit de son ami. Il se borne, lorsqu'il cite dans les *Mémoires* cette phrase, qu'il attribue à un écrivain de l'*Illustrated London News*, à dire : « Je l'ai fait, mais je n'ai rien dit de pareil. On verra, dans la suite de ce récit, comment et dans quelles circonstances exceptionnelles ce que mon imagination n'avait pas même admis en rêve est devenu une réalité ([1]). »

Nous avons vu que ses rêves avaient été accompagnés dès 1827 d'une série de tentatives dignes d'un succès plus complet pour en atteindre la réalisation. En ce qui concerne la symphonie de *Roméo et Juliette*, elle était déjà alors à l'état de projet : « C'est à ce moment (1828), écrit M. Emile Deschamps dans la préface de ses traductions en vers de *Macbeth* et de *Roméo et Juliette*, que M. Hector Berlioz m'entretint de son projet d'une symphonie dramatique de *Roméo et Juliette*. La fièvre de Shakespeare était dans l'air et je n'y avais pas nui. Je fus heureux de ce nouvel hommage à mon divin poète et d'une collaboration avec un grand artiste. Nous concertâmes le plan de cette œuvre musicale et poé-

---

[1] *Mémoires*, p. 68.

tique : les mélodies et les vers nous arrivaient en foule et la symphonie parut... dix ans après (¹). »

Ce n'est pas enlever à la généreuse action de Paganini sa rare valeur que de reporter dix ans plus tôt la conception première du chef-d'œuvre que Berlioz voulut écrire pour répondre à l'enthousiaste prophétie de son illustre bienfaiteur. La grande et belle initiative du célèbre artiste n'en a pas été moins hautement récompensée, que l'ouvrage fût déjà prêt ou qu'il eût été commencé seulement quand Paganini proclamait Berlioz le successeur de Beethoven.

Il est facile de confirmer l'exactitude du récit d'Emile Deschamps : nous voyons Berlioz écrire à Ferrand en 1829, à propos d'un morceau de sa cantate de *Cléopâtre* : « C'est terrible, affreux ! C'est la scène où Juliette médite sur son ensevelissement dans les caveaux des Capulets, environnée vivante des ossements de ses aïeux, du cadavre de Tybalt... (²). » Deux ans plus tard, à Rome, il avouait à Mendelssohn qu'il trouvait le sujet d'un scherzetto dans la fée Mab (³), et au cours de son grand article sur la musique en Italie, il écrivait dans la *Revue Européenne*, à propos du *Roméo et Juliette* de Bellini, qu'il avait entendu au théâtre de la Pergola, les lignes suivantes : « Quel sujet ! comme tout y est dessiné pour la musique ! D'abord, le bal éblouissant dans la maison de Capulet... puis ces combats furieux dans les rues de Vérone... cette inexprimable scène de nuit au balcon de Juliette... les piquantes bouffonneries de l'insouciant Mercutio... le grave caractère de l'ermite... puis l'affreuse catastrophe... et enfin le moment solennel de la réconciliation... (⁴). »

C'est tout le plan de sa symphonie de *Roméo et Juliette*, presque morceau par morceau. Il a pu la modifier en 1838 et surtout donner à sa pensée des développements qu'elle n'avait pas à l'origine ; mais le mot qu'il avait prononcé en voyant Henriette dans le rôle de Juliette ne peut être sérieu-

---

(1) *Œuvres complètes d'Emile Deschamps.* Edit. A. Lemerre, t. V, p. 6.
(2) *Lettres intimes*, p. 47.
(3) *Mémoires*, p. 137, note.
(4) *Ibid.*, p. 129.

sement contesté : Berlioz s'est donné à lui-même un formel démenti.

Nous n'avons pas à revenir maintenant sur les crises de désespoir que lui avaient causées ces visions d'amour shakespearien : on a assisté à ses tentatives pour acquérir la célébrité ; il donne son premier concert, dont miss Smithson n'entendit même pas parler ; son ouverture a été exécutée également à son insu lorsqu'elle jouait à l'Opéra-Comique au bénéfice de Huet ; on a vu son désespoir lors du départ de l'actrice pour la Hollande, en mars 1829, après qu'elle eut refusé de lire ses lettres et déclaré catégoriquement, en réponse à une dernière démarche faite au nom de Berlioz pour obtenir seulement un encouragement : « Il n'y a rien de plus impossible ».

Nous avons laissé celui-ci entièrement, radicalement guéri ; d'*affreuses vérités découvertes à temps* ont détruit ses dernières illusions ; il se console violemment aux pieds de son *gracieux Ariel*, et lorsqu'en mai 1830, au moment où Henriette rentre à Paris pour jouer Cécilia dans l'*Auberge d'Auray*, il se retrouve en présence de son Ophélie, il la plaint et la méprise ; ce n'est plus qu'une femme ordinaire douée d'un génie instinctif pour peindre des sentiments qu'elle est incapable de concevoir ; c'est la *fille Smithson* dont il vient de se venger (car il n'est pas généreux, comme on sait), en écrivant sa *Fantastique*, où il la peint « comme une vulgaire courtisane » dans la *Ronde du Sabbat*. Elle, de son côté, l'a reconnu « avec le plus grand sang froid ».

Nous n'avons que peu de détails sur les incidents de la carrière dramatique de miss Smithson depuis le départ de Berlioz pour l'Italie, en janvier 1831, jusqu'à son retour à Paris, le 5 novembre 1832. La seule fois qu'il paraît avoir conservé un souvenir d'elle, c'est lorsqu'il raconte que, dans un voyage de Rome à Naples, il vit un corbeau voler vers le Nord, et que sa pensée s'envola à la suite de l'oiseau noir vers l'Angleterre, en songeant à Shakespeare... C'est tout.

Quant à Henriette, elle avait déjà inauguré cette série de catastrophes qui devaient aboutir à la ruine la plus complète.

Berlioz l'avait laissée bien malheureuse, ayant perdu des sommes considérables dans la faillite de l'Opéra-Comique. Malheureusement pour elle, miss Smithson croyant que son nom seul, célébré avec tant d'enthousiasme par le public et la critique de Paris, allait suffire à attirer la foule, exigea de son directeur, Abbott, des appointements extraordinaires équivalant à ceux de tous les autres acteurs ensemble. Abbott dut renoncer à sa direction : la troupe, privée de chef, fut obligée bientôt de se dissoudre après avoir erré péniblement en province. Les malheureux comédiens regagnèrent Londres comme ils purent. Abbott ruiné alla mourir en Amérique; Henriette, décidée à vaincre la fortune, persista à continuer l'entreprise et voulut créer à Paris un théâtre anglais permanent : c'était un rêve, et ce fut au milieu de la ruine naissante de cette entreprise que Berlioz, qui avait cessé depuis près de deux ans d'entendre parler de miss Smithson, revint à Paris.

N'ayant pas trouvé libre l'appartement qu'il occupait rue Richelieu avant son départ pour Rome, une « impulsion secrète » le poussa à aller en chercher un en face, dans la maison qu'avait occupée autrefois miss Smithson (rue Neuve-Saint-Marc n° 1), et il s'y installa. Le lendemain, en rencontrant la vieille domestique qui remplissait depuis longtemps dans l'hôtel les fonctions de femme de charge : « Eh bien, lui dit-il qu'est devenue miss Smithson ? avez-vous de ses nouvelles ? — Comment, monsieur, mais... elle est à Paris ; elle logeait même ici il y a peu de jours ; elle n'est sortie qu'avant-hier de l'appartement que vous occupez maintenant, pour aller s'installer rue de Rivoli ; elle est directrice d'un théâtre anglais qui commence ses représentations la semaine prochaine. » Il demeura muet et palpitant à la nouvelle de cet incroyable hasard et de ce concours de circonstances fatales.

Sur ce, il délibère en lui même et se décide à n'aller revoir l'artiste qu'après avoir donné le concert où il s'était proposé de faire entendre pour la première fois son monodrame de *Lélio*, afin de conserver sa liberté d'esprit, de ne pas retomber dans le *delirium tremens*, ce qui fût arrivé infailliblement s'il eût d'abord pris la route du théâtre anglais, et ce qui eût compromis son entreprise musicale. « Après quoi, je *la* reverrai, dussé-je en mourir : je m'abandonne à la fatalité qui semble me poursuivre, je ne lutte plus. »

XV

LA RAISON ET LE SENTIMENT

C'était une belle machine savamment imaginée pour frapper miss Smithson que ce programme du concert du 9 décembre 1832, cet épisode de la vie d'un artiste commenté par le programme sur papier rose de la *Fantastique* et les monologues de l'acteur Bocage jouant le Lélio du *Retour à la Vie*. Les *Mémoires* nous retracent les impressions d'Henriette amenée au Conservatoire par Schutter, un des rédacteurs du *Galignani's Messenger*, auquel Schlesinger avait eu l'idée de confier une loge, que Berlioz n'eut pas le courage de refuser. Et l'eût-il osé, même ?

Au milieu de la débâcle du théâtre anglais de miss Smithson, cette distraction inattendue ne souriait guère à la malheureuse plongée dans le plus profond abattement : ce fut sa sœur qui la décida à accepter. On fit avancer une voiture ; moitié de gré, moitié de force, miss Smithson s'y laissa conduire, et Schutter, triomphant, dit au cocher : « Au Conservatoire ! » Chemin faisant, les yeux de la pauvre désolée tombèrent sur le programme du concert : elle ne l'avait pas encore regardé. « Mon nom, dit Berlioz, qu'on n'avait pas prononcé devant elle, lui apprit que j'étais l'ordonnateur de la fête. Le titre de la Symphonie et celui des divers morceaux qui la composaient l'étonnèrent un peu ; mais elle était fort loin néanmoins de se douter qu'elle fût l'héroïne de ce drame étrange autant que douloureux. » Elle occupait la loge d'avant-scène ; au milieu « d'un peuple de musiciens », en butte aux regards empressés de toute la salle, surprise « du murmure insolite des conversations », elle fut saisie « d'une émotion ardente et d'une sorte de crainte instinctive ». Habeneck dirigeait, et lorsque l'auteur vint s'asseoir, « pantelant », derrière lui, Henriette l'aperçut et le reconnut. « C'est bien lui, se dit-elle ; pauvre jeune homme !... il m'a oubliée sans doute... je... l'espère... » L'accent passionné de la *Fantastique*, ses cris d'amour, ses accès de fureur, et les vibrations violentes d'un pareil orchestre *entendu de près*, devaient produire et produisirent en effet une impression aussi profonde qu'inattendue « sur son organisation nerveuse et sa poétique imagination ». Alors, dans le secret de son cœur, elle se dit : « S'il m'aimait encore ?... »

Pendant l'entr'acte, les paroles ambiguës de Schutter, celles de Schlesinger, qui s'était introduit dans la loge de miss Smithson, les allusions transparentes qu'ils faisaient l'un et l'autre à la cause des chagrins du jeune compositeur, firent naître en elle un doute qui l'agitait de plus en plus. Le coup décisif fut frappé, Bocage arrivait à ce passage :

« Oh ! que ne puis-je la trouver, cette Juliette, cette Ophélie que mon cœur appelle !

— Mon Dieu !... Juliette... Ophélie... Je n'en puis plus douter, pensa miss Smithson, c'est de moi qu'il s'agit..., il m'aime toujours... » A partir de ce moment, il lui sembla que la salle tournait ; elle n'entendit plus rien et rentra chez elle « comme une somnambule, sans avoir la conscience nette des réalités. »

On pourrait véritablement s'égayer sur ce concert où réapparaissait la *Symphonie fantastique*, d'abord écrite sous l'inspiration de la rancune, en guise de vengeance, et qui était destinée à châtier l'oubli d'Henriette en sa présence même, lorsqu'elle dut être exécutée aux Nouveautés le 30 mai 1830 ; on retrouve la *Fantastique* à sept mois de là au Conservatoire, et c'est en l'honneur de Camille Moke, la fiancée, qu'est donnée la première audition : la mère a été désarmée, elle a cédé ; elle consent au mariage. Enfin, deux ans après, on traîne Henriette à cette même salle de la rue Bergère pour lui faire subir, à son tour, le charme de cette musique, et surtout pour trouver, à l'aide des monologues de *Lélio*, les accents qui troubleront son cœur en lui rappelant le passé qu'elle a pu oublier. C'est *la musique à tout faire*, et j'aurais voulu écrire là-dessus un chapitre spécial, qui eût été fort divertissant, je pense.

Mais le récit des *Mémoires* qui retrace les impressions de la pauvre Henriette à ce concert rend inutile une telle tentative : il n'y a qu'à comparer cette page avec celles où j'ai écrit la véridique histoire de la *Fantastique* et du monodrame pour discerner les plaisantes vicissitudes de l'*Episode de la vie d'un artiste*. Berlioz est bien coupable, car il a donné un rude accroc à ses théories sur l'expression musicale en employant ainsi sa « chère symphonie » à des fins si diverses.

Il est vrai de dire, et ceci n'est pas le côté le moins piquant de cette histoire, que la partition, sur les conseils de Hiller, avait été remaniée de fond en comble. C'est une véritable comédie que la collaboration perpétuelle de ce spirituel compositeur dans cette étrange aventure. Les conseils de Hiller étaient très utiles, la preuve en est dans la docilité de Berlioz. Ce qui est vraiment admirable, en revanche, c'est la modification complète du canevas primitif.

De même que le libretto de *Lélio*, ce programme de la *Fantastique* est un véritable document : les retouches du texte nous révèlent toute une révolution psychologique chez l'auteur. Il est incontestable que, pour ressaisir les bonnes grâces d'Henriette, Berlioz ne pouvait conserver les malédictions qu'il avait proférées contre elle dans la version primitive. Le texte nouveau nous offre à cet égard des indications précieuses, et la comparaison avec l'ancien nous donne le moyen de trouver immédiatement la donnée authentique de cette bizarre composition.

Le texte primitif était bien évidemment celui qui fut soumis à Ferrand dans la lettre du 16 avril 1830 :

« Je suppose qu'un artiste doué d'une imagination vive, se trouvant dans cet état de l'âme que Châteaubriand a si admirablement peint dans René, etc. » Dans ce programme, très peu développé, la *Scène aux Champs* précède le *Bal*, et, comme dans le programme de 1832, que je donne plus loin, c'est à ce moment que commence le rêve; la *Marche au Supplice* et la *Ronde du Sabbat* sont seules des visions produites par le délire de l'artiste, lorsqu'il a cru s'empoisonner avec de l'opium. Je reproduis ici le programme du numéro 5 (*Le Sabbat*) parce que dans aucun des deux textes postérieurs le morceau n'a été dépeint avec ce caractère, et qu'on n'aperçoit que dans la légende primitive, la seule des trois qui l'ait exposée avec des développements complets, la véritable pensée de l'auteur : c'était bien une pensée de vengeance :

Il se voit ensuite environné d'une foule dégoûtante de sorciers, de diables, réunis pour fêter la Nuit du Sabbat. Ils appellent au loin. Enfin arrive la *Mélodie*, qui n'a encore paru que gracieuse, mais qui est devenue un air de guinguette trivial, ignoble ; c'est l'objet aimé qui vient au Sabbat *pour assister au convoi funèbre de sa victime*. Elle n'est plus *qu'une courtisane* digne de figurer dans une telle orgie. Alors commence la cérémonie. Les cloches sonnent, tout l'élément infernal se prosterne, un chœur chante la prose des morts, le plain-chant (*Dies iræ*), deux autres chœurs le répètent en le parodiant d'une manière burlesque, puis enfin la ronde du Sabbat tourbillonne, et, dans son plus violent éclat, elle se mêle avec le *Dies iræ*, et la vision finit.

Je pourrais, à présent, renvoyer simplement le lecteur au programme de la Symphonie, tel qu'il figure aujourd'hui en tête de la partition ; mais ce n'est pas encore le texte exact. M. Mathieu de Monter a eu entre les mains un programme imprimé sur papier rose, portant la date du 9 décembre 1832, et qui se rapproche beaucoup plus du programme de 1830, sauf pour la *Ronde du Sabbat* : c'est celui qui fut distribué dans la salle lors du concert auquel Henriette assistait. Ce texte est presque absolument conforme à celui qu'a donné, d'après un article de Schumann, M. Adolphe Jullien, dans son intéressante étude sur Berlioz ; toute la différence est dans les termes, car M. Jullien a traduit de l'allemand un texte qui était lui-même une traduction du français original, et, dans ce double travail, le sens est bien conservé, mais les expressions ne sont pas exactement équivalentes. C'est une simple nuance ; mais je crois qu'il est intéressant de donner ici le texte primitif *in-extenso*, d'après le programme de 1832. Cette pièce a sa place marquée dans ce chapitre, à titre de document :

> L'auteur suppose qu'un jeune musicien, affecté de cette maladie morale qu'on appelle le vague des passions, voit pour la première fois une femme qui réunit tous les charmes de l'être idéal que rêvait son imagination et en devient éperdument épris. Par une singulière bizarrerie, l'image chérie ne se présente jamais à l'esprit de l'artiste que liée à une pensée musicale dans laquelle il trouve un certain caractère passionné, mais noble et timide comme celui qu'il prête à l'objet aimé. Ce reflet mélodique et son modèle le poursuivent sans cesse comme une double idée fixe. Telle est la raison de l'apparition constante, dans tous les morceaux de la Symphonie, de la mélodie qui commence le premier allegro. Le passage de cet état de rêverie mélancolique, interrompu par plusieurs accès de joie sans sujet, à celui d'une passion délirante, avec ses mouvements de fureur, de jalousie, ses retours de tendresses, ses larmes etc., est le sujet du premier morceau.
>
> *Le Bal.* — L'artiste est placé dans les circonstances de la vie les plus diverses, au milieu du tumulte d'une fête, dans la paisible contemplation des beautés de la nature, mais partout, à la ville, aux champs, l'image chérie vient jeter le trouble en son âme.
>
> *Scène aux Champs.* — (Se trouvant) un soir à la campagne, il entend au loin deux pâtres qui dialoguent un ranz des vaches : ce duo pastoral, le lieu de la scène, le léger bruissement des arbres doucement agités par le vent, quelques motifs d'espérance qu'il a conçus depuis peu, tout concourt à rendre à son cœur un calme inaccoutumé et à donner à ses idées une couleur plus riante. Il réfléchit à son isolement, il espère n'être bientôt plus seul (mais si elle le trompait !... Ce mélange d'espoir et de crainte, ces idées de bonheur troublées par quelques noirs pressentiments forment le sujet de l'adagio). A la fin, l'un des pâtres reprend le ranz des vaches, l'autre ne répond plus. Bruit éloigné de tonnerre, solitude, silence et mystère.
>
> *Marche au Supplice.* — (Ayant acquis la certitude que celle qu'il aime ne répond pas à son amour, l'artiste s'empoisonne avec de l'opium. La dose du narcotique, trop faible pour lui donner la mort, le plonge dans un sommeil accompagné des plus horribles visions). Il rêve qu'il a tué celle qu'il aimait et qu'il est condamné, conduit au supplice, et qu'il

assiste à sa propre exécution. Le cortège s'avance au son d'une marche tantôt sombre et farouche, tantôt brillante et solennelle, dans laquelle un bruit sourd et très grave succède sans transition aux éclats les plus brillants. A la fin de la marche les quatre premières mesures de l'idée fixe reparaissent comme une dernière pensée d'amour interrompue par le coup fatal.

Ronde du Sabbat. — Il se voit au sabbat, au milieu d'une troupe affreuse d'ombres, de sorciers, de monstres de toute espèce, réunis pour ses funérailles. Bruits étranges, gémissements, éclats de rire, cris lointains, auxquels d'autres cris semblent répondre. La mélodie aimée reparaît encore, mais elle a perdu son caractère de noblesse et de timidité, ce n'est plus qu'un air de danse ignoble, trivial et grotesque ; c'est *elle* qui vient au sabbat. Rugissement de joie à son arrivée. Elle se mêle à l'orgie diabolique. Glas funèbre, parodie burlesque du *Dies iræ*. La ronde du sabbat et le *Dies iræ* ensemble.

Pour les trois derniers morceaux, j'ai entouré simplement de parenthèses les passages qui ont été retranchés dans la version définitive. On peut juger ainsi quelle est la différence entre le texte actuel et le programme de 1832. Ce qui est tout à fait caractéristique, c'est, dans le programme actuel, la transposition de la scène d'empoisonnement au début de la Symphonie, de telle sorte que le sujet devient entièrement fantastique et que l'hallucination commence dès le premier morceau. Pour plus de précision, je reproduis encore (qu'on me le pardonne) la première partie de la légende définitive, telle qu'elle a été imprimée en tête de la partition :

Un jeune musicien, d'une constitution maladive et d'une imagination ardente, s'empoisonne avec de l'opium dans un accès de désespoir amoureux. La dose du narcotique, trop faible pour lui donner la mort, le plonge dans un lourd sommeil accompagné des plus étranges visions, pendant lequel ses sensations, ses sentiments, ses souvenirs se traduisent, dans son cerveau malade, en pensées et en images musicales. La femme aimée, elle-même, est devenue pour lui une mélodie et comme une idée fixe qu'il retrouve et qu'il entend partout.

Rêveries, Passions. — Il se rappelle d'abord ce malaise de l'âme, *ce vague des passions*, ces mélancolies, ces joies sans sujet qu'il éprouva avant d'avoir vu celle qu'il aime ; puis l'amour volcanique qu'elle lui inspira subitement, ses délirantes angoisses, ses jalouses fureurs, ses retours de tendresse, ses consolations religieuses.

Un Bal. — Il retrouve l'aimée dans un bal au milieu du tumulte d'une fête brillante.

Tout le reste est conforme au programme de 1832, sauf, dans la *Scène aux Champs*, le passage que j'avais entouré, et qui est ainsi modifié dans la version actuelle :

Mais *elle* apparait de nouveau, son cœur se serre; de douloureux pressentiments l'agitent ; si elle le trompait... L'un des pâtres, etc.

De même, la légende de la *Marche au Supplice* commence aujourd'hui aux mots : « Il rêve qu'il a tué celle qu'il aimait, » puisque l'empoisonnement a été reporté tout au début.

Pauvre Henriette! ce n'était plus que du réchauffé; c'étaient des restes qu'on lui servait, bien qu'elle eût inspiré la première l'auteur de la *Fantastique*. Elle n'allait s'asseoir dans la loge du Conservatoire qu'à la place où Camille Moke avait reçu, deux ans auparavant, le premier hommage de la *Mélodie aimée*.

Quoi qu'il en soit, cette soirée décida du sort des deux artistes. L'actrice anglaise se ruinait : ses succès d'il y a cinq ans étaient oubliés et Shakespeare n'était plus une nouveauté. Une chute dans laquelle elle se fractura la jambe la rendit incapable de continuer son entreprise dramatique, et Berlioz, après de nouvelles et innombrables difficultés, l'épousa impotente et terriblement endettée. Ce sont encore les *Lettres intimes* qui nous donnent les détails que les *Mémoires* ont laissés dans l'ombre.

Bien qu'il eût aussitôt obtenu la permission de lui être présenté, cette formalité obligatoire n'avançait pas beaucoup ses affaires. La mère et la sœur d'Henriette, ses parents à lui, de leur côté, s'opposaient au mariage. Il n'a plus, à partir de ce jour, un instant de repos : « à des craintes affreuses succédaient des espoirs délirants. Ce que j'ai souffert d'anxiétés et d'agitations de toute espèce pendant cette période qui dura plus d'un an, peut se deviner, mais non s'écrire ([1]). »

([1]) *Mémoires*, p. 189.

Dès le lendemain du concert, les scènes avaient commencé : « J'avais bien raison, écrit-il à d'Ortigue, le 19 janvier 1833, il n'y a plus de justice au ciel ! » Il est au septième cercle de l'enfer ! Il broierait un fer rouge entre ses dents, jamais plus intense douleur n'a rongé un cœur d'homme : « Oui, oui, ronge, ronge, je m'en moque, je te défie de me faire sourciller ; quand tu auras tout rongé, quand il n'y aura plus de cœur, il faudra bien que tu t'arrêtes ! (¹) »

C'était déjà la première de ces scènes de désespoir auxquelles font allusion les *Mémoires* : lorsque le mariage fut consommé, il apprit enfin les « mille et une calomnies ridicules » qu'on avait employées pour détourner de lui la pauvre artiste et qui causaient pendant cette douloureuse lutte ses fréquentes indécisions. « Une entre autres, écrit-il à Ferrand, lui avait fait concevoir d'horribles craintes : on lui avait assuré que j'avais des attaques d'épilepsie. Puis on lui avait écrit de Londres que j'étais fou, que tout Paris le savait, qu'elle était perdue si elle m'épousait, etc. (²) ».

En tous cas, le premier choc n'avait pas été trop grave, car quinze jours après la confidence de son désespoir, Berlioz rassurait d'Ortigue, des explications ayant eu lieu : « Henriette et moi avons été mutuellement calomniés vis-à-vis l'un de l'autre d'une manière infâme. Tout est éclairci. Son amour se montre fort. Il y a une opposition formidable. J'ai écrit à mon père. Le dénouement approche (³) ». L'agitation terrible se devine à ces phrases hachées : mais ce n'était encore que la première escarmouche. A un mois de là, Berlioz faisait à Ferrand des aveux bien moins consolants : on dirait que l'exaltation furieuse du malheureux arrivait à point pour justifier les appréhensions inspirées à Henriette par les avis calomnieux qu'elle recevait de Londres, concernant les accidents physiologiques dont il serait victime : « Un rien l'effarouche ; elle a peur de mon exaspération : mes caresses, si réservées qu'elles soient, lui paraissent trop ardentes ; elle me brûle le cœur, moi je l'épouvante ;

---

(1) *Correspondance inédite*, p. 107.
(2) *Lettres intimes*, p. 136.
(3) *Correspondance inédite*, p. 108.

nous nous tourmentons mutuellement (¹) ». Pour comble d'infortune, c'est justement à cette heure qu'Henriette se casse la jambe. Une autre fois, tout-à-fait au terme de cette héroïque passion, n'imagine-t-il pas de s'empoisonner « de guerre lasse », lorsque, terrifiée par ses ses scènes continuelles, elle lui reproche de ne pas l'aimer : « Cris affreux d'Henriette ! Désespoir sublime ! rires atroces de ma part !... Désirs de revivre en voyant ces terribles protestations d'amour ! Emétique ! Ipécacuana ! vomissements de deux heures ! il n'est resté que deux grains d'opium ! J'ai été malade trois jours et j'ai survécu ! (²) » Cette fois, c'est le soupçon de dérangement cérébral qui pouvait paraître absolument justifié.

Ernest Legouvé, le spirituel et charmant causeur et éminent écrivain, dont les relations avec Berlioz ont commencé à cette époque, a écrit sur le grand artiste de bien intéressantes notes. J'y trouve de très curieuses observations et plusieurs anecdotes qui ont trait aux amours de Berlioz. M. Legouvé nous raconte qu'un matin il est mandé en toute hâte par un billet laconique, écrit d'une main crispée. Il arrive au rendez vous avec Eugène Sue, un autre confident de l'amour shakespearien, et tous deux cherchent à réconforter le malheureux. Le récit de M. Legouvé est bien amusant :

« — O mes amis, ce n'est pas vivre !

— Est-ce que votre père est toujours inflexible.

— Mon père, s'écrie Berlioz avec rage, mon père dit oui ! Il me l'a écrit ce matin.

— Eh ! bien, il me semble...

— Attendez ! Attendez ! Fou de joie, en recevant cette lettre, je cours chez elle, j'arrive éperdu, fondant en larmes, et je lui crie : « Mon père consent ! Mon père consent ! » Savez vous ce qu'elle m'a répondu : « *Not yet Hector ! not yet*. Mon pied me fait trop mal. » Qu'en dites vous ?

— Nous disons, mon ami, que cette pauvre femme souffrait toujours beaucoup.

(1) *Lettres intimes*, p. 124.
(2) *Ibid.*, p. 132.

— Est-ce qu'on souffre? Est-ce que la douleur existe quand on est dans l'ivresse? Mais moi, moi, si on m'avait donné un coup de couteau en pleine poitrine au moment où elle m'a dit qu'elle m'aimait, je ne l'aurais pas senti! Et elle! Elle a pu... Elle a osé... » Puis s'interrompant : « Comment l'a-t-elle osé? Comment n'a-t-elle pas pensé que j'allais l'étrangler? »

Eclats de rire des deux interlocuteurs que Berlioz, stupéfait et interdit, regarde d'un œil égaré. Ils ont toutes les peines du monde à lui faire comprendre que sa fureur tragique est absolument hors de saison.

« — Elle ne vous aime pas comme vous l'aimez, ajoute Sue, c'est évident, et c'est bien heureux, car deux amoureux pareils à vous feraient un singulier ménage.

— Voyez-vous, appuie Legouvé en voyant Berlioz sourire à cette réflexion, vous avez la tête pleine de la Portia de Shakespeare qui se donne un coup de couteau dans la cuisse pour décider Brutus à lui accorder sa confiance. Mais miss Smithson ne joue pas les Portia ; elle joue les Ophélie, les Desdémone, les Juliette, c'est-à-dire des créatures tendres, faibles, craintives, essentiellement féminines, enfin, et je suis sûr que son caractère ressemble à ses rôles.

— C'est vrai!

— Qu'elle a une âme délicate comme les personnages qu'elle représente.

— Oui, c'est vrai! Oh! délicate!... C'est bien le mot!...

— Et si vous aviez été digne d'elle, ou, pour mieux dire, digne de vous, au lieu de lui jeter violemment cette joie au visage, vous l'auriez posée doucement sur sa souffrance comme un baume. Votre divin Shakespeare n'y eût pas manqué, lui, s'il eût eu cette scène à faire!

— Vous avez raison! Vous avez raison! Je suis un brutal, je suis un sauvage! Je ne mérite pas d'être aimé d'un tel cœur! Si vous saviez tout ce qu'il y a en elle de trésors d'affection! Oh! comme je lui demanderai pardon demain! »

La malheureuse devait avoir, en effet, des préoccupations beaucoup plus graves que le souci de remonter le moral à cet exalté, effrayée par ses élans désordonnés qui déconcertaient la froideur anglaise. Si profonde et sincère qu'elle fût, la passion romanesque de Berlioz ne pouvait lui offrir aucun remède dans la situation désespérée où elle était plongée par la ruine de son théâtre anglais, qui venait de fermer, la laissant sans ressources, ayant englouti dans ce désastre tout ce qu'elle possédait. Son courage, dans cette cruelle épreuve, avait inspiré d'autant plus de dévouement à Berlioz : « Henriette, dans tout cela, montre une dignité et un caractère irréprochables, écrit-il à Ferrand. Sa famille et ses amis la persécutent plus encore que les miens pour la détacher de moi ». En voyant les scènes journalières dont il est la cause, il se dévoue et lui fait dire qu'il est capable de renoncer à elle plutôt que de la brouiller avec ses parents, « ce qui n'était pas vrai, car j'en serais mort ». Il n'en résulte qu'un redoublement de tendresse ; Berlioz y gagne de plus la neutralité de « l'exécrable sœur » qui les laisse tranquilles désormais. « Quand je viens, elle s'en va ». Mais ces tête-à-tête sont pénibles : il est obligé « de se consumer en efforts pour se contenir », car il comprend que ses exigences et ses désespoirs ne feraient, dans un tel moment, qu'ajouter à l'effroi qu'il inspire à Henriette et aux embarras dont elle souffre. « Mais mes propres inquiétudes, mes craintes de ne pas l'obtenir me rendent le plus malheureux des hommes. Il ne manquait plus que son malheur à elle pour compléter le mien. » Car c'est au moment où elle allait avoir une représentation à son bénéfice qu'elle tombe en descendant de cabriolet et se casse la jambe au-dessus de la cheville. Ses souffrances désolent Berlioz. « Quelle destinée sera donc la nôtre ? Le sort nous a évidemment faits pour être unis : je ne la quitterai pas vivant. » Plus son malheur deviendra grand, plus il s'attachera à son sort. Si elle perdait avec son talent et sa fortune sa beauté, il sent qu'il l'aimera également. C'est un sentiment inexplicable ; quand elle serait abandonnée du ciel et de la terre, il lui restera encore, aussi aimant, aussi prosterné d'amour qu'aux jours de sa gloire et de son éclat. Et il écarte d'avance objections et conseils. « O mon ami, ne me dites jamais rien contre cet amour, il est trop grand et trop poétique pour n'être pas respectable à vos yeux. »

Ferrand pouvait être incrédule : il avait déjà vu un amour « grand et poétique » qui n'avait pas absolument répondu aux ardentes aspirations de son incandescent ami.

Quatre mois plus tard, la situation n'est pas plus avancée : il est absorbé, « sa vie ondule ». Il la considère de l'air le plus détaché, comme un roman qui l'intéresse beaucoup, mais un roman assez agité à ce qu'il semble : « Un jour, bien, calme, poétisant, rêvant ; un autre jour, maux de nerfs, ennuyé, chien galeux, hargneux, méchant comme mille diables, vomissant la vie et prêt à y mettre fin pour rien, si je n'avais pas un délirant bonheur en perspective toujours plus prochaine, une bizarre destinée à accomplir, des amis sûrs, la musique et puis *la curiosité*. »

C'est pourtant le moment des dernières crises. Un billet communiqué à M. Daniel Bernard par M. Alexis Berschtold fait voir l'exaltation croissante de la passion de Berlioz devant ces obstacles toujours nouveaux :

<blockquote>
A mademoiselle Henriette Smithson.
Rue de Rivoli, hôtel du Congrès.

Si vous ne voulez pas ma mort (1), au nom de la pitié (je n'ose dire de l'amour), faites moi savoir quand je pourrai vous voir.

Je vous demande grâce, pardon, à genoux, avec sanglots!!!

Oh! malheureux que je suis, je n'ai pas cru mériter tout ce que je souffre, mais je bénis les coups qui viennent de votre main.

J'attends votre réponse comme l'arrêt de mon juge.
</blockquote>

C'est à un de ces incidents violents que fait allusion sans doute ce passage de la lettre du 18 juillet, à Ferdinand Hiller :« L'état de *liberté* (il y aurait donc eu rupture) dans lequel vous m'avez laissé à votre départ n'a pas été long. Deux jours après, Henriette me fit *prier instamment* de venir la voir. Je fus froid et calme comme un marbre. Elle m'écrivit deux heures après ; j'y retournai, et après mille protestations et explications qui, sans la justifier complètement, la disculpaient au moins sur le point principal, j'ai fini par lui pardonner, et depuis lors je ne l'ai pas quittée un seul jour. » Cet incident datait de plusieurs semaines, car Berlioz s'excuse

(1) Daniel Bernard. *Notice sur Berlioz*. p. 26.

du long silence qu'il a gardé avec Hiller depuis le jour de son départ, c'est-à-dire depuis l'avant-veille de la scène dont il parle. Déjà Henriette a commencé à marcher ; elle s'est promenée plusieurs fois avec lui aux Tuileries, et il suit les progrès de la guérison « avec l'anxiété d'une mère qui voit les premiers pas de son enfant ». Mais leur affreuse position le désole. Son père ne veut rien lui donner, espérant par là empêcher le mariage ; elle n'a rien, ne veut rien accepter de lui et il ne peut rien pour elle. « Hier soir nous avons passé deux heures noyés de larmes tous les deux ». Et il s'évertue à découvrir, même en s'adressant aux usuriers, ou en recourant à son beau-frère, à ses amis, en allant se jeter aux pieds de son père, des moyens de sortir des embarras d'argent : il n'a pu obtenir pour Henriette qu'une gratification de mille francs de la caisse des Beaux-Arts ; c'est l'attente de cette somme qui a retardé son voyage à Grenoble. Il ne sait pas trop comment tout cela finira et craint que « quelque malheur définitif » ne lui arrive.

Si les obstacles étaient graves, les orages se dissipaient toujours sans trop causer de dégâts. Au mois de juin, précisément, à l'heure où Berlioz avait momentanément reconquis cet « état de liberté » dont il parlait dans la précédente lettre, sans doute à la suite d'une nouvelle scène de jalousie, Ferrand, malgré la défense de Berlioz, s'était hasardé à faire des observations, mais il avait été fort mal reçu. « Vous saurez, écrit Berlioz, que toute l'opinion que vous pouvez vous être formé d'elle est aussi fausse que possible. C'est tout un autre roman que sa vie, et sa manière de voir, de sentir et de penser n'en est pas la partie la moins intéressante. Sa conduite, dans la position où elle a été placée dès l'enfance, est tout à fait incroyable, et j'ai été longtemps sans y croire. Assez là-dessus. »

Mais cette opinion que Ferrand s'est formée sur Henriette, c'étaient les lettres de Berlioz sur la malheureuse, sur la fille Smithson, sur cette femme « ordinaire », douée d'un « génie instinctif » pour peindre des sentiments qu'elle serait incapable de comprendre, qui la justifiaient ! Et, durant ces dernières crises, dont Ferrand est toujours confident, n'est-ce pas elle que

Berlioz accusera constamment? Au plus fort des orages, il est toujours « dans la même vie déchirée et bouleversée »; il verra peut-être ce soir-là (1ᵉʳ août) Henriette *pour la dernière fois* ; elle est si malheureuse, que le cœur lui en saigne, mais son caractère irrésolu et timide l'empêche de prendre aucune détermination. « Il faut pourtant que cela finisse, conclut-il ; je ne puis vivre ainsi. Toute cette histoire est triste et baignée de larmes ; mais j'espère qu'il n'y aura que des larmes ; j'ai fait tout ce que le cœur le plus dévoué pouvait faire ; si elle n'est pas plus heureuse et dans une situation fixée, c'est sa faute. » Et, le 30 août : « Je ne sais ce que je vous avais écrit de ma séparation d'avec cette pauvre Henriette, mais elle n'a pas encore eu lieu ; elle ne l'a pas voulu. Depuis lors, les scènes sont devenues plus violentes. » Je crois bien ! c'est à ce moment que Berlioz s'empoisonne aux pieds d'Henriette ; mais il survit, naturellement, et, après « un désespoir sublime », elle veut réparer tout le mal qu'elle vient de lui faire, lui demande de lui dicter ses actions, de lui dire quelle marche elle doit suivre pour fixer leur sort, et Berlioz la dirige. « Elle a bien commencé, et, à présent, depuis trois jours, elle hésite encore, ébranlée par les instigations de sa sœur et par la crainte que lui cause notre misérable situation de fortune. » Elle veut attendre quelques mois. « Damnation ! je ne veux plus attendre, j'ai trop souffert. Je lui ai écrit hier que si elle ne voulait pas que j'aille la chercher demain samedi pour la conduire à la mairie, je partais jeudi pour Berlin. Elle ne croit pas à ma résolution, et m'a fait dire qu'elle me répondrait aujourd'hui. » Il sait bien quelle sera la réponse à cet ultimatum inflexible ; ce seront encore des phrases, des prières d'aller la voir ; elle sera malade, etc. Mais il tiendra bon ; s'il a été faible et mourant à ses pieds si longtemps, il peut encore se lever, la fuir et vivre pour ceux qui l'aiment et le comprennent. « J'ai tout fait pour elle, je ne puis rien de plus ! Je lui sacrifie tout, et elle n'ose rien risquer pour moi. C'est trop de faiblesse et de *raison*. Je partirai donc. »

Chose singulière, il entreprend à l'instant de commencer un nouveau roman, absurde, comme il le dit, avec une jeune cantatrice « fugitive ». Aussi il s'arme de résolution et termine sa lettre par de fort belles paroles. Son passeport est prêt; encore quelques affaires à terminer et il part. Il faut en finir. Il laissera cette pauvre Henriette bien malheureuse et dans une position épouvantable ; mais il n'aura rien à se reprocher ; il ne peut rien de plus pour elle. Il donnerait encore à l'instant sa vie pour un mois passé près d'elle, aimé comme il doit l'être, mais il ne cédera pas ; elle pleurera, elle se désespérera, mais il sera trop tard. « Elle subira la conséquence de son malheureux caractère faible et incapable d'un grand sentiment et d'une forte résolution. Puis elle se consolera et me trouvera des torts. C'est toujours ainsi. Pour moi, il faut que j'aille de l'avant, sans écouter les cris de ma conscience qui me dit toujours que je suis trop malheureux et que la vie est une atrocité. Je serai sourd. »

Mais, changement miraculeux en trois jours. C'est elle qui a cédé. « Henriette est venue, je reste, écrit-il le 3 septembre. Nous sommes annoncés. Dans quinze jours tout sera fini si les lois humaines veulent bien le permettre. Je ne crains que leurs lenteurs. Enfin ! Oh ! il le fallait ! » Le mariage fut célébré aussitôt : Hiller et Henri Heine assistaient Henriette Smithson en qualité de témoins à la chapelle de l'ambassade anglaise ([1]).

Nous n'avons plus désormais rien à apprendre, mais il n'est que juste de proclamer la réhabilitation d'Henriette : Berlioz la devait bien à Ferrand après tant d'imprudentes confidences. « Je suis marié ! lui écrit-il le 11 octobre. Enfin ! après mille et mille peines, je suis venu à bout de ce chef-d'œuvre d'amour et de persévérance. » Cette « révolution immense » qui s'est faite dans sa vie l'accable, dit-il à d'Ortigue ; mais les douloureuses épreuves qui l'attendent le trouveront tout prêt à la lutte. « Elle était à moi, je défiais tout, » a-t-il dit dans les *Mémoires*.

C'est avec une joie profonde qu'il révèle à Ferrand les premières confidences, l'aveu des mille et une calomnies jetées entre eux pour les détourner l'un de l'autre : « Pour

[1] F. Hiller. *Künstlerleben*, p. 87.

moi, dit-il, je puis, comme à mon meilleur ami, vous dire et vous affirmer sur l'honneur, que j'ai trouvé ma femme aussi pure et aussi vierge qu'il soit possible de l'être. Et certes, dans la position sociale où elle a vécu jusqu'à ce jour, elle n'est pas sans mérite d'avoir su résister aux mauvais exemples et aux séductions de l'or et de l'amour-propre dont elle était sans cesse environnée. Vous devez penser quelle sécurité cela me donne pour l'avenir. »

Ce n'est pas de là, en effet, que viendront les malheurs du ménage. Naturellement, Berlioz voit d'abord tout en rose : c'est l'enivrement de la lune de miel. « J'ai *cru* malgré vous tous et ma foi m'a sauvé. Henriette est un être délicieux : c'est Ophélie elle-même. Non pas Juliette, elle n'en a pas la fougue passionnée ; elle est tendre, douce et *timide*..., c'est une *sensitive*. En vérité, jamais je n'ai imaginé une pareille impressionnabilité. »

Bref, pour le moment du moins, Berlioz « habite le ciel ». Nous le laissons à cette page de félicité qui pourrait couronner un roman d'amour admirable. Dans la vie réelle, ce n'est que la radieuse préface d'une existence nouvelle qui sera bien plus tourmentée et bien plus douloureuse qu'elle ne l'avait encore été jusque-là.

Ces six années d'attente avaient mis la constance du jeune artiste à de rudes épreuves qu'il n'avait pas subies très héroïquement, et vous avez vu que la pauvre Henriette, par sa résistance obstinée, avait failli, au dernier moment, trouver une rivale inattendue qui eût encore une fois consolé son adorateur désappointé. Miss Smithson eût peut-être mieux fait de tenir ferme jusqu'au bout. Ses scrupules étaient fondés non pas seulement sur les appréhensions que lui inspirait la nature impressionnable et mobile du jeune musicien, mais sur les difficultés auxquelles allait être exposé un ménage débutant par la liquidation d'un arriéré formidable et n'ayant rien d'assuré pour faire face aux charges du passé et à celles de l'avenir. Berlioz ne doutait de rien. Il a mis un peu d'affectation, au sommaire du chapitre des *Mémoires* où il raconte son mariage, à préciser en termes laconiques son désintéressement : « Elle est ruinée, elle se casse la jambé; je l'épouse. » C'était admirable de dévouement chevaleresque. Mais ce n'était plus, hélas! le grand élan passionné de la vingt-troisième année !

XVI

DEUX VIES BRISÉES

Berlioz ne dissimulait point l'orgueil que lui causait ce triomphe, et de Vincennes, où Henriette était allée avec lui après le mariage pour achever de se rétablir, il écrivait joyeusement à Ferrand : « Je vais tous les jours à Paris où notre mariage fait un remue ménage d'enfer : on ne parle que de cela. » L'amour-propre est pleinement satisfait cette fois ; mais les déboires de la carrière et les difficultés de la lutte pour l'existence vont bientôt troubler cette première heure de la félicité parfaite : « Nous aurons une existence laborieuse, mais heureuse », écrivait-il avec une confiance sereine dans l'avenir.

Voyez cette scène charmante racontée à Ferrand : « Quelquefois seule, silencieuse, appuyée sur mon épaule, la main sur mon front, ou bien prenant de ces poses gracieuses que jamais peintre n'a rêvées, elle pleure en souriant. — Qu'as-tu, pauvre belle? — Rien. Mon cœur est si plein ! Je pense que tu m'achètes si cher, que tu as tout souffert pour moi... Laisse-moi pleurer ou j'étouffe. » Il s'arrête : « Chante, Hector, chante ! » lui dit-elle ensuite, calmée par les larmes, et il commence la *Scène du Bal*, qui la touche le plus ; la tristesse de la *Scène aux Champs* l'émeut trop péniblement. Aussi, que les lectrices me pardonnent ce détail, il s'indigne lorsque son ami d'Ortigue l'invite à aller le voir à Issy, lui offrant *la chambre d'ami* s'il se trouvait retenu trop tard pour rentrer au domicile conjugal ! C'est bien la vie de famille qu'il rêve, car il apprend à Ferrand que le vœu le plus cher d'Henriette a toujours été de pouvoir quitter le théâtre.

Il n'est pas absolument exact de prétendre qu'Henriette avait abandonné la scène. J'ai dit dans un des précédents chapitres qu'elle joua jusqu'en 1835 au Théâtre Nautique : « Mlle Smithson, disait la *Gazette musicale*, montre un talent fort remarquable dans une *Une heure d'un condamné*, qui, réuni à *Chao-kang*, produit d'excellentes recettes ([1]). » Dans le numéro suivant, Berlioz racontait, à propos de ces représentations, les souvenirs de la carrière dramatique d'Henriette : c'était donc bien sa femme qui jouait à ce théâtre et non sa belle-sœur, comme je l'avais cru tout d'abord.

Trois ans plus tard, je lis aux nouvelles mondaines la mention de ses succès dans un concert chez M. de Castellane. « Les honneurs de la soirée ont été pour Mme Smithson-Berlioz qui, dans le dernier acte de *Jane Shore*, s'est élevée jusqu'au sublime ([2]) ! » Elle avait pu renoncer aux planches mais non pas oublier son art, et Berlioz nous confie la pitié que lui inspira la déception causée par « la dernière tentative dramatique à Paris » de sa femme, au Théâtre-Italien, « son renoncement volontaire, mais toujours regretté, à un art qu'elle adorait ; sa gloire éclipsée ; ses médiocres imitateurs et imitatrices, dont elle avait vu la fortune et la célébrité s'élever ([3]) ». Ces déboires eussent certainement été bien faibles si Henriette eût trouvé dans la vie intime le bonheur que Berlioz s'était engagé à lui donner en se jetant si témérairement dans sa vie.

Cette première année de ménage est du reste peu remplie par la correspondance ; les *Mémoires* nous apprennent qu'elle fut assombrie par de tristes préoccupations pécu-

(1) *Gazette musicale*, 30 novembre 1834.
(2) *L'Artiste*, cité par le *Journal des Débats*, 8 mai 1837.
(3) *Mémoires*, p. 444.

niaires. Berlioz, brouillé avec sa famille, avait pour tout bien, en se mariant, trois cents francs prêtés par son ami Gounet ; mais sa pension de l'Institut avait encore dix-huit mois à courir. Il avait obtenu d'être dispensé du voyage réglementaire en Allemagne et se résignait à entreprendre le triste métier de bénéficiaire. Alexandre Dumas l'aide à organiser au Théâtre-Italien une représentation suivie d'un concert. La *Fantastique*, l'ouverture des *Francs-Juges*, le *Concertstück de Weber*, exécuté par Liszt, et la *Chasse de Lutzow*, chœur de Weber, figurent au programme. Mme Dorval doit jouer l'*Antony*, de Dumas, et Henriette Smithson le quatrième acte d'*Hamlet*, avec quelques amateurs anglais. Mais tout le succès est pour Mme Dorval. C'est bien à tort que Berlioz l'accuse d'avoir organisé la claque dans la crainte d'une « cabale » au profit de l'actrice anglaise. Elle fut *admirable*, il le reconnaît ; cela suffit pour expliquer son succès. La pauvre Henriette, au contraire, avait perdu, depuis son accident, l'assurance et la liberté de quelques-uns de ses mouvements. Elle ne boîte pas, mais elle marche difficilement, et a besoin de *s'appuyer avec la main*. Puis la froideur du public, pas de rappels !... Elle constate avec douleur que « le soleil décline ». C'est même la nuit complète. Par dessus le marché, le concert est troublé par divers incidents ; « rien ne marchait plus, je n'entendais que le bruit sourd des pulsations de mes artères ; il me semblait m'enfoncer en terre peu à peu. » Le concert finit par une scène de confusion que Berlioz raconte avec une indignation bien légitime pour la conduite odieuse des musiciens de l'orchestre qui le laissèrent seul, ne voulant pas commencer après minuit l'exécution de la *Fantastique* : « maudits râcleurs, méprisables polissons », drôles, dont on retrouve en tout temps la venimeuse espèce.

Le concert produit néanmoins sept mille francs de bénéfice, qui disparaissent dans le gouffre des dettes d'Henriette Smithson ; ce n'est que plusieurs années après, et en s'imposant de cruelles privations, qu'ils peuvent le combler.

Un nouveau concert au Conservatoire, le 23 décembre, est une revanche éclatante de cette triste soirée. Ce fut là

qu'eut lieu la première rencontre entre Berlioz et Paganini :
« Quand le public fut sorti, un homme à la longue chevelure, à l'œil perçant, à la figure étrange et ravagée, m'attendit seul dans la salle, m'arrêta au passage, m'accabla d'éloges brûlants, qui m'inondèrent le cœur et la tête. » Quelques semaines après, Paganini vient le voir et lui suggère l'idée de sa deuxième symphonie, avec alto principal, dont il a bientôt trouvé le sujet et le plan : c'est *Harold en Italie*.

Voilà donc Berlioz revenu au travail dès les premiers jours de 1834, après les déboires du commencement de sa vie de ménage. Nous suivons presque pas à pas, dans les *Lettres intimes*, le développement de sa grande inspiration musicale, qui, en quelques années, fait naître *Harold*, le *Requiem*, *Benvenuto Cellini* et *Roméo et Juliette*. C'est assurément la plus belle période de la vie de Berlioz.

En mai 1834, il a déjà *Benvenuto Cellini* sur le chantier ; alors il est « tué de travail et d'ennui, obligé de gribouiller à tant la colonne pour ces gredins de journaux qui le paient le moins qu'ils peuvent ». En août, il s'excuse encore de ses retards dans la correspondance pour « ces damnés articles de journaux qu'il est forcé d'écrire pour quelques misérables pièces de cent sous qu'il en retire ».

Bientôt sa vie commence à devenir plus calme. Est-elle également heureuse ? Sans aucun doute. Il y a bien quelques heures de tristesse ; mais la naissance d'un fils et les premiers sourires de l'enfant éclairent ces années si fécondes dans la carrière du grand compositeur. « Le petit Louis est le plus doux et le plus joli enfant que j'aie vu. Ma femme et moi sommes aussi unis, aussi heureux qu'on puisse l'être, malgré nos ennuis matériels. Il semble que nous nous en aimions davantage. » La première exécution de *Harold*, au concert du 23 novembre 1834, vient d'avoir un succès complet, malgré une exécution encore chancelante. Néanmoins, pendant plus de six ans, nous disent les *Mémoires*, Berlioz la retoucha et y introduisit des modifications de détail « qui l'ont beaucoup améliorée. » Un nouveau concert a produit une recette de deux mille quatre cents francs (double du premier). Il y a eu une recrudescence de succès à la troisième audition. Pendant cette année, Berlioz donna jusqu'à sept concerts : il commencera bientôt une *Fête musicale funèbre à la mémoire des hommes illustres de la France*, dont il fera, en 1840, la *Symphonie funèbre et triomphale*.

Il a composé également le *Cinq Mai*, sur les paroles de Béranger. Mais il faut sans cesse écrire, sous peine de manquer du nécessaire. Il repousse les idées musicales, faute de loisir, n'ayant même plus, dit-il dans ses *Mémoires*, le courage « de remplir, comme à l'ordinaire, sa tâche détestée d'écrivailleur ». Deux mille francs, avancés avec une extrême délicatesse par M. Ernest Legouvé, lui permettent de terminer *Benvenuto Cellini*. Son intérieur est toujours riant. Louis vient d'être sevré : il marche presque tout seul. « Henriette en est toujours plus folle ; mais il n'y a que moi dans toute la maison qui possède toutes ses bonnes grâces ; je ne puis sortir sans le faire crier pendant une heure ».

Berlioz, disons-le en passant, s'est réconcilié avec sa famille : son père n'a pas tenu rigueur après la naissance de Louis. « La réponse a été aussi bonne que je l'espérais et ne s'est pas fait attendre. » L'année suivante, il reçoit de son père et de sa sœur Adèle des lettres pleines d'affection. Pendant ses ennuis, Henriette lui devient toujours de plus en plus chère, son fils grandit et « devient beau de jour en jour ». Henriette s'attache à la destinée de son mari : elle est toujours « ennemie des demi-mesures et des petits moyens et dès que la gloire de l'artiste ou l'intérêt de l'art sont en jeu, brave devant la gène et la misère jusqu'à la témérité ». Aussi Berlioz est pleinement heureux dans son ménage. Il aime « tous les jours davantage » sa femme et son fils.

C'est à ce moment même (décembre 1835), qu'il vient d'achever entièrement la partition de *Benvenuto Cellini*, que Duponchel s'est engagé à monter, bien qu'il manifeste une vive répugnance pour la musique de Berlioz : « il en tremble de peur ». Du reste, il y a quatre autres ouvrages qui doivent passer d'abord, ce sont les *Huguenots*, la *Esme-*

ralda de Mlle Bertin, que Berlioz règle et met en scène, *Stradella*, de Niedermeyer, *Guido et Ginevra* d'Halévy, plus trois ballets de Gide et de quelques autres compositeurs, deux d'Adolphe Adam, enfin un ballet auquel avait collaboré Montfort, qui avait partagé avec Berlioz le Grand-Prix en 1830, *la Chatte métamorphosée en femme*.

Les deux années suivantes sont toujours occupées aux travaux de critique musicale ; c'est en mars 1837 que Berlioz commence à écrire le *Requiem*, commandé par M. de Gasparin, ministre de l'intérieur, à la veille de quitter le ministère : ce sera son *testament musical*. Quatre mille francs sont mis à la disposition de l'artiste (Berlioz réduit ce chiffre à trois mille dans les *Mémoires*) et son œuvre sera exécutée aux frais de l'Etat. Un directeur des beaux-arts, Cavé, celui qui trouvait que Beethoven « n'était pas sans talent », intrigue de son mieux pour paralyser la bonne volonté du ministre. Le *Requiem* est terminé au mois de juillet et exécuté le 5 décembre. Huit mois après avait lieu la première représentation de *Benvenuto*.

Mais malgré l'échec retentissant de l'ouvrage, un grand triomphe d'amour-propre se préparait pour Berlioz. Paganini, qui avait assisté à la représentation du 3 septembre 1838, était sorti navré en disant : « Si j'étais directeur de l'Opéra, j'engagerais aujourd'hui même ce jeune homme à m'écrire trois autres partitions, je lui en donnerais le prix d'avance, et je ferais un marché d'or. »

Le concert du 16 décembre suivant, qui comprenait la *Fantastique* et *Harold* donna au grand artiste l'occasion de prouver son enthousiasme par un hommage d'une admirable générosité. Nous renvoyons aux *Mémoires* pour le récit de cette scène. Le billet de Paganini proclamait Berlioz le successeur de Beethoven et contenait un chèque de vingt mille francs sur Rothschild. Il est au lit, ayant pris froid dans la rue, la veille, en sortant du concert, pour retracer à Bertin l'émotion de Paganini s'agenouillant devant lui. Sa femme entre, le trouve le visage défait, la lettre à la main : « Allons ! qu'y a-t-il encore ? quelque nouveau malheur ? Il faut du courage. Nous en avons supporté d'autres. — Non,

non, au contraire! — Quoi donc ? — Paganini... — Eh bien ? — Il m'envoie... vingt mille francs !... — Louis ! Louis ! *come here, come with your mother*, viens remercier le bon Dieu de ce qu'il fait pour ton père ! » — Et la mère, prosternée au pied du lit, fait joindre les petites mains à l'enfant.

Nous trouvons, dans un autre chapitre des *Mémoires*, un souvenir bien touchant de cette vie de famille qui va se briser tout à l'heure.

De mauvaise humeur, il avait injustement grondé son fils, âgé de six ans ; son ennui venait d'un feuilleton dont il cherchait en vain le début depuis trois jours ; il crève le ventre de sa guitare d'un coup de pied, puis se repent, la ramasse et en tire un accord : aussitôt Louis vient frapper à sa porte. Il n'ouvre pas. « Père, veux-tu être-z-amis, » crie l'enfant à travers la porte. Et lui, accourant : « Oui mon garçon, soyons amis, viens. » Il le prend sur ses genoux, appuie la tête blonde sur sa poitrine et il s'endorment tous les deux [1].

C'est la dernière scène d'intérieur que nous retracent les *Mémoires*. Nous verrons que le foyer de Berlioz est déjà assombri par les querelles et que les scènes de jalousie qu'il a eu à subir sont déjà justifiées. Mais la rupture ne sera consommée que dans un an. Pour répondre à la générosité de Paganini, Berlioz a entrepris d'écrire une maîtresse œuvre, sur un plan neuf et vaste, une œuvre grandiose, passionnée, pleine aussi de fantaisie, digne enfin d'être dédiée à l'illustre artiste auquel il doit tant. Les dettes payées il s'est trouvé encore possesseur d'une fort belle somme, il n'a plus ou presque plus besoin du feuilleton pour vivre. Il travaille sept mois à la symphonie de *Roméo et Juliette*, c'est le sujet auquel il s'est arrêté, sans s'interrompre plus de trois ou quatre jours sur trente pour quoi que ce soit. « De quelle ardente vie je vécus pendant tout ce temps! Avec quelle vigueur je nageai sur cette grande mer de poésie, caressé par la folle brise de la fantaisie, sous les chauds rayons de ce soleil d'amour qu'alluma Shakespeare, et me croyant la force d'arriver à l'île merveilleuse où s'élève le temple de

---

[1] *Mémoires*, p. 333.

l'art pur ! » Dès le mois d'août les répétitions ont commencé. Le 24 novembre 1839 a lieu la première audition, et les deux suivantes ont un véritable succès. Toutefois il sent que l'œuvre a besoin de retouches nombreuses et il se met à l'étudier sérieusement sous toutes ses faces.

Au mois de mai suivant, Berlioz écrit sa *Symphonie funèbre et triomphale*, pour la translation des restes des victimes de Juillet et l'inauguration de la colonne de la Place de la Bastille, à la demande de M. de Rémusat. Le projet de cette composition remontait à quelques années.

Mais l'artiste n'est plus le fougueux romantique, l'ardent apôtre de la réforme musicale : l'homme se sent déjà vieillir. « Le croiriez-vous ? écrit-il à Ferrand, à l'emportement de mes passions musicales a succédé une sorte de sang froid, de résignation ou de mépris, si vous voulez, en face de ce qui me choque dans la pratique et dans l'histoire contemporaine de l'art..... Il me semble, dit-il à la fin de cette lettre, que je descends la montagne avec une terrible rapidité ; la vie est si courte, je m'aperçois que l'idée de la fin me vient bien souvent depuis quelque temps. » Alors, la vie intime de Berlioz est déjà brisée : les confidences s'arrêtent cependant sous sa plume : « si vous venez cet hiver nous aurons d'immenses causeries sur mille choses qu'on explique mal en écrivant. » Qui sait si les sages conseils de Ferrand n'eussent pas empêché la catastrophe douloureuse à laquelle ces pages nous ont si peu préparés ?

C'est à cette époque, en effet, que se termine la deuxième et la plus brillante période de la vie de Berlioz. Les lettres ne nous ont guère laissé prévoir le dénouement : c'est un « coup d'Etat, » nous disent les *Mémoires*, qu'il dut accomplir dans son intérieur pour avoir la liberté de se livrer à ces grandes excursions qui occuperont la troisième partie de sa carrière. Sa femme ne voulait à aucun prix le laisser partir. « Une jalousie folle et à laquelle pendant longtemps je n'avais donné aucun sujet, était au fond le motif de son opposition. Je dus donc, pour réaliser mon projet, le tenir secret, faire adroitement sortir de la maison mes paquets de musique, ma malle, et partir brusquement en laissant une lettre qui expliquait ma disparition. » Il ajoute : « mais je ne partis pas seul. J'avais une compagne de voyage (c'était Mlle Recio), qui depuis lors m'a suivi dans mes diverses excursions. A force d'avoir été accusé, torturé de mille façons et toujours injustement, ne trouvant plus de paix ni de repos chez moi, *un hasard aidant*, je finis par prendre les bénéfices d'une position dont je n'avais que les charges, et ma vie fut complètement changée. »

Berlioz nous explique qu'à partir de ce jour et « après des déchirements aussi longs que douloureux, » une séparation amiable eut lieu entre sa femme et lui. « Je la vois souvent, mon affection pour elle n'a été en rien altérée et le triste état de sa santé ne me la rend que plus chère. » Assurément, ces déchirements durent être douloureux, surtout pour la malheureuse femme. L'aveu qu'ils furent longs prouve assez qu'Henriette résista longtemps et n'accepta jamais cet abandon, qu'aucune faute de sa part ne justifiait. L'incompatibilité d'humeur, les scènes de jalousie lui semblaient et me semblent aussi des griefs peu sérieux pour expliquer le départ du domicile conjugal ou plutôt la fuite du mari. Henriette continua la lutte jusqu'au bout, n'ignorant pas pour qui elle était sacrifiée. Son orgueil de femme, sa dignité de mère et d'épouse se révoltaient, et, malgré le silence de Berlioz dans ses lettres, et l'essai de justification qu'il présente dans la confession réservée des *Mémoires*, on sent qu'il a la pleine conscience de ses torts.

Six ans plus tard, la lutte n'avait pas encore cessé : lors de son arrivée à Londres, Berlioz avouait à M. Tajan Rogé (c'est la seule des lettres où l'on puisse trouver trace de ses sentiments durant cette crise terrible), que la séparation n'avait pas eu lieu à l'amiable comme il le prétend dans les *Mémoires* : « Je suis venu *seul* à Londres, vous pouvez en deviner les raisons, » et il ajoute : « D'ailleurs, j'avais un prodigieux besoin de cette liberté qui m'a partout manqué *jusqu'ici*. Il a fallu non pas un coup d'Etat, mais bien *une succession de coups d'Etat* pour parvenir à la reprendre. »

M. Legouvé nous a peint, avec des traits bien vifs,

cet intérieur, qu'il a connu ; il a démêlé avec une sagacité parfaite les causes de ces discordes conjugales. Berlioz aimait Henriette comme un fou, lorsqu'il l'épousa ; quant à elle, suivant son mot, qui exaspérait le malheureux, *elle l'aimait bien*. « C'était une tendresse blonde », dit M. Legouvé. Les transports de cet exalté l'avaient effrayée : elle s'y habitua cependant, finit par y trouver du charme : bientôt la froide Anglaise devint une épouse ardente. Malheureusement, Berlioz était déjà las, car sa flamme s'était trop tôt consumée, ayant brûlé en plein air. A mesure que le thermomètre Smithson s'élevait, suivant le mot de l'élégant académicien, le thermomètre Berlioz baissait. Il n'y avait plus chez lui qu'une bonne amitié, correcte et calme, tandis qu'au dehors les occasions toujours nouvelles qu'offre le monde des artistes lui inspiraient de fréquentes tentations auxquelles il finit par céder : sa force de résistance n'était pas telle qu'il pût se défendre contre des séductions si proches et toujours flatteuses pour son amour-propre. « Mme Berlioz, dit M. Legouvé, cherchait dans les feuilletons de son mari les traces de ses infidélités ; elle les cherchait même ailleurs, et des fragments de lettres interceptées, des tiroirs indiscrètement ouverts, lui faisaient des révélations incomplètes qui suffisaient pour la mettre hors d'elle-même, mais qui ne l'éclairaient qu'à demi. Le cœur de Berlioz allait si vite qu'elle ne pouvait pas le suivre. Quand, à force de recherches, elle était tombée sur l'objet de la passion de son mari, cette passion avait changé, il en aimait une autre, et alors, son innocence actuelle lui étant facile à prouver, la pauvre femme restait confuse comme un limier qui, après avoir couru une demi-heure sur une piste, arrive au gîte quand l'oiseau est envolé. Il est vrai que quelque autre découverte la faisait bientôt repartir sur une autre trace, et, de là, des scènes de ménage effroyables. »

Détournons-nous de ce douloureux tableau, car le récit de M. Legouvé est navrant ; trop âgée pour Berlioz, Henriette Smithson avait bientôt perdu cette beauté qui avait fait délirer tout Paris à douze ans de là : les chagrins avaient accéléré les ravages du temps, mais au lieu de vieillir, le cœur rajeunissait chez elle ; son amour s'accroissait, mais pour s'aigrir et s'exaspérer, et devenait une torture pour elle comme pour lui. Une nuit, l'enfant qui couchait dans leur chambre fut réveillé par de si terribles éclats d'indignation de sa mère s'emportant contre les trahisons de Berlioz, qu'il se jeta à bas de son lit et s'écria en se précipitant vers Henriette : « Maman, maman, ne fais pas comme Mme Lafarge ! »

Nous ne pouvons nous reporter qu'avec la plus profonde tristesse de cette scène aux heureux jours de ce mariage accompli après tant d'épreuves cruelles et au prix d'une si héroïque obstination. Qu'avait donc rêvé Berlioz, lorsqu'il fut foudroyé en 1827 par l'apparition d'Ophélie : que la beauté, la jeunesse et l'amour sont éternels ? Lui-même ne se sentait-il pas déjà vieillir lorsqu'il abandonnait Henriette pour jeter son génie aux pieds d'une chanteuse, plus agréable d'aspect qu'Henriette Smithson parce qu'elle avait quinze ans de moins, mais qui n'avait ni l'intelligence, ni le caractère, ni le prestige encore vivant de la célébrité de la grande artiste anglaise ?

La fin de celle-ci fut lugubre. Dès 1846, une lettre de Berlioz à son fils nous apprend que la pauvre femme était obligée de garder le lit et de ne pas parler. Il recommande au jeune homme de ne pas lui écrire de lettres qui puissent la tourmenter, car la moindre émotion lui serait fatale. Son état s'aggrava bientôt : ses quatre dernières années ne furent qu'une lente agonie ; elle resta paralysée, privée du mouvement et de la parole jusqu'à sa mort. Berlioz avait dû s'imposer de nouveaux sacrifices ; il fallait, pendant ces dernières années, trois femmes pour la soigner : le médecin venait tous les jours, bien que le mal fût sans remède ; la malheureuse créature, à demi morte, ne pouvait plus que gémir ; elle était dans l'impossibilité de se faire comprendre d'aucune sorte.

Elle s'était retirée à Montmartre, dans un logement qui paraît peu confortable ; Berlioz parle à son fils d'un « mobilier misérable (1) » qu'elle laissa à son décès. La tristesse du

---

(1) *Correspondance inédite*, p. 207.

séjour devait aggraver la conscience de son douloureux état et la cruauté de l'abandon dans lequel elle était laissée. C'est dans cette lugubre retraite que vint la chercher Marie Recio, cette cantatrice qui vivait avec Berlioz depuis son départ de la maison conjugale, pour faire à la malheureuse femme une scène que je décrirai bientôt en parlant du second ménage de l'artiste. « Je suis un monstre ! » s'écria Berlioz en racontant cette scène barbare qui pouvait tuer Henriette.

Le spectacle des dernières souffrances fut atroce pour lui, qui étouffait sous le sentiment de la pitié, « celui qui fut toujours pour moi, dit-il, le plus difficile à supporter ». En se rappelant leur vie agitée à tous les deux au déclin de cet amour irréfléchi qui avait détruit et torturé leur cœur et s'était déjà depuis longtemps éteint, il la voyait privée de la présence de leur fils, éloigné d'eux à perpétuité par sa carrière de marin, séparée de son mari, on sait après quels déchirements intérieurs, ayant perdu tous ses parents, sa radieuse beauté depuis longtemps disparue, seule, horriblement seule, durant ce long et affreux martyre du corps. Louis Berlioz, qui avait obtenu un congé, venait de repartir pour Cherbourg quatre jours auparavant, ayant pu donner à la pauvre mère le baiser qui rendit quelque douceur à ses derniers moments. Berlioz, toujours voyageant depuis douze ans, était alors, par bonheur, à Paris ; ce fut lui qui conduisit au cimetière les tristes restes de la *fair Ophelia*, après avoir écrit à son fils Louis une lettre poignante dans laquelle il confiait au jeune homme quelques-uns des secrets de l'existence désolée dans laquelle, pour leur malheur commun, il avait entraîné la grande artiste. Finissons sur cette page qui conclura ces douloureuses confidences. Henriette Smithson vient de mourir, et Berlioz écrit à son fils, à la date du 6 mars 1854, ces lignes amères : « Pauvre cher Louis, tu as reçu ma lettre d'hier, maintenant tu sais tout. Je suis là, tout seul à t'écrire, dans le grand salon de Montmartre, à côté de sa chambre déserte. Je viens encore du cimetière, j'ai porté sur sa tombe deux couronnes, une pour toi, une pour moi. Je n'ai pas la tête à moi, je ne sais pourquoi je suis rentré ici. J'ai gardé ses cheveux, ne perds pas cette petite épingle que je lui avais donnée. Tu ne sauras jamais ce que nous avons souffert, l'un par l'autre, ta mère et moi, et ce sont ces souffrances mêmes qui nous avaient tant attachés l'un à l'autre. Il m'était aussi impossible de vivre avec elle que de la quitter. »

Berlioz ne peut tout dire à son fils ; il lui apprendra bientôt la vérité entière. Le malheureux jeune homme, errant à travers l'océan sur le navire qui remplaçait pour lui le foyer de la famille et le sol de la patrie, était le seul à plaindre en cette triste circonstance. C'est lui qui perdait tout avec cette *mater dolorosa* qui l'avait vu s'éloigner d'elle presque enfant, en même temps que son père désertait furtivement la maison. Henriette pouvait-elle, au milieu de ces souffrances physiques et morales de ses dernières années, prévoir le lendemain? Peut-être, car elle savait tout. Lorsqu'elle mourut, le 3 mars 1854, c'était la délivrance pour les deux époux. Berlioz semble s'être hâté d'effacer toute trace de ce passé douloureux : dès le mois d'août suivant il se remariait. Ce n'était, il est vrai, qu'une formalité légale pour régulariser la liaison qui, depuis quatorze ans, l'avait séparé d'Henriette. Mais celle-ci, avant de mourir, avait subi cet affront d'être insultée par « la vraie Madame Berlioz » affirmant ses droits à la succession avant qu'elle eût été ouverte.

XVII

L'AUTRE MÉNAGE

Nous avons retracé le roman de Berlioz en nous arrêtant à la crise douloureuse de sa vie : nous avons vu le drame, puis le dénouement. En même temps que le drame intime commençait ce que j'appelle le supplice, quelques-uns oseraient dire le châtiment. En raison de la faculté de souffrir, qui représentait pour Berlioz le besoin d'affection, l'on ne pouvait concevoir l'amour finissant par le dénouement du roman. Un autre moins poétique, moins pur, moins idéal, succédait au premier. C'était l'amour de rencontre et non la passion sublime qui lui avait fait entrevoir le grand amour et le grand art.

Que fût-il arrivé si la destinée d'Henriette l'eût détournée de Berlioz ? N'eût-elle pas moins souffert, et son amoureux ne se fût-il pas promptement consolé, comme la première fois, s'il eût échoué dans ses efforts pour la reconquérir lorsqu'il se trouva de nouveau en sa présence ? Dans les dernières crises de l'année 1833, la patience avait fini par lui échapper, et nous avons assisté au coup de théâtre de la soumission d'Henriette. Je n'ai pas insisté sur les dispositions d'esprit de Berlioz à cette heure décisive ; pourtant il ne s'en fallait de guère que la pauvre femme ne se fût soumise que trop tard.

A ce moment même, Berlioz, découragé, ne croyait plus qu'Henriette fût capable de céder, et paraissait en prendre d'autant plus aisément son parti, qu'un « hasard inouï » l'aidait à supporter la séparation qu'il prévoyait, mais qu'il ne craignait plus, sans doute. C'était un absurde roman, il l'avoue : une jeune fille de dix-huit ans, charmante et exaltée, s'était « jetée dans ses bras » ; enfermée depuis quatre ans chez un misérable, « un monstre », qui l'avait achetée enfant, elle s'était enfuie, mourant de peur de retomber entre ses mains, et résolue à « se jeter à l'eau plutôt que de redevenir sa propriété ».

Voilà l'histoire qu'on avait racontée à Berlioz, et ce récit, bien propre à frapper son imagination et à piquer sa curiosité, l'enflammait déjà. « Elle a voulu me voir, je l'ai vue, je l'ai un peu rassurée et consolée ; je lui ai proposé de m'accompagner à Berlin et de la placer quelque part dans les chœurs par l'entremise de Spontini ; elle y consent. » Il se trouve en effet qu'elle veut absolument quitter la France juste à l'heure où, impatienté par l'indécision d'Henriette, il se résigne à aller faire son séjour réglementaire d'une année en Allemagne, oubliant Ophélie et l'abandonnant pour toujours. Quant à cette consolatrice inattendue, qui joue le rôle d'Ariel pour offrir une nouvelle distraction violente, Berlioz sait parfaitement comment cette passion va s'allumer : « Elle est belle, seule au monde, désespérée et confiante ; je la protégerai, je ferai tous mes efforts pour m'y attacher. Si elle m'aime, je tordrai mon cœur pour en exprimer un reste d'amour. Enfin, je me figurerai que je l'aime. »

Qui est-ce ? Peu importe. La description n'est pas assez complète pour que nous appliquions ce portrait à Mlle Recio que nous allons trouver bientôt mêlée à la vie de Berlioz. Cette jeune fille belle, « fort bien élevée, jouant assez bien du piano, qui chante un peu, cause bien et sait mettre de la dignité dans son étrange position », est peut-être celle qui, ayant failli ainsi remplacer une première fois Ophélie, doit reparaître bientôt dans la vie de Berlioz ; la concordance de l'âge est exacte. On peut donc le supposer.

Malheureusement pour Henriette, elle cède le lendemain même ; les bans sont publiés et le mariage est fait. Berlioz ne pensera plus à « la pauvre fugitive » à laquelle il a déjà intéressé beaucoup de monde. « Nous lui avons, à plusieurs, fait un petit sort. Jules Janin s'en est chargé spécialement pour la faire partir. » C'est Henriette qui se sacrifie, car, dans ces tristes circonstances, après ces douloureuses péripéties, son rôle était bien celui de la victime. Elle était trahie avant la lettre.

Six ans plus tard, nous voyons, « un hasard aidant », la vie de Berlioz encore « complètement changée. » Il disparaît en compagnie de Marie Recio, quittant en cachette, et à l'aide d'un stratagème, « la maison de Juliette » et laissant une lettre pour expliquer son départ. Atroce réveil de la pauvre délaissée, restée seule à Paris avec l'enfant, tandis que le mari court la Belgique et l'Allemagne en compagnie de celle qui avait volé son affection ! Pauvre innocente fleur cueillie dans sa grâce et sa fraîcheur, qui reste désormais sans appui, sans un regard, languissant et retombant flétrie sur sa tige, et qui pâlit, se fane et meurt parce que la main qui devait veiller sur elle l'abandonne pour en effeuiller d'autres ! N'est-ce pas à ces amours que s'applique ce passage de la lettre de Berlioz à Ferrand : « J'arrache plutôt que je ne cueille les fleurs que ma main peut atteindre en glissant le long de l'âpre sentier. »

Ces lignes étaient écrites quelques semaines avant le début de Mlle Recio à l'Opéra : il eut lieu le 30 octobre. La *Revue et Gazette* du 7 novembre 1841 en rendait compte ainsi : « Mlle Recio a débuté vendredi dernier dans le rôle d'Inès de la *Favorite*. Cette jeune personne, douée d'une voix fraîche et pure, d'une taille élevée, élégante, ne pouvait qu'être bien accueillie. Quand elle aura acquis l'habitude de la scène, des succès plus importants lui sont évidemment réservés. »

Voici comment Berlioz s'exprimait dans les *Débats* :

« Mlle Recio, qui a paru une fois dans le rôle d'Inès de la *Favorite*, est douée d'un soprano pur et étendu, qui s'assouplira encore par l'étude et dont le timbre a quelque chose de séduisant par sa fraîcheur. Elle a bien chanté le solo « Rayons dorés », malgré le tremblement que le premier aspect de la rampe ardente et la crainte du parterre (ce bon parterre!) donnent à tous les débutants. Il y avait là évidemment trop peu à chanter pour Mlle Recio; elle doit espérer mieux que ce bout de rôle. Celui du page, dans le *Comte Ory*, semble lui convenir sous tous les rapports. Qu'attend-on pour le lui faire essayer ? » (14 décembre 1841.)

On pouvait se demander comment le critique des *Débats* était au courant des aptitudes de la débutante et de ses prétentions. C'était, en effet, le rôle d'Isolier qui devait lui être donné pour continuer ses débuts. La *Gazette*, aux nouvelles des théâtres, déguisa, sans doute sur les instances du protecteur, la chute de l'artiste : on sent, en lisant les lignes suivantes, que le succès n'était pas authentique :

« A part un peu d'*incertitude* dans la mesure à certains passages du premier duo, elle s'en est fort bien acquittée ; on a remarqué dans les récitatifs des *intentions* dont la finesse fait bien augurer de ses dispositions dramatiques. » (2 janvier 1842.)

Le feuilletoniste des *Débats* se rejetait sur le physique de l'actrice, fort agréablement, ne pouvant que constater les *bonnes intentions* du récitatif, ce qui laisse à supposer que le reste du rôle ne méritait pas les mêmes compliments. Voici ce passage de l'article qui est piquant à lire lorsqu'on connaît l'intrigue des coulisses :

« Un début intéressant et heureux a eu lieu il y a quelques semaines devant le public sévère du dimanche. Mlle Recio abordait pour la première fois le rôle du page dans le *Comte Ory*. La débutante a toutes les qualités requises pour bien représenter cet espiègle Isolier, rival heureux de son propre maître, qualité qu'on n'exige pas rigoureusement, ce me semble, car on voit des Isoliers

> Qui devraient d'une pèlerine
> Prendre la cape et le manteau,

au lieu de s'exposer aux perfidies de ce fringant costume, et qui ressemblent assez par les jambes et la taille à un sac de noix posé sur un escabeau. Mlle Recio, sans imiter Mme Stoltz, a su donner au caractère d'Isolier une physionomie à la fois tendre et spirituelle ; elle a chanté simplement, avec goût, et son accentuation des récitatifs a paru naturelle sans exagération, gracieuse sans minauderies. » (*Débats*, 30 janvier 1842.)

Elle ne garda pas longtemps ce rôle. Je vois que Mme Stoltz le lui reprit en avril, lors de la rentrée de Mme Dorus Gras. On se demandera si c'est l'origine des méchancetés dirigées contre cette cantatrice dans certains passages de la *Correspondance*.

Ce fut cette année même que Mlle Recio enleva décidément Berlioz à son intérieur : elle partit avec lui lors de son premier voyage à l'étranger. Elle chanta au concert qu'il donna à Bruxelles à la fin de septembre. Une autre artiste de l'Opéra, Mme Widemann, y chanta avec elle : c'est à celle-ci, dont la sûreté était moins suspecte, que fut confié le grand air de *Roméo*. « Mlle Recio, écrivait le correspondant de la *Gazette*, a dit avec une expression mélancolique tout à fait touchante la romance du *Jeune Pâtre Breton* (une mélodie de Berlioz) ; ces deux dames ont été fort applaudies dans le duo de la *Norma* de Bellini pour soprano et contralto (1). »

Quelques mois plus tard, Berlioz et sa compagne arrivaient à Francfort, et Hiller nous retrace un épisode bien plaisant de ce voyage. Nous lui devons des confidences déjà fort intéressantes sur les crises sentimentales de Berlioz : cette fois ce n'est plus dans ses lettres privées c'est dans son charmant et spirituel ouvrage, *Künstlerleben*, que nous trouvons le récit de son entrevue avec son ancien ami, qu'il n'avait pas revu depuis dix ans.

Hiller a conservé un carnet commencé justement un an auparavant et a pu rectifier la date de l'incident qu'il a rapporté dans son livre : c'est le 16 janvier 1843. « J'étais, dit-il, revenu depuis peu d'Italie dans ma ville natale, Francfort ; nous nous retrouvâmes au théâtre où l'on donnait *Fidelio* et nous nous entretînmes comme de vieux amis. Le capellmeister Guhr avait trouvé bon de ne laisser libre la salle aucun soir pour Berlioz. Il partit pour Stuttgardt, Mannheim, Carlsruhe et revint à Francfort après cette excursion. Le

(1) *Gazette Musicale*, 9 octobre 1842.

hasard voulut que le soir suivant je donnasse un concert et je demandai à Berlioz d'y assister. — Impossible, répondit-il. Tu sais que je voyage en compagnie d'une cantatrice. Elle chante comme une chatte, ce n'est pas là le malheur ; le pis est qu'elle veut figurer dans tous mes concerts. Je vais d'ici à Weimar, nous y avons un ministre et il est impossible qu'elle m'y accompagne, mais j'ai mon plan. Elle croit que je suis invité ce soir chez Rothschild. Je vais quitter l'hôtel à sept heures, ma place est prise dans la diligence, mes malles sont prêtes, je pars, et deux heures après elle recevra par le maître d'hôtel une lettre l'informant de mon excursion. »

Hiller n'insiste pas ; mais le surlendemain, étant allé s'informer de la suite de cet épisode, il apprit que Mlle Recio, après avoir reçu la lettre de Berlioz, était allée dès le lendemain matin à l'hôtel de la poste, et y avait appris la vérité. En ce temps, les voyageurs avaient à inscrire leurs noms, et Berlioz n'avait pas pris la peine de cacher le sien en retenant sa place, de sorte que Mlle Recio s'était aussitôt lancée à sa poursuite. Hiller ayant écrit à son ami pour lui faire part de cette complication, reçut peu de jours après une lettre de Mlle Recio qui le complimentait fort mal de son zèle, et au milieu se trouvaient deux lignes de Berlioz : « on n'a été ni attrapé ni rattrapé, mais on s'est trouvé réunis ».

Continuant à nous peindre la compagne de son ami, Hiller nous rapporte un mot de Berlioz lorsqu'il épousa Mlle Recio après la mort d'Henriette. « Elle m'a enseigné l'économie, » (*Hauslichkeit*), dit-il plus tard au confident de tous ses amours. C'était, ajoute celui-ci, une personne avisée (*eine kluge Person*) et qui paraissait savoir comment son mari devait être manié (*behandelt*). Son esprit d'économie pouvait peut-être suffire à combler les vœux de Berlioz, mais elle ne laissait pas l'impression la plus favorable à ses amis. Ceux qui l'ont connue n'ont pas gardé de son caractère un souvenir bien flatteur. Voici, du reste, une anecdote qui suffit à la peindre.

Un jour, raconte M. Legouvé, Henriette, retirée à Montmartre, entend sonner et va ouvrir :

« Madame Berlioz, s'il vous plaît, madame ?

— C'est moi, madame.

— Vous vous trompez, je vous demande madame Berlioz.

— C'est moi, madame, vous dis-je.

— Non, ce n'est pas vous ! Vous me parlez, vous, de la vieille Mme Berlioz, de la délaissée ! Moi je vous parle de la jeune, de la jolie, de la préférée ! Hé bien, celle-là c'est moi ! »

Et elle sort, fermant brusquement la porte.

« Qui vous a raconté cette action abominable, s'écria Legouvé, lorsque Berlioz lui fit ce récit navrant ; celle qui l'a faite, sans doute ? Elle s'en est vantée, j'en suis sûr ! Et vous ne l'avez pas jetée à la porte ?

— Comment l'aurais-je pu ? répondit Berlioz d'une voix brisée ; je l'aime ! »

Oui, cela est abominable, et si M. Legouvé, devant l'accent désespéré de Berlioz, lorsqu'il prononçait ce mot : « je l'aime » n'osa pas lui répliquer, nous devons à la mémoire d'Henriette une protestation indignée contre l'acte révoltant de la malheureuse qui en fut coupable. Berlioz a beau s'accuser le premier et confesser qu'il se tient lui-même pour un monstre, il faut relever sans commisération cette infamie, dont la responsabilité lui appartient parce qu'elle est le résultat de ses fautes et du désordre de sa vie, et surtout parce qu'en la couvrant il lui assurait l'impunité. Il se faisait complice en pardonnant. En pareil cas, la faiblesse n'est pas une excuse.

Lorsque nous lisons dans le récit de M. Legouvé que la pauvre Henriette cherchait dans les feuilletons de son mari les traces de ses infidélités, il faut avouer que la preuve n'était pas malaisée à découvrir. Sans doute, on ne peut prétendre que tous les éloges et compliments du critique étaient fondés sur des attractions sentimentales ; nous avons vu pourtant que ses attaques, ses méchancetés, ses injustices, avaient quelquefois leur origine dans des rancunes implacables. Mais la vérité devait apparaître clairement à Mme Berlioz lorsqu'elle lisait ceci dans le feuilleton des *Débats*, du 1er avril 1845 : « Mlle Recio a dit deux romances d'une façon charmante. » (Concert de Mlle de Dietz.) C'était un nom qu'il avait bien souvent cité dans ses feuilletons et il ne manquait jamais de l'y glisser, à propos du concert de la *Sylphide*, par exemple, ou de celui que donnait à ses abonnés la *Revue et Gazette Musicale* : « Je ne dois pas oublier les petits morceaux charmants que Mlle Recio a dits avec une grâce pleine de finesse et une sensibilité vraie. Ce sont : *le Petit Enfant*, de Quidant ; *Madelinette*, de Thys ; *la Clochette*, de Vimeux et *la Glaneuse*, de Labarre : romances en grande vogue en ce moment. » (1er février 1845.)

L'année précédente, une note plus significative avait pu attirer l'attention de la pauvre femme, dans le *Voyage Musical* : « Mlle Recio, qui *se trouvait alors* à Dresde, consentit très gracieusement à chanter deux romances avec orchestre et le public l'en récompensa dignement. »

Ce passage, supprimé aux *Mémoires*, se trouvait dans la lettre à Ernst, à la suite du compte-rendu du *Sanctus*, et précédait ces mots : « Mais la cavatine de *Benvenuto*.... »

La liaison de Berlioz durait en effet depuis quatre ans déjà et Henriette devait horriblement souffrir en lisant ces lignes. D'autre part, ces réclames ne pouvaient tromper le public sur l'insuffisance artistique de Mlle Recio. M. Daniel Bernard a inséré dans sa notice sur Berlioz un fragment d'une lettre qui ne figure pas au volume, malheureusement ; mais il nous suffit pour apprécier le talent de la cantatrice : « Plaignez-moi, mon cher Morel, Marie a voulu chanter à Mannheim, à Stuttgardt et à Hechingen. Les deux premières fois, cela a paru supportable ; mais la dernière !... Et l'idée seule d'une autre cantatrice la révoltait ! » C'est ce que nous dit très franchement un écrivain qui exprime en ces termes son sentiment : « Je l'ai entendue une seule fois dans un concert, et j'avoue, comme on dit vulgairement, qu'elle y a perdu une belle occasion de se taire. » (*Le Temps*, 6 décembre 1881.)

Mlle Recio, dit M. Legouvé, avait une voix assez jolie, mais faible : elle avait néanmoins la rage de chanter au théâtre. Berlioz dut employer son influence pour lui obtenir un engagement. A la suite de la scène odieuse qu'elle était allée faire chez Henriette Smithson, le maître confiait à Legouvé tous les chagrins de son faux ménage, qui étaient l'expiation : il lui racontait la honte qu'il avait éprouvée en se voyant obligé de ménager, de flatter les directeurs pour procurer à Marie un rôle de début; d'écrire un article pour transformer sa chute en succès, lorsqu'elle fut sifflée, puis, après qu'elle eut renoncé, bien malgré elle, à la scène, de la laisser chanter dans les concerts qu'il donnait, d'entendre chanter faux ses propres mélodies, de diriger lui-même comme chef d'orchestre le morceau où il était assassiné comme compositeur !

« Voyons, ajoutait-il, n'est-ce pas vraiment diabolique, c'est-à-dire tout à la fois tragique et grotesque : je dis que je mériterais d'aller en enfer ! Mais j'y suis ! »

Aucune de ces confidences n'était destinée à la postérité. Les trois mots des *Mémoires* sont une révélation bien incomplète de ces désordres intérieurs. « Je me suis remarié, *je le devais.* » Cela, c'est une opinion : il n'était pas lié, je pense, par une union qui était restée stérile. Il devait plutôt à son fils Louis, et surtout à Henriette. Mais chacun comprend son devoir comme il peut, et je ne me pose pas en moraliste. Remarquons de même l'étrange annonce de la nouvelle à Humbert Ferrand, qui, en ce moment, se trouve à Paris. « Je voulais vous prier de venir dîner avec moi aujourd'hui; mais ma femme est si malade qu'il n'y aura pas moyen (vous ne savez peut-être pas encore que je suis remarié depuis deux mois). » C'est tout simplement prodigieux !

On peut admettre que la force de l'habitude et le besoin d'avoir un intérieur, bien d'autres considérations n'ayant rien de commun avec les raisons de sentiment et de convenance, aient précipité ce mariage au lendemain de la mort d'Henriette. Ce fut l'oncle de Berlioz qui lui en parla le premier; tous ses amis pensaient de même ; la famille fut prévenue et la cérémonie se fit en petit comité, « sans bruit comme sans mystère. » Tels sont les détails ou plutôt les explications que le malheureux donne à son fils en lui apprenant que ses intérêts ont été sauvegardés. Berlioz ne laissera à sa femme, s'il meurt le premier, que le quart de sa petite fortune ; il sait même que l'intention de celle-ci est de le faire revenir à Louis Berlioz par un testament. Le mobilier qu'elle lui apporte en dot a une valeur plus considérable qu'il ne pensait, il reviendra à Mme Berlioz en cas de décès de son mari ; c'est d'après les indications de son beau-frère, Me Suat, notaire à Vienne, que ces arrangements ont été pris. Malgré ces égards pour les intérêts de son fils, Berlioz semblait douter que la satisfaction de celui-ci fût complète : « J'ai à t'annoncer une nouvelle qui ne t'étonnera probablement pas, et dont j'avais fait part d'avance à ma sœur et à ton oncle à mon dernier voyage à la Côte. Je suis remarié. Cette liaison, par la durée, était devenue, tu le comprends bien, indissoluble ; je ne pouvais ni vivre seul, ni abandonner la personne qui vivait avec moi depuis quatorze ans. » Quel aveu et quelle leçon pour cet enfant ! Quel exemple que celui du père confessant à son fils, près de la tombe de sa mère, les irrégularités de sa vie ! Comme on sent l'embarras et la honte dans ce silence sur les raisons d'affection mutuelle et d'estime, à défaut d'enthousiasme et de passion ; car Berlioz avait cinquante ans passés et sa seconde femme n'était plus jeune ; elle en avait quarante. Les recommandations qui suivent ont un accent cruel lorsqu'on y découvre la supplication muette : « Ma position, plus régulière, est plus convenable ainsi. Je ne doute pas, si tu as conservé quelques souvenirs pénibles et quelques dispositions peu bienveillantes pour Mlle Recio, que tu ne les caches au plus profond de ton âme par amour pour moi. Si tu m'écris à ce sujet, ne m'écris rien que je ne puisse montrer à ma femme, car je voudrais pour beaucoup qu'il n'y eût pas d'ombres dans mon intérieur ; enfin, je laisse à ton cœur à te dicter ce que tu as à faire. » La lettre avait eu pour début cette phrase étrange : « J'étais tout triste, ce matin, mon cher Louis. »

Les huit années de ce second mariage furent ce qu'elles devaient être après ces douloureux préliminaires. Heureusement, pendant les cinq premières, de nombreux voyages en Allemagne, et le travail acharné auquel se livra le maître pour écrire le poème et la partition des *Troyens* l'empêchèrent de sentir le vide et l'ennui de son nouvel intérieur. Il gagnait surtout — rien ne paraîtra plus bizarre et fera sourire plus d'un lecteur — une excellente belle-mère pleine de dévouement et d'affection pour lui. La brave dame le *devait* bien à cet illustre gendre, qui était en même temps un gendre providentiel. Mme Martin, mère de Mme Berlioz, était d'origine espagnole et s'appelait de son nom de famille Sothera Villas-Recio. Ce n'était pas un pseudonyme, comme on l'a dit, mais le nom maternel, que Mlle Martin avait pris comme nom de théâtre. Berlioz, condamné à l'anglais avec Henriette, dut supporter jusqu'à sa mort un nouveau supplice. « Je suis bien à plaindre, écrivait-il à Asger Hammerik, son ancien élève ; voilà ma belle-mère qui me parle en espagnol, ma bonne en allemand, et vous, avec votre danois, vous me déchirez les oreilles (1) ! — Je n'entends que charabias à droite, charabias à gauche », écrivait-il à Massart à la même date ; il donnerait deux louis pour entendre de temps en temps parler français autour de lui (2).

Mais ce n'était qu'un désagrément insignifiant en comparaison des souffrances qu'il endura souvent pendant les huit années de ce second mariage. Nous n'en trouvons aucune trace dans les *Mémoires* ni dans la correspondance ; on peut cependant tout deviner lorsqu'on lit le passage suivant d'une des vingt lettres inédites à Adolphe Samuel, publiées par M. Wilder, dans le *Ménestrel*, en 1879. Celle-ci porte la date du 29 janvier 1860 : « Je suis toujours malade, écrit-il... de plus, j'ai l'esprit inquiet, troublé. Ma vie est au dehors ; mon intérieur est fatigant, irritant, presque impossible. Il n'y a pas de jour ou pas d'heure où je ne sois prêt à risquer ma vie, à prendre les déterminations les plus violentes ; je vis en pensée, en affections immenses, loin de chez moi... Je ne puis vous en dire davantage. »

Ce n'est que par voie d'allusion qu'on peut discerner une sorte d'aveu dans une lettre à son fils, en 1861 ; il cherche à le détourner de la vie de famille et raille sa matrimoniomanie qui le ferait rire, « si, dit-il, ce n'était pas triste de

(1) Daniel Bernard. *Notice sur Berlioz*, p. 56.
(2) *Correspondance inédite*, p. 322.

te voir aspirer avec tant d'âpreté à la chaîne la plus lourde qui se puisse porter, et aux embarras et aux dégoûts du ménage qui sont bien ce que je connais de plus désespérant et de plus exaspérant (1). »

Quatre ans plus tard, Louis renouvelait ses vœux 'e tranquillité domestique, de vie de famille, exprimant le regre de n'avoir pas d'intérieur, et il combattait encore ses désirs à l'aide des mêmes arguments, et en faisant allusion aux tourments moraux de certaines positions (2).

Ainsi, par un châtiment bien mérité, ce ménage renouvelait pour Berlioz les supplices du premier. Je ne suis pas de ceux qui le plaindront. Si les déterminations violentes dont il parlait dans la lettre à Adolphe Samuel eussent été mises à exécution, il n'eût pas été injuste qu'il fit endurer à la malheureuse les douleurs de l'abandon que celle-ci avait fait infliger à sa devancière, en y ajoutant l'affront de la scène répugnante qu'on a lue plus haut. Mais Mme Berlioz était déjà atteinte alors par le mal qui devait l'emporter deux ans plus tard. Le pauvre homme n'avait pas longtemps à attendre la délivrance, la dernière, cette fois.

Nous allons voir pourtant qu'il ne dépendit pas de lui de clore ici son roman. Ce besoin d'affection avait déjà donné lieu à diverses aventures, car, il faut bien le dire, il n'avait pas été plus fidèle au second de ses serments qu'au premier. Marie Recio, qui mourut en 1862, à l'âge de quarante-huit ans, était-elle la « pauvre fugitive » qui apparut pour la première fois en septembre 1833 et qui avait alors dix-huit ans et demi? Je ne puis le rechercher, et cela est, du reste, indifférent, car la continuité n'existe pas dans les amours de Berlioz et le nombre de ces passions buissonnières est illimité. Tandis qu'il parcourait l'Europe avec la rivale heureuse d'Henriette, il avait trouvé le moyen de trahir les deux à la fois ; il y eut même plus d'une rupture de ban. C'était un incorrigible récidiviste.

Lisez, par exemple, la lettre de Londres à Tajan Rogé, en

(1) *Correspondance inédite*, p. 273.
(2) *Ibid.*, p. 318.

novembre 1847 ; elle contient la confidence complète d'un amour « poétique, atroce et *parfaitement innocent* (avec ou sans calembour) pour une jeune (pas trop jeune) fille ; » tous les symptômes habituels de l'exaltation sentimentale se manifestent en cette aventure. Promenades dans les quartiers excentriques de Saint-Pétersbourg et jusque dans les champs, de neuf à onze heures du soir, larmes amères, *trombe de passion* sur les bords de la Néva au soleil couchant : les accès sont bien caractérisés. Cette ingénue définissait les obsessions de sa mère pour la marier par cette expression familière : « *C'est une scie* », et augmentait la stupeur de Berlioz en lui disant : « Je vous *écrirerai.* » L'intrigue était vulgaire, sans doute, mais il la prenait au sérieux, au tragique même : il croyait avoir devant lui la Marguerite de *Faust,* parce que cette inconnue, qui avait assurément du bon sens et de la loyauté, s'étonnait de cette exaltation : « Mon Dieu ! je ne comprends pas ce que vous pouvez trouver en moi ; je ne suis qu'une pauvre fille bien au-dessous de vous. Il n'est pas possible que vous m'aimiez, etc., etc. » Cela le faisait éclater en sanglots, et, dans leurs promenades, il « lui broyait le bras contre sa poitrine » en lui chantant l'adagio de sa symphonie de *Roméo.* Il pensa mourir de désespoir lorsqu'en quittant Pétersbourg il passa devant le théâtre, et tomba malade en arrivant à Berlin parce qu'il n'y trouvait pas la lettre qu'elle devait lui écrire. Et il avait promis, offert, lui, « tout ce qu'il pouvait promettre et offrir ». Il y avait, du reste, une autre victime, dans cette étrange aventure, car voici comment il essaie de se consoler : « Elle est sans doute mariée maintenant ; son fiancé, qui partit le soir de mon concert, est certainement revenu depuis longtemps ! »

Mais après la mort de sa deuxième femme la crise devait être bien plus douloureuse, car il allait connaître pour la première fois, après trente années de vie de ménage, « cet affreux duo chanté à son oreille pendant l'activité des jours et au milieu du silence des nuits, par l'isolement et l'ennui ! » C'est ainsi qu'il définissait ses souffrances à Ferrand deux mois plus tard. Bientôt après une nouvelle passion vient encore un moment faire diversion et le délivrer des tourments de la solitude; mais il a encore « le cœur arraché par lambeaux. » Et comme Ferrand, inquiet, l'interroge sur la cause de ses chagrins, il se hâte de lui découvrir le mystère : « Un amour est venu à moi, souriant, que je n'ai pas cherché, auquel j'ai résisté même pendant quelque temps ; mais l'isolement où je vis et cet inexorable besoin de tendresse qui me tue m'ont vaincu; je me suis laissé aimer, puis j'ai aimé bien davantage et une séparation volontaire des deux parts est devenue nécessaire, forcée ; séparation complète, sans compensation, absolue comme la mort. Voilà tout. » (3 mars 1863.)

Sans doute c'est à cette nouvelle intrigue que se rapportaient les confidences que recueillit vers la même époque M. Legouvé. Berlioz était venu diriger à Bade les répétitions de *Béatrice et Bénédict*, qui fut donnée pour la première fois le 9 août 1862. M. Legouvé, le confesseur habituel de Berlioz, le rencontre un jour se promenant dans les bois qui mènent au vieux château et tenant à la main une lettre qu'il froisse convulsivement :

« Encore une lettre ? dit Legouvé.
— Toujours.
— Ah ! Est-elle jeune ?
— Hélas ! oui.
— Jolie ?
— Trop jolie ! Et avec cela une intelligence, une âme !
— Et elle vous aime ?
— Elle me le dit. Elle me l'écrit.
— Il me semble que si, en outre, elle vous le prouve....
— Hé ! sans doute, elle me le prouve... Mais qu'est-ce que cela prouve, des preuves ?
— Oh ! nous voilà dans le cinquième acte d'*Othello* ! »

Sur la prière de Berlioz, Legouvé lit cette lettre et la lui rend en reconnaissant qu'elle part d'une femme supérieure, car elle est pleine de tendresse, de passion, et en lui demandant comment il y trouve un sujet d'affliction. Berlioz l'interrompt avec désespoir :

« — Il y a, s'écrie-t-il, que j'ai soixante ans !

— Qu'importe, si elle ne vous en voit que trente ?

— Mais regardez-moi donc ! Voyez ces joues creuses, ces cheveux gris, ce front ridé ! »

Et, malgré les explications de son interlocuteur, qui essaie de lui définir les sentiments d'une femme en pareil cas, Berlioz sent qu'il ne peut se consoler : il retrace à son ami les accès de désespoir auxquels il s'abandonne :

« — Parfois, tout-à-coup, sans cause, je tombe assis sur un siège, en sanglotant ! C'est cette affreuse pensée qui m'assassine ! Elle le devine ! Et alors, avec une angélique tendresse, elle me dit : « Mais malheureux ingrat, que puis-je faire pour vous convaincre ? Voyons ? Est-ce que j'ai aucun intérêt à vous dire que je vous aime ? Est-ce que je n'ai pas oublié tout pour vous ? Est-ce que je ne m'expose pas à mille périls pour vous ? »— Et elle me prend la tête entre ses mains; et je sens ses larmes qui tombent dans mon cou. Et pourtant, malgré cela, toujours retentit au fond de mon cœur cet affreux mot : « J'ai soixante ans ! Elle ne peut pas m'aimer ! Elle ne m'aime pas ! » Ah ! mon ami, quel supplice ! je crée un enfer avec ce paradis ! »

C'est pourtant à quelques mois de là qu'il va renouveler volontairement ses souffrances, en allant, dans une dernière crise de ce délire amoureux, de cet inexorable besoin de tendresse dont il parlait à Ferrand tout à l'heure, se jeter aux pieds de celle qui fut l'Estelle de Meylan.

XVIII

DERNIER RÊVE

Si l'on s'est bien rendu compte des illusions qui avaient fait prendre à Berlioz un éblouissant mirage pour la réalité, lorsqu'épris d'un enthousiasme irrésistible, à vingt-trois ans, au plus fort de la grande fièvre shakespearienne, il vit apparaître Henriette sous les traits d'Ophélie, on a compris quelles souffrances il réservait à lui comme à elle, en poursuivant la réalisation de ce rêve enivrant. Une série de circonstances inespérées, la rupture du mariage projeté avec Camille Moke, la consolatrice, le retour d'Henriette, ses malheurs, sa ruine, lui donnèrent, six ans plus tard, mais non sans peine, la victoire, suivie bientôt de nouveaux et irréparables revers. Ce rêve n'avait pas été bienfaisant : le premier de tous, le rêve virgilien, la passion florianesque, la vision de la *Stella Montis*, de l'Estelle de Meylan, devait reparaître un jour ou l'autre. La solitude où restait Berlioz, après un second veuvage, allait le faire renaître comme un écho des années d'adolescence, une sorte de renouveau sur le bord de la tombe. C'étaient les souvenirs de la seizième année qui redevenaient vivants : une dernière illusion les faisait encore prendre pour la réalité. Mais on ne peut comprendre cette résurrection inattendue du passé que lorsqu'on a suivi les longs désenchantements et les tristes vicissitudes de la vie du grand artiste, brisée depuis la rupture avec Henriette, et désolée par les ennuis de la vulgaire liaison qui ne devait se dénouer que par la mort de Marie Recio.

Le long martyre qu'il souffre tous les jours, comme il

l'écrit à Ferrand, de quatre heures du matin à quatre heures du soir, réveille la passion endormie, et la vision d'Estelle, restée toujours radieuse, devient alors une sorte d'obsession à laquelle il cède enfin.

Mme Fornier — et non Fournier — (je puis écrire son nom, qui est imprimé en toutes lettres dans les *Lettres intimes*) fut sur le point, un moment, de succomber aux instances du pauvre vieillard, bien qu'elle les eût accueillies d'abord avec réserve et non sans défiance, « car elles l'avaient étonnée et inquiétée à la fois. » Il faut lire et relire cette étrange correspondance, reproduite à la fin du volume des *Mémoires* : il faut surtout observer les accès de désespoir, un peu contenu, cette fois, que révèlent quelques-unes des dernières lettres de Berlioz. Ce rêve fut le rêve suprême, et s'il y a un côté ridicule, c'est-à-dire la folie de Berlioz de vouloir épouser en troisièmes noces une femme de soixante-dix ans, grand'mère, pour laquelle il était, en fait, un étranger, il y a pourtant un côté touchant qui nous empêche de retracer cet épilogue romanesque de la vie du maître sans nous laisser aller à l'émotion et à la pitié.

Cette résurrection du passé n'est pas chez Berlioz un rajeunissement du cœur : c'est, à mes yeux, la continuation parfaitement logique et l'effet persistant de cette tendance au romanesque et à l'exaltation sentimentale qui est le fond de sa nature. Entre l'amour de l'enfant de douze ans et celui du vieillard je ne vois pas de différence. L'un n'est pas plus absurde que l'autre : mais c'est bien le même roman. La *Stella Montis* avait disparu des regards de l'enfant lorsqu'il s'éveillait au jour naissant ([1]), c'est vers elle qu'il se retourne lorsqu'il voit la nuit approcher.

Mais ce n'est pas la passion qu'il faut étudier ici, c'est l'imagination, car chez l'homme comme chez le vieillard il n'y a qu'un rêve; c'est un songe qui sera évoqué après cinquante années et qui renaîtra avec intensité, au point d'être pris pour la réalité. Mais ce n'est que le rêve.

Déjà plus d'une fois l'illusion avait troublé Berlioz. Lors-

---

(1) Voir ci-dessus, première partie, p. 184.

qu'il revint d'Italie, ses souvenirs se réveillèrent, car il n'était pas retourné à Meylan depuis dix-huit ans. Il était libre alors, et n'était plus un enfant. Mais on ne l'avait pas attendu. En arrivant à la Côte, il aperçut de loin le mont Saint-Eynard, la *petite maison blanche d'Estelle* et la vieille tour ; ses yeux se voilèrent. « Je l'aimais encore ! » s'écrie-t-il. Il apprend, dès son retour, qu'elle est mariée « et... tout ce qui s'ensuit ». C'est sa mère qui lui procure cette découverte, par surprise : elle l'envoie porter une lettre à une dame qui doit s'arrêter au relai de la diligence de Vienne. Berlioz ignore son nom de femme et le nom de *Mme Fornier* ne lui dit rien. Il la demande : « C'est moi, monsieur », et il reconnaît la voix d'Estelle. « Encore belle ! la nymphe, l'hamadryade ! C'est son port de tête, sa splendide chevelure et son sourire éblouissant. » Un coup sourd retentit dans sa poitrine : la voiture repart ; il rentre « tout vibrant de la commotion ». Sa mère, qui le taquinait quelquefois au sujet de ses amours d'enfance, l'avait bien prévenu qu'il reconnaîtrait cette « dame ». Il ignore si son Estelle l'a reconnu de son côté.

Estelle reparaîtra souvent encore dans la vie de Berlioz. Il cite un étrange rêve qu'il eut à l'époque où, marié avec miss Smithson, il écrivait son *Requiem*, en 1837. Alors, « sa tête était prête à crever sous l'effort de sa pensée bouillonnante ». Deux fois il se revit en songe à ce moment dans le petit jardin de Mme Gautier, à Meylan, assis au pied d'un acacia parasol. Estelle n'était pas là et il se disait : « Où est-elle ([1]) ? » Onze ans après, en commençant ses *Mémoires*, il retraçait les souvenirs enchantés et désolés à la fois de Meylan, et, quelques mois plus tard, de retour en France, appelé par des affaires de famille en Dauphiné, il se hâtait d'aller revoir ce théâtre des premières passions. Il avait certainement besoin, à cette douloureuse époque de sa vie, de se retremper à cette source fraîche et pure. Ses artères bondissent, dit-il, à l'idée de raconter cette excursion. En apercevant le Saint-Eynard, trente-trois ans après

(1) *Mémoires*, p. 198.

avoir visité la montagne pour la dernière fois, il est « comme un homme mort depuis ce temps et qui ressuscite ». Il retrouve tous les sentiments de sa vie antérieure, aussi jeunes, aussi brûlants. Mais la crise approche : « un cri, un cri qu'aucune langue humaine ne saurait traduire ! » et il se jette à genoux, saisit la terre dans une étreinte convulsive, mord la mousse : « Saigne, mon cœur,.. saigne, mais laisse-moi la force de souffrir encore ! » Après avoir tout contemplé, il redescend » triste comme un spectre qui rentre dans sa tombe »; son cœur semblait ne plus battre : il redevenait mort.

L'accès n'est pas encore terminé, car pour arracher les larmes qui l'apaiseront, il lui faudra écrire cette lettre incroyable reproduite aux *Mémoires* : « Il y a des admirations fidèles, obstinées, qui ne meurent qu'avec nous. » Il rappelle le passé, dix-sept ans plus tard, la nouvelle rencontre à la Côte : il reconnut dans Mme Fornier « sa première admiration, la *Stella del Monte*, dont la radieuse beauté illumina le matin de sa vie ». Puis, après un mot sur ses voyages et les travaux « dont le retentissement est peut-être parvenu jusqu'à elle », il explique pourquoi il a entrepris le pèlerinage à la vallée, qu'il décrit en artiste, ainsi que le paysage sublime, « digne de vos regards qui le contemplèrent tant de fois ». Le temps a respecté « le temple de ses souvenirs », bien que des inconnus se permettent de l'habiter; l'homme à l'air sombre, aux traits empreints de fatigues douloureuses, qui vint leur faire visite, c'était lui; quant à elle, jamais probablement elle ne le reverra, elle ignorera qui il est; il retourne dans son tourbillon, et il lui pardonne de rire des souvenirs de l'homme comme elle a ri des admirations de l'enfant. Et il signe : l'*Amour dédaigné (despised love)*.

Que veut dire tout ceci, en vérité ? Il a déjà deux femmes, le malheureux ! N'y a-t-il pas réellement là l'exemple d'un cas pathologique étrange ?

Quelques mois plus tard, les accès se traduisaient dans les lignes suivantes d'un de ses feuilletons où il racontait une de ses promenades aux environs de Paris : « On sent s'agiter le premier amour depuis longtemps couché au fond du cœur et qui se réveille : votre dix-huitième année se relève à l'horizon. On cherche dans l'air une forme évanouie. » Certes, ce n'était pas de cette infidélité que la pauvre Henriette pouvait souffrir : elle connaissait d'ailleurs « l'idylle de Meylan » et se bornait à railler doucement Berlioz.

« Non, le temps n'y peut rien, s'écriait-il en retrouvant alors ses premiers souvenirs d'enfance : d'autres amours n'effaceront pas la trace du premier ! » Et ce fut ce rêve qui vint encore le bercer seize ans plus tard, lorsque, après la mort de sa deuxième femme, et toujours effrayé de cet isolement, qui était son plus amer supplice, il entreprenait, brisé par l'âge et la maladie, le nouveau pèlerinage de Meylan en 1864. Une oppression accablante le fait tomber à terre où il reste longtemps étendu, écoutant dans une mortelle angoisse ces mots atroces que chaque battement de ses artères fait retentir dans son cerveau : « Le passé ! le passé ! le temps ! jamais ! jamais ! jamais ! » Et il vit toujours dans un songe : c'est une hallucination véritable : « J'occupe dans l'atmosphère l'espace que sa forme charmante occupa. » C'est ce qu'il avait déjà rêvé en 1848. Il pénètre dans le sanctuaire, et, à la grande surprise des habitants de la maison blanche, s'enfuit en éclatant en sanglots : « Toujours des souvenirs, toujours des regrets, toujours une âme qui se cramponne au passé. Toujours la folie de vouloir réaliser l'impossible ! Toujours ce besoin furieux d'affections immenses ! » Cette fois, il est libre. Son beau-frère réussit à trouver l'adresse d'Estelle, qui demeure à Lyon. Il part aussitôt, et écrit à Mme Fornier, lui demandant de la revoir, osant rappeler sa lettre insensée de 1848, en promettant de se contraindre : « Ne craignez rien des élans d'un cœur révolté par l'étreinte d'une impitoyable réalité ! »

Le récit de l'entrevue est pénible à lire. Rien de plus naïf que l'étonnement de Berlioz, qui croit reconnaître cependant sa démarche et son front de déesse : « Dieux ! qu'elle me parut changée de visage ! Son teint est un peu bronzé, ses cheveux grisonnent ! » Elle a soixante-dix ans presque ; trente années s'étaient écoulées depuis qu'il l'avait revue pour la dernière fois. Elle lit sa lettre, car il a perdu la tête au point de la remettre lui-même ; de longs silences coupent le dialogue au début, puis avec une simplicité touchante la pauvre femme raconte sa vie : « J'ai perdu plusieurs de mes enfants, j'ai élevé les autres ; mon mari est mort quand ils étaient en bas âge..... J'ai rempli de mon mieux mon rôle de mère de famille. » Mais, sur un mot de pure courtoisie, voilà qu'il la regarde « avec des yeux avides, » et commence à palpiter plus violemment. Sur sa prière, elle lui tend sa main, qu'il porte à ses lèvres ; il croit sentir « son cœur se fondre et tous ses os frissonner ». Cependant il n'ose prolonger sa visite, et, en s'inclinant devant elle au moment de la quitter, il prend encore une fois sa main et la garde quelque temps appuyée sur son front.

Alors il erre aux environs, sans savoir où il va, contemplant le Rhône, reprenant sa course fiévreuse et se heurtant contre les arbres des Brotteaux; puis une idée lui vient : afin d'avoir un prétexte pour revoir Mme Fornier il retourne chez elle et lui fait dire qu'il met à sa disposition une loge pour le lendemain et qu'il l'accompagnera au théâtre si elle désire y aller. C'est la rencontre de Strakosch et d'Adelina Patti qui lui a suggéré cette idée. Il rentre chez lui, essaie de lire un livre, mais n'en comprend pas un mot, marche dans sa chambre, se jette sur son lit, ouvre sa fenêtre; il descend, il sort (serait-ce par la fenêtre?), ses jambes le conduisent machinalement, on devine bien où. Il sonne; on n'ouvre pas. D'heure en heure, le voilà qui revient à la porte, envoyant sonner à sa place le petit garçon de la portière, de peur que Mme Fornier n'ait donné l'ordre de ne pas le recevoir, et, de fait, il l'eût bien mérité.

Enfin, il la rencontre après sa troisième tentative, au moment où elle allait sortir, lui apportant elle-même sa réponse : elle doit partir le lendemain à midi. Il se hâte de réclamer la lettre et, malgré son désappointement, devient presque joyeux. Il l'a revue, lui a parlé de nouveau, a encore pressé sa main, tient une lettre d'elle ; c'est la première fois qu'il voit son écriture. Elle lui exprime ses *sentiments affectueux*: c'est un trésor inespéré ! Et cependant, à son retour à l'hôtel, où il dîne en compagnie de Strakosch et d'Adelina Patti, il pense qu'il eût été bien préférable que celle-ci le reçût avec une *froide politesse* et que Mme Fornier eût présenté à ses lèvres son front virginal ou lui eût sauté au cou en le quittant, comme la ravissante diva. Je n'exagère pas, voici la phrase : « Que n'eussé-je pas donné pour recevoir de telles marques d'affection de Mme F...! » Car il *n'aime pas d'amour* la célèbre et éblouissante virtuose et ses gracieusetés lui sont indifférentes, tandis que la femme âgée, triste et obscure, à qui l'art est inconnu, possède son âme, « comme elle l'eut autrefois, comme elle l'aura jusqu'à mon dernier jour ».

Tous ces détails sont essentiels à noter si nous voulons concevoir une idée exacte du tempérament de Berlioz et de cette imagination chimérique qui, dans la vie intime, fut l'origine de tant de cruelles douleurs. Il a sans cesse l'illusion décevante qui prend pour la réalité les désirs, les espérances, les rêves. Il vit ainsi de l'idéal jusqu'à la dernière heure. Au lieu de sentir tout ce que ces souvenirs de Meylan avaient de pénible pour la pauvre femme si éprouvée par une vie de sacrifice et de dévouement maternel, il s'acharne à les lui rappeler sans cesse, voulant pénétrer dans cette existence à laquelle il est assurément plus incapable que personne au monde de donner les consolations qui en eussent adouci les dernières heures. Ici c'est à lui qu'il pense ; c'est pour donner satisfaction à ce besoin de tendresse dont il souffre et trouver le remède à cet isolement qui lui fait horreur.

Ne pouvait-il donc se résigner jamais ? Etait-il donc moins fortement trempé que d'autres, dont les douleurs et les amertumes, bien plus cruelles, ont été supportées dignement et en silence ? Dans cette correspondance qui suit sa première entrevue avec Mme Fornier, il ne parle jamais que de ses désirs et de ses rêves ; c'est l'égoïsme inconscient, mais brutal, qui se révèle : « Songez que je vous aime depuis quarante-neuf ans, que je vous ai toujours aimée depuis mon enfance, malgré les orages qui ont ravagé ma vie. » Il ne veut pas être pris pour un homme bizarre qui est le jouet de son imagination : « Je suis seulement doué d'une sensibilité très vive, alliée, croyez-le bien, à une grande clairvoyance d'esprit, mais dont les affections vraies sont d'une puissance incomparable et d'une constance à toute épreuve. » C'était là, avouons-le, une audacieuse affirmation, — nous savons ce qu'il faut en penser! « Je vous ai aimée, je vous aime, je vous aimerai et j'ai soixante-et-un ans passés, et je connais le monde, et je n'ai pas une illusion ». Ce n'était qu'une prétention ; tous ces *et* signifient ici *pourtant*, mais la corrélation n'est point rigoureuse entre les idées. Ce qu'il demande, après tout ce préambule, c'est qu'elle consente à correspondre avec lui, lui permette de venir la voir au moins une fois l'an et le reçoive seul : ce sont les trois choses qui peuvent seules lui rendre le calme, et l'on dirait qu'elle les doit. Il ne l'implore pas, en effet, comme une sœur de charité qui accorde des soins à un malade, mais « comme une noble femme de cœur qui guérit des maux qu'elle a involontairement causés. »

En revanche, quelle admirable réponse que celle de Mme Fornier! Elle lui parle avec une vigoureuse franchise, rappelant son âge, sa vie si éprouvée et entièrement retirée depuis vingt ans, après la mort de son *meilleur ami* : « je n'en ai pas cherché d'autre ». Tout ce qui viendrait troubler le repos des jours qu'il lui reste à passer dans ce monde lui serait pénible et à charge, et quant à l'amitié que lui propose Berlioz, elle le connaît à peine : sur quoi serait fondée cette sympathie qui serait le seul intérêt, la seule raison d'être de leurs entretiens par lettres? Son temps est trop sérieusement occupé, du reste, pour qu'elle puisse s'astreindre à une correspondance régulière. Et quant aux visites, pourrait-elle renvoyer ses enfants, chez qui elle demeure à Genève, lorsqu'il se présentera pour la voir? « Je crois devoir vous dire, conclut-elle, qu'il est des illusions, des rêves qu'il faut savoir abandonner quand les cheveux blancs sont arrivés, et avec eux le désenchantement de tous sentiments nouveaux, même ceux de l'amitié qui ne peuvent avoir de charmes que lorsqu'ils sont nés de relations suivies et dans les heureux jours de la jeunesse. A quoi bon former des relations qu'aujourd'hui voit naître et que demain peut faire évanouir? Ce n'est que se créer des regrets! » Et elle conclut avec dignité, mais sans hauteur : « Vous êtes encore bien jeune par le cœur ; mais pour moi il n'en est pas ainsi ; je suis vieille tout de bon, je ne suis plus bonne à rien qu'à conserver, croyez-le, une large place pour vous dans mon souvenir. J'apprendrai toujours avec plaisir les triomphes que vous êtes appelé à avoir. »

C'était bien là, selon le mot de Berlioz dans sa réponse, un chef-d'œuvre de triste raison ; on sent l'amertume de l'épithète sous sa plume : *triste* est subjectif. Il se borne à protester : il ne veut ni troubler son existence, ni lui être à charge. Il reconnaît le désordre et les contradictions de sa lettre, en la reproduisant : il eût pu s'accuser de plus graves oublis. Ce qu'il sollicite avec *instance*, avec *larmes* c'est la possibilité d'avoir de ses nouvelles : « Vous parlez si courageusement de la vieillesse et des ans que j'oserai vous imiter. » Il espère mourir le premier, et désirerait lui adresser un dernier adieu : « *Si c'est le contraire*, ajoute-t-il, *que votre fils m'avertisse.* »

Cela n'est-il pas épouvantable ? Mais c'est de la démence, en vérité ! C'est bien ce que je disais : il ne sait pas supporter la souffrance, il n'a pas le courage, la résignation devant la douleur. Cette lettre fait vraiment pitié, en face de la digne femme qu'il s'attache à torturer ainsi. Car la fin de cette lettre est aussi cruelle que cette malheureuse parole. Il prévoit qu'elle peut rester sans réponse : alors il comprendra qu'il a été rudement mis à l'écart, comme on le fait pour les êtres *dangereux* ou *indignes* ; et il l'accuse de porter à son comble un malheur qu'il lui était facile d'adoucir. Comme si elle y était pour quelque chose ! « Que Dieu et votre conscience vous pardonnent, madame ! je resterai dans la froide nuit où vous m'avez poussé, souffrant, désolé, et votre dévoué jusqu'à la mort. »

Hélas ! la pauvre femme a le courage de répliquer, car Berlioz est allé si loin qu'elle ne veut pas, malgré les préparatifs du mariage de son fils qui l'absorbent, lui laisser une pareille impression. Eh ! que lui importait ? L'obsession continue. Berlioz s'enivre à la pensée qu'elle a écrit de sa propre main son nom sur l'adresse de la lettre de faire part du mariage de son fils, et s'écrie : « Quel ange vous rendra le bien que vous m'avez fait ! Oui, c'est beau la vie, mais la mort serait plus belle : être à vos pieds, la tête sur vos genoux, vos deux mains dans les miennes, et finir ainsi ! » Il faut la visite de M. Fornier fils et de sa jeune femme, et leurs représentations bienveillantes, pour empêcher le pauvre homme de commettre une nouvelle sottise : dès ce moment, Berlioz s'observe davantage, et il en est récompensé. Mais c'est de la manière la plus spirituelle : « Croyez, répond-elle, que je ne suis pas sans pitié pour les enfants qui ne sont pas raisonnables. J'ai toujours trouvé que, pour leur rendre le calme et la raison, ce qu'il y avait de mieux, était de les distraire, de leur donner des images. » Et elle joint son portrait : « J'ai pris la liberté de vous en envoyer une qui vous rappellera la réalité du moment et détruira les illusions du passé. » Je ne trouve rien de plus charmant. C'est d'une exquise délicatesse.

En transcrivant cette correspondance à l'appendice des *Mémoires*, qu'il clôt définitivement à cette date : 1er janvier 1865, Berlioz n'a-t-il pas une arrière-pensée ? Ce serait le mal connaître que de l'en croire incapable. « Mon ciel n'est plus vide, s'écrie-t-il ; d'un œil attendri, je contemple mon *étoile*, qui semble au loin doucement me sourire. Elle ne m'aime pas, il est vrai; pourquoi m'aimerait-elle ? Mais elle aurait pu m'ignorer toujours, et elle permet que je l'adore. » La phrase qui suit laisse entendre qu'il voudrait se consoler d'avoir été connu d'elle trop tard, mais qu'il ne s'en consolera pas; puis il écrit la dernière ligne : « Stella ! Stella ! je pourrai mourir maintenant sans amertume et sans colère ! »

Nous nous adresserons encore à Ernest Legouvé pour compléter les confidences des *Mémoires*, car le spirituel écrivain reçut jusqu'à la dernière heure les aveux et la confession de Berlioz. Le lendemain de sa nomination à l'Institut, Gounod réunit à dîner ses amis, et en reconduisant Berlioz jusqu'à sa porte, M. Legouvé s'inquiète de la cause de profonds soupirs qu'il tire de sa poitrine. Il a reçu le matin une lettre d'Estelle.

« — Celle que vous avez aimée à onze ans !

— Oui, je l'ai revue il y a quelque temps, et en la revoyant... O mon ami ! comme Virgile a raison ! Quel cri parti du cœur que ce vers :

Agnosco veteris vestigia flammæ.

— Votre ancienne flamme ? Comment ?

— Oh ! c'est absurde, c'est ridicule, je le sais bien. Mais qu'importe ? Il y a plus de choses dans l'âme humaine, Horatio, comme dit Hamlet, qu'il n'en peut tenir dans toute votre philosophie ! La vérité est qu'à sa vue toute mon enfance, toute ma jeunesse me sont remontées au cœur ! Cette secousse électrique que j'ai ressentie jadis à sa vue m'a encore traversé le cœur entier, comme il y a plus de cinquante ans !

— Mais quel âge a-t-elle donc ?

— Six ans de plus que moi et j'en ai plus de soixante !

— C'est donc une merveille ! une Ninon !

— Je n'en sais rien. Je ne crois pas. Mais que me font et sa figure et son âge ? Il n'y a rien de réel dans ce monde, mon cher ami, que ce qui se passe là dans ce petit coin de l'âme humaine qui s'appelle le cœur. Hé bien, sachez que moi, vieux, veuf, presque seul dans le monde, j'ai concentré ma vie dans cet obscur petit village de Meylan, où elle vit. Je ne supporte l'existence qu'en me disant : cet automne, j'irai passer un mois auprès d'elle. Je mourrais dans cet enfer de Paris si elle ne m'avait pas permis de lui écrire et si de temps en temps il ne m'arrivait quelques lettres d'elle !

— Lui avez-vous dit que vous l'aimez ?

— Oui.

— Qu'a-t-elle répondu ?

— Elle est restée stupéfaite, un peu effrayée d'abord ; je lui faisais l'effet d'un fou ; mais peu à peu j'ai fini par la toucher. Je demande si peu ! mon pauvre amour a besoin de si peu de chose pour subsister ; m'asseoir près d'elle... la regarder filer... car elle file... ramasser ses lunettes... car elle porte des lunettes... entendre le son de sa voix... lui lire quelques passages de Shakespeare !... La consulter sur ce qui me touche... m'entendre gronder par elle... Oh ! mon ami ! mon ami ! Les premières amours — elles ont une force que rien n'égale ! » L'émotion le suffoquait : il s'assit sur une borne près de sa porte, et, à la lueur pâle du gaz, M. Legouvé voyait ruisseler les larmes sur les joues flétries du vieillard ! Certes, il était à plaindre, mais de ce qu'on est doué d'une aussi malheureuse organisation, ce n'est pas une raison pour torturer des gens qui ne vous ont rien fait et qui ont besoin de repos et d'égards.

C'est dans l'automne de 1865 que nous trouvons Berlioz à Genève, reçu en ami par la famille, comme il en avait supplié Mme Fornier. Tout le monde avait *lu et relu* le volume des *Mémoires*, qui venait d'être imprimé : « *Elle* m'a doucement reproché d'avoir imprimé trois de ses lettres, écrit-il aux Damcke ; mais sa belle-fille m'a donné raison, et, au fond, je crois qu'*elle* n'en est pas fâchée. » Que voulait-il donc ? Cet épilogue des *Mémoires* n'était-il que la préface du dernier roman ? Très certainement, il l'avait espéré : il ne pouvait se faire à la réalité et voulait rêver encore. « Les deux premiers jours de mon arrivée à Genève, écrivait-il plus tard aux Massart, m'ont fait croire à une délivrance complète ; je ne souffrais plus du tout. » Et plus loin : « On m'a bien reçu, bien fêté et un peu grondé. Nous avons passé en revue ma vie parisienne, pendant de longues promenades sur le bord du lac..,. Ah ! bon, me voilà parti ; je sens déjà par ces quatre mots le serrement de gorge qui me prend. Parlons d'autre chose. »

Mais c'est d'après la lettre aux Damcke que nous devinerons ce que Berlioz était allé faire à Genève : c'était moins pour évoquer le passé que pour interroger l'avenir.

« Je suis ici dans un état de trouble que je ne chercherai pas à décrire ; il y a des instants d'un calme sublime, mais beaucoup d'autres pleins d'anxiété et même de douleur... On m'a reçu avec un empressement, une cordialité extrêmes ; on veut que je sois de la maison ; on me gronde quand je ne viens pas. Je fais des visites de quatre heures ; nous faisons de longues promenades sur le bord du lac. Hier nous sommes allés en voiture à un village éloigné, que l'on nomme Yvonne, avec sa bru et son plus jeune fils, qui vient d'arriver, mais je n'ai pu me trouver un instant seul avec elle ; je n'ai pu parler que d'*autre chose*, et cela m'a donné un gonflement de cœur qui me tue. Que faire? Je n'ai pas l'ombre de raison, je suis injuste, stupide. »

Bien certainement, c'était la répétition de la première démarche et des tentatives si clairement manifestées dans la lettre qui avait reçu de Mme Fornier une admirable et fière réponse, chef-d'œuvre de dignité et de raison. Mais cette voix n'était pas celle qu'il entendait. « Je tremble en pensant au moment où il me faudra partir. Le pays est charmant, le lac bien pur, bien beau et bien profond; mais je connais quelque chose de plus profond encore, et de plus pur et de plus beau. » En cela sans doute il se trompait, car la flamme qu'il croyait toujours ardente était bien près de s'éteindre tristement après avoir jeté ses dernières lueurs.

L'obsession eût pu durer longtemps encore, car après son départ l'illusion demeurait aussi persistante. « J'ai reçu il y a quatre jours de Genève, écrit-il à Stephen Heller un mois plus tard, une lettre qui m'a fait un bien infini et m'a rendu à peu près raisonnable. Il serait bien temps que cela fût et que je pusse vivre de la vie qui m'est propre, sans pourtant souffrir de ma lutte insensée contre l'impossible. »

N'eût-il pas mieux valu, pour le repos de la pauvre femme comme pour celui de Berlioz, que cette vision s'arrêtât à l'évocation poétique et charmante que le cher grand artiste appelait au lendemain de la mort de la *fair Ophelia* pour ensevelir son bonheur passé dans les souvenirs de ses deux grands amours. Cet épilogue des *Mémoires* était plus élevé; l'autre cependant est plus humain, et nous y trouvons le Berlioz vrai, un Berlioz dont l'auteur des *Mémoires* n'a pas même conscience, car les lacunes de l'autobiographie laissent secrètes ces douloureuses crises du dernier rêve. Ces deux amours lui apparaissaient radieux dix ans auparavant, lorsque, fermant tristement son récit en 1854, il contemplait le passé à travers la distance sans s'acharner à la lutte contre l'impossible, sans se désoler du bonheur à jamais disparu. De ces deux amours qui ont exercé une influence « si puissante et si longue » sur son cœur et sur sa pensée, le premier, souvenir de son enfance, lui semble alors l'antithèse du second. « Il vint à moi radieux de tous les sourires, paré de tous les prestiges, armé de toutes les séductions d'un paysage incomparable dont l'aspect seul avait déjà suffi à m'émouvoir. Estelle fut vraiment alors l'hamadryade de ma vallée de Tempé, et j'éprouvai pour la première fois, à la fois, à l'âge de douze ans, le sentiment du grand amour et celui de la grande poésie. L'autre amour m'apparut avec Shakespeare, à mon âge viril, dans le buisson ardent d'un Sinaï, au milieu des nuées, des tonnerres et des éclairs d'une poésie pour moi nouvelle. Il me terrassa ; je tombai prosterné ; mon cœur et tout mon être furent envahis par une passion cruelle, acharnée, où se confondaient, en se renforçant l'un par l'autre, l'amour pour la grande artiste et l'amour pour le grand art (¹). » Ici, il y a un peu d'artifice et de fantaisie, mais reconnaissons que le fond est vrai, très vrai ; c'est bien ainsi qu'il faut envisager ces deux pages à la fois romanesques et poétiques.

Il finit en rappelant, pour définir ses sentiments, l'impression qu'il reçoit en respirant le parfum d'une belle rose et celle qu'il ressentit souvent à l'aspect d'une belle harpe : longtemps il lui fallut se contenir « pour ne pas s'agenouiller et l'embrasser ». Ces impressions sont celles que ces deux amours lui ont fait éprouver : le premier fut *la rose*, le dernier fut *la harpe*.

« Estelle fut la rose qui *a fleuri dans l'isolement* (*Last rose of summer*), Henriette fut la harpe mêlée à tous mes concerts, à mes joies, à mes tristesses, et dont, hélas! j'ai brisé bien des cordes. »

C'est ce mot qui mérite de finir le récit du roman de Berlioz : il eût été à souhaiter qu'il fût la vraie conclusion des *Mémoires*. Il trahit un sentiment que l'auteur avait soigneusement dissimulé partout : il exprime le remords.

(1) *Mémoires*, p. 448.

TROISIÈME PARTIE

LE SUPPLICE

XIX

DÉCEPTIONS ET DÉBOIRES

J'ai montré le coup terrible qui brisa la vie de Berlioz en même temps que celle d'Henriette aux environs de sa quarantième année, à l'époque où se termina par un brusque déchirement le roman commencé à l'âge de vingt-trois ans, lors des débuts de miss Smithson à Paris. C'est à la même date que commence ce que j'appelle son supplice. Sa carrière et son existence intime avaient offert jusque là, malgré des alternatives fréquentes de désespoir et d'exaspération, l'apparence du bonheur complet et des grands succès d'artiste. Il semble que ce lien, qui avait eu à l'origine, sous l'influence du génie de Shakespeare, tout le charme capable de satisfaire chez le jeune homme l'imagination brillante et l'enthousiasme artistique et de surexciter les élans les plus sublimes de la passion, ne devait être rompu que pour rejeter Berlioz de ces hauteurs sereines dans les amertumes et les dégoûts de la vie tourmentée et sans poésie. On dirait qu'à dater de ce jour tout s'est transformé en lui et qu'il n'est plus le même homme : avec un peu de superstition, on affirmerait que son malheur date de l'abandon d'Henriette.

Peut-être, lorsqu'à la fin de sa vie, devenu libre pour la deuxième fois, il se retournait vers l'Estelle de Meylan, avait-il espéré retrouver cette Muse disparue qu'il avait arrachée de son cœur et qui reposait depuis longtemps dans la tombe. C'était bien cette dernière page qu'il fallait ajouter au Roman pour peindre au naturel Berlioz amoureux, voulant trouver dans la passion un idéal, un rêve, une chimère d'artiste ; il fallait retracer, comme une sorte d'interrègne, la période de 1844 à 1864, celle de la liaison de rencontre. C'est pendant ces vingt années là que dure le supplice.

En éliminant, dans cette partie de mon travail, tout ce qui concernait l'artiste pour étudier exclusivement l'homme moral, l'individu, pour définir le caractère d'après la vie privée, pour faire, en un mot, de la psychologie, j'ai négligé tout ce qui regardait le musicien. Dans la première partie comme dans la seconde, dans le portrait du type original comme dans le récit du roman, je n'ai fait apparaître le compositeur que pour noter au passage les coïncidences entre des dispositions d'esprit spéciales et la création d'œuvres d'une certaine nature. Dans cette dernière partie, au contraire, c'est l'artiste qui le plus souvent va être en scène, car son supplice, tel que je devrai le retracer, a pour causes les conditions et les difficultés de la carrière autant que les souffrances de l'homme privé. Il faut rechercher quels furent les motifs des déceptions de Berlioz et de ses incessantes récriminations contre ses contemporains, collaborateurs, rivaux ou ennemis. J'ai encore besoin, comme dans le récit du roman, c'est-à-dire dans l'étude de Berlioz amoureux, de citer et de critiquer des textes, car je continue à reconstituer le Berlioz vrai, bien différent du Berlioz légendaire peint par les *Mémoires* et par les biographes qui ont été trompés par cette confession qui est une apologie perpétuelle.

Mais pour connaître Berlioz, il faut l'étudier toujours à un point de vue spécial : sans être prévenu pour ou contre lui. Nous voulons être en mesure de le juger mieux que d'après des récits intéressés, souvent incomplets : j'ai voulu y aider en perçant à jour les mystères et en détruisant la légende toutes les fois qu'elle était en contradiction avec la réalité.

Je ne nie pas que Berlioz ait eu de graves sujets de plainte : il m'est bien permis, néanmoins, de peser les arguments lorsque, après avoir lui-même présenté sa défense, il s'érige à son tour en accusateur et lance contre d'autres, contre son pays même, les foudres du plus violent des réquisitoires. S'il est vrai qu'il ait cruellement souffert, et il est impossible de le contester, il est encore nécessaire de savoir s'il a été malheureux par la faute des autres ou par sa propre faute.

Ainsi, dans ses amours, je crois avoir pu démontrer qu'il fut moins à plaindre que la malheureuse actrice aux pieds de laquelle il s'était jeté, sans la connaître, sans savoir si, une fois le rêve superbe devenu la réalité, il pouvait goûter dans la paix du foyer domestique le repos et la satisfaction de son ardeur dévorante : et s'il a pu souffrir, il faut se demander d'autre part quel déboire il s'était préparé, et quelle responsabilité il avait pu assumer ainsi en contractant une obligation de conscience envers miss Smithson, l'arrachant à une existence calme et modeste, lui, inexpérimenté de toutes les choses de la vie, aussi peu homme d'affaires qu'homme d'intérieur. Ce n'est pas pour les rêveurs et les exaltés qu'est faite la triste et sèche réalité avec ses dures exigences et la froide raison qu'elle appelle. Or, l'étude et l'analyse de l'homme, du tempérament, du caractère, pouvaient presque à coup sûr nous faire prévoir les douloureuses crises qui devaient résulter des déchaînements tumultueux de la passion chez Berlioz. Il est René, Werther, Faust, Harold, Manfred, Obermann, Rolla : il souffre de la grande maladie du siècle. En rêvant Laure de Noves, Béatrix et les héroïnes de Shakespeare il n'eût pu trouver, pas plus chez l'Estelle de Meylan que chez Henriette Smithson, l'apaisement de ses aspirations ardentes, infinies, presque affolées.

Cette même analyse intime a pu déjà nous faire entrevoir aussi quel écueil cet homme à l'imagination exubérante, au génie hardi, fier, aventureux, rencontrera dans le terre-à-terre de l'existence. Il prend la vie à rebours, pour ainsi dire, entrant, dès le début, en lutte contre une société dont les habitudes intellectuelles et la culture artistique sont trop disproportionnées avec l'effort qu'il attend d'elle ; enfin, il lui faut, par-dessus tout, supporter la tâche écrasante du combat seul contre tous, car la carrière qu'il a embrassée ne lui donne pas seulement de quoi vivre, et il entreprend dès son retour d'Italie la lutte pour l'existence, n'ayant pas de ressources assurées pour lui-même, se chargeant, en outre, de nourrir une femme obligée, à la suite d'un cruel accident, de renoncer à la carrière dramatique et, de plus, endettée d'un arriéré énorme par une entreprise malheureuse qui l'a ruinée. Ces observations me semblent importantes à présenter tout d'abord, car il faut avant tout honorer la générosité et le courage presque héroïques de Berlioz ; mais lorsque les obstacles le rebutent et le révoltent, il ne faut pas toujours lui permettre de crier à l'injustice : ceux auxquels il cherche à faire endosser ses mécomptes sont bien souvent les plus innocents du monde. En d'autres termes, Berlioz fut souvent victime de sa témérité et de la plus honorable ambition, d'autant plus légitime qu'elle était fondée sur la conscience de sa supériorité; mais il eut le tort d'exagérer la gravité de ses échecs personnels et de les transformer en persécutions dues à l'intrigue, à la jalousie et à la malveillance des autres. Ici, comme en amour, la passion l'a trop souvent aveuglé, et parfois la rancune et des sentiments moins avouables encore ont dicté son jugement.

Je trouve, à première vue, que parmi les jeunes compositeurs de sa génération, il n'en est pas de plus favorisé que lui à ses débuts. Encore sur les bancs du Conservatoire, il donne trois concerts composés exclusivement de ses œuvres, publie ses premières compositions, les *Mélodies irlandaises*, le *Faust* : son nom est déjà connu dans la presse, dans le public, qui lui sont plus favorables qu'hostiles.

Il avait besoin d'affirmer son génie, car il se sentait dès son retour d'Italie stimulé par l'infériorité dans laquelle il voyait se débattre son époque, et les résistances et les oppositions ne l'effrayaient pas : « Ils ne savent pas, écrivait-il à Ferrand, tous ces peureux, que malgré tout j'observe et j'acquiers, que je grandis en fléchissant sous les efforts de la tempête. Le vent ne m'arrache que des feuilles. Les fruits verts que je porte tiennent trop fortement aux branches pour tomber (¹). »

Il n'avait pas encore la force pour déchirer à belles dents ses rivaux ou ses ennemis. Il lui fallait une tribune pour prendre position comme chef d'école. Il l'eut en 1834, lors de la fondation de la *Gazette musicale* : un an plus tard il entrait aux *Débats* où il commençait par de modestes articles sur les concerts cette campagne qui dura trente ans. Il ne tarda pas à réunir à son domaine les théâtres lyriques. Ce fut alors que commença la grande lutte : il venait de livrer un premier assaut avec *Benvenuto Cellini* ; mais il n'avait plus à subir l'humiliation d'être étouffé par la presse ennemie : il trônait à sa place, du haut de la grande critique musicale, et rendait œil pour œil, dent pour dent. Quelquefois même il donnait un gros intérêt pour les avances qu'il avait reçues : sur le chapitre des représailles il était d'une générosité sans bornes.

Chose étrange, de tous les personnages si terriblement malmenés dans les *Mémoires*, Habeneck, Girard, Cherubini, Cavé, Duponchel, par exemple, aucun n'a reçu les atteintes du feuilletoniste des *Débats*. Parfois on peut noter des attaques indirectes, jamais on ne découvre les traces de la férocité avec laquelle ces têtes de Turc ont été frappées dans l'autobiographie du maître. Plusieurs autres, en revanche, sont étrangement houspillés : l'Opéra-Comique est la véritable bête noire du critique ; certains chanteurs ont de même des coups de pattes fort joliment envoyés. Cependant, à part quelques malices clairsemées et peu dangereuses, ni Adam, ni Clapisson, ni Auber, ni Halévy, aucun des fournisseurs ordinaires de la salle Favart et de l'Académie Royale, confrères et rivaux de Berlioz, n'a véritablement à se plaindre d'avoir été attaqué ou injustement critiqué par lui. Entre tous, c'est Scribe qui a reçu les plus cruelles piqûres ; mais, malgré le ton perpétuellement facétieux des feuilletons, les rivaux n'ont trouvé chez lui que la courtoisie et l'équité. L'humoriste était moins réservé et ses épigrammes créaient

---

(1) *Lettres intimes*, p. 132.

plus d'ennemis que les comptes rendus, dont la forme enjouée cachait pourtant souvent une exécution en règle. Mais je l'ai dit, c'était l'exception. Les feuilletons avaient en général le caractère de la bienveillance pour les confrères plutôt que de la malignité.

En somme, avec cette double tribune publique de la *Gazette* et du *Journal des Débats* pour défendre ses idées, avec la protection de la puissante famille des Bertin, avec des amis dévoués et de chaleureux partisans, avec une renommée conquise dès ses débuts et toutes les facilités pour faire connaître ses ouvrages, il n'est pas à plaindre. Ce n'est que bien longtemps après lui que ses anciens camarades du Conservatoire, Thomas, Montfort, Elwart, Boisselot, arrivent à se créer une petite réputation. Adam, qui a déserté l'école de bonne heure, n'arrive guère à la notoriété que sept ou huit ans plus tard. Liszt, Hiller, Mendelssohn, Meyerbeer, Onslow, Stephen Heller, Spontini, traitent ce jeune homme non pas comme un débutant, mais comme un grand artiste appelé à de hautes destinées. Il a pour amis Gautier, Dumas, Hugo, de Vigny, Barbier, Legouvé : ses œuvres, grâce à Liszt, sont bientôt populaires en Allemagne. Peut-il désirer quelque chose de plus ?

Assurément. Malgré sa passion pour la grande musique symphonique, ce n'est pas l'héritage de Beethoven qu'il a rêvé ; c'est plutôt celui de Weber. Il projette une restauration de la tragédie lyrique de Gluck en ajoutant la puissance d'expression qu'a donnée à la musique la conception sublime du grand Beethoven : il imagine en outre, d'après Weber, un rajeunissement dramatique qui doit créer une forme nouvelle : l'opéra romantique. Vous verrez que c'est, à ses débuts, le théâtre seul qui l'occupe. Il lui faudra pourtant bien de la patience pour traverser les épreuves d'un long stage de dix ans : puis il échoue au port avec *Benvenuto*. Sans se décourager il se remet au travail : il a encore les *Francs-Juges* en portefeuille ; mais avant d'écrire les *Troyens*, il composera encore deux ouvrages dramatiques, la *Nonne* et la *Damnation*, car son *Faust*, à l'origine, était écrit pour la scène. Voilà sa plus cruelle déception : il trouvera toujours les directeurs hostiles, le public froid et indifférent, et malgré sa prédilection pour la musique instrumentale, il se résignera avec peine à déployer ses rares facultés dans ce genre moins accessible à la foule et seulement à la portée du plus petit nombre. Il ne se consolera jamais de trouver les portes des théâtres lyriques fermées pour lui.

De là, dans ses *Mémoires*, çà et là, dans ses lettres, incessamment, dans ses feuilletons, à chaque ligne presque, des sorties amères contre les canailles stupides de directeurs, Chinois, Hottentots, qui le traitent de fou, qui le regardent comme un *bouleverseur* du genre national, et dont il raille cruellement les prétentions au goût, l'ignorance absolue des questions musicales. Notez bien ceci, pourtant : il n'a jamais mis en avant une seule récrimination personnelle ; bien plus, jamais Berlioz n'a plaidé sa propre cause dans la presse : jamais il n'a parlé de ses ouvrages, jamais il n'a profité de cette position armée pour chercher la réclame, le tapage, pour appeler même la discussion. Il n'a jamais répondu à une critique : il n'a même jamais empêché ses partisans de défigurer sa doctrine en lui attribuant des théories qui ne sont pas les siennes. Il se borne, comme je l'ai dit, à défendre ses idées, à proclamer bien haut les principes qu'il considère comme la loi suprême de l'œuvre d'art. Cette réserve est du plus rare mérite : on ne saurait assez en faire l'éloge.

Vous voyez, en somme, qu'à part l'opposition des directeurs et les dédains du Conservatoire et de l'Institut, il n'a pas trop de sujets de récriminations. Mais, je l'ai dit, il est ambitieux, c'est son droit, c'est même, chez un artiste de cette valeur, un devoir. Moins de quatre ans après son retour d'Italie, cette ambition a de quoi être satisfaite. Ses feuilletons lui donnent l'autorité en même temps que l'aisance. *Benvenuto* est reçu à l'Opéra : le gouvernement lui commande un *Requiem*. Bientôt viennent toutes les faveurs, tous les sourires de la fortune ; le présent royal de Paganini le délivre de tous les embarras matériels, et lui permet d'écrire une maîtresse œuvre : on lui commande presque aussitôt la *Symphonie funèbre et triomphale*. Tout ceci dans un court espace de trois années. Décidément, je ne puis m'empêcher de croire qu'Ophélie est le bon génie, d'autant plus que, tout à l'heure, après la rupture, commenceront les revers et la course à l'abîme.

Quant à la célébrité, elle est venue dès les premiers jours : aussitôt fondée, la *Gazette* lui dresse un piédestal; il est sacré *génie* à trente ans. Vous trouvez, à côté de ses articles sur les concerts, un dithyrambe en son honneur par un collaborateur. Le mot y est répété sans circonlocution aucune. Je le trouve aussi dans quelques-uns des articles que Wagner donna en 1840 et 1841 au journal de Schlesinger. C'est bien la période de gloire et de bonheur, car vous verrez quel terrible revirement d'opinion se produira dans un espace de quinze années et de quelle hauteur tombera le maître, au retour de ses grandes expéditions musicales à l'étranger. Non, ce n'est pas à cette heure-ci qu'il peut se présenter comme une victime.

Mais assistons d'abord à ses luttes pour forcer les portes des théâtres.

Au mois de mai 1834, lorsque les trois premières parties de *Harold* étaient déjà terminées, le poème de *Benvenuto Cellini*, a été refusé à l'Opéra-Comique par le directeur, M. Crosnier. Dès le mois de mai il avait averti Ferrand du choix de ce sujet qu'il jugeait excellent. « J'avais proposé, écrit-il en août, à M. de Wailly, jeune poète d'un grand talent, de me faire un opéra en deux actes sur les *Mémoires* de Benvenuto Cellini; il a choisi Auguste Barbier pour l'aider; ils m'ont fait à eux deux le plus délicieux opéra-comique qu'on puisse trouver. » Et ailleurs : « C'est délicieux de vivacité et de coloris... »

Aussi Berlioz n'accuse pas ses collaborateurs de son insuccès : « On me regarde à l'Opéra-Comique comme un *sapeur*, un *bouleverseur du genre national*, et on ne veut pas de moi. En conséquence, on a refusé les paroles pour ne pas avoir à admettre la musique d'un fou. »

Il est vrai que, dans les *Mémoires*, son admiration sera un peu refroidie après la chute écrasante de l'ouvrage à l'Opéra en 1838, et, bien qu'il se défende de trouver le poème inférieur à tant d'autres qu'on représente journellement, il donne un peu sur les doigts à ses collaborateurs : « Leur travail, à en croire même nos amis communs, ne contient pas les éléments nécessaires à ce qu'on nomme un drame *bien fait.* »

D'ailleurs, Léon de Wailly ne se décourage pas, et, dans la même lettre, Berlioz apprend à Ferrand que son collaborateur vient de finir le plan d'un grand opéra en trois actes sur un sujet historique non encore traité, comme l'avait demandé Véron. C'est le livret de *Cellini* transformé en poème d'opéra. Déjà la première scène, le *Chant des Ciseleurs de Florence*, était écrite.

Mais Duponchel remplace Véron à l'Opéra. Comme Berlioz le disait l'année précédente, ses affaires sont en bonnes mains. « C'est la famille Bertin qui en a pris la direction. » Avant que Berlioz se fût passionné pour les *Mémoires* de Cellini, il avait été question de lui donner l'*Hamlet* de Shakespeare « supérieurement arrangé en opéra ». Mais il ne s'agit plus que de faire représenter *Benvenuto Cellini*, qui est achevé, et dont le poème est reçu à l'Opéra (décembre 1835). Alfred de Vigny avait bien voulu y collaborer. Il ne reste plus que l'instrumentation à écrire. Berlioz a l'assurance écrite de Duponchel, ce qui le rassure, car il fait d'une parole de directeur le cas qu'elle mérite. Avait-il pu stipuler, comme il le disait dans cette même lettre, un bon contrat avec dédit solide ? C'eût été une médiocre garantie, car, une fois l'ouvrage exécuté, il ne pouvait obliger la direction à le maintenir sur l'affiche, et elle s'empressa de l'en retirer dès qu'elle le put. Mais il lui fallut subir de longs atermoiements avant d'en arriver là.

Berlioz savait, d'autre part, quelles oppositions se dresseraient contre lui à l'Opéra, dès qu'il en franchirait le seuil, lorsqu'il vit les cabales se liguer contre l'*Esméralda* de Mlle Bertin, dont il avait dirigé les répétitions : « Je pus juger par là, dit-il aux *Mémoires*, de ce que j'avais à attendre de mes ennemis personnels, de ceux que je m'étais faits directement par mes critiques, réunis à ceux du *Journal des Débats*, quand je viendrais à mon tour me présenter sur la scène de l'Opéra, dans cette salle où tant de basses vengeances peuvent s'exercer impunément (¹) ».

Lorsqu'il repasse en revue cette période de lutte et qu'il cherche les causes de l'opposition acharnée qu'il rencontra à ses débuts, il ne se dissimule pas que les inimitiés soulevées contre lui avaient eu, pour la plupart, leur origine dans ses agressions... « Une foule de gens, écrivait-il en 1858 à un de ses biographes, ont dû me regarder comme un fou, puisque je les regarde comme des enfants ou des niais ». S'il eut contre lui les professeurs du Conservatoire ameutés par Cherubini et par Fétis, c'est parce que son hétérodoxie en matière de théories harmoniques et rhytmiques avait révolté leur foi et froissé leur amour-propre. Enfin, il avait parmi ses adversaires les partisans de l'Ecole sensualiste italienne, dont il avait blasphémé les dieux. Il prétend qu'il est devenu plus prudent depuis cette époque, et qu'il a la force de ne plus exprimer son horreur pour des opéras que la foule proclame des chefs-d'œuvre, mais qui ne sont pour lui que d'infâmes caricatures du sentiment et de la passion; mais il reconnaît que parmi les nombreux ennemis que sa position de critique continue à lui faire, les plus ardents dans leur haine sont moins ceux dont il a blâmé les œuvres que ceux dont il n'a pas parlé ou qu'il a *mal loués*, et que les autres sont ceux qui ne peuvent lui pardonner certaines plaisanteries.

Quoiqu'il en soit, lui qui ne craignait pas l'opposition et qui aimait, comme il le dit à la page suivante, à faire craquer les barrières, il avait hâte de voir son tour arrriver, car il y avait, lorsque *Benvenuto* fut reçu, trois opéras à passer avant le sien.

Il ne manque pas de s'en irriter. Lisez les *Débats* du 7 mars 1838, à propos des retards qui empêchent la représentation de l'opéra d'Halévy, *Guido et Ginevra*, qui précéda celle de *Cellini* : « Il faut tenir compte de ces obstacles à l'auteur de la musique, bien qu'il ait encouru le reproche fondé d'avoir mis à l'étude, il y a treize mois, un ouvrage dont la partition était à peine commencée. »

(1) *Mémoires*, p. 211.

Les cinq mois de répétitions de *Benvenuto Cellini* qui avaient été précédées de celles de l'opéra de Mlle Bertin, donnèrent bien d'autres soucis à Berlioz. La chute de l'ouvrage ne le désespéra point : « Ma partition se défend d'elle-même ». C'est la question du *Freyschütz*, « comparaison ambitieuse musicalement » ; Berlioz peut dire alors de l'opéra romantique : « C'est pourtant moins excentrique et plus large que Weber (1). »

Je ne m'occupe point de *Benvenuto Cellini*. Un volume d'apologie écrit par d'Ortigue, le don magnifique de Paganini furent des consolations trop belles pour ne pas lui faire oublier bien des déboires.

La partie de ce travail où j'étudierai *le public* nous fera assister à cet important incident de la carrière artistique du maître, dont les conséquences furent certainement très considérables sur sa destinée. *Benvenuto* n'eut que quelques représentations : à la troisième, Duprez, qui avait absolument perdu la tête en scène à cette soirée, parce qu'il venait d'apprendre la naissance de son fils, abandonna le rôle, et Alexis Dupont mit plusieurs mois à l'étudier. La reprise eut lieu au commencement de 1839.

Ce début à l'Opéra n'était pas celui qu'avait rêvé Berlioz, lorsque, dix ans auparavant, il écrivait les *Francs-Juges*, sa première œuvre dramatique.

Il avait eu, quelques années plus tard, un autre projet d'opéra, le *Dernier jour du Monde*, dont il exposait le plan à Ferrand, à Rome. Deschamps et Saint-Félix commençaient à y travailler dès 1833 : il en avait fait bientôt sa *Messe des morts*, qui lui permit d'attendre l'exécution de *Benvenuto*, lorsque le gouvernement lui commanda le *Requiem* pour l'anniversaire de Juillet en 1837.

La date de cette composition, sur laquelle je veux m'arrêter un instant, est facile à préciser : « Le ministre de l'intérieur, dit la *Gazette Musicale* du dimanche 2 avril, vient par un arrêt en date de mardi dernier, de charger M. Berlioz de la

---

(1) *Lettres intimes*, p. 183.

composition d'un *Requiem* qui sera exécuté le 28 juillet, aux Invalides. » Deux jours plus tard, je lis la nouvelle dans les faits divers des *Débats*, avec deux lignes ajoutées : « C'est un excellent choix. On sait que M. de Gasparin s'entend fort bien en musique. Cette faveur est d'autant plus flatteuse pour M. Berlioz qu'il ne l'a point sollicitée. »

Il était prêt depuis longtemps à l'époque où le *Requiem* devait être exécuté dans la cérémonie annuelle à la mémoire des victimes de la Révolution de 1830 : mais cette cérémomie a lieu « sans musique ». Ce n'est que six mois plus tard, à l'occasion de la prise de Constantine, que Berlioz obtient, grâce à la protection d'Alexandre Dumas, que sa Messe des Morts soit exécutée aux Invalides, au service solennel du général Damrémont qui a péri dans ce fait d'armes.

La lettre à Dumas, reproduite par M. Jullien, prouve que Berlioz dut faire intervenir de puissants personnages : « Il s'agit de faire exécuter mon malencontreux *Requiem* dans une cérémonie que motiverait la prise de Constantine. Si le duc d'Orléans le voulait, ce serait très aisé. J'irai vous voir pour en causer plus au long ».

Mais le temps s'écoulait, et il paraît que les affaires de Berlioz n'étaient pas plus avancées. La *Gazette Musicale* publiait le 28 octobre une sorte de note comminatoire ainsi conçue : « On annonce une grande cérémonie funèbre aux Invalides pour le général Damrémont. Il faut espérer que, cette fois, rien ne s'opposera à ce que le *Requiem* composé par M. Berlioz pour les fêtes de Juillet soit enfin exécuté. » Le numéro suivant, du 4 novembre, contenait une nouvelle note annonçant que les ministres se concertaient encore pour régler le programme de cette cérémonie. Enfin la décision fut prise : l'exécution eut lieu le 5 décembre.

J'ai, à propos de ce *Requiem*, une petite particularité à signaler : vous avez bien lu la date à laquelle avait été projetée d'abord l'exécution du *Requiem* : le 28 juillet. Puis on décida que la cérémonie aurait lieu sans musique. A présent lisez aux *Soirées* cette étrange et brumeuse allégorie : *Lettres de Benvenuto Cellini à Alfonso della Viola*. Les allusions seraient assez énigmatiques si nous ne connaissions la date exacte de la composition du *Requiem* et les circonstances toutes spéciales visées par l'auteur. On pourrait croire, à tout prendre, qu'il s'agit de son opéra de *Benvenuto*.

Or, cette fantaisie fut publiée par la *Gazette Musicale* les 1er et 8 octobre 1837, alors que Berlioz restait depuis quatre mois avec son *Requiem* sur les bras, et, comme il le disait à propos de sa première Messe, aussi empêché que Robinson avec le canot de Vendredi qu'il ne pouvait lancer.

Vous saisissez maintenant les railleries à l'adresse du grand-duc qui après avoir commandé un *opéra* avait changé d'idée : la date s'y trouve, c'est justement celle du *Requiem*: le 28 juillet.

Remarquez bien ceci. A ce moment il n'y avait en perspective aucune cérémonie publique : ce n'est que vers le 15 octobre que Paris reçut la nouvelle de la prise de Constantine, qui avait eu lieu le 13 : Damrémont avait été tué la veille. La fantaisie littéraire de Berlioz consistait à imaginer une vengeance ; le musicien convoquerait l'an prochain, à la même date, la foule à l'audition de son œuvre, abandonnée par ordre du grand-duc, puis, au jour dit, il retirerait son ouvrage, lui aussi ; il aurait pris sa revanche en changeant d'idée à son tour et assisterait impassible à l'explosion de la colère des amateurs déçus qui se soulèveraient et feraient une émeute.

Vous lirez dans cette fantaisie tous les détails qui s'appliquent exactement à la situation : le faux della Viola, c'est Berlioz même abandonnant son opéra de *Benvenuto* pour écrire son *Requiem*. « Cette gigantesque machine allait se mouvoir majestueusement.... le grand-duc qui, de son propre mouvement, m'avait demandé ce drame en musique, lui qui m'avait fait abandonner l'autre composition, sur laquelle je comptais pour populariser mon nom... *il a changé d'idée*... Chacun dit : ce fameux drame était absurde, sans doute ; le grand-duc, informé à temps de la vérité, n'aura pas voulu que l'impuissante tentative d'un artiste ambitieux vînt jeter un ridicule sur la solennité qui se prépare. Ce ne peut être autre chose... Un prince ne manque pas ainsi à sa parole. Della Viola est toujours le même vaniteux extravagant que nous connaissons; son ouvrage n'était pas présentable et, par égard pour lui, on s'abstient de l'avouer... Juge de ce que j'ai dû éprouver à cet incroyable abus de pouvoir, à cette violation inouïe des promesses les plus formelles, à cet horrible affront qu'il était impossible de redouter, à cette calomnie insolente d'une production que personne au monde excepté moi ne connaît encore. Que faire ? Que répondre à cette tourbe de lâches imbéciles qui rient en me voyant ? »

Lorsqu'il publiait ce morceau, il ne prévoyait certainement pas que, quelques jours plus tard, la prise de Constantine allait lui fournir l'occasion espérée d'obtenir une brillante revanche, celle-là plus digne de lui.

Encore un mot, cependant : Berlioz dit que ce fut au sortir d'une longue discussion qu'il eut avec Cavé que le canon des Invalides annonça la nouvelle du célèbre fait d'armes, et qu'il fut rappelé deux heures plus tard au ministère pour être informé du projet de cérémonie aux Invalides. On a vu plus haut que la décision ne fut prise que dans les premiers jours de novembre, et que rien n'était encore certain à la fin d'octobre, trois semaines après la mort du général Damrémont.

J'ai saisi l'occasion de cet incident pour vérifier les assertions des *Mémoires*. Il y a, en outre, deux autres personnages mêlés à cet événement à propos duquel Berlioz a mis tant de monde en cause : Habeneck et Cherubini. Pour le premier, la lettre à Ferrand, qui rend compte de l'exécution du *Requiem*, ne dit pas un mot de l'affaire de la tabatière. On n'y trouve qu'une ligne sur le chef d'orchestre, qui partage l'enthousiasme général : « Habeneck est tout à fait revenu. » Plus tard, lorsque le chapitre des *Mémoires* parut dans le *Monde illustré*, Berlioz écrit à son ami — c'est vingt ans plus tard : — « Vous lirez dans le dernier numéro le récit du crime tenté contre moi par Habeneck et Cavé à la première exécution de mon *Requiem*. » Mais ne semble-t-il pas que ce soit une histoire imaginée après coup, lorsque nous n'en trouvons trace ni dans la lettre de 1837, ni dans les comptes rendus des *Débats* et de la *Gazette*, où Berlioz n'eût pas manqué de mentionner un incident aussi grave ?

Quant à Cherubini, la lettre que lui adressait Berlioz, pleine d'une respectueuse et presque affectueuse déférence, a été récemment retrouvée dans les papiers de la famille et ajoutée à la deuxième édition de la *Correspondance inédite*: elle est datée du 24 mars 1837. « Je suis vivement touché, dit-il, de la noble abnégation qui vous porte à refuser votre admirable *Requiem* pour la cérémonie des Invalides. Veuillez être convaincu de toute ma reconnaissance. » Il le prie instamment, néanmoins, de ne pas priver le gouvernement et ses admirateurs d'un chef-d'œuvre qui donnerait tant d'éclat à cette solennité.

Voyez à présent comment ces deux personnages sont mis en scène. A la première nouvelle de la cérémonie organisée pour le 5 décembre, Cherubini se hâte d'intriguer pour faire remplacer l'ouvrage par une de ses messes. Halévy envoyé près de M. Bertin ne peut rien obtenir du protecteur de Berlioz : « Si on propose à ce dernier quelque transaction et s'il a la faiblesse de céder d'un cheveu, il ne lui reparlera de sa vie. » Puis on impose à Berlioz Habeneck pour diriger l'exécution, et une *prise de tabac* que ce dernier se donne comme distraction, juste au moment le plus critique de la symphonie, est sur le point de tout compromettre, sans l'intervention de l'auteur qui, prudemment, se tient à portée et a juste le temps de s'élancer pour marquer avec le bras le changement de mouvement. Enfin, pour se faire payer, il lui fallut subir de nouvelles tribulations et aller jusqu'à menacer, si on l'ajourne plus longtemps, le successeur de M. de Gasparin (celui-ci avait quitté le ministère dans l'intervalle), de « donner à sa conduite à son égard une rare célébrité. » De plus, on aurait pu croire, d'après les *Mémoires*, que la prise de Constantine avait offert, dès le mois de juillet, alors que le *Requiem* était prêt pour l'époque fixée, un moyen à l'administration « pour se débarrasser de Berlioz, » tandis que c'est cinq mois plus tard qu'eut lieu l'exécution aux Invalides.

Tout cela est contredit par les *Lettres intimes* : Berlioz y apparaît dans toute la joie de son triomphe et ne mentionne aucune de ces ignominies. Le succès du *Requiem* « arrange joliment » ses affaires. Il l'a « popularisé », c'était le grand point : l'impression a été foudroyante sur les êtres de « sentiments et d'habitudes les plus opposés. » Le curé des Invalides a pleuré à l'autel un quart-d'heure après la cérémonie et l'a embrassé à la sacristie en fondant en larmes. Le *Tuba Mirum* a produit une épouvante telle qu'une choriste a eu une attaque de nerfs ; c'était *d'une horrible grandeur*. Lettres et félicitations pleuvent chez lui. M. de Montalivet a ajouté une assez belle somme aux quatre mille francs promis, ne voulant pas les donner « tout secs ». Berlioz dit dans les *Mémoires* qu'il reçut dix mille francs du ministère de la guerre pour les frais d'exécution, qu'il ne lui resta plus rien sur cette somme, après avoir donné, en plus des cachets du personnel, trois cents francs à Duprez et trois cents autres à Habeneck, et que M. de Montalivet ne lui fit remettre qu'un bon de trois mille francs sur la caisse des beaux-arts. Il maintient ce chiffre à la fin du chapitre : il n'y a donc pas d'erreur. Lequel des deux récits est le vrai? Je crois que c'est celui de la lettre à Ferrand, près duquel Berlioz ne se vantait guère de ses succès pécuniaires, criant plutôt misère le plus souvent.

En disculpant Cherubini, Habeneck et M. de Montalivet, ce récit nous démontre principalement la souplesse de Berlioz, son habileté à défendre ses intérêts, sa persévérance et son esprit d'initiative. Si *Benvenuto* a été un échec retentissant, c'est que l'auteur a déchaîné trop d'inimitiés contre lui ; mais l'histoire du *Requiem* nous prouve qu'il sait fort bien se faire valoir. Au théâtre, sa force ne peut venir à bout des rivalités et des intrigues qu'il trouvera toujours contre lui à chacune de ses tentatives. Mais si c'est là sa plus amère déception, celle dont il ne se consolera jamais, car elle froisse son amour-propre en même temps qu'elle brise son ambition, il sait tirer parti de la consécration inattendue que donne à sa renommée naissante et à sa valeur d'artiste la noble action de Paganini. Au lendemain de la chute de *Benvenuto*, il se rejette sur la symphonie, à laquelle il a dû ses deux premiers triomphes, la *Fantastique* et *Harold*, et écrit aussitôt sa maîtresse-œuvre, *Roméo et Juliette*. C'est pourtant au lendemain de cette nouvelle victoire qu'il se retourne vers l'Opéra et accepte d'écrire une partition sur un livret de Scribe, la *Nonne sanglante*.

Il est bon de noter que, dès cette année 1838, et malgré son échec au théâtre, il a reçu de précieux témoignages de sympathie et d'intérêt : sa position de critique influent et son intimité près de la famille Bertin lui attirent des faveurs qui, pour être peu retentissantes, ne sont pas à dédaigner. En 1838, à la veille des répétitions de *Benvenuto*, il avait obtenu pour quinze années la concession de la direction du Théâtre-Italien, à la charge de ne donner aucun ouvrage de compositeurs français (1). Cette condition formelle rend vaine l'hypothèse de M. Daniel Bernard prétendant qu'il se retira sur le bruit que cette place lui avait été accordée à la demande de M. Bertin, pour jouer les opéras de Mlle Louise (2). Il faudrait chercher une autre raison ; mais peu importe. Ce qui est piquant, c'est que le théâtre de la Renaissance, qui s'installait à Ventadour tandis que Berlioz renonçait à son entreprise, fit faillite deux ans plus tard, juste au moment où Anténor Joly allait monter le *Rienzi* de Wagner.

Mais ce n'est qu'un incident : Berlioz échouait pour une place de professeur d'harmonie au Conservatoire quelques semaines plus tard, Cherubini s'étant opposé à sa nomination parce qu'il n'était pas pianiste, et ayant fait donner la place « à un nommé Bienaimé qui ne joue pas plus du piano que moi », dit-il (3). C'est encore malgré Cherubini qu'il obtient la place de bibliothécaire au Conservatoire : je trouve la mention de cette nomination dans la *Gazette* du 16 décembre 1838 ; c'est précisément le jour du grand concert au Conservatoire auquel assiste Paganini, et à la suite duquel celui-ci lui adresse un chèque de 20,000 francs. Voilà, certes, de quoi le consoler de la chute de *Benvenuto*, qui est, du reste, repris quelques jours plus tard, avec quelques coupures (4), après trois mois de suspension.

Attendez : tandis qu'il travaille à la composition de

---

(1) *Revue et Gazette musicale*, 10 juin 1838.
(2) *Notice sur Berlioz*, p. 37.
(3) *Mémoires*, p. 205.
(4) *Revue et Gazette musicale*, année 1839, 13 janvier.

Roméo, il est décoré ([1]) ; mais il ne se console pas d'être désigné dans le même décret que le directeur de l'Opéra : « Cette distinction banale me fut accordée en même temps qu'au grand Duponchel. » On comprend dans la même fournée Bordogni « le plus maître de chant des maîtres de chant de l'époque ([2]), » et cette société lui semble bien déplaisante. D'ailleurs il assure qu'il n'eût pas donné trente sous de sa croix dix-huit mois plus tôt, alors qu'on la lui offrait en dédommagement des dénis de justice qu'il avait endurés à propos du *Requiem*, et à la place des 3,000 francs qui lui étaient dus. Passons encore. A la même date, il se présentait à l'Institut : il se retirait en présence de Spontini ([3]). C'est un trait qui l'honore. L'année suivante, enfin, le gouvernement lui marquait de nouveau sa bienveillance en lui commandant la *Symphonie funèbre et triomphale*. Y en a-t-il beaucoup, parmi ses anciens camarades de l'école, qui soient aussi bien partagés que lui ?

Je passe sur beaucoup d'autres petits faits : je cite seulement encore une particularité curieuse : un opéra lui avait été demandé par Anténor Joly pour la Renaissance; on peut lire des remerciements, à l'adresse de ce directeur dans un de ses feuilletons ([4]) pour cette initiative. L'éclatant succès de *Roméo* et celui de la *Symphonie funèbre* quelques mois plus tard devaient encore lui faire prendre patience : la popularité venait déjà. M. Daniel Bernard rapporte que des conscrits entonnèrent un jour en défilant à travers les rues le motif de la marche de la *Symphonie*, précédés de vivandières, de sapeurs, de tambours-majors et de drapeaux ([5]).

Il y avait pourtant, en dehors des obstacles qui le rebutaient du côté des théâtres, un autre ordre de déceptions pour Berlioz. Dès le mois d'août, il écrivait à Ferrand qu'il avait fini sa symphonie de *Roméo et Juliette* : « Cela équivaut à un

---

(1) *Revue et Gazette musicale*, 9 mai 1839.
(2) *Mémoires*, p. 203.
(3) *Revue et Gazette musicale*, 23 mai 1839.
(4) *Journal des Débats*, 1er novembre 1839.
(5) *Notice sur Berlioz*, p. 39.

opéra en deux actes et remplira tout le concert : il y a quatorze morceaux ». Les répétitions furent longues et coûteuses, et les frais absorbèrent les recettes des trois concerts, qui furent pourtant fort belles. Les trois séances de *Roméo* avaient coûté pour les exécutants 12,100 francs, et la recette s'était élevée à 13,200 ; il ne restait donc que 1,100 francs de bénéfice. « N'est-ce pas triste d'avouer qu'un résultat si beau, lorsqu'on tient compte de l'exiguïté de la salle et des habitudes du public, est misérable quand j'y veux chercher des moyens d'existence ? »

L'année suivante, lors du festival qu'il organisa à l'Opéra, il fut obligé non seulement de renoncer aux honoraires de 500 francs que lui offrait la direction, mais de payer de sa poche quelques-uns des musiciens de l'orchestre du théâtre, qui avaient manifesté de la jalousie contre des instrumentistes étrangers engagés avec un cachet de 20 francs, et, si le récit est exact, il dut livrer au caissier, bien que la recette, fort belle, eût atteint 8,500 francs, un solde de 360 francs qui figura aux registres avec cette mention : Excédent donné par M. Berlioz [1].

C'est à ces embarras d'argent qu'il faisait allusion dans une remarquable lettre adressée au pianiste Osborne et qui fut imprimée dans le *Voyage musical en Allemagne* : « Il faut en prendre son parti, dit-il, à moins de quelques circonstances produites par le hasard, à moins de certaines associations avec les arts inférieurs et qui rabaissent toujours plus ou moins, notre art n'est pas productif dans le sens commercial du mot ; il s'adresse trop exclusivement aux exceptions des sociétés intelligentes, il exige trop de préparatifs, trop de moyens pour se manifester dehors. Il doit donc y avoir une sorte d'ostracisme honorable pour les esprits qui le cultivent sans préoccupation aucune des intérêts qui lui sont étrangers. — La musique est essentiellement aristocratique, c'est une fille de race que les princes seuls peuvent doter aujourd'hui et qui doit savoir vivre pauvre et vierge plutôt que de se mésallier ».

(1) *Mémoires*, p. 230.

C'est après son retour d'Allemagne qu'il écrivait ces lignes : elles révèlent les embarras financiers contre lesquels il avait lutté pendant quinze ans, ayant trouvé les portes des théâtres fermées et n'ayant dû qu'à une puissance de volonté extraordinaire la propagation de son œuvre symphonique, genre auquel il s'était consacré autant par vocation que par nécessité.

Il me reste, avant de clore ce chapitre des déboires, un point tout spécial à noter. Lorsqu'il parle du festival de l'Opéra, qui eut lieu en novembre 1840, et qu'il place sous la direction de Léon Pillet, il écrit : « C'est peu de jours après que je partis pour l'Allemagne ». Ce n'est point exact. Il ne partit que dans les derniers jours de 1842. Il donna bien, avant son départ, un concert à l'Opéra, où il dirigea avec Habeneck la *Symphonie funèbre et triomphale* ; cette deuxième audition eut lieu le 7 novembre 1842. Mais il est facile de voir, en lisant attentivement le chapitre, que Berlioz confond les deux soirées afin de justifier les premières lignes : « Ce fut vers la fin de cette année 1840 que je fis mon premier voyage hors d'Europe. » Le programme qu'il reproduit est bien celui du concert de 1840, on le voit par la lettre à Bulow de la *Correspondance inédite*, où il fait allusion à l'exécution du fragment de Palestrina : mais Léon Pillet ne prit la direction de l'Opéra que le 1er juin 1841 et fut par conséquent étranger au premier festival. Il a fallu beaucoup d'habileté dans le récit pour laisser supposer que, dans ce chapitre, il ne s'agissait que d'un seul concert et non de deux, et que c'est en 1840, et non en 1842, que se passaient les faits. Aussi croit-il pouvoir inscrire en toute sécurité la date prétendue de son voyage en Allemagne : 1841-1842. Ce n'est malheureusement qu'une supercherie de plus : il quitta Paris dans les derniers jours de décembre 1842, ne fit que traverser Bruxelles, Mayence et Francfort et commença par Stuttgardt, vers le 8 janvier 1843, sa tournée qui prit fin dans les derniers jours du mois de mai.

Ceci est plus important qu'il ne semble, au point de vue de son histoire intime. Pour ne parler ici que de ses déceptions, puisque nous nous en occupons spécialement dans ce chapitre, il est nécessaire de constater l'heure précise de sa vie à laquelle il a tourné ses pas vers la patrie de Beethoven et de Weber. Il y a dans les *Lettres intimes* une grave lacune à cette date : du 31 janvier 1840 nous sautons au 3 octobre 1841, puis immédiatement à l'année 1847. Nous pourrons cependant très sommairement reconstituer les événements de cette période qui fut décisive pour l'avenir du maître. En outre, les *Mémoires* nous laissent au festival de 1842, qu'ils reportent deux années plus tôt, en 1840, répartissant dans les deux années suivantes, sans fixer acune date, les voyages racontés dans les dix lettres d'Allemagne, tandis qu'ils n'eurent lieu qu'en 1843. Voilà une lacune de deux années dans la vie de Berlioz, et il me faut la combler.

C'est facile : l'année 1841 est occupée par la composition de la *Nonne sanglante* pour l'Opéra. L'année 1842 est moins facile à étudier : tout ce que je puis dire, c'est qu'elle est marquée plus spécialement par l'intrigue qui se passe également à l'Opéra, mais dans les coulisses. C'est à elle que faisait allusion Berlioz, au début du même chapitre ; il la place toujours en 1840 et cherche à l'excuser par la jalousie d'Henriette, folle et sans motifs, qu'il lui était indispensable de justifier, afin d'avoir au moins les bénéfices d'une position si déplaisante. C'était en effet Mlle Recio qui, après deux débuts à l'Opéra dans les rôles d'Inès et d'Isolier, en 1842, avait pris la place de Mme Berlioz et « se trouvait » avec lui à Dresde, comme on lit dans le *Voyage musical*.

Je ne rappelle ici ces malheureux événements de l'existence de Berlioz que pour fixer les dates qu'il a voulu cacher, car rien n'est plus propre que la lecture des *Mémoires* à détruire la chronologie exacte des faits de sa carrière et de sa vie privée.

Ayant bien établi les dates, je dois surtout m'occuper de la composition de la *Nonne* et des mécomptes nouveaux qu'avait subis le maître avant son premier voyage en Allemagne. Dans les *Mémoires*, il ne fait allusion à cet ouvrage qu'en exposant les démêlés qui survinrent sept ans plus tard entre lui et la direction Roqueplan-Duponchel, en 1847 :

« J'avais depuis longtemps commencé la partition d'un grand opéra en cinq actes », dit-il. Plus loin il nous apprend qu'il n'en écrivit que deux actes : « En tête des morceaux que je crois bons dans ma musique, je mettrai le grand duo, contenant la *Légende de la Nonne sanglante* et le finale suivant. Ce duo et deux airs sont entièrement instrumentés : le finale ne l'est pas. » Ceci était écrit vers 1850 : la note, non datée, nous apprend que ces deux actes avaient été détruits, à l'exception des deux airs, qui ont peut-être trouvé place dans une des trois dernières partitions du maître, l'*Enfance du Christ, Béatrice*, ou les *Troyens*. Mais l'époque de la composition de la *Nonne* est à établir d'abord. Voici la première mention du projet : « On a voulu à l'Opéra me faire écrire la musique d'un livret en trois actes de Scribe; j'ai pris le manuscrit, puis, me ravisant, je l'ai rendu dix minutes après sans l'avoir lu. L'Opéra est une école de diplomatie, je me forme. Eh bien, tenez, tout ça m'ennuie, me dégoûte, m'indigne, me révolte... » Ces lignes sont extraites de la lettre adressée à Ferrand en janvier 1840 : l'intervalle de plus de dix-neuf mois qui la sépare de la suivante, datée du 3 octobre 1841, ne nous permet pas de constater à quel moment Berlioz s'était ravisé ; mais nous constatons que sa diplomatie avait réussi. « J'écris, dit-il, une grande partition en quatre actes sur un livret de Scribe, intitulé la *Nonne sanglante*. Il s'agit de l'épisode du moine de Lewis. Scribe a tiré un très grand parti de la fameuse légende, il a, en outre, terminé le drame par un dénouement emprunté à un ouvrage de M. de Kératry et du plus grand effet scénique. » Ce n'est pas ainsi qu'il s'exprime dans ses *Mémoires*; il s'agit de l'exécution de l'ouvrage de Gounod sur le même livret, repris indignement à Berlioz : « Le poème a paru si platement monotone que je dois m'estimer heureux de ne pas l'avoir conservé. » Quant à la partition, il constate qu'elle n'a eu *qu'un quart de succès*. Cette chute le console, mais l'amertume du mot est bien légitime si l'on songe au mauvais procédé dont se rendit coupable, en même temps que Scribe et Roqueplan, le confrère et l'ami du maître qui, à ses débuts dans la carrière dramatique, accepta le livret retiré par surprise à son glorieux rival. L'affront ne fut pas pour Berlioz en cette circonstance, mais pour M. Gounod.

Je trouve dans la même lettre d'autres indications sur ses travaux et ses espérances durant cette même année 1841. Il est utile de les mentionner à part.

On comptait sur lui l'année suivante à l'Opéra : il était inquiet pour Duprez dans l'état de « délabrement vocal » où il était, ce qui prouve qu'il pensait bien être prêt, et déjà il formait un élève du Conservatoire, Delahaye, sur lequel il fondait d'heureux pronostics, pour le rôle du ténor dans la *Nonne*. « J'ai fait cette année, ajoutait-il, des récitatifs pour le *Freyschutz*, que je suis parvenu à monter sans la moindre correction, ni mutilation, ni *castilblazade* d'aucune espèce, ni dans la pièce ni dans la musique ; c'est un incomparable chef-d'œuvre. » Enfin, il ne cachait pas son ambition d'obtenir la place à laquelle il avait le droit de prétendre. « Si je deviens vieux et incapable, la direction du Conservatoire me serait dévolue, mais je suis encore jeune, il n'y faut pas compter. » Si c'est Habeneck qui arrive au Conservatoire, il serait question de lui à l'Opéra. La presse s'était occupée de ces combinaisons, ce qui prouve que les projets avaient été sérieusement discutés : « Le bruit a couru, dit un journal, que M. Cherubini était mis à la retraite, que M. Habeneck lui succédait à la direction du Conservatoire, et que M. Berlioz devenait chef d'orchestre à l'Opéra à la place de M. Habeneck ([1]). » Mais ce fut Auber qui remplaça Cherubini au Conservatoire l'année suivante : Habeneck resta à l'Opéra et les rêves de Berlioz s'évanouirent.

Il avait eu, en cette même année 1842, une dernière déception ; il s'était présenté à l'Institut en concurrence avec Adam et Onslow pour succéder à Cherubini : ce fut Onslow qui fut élu. Deux ans auparavant, je l'ai dit, il ne s'était retiré qu'en présence de Spontini ; il eût pu espérer que cet acte de désintéressement eût fait valoir ses titres ; il fallut pourtant, quinze ans plus tard, qu'il se vît encore préférer Clapisson avant d'être admis sous la coupole du Palais Mazarin.

(1) *Le Moniteur des Théâtres*, 27 février 1841.

On peut maintenant comprendre comment, après avoir produit en dix années des œuvres telles que *Harold*, le *Requiem*, *Benvenuto* et *Roméo et Juliette*, Berlioz, en 1842, dut désespérer de sa carrière en voyant, au lieu de la musique instrumentale, l'Opéra-Comique et le Théâtre-Italien accaparer la faveur du public, et le goût de la musique légère et facile se développer aussi vite au détriment de la grande musique symphonique. Mais ceci concerne les déboires de l'artiste, auxquels je fais seulement allusion ici. Vous pouvez noter pourtant toutes les causes d'irritation qui se sont accumulées chez lui, sans parler de ses ennuis domestiques, lorsqu'il part pour l'Allemagne. Vous vous rappelez cette phrase de la lettre à Ferrand, citée à propos de l'histoire de ses amours, sur le sang-froid et la résignation, le mépris qui ont alors remplacé chez lui l'emportement de ses passions musicales : « Plus je vais, ajoutait-il, plus je vois que cette indifférence extérieure me conserve pour la lutte des forces que la passion ne me laisserait pas. » Loin de s'alarmer de cette disparition de l'ardeur des jeunes années, il avait donc encore confiance en lui-même comme dans le goût public, malgré ses déceptions et en dépit des causes de découragement qu'il pouvait déjà entrevoir. Comme il le dit, c'est la lutte qui commence ; mais quelles cruelles épreuves, après les premières faveurs de la fortune, lui réserve sa carrière qui, dans cette première partie de sa vie, a été au moins mêlée de triomphes retentissants, de joies pures et enivrantes, et surtout de rêves brillants qu'il ne connaîtra plus désormais !

XX

L'EXIL

Ce n'est pas en 1843, au premier voyage musical de Berlioz hors des frontières, que commence ce que j'appelle son exil : c'est quatre ans plus tard, lorsque, de retour de son troisième voyage, ayant reçu en Russie, comme en Allemagne et en Autriche, l'accueil le plus flatteur, et n'ayant trouvé en France, dans les intervalles de ces grandes tournées artistiques, que l'indifférence ou une hostilité de plus en plus prononcée, ayant constaté en outre la décadence toujours plus profonde du goût public, il se résigna à quitter Paris sans espoir de retour pour se fixer à Londres. Le hasard le ramena bientôt après en France ; mais bien qu'il se fût réservé dans l'engagement qu'il contracta à cette date les facultés et les loisirs nécessaires pour pouvoir poursuivre sa carrière musicale à Paris, il est certain — on en jugera — qu'il était alors bien décidé à s'expatrier.

Je ne raconte point ici les voyages de Berlioz : les lettres très détaillées que reproduisent les *Mémoires* nous apprennent tous les incidents de ses tournées musicales qui sont non pas l'exil, mais l'exode. Je cherche simplement à définir les dispositions d'esprit de Berlioz durant ces expéditions lointaines. Qu'on n'oublie pas que cette étude est moins un travail de critique et d'histoire qu'un document d'analyse psychologique.

Nous avons assisté aux préliminaires du départ et nous

savons que c'était pour s'armer d'une expérience heureuse que Berlioz voulait, à son retour du premier voyage à l'étranger, renouveler la lutte qui devenait pour lui de plus en plus difficile.

J'ai d'abord le devoir de constater les manifestations précédentes du projet d'expédition à l'étranger qui ne fut mis à exécution qu'en 1843. Cette idée datait de loin : Berlioz était encore sur les bancs du Conservatoire lorsqu'il écrivait à Ferrand, en 1829, qu'il n'hésiterait pas, s'il obtenait le prix sur lequel il avait le droit de compter, à partir pour Cassel afin d'y monter avec l'aide de Spohr son opéra des *Francs Juges* dont le poème venait d'être refusé par le jury de l'Opéra. Il faisait part quelques mois plus tard de ses intentions à son père. L'année suivante, c'était au théâtre de Carlsruhe avec le ténor Haitzinger, dont il venait de faire la connaissance, qu'il se proposait d'aller monter l'ouvrage. A Rome, en 1831 et en 1832, il ne se consolait de son exil qu'à la pensée de pouvoir visiter l'Allemagne après sa délivrance. Enfin, en septembre 1833, au moment où il désespérait de vaincre les hésitations d'Henriette, c'était près de Spontini, à Berlin, qu'il voulait aller tenter la fortune. Quelques semaines plus tard, après son mariage avec Henriette, il rêvait d'y emmener sa femme qui avait reçu des propositions pour la direction d'un théâtre anglais qui allait être établi dans cette ville. Nous savons que beaucoup d'autres travaux et de plus graves soucis l'obligèrent à ajourner ces voyages à une date plus favorable.

Néanmoins, nous voyons que le projet était ancien. Sans doute Henriette put, quelques années plus tard, lorsque la fragilité des serments d'amour lui fut tristement démontrée, manifester une répugnance toujours croissante, en voyant Berlioz commencer à parler de s'absenter au loin. Dès 1836, il apprenait à Ferrand qu'il avait refusé de laisser monter la *Fantastique* à Vienne, « devant tôt ou tard faire un voyage en Allemagne [1] ». Alors l'arrangement pour piano de la symphonie par Liszt avait rendu l'œuvre célèbre en Alle-

---

[1] *Lettres intimes*, p. 173.

magne. On lui avait adressé une *liasse* de journaux de Leipzig et de Berlin qui en parlaient et publiaient des traductions de la notice biographique que lui avait consacrée son ami d'Ortigue. Henriette n'avait à ce moment aucun motif pour s'opposer à ces projets : l'année suivante, après que Schumann eût fait exécuter l'ouverture des *Francs Juges* à Leipzig, il refusait encore de laisser graver ses symphonies à *aucun prix* avant qu'il pût aller les monter lui-même (1). Dans la lettre qu'il écrivait à la même époque à Robert Schumann pour le remercier, et qui est un véritable chef-d'œuvre d'habileté diplomatique, il insiste longuement sur cette considération et n'oublie pas de complimenter le maître sur ses admirables œuvres de piano que Liszt lui a fait entendre (2). Il ajoute : « Le suffrage de l'Allemagne, cette patrie de la musique, est d'un trop haut prix à mes yeux, et me sera, je le crains, trop difficile à obtenir, si toutefois je l'obtiens, pour ne pas attendre le moment où je pourrai moi-même aller en pèlerin déposer à ses pieds ma modeste offrande. »

Une fois délivré des soucis de *Benvenuto Cellini*, et en présence du cruel échec qu'il a subi, il n'hésite plus un instant. Ferrand l'ayant pressé en août 1839 d'aller le visiter en Sardaigne, il lui répond qu'il lui faut passer le Rhin et non la Méditerranée. Il venait précisément de terminer la partition de *Roméo*. Nous savons ce qui l'occupe durant les deux années qui suivent: la *Symphonie funèbre et triomphale* et la *Nonne*. Voici enfin l'heure du départ ; c'est en septembre 1842 qu'il a donné son premier concert hors frontières, à Bruxelles; il retourne à Paris, et part à la fin du mois de décembre suivant pour aller déposer son offrande aux pieds de l'Allemagne, selon ses termes.

J'ai dit que je ne voulais pas le suivre pas à pas dans ses diverses explorations : j'ai pourtant à noter les dates de ses pérégrinations, pour compléter ou plutôt pour corri-

---

(1) *Lettres intimes*, p. 176.
(2) *Correspondance inédite*, p. 121. (Voir l'article de Schumann à la N. Z. F. Musik, *Berlioz et Schumann*, par Maurice Kufferath, chez Schott, à Bruxelles.)

ger les *Mémoires*. Je n'ai d'autres indications à cet égard que les dates des comptes rendus que publiait la *Gazette musicale* au fur et à mesure des auditions données par Berlioz dans les diverses villes qu'il traversait. En mars 1843 paraît le premier compte rendu des concerts donnés à Dresde et à Brunswick : suivent ceux des concerts de Hambourg ; en avril, ceux des deux grands concerts donnés à Berlin. Dans son numéro du 4 juin, la *Gazette* annonçait que Berlioz venait de rentrer à Paris, après avoir terminé ce voyage qui avait duré cinq mois. Nous sommes loin de la date imaginaire 1841-42, ajoutée au titre du *Voyage* dans l'autobiographie. Nul n'eût pu s'y tromper, si les *Mémoires* eussent été publiés en 1854, date de l'achèvement du manuscrit, car les principaux témoins vivaient encore.

Dès son retour, Berlioz avait inséré dans le *Journal des Débats* ses lettres, adressées à ses amis et relatant tous les épisodes de ce voyage quasi triomphal ; la première parut le 13 août 1843. Les neuf suivantes se succédèrent rapidement à des intervalles d'une semaine chacune jusqu'en novembre : il y eut cependant une interruption avant la publication de la dernière qui ne parut que le 9 janvier 1844, deux mois après la neuvième. Bientôt après, Berlioz recueillait ses principaux articles de critique du *Correspondant*, de la *Gazette* et des *Débats,* qu'il réunissait pour former, avec ces dix lettres, un récit complet de ses voyages en Italie et en Allemagne : j'ai dit dans l'*Avant-Propos* quelle était la composition de ces deux volumes du *Voyage musical* qui parurent vers le milieu de l'année 1844.

A ce moment l'exactitude du récit n'était pas contestable : il eût été impossible, en présence de tant de témoins, que des détails de fantaisie eussent pu se glisser dans la narration. La lettre de Leipzig, à d'Ortigue, est la seule que nous offre la *Correspondance inédite* au moment du premier voyage de Berlioz. Elle est conforme de tout point au récit des *Mémoires*, en ce qui concerne les incidents notés dans les lettres à Ernst et à Stephen Heller. Publiées au lendemain même de cette tournée, ces dernières sont forcément véridiques, je le répète : mais la date de la lettre à d'Ortigue confirme pleinement ma rectification quant à la durée et à l'époque du voyage : elle est du 28 février 1843.

N'ayant à m'occuper ici que des faits matériels, je n'insiste nullement sur les incidents, les récits étant bien étendus dans les *Mémoires* et la sincérité de l'auteur nous étant garantie.

Ce premier voyage, en somme, était une épreuve décisive dans la vie de Berlioz : aussi est-il utile de citer ses paroles en quittant l'Allemagne : « Je viens, comme les hommes religieux de l'ancienne Grèce, de consulter l'oracle de Delphes. Ai-je bien compris sa réponse, faut-il croire ce qu'elle paraît contenir de favorable à mes vœux ? L'avenir seul décidera. C'est le pèlerinage le plus difficile, peut-être, qu'un musicien ait entrepris et dont le souvenir doit planer sur le reste de ma vie. Quoi qu'il en soit, je dois rentrer en France et adresser mes adieux à l'Allemagne, cette noble seconde mère de tous les fils de l'harmonie..... Quel hymne pourrai-je chanter qui fût digne de sa grandeur et de sa gloire ! Je ne puis que m'incliner avec respect et lui dire d'une voix émue :

Vale Germania, alma parens! (1)

Quant au résultat pécuniaire, les *Mémoires* ne nous apprennent rien de particulier. Dans la plupart des villes où il avait donné des concerts, nous dit-il, son arrangement avec les intendants des théâtres était toujours le même : l'administration supporte presque tous les frais, et il reçoit la moitié de la recette brute ([2]). Il insiste, ailleurs, sur les frais considérables que lui causait le transport des partitions et des parties d'orchestre : mais, dans les lignes qui précèdent la reproduction de son récit, aux *Mémoires*, il reconnaît que ce fut une exploration laborieuse mais « assez avantageuse sous le rapport pécuniaire. » Et il ajoute : « J'y jouis du bonheur de vivre dans un milieu sympathique, à l'abri des intrigues, des lâchetés et des platitudes de Paris ([3]). »

(1) *Mémoires*, p. 327.
(2) *Ibid.*, p. 325.
(3) *Ibid.*, p. 230 et 241.

Son retour lui ménageait, en effet, de cruelles désillusions s'il eût pu s'imaginer que ses triomphes à l'étranger désarmeraient ses ennemis. C'est dans la dernière lettre, adressée à Osborne, que se trouvait, avant sa prosopopée à l'Allemagne, citée plus haut, une longue période oratoire adressée à Paris :

« Je retourne en France, écrit-il, et déjà, à une certaine agitation vague, à une sorte de fièvre qui me trouble le sang, à l'inquiétude sans objet dont ma tête et mon cœur se remplissent, je sens que me voilà entré en communication avec le courant électrique de Paris !... C'est là que notre art tantôt sommeille et tantôt bouillonne ; c'est là qu'il est à la fois sublime et médiocre, fier et rampant, mendiant et roi ; c'est là qu'on l'exalte et qu'on le méprise, qu'on l'adore et qu'on l'insulte ; c'est à Paris qu'il a des sectateurs fidèles, enthousiastes, intelligents et dévoués ; c'est à Paris qu'il parle trop souvent à des sourds, à des idiots, à des sauvages. Ici il s'avance et se meut en liberté ; là, ses membres nerveux emprisonnés dans les liens gluants de la routine, cette vieille édentée, lui permettent à peine une marche lente et disgracieuse. C'est à Paris qu'on le couronne, qu'on le traite en Dieu, etc., etc. (1) »

Ainsi de suite durant cent lignes.

Bien certainement rien n'était moins fait pour ramener ses adversaires que ces invocations à l'Allemagne, ce récit de son voyage triomphal dans la patrie de Beethoven et de Weber, à une époque où le goût de la grande symphonie allemande s'éteignait de plus en plus. Rivaux et ennemis ne purent qu'être surexcités davantage par la fierté que Berlioz témoignait du suffrage des Allemands : il creusait un fossé plus profond entre lui et la foule, voilà tout.

Il le vit bien lorsque, quelques semaines après la publication du volume du *Voyage musical*, il entreprit de donner, à propos de la clôture de l'Exposition, le Festival du Palais de l'Industrie qui fut suivi d'une série de concerts au Cirque d'Eté. L'idée du Festival lui était venue dès l'ouver-

---

(1) *Mémoires*, p. 317.

ture de l'Exposition et non, comme il le dit aux *Mémoires, lorsqu'elle allait être terminée* (¹). La demande adressée au Préfet de police pour obtenir son autorisation de donner la fête du 3 au 6 août est datée du mois de mars. C'était s'y prendre longtemps à l'avance. Une autre lettre adressée à Strauss, à la date du 25 juin, l'invitait à commencer les répétitions (²). Le Festival du 1ᵉʳ août n'était donc pas une solennité improvisée. Le programme était merveilleux, l'exétion fut splendide et le succès complet : Berlioz constate néanmoins que la *Marche au supplice* ne produisit aucun effet ; l'apothéose de la *Symphonie funèbre* fut mieux goûtée.

Ce qui était plus regrettable, malgré le chiffre élevé de la recette qui se monta à 32,000 francs, ce fut l'insuccès financier de cette brillante tentative que Berlioz appelle son Exposition musicale. Le concert de musique de danse organisé par son associé Strauss ayant produit un déficit, il fallut parfaire la différence à l'aide de la recette du grand concert et Berlioz n'eut pour sa part que 800 francs de bénéfice. C'était maigre, pour tant de courage et tant de peines. Une autre difficulté était survenue avec l'administration parce que le chœur de *Charles VI* avait donné lieu à une manifestation politique, ce qui fut, suivant les *Mémoires*, l'origine de l'institution de la censure des programmes de concerts.

Mais ce désappointement n'était rien en comparaison de ce qui attendait Berlioz à son retour de Nice, où il alla se reposer à la suite des fatigues du Festival. Quatre concerts qu'il dirigea au Cirque d'Eté dans les premières semaines de l'année 1845, furent un désastre. Les frais de chacun s'élevaient à 6,000 francs, et l'entrepreneur, qui était M. Franconi, directeur du Cirque, ne put les couvrir. Il est probable que l'indemnité de Berlioz ne consistait qu'en un tantième du bénéfice net, car il dit que l'entreprise fut non-lucrative pour lui. Il constate que le *Dies iræ* du *Requiem* reçut l'accueil le plus chaleureux ; mais il ne parle pas d'un morceau

---

(1) *Mémoires*, p. 334.
(2) Lettres inédites, *Le Ménestrel* année 1879, p. 326.

qu'il dut retirer du programme, l'ouverture de la *Tour de Nice*, inspirée sans doute par sa dernière excursion à la tour des Ponchettes : on y entendait, dit M. Bernard, des sifflements, des hurlements, des cris de chouettes, des bruits de chaînes (¹).

En somme, les concerts de 1845 et le Festival de 1844 montraient une fois de plus au maître la réalité désolante : la musique symphonique n'était pas assez sérieusement acclimatée en France pour qu'il pût espérer gagner de l'argent, il faut dire le mot, en donnant des auditions de ses œuvres instrumentales. Il n'y eût eu pour lui qu'une consolation, c'eût été de voir la Société du Conservatoire donner l'hospitalité à ses ouvrages, puisque le théâtre demeurait toujours fermé pour lui. L'hostilité désormais mortelle entre lui et Habeneck lui enlevait tout espoir de ce côté.

Quant au feuilleton, c'était son plus cruel supplice ; on peut comprendre quelle rage il ressentait d'être astreint à rendre compte de misérables productions, tandis que ses chefs-d'œuvre restaient enfouis, vieillissant, se démodant de jour en jour. « Qu'on me donne donc, s'écriait-il, des partitions à écrire, des artistes à conduire, des répétitions à diriger. » Et énumérant tous les ennuis de la tâche du chef d'orchestre, il ajoutait : « Cela tient à ma vie musicale, et je le supporte sans me plaindre, sans y songer même, comme le chasseur endure le froid, le chaud, la faim, la soif, le soleil, les averses, la poussière, la boue et les mille fatigues de la chasse... Mais sempiternellement feuilletoniser pour vivre ! écrire des riens sur des riens ! donner de tièdes éloges à d'insupportables fadeurs ! parler ce soir d'un grand maître et demain d'un crétin ! avec le même sérieux ! dans la même langue ! employer son temps, son intelligence, son courage, sa patience à ce labeur ! avec la certitude de ne pouvoir au moins être utile à l'art en détruisant quelques abus, en arrachant des préjugés, en éclairant l'opinion, en épurant le goût du public, en mettant hommes et choses à leur rang et à leur place ! Oh ! c'est le comble de l'humiliation ! »

(1) *Notice sur Berlioz*, p. 41.

Alors sa pensée se reportait vers l'Allemagne, théâtre de ses grands triomphes et de ses grandes joies artistiques : bientôt il repartait fiévreux, après quelques concerts donnés en province, à Marseille, Lyon et Lille. Les récits de cette tournée, écrits dans le style le plus mordant, se trouvent au volume des *Grotesques* sous le titre *Correspondance académique*. Ils furent publiés sous la forme de Lettres à Edouard Monnais dans la *Gazette musicale*, en septembre, octobre et novembre 1848 et je n'ai aucun incident particulier à y noter : de même, dans ses six lettres à Humbert Ferrand formant la relation du voyage en Autriche et qui furent publiées dans les *Débats* et dans la *Gazette* en 1847, je ne m'attache pas plus aux faits artistiques que je ne l'ai fait à propos du premier voyage en 1843 ; je n'extrais ici des documents que les détails pouvant nous représenter exactement les dispositions morales de Berlioz, dans chaque circonstance importante de sa vie. A ce point de vue, ce n'est pas aux *Mémoires* que nous devons nous reporter, mais aux trois lettres adressées à Joseph d'Ortigue au cours de cette brillante expédition, et qui sont datées de janvier, mars et avril 1846. Cette indication supplée au silence des *Mémoires* qui, cette fois, n'avaient mentionné aucune date, ce qui est plus honnête que d'en donner une inexacte.

Mais ici il n'y a pas de récits à contrôler ni d'erreurs à rectifier. La comparaison est toute à l'honneur de Berlioz. Les détails confidentiels qu'il donne à son ami prouvent qu'il a presque honte de son triomphe et de l'enthousiasme dont il est l'objet. Il a peur d'être ridicule à force d'être exalté par ses admirateurs, et le ton des lettres à d'Ortigue est bien différent de celui des *Mémoires*. On sent pourtant à quel point l'enivrement l'a saisi devant cette gloire inespérée : « Je suis comme au lendemain d'une fête que les étrangers m'auraient donnée, écrit-il dès le début de sa relation officielle. Les grands orchestres, les grands chœurs dévoués, ardents, chaleureux, que je dirigeais chaque soir avec tant de joie, me manquent ([1]). » Mais il ne donne pas

---

([1]) *Mémoires*, p. 345.

les détails de cette fête qu'il a reçue des étrangers; il se méfie des blagueurs parisiens. Comme il le dit à d'Ortigue, le public s'est enflammé comme un baril de poudre : on le traite en fétiche, en lama, en manitou; ce sont ses propres termes. « A Vienne, écrit-il de Prague, il y a eu discussion dans un petit coin hostile; ici, rien de pareil; il y a adoration (le mot est risible, mais vrai) (1). » A trois mois de là, il revint à Prague où un banquet fut donné en son honneur après son sixième concert dans cette ville, « avec force vivats, couronnes, applaudissements, discours, » et une coupe de vermeil lui fut offerte au nom des principaux artistes. Il confie encore ces détails à d'Ortigue sans oser mentionner les termes trop flatteurs du toast que Liszt lui a porté : il est encore un peu fatigué de toutes ces embrassades, de toutes ces rasades (2). Le succès est tel que ses compositions passent aussitôt à la popularité, à la vogue; on chante dans les rues l'*Idée Fixe* de la *Fantastique* et le thème du Bal ; Berlioz prétend même que ces motifs avec leurs diverses combinaisons sont devenus une sorte de langage allégorique.

Cependant le succès ne l'a pas étourdi : on lui avait proposé à Vienne la place de directeur de la chapelle impériale en remplacement de Weigl qui venait de mourir, et il avait demandé vingt-quatre heures pour réfléchir. Ce qui le décida fut qu'on ne lui avait pas accordé de congé annuel. « A ce sujet, j'ai fait une curieuse découverte, dit-il, c'est que Paris me tient tellement au cœur, Paris, c'est-à-dire vous autres, mes amis, les hommes intelligents qui s'y trouvent, le tourbillon d'idées dans lequel on se meut, qu'à la seule pensée d'en être exclu, j'ai senti littéralement le cœur me manquer et j'ai compris le supplice de la déportation. »

La déportation eût été douce. « Nos dames, écrivait alors un Viennois dans la *Gazette Musicale*, portent des bracelets, des bagues et des boucles d'oreilles à la Berlioz, c'est-à-dire, avec son portrait. » Kriuber expose au foyer de l'opéra son portrait entouré de lauriers. « C'était bien la peine, disait un vieux professeur, de travailler cinquante ans à notre

---

(1) *Correspondance inédite*, p. 141.
(2) *Ibid.*, p. 145.

édifice musical ; en deux heures ce diable de Français a tout renversé ! » M. Bernard cite une parole qui contient sous une forme moins amère un éloge aussi flatteur, et l'attribue à un critique de Breslau : « En partant, il nous laisse de sa chaleur au moins pour un an (¹). »

Cependant il hésitait à ce moment : « Quoi, je ne te reverrai plus jamais ? je n'aurai plus la liberté d'aller me faire traîner aux gémonies, dans la fange de tes boulevards et sur les gradins des cirques. Mais je mourrais d'ennui là-bas au sein de mon opulence ! — O mes amis, je m'aperçois que je vous aime plus que tout au monde et que je ne peux pas me séparer de vous ! (²) »

Ce n'étaient cependant pas des raisons de sentiment qui le décidaient : il écrivait à d'Ortigue qu'il n'eût pas hésité si au lieu de la place de Weigl on lui eût offert celle de Donizetti, qui lui laissait six mois de congé par an. Mais celle-ci n'était pas vacante. Sa réponse dans ce cas n'eût pas été douteuse, on peut le croire, car un an plus tard il acceptait comme le salut suprême les offres de Jullien pour Londres, ayant le même congé assuré, et cette fois ne se plaignant plus du supplice de la déportation.

C'est qu'il y avait eu deux tentatives désespérées dans l'intervalle, sans parler du voyage en Russie ; la première est le fiasco lamentable de la *Damnation de Faust*, écrite pendant le voyage en Autriche ; la seconde est l'échec définitif de Berlioz près de l'administration de l'Opéra.

La première de ces tentatives est l'épisode le plus douloureux de la carrière artistique de Berlioz : il entreprit de donner en novembre 1846, à l'Opéra-Comique, à son retour d'Autriche, deux auditions du grand ouvrage qu'il venait d'achever pendant cette heureuse et brillante expédition. Les huit pièces écrites en 1828 étaient une faible partie de cette vaste composition ; on se rappelle un mot dans une lettre à Ferrand à la même époque : « J'ai dans la tête une symphonie descriptive de *Faust* ; quand je lui donnerai la liberté, je veux qu'elle épouvante le monde musical. »

(1) *Notice sur Berlioz*, p. 42.
(2) *Ibid.*, p. 3.

C'était cette symphonie qu'il venait d'achever : un mot dans une lettre à d'Ortigue laisse supposer qu'il en avait fait une véritable œuvre dramatique. « Remercie Dietsch de l'intérêt qu'il prend à ce qui me regarde, écrit-il de Breslau, le 13 mars 1846, et dis-lui que je lui prépare de la besogne avec mon grand opéra de *Faust*, auquel je travaille avec fureur (¹). » Dietsch était chef de l'orchestre de l'Opéra : il ne peut y avoir de doute sur le sens de la phrase. C'est encore à la *Damnation* que se rapporte un mot de son feuilleton des *Débats* du 6 septembre 1846 : « *Une espèce d'opéra* que j'ébauche en ce moment. » C'était bien un ouvrage dramatique qui se greffait sur la partition primitive.

Les *Huit scènes* de 1828 comprenaient le chœur de Pâques, la ronde des Paysans, la chanson de Brander et celle de Méphistophélès, le grand ensemble des Soldats et le concert des Sylphes, la ballade du roi de Thulé, l'air de Marguerite et la Sérénade. Il ajouta la Marche Hongroise, qu'il venait d'écrire à Pesth et un grand nombre de pièces épisodiques ; un seul morceau pouvait être considéré comme dramatique, le trio. Ce fut celui-là, justement, qu'il écrivit le dernier de tous. En quittant Paris, il avait emporté quatre scènes écrites par M. Gandonnière, les scènes 1, 4, 6 et 7, suivant la note inscrite sur le titre de la partition. Du reste, voici comment il explique lui même (²) la composition de la *Damnation de Faust* dont « il ruminait le plan » depuis longtemps.

Dès son arrivée à la frontière, il débuta, en roulant dans la vieille chaise de poste allemande, par l'Invocation à la Nature : il fit les vers au fur et à mesure que venaient les idées musicales, avec une facilité qu'il avait rarement éprouvée pour ses autres ouvrages. Il travaillait partout, en voiture, en chemin de fer, sur les bateaux à vapeur, dans les villes même, malgré ses concerts. L'introduction fut écrite dans une auberge de Passau ; l'air de Méphistophélès, *Voici des roses*, à Vienne, ainsi que le ballet des sylphes : il y avait composé son magnifique arrangement de la marche de Rakoçky, qu'il introduisit dans la première partie. A Pesth,

(1) *Correspondance inédite*, p. 142.
(2) *Mémoires*, p. 308.

il écrivit, ou plutôt récrivit la *Ronde des Paysans* : à Prague, l'*Apothéose*, se levant au milieu de la nuit pour écrire, à la lueur du bec de gaz d'une boutique, le chant qu'il tremblait d'oublier ; à Breslau, la chanson des Etudiants, enfin à Rouen, après son retour, chez le baron de Montville, le grand trio. « Le reste, dit-il, a été écrit à Paris, mais toujours à l'improviste, chez moi, au café, au Jardin des Tuileries, et jusque sur une borne du boulevard du Temple. Je ne cherchais pas les idées, je les laissais venir, et elles se présentaient dans l'ordre le plus imprévu. »

Il me faudra un patient travail d'analyse pour étudier cet ouvrage écrit, comme on s'en aperçoit ici, sans plan arrêté, et dans le style le plus décousu. Les belles pages instrumentales abondent ; le détail est souvent merveilleux, mais l'échec de l'ouvrage était certain d'avance. Rien ne répondait moins que cette composition, moitié descriptive, moitié fantastique, à l'esprit du public parisien ; et si elle eût été exécutée comme œuvre dramatique, ainsi que Berlioz le projetait, j'estime que sa réputation eût été gravement compromise.

Cependant l'œuvre méritait, à tout prendre, par sa haute valeur musicale, un accueil moins sévère. Ce qui dut irriter profondément l'auteur fut l'indifférence du public, sans parler du désastre financier qui résulta de cette entreprise dont les frais avaient été considérables. Il avait pensé que depuis ses brillantes exécutions de *Roméo et Juliette* en 1840 « son nom avait grandi dans l'opinion publique et avait acquis à la suite de ses succès retentissants à l'étranger une autorité qu'il n'avait pas auparavant. » Il comptait sur la curiosité, il espérait que ses dépenses seraient couvertes, mieux encore. Ce fut une cruelle découverte qu'il fit en constatant le vide de la salle de l'Opéra-Comique, qui, aux deux auditions, ne fut pas remplie à moitié. On dirait qu'il avait pressenti ce terrible dédain lorsqu'il écrivait ces lignes ironiques dans le *Voyage musical* deux ans auparavant :

« Oui, anathème sur toutes les œuvres que la foule n'admire pas, car si elle les dédaigne, c'est qu'elles n'ont aucune valeur ; si elle les méprise, c'est qu'elles sont méprisables ; si elle les condamne formellement par ses sifflets, condamnez aussi l'auteur, car il a manqué de respect au public, il a outragé sa grande intelligence, froissé sa profonde sensibilité, qu'on le mène aux carrières ! (¹) »

Au retour de son voyage en Autriche, il avait pu juger de même l'esprit du public musical ; voici le début des lettres à Ferrand, publiées quelques mois plus tard : « Je retrouve notre capitale préoccupée des intérêts matériels, amoureuse du scandale et de la raillerie (²)... » Ces six lettres ne parurent dans les *Débats* qu'en août 1847, après son retour de Russie et à l'heure où, définitivement évincé à l'Opéra, il s'engageait pour six ans comme chef d'orchestre de l'Opéra anglais à Drury-Lane. Sa situation, alors, n'était pourtant pas comparable à celle qu'il subit à son retour d'Autriche, en 1846, par l'échec de *Faust*, car c'était la ruine, disent les *Mémoires* ; il devait une somme considérable... qu'il n'avait pas. Au bout de deux jours d'inexprimables souffrances morales, il entrevit le moyen de sortir d'embarras par ce voyage en Russie. C'est tout ce que nous savons de la conception de ce hardi projet. La conversation avec Balzac, où l'auteur de la *Comédie humaine* lui parla d'un bénéfice de cent cinquante mille francs à réaliser, n'eut lieu que deux mois plus tard, l'avant-veille de son départ, le 14 février 1847.

Il avait dû, depuis longtemps déjà, tourner ses regards du côté de la Russie. En apprenant le succès *spaventoso* du *Requiem* à Saint-Pétersbourg, en 1841, avec un bénéfice net de cinq mille francs, tous frais payés, il s'écriait avec admiration : « Parlez-moi des gouvernements despotiques pour les arts ! » A son retour d'Allemagne, en 1843, il avait précisément trouvé chez lui un ordre de l'empereur de Russie qui le chargeait d'arranger en quadruple chœur des plainchants grecs à seize parties.

Mais malgré les résultats brillants qu'avait produits la première expédition en Allemagne, il n'eût pu entreprendre alors, sans une forte provision, le voyage de Saint-Pétersbourg : à son retour d'Autriche, trois ans plus tard, il était

(1) *Mémoires*, p. 139.
(2) *Ibid.*, p. 345.

tout entier à la *Damnation*, et ce fut évidemment la nécessité de réunir des sommes considérables pour acquitter les frais de ses deux concerts, qui le décida à cette nouvelle expédition, depuis longtemps projetée, afin de réparer les suites de cette désastreuse tentative. Les ressources qu'il put recueillir avaient, en effet, ce double objet : payer entièrement ses dettes et faire face aux frais du coûteux voyage dont il attendait les résultats les plus fructueux, et, cette fois, avec plus de succès dans ses prévisions.

Friedland lui avance douze cents francs, Hetzel mille, Bertin mille, Sax autant, quelques amis chacun cinq, six ou sept cents francs. Il part donc pour la Russie le 14 février 1847, et après quinze jours de voyage, arrive à Saint-Pétersbourg le 2 mars (¹). « Rien que ça ! » s'était écrié, en entendant annoncer le nom de Berlioz à la frontière le maître de poste, M. Nernst. Cet accueil était plein de promesses. En effet, le premier concert eut un succès foudroyant. Le prix des places était de trois roubles (12 francs). La recette s'éleva à 18,000 francs : les frais étant de 6,000 il restait à Berlioz 12,000 francs de bénéfice. « Ah ! chers Parisiens ! » s'écrie-t-il, en se tournant vers le Sud-Ouest. Même résultat à son second concert, dix jours plus tard. « J'étais riche, » dit-il, émerveillé. A Moscou, malgré une complication singulière motivée par des règlements qui n'accordaient la disposition de la salle de concert qu'à des virtuoses, il recueille encore un bénéfice de 8,000 francs. Et l'impératrice et toute la famille impériale l'avaient comblé de félicitations. C'était une éclatante revanche et un succès financier dépassant ses rêves, même les plus ambitieux. L'excellente étude de M. Octave Fouque sur *Berlioz en Russie* accompagnée de curieux documents complète la relation insérée aux *Mémoires* et me dispense de toute observation concernant cet intéressant voyage. On trouvera dans ce volume une notice autobiographique rédigée par Berlioz, rappelant son goût pour les explorations lointaines dès l'enfance, sa passion pour Gluck, ses débuts, son métier de choriste, l'origine et le caractère

---

(1) *Mémoires*, p. 405.

de ses ouvrages, les commandes du gouvernement : bref, une merveille en fait de réclame. M. Fouque a extrait aussi de piquants détails des articles de la presse russe : celui du prince Odoïewski, dans la *Gazette de Saint-Pétersbourg* du 2 mars 1847, présentait Berlioz aux Russes comme le promoteur de la musique de Glinka en France. Les comptes rendus des concerts du maître, dans la *Gazette* du 3 mars 1847, par le même critique, dans l'*Abeille du Nord*, par M. Wladimir Stassoff, dans la *Bibliothèque de lecture*, dans la *Gazette de Moscou*, confirment de tout point les récits des *Mémoires* et montrent quel enthousiasme accueillit Berlioz au cours de ce premier voyage qui fut une véritable expédition triomphale.

Berlioz fut bien insouciant, sans doute, en négligeant de rendre publique cette relation de son éclatante victoire : les lettres, telles qu'elles ont été reproduites aux *Mémoires*, restèrent inédites et ne furent rédigées que plusieurs années plus tard. Elles devaient être adressées à d'Ortigue : en novembre 1847, lorsque Berlioz arrivait à Londres, il n'avait pas encore commencé ce travail, car celles d'Autriche n'étaient même pas terminées alors. Les trois premières venaient seulement de paraître dans les *Débats* : elles étaient adressées à Humbert Ferrand ; les trois suivantes, adressées à M. Friedland, ne parurent qu'en juillet 1848 ; celles du voyage en France, adressées à Edouard Monnais, les suivirent ; mais la publication s'arrêta. Berlioz avait déjà écrit une bonne partie des *Mémoires* et recueilli toutes ses lettres de voyages pour les ajouter à son autobiographie : il y inséra de même celles de Russie, ce fut l'occasion de les publier qui lui manqua. « Je n'ai pas encore écrit mes lettres sur la Russie, dit-il au comte Wielhorski dans sa lettre du 27 novembre 1848 [1] ; M. Bertin ne m'avait pas paru disposé à les imprimer dans les *Débats* et je ne puis me décider à les donner ailleurs. Je ferai une nouvelle démarche près de M. Bertin. Peut-être a-t-il changé d'avis maintenant. Je ne sais quelles pouvaient être ses raisons. J'ai tant de choses à dire sur Pétersbourg que je veux une tribune convenable. M. Bertin

---

(1) Octave Fouque, les *Révolutionnaires de la musique*, p. 225.

me trouvait trop *engoué* d'eux sans doute. Je le convertirai. »
Il en parlait encore six ans après à Adolphe Samuel qui lui demandait si cette relation avait paru : elle n'était même pas entièrement rédigée. Il répondit à son ami qu'il en ferait non pas un livre, mais quelques feuilletons (¹).

En revenant de Saint-Pétersbourg en France, Berlioz s'était arrêté à Berlin : il y avait rencontré une assez vive irritation contre lui en raison de certains sarcasmes qu'il avait imprudemment reproduits dans le *Voyage musical* et qui avaient laissé les artistes prussiens d'assez méchante humeur (²). Il n'y donna qu'une audition de la *Damnation* : d'après la *Gazette musicale*, elle eut lieu le 19 juin. Date importante à retenir; il ne put guère rentrer à Paris avant la fin du mois.

C'est dans un espace de quelques semaines, en effet, que se passent et se précipitent les graves événements dont l'influence va être décisive sur sa carrière. Il est revenu couvert de lauriers dorés : cette fois l'occasion s'offre à lui de forcer les portes de l'Opéra. Dès son retour, Roqueplan et Duponchel viennent le solliciter d'appuyer leur candidature à la direction du théâtre en lui faisant des offres magnifiques.

La date de la nomination de Duponchel et Roqueplan à la direction de l'Opéra est, d'après le livre de M. Chouquet, le 31 juillet 1847, cinq ou six semaines après le retour de Berlioz. C'est avec une précipitation sans pareille que furent conduits les pourparlers que ces messieurs crurent utile d'engager avec lui en vue de le gagner à leur cause, et c'est avec une légèreté extrême qu'il leur accorda son appui ou plutôt qu'il leur assura celui de la famille Bertin. Ces détails ne sont pas assez connus : il faut pourtant admettre la réalité des promesses faites à Berlioz. La place qu'il convoitait n'était pas celle d'Habeneck ; c'était une sorte de sous-direction artistique. Les circonstances empêchèrent la réalisation immédiate de ces promesses · les directeurs s'en expliquèrent dans une lettre publique en se défendant de tout mauvais vouloir.

(1) Vingt lettres inédites. — Le *Ménestrel*, 8 juin 1879.
(2) *Mémoires*, p. 423.

Ce fut quinze jours après la nomination des nouveaux directeurs que Berlioz leur faussa subitement compagnie, en signant avec Jullien le traité désastreux qui le conduisit, lui, à la banqueroute artistique en pleine débâcle révolutionnaire. Le 22 août, juste trois semaines après leur entrée en fonctions, la *Gazette* annonçait que Berlioz avait rendu aux directeurs leur parole et qu'il s'était engagé, en qualité de chef d'orchestre, à Drury Lane, avec 10,000 francs pour trois mois et 20,000 francs pour six : il donnerait quatre concerts pour lesquels on garantissait 100 livres sterling chacun, soit 10,000 francs en plus. Le numéro suivant contenait la réponse de Duponchel et Roqueplan s'excusant « des lenteurs involontaires » qui ont retardé la conclusion de leurs conventions. « Nous aimons à penser que vous n'avez pas voulu étouffer votre génie musical dans les limites d'une place qui a quelque chose d'administratif... Nous perdons un de nos plus glorieux drapeaux pour la campagne que nous entreprenons... Il nous reste à compter sur les bonnes promesses qui terminent votre lettre et à espérer qu'elles ne seront pas vaines. »

Le revirement de Berlioz était un coup de théâtre : c'était aussi un coup de tête. Il explique, dans les *Mémoires*, comment après avoir mis les directeurs *au pied du mur*, après bien des feintes et des atermoiements, il constata leur colossale ingratitude en entendant Roqueplan lui redemander la *Nonne* pour la faire mettre en musique par un autre. C'est alors qu'il accepta les propositions de Jullien qui *par hasard* lui furent faites à ce moment même. Il avait sans doute compté qu'on ne lui opposerait pas le règlement qui interdit aux compositeurs investis d'un emploi à l'Opéra d'y faire jouer leurs ouvrages : on ne l'avait invoqué ni pour Dietsch, ni pour Benoist, ni pour Halévy, comme il le remarque ; il comprit cependant qu'il pouvait résulter pour lui de nouvelles difficultés de ce côté et les offres de Jullien durent le séduire surtout parce que, outre leur magnificence, elles le délivraient de l'objection. Sa première pensée, dès son arrivée à Londres, fut, en effet, de terminer la *Nonne* : mais, cette fois, ce fut par Scribe qu'il fut *joué*. Sa colère éclate avec véhémence aux *Mémoires* : elle est on ne peut plus légitime.

Quoi qu'il en soit, ce fut lui qui rompit et rien ne contredit dans son autobiographie la qualification de coup de tête que je donne à sa funeste résolution. Le 26 août il écrit à d'Ortigue qu'il se rend à la Côte, ayant été retenu jusque-là par les oscillations et les tripotages de l'Opéra ; il a signé avec Jullien un engagement incomparablement plus avantageux que celui qu'on lui offrait à regret à Paris et a rendu leur *dernière* parole aux directeurs de l'Opéra. Il donne les détails de cet engagement conformes à ceux que publiait la *Gazette*. « Tu vois, ajoute-t-il, qu'il n'y avait pas à hésiter et que j'ai dû définitivement renoncer à la belle France pour la perfide Albion ». Remarquons qu'il ne se rendit à la Côte qu'après cette rupture avec Duponchel et Roqueplan, tandis qu'aux *Mémoires* il place ces négociations à son retour de la Côte, avançant qu'il s'y rendit directement en revenant de Russie (1). La *Gazette*, aux nouvelles des théâtres, confirme l'époque de ce voyage : le 19 septembre elle annonce que Berlioz était allé passer quelques jours dans sa famille avant de partir pour Londres. Enfin une lettre à Ferrand concorde entièrement avec celle de la *Correspondance inédite*, adressée à d'Ortigue : « La Côte-Saint-André, jeudi 10 septembre 1847. Mon cher Humbert, je n'ai que huit jours à donner à mon père, je pars dimanche prochain (2). » Décidément Berlioz n'est pas heureux pour les dates dans son autobiographie.

En ce qui concerne l'affaire de l'Opéra, nous trouvons des détails à opposer au récit des *Mémoires* dans une lettre qu'il écrivait dès son arrivée à Londres à M. Tajan Rogé, le 10 novembre 1847. « J'ai failli entrer dans cette détestable officine comme *directeur de l'exécution chorale*, mais le bonheur a voulu que je pusse faire volte-face à temps en conservant tous mes avantages. » Ainsi il a cru simplement jouer au plus fin et avoir gagné la partie, et il s'en explique ici très ouvertement : il a voulu garder à l'égard des directeurs une position d'ami de la maison qu'il est heureux de laisser main-

(1) *Mémoires*, p. 427.
(2) *Lettres intimes*, p. 196.

tenant sur le dos de son successeur au *Journal des Débats* : « Je ne reprendrai mes feuilletons qu'en rentrant en France au mois de mars ou même plus tard ; j'aurai cinq ou six mois de bon temps chaque année. » A cette heure, il croit encore pouvoir compter sur la *Nonne*. C'est le jour où Scribe lui retire son poème qu'il comprend que tout est est perdu pour lui et qu'il dit à la France un adieu définitif.

Vous avez bien suivi la marche des événements depuis sa première excursion en 1843, dans laquelle il allait chercher des forces pour reprendre la lutte. Loin d'avoir vaincu, il est plus périlleusement exposé que jamais.

J'arrête ici le récit de cette grave période de la vie de Berlioz, car je n'ai voulu que signaler les incidents qui le conduisent à la crise suprême, à l'exil : cette fois la coupe a débordé et le pauvre grand artiste, désillusionné, voyant à l'eau tous ses espoirs, tous ses rêves, sentant sa vie brisée et sa carrière ruinée, se décide à s'expatrier. C'est à cette heure qu'il s'ouvre à Ferrand : « La France devient de plus en plus profondément bête à l'endroit de la musique, et plus je vois l'étranger, moins j'aime ma patrie. » Il s'effraie de son propre blasphème, mais essaie de le justifier : l'art en France est mort, il se putréfie, il faut aller aux lieux où il existe encore : « Il paraît qu'il s'est fait en Angleterre une singulière révolution depuis dix ans dans le sens musical de la nation. Nous verrons bien [1]. »

Il avait pourtant assez bien jugé les Anglais plusieurs années auparavant ; dans une lettre à Franz Liszt, publiée par la *Gazette musicale* en 1839 [2], il rapportait sans commentaires le propos suivant, qu'il mettait dans la bouche du violoniste Batta : « Que fait-on à Londres ? lui dis-je.

— Absolument rien : on y méprise la musique et la poésie et le drame et tout ; excepté le Théâtre-Italien, où la présence de la reine attire la foule, tous les autres clubs harmoniques sont abandonnés. Je m'estime heureux de n'en être pas pour mes frais de séjour et de voyage et d'avoir été

[1] *Lettres intimes*, p. 197.
[2] *Correspondance inédite*, p. 124.

applaudi dans deux ou trois concerts : c'est tout ce que j'ai obtenu de l'hospitalité britannique. »

On se demande comment il osait concevoir des espérances après avoir tracé, huit ans auparavant, ce tableau si désolant. Ce n'est pas, malheureusement, sa dernière illusion. Nous allons le suivre dans cette tentative désespérée, qui, par miracle, fut arrêtée dès le début par la banqueroute du théâtre. Alors la crise éclatera dans sa plus effrayante intensité : mais lorsque Berlioz part pour Londres, c'est en rêvant qu'il va y faire fortune : il est plein d'assurance et d'audace. Nous venons de voir avec quelle énergie il veut briser avec le public parisien. Ses premiers déboires en Angleterre ne font que confirmer sa résolution : et voici comment il répond aux exhortations d'Auguste Morel, qui essaie de le faire revenir sur sa détermination, lorsque déjà il comprend que la ruine du théâtre est inévitable et imminente :

« Quant à la France, je n'y pense plus, et Dieu me préserve de céder à des tentations comme celle que vous me donniez dans votre dernière lettre de venir donner un concert à Paris au mois d'avril. Ne me croyez plus assez simple pour compter sur le public pour en faire les frais. Je ne ferai pas de nouveaux appels à son attention pour ne recueillir que l'indifférence et perdre l'argent que je gagne avec tant de peine dans mes voyages. Mais l'évidence est là : comparaison faite des impressions que ma musique a produites sur tous les publics de l'Europe qui l'ont entendue, je suis forcé de conclure que c'est le public de Paris qui la comprend le moins. »

Cette fois, c'est la rupture complète avec la France ; elle est effacée de sa carte musicale et il a pris le parti d'en détourner le plus possible ses yeux et sa pensée. Ce n'est pas une boutade. « Je vous parle avec le plus grand sang-froid, la plus entière lucidité d'esprit : je vois ce qui est. » C'est sa profession de foi *nationale*. Sa lettre est du 14 janvier 1848 : il n'y a que six semaines que son Théâtre-Italien est ouvert. C'est dès son arrivée à Londres qu'il se recueille en lui-même avant de prendre cette détermination héroïque.

Il faudrait citer toute cette lettre qui met à nu ce cœur d'artiste débordant d'amertume : « Ai-je jamais vu, à Paris, dans mes concerts, *des gens du monde*, hommes et femmes, *émus*, comme j'en ai vu en Allemagne et en Russie ? Ai-je vu des princes du sang s'intéresser à mes compositions, au point de se lever à huit heures du matin pour venir dans une salle froide et obscure les entendre répéter, comme faisait à Berlin la princesse de Prusse ? Ai-je jamais été invité à prendre la moindre part aux concerts de la cour ? La société du Conservatoire ou du moins ceux qui la dirigent ne me sont-ils pas hostiles ? N'est-il pas grotesque qu'on joue dans les concerts les œuvres de tout ce qui a un nom en musique, excepté les miennes ? N'est-il pas blessant pour moi de voir l'Opéra avoir toujours recours à des ravaudeurs musicaux et ses directeurs toujours armés contre moi de préventions que je rougirais d'avoir à combattre si la main leur était forcée ? La presse ne devient-elle pas ignoble de jour en jour ? Y voyons-nous autre chose maintenant, à de rares exceptions près, que de l'intrigue, de basses transactions et du crétinisme ? Les gens mêmes que j'ai tant de fois obligés et soutenus par mes feuilletons en ont-ils montré jamais la moindre reconnaissance réelle ? Et croyez-vous que je sois la dupe d'une foule de gens au sourire empressé et qui ne cachent leurs ongles et leurs dents que parce qu'ils savent que j'ai des griffes et des défenses ? Ne voir partout qu'imbécillité, indifférence, ingratitude ou terreur, voilà mon lot à Paris ! »

Il venait d'entendre *Elie* de Mendelssohn, et comprenant l'autorité d'une grande illustration musicale, il croyait que sa carrière allait se poursuivre à Londres : il s'en ouvre à Morel : « Il y a maintenant ici une belle place à prendre laissée vacante par la mort de ce pauvre Mendelssohn (1). »

Il visait à la fois l'Angleterre et la Russie, mais il dut abandonner l'une et l'autre : quelques semaines plus tard, il allait se retourner vers la France, bien à contre cœur, car l'Angleterre se fermait devant lui et la Russie ne paraissait

(1) *Correspondance inédite*, p. 158.

pas pressée de le rappeler. Quant à celle-ci, il est juste de dire qu'il n'avait pas attendu la déconfiture du théâtre de Drury-Lane pour se tourner vers elle. Dès son arrivée à Londres, il s'était ouvert à Tajan Rogé, un des artistes de l'orchestre du Théâtre-Impérial : « J'ai conservé de Pétersbourg un souvenir bien vif et je vous avoue que j'y reviendrais avec grande joie (1). » Deux mois plus tard, lorsque l'entreprise de Jullien était déjà entièrement compromise, il écrivait au général Lwoff : « Oh ! la Russie et sa cordiale hospitalité, et ses mœurs littéraires et artistiques, et l'organisation de ses théâtres et de sa chapelle !... Vous êtes mille fois bon d'avoir parlé de moi à Sa Majesté et de me laisser encore l'espoir de me fixer près de vous quelque jour. Je me berce beaucoup de cette idée. Tout dépend de l'Empereur. S'il voulait, nous ferions de Pétersbourg, en six ans, le centre du monde musical (2). »

C'est peut-être à une démarche du général Lwoff dans le sens des vœux de Berlioz que se rapporte le passage suivant d'une autre lettre, datée du 21 janvier 1852, quatre ans plus tard : « Je n'oublierai jamais, croyez-le bien, l'accueil que j'ai reçu de la société russe en général et de vous en particulier, et la bienveillance que m'ont témoignée et l'impératrice et toute la famille de votre grand Empereur. Quel dommage qu'il n'aime pas la musique ! » Il subira, pendant ces quatre années, de bien autres déceptions : ce n'est que quinze ans plus tard qu'il retournera en Russie.

Vous voyez que son parti est bien pris, même à l'heure où la ruine du théâtre de Jullien détruit tous ses rêves de fortune : c'est à Londres qu'il va fixer son quartier général et non à Paris. Sa profession de foi à Morel est écrite deux mois avant la Révolution de février. Nous allons le voir à cette heure critique de sa vie. C'est à ce moment qu'il commence ses *Mémoires* ; juste à l'instant une lettre à d'Ortigue nous révèle ses dispositions d'esprit : « Je n'ai plus à songer pour ma carrière musicale qu'à l'Angleterre ou à la Russie. J'avais, depuis longtemps, fait mon deuil de la France ; la der-

(1) *Correspondance inédite*, p. 150.
(2) *Ibid.*, p. 163.

nière Révolution rend ma détermination plus ferme et plus indispensable. J'avais à lutter sous l'ancien gouvernement contre des haines semées par un feuilleton, contre l'ineptie de ceux qui gouvernent nos théâtres et l'influence du public; j'aurais, de plus, la foule des grands compositeurs que la République vient de faire éclore, la musique populaire, philanthropique, nationale et économique. Les arts en France sont morts maintenant et la musique, en particulier, commence déjà à se putréfier. Qu'on l'enterre vite, je sens d'ici les miasmes qu'elle exhale! »

La colère l'emporte et il laisse voir entièrement sa pensée : « La France, au point de vue musical, n'est qu'un pays de crétins et de gredins ; il faudrait être diablement chauvin pour ne pas le reconnaître. Je sens, il est vrai, toujours un certain mouvement machinal qui me fait me tourner vers la France quand quelque heureux événement survient dans ma carrière, mais c'est une vieille habitude dont je me déferai avec le temps, un véritable préjugé. »

Vous voyez bien la gradation : en 1843, lorsqu'il partait pour l'Allemagne, sa carrière n'était que menacée : en 1848 elle est entièrement ruinée. Suivons sa vie à dater de cette heure d'épreuve : elle n'est plus qu'une longue série de déboires et une lutte de plus en plus inutile contre l'impossible.

XXI

LA CRISE POLITIQUE

J'ai retracé sommairement dans l'*Avant-Propos* les dispositions d'esprit de Berlioz au moment où il inscrit à la première page des *Mémoires* la date à laquelle il se met à l'œuvre : 21 mars 1848. Nous voici au lendemain de la Révolution de Février, et ce n'est pas seulement dans la vie de Berlioz que cette date est décisive. Il y a ici une transformation sociale tellement profonde que les conditions de l'art sont entièrement changées. Le régime censitaire a pris fin ; c'est la démocratie qui entre en scène : ce sont de nouvelles couches, selon le mot fameux, qui arrivent à la vie sociale. Dans dix ans, vous verrez quelle mêlée ce sera lorsque cette génération naîtra à la vie artistique à son tour. Là aussi il y aura une révolution. Malheureusement, ce sera à la veille de quitter l'existence que Berlioz assistera à cette transformation profonde : il aura même la douleur de se voir disputer sa place par d'autres, plus avancés, qui recueilleront tout le bénéfice de son initiative et de son désintéressement : c'est le *sic vos non vobis*.

J'ai laissé Berlioz à Londres, décidé à ne plus revoir la France ou du moins à porter ailleurs son quartier général. J'ai besoin de reprendre ici les premiers incidents de son séjour en Angleterre. Vous savez que le théâtre de Jullien s'est ouvert avec un retard d'une semaine, le 8 décembre 1847. Tout d'abord le succès est éclatant et Berlioz ne cache pas sa joie : « Me voilà en Angleterre, écrivait-il dès son arrivée, avec une position indépendante financièrement parlant et telle que je n'avais pas osé l'ambitionner. » Les chœurs et l'orchestre sont splendides ; Jullien est un homme d'audace et d'intelligence, prêt à tous les sacrifices. Il a déjà fait sa fortune et il s'est mis en tête de construire celle de Berlioz. Et il ajoutait, le mot le peint tout entier : « Mais la foi me manque ! (¹) »

Les détails qu'il donne sur la première soirée sont moins ce qui nous intéresse que ses dispositions d'esprit et ses occupations à Londres : « Je m'ennuie terriblement dans le joli appartement que Jullien m'a donné, » écrivait-il quelques jours auparavant. Mais dès l'ouverture du théâtre ses fonctions lui imposent un métier de *cheval de moulin* : il répète tous les jours de midi à quatre heures et conduit tous les soirs l'opéra de sept heures à dix. Il a, en outre, commencé six semaines d'avance les répétitions de ses symphonies pour son premier concert.

Dès le 14 janvier, la banqueroute de Jullien apparaît inévitable. Berlioz apprend à Morel « l'horrible position » où le directeur s'est mis et les a tous entraînés avec lui. « Comme il faut ruiner son crédit à Paris le moins possible, ajoute-t-il, ne parlez à personne de ce que je vais vous dire. » Et après cette prudente recommandation, il constate la triste situation : « Jullien est toujours le même fou que vous avez connu, » il n'a pas la moindre idée des nécessités d'un théâtre lyrique, ne possède aucune partition : il les emprunte aux éditeurs. Le théâtre, cependant, fait chaque soir des recettes fort respectables. « En résumé, après nous avoir fait consentir à la réduction d'un tiers de nos appointements, *nous ne sommes pas payés du tout.* » On paie seulement, chaque semaine, les choristes, l'orchestre et les ouvriers, afin que le théâtre puisse marcher. Jullien a vendu deux cent mille francs son magasin de musique « *et je ne puis me faire payer*, les acteurs principaux, le peintre décorateur, les maîtres de ballet et de mise en scène, tout ce monde est dans le même cas que moi. » Il n'y a même plus d'espoir : le crédit de Jullien à Londres est perdu entièrement.

En trois semaines, Berlioz voit s'anéantir la fortune

---

(1) *Correspondance inédite*, p. 149.

rêvée : il s'obstine cependant. Si Jullien ne le paie pas à son retour, il tâchera de s'arranger avec l'éditeur Lumley et de donner des concerts au théâtre de la Reine. (Il convoite, je l'ai dit, la place laissée vacante par la mort de Mendelssohn). « J'ai lieu de croire, ajoute-t-il, que c'est ici que je dois me faire une belle position. » C'est alors qu'il repousse énergiquement les conseils de Morel qui le pressait de rentrer en France : il lui fait sa profession de foi sincère. Les détails qu'il donne dans son autobiographie et dans un de ses ouvrages, sur cette entreprise extravagante, sur la manière dont il montait les ouvrages en huit jours, sur les excentricités de Jullien, se placent ici (1). Ils ne nous apprendraient rien de plus.

Nous trouvons, d'autre part, dans une lettre au général Lwoff, le 29 janvier 1848, des confidences plus importantes qui nous révèlent l'état moral de Berlioz : « Si vous saviez dans quelle *crétinière* je suis tombé ici. Mais Dieu sait qui dirige le directeur de ce malheureux théâtre! Figurez-vous que cela s'appelle Académie Royale de Musique, Grand Opéra anglais, et que depuis que l'ouverture s'en est faite, c'est-à-dire depuis deux mois, je n'ai à conduire que du Donizetti et du Balfe, *Lucia, Linda di Chamounix, The Maid of Honour....* J'entends des raisonnements sur la musique, sur le public, sur les artistes qui feraient les quatre cordes de votre violon se rompre de colère... Je subis des chanteurs anglais qui feraient se briser et se tordre les crins de votre archet..... Je suis depuis cinq jours malade au lit d'une bronchite violente, c'est la colère, le dégoût et le chagrin qui me l'ont donnée ».

C'est le lundi 7 février, à quelques jours de là, qu'avait lieu son premier concert. Le succès fut éclatant : c'était là-dessus qu'il fondait ses espérances d'avenir, et il se remet à rêver encore. Sa musique a pris sur le public anglais comme le feu sur une traînée de poudre. Il a été rappelé : la *Marche hongroise* et la scène des Sylphes ont été redemandées. Tout ce qui a quelque importance musicale dans

---

(1) *Mémoires*, p. 431 et *Soirées de l'orchestre*, p. 125.

Londres était là : la plupart des artistes sont allés le féliciter. Les préventions contre sa musique se sont dissipées : « Il faut voir comment ils arrangent maintenant nos critiques de Paris ! »

Mais il s'inquiète des moyens d'organiser son second concert : les musiciens et les choristes de Jullien, qui ne sont plus payés, pourraient lui manquer au dernier moment : au théâtre la défection a déjà commencé. « Et mes appointements courent les champs. Dieu sait si je les rattraperai jamais ! » Il va passer encore cinq mois pour essayer en vain de poursuivre cette campagne désespérée. Quelques jours plus tard la Révolution de Février survient et il se détourne plus énergiquement encore de la France. Cet événement l'abasourdit, car il était bien loin de le prévoir : ce n'est qu'à bout de ressources qu'il va tristement reprendre la route de Paris, après avoir lancé tant de malédictions contre ses compatriotes et contre son pays. Mais il veut lutter encore à cette heure. Il n'a rien touché : le théâtre de Jullien est devenu un cirque équestre. Sa vie est occupée cependant, ou du moins suffisamment remplie : « Je me lève à midi, écrit-il à d'Ortigue : à une heure viennent les visiteurs, les amis, les nouvelles connaissances. Je perds ainsi trois bonnes heures. De quatre à six je travaille ; si je n'ai pas d'invitation je sors alors pour aller dîner assez loin de chez moi. Je lis les journaux, après quoi vient l'heure des théâtres et des concerts : je reste à écouter de la musique telle quelle jusqu'à onze heures et demie et nous allons enfin, trois ou quatre artistes ensemble, souper dans quelque taverne et fumer jusqu'à deux heures du matin. » C'est ainsi qu'il travaille à faire sa trouée.

C'est le succès de son premier concert qui, malgré les difficultés et les résistances, lui a inspiré confiance. La presse anglaise s'est prononcée tout entière avec une chaleur extraordinaire. Il a maintenant de fréquentes et cordiales relations avec les principaux critiques. Son succès brusque et violent a renversé l'édifice des théories que chacun s'était faites sur sa musique d'après les critiques *tricornues* du continent. Il faut maintenant poursuivre l'ennemi et ne pas s'endormir à Capoue. « Je resterai ici tant que je pourrai, car il faut du temps pour s'y faire place et s'y créer une position. Tôt ou tard cette position arrivera et sera, me dit-on, solide. »

Mais tout n'est pas dit. Il a beau prouver à d'Ortigue que la Révolution de 1848 a brisé tout à fait sa carrière musicale en France; il ne lui démontre pas qu'elle soit mieux assurée du côté de l'Angleterre. Il constate que de la part de la Société philharmonique, dont les séances viennent d'être reprises, il doit s'attendre à une assez vive opposition. « Personne, dit-il, ne pouvait croire, ce soir-là, que la Société ne m'eût encore rien demandé pour ses concerts : c'est pourtant vrai. On dit qu'ils y seront forcés par les journaux et par leur comité. Mais je ne me livrerai qu'avec de grandes précautions aux *pattes de velours* de tous ces vieillards entêtés qui dirigent l'institution. C'est la répétition des *manières* du Conservatoire de Paris. J'aurais trop à te dire, ajoute-t-il, sur ces petites vanités fiévreuses et goutteuses et tu les devines sans peine ».

Les semaines s'écoulent et il n'est guère plus avancé. Bien que les journaux s'occupent toujours beaucoup de lui, la résistance du comité de la Société déroute les efforts de ses amis, le critique Davison, l'éditeur Beale : « Ce sont tous, écrit-il à Morel, des *compositeurs anglais* et Costa est à leur tête... ils engagent M. Molique, ils jouent des symphonies nouvelles de M. Hesse et autres, mais je leur inspire, à ce qu'il paraît, une terreur incroyable. C'est un vieux mur qu'il me faut renverser, et derrière lequel je trouve tout à moi, le public et la presse ! »

Il se découragera bientôt : il n'a plus rien à espérer de Jullien, qui est en prison comme banqueroutier, et il est obligé de quitter sa maison, où tout est saisi. C'est une question d'argent qui l'oblige à rester encore, ayant à recevoir le prix de deux morceaux écrits pour un éditeur ; un second concert s'organise à peu de frais pour la fin de juin : « Si j'y gagne quelques sous, ce sera un grand bonheur, tandis qu'à Paris je suis sûr de n'avoir rien à gagner du tout, et, en y allant en ce moment, de perdre le peu que je recevrai ici. »

Deux mois plus tard, il repartait enfin. Cette lettre du 16 mai étant la dernière, nous ignorons quel a été le résultat de ce second concert. A la fin de la même année, une lettre au comte Wielhorski résumait en ces termes cette malheureuse campagne : « J'ai passé dix mois à Londres, j'y ai donné deux concerts (c'est un miracle d'avoir pu y parvenir) et j'ai été accueilli par les Anglais comme si j'eusse été un *national talent*. La presse tout entière m'a adopté avec une chaleur incroyable à l'exception d'un vieux niais du *Morning Herald*, qui a découvert que je ne savais pas le contrepoint. — Croyez-vous, ajoutait-il, que les Anglais d'aujourd'hui forment vraiment un peuple musical, amoureux des grandes choses et fort dédaigneux des petites ? ([1]) »

Ce n'est que trois ans plus tard qu'il recommencera la lutte en Angleterre. Il va constater, dès son arrivée à Paris, que ses appréhensions étaient exagérées, ou du moins qu'entre deux maux la France était encore le moindre. Ce n'était pas seulement la ruine de l'entreprise de Jullien qui le décourageait. C'était la situation politique. « Il faut convenir, s'écriait-il dès la première nouvelle, que Paris est un aimable séjour ! Que le feu du ciel et celui de l'enfer se réunissent pour brûler cette damnée ville. Quand donc serai-je arrivé à ne plus songer à ce qu'on y fricotte ? » Il avait eu cependant de bien étranges illusions, comme toujours : « J'espère que nous allons au moins être débarrassés du droit des hospices sur les concerts, j'espère qu'il n'y aura plus de subvention pour nos stupides théâtres lyriques, j'espère que les directeurs de ces lieux s'en iront comme ils sont venus et au plus vite ; j'espère qu'il n'y aura plus de censure pour les morceaux de chant, j'espère enfin que nous serons libres d'être libres sinon nous aurons encore une nouvelle mystification à subir. » Il avait déjà fait son deuil de la France, nous le savons, et il confirmait sa résolution à d'Ortigue quelques jours plus tard ; mais les effets qu'il attendait du nouveau régime ne se réalisèrent pas.

(1) Fouque. *Les Révolutionnaires de la Musique*, p. 224.

Ce droit des pauvres, qui lui fournit sa première récrimination, est son grand cheval de bataille. Il a été victime de cette institution à chacun de ses concerts. Lors du grand festival de 1844, les 4,000 francs versés à l'assistance publique lui avaient paru une monstruosité, ce prélévement ayant réduit sa part de bénéfice personnel à 800 francs. Précisément à la même époque les journaux de Paris publiaient les lettres qui relataient son voyage en Autriche deux ans auparavant, en 1846, et c'est dans une de ces lettres que se trouvait la fantaisie du *Harpiste ambulant*, où il a consigné l'expression très complète de sa manière de voir à cet égard. Il n'admet pas que les concerts soient frappés au même titre que le théâtre d'un impôt aussi élevé : un passage d'un de ces articles de 1848, reproduit au même volume que cette fantaisie nous montre comment il justifiait sa réclamation : « Quand je fais un appel au public pour l'exhibition de quelque ouvrage longuement médité, écrit à l'intention seulement de ce petit nombre d'hommes de goût dont parle le poète, sans aucune arrière pensée industrielle et uniquement pour produire au grand jour ce qui me paraît beau, on me dépouille au nom de la loi, on me frappe d'une taxe exorbitante, on me tue à moitié en me jetant comme une infernale raillerie ces mots iniques: Vous auriez tort de vous plaindre, car la loi nous autorise à vous tuer tout à fait. Oui : sur des recettes destinées à couvrir à grand peine les dépenses que je fais en pareil cas, on vient prélever le huitième brut quand on pourrait légalement prélever le quart ([1]). »

Ce qu'il y a de piquant, c'est que ce feuilleton est une sorte d'invocation adressée au gouvernement républicain : « A l'avènement de la liberté, de l'égalité et de la fraternité, dit la Musique, je crus un instant à mon émancipation ; je m'abusais. Quand l'heure de la délivrance des nègres sonna, je me laissai aller à un nouvel espoir, je m'abusais encore. Il est décidé qu'en France, sous la monarchie comme sous la République, je dois être une esclave soumise à la corvée. » Ce sont encore des fragments de feuilleton qui forment l'épi-

---

(1) *Soirées de l'orchestre*, p. 138.

logue du livre. Lisez cet autre extrait qui se rapporte à la situation des artistes au cours de la crise de 1848 : « L'état de fermentation de l'Europe me fait trembler pour notre art. Tout est calme en ce moment, il est vrai, mais le dernier orage ne l'a-t-il pas cruellement meurtri et fatigué! Les blessures de la Musique sont-elles déjà fermées et ne portera-t-elle pas longtemps d'affreuses cicatrices? ([1]) » Voyez la suite cependant; c'est un joli morceau de dissertation philosophique : « Dans la pensée des nations de fourmis en guerre au milieu desquelles nous vivons, à quoi servons-nous, poètes, artistes, musiciens, compositeurs, cigales de toute espèce? A rien! Voyez comme on nous a traités pendant la dernière tourmente européenne. Et quand nous nous sommes plaints : — Que faisiez-vous hier? nous ont dit les fourmis guerroyantes. — Nous chantions. — Vous chantiez! c'est à merveille! Eh bien! dansez maintenant! — Dans le fait quel intérêt voulez-vous que les peuples trouvent à cette heure à nos élans, à nos efforts, à nos discours les plus passionnés? Qu'est-ce que nos « Bénédiction des Poignards, » nos chœurs de la Révolte ([2]), nos « Rondes du Sabbat », nos « Chansons de Brigands », nos galops infernaux, nos *Abracadabra* de toutes sortes, à côté de cet hymne immense chanté à la fois par des milliers de voix à la douleur, à la rage et à la destruction? Qu'est-ce que nos orchestres en comparaison de ces bandes formidables animées par la foudre, qui exécutent l'ouragan et que dirige l'infatigable maître de chapelle dont l'archet est une faux et qu'on nomme la Mort? »

Ceci est de la littérature, mais la pensée de l'auteur est bien claire; c'est le développement, à l'aide de belles figures de rhétorique, du thème qu'il expose avec tant d'âpreté dans ses lettres : « Les agitations politiques, dit-il à la page suivante, sont un terrible obstacle à la prospérité de la musique telle que nous la comprenons. »

Voilà la crise politique et il faut voir s'il est de taille à la supporter, comme artiste ou comme citoyen.

Il faut bien constater que ces récriminations étaient tout

[1] *Soirées de l'Orchestre*, p. 337.
[2] *Fernand Cortez*.

ce qu'il y a de plus fondées, mais que l'heure était moins propice que jamais à la réalisation des rêves brillants auxquels Berlioz s'attachait depuis vingt ans. Il ne faut pas cependant lui permettre de mêler à ces griefs contre la Révolution de 1848 la menace de destitution de sa place au Conservatoire. C'est au moment où il raconte sa nomination en 1838 (¹), qu'il prétend que « plusieurs dignes patriotes à qui cette place convenait, jugèrent à propos de la demander en prétextant qu'il ne fallait pas la laisser à un homme qui faisait comme moi de si longues absences. A mon retour de Londres, j'appris donc que j'allais être destitué. » Ce furent Victor Hugo et Charles Blanc, dit-il, qui le sauvèrent de la disgrâce.

Je crois que tant de noirceur n'exista pas chez les ministres républicains : on voit du reste dans ses lettres que ce fut la première chose qui préoccupa Berlioz. « Je ne sais, écrit-il de Londres à Morel, le 15 mars 1848, si on a daigné me conserver ma place de la bibliothèque du Conservatoire, qui me rapportait 118 francs par mois ; j'ai écrit à ce sujet au ministre de l'intérieur qui, bien entendu, ne m'a pas répondu. » Dans les lettres suivantes, non-seulement il ne montre aucune inquiétude de ce côté, mais il discute avec ses amis les chances d'obtenir à Paris un emploi musical, comme l'espérait pour lui l'excellent Morel. Il ne voulait cependant pas s'abuser : quelques-uns de ses amis étaient alors au pouvoir ; il ne pouvait douter de la protection de Victor Hugo et voyait, parmi les hommes influents du gouvernement provisoire, plusieurs de ses protecteurs et de ses amis, parmi lesquels MM. Marie et Victor Schœlcher ; il cite aussi Félix Pyat. Mais « le terrain, dit-il, est mouvant comme du sable », et peut-être à son retour, ils ne seront plus rien. « D'ailleurs, ajoute-t-il avec raison, que peuvent-ils ? Il s'agit d'argent, personne n'en a pour les nécessités de la vie ; la République a bien à faire d'en dépenser pour le luxe des arts ! Cela saute aux yeux ! Et une fois que je serai au bout de ce qui me reste, il n'y aura plus pour moi qu'à aller m'asseoir au coin d'une borne et à y mourir de faim,

(1) *Mémoires*, p. 209.

comme un chien, ou à me faire sauter la cervelle. — Mais autant vaut crever à Paris qu'ailleurs. »

Il est déjà, vous le remarquez bien, moins effaré qu'au début et paraît raisonner avec quelque sang-froid. Dès les premières nouvelles de la Révolution, il avait cru tout perdu : deux mois plus tard, au moment même où il venait de constater que la France n'était qu'une *nation de crétins* et de gredins (au point de vue musical) il hasardait une réflexion singulière, en voyant le calme commencer à renaître : « Paris semble un peu se rasséréner, Dieu veuille que cela dure et que l'Assemblée soit une *véritable représentation de la nation*. Alors, en effet, on pourrait espérer quelque chose de grand. » Cela s'appelle manquer absolument de logique. Rien ne pouvait lui inspirer moins de confiance qu'une assemblée qui représentât exactement une nation de crétins.

Malheureusement, loin de s'améliorer, voici que la situation va gravement empirer : « Comment pouvez-vous vous tirer d'affaire, concluait-il, au milieu de cette triomphante débâcle ? » Or, la journée du 15 mai et les batailles de juin surviennent presque aussitôt, et Berlioz va être replongé, malgré son désir de revenir en France, ou plutôt la résignation avec laquelle il reprend la route de Paris, dans la plus violente exaspération.

Pas plus que personne, il n'avait prévu de telles complications : sa dernière lettre de Londres que j'ai citée, et qui était adressée à Morel, est du 16 mai, de là nous sautons au 22 décembre. Il faut nous reporter aux *Mémoires* pour combler cette lacune. Il avait fait bien d'autres rêves que les émeutes avaient détruits. Peu de jours auparavant, la *Gazette* avait publié une note qui montre clairement les chimères de cet esprit sans cesse en ébullition. Il résistait aux sollicitations de Morel; mais, en ayant l'air de n'y pas croire, il tâtait cependant le terrain. Voici cette note, elle est bien caractéristique : « Berlioz est toujours à Londres où il se dispose à donner des concerts en attendant qu'on l'appelle à Paris pour quelque grande chose musicale. Espérons, dans l'intérêt de l'art, qu'il n'attendra pas longtemps [1]. »

[1] *Gazette musicale*, 7 mai 1848.

C'est vraiment dommage que les lettres s'arrêtent juste à cette date : mais les *a parte* des *Mémoires* servent de carnet pour noter les impressions de l'auteur, car il commence à les rédiger à cette date et il y reproduit plusieurs passages de ses feuilletons. A peine a-t-il écrit quelques pages sur ses souvenirs d'enfance, le voilà qui s'interrompt pour nous parler de ses graves préoccupations, de son inquiétude mortelle, de sa colère concentrée devant des obstacles ridicules qu'il trouve encore à Londres, « là comme ailleurs ». Il termine à la hâte ce chapitre et mentionne la date à laquelle il s'interrompt (10 avril). « C'est aujourd'hui que la manifestation des deux cent mille chartistes anglais doit avoir lieu. Dans quelques heures peut-être l'Angleterre sera bouleversée comme le reste de l'Europe, et cet asile même ne me restera plus. » Suit aussitôt le démenti : « 8 heures du soir : Allons, les chartistes sont de bonnes pâtes de révolutionnaires, tout s'est bien passé. Les canons étaient à la tribune, ils n'ont pas même été obligés de prendre la parole... »

Mais de nouveaux obstacles l'entravent sans cesse : « 12 juillet — Il m'a été impossible, pendant les trois mois qui viennent de s'écouler, de poursuivre le travail de ces *Mémoires*. Je repars maintenant pour le malheureux pays qu'on appelle la France et qui est le mien, après tout. » Et il arrive à Paris le 16 juillet. Mais ce sont de bien autres exclamations ; Paris porte les traces sanglantes des journées de Juin et Berlioz n'a pas l'air de croire l'ordre rétabli : « Les pavés des barricades ont repris leur place d'où ils ressortiront peut-être demain. » Et quel spectacle ! Il se demande avant tout ce que l'art va devenir. Tous les théâtres fermés, tous les artistes ruinés, tous les professeurs oisifs, tous les élèves en fuite. Il a même vu « de pauvres pianistes jouant des sonates sur les places publiques, des peintres d'histoire balayant les rues, des architectes gâchant du mortier dans les ateliers nationaux ». Il y a de quoi devenir complètement fou, dit-il, et pour détourner son attention du présent, il continue son autobiographie n'ayant, au surplus, « rien de mieux à faire ». Et il aborde le récit de ses premières années de séjour à Paris.

Bientôt il s'interrompt de nouveau, après avoir raconté ses premières relations avec Augustin de Pons : il s'est ruiné depuis et a vécu en donnant des leçons. « Qu'est-il devenu après la Révolution de Février, qui a dû lui enlever tous ses élèves? ajoute-t-il. Je tremble d'y songer! » Précisément il apprend, ces lignes à peine écrites, que le malheureux, mourant de faim, s'est empoisonné, et s'écrie, comme si la politique y était pour quelque chose : « Oh! malheureux! pauvres abandonnés artistes! République de crocheteurs et de chiffonniers! » Puis il s'indigne de l'assassinat du prince Lichnowsky, qu'il a connu dans ses voyages en Allemagne, et sa fureur fait explosion : « Infâme racaille humaine! plus stupide et plus féroce cent fois dans tes soubresauts et tes grimaces révolutionnaires que les babouins et les orangs-outangs de Bornéo! Oh! il faut que je marche, que je coure, que je crie au grand air! » Et il abandonne encore ses *Mémoires* sans nous faire savoir plus tard à quelle date il les aura repris.

A quelques semaines de là, il se rendait à la Côte après la mort de son père. Son voyage est annoncé dans la *Gazette* du 20 août; M. Berlioz était mort le 27 juillet. Je ne m'explique pas la date du 6 décembre 1848 donnée à la lettre de Meylan à Estelle et reproduite aux *Mémoires*. Berlioz dut passer le mois de septembre en Dauphiné : il préparait dès son retour de la Côte le concert du 29 octobre à Versailles [1]. On trouve ensuite deux lettres de Paris au comte Wielhorski, du 28 novembre [2], et à M. de Lenz, du 22 décembre [3]. Encore une date à rectifier, à moins que l'on ne suppose que Berlioz ait fait deux voyages en Dauphiné, l'un à la fin d'août, l'autre au commencement de décembre, ce qui contredirait, du reste, tout le récit des *Mémoires*.

Sans discuter ce point de détail, prenons la lettre au comte Wielhorski, où Berlioz décrit ses impressions à propos de ce concert du 29 octobre, dans la grande salle du Palais de Versailles, au profit de la caisse des musiciens associés. On

[1] *Gazette Musicale*, 15 octobre 1848.
[2] Les *Révolutionnaires de la musique*, p. 222.
[3] *Correspondance inédite*, p. 172.

l'avait chargé de l'organisation et de la direction de cette fête musicale. « La recette a été magnifique, eu égard au temps et aux mœurs. Car le bas prix des places n'a pas permis d'opérer en grand. Nous avons eu l'illustre Marrast entouré de sa pléiade de gredins, siégeant aux lieux et places de Louis XV et de sa cour. Les journaux vous auront sans doute appris cette bouffonnerie républicaine. » Vous voyez qu'il est plein d'aménité pour ce gouvernement, ce qui prouve suffisamment qu'il n'a plus rien à espérer. La situation musicale ne lui semble pas plus réjouissante : l'Opéra, entre les mains de Nestor Roqueplan et de Duponchel, se traîne mourant. « Il était déjà bien malade quand Pillet l'a quitté, mais la *Nestauration* (pardon du calembour) l'a achevé. » Les répétitions du *Prophète* viennent pourtant de commencer : « Il faut avoir du courage pour risquer un ouvrage de cette dimension au milieu de semblables circonstances, quand une émeute, ou un changement de gouvernement, ou un revirement ministériel peuvent suffire à lui couper la parole, si éloquente qu'elle soit ! »

C'est par des réflexions de ce genre que débutait cette lettre significative ; nous retrouvons à la fin de l'année 1848 Berlioz tout aussi furieux qu'au début, et bien déçu des espérances qu'il avait pu concevoir à son retour de Russie : « Quels changements depuis cette époque dans notre Europe. Quels cris, quels crimes, quelles folies, quelles stupidités, quelles mystifications atroces ! Rendez grâce à Dieu de n'avoir chez vous que le choléra physique ; le choléra moral est cent fois plus redoutable. Paris a toujours la fièvre et de fréquentes attaques de *delirium tremens* ; songer aux travaux paisibles de l'intelligence, à la recherche du beau dans la littérature et les arts, en un pareil état de choses — c'est vouloir faire une partie de billard sur un vaisseau battu par une tempête du Pôle antarctique, au moment ou une voie d'eau s'est déclarée dans la cale, et une insurrection de matelots dans l'entrepont. »

Ce sont exactement les mêmes réflexions amères qu'il adresse à M. de Lenz, oubliant, ce qui est plus grave, que c'est devant des étrangers qu'il fait ainsi le procès à son pays et à ses compatriotes : « Notre choléra républicain nous laisse un peu de répit en ce moment ; on ne *clube* plus beaucoup ; les rouges rongent leur frein ; les paysans comptent ne plus payer d'impôts de longtemps et fondent de grandes espérances sur les bons conseils que l'empereur donnera à son neveu. » Il raille avec une sorte d'acharnement : « Comme vous devez vous moquer de nous, qui nous intitulons les peuples avancés ! Les bécasses trop faites, pourries, sont aussi des bécasses avancées !... Vous pensez à la musique : quelle pitié ! au lieu de travailler au grand œuvre, à l'abolition radicale de la famille, de la propriété, de l'intelligence, de la civilisation, de la vie, de l'humanité ! »

Croyez-vous à une satire politique, à une opinion sérieuse ? Vous avez tort ; ces boutades trahissent simplement le mécontentement qu'il éprouve en trouvant de nouveaux obstacles dans les événements du dehors. On en citerait de semblables dans toutes ses lettres. En 1849, il écrivait à Ernst, désespéré de reprendre sa tâche de feuilletoniste : « Quel métier ! Où trouver du soleil, du loisir, être libre de ne penser à rien, de dormir, de ne pas entendre pianoter, de ne pas entendre parler du *Prophète*, ni des élections, ni de Rome, ni de M. Proudhon, de regarder à travers la fumée d'un cigare le monde s'écrouler, d'être bête comme *dix-huit représentants*. Ah ! mon Dieu ! mon Dieu ! quel sacré monde vous nous avez fait là : vous fûtes bien mal inspiré à vous reposer le septième jour, vous auriez diablement mieux fait de travailler encore, car il restait beaucoup à faire ! » Il finit par un trait du même genre : « Ce feuilleton me fera tourner en Cabet, c'est sûr ! (¹) » — Cabet assimilé à bourrique — c'est le même mot que celui-ci, sur Proudhon : « Ce digne fou de Proudhon est mort, » écrit-il à Ferrand en 1864.

Vous voyez que rien n'est sérieux en tout ceci. Ce sont les charges du *Charivari* sur les représentants du peuple, les frères et amis, les phalanstériens, le socialisme, qui lui fournissent de faciles plaisanteries sur la politique. Un an

---

(1) *Correspondance inédite*, 2ᵉ édit., app., p. 372.

plus tard, dans ce même ordre d'idées, il déclare à Ferrand qu'on a manqué le président idéal de la République : c'est Odry « le brave et bon Bilboquet (¹) ». Son opinion est que ces crises politiques sont des farces « un peu bien stupides et infiniment prolongées ».

Mais il reconnaît à cette date qu'il n'a jamais été autant malade d'ennui : « je ne songe qu'à dormir, j'ai la tête lourde, un malaise inexplicable me stupéfie. » Il peut exciper de son absence de dispositions d'esprit bien saines si on l'accuse de jugements fantaisistes sur les hommes et les choses de la République de 1848. Lors du concert donné en 1849 par Marrast à l'hôtel de la Présidence de l'Assemblée, Adolphe Adam, beaucoup plus habile ou plus loyal, exprimait dans le *Constitutionnel* un jugement bien différent de celui du critique des *Débats* : « Lorsque l'ouvrier, disait Adam, peut s'élever par la culture d'un art au niveau de toutes ces sommités, lorsqu'il peut être appelé le soir comme invité dans les salons que son industrie décorait encore le matin, lorsque je vois un ministre de l'intérieur venir comme M. Sénart serrer affectueusement la main de ces ouvriers en les remerciant du plaisir qu'ils lui ont fait, lorsque je vois le président des représentants de la nation épuiser, comme le faisait hier M. Marrast, toutes les formules de son esprit et de sa grâce pour leur témoigner sa satisfaction, les traitant à l'égal de ses amis les plus illustres, je me demande si ce n'est pas là la réalisation d'une république démocratique et sociale dans la meilleure acception qu'on puisse lui donner (²). » Ce feuilleton finissait comme celui de Berlioz par de tristes réflexions, mais il ne s'y cachait pas tant de venin, et cependant le pauvre Adam n'était guère dans une situation plus enviable que son confrère et collègue des *Débats*. Ces lignes sont touchantes par leur ton d'amertume résignée après la ruine du pauvre artiste, causée par le 24 février, comme on sait : « J'espère qu'au milieu de tant de préoccupations graves et radicales notre art ne sera pas complètement oublié (³). Je

(1) *Lettres intimes*, p. 201.
(2) *Derniers souvenirs d'un musicien*, p. 318.
(3) *Ibid.*, p. 319.

sais que la musique est un art inutile, et voilà précisément ce qui m'inquiète pour son avenir. Mais les fleurs aussi sont inutiles, et pourtant Dieu ne cesse de les produire belles et parfumées. Pourquoi la République repousserait-elle les fleurs ? » Pauvres artistes ! Quelle détresse est la leur lorsque les commotions politiques et sociales ébranlent les nations et tuent la vie de l'esprit en mettant brutalement en première ligne les préoccupations du lendemain et les nécessités de la vie quotidienne, et suspendent la marche de l'art !

Les idées de Berlioz sur le rôle du gouvernement à l'égard de la musique étaient d'ailleurs celles de beaucoup d'artistes. « Décidément, écrit-il à Ferrand en 1840, l'art sérieux ne peut pas nourrir son homme et il en sera toujours ainsi jusqu'à ce qu'un gouvernement comprenne que cela est injuste et horrible. » Il venait d'être nommé bibliothécaire du Conservatoire ; il prétendait à la direction, en remplacement de Chérubini, mais malgré la protection des Bertin il ne put l'obtenir. L'administration des Beaux-Arts ne lui était pas favorable : la promesse d'une place de professeur de composition avec 6,000 fr. de traitement n'avait pas été tenue : ses rapports avec le directeur, M. Cavé, n'avaient pas été d'une extrême courtoisie. Quant à la croix de la légion d'honneur ce n'était à ses yeux qu'une distinction banale. Vous trouvez, à propos des vicissitudes qui accompagnèrent l'exécution du *Requiem* en 1837, une vive critique de l'organisation administrative, et cette page est écrite justement vers cette époque : c'est à propos de ce directeur des Beaux-Arts, « le représentant le plus en évidence des opinions musicales de toute la bureaucratie française de l'époque ». Des centaines de connaisseurs de cette espèce occupaient toutes les avenues par lesquelles les artistes avaient à passer et « faisaient mouvoir les rouages de la machine gouvernementale avec laquelle devaient à toute force s'engrener nos institutions musicales. Aujourd'hui (¹)..... »

La suspension, comme toujours, complète la pensée : ce

(1) *Mémoires*, p. 197,

qui était au passé est ainsi mis au présent. Plus ça change plus c'est la même chose, veut-il dire.

Il faut avouer cependant que le gouvernement lui avait toujours montré une faveur dont beaucoup pouvaient être jaloux. Il se plaignait pourtant : « Ah ! si les arts étaient comptés pour quelque chose par notre gouvernement, écrit-il à Ferrand, je n'en serais pas réduit à gribouiller de misérables feuilletons ! » Une autre fois, il parlait de vendre son *Requiem* à l'Etat, c'eût été une propriété nationale.

Ce qu'il attend de la Révolution de 1848 est surtout la suppression du droit des pauvres, tant il a été persécuté à l'occasion de tous ses concerts ! Quant à la politique, peu lui importe : il a bien *polissonné* dans Paris avec la *Sainte-Canaille* pendant les Trois Glorieuses de juillet 1830, mais on chercherait en vain dans ses lettres la trace d'une opinion. Il a parfaitement raison de ne pas se mêler de ces choses qui n'ont rien de réconfortant. Il ne laisse pas que de s'en préoccuper quelquefois : « Je conçois parfaitement, écrivait-il à Ferrand en 1831 ([1]), tout ce que vous éprouvez de fureur à la vue de ce qui se passe en Europe. Moi-même qui ne m'y intéresse pas le moins du monde je me surprends quelquefois à me laisser aller à quelques imprécations. Ah bien oui ! la liberté ! où est-elle ? où fut-elle ? où peut-elle être ? Dans ce monde de vers ? Non, mon cher, l'espèce humaine est trop basse et trop stupide pour que la belle déesse laisse tomber sur elle un divin rayon de ses yeux. » Cela dénote le pur scepticisme ; mais dans une autre lettre écrite quelques années plus tard, à propos de l'insurrection socialiste de Lyon, il semble qu'il ait des idées un peu plus définies, quoique l'opinion soit assez mal traduite : « Certainement il n'y a ni bien ni mal absolu en politique. Vous demandez quelle différence il y a entre les barricades de Paris de celles de Lyon ? Celle qui sépare une grande force d'une force moindre, la tête des pieds. Lyon ne peut pas résister à Paris : donc il a tort de mécontenter Paris : Paris entraîne après lui la France, donc il peut aller où il lui plaît ([2]). » Et, aussitôt dit,

(1) *Lettres intimes*, p. 90.
(2) *Ibid.*, p. 108.

il s'écrie : « Assez! » et passe à un sujet plus intéressant, car il professe évidemment le *Suave mari magno* de Lucrèce : « Quand nous sommes enfin dans le sanctuaire, que nous font les cris tumultueux du dehors? je ne puis comprendre votre fanatisme là-dessus. »

Tout ceci ne dénote, en réalité, que l'indifférence la plus complète : ailleurs nous verrons qu'à propos de la manifestation anti-anglaise qui eut lieu pendant l'exécution du chœur de *Charles VI* à son festival de 1844, il s'indigne de « l'esprit stupide d'opposition » qui règne parmi le peuple de Paris [1]. Il n'aurait sans doute jamais eu l'occasion de s'affliger des crises politiques sans la Révolution de 1848. Durant ses voyages en Allemagne, en Autriche, en Russie, il avait été accueilli par des souverains de tout ordre, empereurs, rois, grands-ducs, princes et principicules, par l'aristocratie de tous les pays, avec une cordialité et une courtoisie qui avaient dû le toucher. C'est d'ailleurs cette comparaison de la considération et des hommages dont il avait été l'objet dans ce milieu avec l'accueil dédaigneux de la haute société parisienne et de la famille royale qui lui faisait déclarer à Morel que l'exil ne lui offrait rien d'amer. Pourtant, aux *Mémoires*, il a fini par rabattre de cet enthousiasme, et, dans le calcul qu'il établit à propos des souverains qui le protègent, il fait le compte : « En tout, trois! [2] »

Donc, l'enthousiasme monarchiste n'est pas ce qui l'anime et il est sceptique jusqu'au bout. Ce n'est pas un Dauphinois qui est dupe. Au milieu de la tourmente, il a un peu perdu la tête avec tout le monde. Heller, son ami, avait été sur le point de s'expatrier aussi et d'aller s'établir professeur de piano au Brésil [3]. Vous avez vu le même affolement chez Berlioz : mais gardez-vous de croire qu'il s'attache à un parti politique, il n'en a même pas l'idée. Vous ne trouverez pas un mot de regret pour la dynastie déchue, ce qui est assez significatif chez un intime de la famille Bertin. D'ailleurs vous avez vu que l'élection du 10 décembre avait réveillé la fibre

[1] *Mémoires*, p. 340.
[2] *Ibid.*, p. 425.
[3] *Journal des Débats*, 16 décembre 1848.

impérialiste, et il avait confié aussitôt ses espérances à M. de Lenz ; mais chez lui la foi n'est pas bien profonde et l'on devine aisément que si la présence du neveu du grand Empereur donne au gouvernement de la République de 1848 un caractère bonapartiste qui flatte les aspirations napoléoniennes de Berlioz, il n'est pas absolument convaincu de l'intérêt qu'il trouvera à voir rétablir l'empire. Ses sympathies pour le prince-président sont fondées autant sur les souvenirs de l'histoire contemporaine et de l'épisode retentissant de l'entrée à Grenoble pendant les Cent-Jours que sur la légende qui créa l'épopée autour du grand exilé de Sainte-Hélène. Les vers de Béranger, Lamartine et Hugo sont dans les mémoires des jeunes gens de l'époque : toute la génération de 1830 acclamera le retour des cendres, contemplera avec fierté l'Arc de l'Etoile et la Colonne ; le chauvinisme est dans toute sa force après les humiliations de 1814 et de 1815 : c'est un genre de protestation contre la légitimité introduite dans les fourgons des Cosaques, et vouée, dès l'origine, à l'impopularité.

C'est bien vers Napoléon que se porte l'admiration de Berlioz au milieu des tourmentes politiques : tandis qu'il discutait avec Ferrand sur les émeutes lyonnaises, il se tournait vers le géant pour l'implorer. « O Napoléon, Napoléon, génie, puissance, force, volonté, que n'as-tu, dans ta main de fer, écrasé une poignée de plus de cette vermine humaine ! Colosse aux pieds d'airain, comme tu renverserais du moindre de tes mouvements tous leurs beaux édifices patriotiques, philanthropiques, philosophiques ! Absurde racaille ! » Et au service de Charles Bonaparte, quelques mois auparavant, quel lyrisme déborde : « Bonaparte ! Il s'appelait ainsi ! C'était *son* neveu ! Presque *son* petit-fils ! (¹) » Il évoque Beethoven et la *Symphonie héroïque* et s'indigne du jeu dégagé de l'organiste qui « folâtre dans le haut du clavier, en sifflotant de petits airs gais ». Il a pourtant bien constaté ailleurs que les organistes italiens de l'époque n'emploient que les registres aigus, mais ce chant de *roitelets* — c'est le

---

(1) *Mémoires*, p. 131.

mot dont il se sert aux trois récits de cette cérémonie — lui paraît une indécence affreuse. Ses souvenirs et ses impressions de jeunesse se confondent alors : il rencontre à Rome le cardinal Fesch ; il vient de lire avec avidité les mémoires de Joséphine qu'il a achetés en passant à Sienne ; des lazzaroni napolitains lui parlent du roi Murat : un d'eux lui raconte une tempête qui l'a jeté à l'île d'Elbe, et ce récit lui donne une incroyable émotion (1). Il se propose d'aller visiter cette île et de pousser jusqu'en Corse en quittant Rome, pour « se gorger de souvenirs napoléoniens » ; mais il y renonce, ayant peur d'être « vexé » par des quarantaines et des règlements sanitaires : s'il eût trouvé une belle occasion pour *l'autre île*, il déclare qu'il eût été capable de succomber à la tentation (2).

Les récits de son oncle, l'officier de la grande armée, l'avaient, dès son enfance, disposé à subir l'effet magique de ce nom quasi-fabuleux de Napoléon que les plus grands poètes chantaient dans un entraînement lyrique qui rappelait le souffle antique. Ceux de Lesueur sur les distinctions enivrantes prodiguées par Napoléon à l'auteur des *Bardes* enflammaient aussi l'enthousiasme de Berlioz pour le grand homme dont l'épopée était déjà une légende. Dans une lettre à Mme Lesueur (3), on sent qu'il est heureux de confier son enthousiasme à son vieux maître, un fanatique, lui aussi, et qui ne fut pas sans influence sur cette violente explosion de passion napoléonienne. Mais à défaut d'un pèlerinage à l'île d'Elbe et à Sainte-Hélène, il se contente de suivre jusqu'aux Alpes les « traces sublimes » de son héros. « Quelles superbes et riches plaines que celles de la Lombardie, écrit-il à Ferrand, elles ont réveillé en moi des souvenirs poignants de nos jours de gloire « comme un vain songe enfui ». Sur le pont de Lodi, il lui semble encore entendre « le bruit foudroyant de la mitraille de Bonaparte ». Trois ans plus tard, il ne résistait pas à la tentation

---

(1) *Mémoires*, p. 182.
(2) *Correspondance inédite*, p. 96-98.
(3) Lettre inédite communiquée par M. Boisselot.

de prendre sa part dans le chœur universel et il mettait en musique le *Cinq Mai* de Béranger.

En somme, c'est le héros de Marengo, d'Austerlitz et d'Iéna qui, seul, attire ses regards dans toute l'histoire du siècle, et cet éblouissement est commun à toutes les générarations venues à la vie publique depuis 1815. Ajoutons que Berlioz n'a pas à s'occuper de politique : il n'est pas citoyen sous le régime du cens électoral, et s'en console fort aisément : il acclamera le second empire d'autant plus volontiers qu'il croit avoir à se plaindre de la République, et qu'en outre, d'après le récit des *Mémoires*, il connaît personnellement Louis-Napoléon, car il lui a été présenté à Londres en 1848, et le roi Jérôme, qui, ayant assisté à Stuttgardt à un de ses concerts, était allé le féliciter. La légende impériale dont il avait été nourri se complétait par les relations personnelles, et ses sympathies ne vivaient pas seulement dans le passé. Il trouve cette légende toute incarnée dans un homme en 1848. Voyez-le plus tard hausser les épaules avec colère à propos des *Châtiments*, de Hugo, « furieux de n'être pas empereur, *Nil aliud !* » — Voilà comment on écrit l'histoire !

Du reste, nous n'irons pas chercher dans les lettres ni dans les *Mémoires* de Berlioz des impressions politiques ni le commentaire des faits de l'histoire contemporaine. Vous n'y trouverez pas son appréciation sur le coup d'Etat du 2 décembre ; mais vous la devinerez dans cette courte profession de foi adressée au légitimiste Ferrand : « Moi je suis tout à fait impérialiste ! Je n'oublierai jamais que notre empereur nous a délivrés de la sale et stupide république ! Tous les hommes civilisés doivent s'en souvenir. Il a le malheur d'être un barbare en fait d'art ; mais quoi ! c'est un barbare sauveur, — et Néron était un artiste ! ([1]) »

Cette ingénuité des opinions fait sourire — car personne n'aura le mauvais goût d'attaquer Berlioz sur le chapitre des opinions politiques. Il faut rechercher s'il en a eu et expliquer celles qu'il a pu avoir, voilà tout. Si son apprécia-

(1) *Lettres intimes*, p. 266.

tion sur la République de 1848 n'est point conforme à la vôtre, qu'importe ? Observez ceci, pourtant : il était mal fondé à l'accuser après avoir manifesté l'intention de la servir. Et quant à l'empire, vous verrez de même le cas qu'il faut faire de ce grand enthousiasme de la première heure. Il y a une lettre à Morel datée du 19 décembre 1852 — après la proclamation de l'empire — où il se laisse, comme toujours, aller au rêve. Comme en 1848, il s'attache à l'espérance d'un *emploi musical* auquel les circonstances politiques paraissent donner quelque opportunité. Il est question pour lui, prétend-il, de la chapelle de l'empereur ; mais il n'ose y croire : « Je connais trop mon pays et mon monde (¹). » Laissez-le donc jeter feu et flammes et attendez la fin : vous verrez Berlioz traiter de *lourds animaux* les fonctionnaires impériaux, le souverain lui-même de comédien, et vous lirez aux *Mémoires*, après la lutte infructueuse pour forcer l'Opéra avec l'appui de la cour, une ligne sanglante dans son laconisme : « Sa Majesté n'a pas seulement daigné venir voir les *Troyens* (²) ».

Mais au rétablissement de l'empire il ne marchandait pas l'enthousiasme. C'est dans ses confidences aux étrangers, comme en 1848, que nous trouvons son impression bien sincère sur le crime du 2 décembre 1851, et c'est encore un Russe qui reçoit l'aveu. Quelques semaines plus tard, le 21 janvier, il écrivait à Lwoff : « Le sentiment du vrai dans l'art est aussi éteint que celui du juste en morale, et sans l'*énergie* du président de la République nous en serions, à cette heure, à nous voir assassinés dans nos maisons. Grâce à lui et à l'armée, nous vivons tranquilles en ce moment, mais nous artistes, *nous vivons morts.* »

Cette lettre dénote une nouvelle crise chez Berlioz : c'est une réaction. Mais remarquez cette hardie antithèse qui termine la phrase, elle a un sens sinistre pour peindre la situation à cette heure néfaste : le sauveur tant acclamé a remplacé la vie par le silence, à la manière des barbares : *ubi*

---

(1) *Correspondance inédite*, p. 199.
(2) *Mémoires*, p. 477.

solitudinem faciunt, pacem appellant. Cet état des esprits en 1852 est parfaitement conforme à l'histoire de cette tragique époque, bien que Berlioz ne soit nullement un historien, ni surtout un historien de la République.

XXII

RÉACTION

En suivant Berlioz dans ses digressions politiques pour rechercher ses impressions, j'ai sauté par dessus les incidents de sa carrière de 1848 à 1852. La chronologie ne fait rien à l'affaire : du reste, je n'écris pas la biographie de Berlioz. J'aurais pu cependant la reprendre à la première de ces dates, car j'ai essayé de compléter les *Mémoires* sur les points où il y avait des lacunes, et c'est ici que commencent les plus considérables. Vous ne devineriez jamais quelles compositions pouvait méditer Berlioz en présence de cette chute de l'art musical à la voirie, comme il le disait? Un *Te Deum* et un mystère religieux, l'*Enfance du Christ*! Il n'est peut-être aucun exemple d'une obstination aussi soutenue à se retirer du courant artistique. Wagner, plus perspicace, plus renfermé, plus spéculatif, écrivait à la même heure ses deux maîtresses pages : l'*Art et la Révolution*, puis l'*Œuvre d'art de l'avenir*, avant d'entreprendre les *Nibelungen*. Il jugeait sans doute bien froidement ces contradictions entre le grand art et l'époque et pressentait l'évolution que la constitution démocratique de la société moderne devait imprimer à la musique. Lui, au moins, se défendait de vouloir s'isoler, et, en tous cas, appelait des temps présents au temps prochain. Berlioz, au contraire, avec tout autant de clairvoyance, se laisse aller au dépit, puis au dégoût, et ne tente d'abord la lutte que pour affirmer la doctrine en présence d'une époque qui ne croit plus. Il ne veut rappeler qu'une chose devant ce pêle-mêle musical et cette éclosion de l'opérette née du fumier, c'est qu'il existe, lui. Mais lorsqu'il voudra rentrer dans l'arène, lorsqu'il retournera ses regards vers le théâtre, lorsqu'il aura écrit les *Troyens*, il lui faudra tenter la lutte la plus effrayante qu'ait eu à subir un artiste. Il la pressent déjà, mais il n'a pas encore l'idée de reparaître en scène. Il attend et espère malgré tout, et c'est surtout pour s'affirmer, pour protester, qu'il compose le *Te Deum* et l'*Enfance du Christ*.

L'idée du *Te Deum* lui était sans doute venue pendant son séjour à Londres. De retour à Paris en 1848, et après son excursion à la Côte, il avait commencé à écrire cette vaste et grandiose composition au lendemain du concert au palais de Versailles : ce n'était pas sans doute en l'honneur de la « pléiade de gredins » qui présidaient cette solennité, ni en l'honneur de la « sale république » qui avait si peu de sollicitude pour le grand art et n'avait pas d'argent pour créer un grand emploi musical en l'honneur de Berlioz.

Voyez combien l'époque est désolante. Adam se ruine avec son Opéra-National et quant aux productions courantes c'est à peine si l'on y fait attention. En 1849, Adam écrit le *Toréador* : la représentation a lieu devant une salle vide : c'est le jour des élections d'Eugène Sue et « autres rouges ». La consternation est générale : pas un éditeur ne veut acheter l'œuvre ([1]).

Rien que ce fait vous indique si le découragement de Berlioz était fondé. D'ailleurs, voulez-vous savoir exactement quelles sont ses dispositions d'esprit pendant ces trois années? C'est fort simple : prenez la collection de ses feuilletons, ou, ce qui revient au même, le livre des *Soirées de l'orchestre*, publié en 1852 et contenant un choix d'articles des trois années précédentes. Dès 1848, nous voyons le

---

(1) Adolphe Adam. *Souvenirs d'un Musicien*, p. 55.

critique des *Débats* accumuler les assauts contre la direction de l'Opéra, contre le droit des pauvres. Ce sont des textes qui se retrouvent dans le livre. Je puis, du reste, dresser la chronologie des fragments insérés au volume : c'est une date de la vie de Berlioz à fixer.

Vous savez déjà ce qu'était, à l'origine, le *Premier opéra*, nouvelle du passé : une allégorie à l'adresse du gouvernement à propos du *Requiem*, en octobre 1837. Il la reprend dans son *Voyage musical*, comme la nouvelle sentimentale de *Vincenza* et un *Début dans le Freyschütz*. Ce dernier morceau fut publié d'abord sous le titre *Une Idylle* (¹), dans la *Gazette*, le 3 décembre 1843, puis intercalé dans une des lettres du *Voyage musical*; il le détache encore pour le faire reparaître ici. Le *Harpiste ambulant* avait fait partie des *Lettres d'Autriche* publiées en 1848 dans la *Gazette*. Tout le reste, sauf une *Etude astronomique*, fragments de feuilletons des *Débats*, et le conte du *Suicide par enthousiasme*, écrit pour la *Gazette* en 1834 et édité d'abord au *Voyage musical*, et *Euphonia*, qui avait paru en 1844 dans la *Gazette*, est la reproduction des principaux feuilletons des *Débats* de 1848 à 1851. Voici, du reste, les dates :

De viris illustribus Urbis Romæ (de la claque), 27 août 1850.

Madame Rosenhain, autre fragment de *l'histoire romaine*, 9 novembre 1848.

Romains du Nouveau Monde, Jenny Lind en Amérique, 25 septembre 1850.

L'Opéra de Paris, 9 novembre 1848. (Il y a aussi dans ce chapitre des fragments qui proviennent des feuilletons écrits en 1839, 1840 et 1841.)

Les théâtres lyriques de Londres, 1ᵉʳ juillet 1851.

Une victime du tack, 21 février 1852.

Spontini, esquisse biographique, 14 mai 1845 et 12 février 1851.

---

(1) On sait qu'il s'agit du squelette qui figure parmi les *accessoires* de l'opéra de Weber. Le sous-titre Idylle est remplacé aux *Soirées* par celui de *Nouvelle nécrologique*, moins fallacieux.

Marie Stuart, 10 décembre 1844.
Une visite à Tom Pouce, 14 février 1847.
Les Cauchemars, 7 mars 1849.
Paganini, 23 décembre 1851.
Analyse du Phare (le *Fanal* d'Adam), décembre 1849.
Analyse de Diletta (*Giralda*), 30 juillet 1850.
Glanes historiques, mars et avril 1849.
Saint-Paul de Londres, institutions musicales de l'Angleterre, les Chinois, les chanteurs des rues, etc., 31 mai, 20 juin et 27 juillet 1851.
La chapelle de l'Empereur de Russie, 19 octobre 1850 et 13 décembre 1851.
Les fêtes musicales de Bonn, août 1845.
Méhul, 16 septembre 1851.
Wallace à la Nouvelle-Zélande, 31 octobre 1852.
Beethoven et ses trois styles, 11 août 1852.

L'*Épilogue*, c'est-à-dire la série des toasts mis dans la bouche de divers personnages, est une mosaïque de fragments des feuilletons consacrés, pendant ces trois années, aux questions générales concernant la situation musicale, les institutions nouvelles qui devraient être établies, les difficultés de la carrière artistique, etc.

Il y a dans cette même série de la collection des feuilletons de Berlioz plusieurs fragments qui prendront place à leur tour dans le volume des *Grotesques*, six ans plus tard, avec les articles sur l'Exposition de 1855, les lettres de Plombières et de Bade au directeur des *Débats*, les lettres du *Voyage en France*, à Edouard Monnais, publiées en 1848 dans la *Gazette*, qui prennent la moitié presque du volume. En dehors de ces trois morceaux, ce sont de petites fantaisies très courtes, de cinquante à cent lignes chacune, de véritables nouvelles à la main, pour la plupart des coupures faites dans tous les feuilletons publiés de 1848 à 1858.

Puisque nous analysons ici le travail littéraire de Berlioz, je prends encore le volume *A travers chants* : c'est de même une collection d'articles dont les principaux sont consacrés à Beethoven, Gluck, Weber et Wagner, et dont les premiers avaient paru dans le *Voyage musical*. Les autres étaient de date beaucoup plus récente. C'étaient des feuilletons écrits de 1859 à 1862.

Je n'ai fait cette énumération que pour permettre de suivre les diverses dispositions d'esprit que traverse successivement Berlioz à cette heure de sa vie. Ses impressions sont tout aussi exactement reflétées dans ces livres ou plutôt dans ces articles que dans les *Mémoires*. Lorsqu'il se met en scène, par exemple, aux *Lamentations de Jérémie*, vous pouvez analyser non moins sûrement ses sentiments qu'en consultant ses lettres et son autobiographie. Pour ne nous occuper que de la crise intime de 1848 à 1854, le volume des *Soirées* complète parfaitement les *Mémoires* et la *Correspondance*, et si vous lisez attentivement les chapitres, vous verrez que les plus âpres sont précisément ceux qui ont leur date en 1848 et en 1849.

Au point de vue de ses travaux, on ne voit guère en dehors de sa tâche de critique que la composition du *Te Deum* qui l'occupe. En janvier 1850 fut constituée la Société Philharmonique, sous la direction de Berlioz. Elle donna ses cinq premiers concerts dans la saison 1850-51 ; ce fut au second, en novembre, qu'il donna la première version de l'*Enfance du Christ* qu'il attribuait à Pierre Ducré, « maître de chapelle imaginaire ([1]) », est-il dit au titre de la *Fuite en Egypte*, qui parut l'année suivante, chez Richault.

C'est dans la *Gazette* du 24 novembre 1850 que Léon Kreutzer, victime de la mystification comme tout le monde, écrivait dans son compte rendu la fameuse phrase : « Cette pastorale m'a paru assez jolie et modulée assez heureusement pour un temps où l'on ne modulait jamais. »

Ce fut sans doute ce succès inattendu qui le décida à développer l'ouvrage pour composer sa trilogie sacrée. Les concerts se terminèrent au mois d'avril ; en mai il partait pour Londres, désigné comme membre du jury des récompenses à l'Exposition universelle. La Société n'avait pas fait ses frais, elle ne reprit pas ses séances à la saison suivante : les

---

[1] L'histoire de la composition de cet ouvrage est racontée aux *Grotesques de la Musique*, p. 169-174, sous le titre *Correspondance philosophique*. Lettre à M. Ella.

recettes étaient si faibles, écrit-il à Lwoff, que les artistes n'y gagnaient presque rien. De là leur inexactitude désespérante aux répétitions, de là l'impossibilité de leur faire apprendre un important ouvrage nouveau (¹). C'était encore une déception ; après toutes celles qu'il avait déjà subies en Angleterre, il espérait prendre une dernière revanche dans ce pays : « Il est question, écrivait-il à Morel avant son départ, d'une gigantesque entreprise musicale dont on me confierait la direction à Londres et où figurerait le *Te Deum*. » Nous n'avons pas de détails sur cette entreprise, car il revint à Paris à la fin de l'été, la corvée du jury étant terminée : ces travaux lui avaient fourni, en outre, ainsi que ses occupations musicales, un supplément d'articles très intéressants pour les *Débats* : ce sont ceux que j'ai signalés en dressant l'inventaire des chapitres des *Soirées* ; on y trouvera des détails très suffisants sur la vie artistique à Londres à cette date. C'est ce qui lui permettait de dire à son retour, au général Lwoff : « Rien n'est plus possible à Paris et je crois que le mois prochain je vais retourner en Angleterre où le désir d'aimer la musique est au moins réel et persistant. » Et il comparait cette disposition des Anglais avec l'état musical « au milieu duquel, disait-il, nous avons honte de vivre à Paris ». C'est dans cette lettre qu'il dépeignait par un mot tragique la situation au lendemain du coup d'Etat de Décembre.

Voilà donc deux ans et demi consumés en luttes stériles et en déboires cruels, depuis qu'il s'est résigné à rentrer en France. L'avenir ne lui paraît pas plus sûr : — toutes les places sont prises, les médiocrités se mangent entre elles ; « on assiste au combat et aux repas de ces chiens avec presque autant de colère que de dégoût ». Les jugements de la presse et du public sont d'une sottise et d'une frivolité dont rien ne peut offrir d'exemple chez les autres nations : « Chez nous le beau n'est pas le laid, c'est le plat, on n'aime pas plus le mauvais que le bon, on préfère le médiocre ».

Il constate en terminant qu'il a, depuis un an, trois parti-

---

(1) *Correspondance inédite*, p. 182.

tions nouvelles, qu'il n'a pu trouver l'occasion d'en faire entendre une note et que pas un éditeur n'a osé les publier. C'est avec une secrète espérance qu'il rappelle ses souvenirs de Russie : « Dites aux artistes de votre merveilleuse chapelle, écrit-il à Lwoff, que j'aurais bien besoin de les entendre pour me faire verser toutes les larmes que je sens brûler en moi et qui me retombent sur le cœur ».

Mais à ce moment même il obtint une bien vive satisfaction. Grâce au dévouement de Liszt, *Benvenuto* était représenté à Weimar. Il y avait quatre mois que duraient les répétitions, et l'ouvrage devait passer le 1er mars, jour de fête de la grande duchesse, mais un retard de quelques semaines survint au dernier moment, et on voit que ce contre temps l'irritait, son engagement l'appelant à Londres précisément à cette date. Il en est assez vexé. « J'avais bien nettoyé, reficelé, restauré la partition avant de l'envoyer. Je ne l'avais pas regardée depuis treize ans. C'est diablement nerveux, je ne trouverai jamais une telle averse de jeunes idées. Quel ravage ces gens de l'Opéra m'avaient fait faire là-dedans ! » D'après une lettre écrite plus tard à Morel, on voit qu'il put assister à la première représentation qui eut lieu le 16 mars 1852. « C'est la plus charmante excursion, dit-il, que j'aie jamais faite dans ce pays là. Ils m'ont comblé, gâté, embrassé, grisé (dans le sens moral). Tout cet orchestre, tous ces chanteurs, acteurs, comédiens, tragédiens, directeurs, intendants réunis au dîner de l'hôtel-de-ville, la nuit de mon départ, représentaient un ordre d'idées et de sentiments qu'on ne soupçonne pas en France. » Il conte en grand détail l'accueil qu'il a reçu de la famille grand ducale, des princesses de Prusse, du bouillant Griepenkerl. Il y avait du monde de tous les environs, de Leipzig, de Iéna, de Brunswick, de Hanovre, d'Erfurth, d'Eisenach, de Dresde même.

Il retourne aussitôt à Londres ; comme il l'avait prévu, sa Société philharmonique était « à vau-l'eau ». Il venait de prendre un arrangement avec la *Philharmonic Society* de Londres : il y donna six concerts, de mars à juin 1852. Cinq lettres adressées à J. d'Ortigue, qui le suppléait au *Journal des Débats* en son absence, nous donnent des détails fort intéressants sur ces tentatives musicales ; entre temps, il avait pu terminer son volume des *Soirées* et s'occupait de chercher un éditeur. Il revint à Paris le 20 juin. La *Gazette musicale* (4 juillet) nous apprend que pour le remercier d'avoir fait exécuter des fragments de la *Vestale*, Mme Spontini lui avait fait hommage du bâton de chef d'orchestre de son mari. Les lettres nous apprennent que ces fragments furent peu goûtés et que Berlioz en ressentit un crève-cœur inexprimable. « Comme si, dit-il, j'avais ignoré qu'il n'y a rien de beau, ni de laid, ni de faux, ni de vrai pour tout le monde, comme si l'intelligence de certaines œuvres de génie n'était pas refusée à des peuples entiers ! ([1]) » *Faust* et *Roméo* obtinrent cependant un très vif succès : quant à la *Neuvième Symphonie* de Beethoven, qu'il avait voulu monter, assurant que jusqu'alors elle n'avait été qu'abimée, elle absorba plus du tiers du total des souscriptions (abonnements). L'entreprise était du reste peu lucrative. « Les entrepreneurs perdent comme tous ceux de toutes les institutions musicales de Londres cette année, mais ils savaient d'avance qu'il en serait ainsi, et ils en font si peu un mystère que, dans le programme du dernier concert, Beale a fait part au public de la dépense amenée par les répétitions de la *Symphonie* avec chœurs ([2]). » Néanmoins, on considérait ces frais comme de premier établissement, car l'intention de Berlioz était également de continuer l'année suivante.

En effet, le succès avait été très grand : dès le premier concert, les plus importants journaux publiaient sur lui « des dithyrambes tels qu'on n'en écrivit jamais ». La consternation était dans le camp de la vieille Société philharmonique dont l'opposition avait déconcerté Berlioz cinq ans auparavant. « Costa et Anderson boivent leur bile à pleins verres ». Beale est un admirable entrepreneur qui ne lésine pas : il est fou de joie de ce succès. Berlioz, dès le troisième concert, est « au cœur de la place » ; au cinquième, les *bis*, couronnes, rappels, trépignements, accompagnent une ovation « extravagante » : les journaux décla-

(1) *Correspondance inédite*, p. 187.
(2) *Ibid.*, p. 193.

rent qu'on n'a jamais eu d'exemple à Londres d'un succès musical de cette violence. Il y a « *lauriers*, chênes et toutes les herbes de la saint Jean ».

Aussi, il ne dissimule pas son enthousiasme pour les Anglais : « quel singulier, mais quel grand peuple ! Il comprend tout ou du moins on y trouve des gens pour tout comprendre ! (¹) » C'est à six mois de là qu'il confie ainsi ses impressions à Morel ; mais il a eu un désappointement alors, car son engagement n'a pas été renouvelé pour la saison suivante, à la suite d'une intrigue de l'un de ses chefs d'orchestre. On lui parle alors d'autres projets, toujours pour l'Angleterre : ce sera bientôt décidé. C'est à cette heure qu'il redevient perplexe (décembre 1852) et qu'il convoite la chapelle de l'empereur. Ce n'est qu'à regret qu'il avait quitté Londres, malgré la gêne qu'il y avait éprouvée sous le rapport financier. Il avait plus de confiance dans le goût musical de nos voisins que dans la protection du régime despotique, sous lequel, comme il le disait en décembre 1851, les artistes « vivaient morts. » Son ami d'Ortigue avait reçu ses confidences dès le mois de juin, à la veille de son départ pour la France : « J'ai tant de loyers à payer à Paris, les dépenses de mon fils qui s'y trouve maintenant, etc., que le luxe d'habiter Londres, quand je n'ai plus rien à y faire, m'écraserait. A vrai dire, ce n'est pas tout à fait du luxe, car il m'est, au fond, désavantageux de quitter l'Angleterre au moment où j'aurais tant de choses à *y voir venir*. Je vais bientôt oublier à Paris toutes ces joies musicales pour reprendre ma stupide tâche de critique, la seule qui me soit laissée à remplir dans notre cher pays. »

Remarquez bien qu'il nous faut reconstituer sa vie à l'aide des détails relevés par les journaux ou épars à travers sa correspondance, car dans son autobiographie nous avons sauté d'un trait de plume six années. Du 6 décembre 1848, date de la lettre à l'Estelle de Meylan, nous passons à la mort d'Henriette Smithson, au 3 mars 1854. Les faits de l'inter-

---

(1) *Correspondance inédite*, p. 199.

valle sont pourtant, comme on le voit, assez graves, et ce n'est pas sans intention que je les réunis dans ce chapitre en les reconstituant. Vous voyez qu'au milieu de ces nouveaux déplacements Berlioz ne perd jamais espoir. L'empire est fait, alors : comment l'empereur ne songe-t-il pas à Berlioz ? Les succès du compositeur à Weimar et à Londres doivent pourtant retentir jusqu'aux Tuileries, car Berlioz n'oublie pas de recommander à ses amis de célébrer dûment ses triomphes. En décembre 1852, le *Te Deum* est en l'air, on en parle, mais l'empereur n'a pas voulu en dire un mot. Il renvoie sa décision à trois ou quatre mois.

Nous assistons au trouble de son esprit en lisant les dernières pages des *Mémoires* qu'il rédige fébrilement à cette heure. Il conte rapidement l'échec à Londres de *Benvenuto* qui fut représenté le 20 juin 1853. Une bande d'Italiens, dit-il, a rendu impossible l'audition à Covent-Garden. Ils ont crié, chuté et sifflé du commencement à la fin, voulant même empêcher d'entendre l'ouverture du *Carnaval Romain*. Il assure qu'à la tête de cette cabale était Costa qu'il avait attaqué dans ses feuilletons au sujet des libertés qu'il prenait avec les partitions des grands maîtres.

C'est après cette nouvelle déconvenue qu'il est rentré à Paris, accablé de tourments et irrité de nouveaux obstacles. En quelques mois, tous les orages s'accumulent autour de lui : la mort d'Henriette, les angoisses qu'il ressent durant le bombardement de Bomarsund au siège duquel assiste son fils, et, sans parler d'autres incidents de sa carrière, l'échec qu'il remporte en août 1854 à l'Institut où il se présente pour remplacer Halévy, nommé secrétaire perpétuel, augmentent encore l'irritation extrême à laquelle il est en proie pendant la triste année qui suit la chute de *Benvenuto* à Londres.

Il avait pourtant eu des consolations à tous ces tourments. Dans l'intervalle il était allé, au mois d'août 1853, organiser et diriger à Bade un festival où il avait fait entendre deux actes de *Faust* : l'ouvrage avait été exécuté avec le même succès dans deux autres concerts à Francfort. Dès son retour à Paris, il avait trouvé une double proposition de

Brunswick et de Hanovre et était reparti. C'est à Ferrand, cette fois, qu'il raconte en grand détail toutes ses ovations. Bâton d'or et argent offert par l'orchestre, souper de cent couverts réunissant toutes les autorités de Brunswick, institution de bienfaisance fondée sous le nom de Berlioz (¹), ovation de la foule dans le jardin public, *dames qui lui baisent la main* en pleine rue, en sortant du théâtre, couronnes anonymes envoyées chez lui, etc.; à Hanovre pluie de lauriers, manifestations d'admiration de la part de la famille royale, visite de la Bettina de Gœthe, Mme d'Arnim, qui vient non pas le voir, mais le *regarder*, telle est la relation de cette excursion triomphale.

Pourquoi donc, au lieu de ce récit, ne trouvons-nous aux *Mémoires* que des récriminations contre les fanatiques de Leipzig qui l'honorent d'une haine forcenée, lui écrivent des injures, lui font des grimaces dans le dos (²) et les perfidies assez plates dont il accuse certains autres maîtres de chapelle allemands ? Il faut lire ces six dernières pages des *Mémoires*, écrites en octobre 1854 : on sent l'irrésolution d'esprit de Berlioz à l'heure où sa vie intérieure subit un renouvellement. C'est une longue série de récriminations : contre la coterie de la Société des concerts qui lui a fait interdir la salle et se garde en outre comme de la peste de faire figurer ses œuvres aux programmes, parce que les fragments de *Faust*, au lieu d'être écrasés par les chefs-d'œuvre du répertoire comme l'espéraient ses ennemis, ont enthousiasmé l'auditoire; contre les millionnaires, qui ont oublié l'exemple de Paganini ; contre Meyerbeer, dont l'influence délétère rend impossible tout succès sérieux à l'Opéra ; contre le droit des pauvres, comme toujours. En ce moment il se renferme dédaigneusement sous sa tente, ignorant même quelle destinée lui réserve l'avenir. Il prévoit que la route qui lui reste à parcourir, si longue qu'on la suppose, doit ressembler beaucoup à celle qu'il a parcourue : « Le changement est si lent pour les hommes et les choses qu'il est imperceptible dans le court espace de temps embrassé par une existence humaine : il me faudrait

---

(1) *Lettres intimes*, p. 203
(2) *Mémoires*, p. 450.

vivre deux cents ans pour en ressentir le bienfait ». Il se sent, sinon au terme de sa carrière, du moins sur la pente de plus en plus rapide qui y conduit; fatigué, brûlé, mais toujours brûlant et rempli d'une énergie qui s'éveille parfois avec une violence dont il est presque épouvanté. Mais il voit devant ses yeux le spectacle d'une nation qui a le veau d'or pour unique dieu et ne s'intéresse plus à aucune des nobles manifestations de l'intelligence : le peuple parisien est un peuple barbare. Les abonnements chez les éditeurs de musique portent sur les plus plates productions dont les magasins regorgent; l'industrialisme de l'art suivi de tous les bas instincts qu'il flatte et caresse, marche à la tête de son ridicule cortège.

Quant aux théâtres lyriques, la plupart sont d'assez mauvais lieux, musicalement parlant. « Je sais bien ce que je pourrais produire en musique dramatique, mais il est aussi inutile que dangereux de le tenter. » Il lui faudrait, pour donner l'essor à sa pensée, se supposer maître absolu d'un grand théâtre, obéi de tous, acteurs, musiciens, choristes, danseurs, comparses, décorateurs, machinistes et metteur en scène; c'est ce qui n'arrivera jamais ([1]) : en outre, ses ennemis, qui n'osent venir le siffler à ses concerts, se donneraient trop aisément carrière dans une vaste salle comme celle de l'Opéra; c'est son style musical qui lui suscite les plus furieuses haines, car il est à lui seul la plus sanglante critique des pratiques et des œuvres de certains hommes jouissant d'une puissante popularité.

Tout ceci dénote certainement une parfaite clairvoyance; malheureusement un tel début prépare bien mal la confession que nous allons recueillir; elle est tout ce qu'il y a de plus inattendu : « Depuis trois ans, je suis tourmenté par l'idée d'un vaste opéra dont je voudrais écrire les paroles et la musique, ainsi que je viens de le faire pour ma trilogie sacrée, l'*Enfance du Christ*. Je résiste à la tentation de réaliser ce projet et j'y résisterai, je l'espère, jusqu'à la fin. Le sujet me paraît grandiose, magnifique et profondément émou-

(1) *Mémoires*, p. 449.

vant, ce qui me prouve jusqu'à l'évidence que les Parisiens le trouveraient fade et ennuyeux.... L'idée seule d'éprouver pour l'exécution et la mise en scène d'une œuvre pareille les obstacles stupides que j'ai dû subir et que je vois journellement opposer aux autres compositeurs qui écrivent pour notre grand Opéra, me fait bouillir le sang. Le choc de ma volonté contre celle des malveillants et des imbéciles, en pareil cas, serait aujourd'hui excessivement dangereux : je me sens parfaitement capable de tout à leur égard et *je tuerais ces gens-là comme des chiens !* »

Ne jurons de rien : dans six mois il commencera à écrire le poème, puis s'attellera à la partition des *Troyens*, et lorsqu'il la verra mettre en scène après bien des déboires, retards et vilenies, il se résignera et ne tuera ni les gens ni les chiens.

Ce n'est pas, d'ailleurs, sur cette déclaration menaçante qu'il clôt les *Mémoires*, c'est par une sorte de promesse d'aller se fixer à Dresde, acceptant la place qu'on lui offre de maître de chapelle du roi de Saxe, avec l'espérance d'en faire le centre musical de l'Allemagne. Il eût certainement mieux fait d'obéir à cette inspiration : Liszt l'y engageait, ses amis de Paris l'en dissuadaient. « C'est à examiner », dit-il simplement. Son parti n'est pas pris et d'ailleurs la place n'est pas encore libre. En attendant, si l'on monte *Cellini* à Dresde, il ira diriger les répétitions, écrit-il. C'est du 18 octobre 1854, il faut le rappeler, qu'il date ces dernières lignes, et voici la péroraison :

« Je finis en remerciant la sainte Allemagne où le culte de l'art s'est conservé pur; et toi, généreuse Angleterre, et toi, Russie, qui m'as sauvé; et vous, mes bons amis de France; et vous, cœurs et esprits élevés de toutes les nations que j'ai connus... Quant à vous (il s'adresse aux *faux amis*), maniaques, dogues et taureaux stupides, serpents et insectes de toute espèce, *farewell, my... friends*, je vous méprise et j'espère bien ne pas mourir sans vous avoir oubliés ! »

Remarquons que ces pages des *Mémoires* sont écrites au lendemain de son second mariage : elles témoignent d'une humeur assez sombre et prouvent que la lune de miel a été obscurcie par d'épais nuages.

Vous venez de voir Berlioz en 1854 : en quelques années tout a été changé en lui. Découragé de toutes parts, il semble qu'il renonce à la lutte pour tenter du côté de la Russie ou de l'Allemagne ce qu'il avait inutilement cherché depuis six ans et à trois reprises en Angleterre. Pourtant c'est alors qu'il entreprend la plus chimérique tentative, écrire un opéra sur un sujet antique, l'*Enéide*, et le faire jouer à l'Opéra de Paris. L'épreuve de 1838 ne lui a pas suffi et de plus il est le premier à constater la décadence du goût public. N'est-ce pas tenter l'impossible ?

Il avait pu se rendre compte de ce qu'il y avait de téméraire et de fou dans cette idée : la conclusion des *Mémoires* nous faisait assister à ses indécisions, fondées sur une conscience exacte de la situation. La campagne entreprise en 1854 pour un siège à l'Institut avait pu l'éclairer, en outre, sur le peu de sympathie qu'il rencontrait parmi les compositeurs français. M. Bernard tient d'Alexandre le récit de l'entrevue entre ce dernier, ambassadeur de Berlioz, et Adolphe Adam : c'est fort curieux, sinon bien véridique, car les relations entre Adam et Berlioz n'étaient pas aussi contraintes que M. Alexandre l'a exposé à M. Bernard. La scène est d'ailleurs amusante : Berlioz ne peut se décider à jouer le rôle de postulant : « Pourquoi Adam, qui est un grand musicien, s'obstine-t-il à s'encanailler dans le genre de l'opéra comique ? S'il voulait, parbleu, il ferait de la musique comme j'en fais ! » Et Alexandre retourne plaider la cause de Berlioz près d'Adam : « Un grand musicien, répond celui-ci, un très grand, très grand. Seulement il fait de la musique ennuyeuse ; s'il voulait, il en ferait d'autre... il en ferait tout aussi bien que moi [1]. »

C'est bien joli pour être vrai. Berlioz n'eût pas manqué de s'emparer de l'incident si le dialogue eût été authentique. La lettre du 28 août à Morel, au lendemain du vote qui nommait Clapisson contre Berlioz, nous retraçait moins joyeusement cette nouvelle épreuve de la carrière du maître : on l'a poussé à se mettre sur les rangs, à faire les visites et les

[1] *Notice sur Berlioz*, p. 52.

démarches d'usage en pareille circonstance : il a fait tout cela, a vu tous les académiciens l'un après l'autre, a obtenu mille belles paroles extrêmement flatteuses, un accueil chaleureux, etc... mais il est battu. — « A la prochaine vacance, maintenant : je suis résolu à persister avec une patience égale à celle d'Eugène Delacroix et de M. Abel de Pujol qui s'est présenté *dix fois*. » C'est déjà la troisième fois, on le sait, qu'il pose sa candidature ; mais celle-ci, c'était très sérieusement, en croyant avoir des chances. Quant à l'avenir, il n'est plus si confiant après cet échec, d'autant plus qu'on songe déjà à faire admettre Leborne tôt ou tard. « Vous voyez que tout va bien et qu'on progresse dans la voie de l'absurde. » Cependant il est *décolérisé* trois jours plus tard, il veut dire rasséréné, lorsqu'il raconte ces faits à Bulow en lui annonçant qu'il se présentera « jusqu'à ce que mort s'ensuive. »

Cette candidature à l'Institut lui avait fait manquer un voyage à Munich sur lequel il avait consulté Bulow deux mois auparavant ; il lui annonçait, dans cette lettre du 28 juillet, une nouvelle non moins intéressante. Au commencement de l'année, en février, il avait poussé une pointe à Carlsruhe, où il avait dirigé deux concerts. Après la mort d'Henriette, il avait reçu de l'intendant du roi de Saxe l'invitation de se rendre à Dresde en avril. C'est après son retour de cette ville, de mai à juillet, qu'il écrivit son nouvel ouvrage, le *Songe d'Hérode*, première partie de sa trilogie sacrée l'*Enfance du Christ* : « Cette partition, dit-il à Bulow, précède l'embryon que vous connaissez sous le nom de *Fuite en Egypte* et formera, avec l'*Arrivée à Saïs*, un ensemble de seize morceaux durant en tout une heure et demie avec les entr'actes. C'est peu assommant, comme vous voyez, en comparaison des saints assommoirs qui assomment pendant quatre heures !... »

Il nous expose très sincèrement dans les *Mémoires* pourquoi il ne s'est décidé à terminer cet ouvrage, commencé quatre ans auparavant, qu'après la mort de sa première femme. Ce qui l'arrêtait encore, c'était la perspective de perdre 1,200 francs de frais de copie, de n'avoir pour un concert qu'une recette dérisoire, de manquer du nécessaire pour la pauvre malade, de n'avoir pas de quoi faire face à ses dépenses personnelles, ni payer la pension de son fils sur un vaisseau de l'Etat.

Ce scrupule était extrêmement honorable, mais il est fort singulier qu'après les récriminations que nous avons lues tout à l'heure contre l'indifférence de la dynastie de Juillet, il ait ajouté ici : « Je n'ai pas reculé aux jours où l'on pouvait encore douter des conséquences de mes coups d'audace. Il y avait dans ce temps, à Paris, un petit public d'élite, il y avait les princes de la maison d'Orléans et la reine elle-même qui s'y intéressaient. » Je ne fais que signaler la contradiction, en supposant tout bonnement que ces lignes ne pouvaient contenir qu'un avis au lecteur et une allusion à la souveraine *actuelle*. Berlioz déclare ensuite que les raisons d'humanité n'existent plus pour lui depuis la mort d'Henriette : « Si j'ai cédé peu à peu à l'entraînement musical en écrivant ma trilogie sacrée, c'est que ma position n'est plus la même. D'aussi impérieux devoirs ne me sont plus imposés. D'ailleurs, j'ai la certitude pouvoir faire aisément et souvent exécuter cet ouvrage en Allemagne, où je suis invité à revenir par plusieurs villes importantes (¹). »

Attendez : la trilogie sacrée n'est que le début. Le voilà remis au travail. Dans six mois, vous entendrez déjà parler des *Troyens*. Le succès de l'*Enfance du Christ* dut l'encourager. Les préparatifs du concert lui avaient cependant causé des embarras et des ennuis dont il faisait part à son fils : « Il surgit, comme je m'y attendais, des difficultés qui, peut-être, seront insurmontables, car je ne veux point risquer d'argent (²). » Il en vint à bout cependant et le concert eut lieu à la fin d'octobre : « Je crève de joie de vous faire connaître mon nouvel ouvrage, écrit-il à Ferrand (³), il a un succès énorme ; toutes les presses française, anglaise, allemande, belge, chantent *hosannah* sur tous les tons et il y a ici deux individus qui se gangrènent de rage. » Ailleurs

(1) *Mémoires*, p. 425.
(2) *Correspondance inédite*, p. 210.
(3) *Lettres intimes*, p. 205.

il proteste contre l'opinion de ceux qui ont pu voir dans cette partition un changement complet de son style et de sa manière. « Le sujet a amené naturellement une musique naïve et douce, et par cela même plus en rapport avec leur goût et leur intelligence qui, avec le temps, avaient dû en outre se développer. J'eusse écrit l'*Enfance du Christ* de la même façon il y a vingt ans ([1]). »

C'est parfaitement exact : mais en 1834, il prenait pour sujets de ses compositions des thèmes bien différents ; c'est en cela que consiste ce changement, dont il ne paraît pas se rendre très bien compte. Au point de vue musical, assurément, rien n'est modifié quant à la conception, quant à la forme. Mais l'excitation intellectuelle qui avait tourné son esprit vers des thèmes tels que ceux de la *Fantastique*, de *Harold*, de *Roméo et Juliette*, est bien déviée de la direction primitive. Au lieu de Shakespeare et Gœthe, c'est saint Matthieu et Virgile qui attirent aujourd'hui sa curiosité. Le *Requiem* de 1837 et le *Te Deum* de 1855 sont écrits de la même main, mais, qu'on me passe le mot, l'auteur a jeté sa gourme dans l'intervalle.

C'est ainsi, du reste, qu'il définit le style de sa partition dans le *Post-Scriptum* d'une lettre inédite à Adolphe Samuel, de Bruxelles, datée du 16 décembre ([2]). « Les bonnes gens de Paris disent que j'ai changé de manière, que je me suis *amendé*; pas n'est besoin de vous dire que j'ai seulement changé de sujet. » C'est ainsi que nous examinerons l'ouvrage lorsque je passerai à Berlioz artiste. La réflexion qui suit a un certain piquant : « Que de monde il y aura dans le royaume des cieux si tous les pauvres d'esprit s'y trouvent ! Mais je laisse dire. Gardez cela pour vous ! »

C'est quelques mois après l'*Enfance du Christ* que Berlioz fait exécuter pour la première fois à Saint-Eustache son *Te Deum*, composé depuis six ans. C'était à l'occasion de l'inauguration solennelle de l'Exposition universelle que cette audition avait été organisée. Elle eut lieu le 30 avril, la veille de l'ouverture; « Je puis vous dire, écrit-il à Morel,

(1) *Mémoires, Post-Scriptum*, p. 457.
(2) *Le Ménestrel*, 8 juin 1879.

que l'effet produit sur moi par cet ouvrage a été énorme et qu'il en a été de même pour mes exécutants. En général, la grandeur démesurée du plan et du style les a prodigieusement frappés, et vous pouvez croire que le *Tibi omnes* et le *Judex*, dans deux genres différents, sont des morceaux babyloniens, ninivites. — C'est colossal, disait-il à son fils après la première répétition d'orchestre ! Le diable m'emporte ! il y a un finale qui est plus grand que le *Tuba mirum* de mon *Requiem !* »

La cérémonie de la clôture de l'Exposition lui fournit encore l'occasion d'un grand triomphe musical. Grâce à la recommandation du prince Napoléon, le gouvernement lui avait commandé une cantate, l'*Impériale*, qui devait être exécutée lors de la distribution des récompenses. Mais comme la musique durait trop longtemps et que l'Empereur s'impatientait, on vint interrompre Berlioz « au moment le plus intéressant » et le forcer d'arrêter là l'exécution de l'ouvrage (1). Berlioz pouvait juger par ce trait charmant de la sollicitude éclairée que le gouvernement impérial était capable de témoigner envers les arts et les artistes. Il savait d'ailleurs à quoi s'en tenir là-dessus : « Le prince Napoléon, écrivait-il quelques mois plus tard, me fait un très gracieux accueil, il s'étonne de la mesquine position que j'occupe à Paris et ne parvient pas à m'en faire changer. L'empereur est inaccessible et exècre la musique comme dix Turcs (2). »

Remarquez que Berlioz ne fait pas ici une confusion fâcheuse entre les Russes et les Turcs, car ces derniers n'ont rien d'exécrable, au moment où ils sont nos alliés. Le sens de la phrase, si elle en a un, est que l'auteur de l'*Enfance du Christ* fait plus de cas du goût musical de ce rassemblement d'Orientaux que du sentiment artistique de Napoléon III. C'est bien cela, n'est-ce pas ? — Mais quel singulier impérialiste que Berlioz !

C'est justement à cette heure qu'il va s'engager dans la plus téméraire aventure en se décidant à écrire ses *Troyens* qui le mettront un beau jour à la merci de la protection intel-

(1) *Mémoires, post face*, p. 468.
(2) *Correspondance inédite*, p. 232.

ligente de ce souverain mélophobe. Cette lettre à Morel est curieuse parce qu'elle montre combien il apprécie exactement les difficultés qu'il exposait avec tant d'âpreté à la fin des *Mémoires*. Il retrace le tableau que voici de la situation musicale : « On donne un opéra nouveau tous les huit jours (?). Le Théâtre-Lyrique a été sur le point de fermer avant-hier ; il ne payait pas du tout. Il repaye un peu maintenant et compte, pour se sauver, sur un opéra de Clapisson. L'Opéra Italien est en perte de 200,000 fr. L'Opéra-Comique seul, sans faire de brillantes affaires, se soutient passablement. Tout cela n'est pas gai, on ne voit que tripotages, platitudes, niaiseries, gredineries, gredins niais, plats et tripoteurs. Je me tiens toujours de plus en plus à l'écart de ce monde d'empoisonnés et d'empoisonneurs ! » Le portrait du Parisien de 1856 n'est pas plus flatté ; c'est toujours « la même chose inerte et glacée en général » : le petit public de la salle Herz (les Sociétés Philharmonique et Sainte-Cécile) est si peu puissant que son influence est presque nulle.

Quant à lui, il ne peut rien tenter d'un peu important : obstacles en tout et partout : pas de salles ! pas d'exécutants (de ceux qu'il voudrait); il n'y a pas même un dimanche dont il puisse disposer pour donner un petit concert. Les uns sont pris par la Société du Conservatoire, les autres par la Société Pasdeloup (les Jeunes Artistes), qui a retenu la salle Herz pour toute la saison. Il est forcé de se contenter d'un vendredi : « A quoi bon récriminer ? conclut-il. Le choléra existe ; pourquoi la musique parisienne n'existerait-elle pas ? ([1]) »

A ce moment il est encore fatigué des concerts qu'il a donnés après la clôture de l'Exposition et dont le résultat a dû cependant le satisfaire. C'est un entrepreneur intelligent et hardi, M. Berr, qui avait pris l'initiative de cette exécution monumentale comprenant douze cents instrumentistes. Le bénéfice pour Berlioz fut de huit mille francs. Il y eut de beaux effets produits par les morceaux dont les harmonies étaient larges et les mouvements un peu lents. Les principaux furent ceux du chœur d'*Armide*, du *Tibi omnes*, de son *Te Deum*

---

(1) *Correspondance inédite*, p. 233.

et de l'apothéose de la Symphonie funèbre et triomphale (¹).

Berlioz avait fait partie du jury de l'Exposition ; il était nommé à l'Institut en 1856 : il pouvait donc espérer que ses titres officiels, joints à ces récents succès, devaient lui faire obtenir l'appui très sérieux de l'administration impériale. Du reste, cette année n'avait pas été perdue : dans l'intervalle de tous ses travaux et de toutes ses occupations, le maître avait trouvé le temps de faire trois ou quatre importantes excursions. En février 1855 il avait fait entendre à Weimar l'*Enfance du Christ* et la *Fantastique* avec le mélologue de *Lélio* : « On a pleuré à mouiller des mouchoirs (²) », écrit-il. A Gotha il a été également « comblé, archi-comblé de tout ce qui en Europe constitue le succès. » De retour à Paris le 1ᵉʳ mars, il repartait aussitôt pour donner à Bruxelles trois concerts, du 15 au 25, puis en organisait un nouveau à l'Opéra-Comique de Paris le 6 avril : enfin, après l'exécution du *Te Deum*, le 30 avril, il repartait pour l'Angleterre. L'année suivante, il priait son ami bruxellois Adolphe Samuel de l'aider à renouveler cette tentative, qui paraît avoir été fructueuse ; cette lettre nous fait connaître les bases de ses arrangements, la moitié de la recette brute pour lui après prélèvement de 200 francs pour les frais (³).

Remarquons encore qu'en reprenant confiance du côté du public français, il se ménageait des intelligences partout au dehors et n'abandonnait nullement la partie de ce côté, incertain qu'il était de l'avenir musical à Paris à l'heure où naissait l'opérette, cette institution nationale des générations de 1850. Dans une lettre publiée dans les *Débats* en 1853, et adressée aux Allemands, il avait protesté avec énergie contre l'accusation qui avait été dirigée contre lui au cours d'un procès célèbre d'être l'auteur des mutilations infligées au *Freyschütz*. Il s'explique catégoriquement à cet égard. C'est un point qui eût pu l'inquiéter, car il fait allusion aux journaux du Bas-Rhin qui le traitaient de *brigand* à ce propos (⁴).

---

(1) *Mémoires*, p. 370.
(2) *Correspondance inédite*, p. 221-22.
(3) *Vingt lettres inédites*. — *Le Ménestrel*, 22 juin 1879.
(4) *Correspondance inédite*, p. 201.

Il pouvait se souvenir qu'un jeune compositeur allemand, douze ans auparavant, inconnu alors, mais dont on commençait déjà à s'occuper et que Fétis signalait alors même comme un dangereux révolutionnaire en analysant ses premières brochures dans la *Gazette musicale*, avait élevé la voix le premier pour reprocher à Berlioz ses additions de récitatifs dans le chef-d'œuvre de Weber. L'auteur d'*Opéra et Drame* avait néanmoins proclamé, en 1841, Hector Berlioz un compositeur de génie. C'était Wagner, aujourd'hui moins humble et plus audacieux, que Berlioz allait bientôt trouver devant lui.

Au point de vue artistique, cette tournée de 1855 n'avait pas produit partout un résultat bien brillant. Les trois séances de Bruxelles semblent n'avoir pas réalisé tout ce qu'il attendait : les musiciens belges lui avaient fait souffrir « une torture de Huron » à cause de certains défauts d'exécution : le troisième concert seul avait bien marché. Au concert de l'Opéra-Comique de Paris, l'exécution avait été également défectueuse. Elle fut plus brillante trois mois plus tard à Londres, « où, dit-il à Morel, je me case de mieux en mieux. J'y retournerai cet hiver après une tournée que je projette en Bohême et en Autriche, si nous ne sommes pas en guerre avec les Autrichiens (¹) ». Il donnait à Samuel des détails plus complets qui justifient assez sa confiance. « Ma saison à Londres, écrit-il, a été magnifique. J'ai eu un concert à diriger à Covent-Garden après les deux soirées de la *New Philharmonic*. Mme Viardot y a chanté la *Captive*, et Mlle Didiée l'air d'Ascanio, de l'opéra de *Benvenuto Cellini*. A notre premier concert la fête de *Roméo et Juliette*, enlevée avec une verve incomparable, a été bissée avec des cris et une insistance qui vous eussent fait plaisir. Ernst a ensuite joué en grand maître l'alto solo de la symphonie *Harold* qui, dans son ensemble, ne fut jamais mieux exécutée (²). »

A Londres, Berlioz s'était trouvé précisément en présence de Wagner, qui dirigeait la Société rivale de celle dont Ber-

(1) *Correspondance inédite*, p. 223.
(2) *Le Ménestrel*, 15 juin 1879.

lioz était le chef. A ce moment, les deux artistes entraient décidément en rivalité et Berlioz ne ménageait pas son antagoniste : « Wagner succombe sous les attaques de toute la presse anglaise. Mais il reste calme, assuré qu'il est d'être le maître du monde musical dans cinquante ans! » C'est la première escarmouche. Tout à l'heure, les hostilités vont commencer. La partie va s'engager sur l'Opéra : Wagner avec *Tannhœuser* va lutter contre Berlioz arrivant avec les *Troyens* de son côté. Il y a un mot qu'il faut noter encore dans cette lettre : « Verdi, écrit-il, est aux prises avec tous les gens de l'Opéra. Le pauvre homme me fait mal : *je me mets à sa place* ». Hélas! c'est précisément ce qu'il va essayer de faire, mais que de mécomptes nouveaux, que de tribulations, à lui aussi, cette tentative suprême doit réserver!

Précisément aussi son rôle comme chef d'école était fini et sa place allait être prise. Liszt même, son plus fervent sectateur et prosélyte, passait résolûment du côté de l'auteur des *Nibelungen* : « Nous avons eu à Weimar, écrivait le pauvre Berlioz à Morel, en mai 1856, des scènes incroyables au sujet du *Lohengrin* de Wagner... Il en est résulté des histoires qui font encore long feu en ce moment dans la presse allemande. »

Mentionnons enfin, à cette date, une particularité qui a trait à son élection en remplacement d'Adam, le 21 juin. On a vendu dans la collection Benjamin Fillon une lettre autographe de Berlioz à M. Berr, datée du 12, le priant d'intervenir près de M. Buloz, directeur de la *Revue des Deux Mondes*, et dans laquelle l'auteur plaidait lui-même sa cause et s'efforçait d'empêcher l'intervention de son ennemi acharné, M. Scudo. Je n'ai pas le texte. Voici l'analyse qu'on lit au *Catalogue* :

Prière d'intervenir près de l'administration de la *Revue des Deux Mondes* pour que, dans son numéro du 15 juin, le rédacteur maniaque de cette *Revue* le dispense de ses aménités ordinaires et ne plaide pas contre sa candidature à l'Institut, car il est porté le premier sur la liste des candidats pour l'élection du 21 (1).

(1) *Catalogue* des autographes de la collection B. Fillon, n° IX-X, p. 183.

Sa persévérance et ses efforts furent récompensés : mais il ne fut élu qu'à une seule voix de majorité, au quatrième tour de scrutin. Je prends dans les *Débats* le détail de ce vote qui montre combien la victoire fut disputée ; Berlioz avait bien la tête dès le premier tour, mais il eût suffi d'une coalition de ses adversaires pour l'évincer dès le second.

	1er tour	2e tour	3e tour	4e tour
Berlioz	13	15	18	19
Panseron	7	5	5	2
Félicien David	5	5	4	4
Niedermeyer	5	5	5	6
Gounod	5	6	5	6
Leborne	1	1	.	.
Vogel	1	.	.	.

Ainsi au troisième tour Berlioz était encore en minorité et il ne dut son élection au quatrième qu'à l'appoint d'une voix d'un des partisans de M. Panseron.

Notez la prodigieuse déférence du jeune artiste, le dernier venu des sept concurrents, qui maintient avec une si courageuse ténacité sa candidature contre le vieux maître : ce candidat présomptueux est l'auteur malheureux de *Sapho* et de la *Nonne sanglante*. Un beau titre académique à invoquer en face de Berlioz !

Alors le maître peut se mettre décidément aux *Troyens* : il écrit le poème à ce moment même. Il a ressenti pour la première fois les attaques menaçantes de la maladie qui doit l'emporter douze ans plus tard : « Une inflammation des intestins causée, dit-il à Samuel, par l'excès de fatigue supportée à Weimar. » En février il est allé dans cette dernière ville diriger la reprise de *Benvenuto* et deux concerts : dans le dernier il a fait entendre pour la première fois la *Damnation*. C'est sa dernière excursion musicale jusqu'à la réception et à la mise à l'étude du grand ouvrage qui va couronner sa carrière tourmentée, sans lui donner les satisfactions sur lesquelles il a le droit de compter enfin.

XXIII

LA LUTTE SUPRÊME

C'est durant son troisième voyage à Weimar, en 1855, que Berlioz conçut définitivement le plan des *Troyens* auquel il songeait depuis quelque temps déjà. Nous allons signaler d'après ses lettres toutes les crises qu'il traverse depuis le jour où il commence à composer l'ouvrage jusqu'à celui de la représentation, c'est-à-dire pendant sept ans. C'est ce que j'appelle la lutte suprême.

Berlioz nous apprend ([1]) que sa résolution fut prise à Weimar, sur les instances de la princesse de Sayn Wittgenstein, devant laquelle il avait parlé de son admiration pour Virgile, en exposant l'idée qu'il se faisait d'un grand opéra traité dans le système shakespearien, et qui aurait pour sujet les deuxième et quatrième livres de l'*Enéide*. Mais il se défendait de vouloir tenter l'entreprise, pressentant tous les chagrins qu'elle lui causerait. « Ecoutez, dit la princesse, si vous reculez devant les peines que cette œuvre peut et doit vous causer, si vous avez la faiblesse d'en avoir peur et de ne pas tout braver pour Didon et Cassandre, ne vous présentez jamais chez moi, je ne veux plus vous voir. » Il avoue qu'il n'en fallait pas tant pour le décider, et en effet, dès son retour à Paris, il commença à écrire le poème.

Ce récit concorde bien avec les dates, cette fois : une lettre de remerciements adressée à la princesse en 1864 avec la dédicace de la partition atteste de même la réalité de l'anec-

---

(1) *Mémoires*, p. 469.

dote. A l'heure du découragement, en 1854, il se défendait de songer à cette œuvre grandiose dont l'idée première lui était venue trois ans auparavant (¹) et l'on a vu pour quelles raisons, au milieu de la grande crise politique, domestique et artistique, il avait renoncé à ce projet. Mais les succès de l'*Enfance du Christ*, du *Te Deum*, des concerts de 1855 à Paris et à l'étranger, enfin sa victoire définitive à l'Institut, lui enlevaient ses derniers scrupules. Malheureusement il y avait loin encore de la coupe aux lèvres.

Sans parler de la passion du maître pour Virgile, je trouverais certainement dans bien des passages des lettres et des feuilletons les traces des préoccupations de Berlioz et de la conception primitive de l'œuvre; tel passage écrit en 1852 où il fait allusion à la Cassandre de Virgile (²), tel autre d'une lettre à Hans de Bulow en 1854 : « Quel grand compositeur que Virgile ! (³) » s'écrie-t-il. Mais voyons-le sans plus tarder au travail. C'est Morel qui reçoit les premières confidences.

« J'ai entrepris, lui dit-il dès le 23 mai 1856, un opéra en cinq actes dont je fais tout, paroles et musique; j'en suis au troisième acte du poème, j'ai fini hier le deuxième. Ceci est entre nous. Je le ciselerai à loisir après l'avoir modelé de mon mieux ; je ne demande rien à personne en France. On le jouera où je pourrai le faire jouer : à Berlin, à Dresde, à Vienne, ou même à Londres, mais on ne le jouera à Paris (si on en veut) que dans des conditions tout autres que celles où je me trouverais placé aujourd'hui. Je ne veux pas remettre ma tête dans la gueule des loups ni dans celle des chiens. »

Malheureusement pour lui, il se ravise, et quelques mois plus tard, malgré les mauvaises dispositions de la direction, il s'imagine que la parole du souverain lui ouvrira la porte.

« Je travaille exclusivement à mon opéra sans en parler seulement à Alphonse Royer qui est, comme furent tous les autres directeurs de l'Opéra, un Hottentot en musique. » (Duponchel et Roqueplan étaient des Chinois). Il le regarde

---

(1) *Mémoires*, p. 451.
(2) *Soirées de l'orchestre*, p. 340.
(3) *Correspondance inédite*, p. 215.

comme un grand symphoniste qui ne peut et ne doit faire que des symphonies, etc. Il en était sûr d'avance, mais il n'en continue pas moins sa partition avec un vague espoir d'arriver par la volonté de l'empereur.

Au moment décisif, il verra combien cet espoir était chimérique ; mais en attendant il est entièrement absorbé : sa grande machine musicale et dramatique avance lentement, très lentement. Il aura à peine fini le premier acte dans un mois, écrit-il à Samuel en novembre : c'est une affaire de dix-huit mois de travail. « Je commence à ne plus me laisser émouvoir par le sujet, et c'était un point important pour en être maître. Dieu sait ce que cette œuvre deviendra ! Il lui faudrait un théâtre dirigé par des gens dévoués à nos idées et un public attentif et dégagé des habitudes parisiennes. » De plus, il lui faut les interprètes, deux femmes d'un talent très élevé et très noble (il ne les connaît pas) « Ces deux figures antiques représentées par de simples cantatrices modernes seraient des caricatures. » Il faut même une troisième femme ; mais celle-là ne chante pas, elle ne dit pas un mot. « Et la scène unique où elle paraît sera sans doute une des plus difficiles à rendre par le geste, la physionomie et les attitudes (1). »

Comment peut-il avoir des doutes sur la situation musicale tandis qu'il compose une œuvre d'un tel caractère ? « Je suis las, écrit-il à l'abbé Girod, et obligé de reconnaître que les absurdités sont nécessaires à l'esprit humain et naissent de lui comme les insectes naissent des marécages ; laissons les uns et les autres bourdonner. » Et avec M. Bennet, père du pianiste Ritter, son scepticisme perce terriblement : « Vous me faites rire avec ces vieux mots de mission à remplir ! Quel missionnaire ! Mais il y a en moi une mécanique inexplicable qui fonctionne malgré tous les raisonnements, et je la laisse faire parce que je ne puis l'empêcher de fonctionner. Ce qui me dégoûte le plus, c'est la certitude où je suis de la non existence du beau pour l'incalculable majorité des singes humains. » Sa partition se fait comme les stalactites se

(1) *Le Ménestrel*, 29 juin 1879.

forment dans les grottes humides, presque sans qu'il en ait conscience : avec le temps le reste de la stalactite se formera peut-être bien « si la voûte de la grotte ne s'écroule pas ».

Mais, sans parler de la musique, il faut constater que son énergie des débuts était bien affaiblie. Il le sentait lui-même : il n'avait pas employé trois ans à écrire *Cellini*. Il le disait à Kreutzer à propos de la reprise de l'œuvre à Weimar : « Certainement, il y a là une verve et une fraîcheur d'idées que je ne retrouverai peut-être jamais. »

Il avait en outre ses feuilletons qui l'impatientaient et causaient des interruptions forcées dans son travail, puis les distractions de la vie de Paris. Il souhaite ardemment être délivré de ce monstrueux boulet. Déjà il avait fait deux lectures de son poème, devant deux aréopages assez compétents : l'une chez M. Edouard Bertin, l'autre chez lui ; on trouvait cela beau. « Dernièrement, écrit-il à Morel le 26 août 1857, à l'une des soirées des Tuileries, l'impératrice m'en a parlé longuement ; j'irai plus tard le lire à Leurs Majestés si l'empereur a une heure de liberté. » Il veut encore avoir au moins trois actes achevés ; mais, quand l'empereur ordonnerait la mise à l'étude immédiate de cet immense ouvrage, il ne pourrait y consentir faute de deux femmes capables de prendre les rôles de Cassandre et de Didon.

A la fin de l'année la partition est déjà avancée, bien qu'il ait été interrompu de toutes parts. « En somme, dans six ou sept mois, dit-il à Morel, l'ouvrage sera fini et je me mettrai pour mieux en étudier les défauts à arranger la partition pour le piano. Il n'y a pas de travail plus utile, en pareil cas, que celui-là. Et d'ailleurs la partition de piano et chant a bien sa valeur intrinsèque, surtout pour les études. »

Sa confiance est entière ; il ne tient pas compte de l'objection qu'on lui a déjà faite sur le choix du sujet et le préjugé contre un thème antique. Il estime que ces sortes de sujets sont redevenus neufs à la condition pour les auteurs de ne pas les traiter à la façon lamentable de MM. de Marmontel, du Rollet et Guillard : « Je vous assure, dit-il à son ami, qu'il y a un mouvement, une variété de contrastes et une mise en scène extraordinaires, et cela doit faire pardonner au sujet d'être

beau par les sentiments et les passions et la pensée poétique. »
Il a mis au pillage (c'est son mot) Virgile et Shakespeare :
« J'ai trouvé en outre une scène d'un effet terrible qui n'est
pas dans les allures des tragédies lyriques du siècle dernier.
J'écris cette partition avec une passion qui semble s'accroître de jour en jour. Il résultera de tout cela, paroles et musique, quelque énormité. »

Mais, encore une fois, à quelle scène est destiné cet ouvrage ? Ce ne peut être à l'Opéra de Paris, car voici ce que le compositeur écrit au même instant à Morel : « Qu'y a-t-il de plus triste, de plus misérable que notre monde musical de Paris ? Quelle direction imprimée à tous nos théâtres lyriques ! L'Opéra a toujours du monde ; on ne peut pas empêcher le public d'y aller. Dès lors une suffisance et une nonchalance dans l'administration qui dépassent tout ce que vous pouvez imaginer. » Il raille ici Royer et Roqueplan, puis un haut fonctionnaire qui déclare que « les arts l'embêtent ». Il y en a plus d'un à qui le portrait pourrait s'appliquer. Et il ajoute : « Je voudrais que vous entendissiez la musique que l'on fait à la Cour de temps en temps ». Evidemment, pour être si clairvoyant, il faudrait le taxer de démence absolue s'il songeait à offrir ses *Troyens* à l'Académie Impériale de musique.

Il paraît pourtant que l'étranger ne lui inspirait guère plus de confiance : « Voilà ce pauvre roi de Prusse qui perd la tête. Son frère aura-t-il, autant que lui, le sentiment des arts ? Les petites cours allemandes où l'on aime la musique ne sont pas riches et la Russie (comme l'Angleterre) est toute acquise aux Italiens... Reste la reine Pomaré ; mais Taïti est bien loin.... Le Brésil est à Verdi.... Si nous allions en Chine ? [1] » Toutes ces boutades nous montrent combien, à mesure qu'il approche de la fin, le sentiment exact des difficultés qu'il doit rencontrer se révèle de plus en plus vif. Toutes ces lettres sont de la même époque, des derniers mois de l'année 1857. En voici encore une, à M. Samuel, qui nous fait assister à son indécision ; elle est fort curieuse :

« A côté de l'artiste amoureux de l'idéal, il y a l'esprit

[1] *Correspondance inédite*, p. 251.

critique de l'observateur du monde réel qui regarde l'artiste travailler et le prend en pitié, et se moque de lui, et se rit de ses poétiques illusions et de ses aspirations ardentes. Vous avez des leçons à donner qui vous tourmentent, vous enragent et vous humilient et j'ai à subir mille tourments, mille humiliations, à éprouver de volcaniques rages dans le milieu où je suis forcé de vivre, rien qu'à l'aspect de ce qui se passe dans ce monde de crétins et de gredins qui est le monde des arts à Paris. »

Et Berlioz raille impitoyablement les directeurs des théâtres, les fonctionnaires qui ne savent pas la gamme et qui sont sensibles aux beautés de la musique comme des Hottentots ; les prétentions insensées des chanteurs qui augmentent tandis que leur talent diminue. « L'indifférence du public est à peu près complète, ajoute-t-il, pour toutes les productions sérieuses de l'esprit. On ne songe qu'à gagner de l'argent pour pouvoir gagner encore de l'argent. »

Quel malheur que Berlioz n'eût pas vécu dix ans de plus ! Ce n'est pas en 1879, ni même en 1882, qu'il se fût permis de suspecter de la sorte nos mœurs et notre éducation artistiques !

Mais il se demande avec anxiété ce qu'il va ressentir de chagrins et de regrets cuisants quand il aura tout à fait achevé cette immense construction dramatique et musicale. Et le moment approche : dans deux mois probablement ce sera fini. « Où trouver alors le directeur de théâtre, le chef d'orchestre et les chanteurs-acteurs dont j'aurai besoin ? Le nouvel opéra restera là comme le grand canot de Robinson, jusqu'à ce que la mer vienne le prendre, si toutefois il y a une mer pour des œuvres de cette nature. Je commence à croire que la mer n'a jamais existé, que c'est un rêve des constructeurs de navires ([1]). »

Remarquez le bien : ce n'est encore que la période préparatoire. Nous voyons les préoccupations de l'auteur augmenter sans cesse à mesure que le travail s'avance ; au commencement de l'année 1858, lorsqu'il arrive déjà à la catastrophe finale du drame, il retrace à Bulow les sentiments qui l'ont

[1] *Le Ménestrel*, 6 juillet 1879.

agité tour à tour pendant qu'il a composé l'ouvrage : « Tantôt c'est une passion, une joie, une tendresse dignes d'un artiste de vingt ans, puis, c'est un dégoût, une froideur, une répulsion pour mon travail qui m'épouvantent. Je ne doute jamais ; je crois et je ne crois plus, puis je recrois... et en dernière analyse je continue à rouler mon rocher... Encore un grand effort et nous arriverons au sommet de la montagne l'un portant l'autre. Ce qu'il y aurait de fatal en ce moment pour le Sisyphe ce serait un accès de découragement venu du dehors ; mais personne ne peut me décourager, personne n'entend rien de ma partition, aucun refroidissement ne me viendra par suite des impressions d'autrui. » Il apprend alors à Bulow qu'il vient d'ajouter au drame une fin bien plus grandiose et bien plus concluante que celle dont il s'était contenté jusque-là, et qui donne lieu à une grande pompe musicale. Quand aux interprètes, c'est Rachel qu'il eût voulu si elle eût encore vécu ; mais il a bien de la bonté, vraiment de se préoccuper ainsi de la vérité d'expression. « Ce sera toujours assez vrai pour le public ! — Oui, ajoute-t-il, mais pour nous ? »

C'était justement le surlendemain qu'avait lieu une nouvelle lecture de son poème chez son confrère de l'Institut, l'architecte Hittorf, devant une grande réunion où assistaient la plupart de ses collègues de l'Académie des beaux-arts, M. Alfred Blanche, secrétaire du ministre d'Etat, et M. de Mercey, directeur des beaux-arts. « J'ai eu un véritable succès, écrit-il à son fils : on a trouvé cela grand et beau, on m'a interrompu plusieurs fois par des applaudissements ; enfin, cela m'a rendu un peu de courage pour achever mon immense partition. » Huit jours plus tard, il revêtait l'habit de cour pour aller à un bal aux Tuileries, mais la foule était telle qu'il ne put même trouver moyen d'apercevoir l'empereur ni l'impératrice. « Je suis revenu à onze heures, dit-il à Louis, trop heureux de n'avoir pas été étouffé et d'avoir retrouvé mon paletot. »

Il est pressé d'en finir, et ces retards l'impatientent; l'heure de l'action est proche. Il a terminé le dernier monologue de Didon et il déclare qu'il est plus content de ce qu'il vient d'écrire que de tout ce qu'il a fait auparavant. Il croit que les terribles scènes du cinquième acte seront en musique d'une vérité déchirante. Mais il a modifié cet acte, fait une large coupure et ajouté un morceau de caractère destiné à contraster avec le style épique et passionné du reste.

A la fin de février, une nouvelle lecture avait lieu chez lui devant une vingtaine de personnes, comme il l'annonçait à Adolphe Samuel : « J'ai travaillé à ce poème, lui disait-il, avec une patience extrême, je n'y changerai plus rien maintenant. Mais comment n'aurions-nous pas de la patience? Je lisais hier dans la vie de Virgile qu'il a mis onze ans à écrire l'*Enéide*, et cette merveille de poésie lui paraissait si incomplète encore, qu'avant de mourir il ordonna à ses héritiers de la brûler. Shakespeare a refait trois fois *Hamlet*. Ce n'est qu'en travaillant ainsi qu'on peut faire de grandes choses durables.... Je crois que vous serez content de ma partition des *Troyens*. Vous pouvez aisément deviner ce que sont les scènes de passion, de tendresse, les tableaux de la nature calme ou bouleversée, mais il y a aussi des scènes dont il est impossible que vous vous fassiez une idée. Tels sont, entre autres, le morceau d'ensemble où tous les personnages et le chœur expriment l'horreur, l'épouvante que vient de leur causer le récit de la catastrophe de Laocoon dévoré par les serpents, et encore le finale du troisième acte et la dernière scène du rôle d'Enée au cinquième. Je suis résolu à faire un arrangement de tout l'ouvrage pour le piano. Ce sera pour moi une étude critique de la grande partition que je crois devoir être utile en m'en faisant scruter les plus secrets réduits. Peu importe ce que l'œuvre ensuite deviendra. Qu'elle soit représentée ou non, ma passion virgilienne et musicale aura été ainsi satisfaite, et j'aurai au moins montré ce que je conçois qu'on peut faire sur un sujet antique traité largement. »

C'est à ce moment que se placent les grandes démarches. Sans plus attendre il avait rédigé sa lettre à Napoléon III, qu'il a reproduite dans son autobiographie ([1]), et qu'il n'en-

---

([1]) *Mémoires*, p. 471.

voya pas, le duc de Morny l'ayant, avec raison, jugée peu convenable. Berlioz en sollicitant une audience pour lire son poème attaquait le directeur de l'Opéra, les chefs de service du théâtre, critiquait l'insuffisance des ressources musicales à Paris, le jugement du public qui considère la production des jouets sonores comme le but de l'art : il veut se soumettre à la décision de l'empereur et non à celle de gens dont le jugement est obscurci par des préventions et des préjugés et dont l'opinion n'est par conséquent d'aucune valeur à ses yeux. « Ils prendraient prétexte, ajoute-t-il, de l'insuffisance du poème pour refuser la musique ». Observation pleine de finesse. Enfin, il demande à Napoléon III de prendre le Latium avec lui.

Il assure que l'empereur ayant consenti, après un entretien qu'il eut avec lui à une soirée des Tuileries, à recevoir son poème, l'envoya, au lieu de le lire, dans les bureaux de la direction des théâtres. « Là on calomnia mon travail, le traitant d'absurde et d'insensé, on fit courir le bruit que cela durerait huit heures, qu'il fallait deux troupes comme celle de l'Opéra pour l'exécuter, que je demandais trois cents choristes supplémentaires, etc. »

C'est à cette lutte contre les bureaux qu'il faut, sans doute, reporter ce trait qu'il confie en mai 1858 à l'auteur qui demandait des notes pour sa biographie : « Un soir ([1]), j'étais chez mon ami d'Ortigue avec quelques personnes, parmi lesquelles se trouvaient M. de Lamennais et un sous-chef du ministère de l'intérieur. La conversation s'établit sur le mécontentement que chacun éprouve de la condition dans laquelle il est placé. M. P., le sous-chef, ne se trouvait pas mécontent de la sienne. J'aime mieux, dit-il, être ce que je suis que tout autre chose. — Ma foi, répliquai-je étourdiment, je ne suis pas comme vous, et j'aimerais mieux être tout autre chose que ce que vous êtes. » C'était ainsi qu'il travaillait à réussir !

La lettre du 5 mai à son fils nous apprend vers quelle date, à peu près, il fut reçu en audience par Napoléon III :

(1) *Mémoires*, p. 459.

c'est dans la première quinzaine du même mois. Le dimanche précédent, il avait dirigé le concert de Littolff au Conservatoire ; la *Captive* et la fête de *Roméo* y avaient obtenu un succès prodigieux, fracassant : « Que n'étais-tu là ! c'était un vrai tremblement de salle ! Le lendemain lundi, poursuit-il, je suis allé à la réception des Tuileries. L'empereur m'a vu, m'a abordé et m'a demandé des nouvelles de mon opéra. Je n'ai pas manqué de le prier de prendre connaissance du poème et il m'a répondu que cela l'intéresserait beaucoup, que je devrais lui demander une audience pour cela. *Elle sera pour la semaine prochaine* J'ai bien des choses à dire à l'empereur : Dieu veuille que je n'oublie pas les plus essentielles ! »

Que se passa-t-il dans cette entrevue? Peu importe : il dut recevoir beaucoup d'eau bénite de cour, mais il ne s'était fait, sans doute, aucune illusion sur les chances de faire monter les *Troyens* à l'Opéra, car il avait terminé sa lettre à Louis par cette exclamation : « Il est question d'y donner l'an prochain un grand ouvrage d'un amateur, le prince Poniatowski ! »

L'essentiel est d'avoir pu fixer une date à cette entrevue décisive, ce qui n'est jamais bien aisé avec Berlioz.

Quelques mois plus tard nous suivons les traces de ses préoccupations dans les cinq lettres adressées à Ferrand auquel il n'avait pas écrit depuis près de trois ans. Il le met au courant de ses travaux et de ses projets, puis lui expose la situation : l'Opéra est en désarroi, c'est une espèce de théâtre privé de l'empereur où l'on n'exécute en fait d'ouvrages nouveaux que ceux des gens adroits à se faufiler de façon ou d'autre. Il ne dit pas s'il est disposé à entrer par cette porte. « Cet ouvrage, ajoute-t-il, me donnera sans doute beaucoup de chagrins ; je m'y suis toujours attendu, je supporterai donc tout sans me plaindre [1]. »

Un peu plus tard, il avait une entrevue avec le ministre d'Etat, et il en fait le récit à Ferrand. L'huissier du ministre l'a introduit sans lettre d'audience en voyant sur sa carte : membre de l'Institut. « Si je n'eusse pas exhibé ce beau

---

[1] *Lettres intimes*, p. 209.

titre on m'eût éconduit comme un paltoquet. » Il vient récriminer contre l'hostilité de parti pris du directeur de l'Opéra. La conversation est étrange.

— Certainement, dit l'Excellence, votre grande réputation vous donne des droits et justifie bien les prétentions. Mais un grand opéra en cinq actes, c'est une terrible responsabilité pour un directeur. Je verrai... J'avais déjà entendu parler de votre ouvrage.

— Mais, monsieur le Ministre, il ne s'agit pas de monter les *Troyens* cette année ou l'année prochaine ; le théâtre de l'Opéra est hors d'état de mener à bien une telle entreprise, vous n'avez pas les sujets nécessaires, l'Opéra actuel est incapable d'un pareil effort.

— Pourtant, en général, il faut écrire pour les moyens que l'on a... Enfin, je réfléchirai à ce qu'on pourra faire.

« Et l'empereur s'y intéresse ! s'écrie-t-il. Il me l'a dit et j'ai eu la preuve ces jours-ci qu'il m'avait dit vrai. Et le président du Conseil d'Etat et le comte de Morny, tous deux de la Commission de l'Opéra, ont lu et entendu lire mon poème et le trouvent beau, et ils ont parlé en ma faveur à la dernière assemblée ! Et parce que l'Opéra est dirigé par un demi-homme de lettres qui ne croit pas à l'expression musicale et trouve que les paroles de la *Marseillaise* vont aussi bien sur l'air de la *Grâce de Dieu* (¹) que sur celui de Rouget de Lisle, je serai tenu en échec pendant sept ou huit ans peut-être ! L'empereur aime trop peu la musique pour intervenir directement et énergiquement. Il me faudra subir l'ostracisme que cet insolent théâtre infligea de tout temps à certains maîtres sans savoir pourquoi. Tels furent Mozart, Haydn, Mendelssohn, Weber, Beethoven, etc., qui tous eussent voulu écrire pour l'Opéra de Paris et n'ont jamais pu être admis à cet honneur (²). »

Au bout de huit mois de démarches, vous le voyez déjà irrité et découragé ; six semaines après il commence déjà à

---

(1) On peut voir à quelle adresse Berlioz a lancé cette plaisanterie fameuse, qu'on retrouvera au volume des *Grotesques*, (les athées de l'expression) mis en vente justement à cette date.

(2) *Lettres intimes*, p. 215.

se sentir abattu : « Je ne réponds pas à vos questions sur les *Troyens*, écrit-il à Samuel (¹), je n'en ai pas la force. » On s'en est occupé dernièrement à la Commission de l'Opéra. L'empereur semble avoir recommandé l'ouvrage, mais Berlioz ne veut à aucun prix parler au directeur de l'Opéra dont il connait les singulières prétentions au goût musical. « La mise en scène des *Troyens* viendra comme il convient qu'elle vienne ou elle ne viendra pas. Cela me paraît beau : la partition a été dictée à la fois par Virgile et par Shakespeare ; ai-je bien compris mes deux maîtres? En tous cas, je ne supporterais pas de la voir insultée par les crétins qui possèdent à cette heure le pouvoir à l'Opéra. » D'ailleurs, comme il l'écrit à Morel, l'Opéra n'est pas praticable. Après David (*Herculanum*), est inscrit le prince Poniatowski ; après le prince le duc de Gotha, et en attendant le duc on traduira la *Sémiramide* de Rossini.

Il se résigne à organiser le samedi saint un concert spirituel à l'Opéra-Comique. Il faut gagner de l'argent. Ce soir-là il est à peu près sûr de remplir la salle. Louis, qui jamais n'a rien entendu de lui, sera cette fois au moins à Paris. Berlioz semble décidé à ne plus donner signe de vie, alors; Véron, l'ancien directeur, dit partout de magnifiques choses du poème et déclare que le cinquième acte est un chef-d'œuvre en ajoutant qu'il dépenserait 150,000 fr. pour monter cela. « Il est vrai que les paroles ne l'engagent à rien ; mais elles font sensation parmi les gens de l'Opéra. Peu à peu seront-ils forcés de venir vers la montagne. » En tout cas la montagne s'obstine à ne pas aller à eux : « Je n'ai jamais parlé de mon ouvrage à Royer et je ne lui en parlerai jamais (²). — Je n'ai fait, écrit-il à Ferrand le 28 avril, aucune démarche en faveur des *Troyens*; pourtant on en parle de plus en plus. Je laisse dire, je laisse faire et demeure immobile comme la montagne en attendant que Mahomet marche à sa rencontre. » — Qui sera ce Mahomet ? — Juste à cette heure Wagner arrive à Paris : il ne va pas jouer à la montagne impossible, lui !

(1) *Le Ménestrel*, 6 juillet 1879.
(2) *Correspondance inédite*, p. 265.

Il s'est fait d'ailleurs une loi de tout prendre avec une sorte d'indifférence, de rester tranquille comme le canon qui fait feu et vomit sa mitraille. « Il y a un vers de Virgile que j'ai écrit au bas de ma partition des *Troyens* :

Quidquid erit superanda omnis fortuna ferendo est.
Quoi qu'il arrive on doit vaincre le sort en supportant ses coups.

Seulement il faut être aidé par le temps, il faut vivre. Malheureusement, comme le dit Hamlet, *pendant que l'herbe pousse, pousse le cheval* (¹). »

Il explique en même temps son sang-froid par le découragement où il est de trouver des interprètes capables. Les chanteurs-acteurs de l'Opéra lui semblent bien loin de posséder les qualités nécessaires pour représenter certains rôles. Il n'a pas une *Priameia virgo*, une Cassandre ; la Didon serait bien insuffisante et il aimerait mieux recevoir dans la poitrine dix coups d'un ignoble couteau de cuisine que d'entendre massacrer le dernier monologue de la reine de Carthage. « Shakespeare l'a dit : rien n'est plus affreux que de voir déchirer de la passion comme des lambeaux de vieille étoffe. Et la passion surabonde dans la partition des *Troyens* ! les morts eux-mêmes ont un accent triste qui semble appartenir encore un peu à la vie (²). »

D'ailleurs c'est le moment de l'expédition d'Italie et Berlioz comprend que l'heure n'est pas encore aux grandes tentatives. Remarquez en passant cette bizarrerie du sort : c'est l'ambassadrice d'Autriche, après Solférino, qui obtiendra l'ordre impérial ouvrant les portes de l'Opéra pour un compositeur allemand. Au bal des Tuileries qui précédait la campagne d'Italie, Berlioz avait vu une dernière fois Napoléon III qui lui avait serré la main en passant. « Il est très bien disposé, mais il a tant d'autres bataillons à commander ! Les Grecs, les Troyens, les Carthaginois, les Numides, cela se conçoit, ne doivent guère l'occuper. »

C'est après la conclusion de la paix que Berlioz engage la lutte à outrance. Mais, au mois de septembre 1859,

(1) Lettres inédites, *Le Ménestrel*, 13 juillet 1879.
(2) *Lettres intimes*, p. 220.

Wagner était arrivé à Paris. Après des démarches infructueuses pour faire recevoir *Tannhœuser* à l'Opéra ou au Théâtre-Lyrique, il s'était décidé à faire entendre ses œuvres dans trois concerts au Théâtre-Italien et Berlioz avait renoué avec le maître saxon les relations déjà anciennes qui n'avaient guère été reprises depuis 1842; mais il allait bientôt se séparer avec éclat. Notez qu'à cette date il n'est pas encore question de *Tannhœuser* pour l'Opéra. C'est le lendemain du concert du 25 janvier 1860 que Berlioz publie le manifeste du *Journal des Débats* ([1]) qui est la véritable déclaration de guerre entre les deux artistes. Son attitude en cette circonstance est inexplicable et sa conduite à l'égard de Wagner pendant l'année qui va s'écouler jusqu'à la chute de *Tannhœuser* n'est pas absolument à son honneur. J'en reparlerai ailleurs, du reste.

Il y avait plusieurs mois alors que Berlioz ne songeait plus à l'Opéra. Il avait entamé des pourparlers avec le Théâtre-Lyrique lorsqu'il avait été chargé, en septembre 1859, d'y diriger les répétitions de l'*Orphée* de Gluck. Il avait prêté le poème des *Troyens* à M. Carvalho qui s'en était déclaré enchanté et qui eût voulu le monter; mais il n'avait pas de ténor pour Enée, tandis que Mme Viardot qui jouait *Orphée* eût pu créer les rôles de Cassandre et de Didon « d'une façon héroïque. » Ce serait donc, écrit Berlioz à son fils, pour le théâtre en construction sur la place du Châtelet qui devait s'ouvrir dans un an. Il constatait, à la vérité, qu'on parlait aussi beaucoup et de divers côtés aux gens de l'Opéra. Le *Roméo et Juliette* de Bellini, qu'on venait de reprendre, n'avait pas fait recette et les représentations avaient été interrompues. Il se vante d'avoir contribué à cette chute en « démolissant » l'ouvrage dans son article ([2]). Et après ?

Mais c'est précisément vers cette époque qu'il s'engage décidément avec Carvalho, n'ayant plus de confiance du côté de l'Opéra. Il l'annonce à Samuel le 29 janvier 1860 : « J'ai

---

(1) *A travers chants*, p. 291.
(2) *Correspondance inédite*, p. 268. L'article est reproduit dans *A travers chants*, p. 317.

signé un traité avec Carvalho par lequel il s'engage à monter mes *Troyens* dans son nouveau Théâtre-Lyrique aussitôt qu'il sera construit. Cela me remet encore à deux ans. En attendant je retouche toujours les détails de ma partition, j'en simplifie le style, je le clarifie (¹). » J'ai encore à ce sujet une légère inexactitude à rectifier. « Je cédai, dit-il aux *Mémoires* (²), aux sollicitations amicales de M. Carvalho et je consentis à lui laisser tenter la mise en scène des *Troyens à Carthage* au Théâtre-Lyrique, malgré l'impossibilité manifeste où il était de la mener à bien. » Les obstacles n'existaient nullement à cette date, car c'est seulement dans trois ans que le théâtre de la place du Châtelet va ouvrir avec cette œuvre : en outre, Berlioz n'a pas à se plaindre, car les lettres à Ferrand nous montreront qu'il obtint des satisfactions assez larges malgré de nombreux et pénibles sacrifices.

Vous voyez bien qu'il n'est pas engagé avec l'Opéra, mais qu'il l'est déjà avec M. Carvalho, et cependant il ne croira jamais la partie perdue de l'autre côté. « Le théâtre où mon ouvrage doit être représenté s'achève, écrit-il à Ferrand, le 29 novembre 1860. Où trouverai-je le personnel chantant dont j'ai besoin ? Voilà la question. » Un de ses amis est allé dire au directeur du Théâtre-Lyrique qu'il tiendrait cinquante mille francs à sa disposition pour l'aider à monter convenablement les *Troyens* : « C'est beaucoup, mais ce n'est pas tout. Il faut tant de choses pour une pareille épopée musicale ! »

Chose étrange, il avait employé ses loisirs, cette année-là, à écrire encore un ouvrage : un opéra-comique. C'est *Béatrice et Bénédict*.

L'idée première datait de 1833 : « Je vais faire, écrivait-il alors à d'Ortigue, un opéra italien *fort gai* sur la comédie de Shakespeare, *Beaucoup de bruit pour rien*. » Malgré l'ironie très évidente, si l'on songe à son désespoir d'amour à cette heure, la phrase suivante nous montre bien la réalité de ce projet : « A cette occasion, je vous prierai de me prêter

(1) *Le Ménestrel*, 6 juillet 1879.
(2) *Post face* p. 472.

le volume qui contient cette pièce (¹). » Il avait donc attendu trente années pour le mettre à exécution.

Il explique à Ferrand qu'il a été repris d'une ardeur de travail, voilà tout. C'est gai et souriant, cela le repose des *Troyens*. Peu de jours auparavant, il donnait sur ce nouvel ouvrage quelques détails à son fils : il ne pouvait suffire à en écrire les morceaux, tant ils se présentaient avec empressement, chacun voulant passer le premier. « Quelquefois j'en commence un avant que l'autre soit fini. J'en ai écrit quatre, il en reste cinq à faire. Je n'ai pris qu'une donnée de la pièce, tout le reste est de mon invention. Il y a en outre des charges musicales qu'il serait trop long de t'expliquer. » Ce genre ne lui avait, du reste, jamais inspiré une antipathie invincible, et il s'explique à cet égard dans une note ajoutée aux *Mémoires* (²), qui prend date entre 1854 et 1860. « Quant à grossir le nombre des œuvres agréables et utiles qu'on nomme opéras-comiques, dit le texte, et qui se produisent journellement à Paris par fournées, comme on y produit des petits pâtés, je n'en éprouve pas la moindre envie. Je ne ressemble point, sous ce rapport, au caporal qui avait l'ambition d'être domestique. J'aime mieux être simple soldat. » Il ajoutait en note : « J'avais pourtant, il y a quelques années, consenti à écrire une œuvre de ce genre. Carvalho, le directeur du Théâtre-Lyrique, et qui est aujourd'hui fort de mes amis, s'était engagé par écrit à me donner, à une époque désignée, un libretto que je devais mettre en musique pour son théâtre. Quand le moment fut venu, Carvalho ne se souvenait déjà plus de cet engagement, en conséquence sa promesse ne fut pas mieux tenue que tant d'autres. » Il nous dit ailleurs que c'est sur la demande de Benazet qu'il écrivit *Béatrice* (³) et donne dans l'autobiographie d'intéressants détails sur les représentations.

En outre, il s'était présenté en 1860 comme candidat à la place de chef d'orchestre du Conservatoire pour succéder à Girard. « M. Berlioz, en faisant cette démarche, disait l'ai-

---

(1) *Correspondance inédite*, p. 107.
(2) *Mémoires*, p. 451.
(3) *Ibid.*, p. 477.

mable Scudo, de la *Revue des Deux Mondes*, a été bien mal conseillé par ses amis (¹). » Ceci en passant pour rappeler que son ardeur militante ne s'affaiblissait pas malgré tant de soucis et de travaux. Du reste, dans quel poste eût-il plus dignement exercé ses merveilleuses facultés au profit de son art, si dans cette belle France les choses ne se passaient pas toujours au rebours du sens commun !

Pendant l'année suivante, d'autres travaux retardèrent longtemps la composition de *Béatrice* : la correction des épreuves des *Troyens* ne lui laissait pas un instant pour achever sa partition, disait-il à Louis. A la réception des Tuileries du 2 janvier 1861, il n'était allé « se montrer » à l'empereur que pour constater tristement que le souverain, si plein de prévenances pour Mme de Metternich, « se souciait aussi peu de lui que de ses ouvrages », ce qui n'était pas pour le réconcilier avec Napoléon III ni avec Wagner. Il commence déjà à battre froid avec l'auteur de la *Vie de César*, si complaisant pour le protégé de la princesse. « Il se passe en ce moment, dit-il à son fils, des choses si étranges dans notre monde de l'art. On ne peut pas sortir, à l'Opéra, des études de *Tannhœuser* ; on vient de donner à l'Opéra-Comique un ouvrage en trois actes d'Offenbach (encore un Allemand) que protège M. de Morny. Lis mon feuilleton qui paraîtra demain sur cette horreur. » On conçoit très bien que c'est moins les confrères qu'il veut atteindre dans cette guerre de représailles que leurs tout puissants protecteurs, qui devaient être les siens.

Il a encore une longue conférence à la fin du même mois avec le nouveau ministre d'Etat, le comte Walewski, qui lui a demandé à prendre connaissance du poème des *Troyens*. « Je suis si malade, écrit-il à Louis, que la plume me tombe à tout instant de la main, et il faut pourtant m'obstiner à écrire pour gagner mes misérables cent francs et garder ma position armée contre tant de drôles qui m'anéantiraient s'ils n'avaient tant de peur, et j'ai la tête pleine de projets, de travaux que je ne puis exécuter à cause de cet esclavage ! »

(1) L'*Année musicale*, 1861. Deuxième année, p. 158.

Berlioz avait eu encore bien d'autres soucis : dans l'intervalle il avait écrit un double chœur « pour deux peuples, chacun chantant dans sa langue. » C'était pour les orphéonistes français qui devaient aller, en juin 1861, rendre aux orphéonistes anglais la visite que ceux-ci leur avaient faite en France. On étudiait déjà à Paris les chœurs français. « Ce sera curieux, un duo au Palais de Cristal par huit ou dix mille hommes! » Mais il ne devait pas assister à cette cérémonie : il n'avait pas d'argent « à dépenser en parties de plaisir ».

Vous devinez ses rages intérieures rien qu'à ce mot : « Jamais, ajoutait-il, je n'eus tant de moulins à vent à combattre que cette année. Je suis entouré de fous de toute espèce. Il y a des instants où la colère me suffoque! »

Mais la chute de *Tannhœuser* le réconforte instantanément, sans pourtant arranger davantage ses affaires. Il s'en réjouit trop bruyamment (¹) et croit qu'il est « cruellement vengé » du tour de faveur donné à son rival. Et comme il est avancé! « J'ai dîné chez l'empereur il y a huit ou dix jours, écrit-il à Louis le 18 avril, j'ai pu à peine échanger trois ou quatre mots avec lui et je me suis ennuyé splendidement. »

Quelques jours plus tard, il donnait une audition de quelques scènes des *Troyens* chez M. Bertin. « Grandissime succès. Etonnement de tout le monde de l'opposition que je rencontre à l'Opéra. Etonnement du secrétaire intime du ministre, lequel ministre d'Etat m'a invité à dîner lundi prochain. Ce sera comme au dîner de l'Empereur, on me parlera de la pluie et du beau temps. Et il me faut souffrir cette outrageante indifférence, et je suis sûr que j'ai fait une grande œuvre, plus grande et d'un plus noble aspect que ce qu'on a fait jusqu'à présent! Et il me faut mourir à petit bruit, écrasé sous les pieds de ces lourds animaux! »

L'Opéra lui avait fait commencer, justement à la même date, la direction des répétitions du *Freyschütz*, qu'on allait

---

(1) Voir la préface de l'ouvrage de Mme Judith Gautier (*Richard Wagner et son œuvre poétique de Rienzi à Parsifal*), ainsi que les lettres de la *Correspondance inédite* à cette date.

reprendre, mais elles sont aussitôt abandonnées. On lui fait perdre un mois pour rien. Comme compensation, on lui offre de monter *Alceste* en lui attribuant la moitié des droits d'auteur. Il refuse. « On croit, dans ce monde-là, que l'on pourrait faire faire pour de l'argent les choses les plus contraires à la conscience de l'artiste. Je viens de leur prouver que cette opinion était fausse. » Il donne à Ferrand comme motif de son refus qu'il ne pouvait accepter les transpositions et les remaniements qu'on avait été obligé de faire pour accommoder le rôle d'Alceste à la voix de Mme Viardot. « Ces choses-là sont inconciliables avec les opinions que j'ai professées toute ma vie, mais les ministres, et surtout les ministres de ce temps-ci (les susdits lourds animaux) n'admettent pas du tout qu'on résiste à un de leurs désirs. Je suis donc, pour le quart d'heure, mal en cour. »

Cependant les *Troyens*, d'après une autre lettre, étaient alors même admis à l'Opéra, mais c'était du ministre d'Etat, précisément, que dépendait la mise en scène, et la résistance de Berlioz à cet administrateur était un trait de caractère des plus honorables. Il y avait alors, dit-il à Louis, Gounod et Gewaert à passer avant lui. « En voilà pour deux ans. Gounod a passé sur le dos de Gewaert qui devait être joué le premier et ils ne sont prêts ni l'un ni l'autre et moi je pourrais être mis en répétition demain. Et Gounod (la *Reine de Saba*) ne pourra être joué qu'en mars 1862. » D'autre part, son obstination à refuser de monter *Alceste* avait fait du bruit et contrarié beaucoup de gens. « On ferait mieux de ne pas s'amuser à perdre du temps et de l'argent pour insulter un chef-d'œuvre de Gluck et de monter les *Troyens* tout de suite ; mais comme le bon sens indique cela, c'est cela qu'on ne fera pas. »

Nous voyons qu'il a fini, malgré ses serments, par aller à la montagne, sans que la date et les circonstances de ce revirement soient autrement expliquées. C'est pour céder aux instances de Royer qu'il opéra d'importants changements dans sa partition, abrégeant le premier acte. Il croit qu'il n'y a plus moyen de résister à l'opinion publique et à la presse tout entière, qui le soutiennent. L'indifférence du souverain commence à l'irriter et il ne peut s'empêcher de répondre à l'impératrice à une fête des Tuileries, lorsqu'elle lui demande quand elle pourra entendre les *Troyens* : « Je ne sais trop, madame, mais je commence à croire qu'il faut vivre cent ans pour pouvoir être joué à l'Opéra (1). »

Au milieu de tous ces incidents il n'avance que bien lentement dans le travail de *Béatrice et Bénédict*. Il ne s'absentera que pour aller diriger un concert à Bade, paraissant croire que ses affaires peuvent être arrangées à bref délai du côté de l'Opéra. « Je ne pourrais sans une haute imprudence, écrit-il à Ferrand, m'absenter de Paris : on peut me demander les *Troyens* d'un moment à l'autre. Si quelque grave accident arrivait à l'Opéra on devrait nécessairement recourir à moi. Absent, j'aurais tort. »

La lettre suivante, à son fils, nous montre que ces prévisions ne s'étaient pas réalisées : c'était définitivement vers le Théâtre-Lyrique qu'il reportait ses regards, se félicitant de voir l'administration approcher de la ruine pour en voir arriver une nouvelle, espérant qu'elle serait moins maladroite et moins malheureuse. Pendant de longs mois il restera encore à attendre en vain les événements, croyant toujours à une surprise du côté de l'Opéra. La chute de la *Reine de Saba* à l'Opéra, en mars 1862, *effarouche* le ministre d'Etat qui ne sait plus quel parti prendre pour mettre à couvert sa responsabilité. Il voudrait un opéra nouveau d'un maître consacré par de nombreux succès à l'Opéra, mais Meyerbeer ne veut pas, Halévy est mourant à Nice, Auber n'a rien fait. Quant à Berlioz, le ministre n'ose pas encore se décider en sa faveur. En conséquence on ne fait rien et on ne décide rien.

Aux Italiens, Mme Charton, à laquelle il a déjà songé pour le rôle de Didon, vient de remporter un grand succès : il espère qu'on aura le bon sens de l'engager à l'Opéra. « Si on lui fait des propositions, elle demandera à débuter dans les *Troyens*. »

C'était bien pour le remercier d'avoir dirigé les études

---

(1) *Lettres intimes*, p. 227.

d'*Alceste*, on le voit par un mot d'une lettre à Ferrand, que le ministre d'Etat avait ordonné de monter les *Troyens* après l'ouvrage de Gewaert, c'est-à-dire en mars 1863. Les résistances de Berlioz avaient été fondées cette fois sur un heureux calcul, mais sa satisfaction ne devait pas être de longue durée. Sur cette assurance il avait commencé les répétitions de *Béatrice*. « J'éprouve, écrit-il à son ami, un tourment que je ne connaissais pas, celui d'entendre dire le dialogue au rebours du bon sens ; mais à force de seriner mes acteurs, je crois que je viendrai à bout de les faire parler comme des hommes. » La mort de sa seconde femme étant survenue, il dut retarder son départ pour Bade, où allait être représenté l'ouvrage. « Tout n'est que prévention, dans ce monde-là », dit-il à Louis, en citant un mot du régisseur qui prédisait un grand succès, en jugeant l'ouvrage d'après l'effet d'un chœur. Ce succès fut très éclatant et cette victoire ne fut pas inutile après les épreuves douloureuses que Berlioz subissait depuis plus de six années. « Vous ririez, écrit-il à Ferrand, si vous pouviez lire les sots éloges que la critique me donne : on découvre que j'ai de la mélodie et que je puis être joyeux et même comique. L'histoire des étonnements de l'*Enfance du Christ* recommence. » On voulait monter *Béatrice* à l'Opéra-Comique, mais la Béatrice manquait. « Il n'y a pas dans nos théâtres une femme capable de chanter, de jouer ce rôle, et Mme Charton part pour l'Amérique. »

Quelques mois plus tard il rompait enfin avec l'Opéra pour accepter les propositions du Théâtre-Lyrique devant lesquelles il avait si longtemps reculé. M. Carvalho s'empresse aussitôt de faire des engagements pour sa troupe, orchestre et chœurs. En mai 1863 on commence les répétitions, l'ouvrage doit passer en décembre. Dans l'intervalle *Béatrice* va être donnée à Weimar pour la fête de la grande duchesse [1]. Mme Charton revient de la Havane : il ignore si elle accepte les propositions de M. Carvalho et attend son arrivée avec une impatience fébrile. Sans elle l'exécution est impossible.

(1) *Lettres intimes*, p. 240.

« Faites des vœux, écrit-il à Ferrand, pour que mon indifférence pour tout devienne complète, car pendant les huit ou neuf mois de préparatifs que les *Troyens* vont nécessiter j'aurais cruellement à souffrir si je me passionnais encore. »

Le 30 mars le duo de *Béatrice* est exécuté au concert du Conservatoire et obtient un accueil enthousiaste. « Cela fait un tapage incroyable. » En partant pour Weimar, tout réjoui de ce triomphe, il laisse M. Carvalho faisant ses engagements. La Cassandre est trouvée : ce qui arrête tout c'est la Didon qui demande une somme folle. Il doit revenir par Strasbourg où doit être exécutée l'*Enfance du Christ*. « Trouverai-je les *Troyens* en répétition? J'en doute : quand je suis loin, rien ne va. » A Weimar, nouvelle victoire. *Béatrice* a trouvé un succès *flambant*. Un banquet monstre est offert au maître par les grands ducs ; la grande duchesse et la reine de Prusse le comblent de compliments. A Lœwenberg il donne un grand concert en l'honneur du prince de Hohenzollern. C'est de là qu'en faisant part de son enivrement aux Massart il salue enfin, toujours sous une forme ironique, l'aurore de la popularité qui se lève pour lui : « Savez-vous ce qui me touche le plus dans les témoignages d'affection que je reçois? *C'est de voir que je suis mort.* Il s'est passé en vingt ans tant de choses que j'ai l'impertinence d'appeler progressives. On m'exécute à peu près partout. »

Il paraît qu'il aurait essayé, chemin faisant, de renouveler une pression sur l'empereur pour faire monter à l'Opéra les *Troyens*. Jusqu'au dernier moment il refusait de lâcher pied. « Le grand duc de Weimar a voulu absolument écrire à sa cousine la duchesse de Hamilton (à mon sujet), une lettre destinée à être mise sous les yeux de l'empereur. La lettre a été lue et l'on m'a fait venir au ministère, et j'ai dit tout ce que j'avais sur le cœur, sans gazer, sans ménager mes expressions, et l'on a été forcé de convenir que j'avais raison et il n'en sera que cela. Pauvre grand duc! il croit impossible qu'un souverain ne s'intéresse pas aux arts? » Le mot n'est-il pas dur à l'adresse de la Majesté Impériale?

Du reste, rien n'était encore commencé pour les *Troyens* au Théâtre-Lyrique, c'était une question d'argent qui arrêtait tout. A un mois de là cette difficulté est résolue. « Nous voilà enfin, écrit-il le 4 juin, attelés à cette énorme machine. » Il a lu la pièce, les répétitions des chœurs vont commencer. Les négociations avec Mme Charton ont abouti. « Elle joue Didon, cela fait un grand remue ménage dans le monde musical de Paris. Nous espérons être prêts au commencement de décembre. Mais j'ai dû consentir à laisser représenter les trois derniers actes seulement, qui seront divisés en cinq et précédés d'un prologue que je viens de faire, le théâtre n'étant ni assez riche ni assez grand pour mettre en scène la *Prise de Troie*. — Plus tard, concluait-il, nous verrons si l'Opéra ne s'avisera pas de donner la *Prise de Troie* (1). » Une nouvelle lettre à Ferrand annonçait le vote de la subvention de 100,000 francs, qui augmentait la confiance de Carvalho et faisait « grandir son enthousiasme » pour les *Troyens*. « L'année a été brillante dès le commencement, ajoutait-il ; sera-t-elle de même à la fin ? Faites des vœux ! »

Tout va bien désormais. La partition des *Troyens* est vendue 15,000 francs à Choudens. « C'est bon signe quand on achète d'avance. » Mme Charton est superbe dans le rôle de Didon. « Je me suis fait deux ennemies de deux amies, Mmes Viardot et Stoltz, qui toutes les deux prétendaient au trône de Carthage. *Fuit Troja*. Les chanteurs ne veulent pas reconnaître du temps l'irréparable outrage. » Cependant le dédain des *Débats* à son endroit l'afflige : on n'y parle jamais de ce qui l'intéresse le plus, c'est à dire de son ouvrage ; son irritation de ces procédés ne sera pas étrangère à la retraite qu'il prendra dans quelques mois.

Nous voici maintenant à la veille de la première représentation. Les *Mémoires*, qui ont omis tous les incidents des dix années intermédiaires, assez intéressants, pourtant, nous décrivent longuement les ennuis de Berlioz pendant les répétitions. Il déclare que l'entreprise était au-dessus des forces de Carvalho ; son théâtre n'était pas assez grand, ses chanteurs pas assez habiles, ses chœurs ni son orchestre suffisants : « Il fit des sacrifices considérables, dit-il, j'en fis aussi

---

(1) *Lettres intimes*, p. 251.

de mon côté, je payai de mes deniers quelques musiciens qui manquaient à son orchestre, je mutilai même en maint endroit mon instrumentation pour la mettre en rapport avec les ressources dont il disposait (¹). » Toutes ces pages sont un réquisitoire contre le directeur : il rend hommage au désintéressement de Mme Charton qui refusa des offres supérieures en Espagne, pour créer Didon ; il est froid cependant sur l'interprétation en disant simplement que cette cantatrice eut d'admirables moments et que Montjauze dans Énée montra à certains jours de l'entraînement et de la chaleur.

Puis il recommence ses récriminations contre Carvalho qui le tourmente pour les coupures nécessaires : « Quand il n'osait pas me les demander lui-même, il me les faisait demander par un de nos amis communs. Celui-ci m'écrivait que tel passage était dangereux ; celui-là me suppliait, par écrit également, d'en supprimer un autre. Et des critiques de détail à me faire devenir fou. » Les observations qu'on lui fait sur la lyre du rapsode, le casque d'Énée, les attributs de Mercure, l'adjectif *triomphaux*, sont citées durant toute une page ; puis, avoir remercié les acteurs d'avoir chanté leurs rôles tels qu'il les avait écrits, il assure qu'on avança la représentation, bien que l'ouvrage eût encore besoin de trois ou quatre répétitions générales, parce que le directeur ne savait de quel bois faire flèche pour alimenter son répertoire, son théâtre étant vide chaque soir. Aussi rien ne marchait avec aplomb.

Il avait cru à une soirée orageuse, mais tout alla à souhait, sauf un coup de sifflet honteux quand le nom du compositeur fut annoncé : il se console de quelques démonstrations hostiles par le souvenir des chaudes manifestations de sympathie qu'il recueillit de toutes parts, par la profonde impression qu'il ressentit lui même à l'audition de sa grande et chère partition, mais il lui faut encore ajouter deux pages de reproches à l'adresse de Carvalho, pour donner la liste des dix morceaux supprimés et critiquer la mise en scène réglée contrairement à ses indications. Il fut tellement abruti

---

(1) *Mémoires*, p. 472.

par ce long supplice, conclut-il, qu'au lieu de s'y opposer de tout ce qui lui restait de forces, il consentit à ce que l'éditeur supprimât de la partition de piano tous les morceaux qu'on avait coupés à la scène : « Oh ! voir un ouvrage de cette nature disposé pour la vente avec les coupures et les arrangements de l'éditeur ! Y a-t-il un supplice pareil ! Une partition dépecée, à la vitrine du marchand de musique, comme le corps d'un veau sur l'étal d'un boucher et dont on débite des fragments comme on vend des petits morceaux de mou pour régaler les chats des portières ! (¹) »

Ainsi, tout le monde reçoit son compliment. Il constate cependant qu'il doit aux *Troyens*, indépendamment du couronnement de sa carrière artistique, la délivrance : il abandonne décidément sa tâche de critique, la vente de la partition et les droits d'auteur du poème et de la musique aux vingt-et-une représentations lui ayant fourni l'équivalent du produit annuel de sa collaboration aux *Débats*.

Mais vous le connaissez encore bien mal si vous croyez que c'est à cela qu'il s'arrête. Tout est dans son amour-propre d'artiste : Choudens qui n'a pas, malgré son traité, édité la grande partition, et Carvalho qui l'a contraint aux amputations douloureuses, reçoivent le paquet d'outre-tombe. A-t-il raison ? Évidemment oui, mais la vengeance est un mauvais argument. Donc il a tort. La correspondance nous révèle un genre de sentiments plus noble. L'anecdote citée par M. Bernard nous le montre en proie à l'émotion la plus poignante au sortir de la répétition générale et vraiment enthousiasmé. « Qu'y a-t-il, s'écrie Mme d'Ortigue en le voyant rentrer la figure toute décomposée ? Est-ce que la répétition aurait mal tourné, par hasard ? — Au contraire ; c'est beau ! c'est sublime ! » Et il se met à pleurer (²). C'est ce qu'il écrivait à Ferrand : « Les répétitions ont un succès foudroyant ; hier je suis sorti du théâtre si bouleversé que j'avais peine à parler et à marcher ; je suis fort capable de ne pas vous écrire le soir de la représentation, je n'aurai pas ma tête. » Et quels détails sur son triomphe, après la pre-

(1) *Mémoires*, p. 477.
(2) *Notice sur Berlioz*, p. 55.

mière! Il est étourdi par tant d'embrassades ; ce sont comme des bulletins de victoire qu'il envoie à son ami pendant tout le mois qui suit.

Mais c'est au général Lwoff qu'il découvre le fond de son cœur : il a dû, dit-il, garder le lit vingt-deux jours par suite des tourments endurés pendant les répétitions (¹). « Les théâtres sont les mauvais lieux de la musique et la chaste muse ne peut y entrer qu'en frémissant ; et les imbéciles et les idiots qui y pullulent et les pompiers et les lampistes et les sous-moucheurs de chandelles et les habilleuses qui donnent des conseils aux auteurs et qui influencent le directeur !... » Écoutez, la fin est bien curieuse : « Ce que je vous écris au sujet des théâtres en général est tout à fait confidentiel, d'autant plus que je n'ai trouvé au Théâtre-Lyrique, depuis le directeur jusqu'au dernier musicien de l'orchestre, que dévouement et bon vouloir. Et cependant... Et néanmoins... J'en suis encore malade. »

Les marques de sympathie ne lui manquèrent pas et furent pour la plupart bien touchantes. Un trait est à citer à l'honneur de Meyerbeer, si malmené au livre des *Soirées* qui put lui procurer une sorte d'avant goût des *Mémoires*, que le maître ne connut pas. Il suivit toutes les auditions des *Troyens* et se fit remarquer par de vives et fréquentes démonstrations d'admiration pour ce chef-d'œuvre. Les charges des caricaturistes et les parodies des petits théâtres furent un hommage d'un autre genre (²). Enfin l'administration impériale s'avisa que l'occasion était sans doute favorable pour nommer Berlioz officier de la Légion d'honneur.

Mais les sujets d'amertume étaient trop forts. La mutilation de l'ouvrage n'était pas le moins cruel. « O ma noble Cassandre, s'écriait-il, mon héroïque vierge ! il faut donc me résigner, je ne t'entendrai jamais ! » Vous avez vu qu'il avait espéré voir l'Opéra monter la *Prise de Troie*. Et vers cette époque, il confiait au général Lwoff sa déception suprême : « Je n'écrirai jamais que pour un théâtre où l'on m'obéirait

---

(1) *Correspondance inédite*, p. 303.
(2) Voir D. Bernard, *Notice sur Berlioz*, p. 56.

aveuglément, sans observations, où je serais le maître absolu. Et cela n'arrivera probablement pas! »

Hélas! n'avait-il pas fait les mêmes serments en 1854, avant de se décider à composer les *Troyens*! Eût-il résisté si l'Opéra, comme il l'espérait, eût voulu monter son œuvre? Une reprise des *Troyens* lui inspirait même de nouvelles hésitations : « On a parlé dernièrement, écrit-il à Ferrand en août 1864, de reprendre les *Troyens* : mais cela est fort loin de me sourire et je me suis hâté d'en prévenir Mme Charton Demeur afin qu'elle n'accepte pas les offres qu'on va lui faire. Le Théâtre-Lyrique est impossible et son directeur, qui se pose toujours en collaborateur, plus impossible encore. »

C'est justement vers cette date qu'il écrit le chapitre des *Mémoires* où il a malmené si durement Carvalho : décidément cette fin de sa laborieuse carrière n'a pas été pour lui telle qu'il l'avait souhaitée, telle qu'il eût mérité de l'obtenir, et la récompense de tant d'efforts et de la lutte désespérée lui manquait. Et il sentait déjà, triste et résigné, l'heure fatale approcher.

XXIV

LE FILS

Y avait-il eu pour Berlioz, au milieu de ses cruelles épreuves, des consolations dans la vie intime? Hélas non! Qu'on se reporte au *Roman* et l'on trouvera à cette heure même une page bien douloureuse : le second ménage. La réalité avait depuis longtemps tué chez lui la passion romanesque. L'idéal était resté brillant, mais en rêve, et l'illusion des jeunes années devait renaître bientôt avec de nouvelles douleurs.

Un lien bien cher rattachait pourtant le présent aux visions radieuses du passé : le fils d'Henriette.

Mais Louis était absent. Les déchirements de la vie intérieure avaient laissé l'enfant sans guide. Le père, au loin, dégoûté du foyer domestique, la mère, frappée par la maladie et abîmée par les chagrins, ne furent pas là pour lui donner dès son enfance la haute direction morale. Il fut livré à lui-même : il choisit la carrière de marin ; le désir d'échapper à ces spectacles douloureux des crises de la famille, la curiosité de l'inconnu que son père avait éprouvée dès l'enfance comme lui l'attirèrent vers cette fatale carrière qui le sépara des siens. Il mourut en mer à trente-trois ans.

C'était une nature droite, élevée, mais un caractère porté à la mélancolie, faible, indécis. Il souffrait de grands maux, le pauvre délaissé, lui qui avait deviné les mystères du foyer de la famille et éprouvé l'isolement dès ses années de jeunesse. C'est lorsqu'il était au lycée de Rouen, à douze ou treize ans, que son père lui adressait ces remontrances qui laissent voir le trouble du pauvre enfant à l'âge critique, à l'âge ingrat : « Rien n'est plus désolant que de te voir condamné toi-même à l'inaction et à la tristesse. Tu arriveras à dix-huit ans sans pouvoir entrer dans une carrière quelconque. Je n'ai pas de fortune, tu n'as pas d'état : de quoi vivrons-nous? Tu me parles toujours d'être marin : tu as donc bien envie de me quitter? Car une fois en mer, Dieu sait quand je te reverrais! Si j'étais libre, entièrement indépendant, je partirais avec toi et nous irions tenter la fortune aux Indes ou ailleurs. Mais pour voyager il faut une certaine aisance, et le peu que j'ai m'oblige à rester en France. »

Henriette était déjà paralysée et son état était tel à ce moment que Berlioz recommandait à l'enfant de lui épargner toute émotion, que l'on craignait fatale pour elle. Où était-il alors? En province? En Autriche? En Russie? A Londres? De 1843 à 1848, à l'heure où sa présence eût été si nécessaire pour surveiller la direction morale de Louis, nous avons

1.

vu qu'il fut toujours absent! A son retour de Russie et à la veille de partir pour l'Angleterre, j'ai mentionné son voyage à la Côte. Ce fut dans ce rapide pèlerinage près de son père mourant qu'il présenta le petit fils au vieillard, qui ne le connaissait pas encore. Mme Berlioz était morte sans l'avoir vu et sans avoir connu la mère. Ce furent, disait Louis à son père dans une lettre datée des Iles Aland, — et Berlioz écrit cela ingénument sans avoir conscience de l'antithèse poignante,—les quinze plus heureux jours de la vie du pauvre enfant.

Quatre ans se passent sans que nous puissions suivre le développement d'esprit du jeune homme et ses rapports avec sa famille. Par grand miracle Berlioz reste assez sédentaire durant cette période ; mais lorsque nous retrouvons trace de Louis dans la correspondance, nous constatons que le père n'a pu détourner son fils de la vocation manifestée de si bonne heure. Il a dix-sept ans et a déjà voyagé sur mer lorsque son père écrit à Lecourt, le 5 avril 1851 : « Louis est arrivé bien fort, bien portant, bien épris de sa carrière. Il repart pour les Antilles dans quinze jours. »

En ce qui concerne les états de service de Louis Berlioz, les registres matriculaires conservés aux archives de la marine nous donnent simplement cette sèche indication sur la date de l'inscription du jeune homme :

Berlioz (Louis), né le 14 août 1834, à Montmartre, novice pilotin au Havre, le 17 septembre 1850.

Ce n'est pas éloquent, mais je trouve ces deux lignes terriblement émouvantes avec la conclusion qui les suit :

Capitaine au long cours le 10 juillet 1860. — *Mort à la Havane, le 5 juin* 1867.

Etait-ce un douloureux pressentiment qui torturait déjà le pauvre Berlioz, était-ce une sorte de remords qui l'oppressait pendant le siège de Bomarsund, en 1854 ? Il croit voir l'enfant en présence de la gueule meurtrière des canons russes, à la veille de la bataille navale, « cet enfer sur l'eau », et il interrompt son autobiographie pour nous confier son anxiété : « Cette idée me bouleverse le cœur et la tête. Heureux les gens qui n'aiment rien... C'est lui qui a choisi cette carrière. Pouvais-je m'y opposer? Car c'est une noble et belle carrière après tout. D'ailleurs on ne prévoyait pas alors la guerre... (¹) »

Cependant, dans le métier de militaire et de marin ce n'est pas apparemment la vie de garnison ni les croisières dans le Pacifique qui décident les vocations? Louis avait manifesté un regret très vif des ennuis d'une carrière dont on ne l'avait peut-être pas assez détourné dès le début en lui faisant connaître ses réalités déplaisantes, car la correspondance, que nous trouvons très complète entre le père et le fils à dater de la lettre de 1851, nous initie à des récriminations mutuelles qui sont bien tristes à souligner. D'abord la question d'argent; il s'emporte : au lieu d'arriver avec 100 francs, Louis en doit 40. Plutôt que de payer 15 francs de douane, ne valait-il pas mieux jeter ses cigares à la mer? Il lui envoie la moitié d'un billet de cent francs et n'enverra l'autre que contre avis de réception de la première. « C'est une précaution usitée quand on met de l'argent à la poste. » Il travaille pour mettre de côté la somme nécessaire pour la dépense du jeune homme pendant les six mois qu'il va passer à terre, mais il gémit sur son dénuement. Des habits déchirés! Des chemises pourries! Pour un mois à la Havane! « Il te faudra donc des douzaines de chemises tous les cinq mois! Est-ce que tu te moques de moi? » Voilà bien du bruit pour du linge sale. Un enfant de seize ans mérite plus d'indulgence. « Je te recommande, ajoute-t-il, de mesurer tes termes quand tu m'écris : ce style-là ne me convient pas. En tous cas et en trois mots je ne peux pas te donner un autre état que celui que tu as choisi. A ton âge on doit savoir assez le monde pour mener une conduite différente de celle que tu parais tenir. »

C'est assez dur et bien peu paternel, même si Louis eût pu s'oublier. Heureusement la lettre qui suit celle-ci lui est adressée après la mort de sa malheureuse mère le 6 mars 1854 et elle est plus humaine. « Je pourrai t'aider maintenant plus que par le passé, mais toujours en prenant des précautions

(1) *Mémoires*, p. 426.

pour que tu ne puisses gaspiller l'argent. Je suis sans ressources dans ce moment ; ma gêne durera encore six mois au moins, car il faut que je paie le médecin, et la vente des meubles ne rapportera presque rien. » Il doit aller dans un mois à Dresde et il est obligé d'emprunter de l'argent pour faire ce voyage. L'argument est sans réplique pour le pauvre petit novice descendu à terre, qui assurément avait rêvé se donner un peu de bon temps. En tous cas Berlioz n'oubliait pas les conseils : « Combien il me tarde de te voir devenir un homme raisonnable ! Que je serais heureux de te savoir sûr de toi même ! »

De ce jour date la véritable correspondance qui comprend en tout trente-deux lettres. Berlioz prêche d'abord l'économie : son fils a soixante-dix francs par mois, il peut en économiser une partie, « si tu sais t'arranger et renoncer à ta manière d'employer l'argent ». Il craint qu'il n'ait engagé sa montre au Havre « au temps de sa folie ». Elle lui avait été donnée par son grand père. Puis les affaires de famille : « Le reste des objets que je n'ai pas vendus à Montmartre, les livres, les portraits de ta mère et le mien, resteront à Paris rue Boursault, dans une malle fermée et portant ton adresse et la déclaration que cela t'appartient. » L'appartement n'est pas loué, il faudra peut-être le payer encore un an.

Un mois après, à Dresde, il renouvelle son sermon : « Il me semble que tu recommences à gaspiller ton argent ; je t'en ai envoyé deux fois le mois dernier. Achète une montre de peu de prix, mais excellente. » C'est parler d'or.

C'est alors le moment de la déclaration de guerre et Berlioz va sentir aussitôt combien il est attaché à cet enfant. Voici un fragment d'une lettre à Auguste Morel, du 28 août : « Je serais demeuré à Saint-Valery sans les anxiétés que j'éprouvais au sujet de Louis. Je suis revenu dans l'espoir d'obtenir plus vite à Paris des nouvelles du siège de Bomarsund, où il se trouvait. Heureusement il s'en est tiré sain et sauf. Je viens de recevoir une lettre de lui. Dieu vous préserve de connaître jamais de semblables émotions ! »

Ici nous retrouvons enfin le père : il semble que le second

mariage de Berlioz, qui venait d'être célébré à cette époque, ait eu pour effet immédiat de le rattacher plus invinciblement au fils qui lui rappelait tout ce que le premier contenait de rêves heureux et de joies pures. L'intimité va devenir plus étroite. Le danger que courait Louis fut aussi le coup qui émut cette fibre, qui n'avait pas eu encore l'occasion d'être remuée. « Les innombrables et affreux moyens de destruction, disait-il en achevant son manuscrit! Il faut espérer qu'il en sortira sain et sauf. Ces pièces de canon énormes qu'il est obligé de *servir,* ces boulets rouges, ces fusées à la congrève, cette pluie de mitraille, l'incendie, les voies d'eau, les explosions de la vapeur... Ah! j'en deviendrai fou! (¹) »

Le siège ne fut pas long et ses alarmes se dissipèrent : quelques semaines plus tard, Berlioz s'occupait d'améliorer la situation de son fils, car le fait d'armes auquel Louis avait pris part lui donnait des droits à l'avancement. Mais il ne pouvait entrer dans la marine militaire avant l'expiration de ses trois années de navigation sur un vaisseau de l'Etat. Alors il sera promu sergent d'armes ou second chef de timonerie : « Ton admission comme suppléant du lieutenant à bord du *La Place*, lui écrit son père, a produit le meilleur effet. De plus, diverses personnes ont parlé de toi à l'amiral Cécile avec de grands éloges. Je te remercie. » Il lui envoie de l'argent pour ses dépenses. Il parle de ses embarras, de ses ennuis et de ses difficultés en ce moment ; il ne veut rien risquer pour son concert, où sera exécutée l'*Enfance du Christ*. C'est dans cette lettre qu'il annonce son mariage avec Mlle Recio. Toujours mêmes recommandations d'ailleurs : « Sois bien raisonnable et ne gaspille pas ton argent. » Il commence à lui donner des détails sur ses travaux. Mais Louis tomba malade : il dut laisser partir le *Fleurus* pour entrer en convalescence à l'hôpital Saint-Mandrier de Toulon (²).

Il quitta alors le service de l'Etat, ce qui chagrinait son père, qui n'était pas partisan pour lui de la marine marchande. « Il n'y a pas de carrière assurée pour Louis *dans*

(1) *Mémoires*, p. 427.
(2) *Correspondance inédite*, p. 228.

ce moment en quittant le service de l'Etat et je suis dans la plus complète impossibilité de lui venir en aide. C'est l'opinion de ma sœur et de mon oncle qu'il devrait rester où il est. Il va les mécontenter tous, surtout mon oncle qu'il a tant d'intérêt à ménager. Je ne sais plus que dire, il m'a fait écrire à l'empereur pour qu'il l'aide à arriver à un grade qu'il ambitionne; j'ai mis sans succès en mouvement l'amiral Cécile et tous mes amis des *Débats*. Maintenant je ne puis plus rien. Louis s'est fait l'arbitre de sa destinée en n'agissant qu'à son gré. Il faut me taire et attendre avec anxiété le résultat de sa conduite irréfléchie (¹). »

Cependant il fallut accepter ce changement dans la carrière du jeune homme. En mai, Louis quittait le service de l'Etat : il était allé à Toulon chercher un embarquement pour un voyage d'un an à quinze mois, et il partait aussitôt. Son père, qui s'attelait alors au poème des *Troyens*, l'aida de son mieux en le recommandant à ses excellents amis de Marseille, Lecourt et Morel. Le premier voyage fut assez long. En avril 1857, Berlioz reçut de Louis une lettre de Bombay annonçant son arrivée à Marseille à la fin d'août. « Veillez, écrit-il à Morel, qu'il ne vienne à Paris qu'avec une entière certitude de ne pas compromettre par ce voyage sa position à bord de la *Belle-Assise* et la promesse bien formelle d'y être de retour au temps que lui indiquera son capitaine. Au reste, je le suppose plus raisonnable maintenant. »

Au mois de septembre le père et le fils se revoyaient enfin, et Berlioz témoigne une joie profonde : « Louis commence à se montrer moins enfant et plus préoccupé de son avenir. » Quelques semaines plus tard la position du jeune marin était bien améliorée grâce aux relations de Morel et de Lecourt; il était reçu lieutenant à bord de la *Reine des Clippers*. C'était un important avantage pour lui. Berlioz n'avait pas caché son désir de voir réussir cette négociation, craignant d'être exposé à de graves embarras s'il lui eût fallu envoyer son fils dans les ports de l'Océan chercher lui-même un navire.

(1) *Correspondance inédite*, p. 232.

Morel s'employait à ces commissions avec un dévouement parfait en traitant Louis comme son propre fils. « Dans le cas où son séjour se prolongerait chez vous, écrivait Berlioz, il est convenu que vous me permettrez de payer sa pension et que vous ne vous fâcherez pas. » Morel refusa. Louis ne parlait de lui et de Mme Morel qu'avec attendrissement, tant cette sollicitude le touchait. La fin d'une des lettres de cette date nous montre quelle affection était enfin venue entre le père et le fils. « Je vous recommande mon cher grand garçon qui est bien excellent et bien désireux de faire sa carrière et qui commence à devenir raisonnable et que j'aime de toute mon âme. »

La position de Louis était brillante désormais et pleine de promesses. « Grâce à vous, écrit Berlioz à Morel, le voilà monté sur un magnifique navire et investi de fonctions qui doivent le forcer à devenir laborieux et raisonnable de plus en plus. » Mais la carrière était pénible. Berlioz presse de de questions le jeune lieutenant : « Je suis bien impatient de recevoir de tes nouvelles. Comment as-tu fait cette longue traversée? Comment te portes-tu? Comment te trouves-tu à bord? N'oublie aucun de ces détails. » De son côté, il lui envoie des nouvelles très complètes de son travail des *Troyens,* comme dans la précédente, où il annonçait la lecture du poème chez Hittorf. Il y a un passage très touchant et très vrai, je veux dire très humain : lorsqu'il lui envoie les vers de son chant du matelot Hylas regrettant la patrie, il ajoute avec une émotion discrète : « Je pensais à toi, cher Louis, en l'écrivant. » C'est un trait à noter, et vous trouverez, en relisant cette page aux *Troyens,* un charme nouveau, peut-être une impression plus profonde si vous vous rappelez ce mot du père à son fils.

L'intimité est bien étroite à cette heure : « Adieu, cher enfant, écrit-il en terminant la lettre suivante, cher Louis, cher lieutenant, continue à marcher sérieusement à ton but et tu l'atteindras. Je t'embrasse avec une affection qui semble s'accroître de jour en jour. Je te réembrasse. » Malheureusement des discussions survinrent bientôt, car cette triste et rude carrière, en huit années, avait déjà lassé le jeune homme qui rêvait une position moins périlleuse et moins dure et surtout une existence plus calme. Après deux années de voyages aux Indes, il revient. « Je compte, écrit le père à Morel, le retrouver tout à fait sérieux et décidé à travailler vaillamment pour son examen. » Lorsque Berlioz, à cette date, communique son autobiographie au *Monde illustré*, il explique à Ferrand que sa seule idée en publiant ces fragments était d'avoir un peu d'argent pour les études que son fils devait bientôt faire dans un port de mer, à son retour des Indes. « Je ne vous dirai pas combien j'aime Louis, écrit-il alors à Morel, car vous le savez et vous l'aimez vous-même, et cette affection que vous lui portez a redoublé la mienne pour vous. Enfin, le voilà ! J'attends un mot de lui, mais j'attends tranquillement à cette heure (¹). »

Les *Troyens* sont achevés à cette date, poème et partition, et il y a déjà près d'un an que Berlioz se démène, nous savons comment, pour tenter d'entrebâiller une porte qui, bientôt, va s'ouvrir toute grande devant un autre. Ces circonstances sont utiles à rappeler afin d'expliquer l'amertume que traduisaient les lettres de Berlioz en ce moment. Il y a un sentiment très noble à signaler chez Louis, qui assiste aux tourments de son père et y prend part au point que celui-ci s'en préoccupe : « Patience pour toi, mon très cher Louis, lui écrit-il de Courtavenel, chez Mme Viardot, à l'heure où Louis vient d'arriver à Paris ; prends aussi patience pour moi. J'ai des amis, j'ai des cœurs dévoués. Mais je te vois dans des dispositions d'exaltation fâcheuses : tu as besoin de calme et de tranquillité d'esprit pour travailler avec fruit ; je t'en prie, songe à ta carrière avant tout et ne t'inquiète pas de moi. »

Bientôt Louis passait ses deux examens et était reçu capitaine, mais c'est alors que les jeunes passions fermentaient chez l'officier de marine de vingt-sept ans : c'est sa carrière, c'est son avenir, c'est la cruauté de son existence solitaire, c'est le mal de l'isolement aussi qui lui inspiraient à cette heure un découragement profond, et le père essayait de

---

(1) *Correspondance inédite*, p. 266.

remonter de son mieux le moral abattu. « Je te vois encore dans un état d'esprit qui me tourmente; je ne sais pas quels rêves tu as caressés qui te rendent pénible ta position actuelle. A ton âge j'étais fort loin d'être aussi bien traité du sort que tu l'es; bien plus, je n'avais pas espéré, quand tu as été reçu capitaine, que tu aurais un emploi même modeste si promptement. Ton impatience de parvenir est toute naturelle, mais exagérée. Il faut te le dire et te le redire. Un an quelquefois amène plus de changements imprévus dans la vie d'un homme que dix ans d'efforts fiévreux. Tu as, à vingt-six ans, 1,800 francs d'appointements et la perspective d'un avancement peut-être rapide ; moi quand j'ai épousé ta mère j'avais trente ans, je ne possédais que 300 francs que mon ami Gounet m'avait prêtés et le reste de ma pension du prix de Rome qui ne devait durer que dix-huit mois. Après cela rien, qu'une dette de ta mère, à peu près 14,000 francs que j'ai payés peu à peu, et je devais envoyer de temps en temps de l'argent à sa mère qui habitait l'Angleterre et j'étais brouillé avec ma famille qui ne voulait plus entendre parler de moi et j'avais au milieu de tous ces embarras à faire ma première trouée dans le monde musical.... Tu as au moins, toi, un père ami, camarade, frère dévoué qui t'aime plus que tu ne parais le croire mais qui voudrait bien voir ton caractère se raffermir et devenir plus clairvoyant. »

Mais les causeries reviennent bien vite au ton affectueux ; Berlioz aime à parler souvent de ses travaux et l'on sent dans le passage suivant combien tous ces détails intéressent Louis, qui cherche de son côté des nouvelles et veut entendre les échos de la gloire paternelle : « Que tu es donc provincial et enfant, lui répond Berlioz, de t'étonner que les journaux ne parlent pas de moi ! Et que veux-tu donc qu'ils en disent? Crois-tu que le monde se préoccupe de ce que je fais ? »

Pourtant Louis continue à se décourager et il se plaint sans cesse. « Ah ! tu te décourages, et que ferai-je donc, moi ? » lui dit son père. Il a beau lui confier ses nouveaux ennuis à propos des *Troyens*, il faut bien qu'il aborde le vrai sujet : Louis ne veut plus de sa carrière. « C'est à toi à te faire ton sort et à ne pas te mettre dans des embarras dont personne au monde ne pourra t'aider à sortir. »

Une lettre à Ferrand, du 14 juillet, nous apprend que sur ces entrefaites Louis est allé à Naples. Il fait partie du corps d'officiers d'un navire des Messageries impériales. Il espère partir prochainement pour la Chine (¹). C'est une position plus avantageuse que le père ne l'avait espéré : « Avec 200 francs par mois, lui écrit-il, étant logé et nourri (car ton navire est ta maison quand tu voyages), tu seras assez à l'aise. » A cette heure éclate une discussion assez vive, car Louis ne peut prendre son parti des ennuis de sa carrière et paraît avoir répondu avec assez de vivacité aux félicitations de son père. Celui-ci nous montre qu'il a été très blessé par cette réponse et ces reproches sont douloureux à lire : « Je t'excuse et je t'embrasse, tu n'es pas un mauvais fils malgré tout. J'éprouve une douleur qui ne m'était pas connue. Est-ce ma faute si je ne suis pas riche, si je n'ai pas de quoi te faire vivre tranquille, en oisif, à Paris, avec ta femme, ton enfant ou tes enfants, si tu en as d'autres ? Y a-t-il l'ombre de justice à me reprocher cela ? » Et faisant allusion à des expressions ironiques du jeune homme : « Pauvre cher Louis, ce n'est pas bien ! » Il va même au devant des reproches. Il y a un billet dû au tailleur, il sera payé dès qu'on le présentera : « Donne-moi l'adresse, j'irai l'acquitter pour te débarrasser plus tôt. » Autre réponse à des critiques du fils : « Je te croyais plus jeune, je n'ai pas la mémoire des dates. Est-ce que je sais quel âge avaient mon père, ma mère, mes sœurs et mon frère quand ils sont morts ? Faut-il en conclure que je ne les aimais pas ? Ah ! vraiment, mais j'ai l'air de me justifier ! » Cette lettre est de la fin d'octobre 1861 et la brouille paraît s'être prolongée, car c'est sans doute à ce dissentiment que fait allusion la lettre à Morel, du 2 mars 1862 : « Je ne puis vous dire rien que vous n'ayez depuis longtemps deviné, mais j'avoue que ce chagrin est un des plus poignants que j'aie jamais éprouvé. Ce que j'avais

---

(1) *Lettres intimes*, p. 230.

prévu est arrivé, il ne m'a pas écrit une ligne. » La lettre suivante (15 mars) nous apprend que cet accès de mauvaise humeur était passé : « Comment peux-tu, quand tu es en France (l'Algérie, c'est la France), me laisser si longtemps sans nouvelles de toi ? Enfin, tout va bien. » Le nuage était dissipé.

Quelques mois plus tard, au moment même où son père venait de perdre sa seconde femme, Louis donnait sa démission de la place qu'il occupait sur le navire des Messageries : « Il paraît, dit Berlioz, d'après ce que m'écrivent mes amis de Marseille, qu'il a eu raison de la donner ([1]). Le voilà sur le pavé : il faut lui chercher un nouvel emploi. J'ai d'autres affaires à terminer, conséquences de la mort de ma femme. » C'est en annonçant cette nouvelle à Louis que Berlioz formait des projets d'avenir. Si la destinée eût pu rapprocher le fils du père à cette heure ! Voici le ton de la lettre qu'il écrit à Louis à la même date ; c'est tout à fait cordial : « Je voudrais que tu viennes à Bade le 6 ou 7 août, la représentation te ferait un grand plaisir. Pendant l'intervalle, tu serais mon compagnon. Je te présenterais à mes amis ; enfin, je serais avec toi. » Il ne sait pas non plus de quel argent il pourrait disposer pour l'envoyer à Louis ; les dépenses de la triste cérémonie et de la translation des restes de sa femme de Saint-Germain à Paris sont considérables. « Et puis, ajoute-t-il, j'ai peur de te faire venir dans cette ville de jeu et de joueurs. Pourtant, si tu me donnes ta parole d'honneur de ne pas risquer seulement un florin, j'aurai confiance en toi et je me résignerai à la douleur de notre séparation quand tu me quitteras pour partir, douleur qui sera bien plus vive dans ces nouvelles circonstances. »

La réunion du père et de l'enfant eût été le plus grand bonheur qu'on pût souhaiter pour adoucir les dernières années du vieillard. « Oui, j'étais heureux la nuit de te savoir là près de moi », écrit-il quelques semaines plus tard. Il se félicite de voir sa position s'améliorer : « Tu ne feras plus de ces interminables voyages qui t'eussent éloigné de moi si

---

[1] *Lettres intimes*, p. 237.

longtemps. Dans quelques années, tu auras de beaux appointements et des bénéfices dans tes entreprises navales et nous nous verrons plus souvent. »

Il est plus indulgent, à cette heure : « Tu ne trouveras jamais en moi, écrit-il, un censeur tartufe de morale (c'est à propos de quelques fredaines du jeune homme, dit M. Bernard); tu es jeune, tu es fort, écrit-il une autre fois, ne te laisse pas aller au découragement et songe qu'avec les avantages que tu as et la santé on peut surmonter bien des obstacles. » Cette lettre est datée du 7 septembre sans millésime ([1]), mais toutes les deux appartiennent bien à cette période. Je regrette que M. Bernard n'en ait cité que ces deux courtes phrases dans sa notice et n'ait pas cru devoir les reproduire en entier. Nous en avons vu bien d'autres dans celles qui précèdent et, en tous cas, les *Lettres intimes* nous ont fait de bien plus étranges révélations. C'est là un scrupule de l'éditeur que je ne comprends guère.

Louis Berlioz est un homme à présent. Il a trente ans et sa carrière est déjà assurée. C'est à cette heure que les *Troyens* sont enfin reçus au Théâtre-Lyrique et que commencent les répétitions. Louis n'avait jamais entendu un seul fragment des ouvrages de son père, sauf le *Requiem*; mais il avait six ans à cette époque ([2]). Il assistait, en 1859, à un concert spirituel que donnait Berlioz à l'Opéra-Comique : en 1863, il fut à ses côtés lorsqu'il livra sa grande bataille. Pendant les représentations, il allait tous les deux jours au Théâtre-Lyrique : il recueillit tous les articles élogieux et admiratifs ; Berlioz annonce à Ferrand qu'il en a compté jusqu'à soixante-quatre ([3]), ce qui est un bilan respectable. Elevé par sa mère, il parlait très bien anglais et lisait dans le texte Shakespeare dont il comprenait les beautés autant que son père ; il partageait son exaltation lorsque la conversation tombait sur les chefs-d'œuvre du grand tragique. Ce passage des *Mémoires* ne nous apprend

(1) *Notice sur Berlioz*, p. 57.
(2) *Correspondance inédite*, p. 264.
(3) *Lettres intimes*, p. 260.

pas s'il avait jamais montré des dispositions pour la musique, mais il nous indique simplement que son éducation n'avait pas été poussée bien loin : Beethoven lui était encore inconnu (1). « C'est un brave garçon dont l'esprit et le cœur se développent tard, mais richement », écrit alors son père à Ferrand (2).

Nous arrivons aux années les plus heureuses, mais à une ère de félicité qui va être affreusement courte, hélas ! Un an s'écoule avant que nous retrouvions dans la correspondance les traces de Louis. Il a fait, dans l'intervalle, un nouveau voyage dans lequel il s'est distingué par une action d'éclat. En décembre 1864, Berlioz apprend à Ferrand que son fils est revenu du Mexique après avoir sauvé son navire au milieu d'une tempête qui a duré quatre jours et a tout brisé à son bord. Il a été félicité par les autorités et nommé capitaine définitif. Une lettre de la même date nous retrace l'affection du père ; c'est une de celles qui sont adressées à Mme Fornier et qu'on trouve reproduites aux *Mémoires* : « Mon fils vient d'arriver à Saint-Nazaire de retour d'un pénible voyage au Mexique où il a eu l'occasion de se distinguer. Le voilà deuxième capitaine du grand navire la *Louisiane*. Il m'apprend qu'il repartira prochainement, qu'il lui est impossible de venir à Paris. J'irai en conséquence l'embrasser à Saint-Nazaire. C'est un brave garçon qui a le malheur de me ressembler en tout et qui ne peut prendre son parti des platitudes et des travers de ce monde. Nous nous aimons comme deux jumeaux (3). » Berlioz s'était empressé d'aller le voir pendant ces quelques jours de repos. « Ce cher Louis, écrit-il à Ferrand, est maintenant bien posé. C'est un officier de marine devant qui tremblent tous les inférieurs et qu'estiment et louent hautement ses supérieurs. Notre affection ne fait qu'augmenter. »

J'ai signalé déjà les regrets que cette carrière inspirait souvent au pauvre Louis et dont il faisait tristement confidence à son père. C'est à une de ces plaintes que Berlioz

(1) *Mémoires*, p. 484.
(2) *Lettres intimes*, p. 269.
(3) *Mémoires*, p. 502.

répond deux mois plus tard, le 28 juin 1865. « Ta lettre m'a troublé au dernier point. Tu crains maintenant d'être capitaine. Tu veux un intérieur, tu veux te marier, pas avec une femme ordinaire. Cela est fort simple, mais il ne faut pas reculer devant des fonctions qui peuvent seules te donner l'aisance dont tu as besoin. Tu as trente-deux ans et à cet âge on doit connaître les réalités de la vie. Il te faut de l'argent et ce n'est pas moi qui peux t'en donner. J'ai de quoi joindre les deux bouts de ma dépense annuelle et voilà tout. Je te laisserai ce que mon père m'a laissé et quelque chose de plus, mais je ne puis te dire quand je mourrai. Cela ne tardera guère pourtant. Ainsi ne me parle pas de tes convoitises... Songe que si, en ce moment, tu étais marié et si tu avais des enfants, tu serais cent fois plus malheureux que tu n'es. Profite autant que tu le pourras de mon exemple. C'est une série de miracles qui m'ont tiré de la plus horrible misère. Or, les miracles sont rares... Ta lettre est sans conclusion, il semble que tout d'un coup tu découvres le monde, la société, le plaisir, la douleur, etc. » Hélas! le pauvre Louis ne découvrait que le vide et l'amertume de sa triste carrière!

Nous ne trouvons plus aucune autre trace de ces douloureux débats, bien plus cruels pour le fils que pour le père; les lettres des deux dernières années nous montrent Berlioz préoccupé des intérêts de Louis. Celui-ci, grâce à sa position déjà brillante, peut confier ses épargnes à son père. Les 500 premiers francs ne suffisent pas, car ce que Berlioz s'est avisé de chercher en fait de fonds de placement, c'est l'obligation Ottomane, par la raison qu'elle rapporte 9 pour cent (¹). Te voilà rentier! s'écrie-t-il, en lui annonçant qu'avec un nouvel envoi de 500 francs il a pu enfin acheter l'obligation convoitée (²). De son côté ses appointements de bibliothécaire ont été doublés, 236 francs par mois au lieu de 118. Cela l'aidera beaucoup.

Ce placement en fonds turcs n'était pas une idée heureuse:

---

(1) *Correspondance inédite*, p. 319.
(2) La lettre est de janvier 1866 et non de 1863. Il suffit de la rapprocher de la lettre CXXV aux *Lettres intimes* où est signalé le même fait, les répétitions d'*Armide* avec Mme Charton Demeur.

quelques mois auparavant, Berlioz exprimait une fureur violente de n'avoir pas touché, à la date fixée, un paiement de 20,000 francs sur la vente du domaine des Marmion, le Jacquet : il eût voulu employer cette somme au même placement et calculait gravement que le retard de cet acquéreur lui faisait perdre 900 francs, puisqu'il ne lui devait l'intérêt qu'à 5 pour cent tandis que son placement lui en eût rapporté 9. Le calcul n'était pas d'un prodigue, assurément, mais ce retard lui faisait au contraire gagner 20,000 francs net, en l'empêchant de les risquer dans un placement qui, en quelques annés, devait aboutir à un engloutissement de l'épargne française séduite par cet intérêt fabuleux, mais irréalisable !

La dernière lettre est bien celle de janvier 1866, qui avait été inexactement datée de 1863. C'est après ces réglements d'affaires d'intérêt privé qu'il est satisfaisant de constater l'intimité si profonde et les sentiments si nobles échangés entre le père et le fils à la veille de l'éternelle et affreuse séparation.

« Ta triple lettre, écrit Berlioz, m'a vivement touché ; tu me dis des choses que je pense souvent mais que je n'écris jamais. Tu vois le monde intérieur que le vulgaire ne voit pas. Je voudrais bien, comme tu le dis, passer quelque temps à ton bord sous le grand œil du ciel et loin de notre petit monde, mais je suis retenu par les liens de Gulliver, la santé, l'argent, le mal de mer. »

Au volume, c'est par un douloureux contraste que nous trouvons, par suite de l'inexactitude de date pour la lettre précédente, celle qui suit comme la dernière de cette série d'entretiens confidentiels entre le père et le fils, finissant par une phrase dont le sens est sinistre, à la veille de la catastrophe. Quelques mois auparavant, Berlioz annonçait l'envoi prochain du volume des *Mémoires*, qui venait d'être imprimé, et, dans celle-ci, il adresse à Louis cet adieu touchant qui montre tous les regards, toute l'affection, tout l'espoir du vieillard attachés à son cher grand fils :

« Ah ! mon pauvre Louis, si je ne t'avais pas ! Figure-toi que je t'ai aimé même quand tu étais tout petit. Et il m'est si difficile d'aimer les petits enfants ! Il y avait quelque chose en toi qui m'attirait. Ensuite cela s'est affaibli à ton âge bête quand tu n'avais pas le sens commun, et depuis lors cela est revenu, cela s'est accru et je t'aime comme tu le sais, et cela ne fera qu'augmenter (1) ! »

« Si je ne t'avais pas ! » écrit le vieillard, qui entrevoit déjà la mort prochaine, au milieu de ses atroces souffrances physiques et après tant d'épreuves, supportées avec tant de résignation. Et c'est lorsqu'il vit isolé, retiré, seul au monde depuis cinq ans, qu'il s'efforce d'oublier ce vide affreux de son existence en s'attachant chaque jour davantage au fils d'Henriette, à leur fils, qui le reporte aux heures de joie, d'enivrement, de triomphes, de rêves bienfaisants ! « Si je ne t'avais pas ! » Et voici qu'il va apprendre la terrible nouvelle ! — Il paraît qu'il la reçut au moment où il allait se rendre à une fête musicale tout intime préparée en son honneur par le marquis Arconati-Visconti, admirateur passionné des œuvres du maître (2).

Vous avez lu la dernière lettre du père à son fils et vous sentez quelle douleur dut le frapper. Dans une polémique récente, on a accusé Louis Berlioz d'être un mauvais sujet. Qu'on lise ses lettres : elles prouvent le contraire. Amussat, dont M. Jullien a invoqué le témoignage, mourut en 1856, et ne connut Louis Berlioz qu'enfant. Serait-ce vrai, il faudrait surtout plaindre le pauvre Louis. Les déchirements de la famille durant l'enfance, la mère impotente, le père absent, l'éducation négligée, seraient toutes circonstances atténuantes. Et lui avait souffert du mal de l'isolement, de l'inquiétude de l'inconnu, comme son père. Nature droite au fond et esprit élevé. Mais quel milieu ! Quel abandon ! Et quelle existence ! — D'ailleurs, ce n'est pas vrai : les lettres du père montrent bien Louis tel qu'il fut, méritant l'affection paternelle, digne de notre estime à nous-mêmes.

(1) *Correspondance inédite*, p. 327.
(2) Ernest Reyer. *Notes de musique*, p. 266.

XV

L'AGONIE

J'ai fini, écrivait Berlioz, en commençant la *Post-face* des *Mémoires* : et au lieu de raconter, comme il l'annonçait d'abord, les événements graves qui avaient eu lieu depuis la clôture de l'autobiographie dix ans auparavant, il passe avec hâte sur ces faits, pour arriver aux *Troyens*. Encore son récit présentait-il des lacunes assez considérables, on l'a vu. Dès lors il exhale en onze pages ses dernières récriminations, d'abord contre Alphonse Royer et Napoléon III, puis contre Carvalho, auquel il livre un assaut furieux. Les griefs qu'il met en avant sont, pour la plupart, des vétilles, en réalité : car il n'y a pas d'exemple qu'un compositeur n'ait pas eu de sacrifices à consentir. Mais tous ceux qu'il a dû faire lui ont tellement coûté que sa colère éclate dès la première ligne. En rapprochant le récit des *Mémoires* des déclarations de sa correspondance privée, on constate qu'il n'a pas été entièrement juste, ou plutôt qu'il a exagéré une sévérité qui n'en est pas moins légitime au fond.

Donc le succès des *Troyens* ne lui donne même pas la consolation du grand triomphe final qui couronne une carrière et qui soulage des maux et des luttes si héroïquement supportés. L'isolement dans lequel il vit depuis la mort de sa seconde femme augmente encore son amertume : c'est à cette heure même qu'il reporte ses regards vers le Saint-Eynard, mais de ce côté encore l'illusion cède à la dure réalité et il lui faut renoncer aux doux rêves de faire revivre les belles années du printemps de la vie, tout étant mort pour lui sur la terre.

Cette année 1861, celle qui suit sa retraite définitive, paraît lui avoir été insupportable. Après son second veuvage, le mal de l'isolement reparaissait dans toute sa force comme aux jours des explosions de désirs de la seizième année. Le mois de septembre est celui qui lui révèle le vide de l'existence. Tous ses amis sont absents, sauf Heller. Louis, par bonheur, revenait alors du Mexique. Tous trois mirent leurs tristesses en commun. On dînait un jour à Asnières. Berlioz s'était assis dans la neige et presque endormi à cet endroit trente ans auparavant; il le raconta à son fils: c'était l'évocation des désespoirs d'amour lors de la grande passion shakespearienne... « Louis soupira... (¹) », dit-il. Il pensait à sa mère.

Il ne faut pourtant pas oublier les consolations qui lui venaient de toutes parts. « Dimanche dernier, écrit-il à Ferrand le 30 mars 1863, au sixième concert du Conservatoire, Mme Viardot et Mme Vandenheuvel ont chanté le duo *Nuit paisible* devant un public ennemi des vivants et si plein de préventions. Le succès a été foudroyant, on a redemandé le morceau, la salle entière applaudissait. — Cela fait un tapage incroyable (²). » Le mois suivant, il allait diriger *Béatrice* à Weimar : le succès est encore plus éclatant. A Lœwenberg, où il allait conduire ensuite l'exécution de ses symphonies avec l'admirable orchestre du prince de Hohenzollern, l'accueil enthousiaste des artistes et du prince lui donne « une furieuse émotion (³) ». C'est un mot charmant, que celui du prince, qu'il rapporte : « Vous retournez en France, vous y trouverez des gens qui vous aiment, dites-leur que je les aime (⁴). » Enfin, au mois de juin, à Strasbourg, il dirigeait une exécution hors ligne de l'*Enfance du Christ* : « Au dernier *Amen*, à ce *pianissimo* qui semble

(1) *Mémoires*, p. 484.
(2) *Lettres intimes*, p. 244.
(3) *Mémoires*, p. 479.
(4) *Lettres intimes*, p. 252.

se perdre dans un lointain mystérieux, une acclamation a éclaté à nulle autre comparable : seize mille mains applaudissaient, puis une pluie de fleurs et des manifestations de toute espèce. »

Après une courte excursion à Bade, il commençait bientôt les répétitions des *Troyens* ; c'est la dernière période de sa carrière active et nous ne le retrouverons occupé de concerts ou de l'audition de ses œuvres que dans quelques années, lorsqu'il se décidera, malgré l'aggravation de sa maladie, à entreprendre de nouvelles excursions. Il était déjà question, pour lui, en 1864, d'aller en Russie : « On veut me faire aller à Pétersbourg au mois de mars, mais je ne m'y déciderai que si la somme offerte par les Russes vaut que j'affronte encore une fois leur terrible climat. Ce sera alors pour Louis que je m'y rendrai ; pour moi, quelques mille francs de plus ne peuvent changer d'une façon sensible mon existence (¹). » Louis venait de mourir cependant lorsqu'il se résigna à une expédition si pénible, à son âge et dans son triste état de santé. C'est qu'il lui fallait fuir à tout prix alors la terrible solitude où il était déjà enterré tout vivant à Paris.

Ces dernières années sont affreuses lorsqu'on lit dans l'âme du grand maître. D'abord les consolations ne manquent pas, l'heure de la réhabilitation a sonné et les témoignages d'admiration et de sympathie recueillis au lendemain des *Troyens* vengent l'auteur de bien des cruels affronts. La satisfaction de pouvoir abandonner la corvée du feuilletoniste est aussi un heureux résultat de cette victoire.

Enfin les concerts l'exécutent triomphalement : « Ma carrière musicale finirait par devenir charmante, dit-il, si je vivais cent quarante ans (²) ! »

C'est ce qu'il dit encore à Ferrand dans sa lettre du 25 janvier 1865 : « Quel malheur de ne pas vivre cent cinquante ans : comme on finirait par avoir raison de ces gredins de crétins ! »

Il n'en reste pas moins railleur impitoyable : en quittant

(1) *Lettres intimes*, p. 273.
(2) *Mémoires*, p. 481.

les *Débats* il se moque de ceux qui ont perdu leurs avances, ils se croient volés. Même ironie dans une lettre à Ferrand : « J'ai envie de dire aux flatteurs : vous oubliez que je ne suis plus critique et que je n'écris plus de feuilletons ! » Il ne peut s'empêcher de récriminer encore : « Le monde musical, ajoute-t-il, est arrivé à un degré de corruption dont vous ne pouvez vous faire une idée. Je m'en isole de plus en plus. » Aux *Mémoires* il annonce sa retraite définitive à cette date même : « Je ne compose plus de musique, je ne dirige plus, je n'écris plus ni vers ni prose, je ne veux plus rien faire que lire, méditer, lutter avec l'ennui et ma névralgie (¹). »

Et ailleurs : « Je suis dans ma soixante-et-unième année, je n'ai plus ni espoir, ni illusion, ni vastes pensers ; mon fils est presque toujours loin de moi : je suis seul, mon mépris pour l'imbécillité et l'improbité des hommes, ma haine pour leur atroce férocité sont à leur comble, et, à toute heure, je dis à la mort : Quand tu voudras ! Qu'attend-elle donc (²) ? »

Il y a, sous une forme plaisante, un triste tableau du paysage qui entoure sa retraite des derniers jours. « Avez-vous au moins devant vos fenêtres, écrit-il à Ferrand, des fleurs et des frondaisons nouvelles. ? Je n'ai rien que des murs devant les miennes. Du côté de la rue, un roquet aboie depuis une grand heure, un perroquet glapit, une perruche contrefait le cri des moineaux ; du côté de la cour, chantent des blanchisseuses, et un autre perroquet crie sans relâche : *Portez arrm !* Que faire ? la journée est bien longue (³). »

M. Bernard nous le montre retiré dans ce petit appartement de la rue de Calais, dégoûté de tout, entouré de passereaux effrontés auxquels il donnait du pain qu'ils venaient picorer sur sa fenêtre (⁴). Les livres furent sa consolation et l'aidèrent à se résigner à cette cruelle existence. Il relisait sans cesse ses auteurs chéris, Virgile, Homère, Shakespeare, Gœthe, Bernardin de Saint-Pierre. Il avait terminé et déjà livré aux presses le manuscrit des *Mémoires*. Le grand

---

(1) *Mémoires*, p. 467.
(2) *Ibid.*, p. 482.
(3) *Lettres intimes*, p. 269.
(4) *Notice sur Berlioz*, p. 56.

piano à queue d'Erard qui ornait son salon l'attirait parfois et il se laissait aller à plaquer quelques accords : sa harpe résonnait encore par instants sous sa main. Ses yeux s'arrêtaient aussi sur le portrait d'Henriette, tandis que de loin en loin sa pensée s'envolait vers le Saint-Eynard, évoquant la *Stella Montis* et les rêves de la seizième année.

Parfois aussi il allait s'étendre sur le canapé de ses amis Damcke, perdu dans une silencieuse méditation, tandis que l'on causait doucement à ses côtés : ou, se levant, il lisait des passages de ses auteurs favoris. C'était son délassement le plus cher et le plus noble que ces grandes lectures recueillies, dans l'étroite intimité ; il emportait aussi son Shakespeare chez les Massart, chez Mme Erard, au château de la Muette : dans trois ans ce sera chez la grande duchesse Hélène de Russie qu'il évoquera encore l'ombre du grand Will.

Lorsqu'il se sent plus dispos, il se distrait par quelque partie de gourmet en compagnie de Stephen Heller, de Massart, de Reyer, au Café Anglais, au café de Foy. Souvent sa verve se réveille et il égaie la rentrée tardive au logis à travers les rues désertes par quelque fantaisie excentrique comme l'adieu sur la dalle blanche qui fait saillie sur le trottoir devant sa maison : il fait de cette cérémonie bizarre une sorte de formalité obligatoire pour l'ami qui l'accompagne la nuit jusqu'à sa porte (¹).

S'il reste seul le soir, il lit et relit ses auteurs dans sa chambre ou sort et passe devant le Théâtre-Lyrique pour se donner le plaisir *de n'y pas entrer*. Voici encore une de ses distractions favorites : « Avant-hier, écrit-il à Morel, le 21 août 1864, j'ai passé deux heures au cimetière Montmartre ; j'y avais trouvé un siège très confortable sur une tombe somptueuse et je m'y suis endormi. Je savoure le plaisir de ne pas faire de feuilletons, de ne rien faire du tout. Si je n'étais pas attaché à Paris par plusieurs petits intérêts, je voyagerais malgré mes maux physiques. » L'absence, l'isolement le tourmentent plus que le reste. « Mon fils est parti, écrit-il à Damcke, ma belle-mère n'est pas reve-

---

(1) Stephen Heller, lettre à M. Hanslick. *Le Guide musical*, mars 1879.

nue ; je m'ennuie à grand orchestre ! » C'est l'excellente Mme Ernst qui reçoit ses confidences les plus amères : « Je suis malade, triste, dégoûté, ennuyé, sot, ennuyeux, irrité, assommant, assommé, stupide. Je suis dans un de ces jours où je voudrais que la terre fût une bombe à laquelle je mettrais le feu pour m'amuser. » On lui apprend qu'une exécution de *Faust* a eu lieu à Vienne pour l'anniversaire de sa naissance. « Je ne savais même pas avoir un jour de naissance, » dit-il en manière de gasconnade.

Et voyez si la musique même a quelque attrait pour lui. Il se trouve avec Liszt, qui vient à Paris : « Nous avons dîné ensemble deux fois, écrit-il à Ferrand, et toute conversation musicale ayant été prudemment écartée, nous avons passé quelques heures charmantes. » Nous verrons pourquoi il écarte les discussions musicales. Il oublie que Liszt a monté *Benvenuto* à Weimar, parce qu'il se souvient trop des démonstrations enthousiastes de son illustre ami en l'honneur de Wagner, devenu un rival et un ennemi pour Berlioz. Bien plus, on l'invite à une soirée chez le docteur Blanche à propos de l'anniversaire de la première des *Troyens*, et il se trouve que l'organisateur de cette fête, c'est Gounod, qu'il appelle plaisamment un intrigant : *doli fabricator Epeus*. Cette fois, il ne se fâche pas, car le moment eût été mal choisi.

Nous trouvons encore de ci de là des nouvelles des concerts. En janvier 1865, l'ouverture des *Francs-Juges* est reprise chez Pasdeloup : il retrouve « ses deux siffleurs d'il y a trente-sept ans ». Cela lui rappelle celle du *Roi Lear*, sœur de la précédente, mais il ne s'intéresse plus à la destinée de ces ouvrages. « Que puis-je vous dire de ce qui se cuit dans la caverne musicale de Paris ? J'en suis sorti et n'y rentre presque jamais. » Et apprenant à son ami que Mme Fornier lui avait écrit de fort belles choses à propos des *Troyens*, il constatait qu'il eût mieux valu pour lui « avoir fait une vilenie d'Offenbach ». Même observation à propos d'une reprise du chef-d'œuvre de Gluck : « Que vont dire d'*Armide* ces crapauds de Parisiens ? » Mais il ne cite ces faits que par hasard. Il ne s'intéresse plus à rien dans l'art, écrit-il à son ancien élève Asger Hammerik, tant il est insulté et avili par cet horrible monde. Et voici les conseils qu'il donne : « Méprisez le vulgaire, mais faites d'abord comme si vous ne le méprisiez pas ; laissez-le croire que vous êtes de ses amis, de ses flatteurs même : il est si bête qu'il ne s'en doutera pas. Puis, quand vous serez devenu fort, puissant, maître, et qu'il se verra dompté, il s'écriera en vous applaudissant : Je l'avais toujours dit ! »

Une autre fois, c'est une scène émouvante chez Pasdeloup qui l'oblige à retenir ses imprécations. Il est reconnu par le public après le septuor des *Troyens* et acclamé par toute la salle et par la foule à la sortie. Puis c'est une lettre d'une société d'amateurs, imitée de celle qu'il avait adressée à Spontini en 1840, lors d'une reprise de la *Vestale* et dans laquelle on le salue grand maître.

Quant à son existence domestique, il paraît ne pas trop se plaindre de sa solitude. « Ma vieille belle-mère, que j'ai promis de ne pas abandonner, écrit-il à Mme Fornier, est aux petits soins pour moi et ne me questionne jamais sur la cause de mes accès d'humeur sombre. Je lis ou plutôt je relis Shakespeare, Virgile, Homère, *Paul et Virginie*, des relations de voyage. Je m'ennuie, je souffre horriblement d'une névralgie qui me tient depuis neuf ans, et contre laquelle tous les médecins perdent leur latin. Le soir, quand les douleurs de cœur, de corps et d'esprit sont trop fortes, je prends trois gouttes de laudanum, et je m'endors tant bien que mal. »

Il commence déjà, en effet, à éviter les réunions intimes et les veilles qui redoublent ses crises nerveuses : c'est vers cette époque qu'il écrivait à un de ses meilleurs amis une lettre dont nous ne connaissons qu'un court extrait cité par M. Daniel Bernard : « Mon cher Damcke, je me donne le luxe de rester couché ; ainsi, excusez-moi auprès de S... si vous le voyez. J'ai pris mon parti : je ne veux subir aucun genre de servitude, je ne veux rien entendre de force, rien jouer de force. Qu'on me laisse mourir tranquille ! [1] » C'était l'heure des souffrances sans remède.

[1] *Notice sur Berlioz*, p. 57.

Nous remonterions bien loin pour découvrir les premières manifestations de cette affection du système nerveux. Certains traits de caractère nous ont permis d'expliquer l'impressionnabilité qui est la marque dominante de ce tempérament. Des accidents locaux dénotent souvent des troubles dans l'organisme. On le voit plus d'une fois pris par le refroidissement ; les excès de fatigue provoquent d'autre part de la faiblesse, du malaise. Voyez après le festival de 1844 le docteur Amussat arrêter Berlioz au passage, le saigner amplement et l'envoyer à Nice pour le préserver de la fièvre typhoïde en l'effrayant de son teint « jaune comme un vieux parchemin (¹) ». Deux ans plus tard, une douleur de côté, lorsqu'il se dirige vers l'Autriche, l'oblige à s'arrêter à Nancy, « où je pensai mourir », dit-il (²). La crise qu'il traverse pendant les huit années qui suivent est certainement ce qui détermine l'apparition du mal ; la première mention qu'on en trouve est dans la lettre adressée à Adolphe Samuel, le 12 mars 1856 : « Je me lève aujourd'hui pour la première fois depuis mon retour. J'ai été pris en arrivant d'une sorte d'inflammation des intestins causée, je crois, par l'excès de fatigue que j'ai supportée à Weimar (³). » Ce n'est plus un accident fugitif, c'est la souffrance à l'état chronique : il ne se sent pas gravement attaqué tout d'abord et ne peut deviner ce qu'il a : « Un malaise incroyable, dit-il à Morel, je dors dans les rues (⁴). » Il va l'apprendre : c'est bien cette névrose, qui déjà l'inquiète horriblement. Il passe des journées au lit ; il est aux trois quarts découragé, écrit-il à Samuel, car il vient de s'atteler à son poème des *Troyens* et c'est en apprenant à Morel qu'il a commencé à écrire sa partition qu'il lui confie le coup terrible qui l'a frappé : « J'ai, dit mon médecin, une névrose intestinale. Cela me tourmente à un point que je ne saurais exprimer. Je travaille pourtant tout de même. » La maladie se transforme chaque jour et amène « les plus étranges accidents » ; il souffre pres-

---

(1) *Mémoires*, p. 342.
(2) *Ibid.*, p. 346.
(3) *Ménestrel*, 8 juin 1879.
(4) *Correspondance inédite*, p. 236.

que constamment, excepté la nuit, dit-il à Ferrand. Le papier pelure qui boit l'encre, écrit-il à Bennet, lui agace les nerfs, déjà si malades : et quand, par la froide journée de janvier, le pâle rayon de soleil qui l'éclairait s'éteint, il s'arrête pour s'étendre sur un canapé, fermant les yeux de l'esprit et du corps « pour ne rien voir, et demeurer stupide comme un arbre sans feuilles et ruisselant de pluie. » Il se met bientôt, mais sans succès, entre les mains du célèbre docteur Noir ; puis il cesse le traitement et il lui semble subitement que sa maladie s'use et qu'il se sent plus fort depuis qu'il ne prend plus de remèdes. Les douleurs le reprennent bientôt, malheureusement, et s'aggravent sans cesse : il a fini par terminer les *Troyens*, mais il est au plus fort de la lutte pour faire exécuter l'ouvrage et ses cruelles déceptions sont une autre cause de découragement : « Je me tords du matin au soir, écrit-il à son fils en 1861, dans des souffrances sans répit et auxquelles il n'y a pas de remède. Depuis un mois je n'ai pu trouver un seul jour pour travailler à ma partition de *Béatrice*. » Dès cette année 1861, la crise est arrivée à l'état aigu. « A certains jours, écrit-il à Ferrand quelques mois plus tard, je me trouve hors d'état d'écrire dix lignes de suite. Je mets maintenant parfois quatre jours pour achever un feuilleton. » Les accès sont terribles : « J'ai passé trente heures à me tordre dans mon lit, » dit-il à son fils. Les tourments qu'il endure pendant les études et les répétitions des *Troyens* l'accablent encore, et il apprend à Lwoff qu'à la suite de ses longues fatigues il a dû garder le lit durant vingt-deux jours.

C'est bien alors que commence la grande lutte finale et cette agonie de cinq années va être épouvantable. L'isolement dans lequel il vit depuis la mort de sa seconde femme lui cause de plus dures souffrances. Lorsqu'il terminait avec une sorte de précipitation sa partition de *Béatrice*, interrompue par des crises et des ennuis incessants, c'était pour couper tous les liens qui l'attachaient à l'art, afin de pouvoir dire à toute heure à la mort : « Quand tu voudras ! » On ne peut lire sans émotion ces aveux à Ferrand, qui, de son côté, est atteint d'un mal non moins terrible et qui ne

pardonne pas davantage : « Faut-il que nous soyons punis d'avoir adoré le beau toute notre vie ! Nous avons trop bu à la coupe enivrante ! Nous avons trop couru vers l'idéal ! (¹) »
Il lui reste une épreuve à tenter, en ressuscitant le passé pour aller offrir à celle qui fut l'Estelle de Meylan le partage de ces dernières années de tortures ; songe suivi du plus cruel réveil. Il est déjà bien près de la tombe et commence à appeler la mort à grands cris. « Je suis constamment torturé par ma névralgie, écrit-il à Asger Hammerik dès la fin de 1865, après son voyage à Genève près de Mme Fornier ; je vis néanmoins au milieu de mes douleurs physiques et écrasé d'ennui. La mort est bien lente ! cette vieille capricieuse ! (²) »

Et cependant sa tâche n'est pas terminée. Il a accepté de diriger les études d'*Alceste*, qu'on remonte à l'Opéra, et de partir pour Vienne où il conduit une exécution solennelle de la *Damnation de Faust*. Ce sont de nouvelles fatigues, mais dignement récompensées. « Enfin, voilà une de mes partitions sauvée, écrit-il à Ernest Reyer. Ils la joueront maintenant à Vienne sous la direction d'Herbeck qui la sait par cœur. Le Conservatoire de Paris peut continuer à me laisser dehors ! » Son succès furieux est le plus beau qu'il ait jamais obtenu : c'est la plus grande joie musicale de sa vie ; malheureusement ce voyage l'a « exterminé ». Herbeck avait conduit les répétitions « lorsqu'il n'en pouvait plus » et il reste encore longtemps avant de se remettre. « D'intolérables douleurs, écrit-il à Ferrand dès son retour, des sommeils de vingt heures, des bêtises médicales, des frictions de chloroforme, des boissons au laudanum inutiles, fécondes en rêves fatigants, » voilà son passe-temps obligé. Il ne pourra guère bouger désormais : « Le moindre déplacement, du moins pendant les trois quarts et demi de l'année, me tue ! » Et au lieu des forêts de la Martinique, du *vrai soleil*, tel que le lui décrit son fils, il n'a que le climat parisien qui ne lui offre que déceptions et dégoût : « Quel sot bruit de voitures secoue le silence de la nuit ! Paris humide et boueux ! Paris pari-

(1) *Lettres intimes*, p. 238.
(2) *Correspondance inédite*, p. 328.

sien ! — Voilà que tout se tait, — il dort du sommeil de l'injuste ! (¹) »

Avec de telles dispositions d'esprit, on conçoit qu'il risque aussitôt sa santé par un nouveau voyage plutôt que de s'ensevelir dans cette tombe qu'il hait à l'avance. Une nouvelle excursion à Cologne l'affaiblit encore ; puis, tout à coup, il cesse de recevoir des nouvelles de son fils, qui croise sur les côtes mexicaines, et au bout de longues semaines d'anxiété il apprend la fatale nouvelle.

C'est fini. — « Je souffre tant de la recrudescence de ma névralgie intestinale, écrit-il alors à Ferrand, qu'il n'y a presque plus moyen de rester vivant. Les douleurs absorbent tout. » On l'envoie à Néris prendre les eaux. Il commence la cure ; mais, dans l'appréhension d'une laryngite pernicieuse, le médecin lui fait cesser le traitement. A peine a-t-il pris quelques semaines de repos chez son beau-frère, M. Suat, à Vienne, il repart pour sa dernière expédition musicale, la plus pénible qu'il pût entreprendre en un pareil moment et dans une telle saison. C'est le 12 novembre 1867 qu'il quitte Paris pour aller passer les quatre mois les plus rigoureux de l'hiver à Saint-Pétersbourg. Il veut oublier.

M. Fouque a donné de très intéressants détails sur ce second voyage de Berlioz en Russie (²) : ils complètent ceux que le maître donnait dans ses lettres. Pourquoi l'avait-il entrepris ? « Je ne gagne rien à Paris. J'ai de la peine à joindre les deux bouts de ma dépense annuelle, et je me suis laissé aller à quérir un peu d'aisance momentanée malgré mes douleurs continuelles (³). » Toutes les dépenses de voyage et de séjour payées par la grande duchesse Hélène, plus quatre mille roubles d'honoraires, valaient bien ce dernier effort du vieillard : « Au moins si j'en meurs, dit-il à Mme Damcke, je saurai que cela en valait la peine (⁴). »

Il y avait aussi la satisfaction de l'artiste, et l'orgueil d'assister encore à sa propre apothéose : « Malgré mes souf-

(1) *Lettres intimes*, p. 302.
(2) *Les Révolutionnaires de la Musique*, p. 233-256.
(3) *Lettres intimes*, p. 310.
(4) *Correspondance inédite*, p. 339.

frances, écrit-il à M. Alexandre dès le premier mois, quand j'arrive au pupitre et que je me vois entouré de tout ce monde sympathique, je me sens ranimé et je conduis comme jamais peut-être il ne m'arriva de conduire. » Ce n'est pas seulement son propre triomphe qui le comble de joie : c'est la vénération religieuse qu'il voit témoigner aux chefs-d'œuvre de Beethoven et de Gluck. Voilà une belle et sainte pensée de grand artiste. « Ici on aime ce qui est beau ; ici on vit de la vie musicante et littéraire ; ici, on a dans la poitrine un foyer qui fait oublier la neige et les frimas. Pourquoi suis-je si vieux, si exténué? » C'est cependant cette fin là qu'il lui fallait après les tristesses des *Troyens*, au milieu de ses souffrances et après son deuil irréparable!

Puis, de la capitale, il se laisse emmener à Moscou par les directeurs du Conservatoire et ce sont des transports d'admiration qu'excitent les fragments de *Roméo* et du *Requiem* : « C'est la plus grande impression que j'aie produite dans ma vie, » dit-il à Damcke. Il a été remué jusqu'au cœur, écrit-il ailleurs. Mais, de retour à Saint-Pétersbourg, la fatigue et le froid l'ont accablé. Il sent que ce climat est mortel et qu'il n'y résistera pas. « Il se plaignait du foie, dit M. Fouque, et avait constamment des nausées : il restait dans son lit la majeure partie de la journée. » M. Gustave Bertrand le vit à cette date et le souvenir de cette dernière entrevue lui laissa une triste impression : « Je me rencontrai là-bas avec lui, dit-il, et le vis d'abord dans son appartement du Palais-Michel où il avait trouvé une hospitalité digne d'un prince de l'art. Il était presque toujours souffrant; son grand profil d'aigle blessé s'abaissait plus douloureusement que jamais sur sa poitrine. Mais quand l'heure était venue de la répétition ou de la séance publique, la volonté du devoir et l'amour de l'art reprenaient le dessus (¹). »

Il quitta cependant à regret cette vaillante phalange d'artistes qui s'inclinaient devant son génie et le saluaient comme un des chefs de leur école : il sentait que cette joie serait la dernière de sa vie. Mais les douleurs étaient trop fortes pour

(1) *Les nationalités musicales étudiées dans le drame lyrique*, p. 263.

qu'il retardât son retour. « Les gracieusetés de tout le monde, des artistes, du public, écrit-il à Holmès, les dons, les cadeaux n'y font rien. Je veux aller à Nice, à Monaco ! » Et il savait aussi quel douloureux contraste lui offriraient la froideur et l'indifférence du public parisien. « Que parlez-vous de concert ? écrit-il aux Massart. Si je *donnais* un concert à mes amis en dépensant purement trois mille francs, je n'en serais que plus injurié par la presse. » Il a besoin de repos et de chaleur avant tout pour réchauffer son corps glacé par ce rude séjour sous le climat boréal : il veut aller à Monaco « se baigner dans les violettes » et dormir au soleil. « Je souffre tant ! Mes maux sont si constants que je ne sais que devenir. Je voudrais ne pas mourir maintenant, j'ai de quoi vivre ! »

Parole affreuse ! Et c'est cet appel à la mort que nous devons entendre sans cesse désormais pendant ces derniers mois. « Je souffre terriblement, écrit-il à Stassoff la veille de son départ pour la Méditerranée, je ne sais pas pourquoi je ne meurs pas ! »

Malheureusement, ce n'est pas le repos qu'il trouve à Monaco. Dès le troisième jour après son arrivée, il veut retourner aux rochers qu'il a si souvent visités ; le pied lui manque et il fait une chute terrible, la tête en avant : « J'ai versé beaucoup de sang, tellement que je suis resté seul à terre et n'ai pu revenir à l'hôtel que longtemps après et tout sanglant. » Le lendemain, à Nice, nouvelle imprudence : sur la terrasse il fait une nouvelle chute et se blesse plus gravement encore à la figure ; deux jeunes gens qui passaient le relèvent à grand peine et le reconduisent à l'hôtel. Il garde huit jours la chambre, repart aussitôt pour Paris sans attendre le rétablissement, et il lui faut encore plus d'un mois pour se remettre, mais dans quel état : « Je puis à peu près marcher en me tenant aux meubles ! »

Ce n'est déjà plus qu'une ombre humaine : c'est dans une sorte d'atonie générale qu'il se laisse emmener au festival de Grenoble quelques mois plus tard, et il assiste presque hébété à sa propre apothéose au milieu de ses plus anciens amis, de ses compatriotes. Toute sa vie passée devenait ainsi radieuse au pays de l'enfance, de la famille, près du Saint-Eynard, de Meylan et de la Côte ; ce dernier hommage eût pu lui manquer, car c'était de la part de la terre natale seule que la gloire du maître s'était fait attendre jusque-là. Nul témoignage ne devait lui être plus cher, surtout à cette heure. Mais il n'est plus là que comme un fantôme, attristant même les artistes qui étaient venus joindre leur suffrage à ceux des Dauphinois, Bazin, Elwaert, Laurent de Rillé, Paulus (1). Les éclats de l'orage et les rafales qui soulevaient les tentures et agitaient les flammes des lustres autour de lui, tandis que la couronne d'or était posée sur ses cheveux blancs en présence de l'assitance, debout et enthousiaste, l'apparition des hautes cîmes et des glaciers illuminés par la foudre (2) donnaient à cette apothéose finale au pied du Saint-Eynard le caractère d'une scène fantastique et surnaturelle, étrange conclusion de la carrière artistique et de la vie orageuse d'Hector Berlioz.

Mais ce corps et cette énergie étaient déjà brisés. « Je sens que je vais mourir, je ne crois plus à rien. » C'est sa première parole, dès son retour à Paris. « Je m'ennuie d'une manière exorbitante, écrit-il à Stassoff. Tous mes amis sont absents, à la campagne, à *leur* campagne, à la chasse : il y en a qui m'invitent à aller chez eux. Je n'en ai pas la force (3). » Depuis plusieurs mois, il avait pu apprécier la gravité désespérée de son état. A son retour de Russie, le docteur Nélaton, froidement, lui avait appris la vérité. « — Etes-vous philosophe ? lui avait-il dit. — Oui. — Eh bien, puisez du courage dans la philosophie, car vous ne guérirez jamais (4). »

Il était rentré dans son logement, dit M. Bertrand, comme dans une *tombe provisoire*. Ses derniers jours furent à peu près désertés. C'est à peine s'il parlait à ses intimes, à quelques fidèles. « Quelques-uns pensaient parfois qu'il y avait éclipse de l'intelligence, je crois plutôt qu'il se complaisait,

(1) Mathieu de Monter. *Revue et Gazette musicale* du 13 juin 1869.
(2) Daniel Bernard. *Notice sur Berlioz*, p. 59.
(3) *Correspondance inédite*, p. 355.
(4) *Notice sur Berlioz*, p. 58.

avec une amère volupté, dans le silence et la désespérance ; il préférait que ce fût complet, absurde, fatal. Il était, pour employer une belle expression que s'applique Lamartine à lui-même : il était résigné — comme un furieux (1). — Un soir d'automne, dit ailleurs M. Blaze de Bury, nous le rencontrâmes sur le quai. Il revenait de l'Institut. Pâle, amaigri, voûté, morne et fébrile, on l'eût pris pour une ombre. Son œil même, son grand œil fauve et rond avait éteint sa flamme. Un moment il serra notre main dans sa main fluette et moite, puis disparut dans le brouillard après nous avoir dit ces vers d'Eschyle, d'une voix où le souffle n'était déjà plus : « Oh ! la vie de l'homme, lorsqu'elle est heureuse une ombre suffit pour la troubler ; malheureuse, une éponge mouillée en efface l'image et tout est oublié ! (2) »

Cette fin d'un artiste de génie est peut-être la plus douloureuse qu'on ait pu retracer. Berlioz n'est pas frappé du coup soudain, foudroyant : il assiste pendant de longs mois à son agonie. Il traverse des crises de souffrance atroces et sans remède, attendant la délivrance suprême. Tous les siens ont été frappés avant lui : un petit nombre d'amis dévoués restent seuls près de lui, encore ne les voit-il que de loin en loin. Les triomphes éclatants ne lui ont pas manqué, et pendant cette dernière période ils ont été plus brillants qu'à aucune autre époque. Mais quelque imposante qu'ait été la réparation, l'incertitude du lendemain peut l'attrister encore, car de plus jeunes, de plus hardis sont prêts à prendre la place et à faire oublier ces efforts surhumains en dépassant de bien loin l'initiateur, le chef d'école, et la situation musicale est plus lamentable peut-être qu'à aucun autre moment. C'est pourtant par un acte de générosité et de courage que se termine cette illustre vie, et c'est tout à l'éloge du maître qu'il faut citer à l'heure suprême le trait révélé par M. Legouvé. C'est au moment de l'élection de Charles Blanc à l'Académie des Beaux-Arts. Berlioz a reçu des services du candidat en 1848 et il ne veut pas que

(1) *Les Nationalités musicales*, p. 264.
(2) *Musiciens d'hier et d'aujourd'hui*, p. 351.

sa voix lui manque. « Mes jours sont comptés, mon médecin me l'a dit; il m'en a même dit le compte, ajouta-t-il avec un demi-sourire. Mais l'élection a lieu le 16. J'ai le temps, j'aurai même encore quelques jours pour me remettre (1). » Et il se traîna jusqu'au Palais-Mazarin pour déposer son bulletin dans l'urne. Huit jours après, dit M. Legouvé, il était mort.

On a cité les dernières paroles du maître : « Enfin, on va donc jouer ma musique! » Il faut rapprocher ce triste adieu à la vie de la généreuse action qui le précède de quelques jours. Il faut envisager d'un regard cette existence de lutte, de dévouement, mêlée de passions sublimes et d'âpres colères, marquée à chaque pas par l'ambition de créer un grand courant artistique et les gigantesques efforts du héros isolé qui combat seul contre les masses profondes et qui appelle les timides et les indécis à se rallier autour de lui dans la mêlée. Il faut oublier à cette heure les faiblesses, les erreurs, et considérer, avant tout, l'œuvre édifiée à force de patience, de tenacité, d'audace ; il faut s'agenouiller, dans cette petite chambre de la rue de Calais, — devant cette enveloppe glacée que fit frémir durant soixante années un organisme puissant, instrument d'un génie de premier ordre ; c'est avec une émotion douloureuse qu'il faut jeter le dernier regard sur cette pâle figure aux yeux fixes d'où la flamme s'est envolée, sur ce front où la pensée est morte, sur ces lèvres blêmes qui viennent de laisser échapper le suprême cri d'angoisse ; c'est en pleurant qu'il faut adresser, nous ses amis dans la postérité, le dernier adieu à l'homme, nous qui l'aimons, qui le comprenons nous qui ressentons encore aujourd'hui avec lui par delà le tombeau les souffrances qui l'ont torturé, les bassesses et les iniquités qui révoltèrent sa grande âme d'artiste. A-t-il entrevu, dans les ténèbres de la dernière seconde où il s'est senti entraîné vers l'éternel néant, la gloire des jours nouveaux ? Nul ne le saura jamais et cette incertitude sur la paix suprême que méritait ce grand cœur aux approches de l'heure irrévocable laisse la plus cruelle impression et fait

(1) *Le Temps*, 9 septembre 1880.

pénétrer le remords chez tous ceux qui n'ont pu donner au cher artiste la consolation attendue.

L'hommage ne manqua point à la dépouille du maître. Les obsèques eurent lieu à l'église de la Trinité : M. Perrin, directeur de l'Opéra et M. Pasdeloup, directeur des Concerts populaires, mirent leur personnel à la disposition de la maîtrise. La musique fit entendre ses plus sublimes accents, ceux qui eussent pu soulager ce cœur s'il eût battu encore : les fragments de l'*Alceste* de Gluck, le premier morceau du *Requiem* de Cherubini, le *Lacrymosa* de Mozart, l'andante de la symphonie en *la* de Beethoven ; le maître était présent avec l'*Hostias* de sa *Messe des Morts*. La fanfare du facteur Sax, à la défense de laquelle Berlioz avait mis tant de zèle, exécuta la marche funèbre dédiée par Litolff à la mémoire de Meyerbeer. A la sortie, l'organiste Chauvet, un artiste du plus grand mérite qui mourut un an plus tard, jeune encore, dans Paris assiégé, joua la marche des Pélerins d'*Harold en Italie* (¹).

C'étaient MM. Camille Doucet, Guillaume, Ambroise Thomas, Gounod, Nogent Saint-Laurens, et le baron Taylor qui tenaient les cordons du poêle. Le char funèbre était paré de nombreuses couronnes : on y avait ajouté les trophées qui devaient accompagner la dépouille du maître jusqu'à la terre où elle devait reposer désormais, les couronnes données par la ville de Grenoble, la noblesse russe, la jeunesse hongroise, et la société Sainte-Cécile (²). Pendant le convoi, la musique de la garde nationale exécutait des fragments de la Symphonie funèbre et triomphale (³).

Ce fut M. Guillaume, directeur de l'école des Beaux-Arts, qui prit la parole au nom de l'Institut ; M. Frédéric Thomas, au nom de la Société des Gens de lettres, M. Gounod, au

---

(1) *Revue et Gazette musicale*, 14 mars 1869.

(2) M. Octave Fouque m'a raconté que le garçon de la bibliothèque du Conservatoire avait brûlé vers 1867, sur l'ordre de Berlioz, tous les trophées, couronnes, diplômes d'honneur, autographes de souverains, qu'il avait fait transporter à son bureau dans une caisse et qu'il fit détruire ainsi, nous ignorons par quel bizarre caprice.

(3) *Notice sur Berlioz*, p. 60.

nom de la Société des Auteurs et Compositeurs dramatiques, et M. Elwaert, au nom du Conservatoire, rendirent tour à tour hommage à la mémoire du maître. Un autre honneur lui était dû et ne fut pas oublié : grâce à l'initiative d'Ernest Reyer, un festival solennel fut célébré à la date anniversaire, le 8 mars 1870, à l'Opéra ; bon nombre de pages encore inconnues ou déjà oubliées apprirent à ceux qui l'ignoraient quelle perte avait frappé l'art musical. C'était trois ans plus tard seulement que devait commencer la popularité de cette œuvre immense. Sans la guerre de 1870, il faut le dire, le public fût peut être allé droit à Wagner sans connnaître Berlioz : la France eût ignoré qu'elle avait devancé l'Allemagne et que, parmi ses enfants, un des plus modestes et des plus courageux n'avait pas encore vu sonner l'heure de la réparation. Le réveil de l'esprit national aida Berlioz à prendre une revanche plus prompte qu'il ne l'eût peut-être espérée.

Je dirai quelle a été cette revanche et combien éclatante. Je n'ai plus qu'à citer les dernières dispositions par lesquelles le maître cherchait à recommander son souvenir, à le protéger, à le conserver vivant dans le cœur de ceux qui l'avaient assisté jusqu'à l'heure suprême. Il manifesta dignement sa reconnaissance envers Mme Martin-Recio, qui l'avait soigné avec tant de dévouement ; MM. Damcke et Edouard Alexandre, désignés comme ses exécuteurs testamentaires, reçurent, le premier, la collection des ouvrages gravés du maître, le second, son bâton de chef d'orchestre. Les livres chéris furent laissés à des amis intimes : le Shakespeare à Mme Massart ; le Virgile, à l'avocat Nogent Saint-Laurens ; le *Paul et Virginie*, à Ernest Reyer. Les manuscrits des partitions étaient légués au Conservatoire. Le testament, daté de 1867, avait été fait après la mort du pauvre Louis. Des dispositions spéciales concernaient la propriété des ouvrages du maître, le droit de traduction et de publication des écrits littéraires. L'Estelle de Meylan n'était pas oubliée. A côté des membres de la famille, Mme Fornier, qui ne mourut qu'en 1877, avait été inscrite pour une rente viagère de seize cents francs : elle la refusa, m'a-t-on dit d'un côté. Son neveu, qui est un de nos confrères de la presse musicale, m'affirme néanmoins qu'elle l'accepta et qu'il fut chargé de la toucher en son nom.

C'est avec un sentiment de tristesse que je finis cette étude par le récit de ces particularités intimes et en retraçant la solitude du maître à la dernière heure, cette tombe à peine fermée du fils que rejoint le malheureux père, ce départ douloureux de la vie après tant d'amertumes et de souffrances physiques et morales. Mozart, Beethoven, Weber, Rossini, Meyerbeer, ont vu leur gloire assurée, ont été sacrés de leur vivant et ont assisté à leur apothéose. De nos jours, Verdi, Wagner se voient proclamés grands génies par leurs adversaires mêmes. Berlioz, lui, s'éteint presque ignoré de la génération nouvelle et étouffé sous l'indifférence et le dédain de ses compatriotes, tandis que l'étranger seul reconnaît sa valeur et lui rend l'hommage qu'il mérite. Considérez cette triste fin, envisagez les revers et les douleurs qui l'ont précédée : ne semble-t-il pas que depuis 1840 la vie réelle n'a fait qu'emprunter à la *Symphonie-Fantastique*, sous l'invocation de laquelle le grand maître avait inauguré sa carrière, la contrepartie constante de la sombre *Marche au Supplice*?

Je n'ai guère étudié l'artiste dans ce premier volume, mais on l'a suffisamment entrevu pour comprendre le désespoir de l'homme devant ce doute terrible qui peut subsister à l'heure fatale et qui donne je ne sais quel accent d'incrédulité cruelle à cette parole : « On va donc jouer ma musique ! » La raillerie est amère, si l'on regarde le passé : si l'on envisage l'avenir incertain et le présent mal assuré, elle a quelque chose de sinistre. Berlioz, en certaines circonstances, a pu nous paraître critiquable, mais il n'est pas de faute qu'il n'eût expiée par cette lugubre chute à l'abîme qui doit effacer toute autre impression que celle d'une immense et poignante pitié. L'homme a pu rester pour quelques-uns moins sympathique par instants : on a pu le blâmer même à certaines heures, en l'admirant à d'autres. Mais qui donc, à présent, hésiterait à le plaindre ?

12 août 1882.

FIN DE BERLIOZ INTIME.

ERRATA

Page 80, ligne 24 : la rattache directement a Rives ; *lire* : à Rives.
— 85, — 23-24 : propriété -tionale ; *lire* : nationale.
— 97, — 26 : sympahtique *pour* sympathique.
— 110, — 9 : nous verrons, que la famille ; *lire* : nous verrons que.
— 124, — 5 : c'est à seize ans, qu'il ; *lire* : à seize ans qu'il.
— 158, — 17 : éclairé *pour* éclairci.
— 161, — 3 : étant publiés ; *lire* : étaient publiés.
— 161, — 34 : méchasnt *pour* méchants.
— 164, — 25 : il a fait du reste ; *lire* : il a fait, du reste.
— 167, — 1 : est, comme la clé de voûte ; *lire* : est comme la clé.
— 172, — 9 : disgressions *pour* digressions.
— 209, — 18 : il s'écrie ; « Ah je suis ; *lire* : il s'écrie : « Ah, etc.
— 215, — 16 : je sais bien la preuve ; *lire* : je suis bien.
— 221, — 4 : Elle a failli ; *lire* : Elle faillit.
— 221, — 24 : cette épisode *pour* cet épisode.
— 260, note 1, ligne 7 : 13 mai 1882 ; *lire* : 1832.
— 282, ligne 35 : reapparaissait *pour* reparaissait.
— 290, — 4 : qu'elle m'amait *pour* qu'elle m'aimait.
— 365, — 6 : Schumann eût fait ; *lire* : eut fait.

TABLE DES MATIÈRES

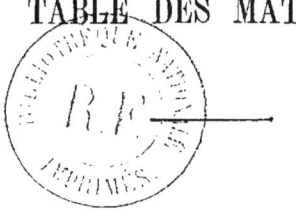

                                                                                                        Pages

AVANT PROPOS. — Artiste de génie et chef d'école, Hector Berlioz a droit à la première place parmi les maîtres français. Une étude sincère et attentive de sa vie et de son caractère permettra de définir son originalité à l'aide de l'analyse psychologique. Nécessité d'une méthode exacte... 1

I. — Les doctrines esthétiques de M. Taine, tout en étant fondées sur l'étude de l'individu, sont faussées dans l'application par l'abus de la généralisation. Suppression de la personne de l'artiste dans l'étude des époques. Définition arbitraire du tempérament individuel confondu dans l'esprit de la race 5

II. — Suppression de l'œuvre d'art dans le même système. Extension excessive du principe de l'uniformité d'une *température morale* dans un pays et à une époque. Sophismes et équivoques. Le milieu, le moment et la race sont des abstractions et ne suffisent point à expliquer l'individualité de l'artiste............................... 11

III. — Un système philosophique est inutile : une méthode exacte suffit. Opinion de M. Renan sur les monographies. École des chercheurs désintéressés. Autres questions de critique d'art ; l'œuvre et le goût public ; les influences extérieures ; enchaînement des causes dans les faits artistiques.. 17

IV. — Reconstitution du type exact de Berlioz par l'analyse psychologique. Examen et bilan des *Mémoires*. Sources d'erreurs, défaut de composition et manque de sincérité. Date de la rédaction de son autobiographie et dispositions d'esprit de l'auteur pendant le travail de la composition de l'ouvrage 23

V. — Rectifications matérielles préliminaires. Critique du texte. Motifs admissibles des contradictions. En voulant protéger sa mémoire, Berlioz a créé sa propre légende. Le Berlioz vrai est à retrouver.. 32

VI. — Moyens de contrôle : la *Correspondance inédite*, les *Lettres intimes*, les feuilletons, les témoignages des contemporains, les circonstances environnantes. Il n'est pas moins indispensable de combler les graves et nombreuses lacunes des *Mémoires*. Plan général de cette étude... 39

TABLE DES MATIÈRES

PREMIERE PARTIE

L'HOMME

Pages

I. — Le Mal du Siècle : Berlioz traduit avec une remarquable puissance toutes les aspirations du *personnage régnant* en 1830. Peinture de ce personnage. René, Faust, Werther, Manfred. Châteaubriand et la *manie d'être*. Le Berlioz idéaliste et mystique. La langue musicale répond-elle à la profondeur de cette maladie morale ? Une révolution ne doit-elle pas renouveler cette langue comme le romantisme l'a fait d'abord pour la poésie et la littérature ?...... 51

II. — Les Dauphinois : La terre natale des Berlioz. Configuration géographique et passé historique de la province, bien-être et esprit d'indépendance des habitants. Leur caractère, leur type individuel. L'esprit public en Dauphiné. Grenoble en 1815...... 62

III. — La Cote-Saint-André : La plaine de la Bièvre. Panorama en vue de la Côte. La maison des Berlioz. La ville, les compatriotes. Les faits locaux sous la Révolution et les Cent-Jours. Le retour de l'île d'Elbe...... 78

IV. — La Famille Berlioz : L'ancienne famille seigneuriale, les Berlioz Côtois aux XVIIe et XVIIIe siècles. Généalogie d'Hector Berlioz. Le docteur Louis. La mère. Les sœurs. Prosper Berlioz. La vie de famille...... 91

V. — L'Homme physique : Physionomie, tempérament, besoin de mouvement, passion pour les voyages et pour les excursions de touriste. Symptômes d'une nature nerveuse à l'excès. Sensibilité et impressionnabilité. L'effet musical. Les crises sentimentales. Le mal de l'isolement...... 111

VI. — Le Caractère : Portrait du personnage moral. L'homme de société : sa gaucherie et son inexpérience. L'homme d'affaires : sa probité et son désintéressement. L'homme de combat : sa tactique et sa diplomatie, prudence et méfiance, défaut de mesure et de tact. L'humoriste : ses railleries, ses mystifications...... 128

VII. — Les Etudes : Le séminaire de la Côte-Saint-André. Les études classiques. Les lectures : les livres de voyages. Les auteurs favoris : Virgile et Shakespeare. Le romantisme. Notions scientifiques et influence des études médicales. Croyances philosophiques...... 156

VIII. — Le Provincial : Les premières années. Meylan. La famille Marmion. Estelle. Le premier amour. Pastorale. Sensations de la campagne, du paysage. La société côtoise. Les condisciples...... 177

IX. — Le Parisien. L'étudiant. Les premiers essais de composition. La vie parisienne. Chronologie des faits. Vie de bohème. Charbonel. Les Nouveautés. Lesueur. Le coup de foudre...... 191

DEUXIÈME PARTIE

LE ROMAN

Pages

X. — AMOUREUX D'UNE ÉTOILE : Shakespeare à l'Odéon. Ophélie et désespoir. Tentatives inutiles. Les confessions dans les *Lettres intimes*. Volte-face inattendue. L'amour en partie double. Ariel et consolation. Rôle de Ferdinand Hiller........................ 207

XI. — UN MARIAGE MANQUÉ : La vérité sur l'aventure qualifiée aux *Mémoires* : une « distraction violente. » Camille Moke. Guérison et oubli. Histoire véridique de la *Symphonie fantastique*. Les fiançailles. Les adieux. Avertissements officieux.................... 221

XII. — LE RETOUR A LA VIE : Le départ. La trahison. Projets de vengeance. L'expédition à Nice. Accident ou incident. Littérature échevelée. Histoire non moins véridique que la précédente du monodrame de *Lélio*. Occupations académiques. Un autre Ariel... 236

XIII. — LA NOUVELLE FANTASTIQUE : Vengeances cachées dans les récits allégoriques : Le conte d'*Euphonia*. Version primitive du texte. *Le Suicide par enthousiasme*, autre pamphlet par voie d'allusion. Les méchancetés du feuilletoniste. Injustice des critiques. Réhabilitation de la victime.................................... 253

XIV. — HENRIETTE SMITHSON : Son portrait, sa famille, sa jeunesse, ses débuts. Sa création d'Ophélie à Paris en 1827. Le mot de Berlioz. Premier projet de la symphonie de *Roméo et Juliette*. Ruine du théâtre anglais. Retour de Berlioz en France.................... 269

XV. — LA RAISON ET LE SENTIMENT : Première audition de l'*Episode de la Vie d'un Artiste*. Le programme. La musique à tout faire. Texte primitif de la *Fantastique* Premières démarches. Incidents, crises, désespoir. Indécisions d'Henriette. Coup de théâtre. Bonheur parfait.. 281

XVI. — DEUX VIES BRISÉES : Lune de miel. Grandes créations artistiques de Berlioz. La vie intime. Accalmie. Années de bonheur et de gloire. L'hommage de Paganini. Premiers nuages. Séparation. Dernières années et mort d'Henriette 297

XVII. — L'AUTRE MÉNAGE : Vieux souvenirs. Marie Martin-Recio. Ses débuts. Enlèvement. Un incident de voyage. Vie infernale. La délivrance. Amours de rencontre. Le renouveau.................... 310

XVIII. — DERNIERS RÊVES : Résurrection du passé. Pélerinages à Meylan. L'entrevue de Lyon. La correspondance sentimentale. Voyage à Genève. La rose et la harpe. Un mot des *Mémoires*.... 325

TROISIÈME PARTIE

LE SUPPLICE

Pages

XIX. — Déceptions et Déboires : Premiers succès. Difficultés de la carrière de l'artiste. Tentatives du côté du théâtre. Les ennemis. Histoire du *Requiem*. Les embarras d'argent. La *Nonne sanglante* Echecs à l'Opéra, à l'Institut, à la direction du Conservatoire. Espoir du côté de l'étranger... 339

XX. — L'exil : Premier voyage en Allemagne. Le retour Nouveaux obstacles en France. Voyage en Autriche. Première idée de déportation. Composition et chute de la *Damnation de Faust*. Ruine complète. Voyage en Russie. Triomphe éclatant. Les directeurs de l'Opéra. Coup de tête de Berlioz. Son traité avec Jullien. Départ pour Londres. Rupture définitive avec la France............... 363

XXI. — La crise politique : Banqueroute de Jullien. Retour de Berlioz à Paris. Le 24 février, le 15 mai, les journées de juin. Panique et exaspération. Aspirations napoléoniennes. Mot de Berlioz sur le 2 décembre. Illusions et déceptions....................... 387

XXII. — Réaction : Le *Te Deum* et l'*Enfance du Christ*. L'art musical et le public en 1852. Nouveaux voyages à l'étranger. *Benvenuto Cellini* à Weimar. Chute de l'ouvrage à Londres. La conclusion des *Mémoires*. Election à l'Institut. Berlioz se décide à écrire les *Troyens*... 409

XXIII. — La lutte suprême : Composition du poème et de la partition des *Troyens*. Obstacles, hostilité de l'administration de l'Opéra, indifférence du chef de l'Etat. Berlioz supplanté par Wagner. Dernières tentatives du côté de l'Opéra. *Béatrice et Bénédict*. M. Carvalho et Berlioz. Les représentations des *Troyens*......... 432

XXIV. — Le fils : Louis Berlioz. Son enfance ; son métier de marin. Le siège de Bomarsund. Les entretiens intimes du père et de l'enfant. Affection toujours croissante entre eux. Le caractère de Louis, sa carrière. Sa mort prématurée........................ 458

XXV. — L'agonie : Dernières satisfactions et heureuses consolations. Premières attaques de la maladie. Souffrances aiguës. Isolement de l'artiste dans ses dernières années. Son dernier voyage en Russie. Le retour. Trait suprême de générosité. La mort. Les obsèques. Tristesse de cette fin lugubre d'un grand artiste........... 476

Errata... 495

Paris. - Imprimerie Schiller, 10 et 11, rue du Faubourg-Montmartre.

LIBRAIRIE FISCHBACHER, A PARIS

EXTRAIT DU CATALOGUE GÉNÉRAL

Ouvrages sur la Musique et les Musiciens

AUBER. — Sa vie et ses œuvres, par B. Jouvin. — 1 volume grand in-8°, avec portrait et autographes.................................. 3 fr. »
BEETHOVEN. — Sa vie et ses œuvres, par H. Barbedette. — 2e édition revue et considérablement augmentée, 1 volume grand in-8°, avec portrait et autographe.................................. 3 fr. »
A. BOIELDIEU. — Sa vie et ses œuvres, par G. Héquet. — 1 volume grand in-8°, avec portrait et autographes.................................. 3 fr. »
F. CHOPIN. — Essai de critique musicale. par H. Barbedette. — 2e édition, 1 volume grand in-8°, avec portrait et autographes... 2 fr. »
Félicien DAVID. — Sa vie et ses œuvres, par Alexis Azevedo. — 1 volume grand in-8°, avec portrait et autographes.................................. 3 fr. »
Michel-Ivanovitch GLINKA, d'après ses mémoires et sa correspondance, par Octave Fouque. — 1 volume grand in-8°, avec portrait et autographe.................................. 3 fr. »
F. HALÉVY. — Sa vie et ses œuvres. Récits et impressions personnelles. Simples souvenirs, par Léon Halévy. — 1 volume grand in-8°, avec portrait et autographes.................................. 3 fr. »
J. HAYDN. — Sa vie et ses œuvres, par H. Barbedette. — 1 volume grand in-8°, avec portrait et autographes.................................. 3 fr. »
HÉROLD. — Sa vie et ses œuvres, par B. Jouvin. — 1 volume grand in-8°, avec 2 portraits et des autographes.................................. 5 fr. »
Félix MENDELSSOHN-BARTHOLDY. — Sa vie et ses œuvres, par H. Barbedette. — 1 volume grand in-8°, avec portrait et autographes.................................. 3 fr. »
MEYERBEER. — Sa vie, ses œuvres et son temps, par Henri Blaze de Bury. — 1 volume grand in-8°, avec portrait et autographes. 3 fr. »
MOZART. — L'homme et l'artiste. Histoire de sa vie d'après les documents authentiques et les travaux les plus récents, par Victor Wilder. — 1 vol. grand in-8°, avec 2 portraits et autographe 6 fr. »
G. ROSSINI. — Sa vie et ses œuvres, par A. Azevedo. — 1 volume grand in-8°, avec 2 portraits et autographes.................................. 5 fr. »
F. SCHUBERT. — Sa vie, ses œuvres, son temps, par H. Barbedette. — 1 volume grand in-8°, avec portrait et autographes.................................. 3 fr. »
Richard WAGNER. — La nouvelle Allemagne musicale, par A. de Gasperini. — 1 vol. grand in 8°, avec portrait et autographes... 3 fr. »
Histoire de la musique moderne et des musiciens célèbres en Italie, en Allemagne et en France, depuis l'ère chrétienne jusqu'à nos jours, par F. Marcillac. — 3e édition, 1 vol. in-12. 3 fr. 50
Histoire du Lied ou la Chanson populaire en Allemagne, avec une centaine de traductions en vers et 7 mélodies, par Edouard Schuré. — 2e édition, 1 volume in-12.................................. 3 fr. 50
La Musique et le Drame. Etude d'esthétique, par Charles Beauquier. — 1 volume in-12.................................. 3 fr. 50
Du Beau dans la musique, par Hanslick. — 1 vol in-8°....... 5 fr. »
Les Illusions musicales, par Johannes Weber. — 1 vol. in-12. 3 fr. 50
Histoire de la notation musicale depuis ses origines, par Ernest David et Mathis Lussy. — 1 volume in-4°, couronné par l'Institut, 20 fr. »

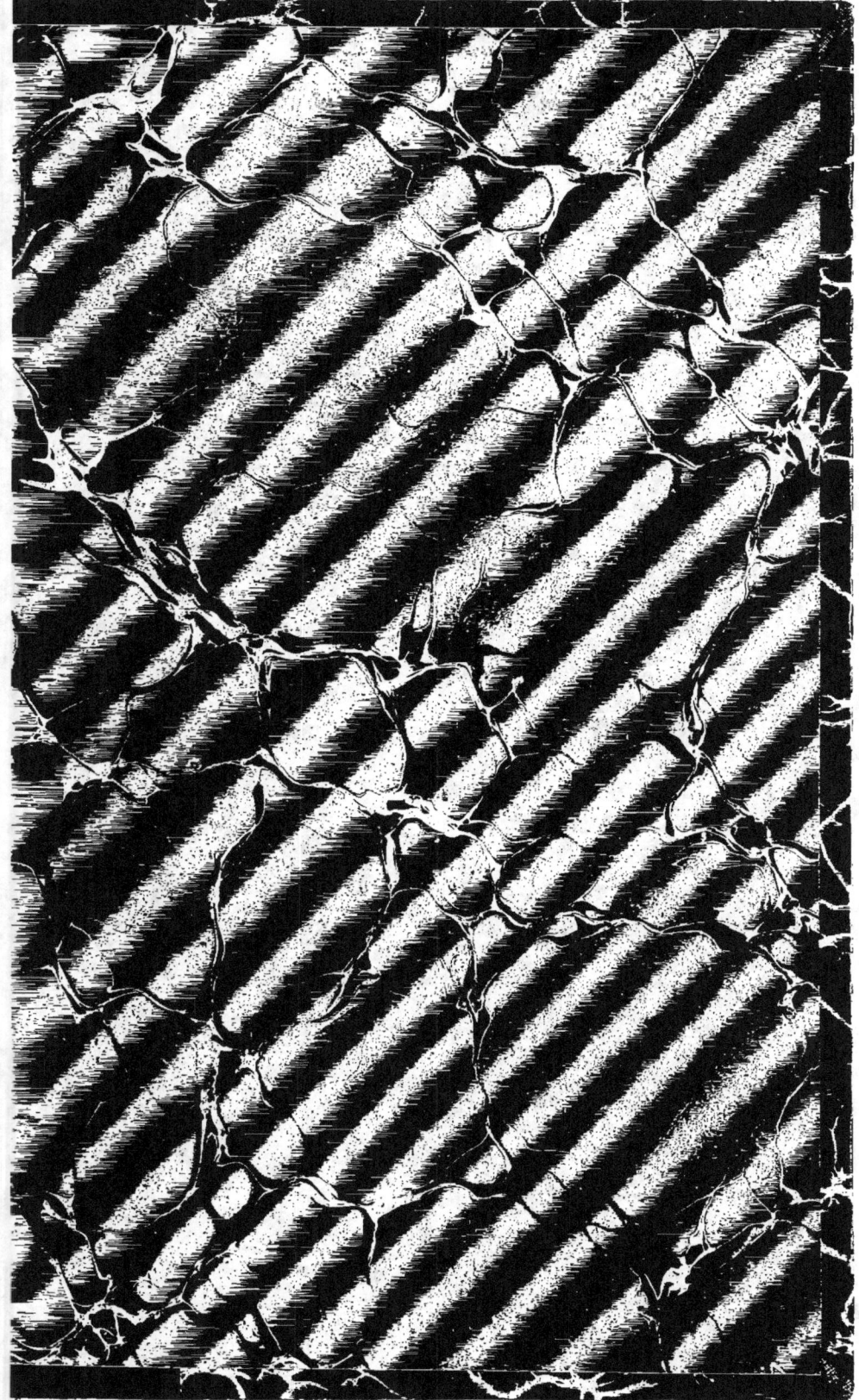

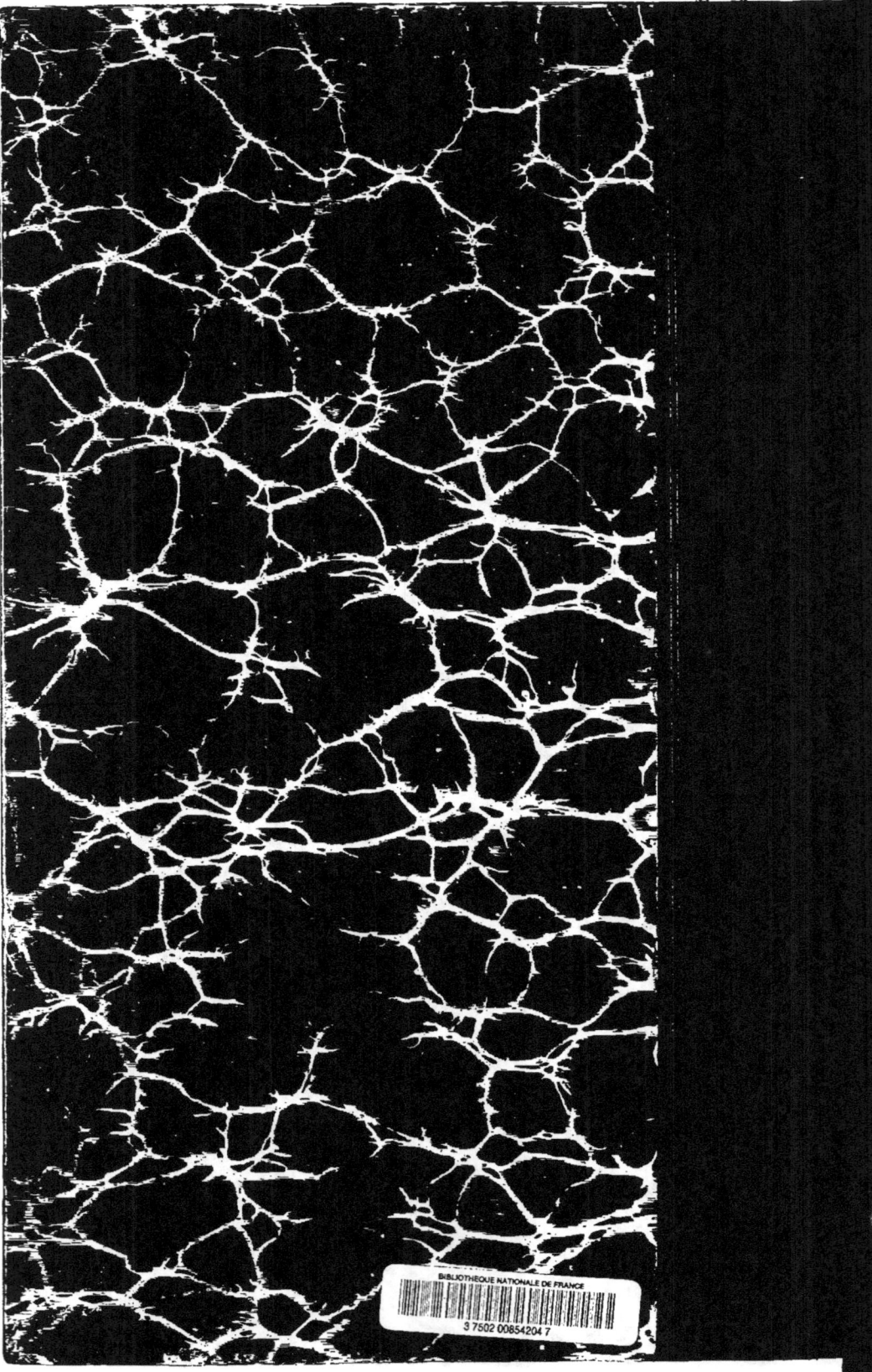

www.ingramcontent.com/pod-product-compliance
Lightning Source LLC
Chambersburg PA
CBHW071613230426
43669CB00012B/1924